www.tredition.de

Peter Schöber

„ERKENNE DICH SELBST"

HEGELS THEORIE DER PERSÖNLICHKEIT

www.tredition.de

Verlag und Druck: tredition GmbH, Halenreie 40-44, 22359
Hamburg

ISBN

Paperback: 978-3-347-03438-9
Hardcover: 978-3-347-03439-6
e-Book: 978-3-347-03440-2

„ERKENNE DICH SELBST"
HEGELS THEORIE DER PERSÖNLICHKEIT
Referiert und erläutert von
PETER SCHÖBER

Inhalt

1. Einführung 7

2. Hegels Einleitung in die Philosophie des Geistes 36

3. Der Begriff des Geistes 56

   3.1 Geist und Natur 56

   3.2 Einteilung der Welt des Geistes 92

   3.3 Der subjektive Geist 105

4. Die Seele 120

   4.1 Die natürliche Seele 133

   4.2 Die fühlende Seele 219

   4.3 Die wirkliche Seele 314

5. Das Bewusstsein 326

   5.1 Das sinnliche Bewusstsein 342

   5.2 Das Wahrnehmen 351

   5.3 Der Verstand 359

   5.4 Das Selbstbewusstsein 370

   5.5 Die Vernunft 403

6. Der Geist 405

   6.1 Geist und Vernunft 405

   6.2 Der theoretische Geist 429

   6.3 Der praktische Geist 525

   6.4 Der *freie* Geist 552

7. Anhang 557

8. Literaturverzeichnis 571

1. Einführung

"Erkenne dich selbst" - mit diesem Gebot eines griechischen Weisen[1] leitet Hegel seine "Philosophie des Geistes" ein[2], die sich in den "subjektiven", den "objektiven" und den "absoluten" Geist gliedert. Im Mittelpunkt dieser Studie steht Hegels Darstellung des *subjektiven* Geistes, in der er Aufbau und Entwicklung der Persönlichkeit, zumal des modernen Zeitalters, denkt. Im Einzelnen stellt seine Theorie die Seele des Menschen, sein Bewusstsein und Selbstbewusstsein, seinen theoretischen und praktischen Geist und schließlich die höchste Stufe der Persönlichkeitsentwicklung, den freien Geist, dar. Die Erkenntnis, die Hegel dem Leser mit seiner Theorie vermittelt, beansprucht nicht weniger, als Wahrheit, Freiheit und Vernunft in sich zu vereinigen.[3] Diese Erkenntnis unterscheidet sich von den Erkenntnissen, die von den "abstrakten" oder "endlichen" Wissenschaften, den Einzeldisziplinen, hervorgebracht werden, ein Wissen, das häufig als

---

[1] Inschrift am Apollontempel in Delphi und Spruch des Weisen Chilon. Philosophisches Wörterbuch, begründet von Heinrich Schmidt, 14. Aufl., hrsg. v. Georgi Schischkoff, Stuttgart 1957, S. 146.

[2] „Sich selbst erkennen also, kein Wort kann wärmer und spannender sein. Und nichts anderes wird von Hegel gedacht, gelehrt auf unübliche, nämlich uneitle, sehr weit umfassende Weise. Das Selbst ist hier nie das einzelne Ich, doch es ist menschlich; schlechthin uns Äußeres und äußerlich Bleibendes wird bei Hegel nicht gut behandelt. Ebensowenig also das Äußere und Zufällige an Ichen, jenes mehr oder minder eitel erscheinende Sosein, das nicht mit Selbersein verwechselt werden soll." Ernst Bloch, Subjekt-Objekt, Berlin 1952, S. 33.

[3] Für Hegel geht es darum, das natürliche Bewusstsein zur Wissenschaft zu erheben, und dieses Tun ist, so Erwin Metzke, deshalb nichts, was der Wissenschaft äußerlich wäre, es gehört vielmehr zum Werden und Wesen der Wissenschaft selbst. Wissenschaft sei für den deutschen Idealismus nicht Einzelwissenschaft, sondern eigentliche und wesentliche Form systematischen Wissens. Ein solches Wissen trägt die Bezeichnung „Philosophie". Ders., Hegels Vorreden, mit Kommentar zur Einführung in seine Philosophie, Phänomenologie u. Logik (1. Ausg.), 3. Aufl., Heidelberg 1970, S. 175 bzw. 215.

ein Mittel dient, um bestimmte, begrenzte Zwecke zu erreichen.[4] Doch nach Hegel ist "an sich" auch in einem solchen Erkennen die Vernunft anwesend; schafft es doch die Voraussetzung für das philosophische Erkennen, das ja nach Hegel keine leere Spekulation sein will.

Diese Studie beschäftigt sich also mit der modernen Persönlichkeit, wie sie Hegel in seiner Theorie des *subjektiven* Geistes darstellt, und, was unvermeidlich ist, auch mit einigen Kerngedanken seiner Philosophie.[5] In seiner Vorgehensweise hält sich der Verfasser eng an Hegels Text, referiert dessen Gedankengang und dort, wo es ihm erforderlich erscheint, versucht er, ihn zu verdeutlichen. Allerdings ist er von Haus aus kein Philosoph, ins Feld führen kann er jedoch, dass er sich immer wieder mit dem Werk dieses überragenden Denkers, und mit den Schriften seiner bekanntesten Interpreten, auseinandergesetzt hat. Wird der Verfasser von Hegels Philosophie stets von neuem gefesselt, so interessiert er sich als Soziologe und Ökonom darüber hinaus für

---

[4] Hegel spricht hier von der Verstandes- im Unterschied von der Vernunftwissenschaft, die für ihn die Philosophie ist. „Das Denken als Verstand bleibt bei der festen Bestimmtheit und der Unterschiedenheit derselben gegen andere stehen … " (Hegel), zitiert v. E. Metzke, ebenda, Logik (1. Ausg.), S. 216.

[5] Jeder Autor, der versucht, nur einen Aspekt der Hegelschen Philosophie zu behandeln, müsse sich, so Shlomo Avineri, bewusst sein, dass er fast zwangsläufig einen der beiden folgenden Fehler begehen wird. Versuche er, ausführlich den Zusammenhang zwischen Hegels politischem Denken (der Gegenstand in Avineris Buch) und seinem allgemeinen philosophischen System aufzuzeigen, so werde er sich bald in einer Darlegung dieses Systems verstrickt sehen, ohne jemals zu Hegels politischer Theorie zu gelangen. Oder versuche er das allgemeine System in einem knappen und gedrängten einleitenden Kapitel wiederzugeben, so würde er es wegen seiner Kürze eher verdunkeln als erhellen. Ders., Hegels Theorie des modernen Staates, Frankfurt a. M. 1976, S. 9. Der Verfasser dieser Studie, die sich speziell mit Hegels Theorie des subjektiven Geistes beschäftigt, versucht dieses Problem zu umgehen, indem er sich eng an dem ihm vorliegenden Text entlang arbeitet, in dem Hegel über seine Darstellung des subjektiven Geistes hinaus eine Fülle von Hinweisen zu den Kerngedanken seines Systems gibt.

dessen Beitrag zur Integration und Erkenntnislehre der Sozialwissenschaften. Unschwer lassen sich in Hegels Werk vielfältige Beziehungen zu einzelnen sozialwissenschaftlichen Disziplinen und ihren Methoden entdecken, so dass er als ein Klassiker der Soziologie, vollends der Sozialphilosophie gelten kann. Überhaupt vereinigt er in seinem Denken die ganze Vielfalt wissenschaftlicher Erkenntnisse, und zwar von den Naturwissenschaften seiner Zeit bis hin zu den Wissenschaften vom Menschen.

Der Verfasser ist sich sehr wohl der Schwierigkeiten bewusst, einerseits Hegels "groteske Felsenmelodie" (Karl Marx)[6] zu verstehen und sie andererseits seinen Lesern deutlich genug darzustellen. Die einzelnen Paragraphen in Hegels Darstellung fassen seine Gedanken häufig äußerst knapp und bedürfen daher der sich anschließenden *Zusätze* sowie weiterer Kommentare.[7] Selbstverständlich weiß der Verfasser, dass er nicht der Erste ist, der sich mit Hegels "Philosophie des Geistes", insbesondere mit dem *subjektiven* Geist, auseinandersetzt, der ja Hauptgegenstand seiner Studie ist[8], und gewiss erleichterten

---

[6]Brief an seinen Vater von 1837, in: Marx/Engels Werke, Ergänzungsband 1. Teil, Berlin 1968, S. 8. Dazu auch Th. W. Adorno: „Die Widerstände, welche die großen systematischen Werke Hegels, zumal die Wissenschaft der Logik, dem Verständnis entgegensetzen, sind qualitativ verschieden von denen, die andere verrufene Texte bereiten. Aufgabe ist nicht einfach, durch genaue Betrachtung des Wortlauts und durchdenkende Anstrengung eines zweifelsfrei vorhandenen Sinnes sich zu versichern. Sondern in vielen Partien ist der Sinn selbst ungewiß, und keine hermeneutische Kunst hat ihn bis heute fraglos etabliert; ohnehin gibt es keine Hegel Philologie, keine zureichende Textkritik." Ders., Skoteinos oder Wie zu lesen sei, in: Ders., Drei Studien zu Hegel, Frankfurt a. M. 1963, S. 107.

[7]Dazu auch die Erläuterung zu einigen Grundbegriffen der Philosophie Hegels im *Anhang*.

[8]Als neuere Beiträge seien Hermann Drüe: Die Philosophie des Geistes, in: Ders. u. a., Hegels „Enzyklopädie der philosophischen Wissenschaften" (1830), Frankfurt a. M. 2000, S. 206 ff. und Alan M. Olson, HEGEL and the Spirit, Princeton 1992 genannt.

vorausgegangene Forschungen seine eigene Arbeit. Wie dem auch sei, sein Ziel ist, die wesentlichen Gedanken Hegels so getreu wie möglich zu ergründen und sie zugleich so deutlich wie möglich darzustellen. Deshalb schreitet er nicht über einzelne Textstellen hinweg, sondern verfolgt Satz für Satz den vollständigen Text, um so weit wie möglich in dessen Sinn einzudringen.[9] Kann sich der Verfasser zwar, wie gesagt, nicht in die Zunft der Philosophen einreihen, so ermöglicht ihm doch seine lange Beschäftigung mit den beiden Einzelwissenschaften: (Politische) Ökonomie und Soziologie einen erleichterten Zugang zu Hegels Philosophie, wobei er sich durchaus auf diesen selbst berufen kann. Mehr noch, man könnte sogar die These wagen, dass am ehesten diejenigen, die in bestimmten Einzeldisziplinen eingeübt sind, zum Hegelschen Denken einen Zugang finden.

Der Autor dieser Studie referiert, wie bereits ausgeführt, im Einzelnen den ihm vorliegenden Text, d. h. die einzelnen Paragraphen samt den erläuternden Zusätzen, verändert ihn häufig leicht, um ihn damit verständlicher zu machen, was aber nicht darauf hinausläuft, Hegels Sprache stilistisch zu verbessern[10]; fallen doch oft die Ausführungen des Verfassers notgedrungen weitschweifiger aus als der Originaltext.

---

[9] Charles Taylor bringt das Problem, vor dem der Verfasser steht, auf den Punkt: „Das Unternehmen kann leicht auf zwei verschiedene Weisen schiefgehen: Entweder konzipiert man die Darstellung so, dass sie am Ende einen außerordentlich klaren, vernünftigen und verständigen Eindruck hinterlässt - aber um den Preis einer Entstellung oder „Zurechtrückung" Hegels; oder man beschließt, sich getreu an den Text zu halten - aber dabei unverständlich zu bleiben, so dass sich der Leser schließlich mit Erleichterung an das Hegel-Original wenden wird, um den Kommentar zu verstehen". Ders., Hegel, Vorwort, Frankfurt a. M. 1978 (übersetzt v. Gerhard Fehn).

[10] Es handelt sich um die Erste Abteilung der „Philosophie des Geistes", den „subjektiven Geist", aus der „Enzyklopädie der philosophischen Wissenschaften im Grundrisse (1830)", Dritter Teil, Die Philosophie des Geistes, mit den mündlichen Zusätzen, G. W. F. Hegel, Werke in zwanzig Bänden, Bd. 10, Frankfurt a. M. 1970.

Manche Stellen in diesem, zumal in den Zusätzen dazu, bedürfen keiner Interpretation, aber immer dort, wo der Verfasser den Eindruck hat, dass es unbedingt einer bedarf, ergänzt er den Text durch eigene Erläuterungen, vor allem in den *Fußnoten*. Der Leser kann auch die Ausführungen des Verfassers, die sich, wie erwähnt, eng an Hegels Text halten, leicht mit dem Originaltext vergleichen. Gerade wenn sich Leser und Interpreten eng an dem Text Hegels entlangarbeiten, erschließt sich ihnen nicht nur *das*, was Hegel über den *subjektiven* Geist, also die Persönlichkeit, entwickelt hat, sondern darüber hinaus erschließen sich ihnen Kerngedanken seines gewaltigen, die Welt erfassenden und geschichtsmächtig gewordenen Werks.

Hegels Theorie des *subjektiven* Geistes schließt, zumal in seiner Anthropologie, Einsichten ein, die für alle Menschen gleichermaßen gelten. Doch wird im Fortgang der Lektüre immer deutlicher, dass er vor allem die Menschen des *modernen* Zeitalters im Visier hat, was sich auch darin zeigt, dass seine Theorie des *subjektiven* am Ende in die des *objektiven* Geistes einmündet, bei dem es um die freiheitlichen Ordnungen, die das moderne Zeitalter[11] prägen, geht, die aber schon in der Theorie des *subjektiven* Geistes mitgedacht oder vorausgesetzt werden.

Wie mehrmals betont, widmet sich der Verfasser *dem* Teil der Hegelschen "Philosophie des Geistes", der sich mit der Persönlichkeit beschäftigt. Hier setzt sich Hegel mit den einschlägigen wissenschaftlichen Beiträgen seiner Zeit auseinander, mit dem Ziel, sie in seine philosophische Theorie aufzunehmen. Jede einzelne Disziplin

---

[11] „Meine Hauptthese ist, daß Hegel sich dabei als ein Philosoph erweist, der klar die Errungenschaften und Grenzen des modernen Zeitalters sieht." S. Avineri, Hegels Theorie des modernen Staates, a. a. O., S. 10. Und an anderer Stelle steht: „In diesem Sinne (Avineri verweist zuvor auf Kant, Montesquieu, Herder und Rousseau) kann Hegel als der erste große politische Philosoph der modernen Gesellschaft angesehen werden." Ebenda.

von der Menschenwelt erforscht ja diese nur unter einem bestimmten Blickwinkel und blendet damit andere aus. Doch jeder Mensch ist ein komplexes, in sich widersprüchliches und sich entwickelndes Ganzes. So ist er Körper, Seele, Bewusstsein, Selbstbewusstsein und Geist (im engeren Sinn des Wortes) zugleich und entfaltet sich, teils durch die Gegebenheiten seiner allgemeinen und besonderen Natur, teils durch besondere soziale, kulturelle und historische Umstände, in denen er lebt und aufwächst, teils aber auch durch den *eigenen Willen*, die *eigene Tätigkeit* und das *eigene Streben*. Und das Ziel, wohin der einzelne moderne Mensch am Ende strebt und streben soll, das ist, so Hegel, ein *freier* Geist zu werden, und ein solcher wird er, ihm zufolge, vollends dann, wenn er im modernen Individualrecht, in der Moralität und der Sittlichkeit, d. h. in der modernen Familie, der modernen bürgerlichen Gesellschaft, ungeachtet ihrer Widersprüche, und erst recht im modernen Rechts- und Verfassungsstaat seine Freiheit erkennt, sie auch will und demgemäß handelt. Doch auf dieser Stufe mündet, wie erwähnt, die Theorie des subjektiven in die des objektiven Geistes, also die Theorie der Persönlichkeit in die Theorie der modernen Gesellschaft ein, die nicht mehr Thema dieser Studie ist.

Ein kurzer Blick auf die Zeit, in der Hegels "Enzyklopädie der philosophischen Wissenschaften" entstand und veröffentlicht wurde (erste Ausgabe 1817, zweite 1827 und dritte 1830), zeigt den sozialen und kulturellen Wandel, der sich in Westeuropa und damit auch, wenn auch teilweise langsamer, in Deutschland vollzog. Beschleunigende Ereignisse und Vorgänge waren die politische Revolution in Frankreich (und die napoleonischen Kriege) sowie die industrielle Revolution in England. Beiden Revolutionen ging eine geistige voraus oder diese war, mehr noch, eine der Triebkräfte jener Wandlungen: der Geist der Aufklärung, dem sich allerdings, zumal in Deutschland, der Geist der Romantik entgegenstellte. Resultat dieses Wandels waren Entstehen und Entwicklung des modernen Rechts- und Verfassungsstaates, der modernen bürgerlich-kapitalistischen Gesellschaft, der modernen Familie und der Trennung von Staat und Religion. Dieser Wandel von

Geist und Gesellschaft musste die Lebenswelt jedes Zeitgenossen in Westeuropa und in Deutschland bestimmen und so auch fortschreitend das Denken des 1770 in Stuttgart geborenen Hegel.[12] Das Ergebnis der wissenschaftlichen Auseinandersetzung Hegels mit diesem Aufbruch Westeuropas in eine neue Zeit war schließlich die "Philosophie des Geistes" und damit die Theorie des subjektiven Geistes, der modernen Persönlichkeit. Konnte er bei der Bearbeitung dieses Themas einerseits auf die vorhandene wissenschaftliche Literatur zurückgreifen, so verzichtete er doch andererseits gewiss nicht darauf, sich selbst zu beobachten, anzuschauen und zu reflektieren sowie seine Aufmerksamkeit auch auf das Verhalten *der* Menschen zu richten, mit denen er sein Leben unmittelbar teilte oder denen er begegnete. Zumal das eigene innere Leben und seine Äußerungen dem Einzelnen ja nichts Fremdes sind; er erlebt sich selbst im Verkehr mit anderen und damit auch die anderen. So erlebt er sich selbst als empfindende und fühlende Seele, als schlafend und träumend in der Nacht und als wach am helllichten Tag und zudem in einem bestimmten Lebensalter. Ferner erlebt er sich in einem bestimmten Selbstgefühl, z. B. Stolz, Eitelkeit, in Gewohnheiten gefangen, oder er erlebt seine Befreiung von ihnen. Er erlebt aber nicht nur sein Inneres, sondern auch die ihm äußere Welt, von der er sich als ein Ich abgrenzt. So nimmt er seinen Körper als ein ihm Äußeres ebenso wahr wie die vielen Dinge von denen er umgeben ist oder die auf ihn einwirken, und er versucht Zusammenhänge, Ursachen und Gesetze zu erkennen, und die Bedeutung der Sprache in diesem Tun bleibt ihm nicht fremd. Jeder Einzelne hat auch eine Vorstellung vom Kampf des Menschen mit dem

---

[12] „In diese einsame, theologische Arbeit drangen neue Ideen. Sie stammten nicht aus den Hörsälen der Universität: die großen Vorgänge draußen in der Welt kamen unaufhaltsam auch in die klösterliche Stille des Stifts, und sie weckten in den begabtesten Schülern eine Bewegung, die sie innig verband und einen gemeinsamen Enthusiasmus für den heranbrechenden neuen Tag des Geistes hervorrief." Wilhelm Dilthey, Die Jugendgeschichte Hegels, 5. Aufl., Stuttgart 1974, S. 11., in: Ders., Gesammelte Schriften, IV. Bd.

Menschen, so vom Kampf um Anerkennung, von Herrschaft und Knechtschaft sowie vom Zustand gegenseitiger und allgemeiner Anerkennung. Einzelne Persönlichkeiten benutzen ferner mit Vorbedacht die Ergebnisse wissenschaftlichen Denkens als Mittel für ihr Handeln, wissen sich selbst als Erkennende der objektiven Welt, erleben sich als getrieben, diese in rationaler Weise zu ihrem eigenen Vorteil zu verändern oder haben, sich als "freie Geister" wissend, den Willen, für die Freiheit in Staat und Gesellschaft aktiv einzutreten.

Doch das, was jedem bekannt ist, ist, "weil es *bekannt* ist nicht *erkannt*" (Hegel) [13], und die Tätigkeit, von Worten, die bloß mit Ahnungen, Gefühlen und Vorstellungen verbunden sind, zu Gedanken und Theorien zu kommen - das ist die Aufgabe einerseits des "abstrakten", einzelwissenschaftlichen Denkens und andererseits der Philosophie, die in einem weiteren Schritt, die einzelnen vom Verstand voneinander getrennten Theorien aufhebt, um sie sodann nach Hegel in die Entfaltung der Idee des Geistes auf dem Wege des reinen ("dialektischen") Denkens aufzunehmen. Denn, so Hegel, das "Wahre ist das Ganze", d. h. das Wahre ist nur durch die Entfaltung der Gesamtheit der Erkenntnis zu fassen, die durchlaufen werden muss.[14] Doch so sehr sich Hegel in seinem "denkenden Erkennen der Idee des Geistes", also seiner "Philosophie des Geistes", weit von dem entfernt, was jeder Einzelne unmittelbar an sich selbst erlebt, wahrnimmt oder von sich selbst versteht, so sehr öffnet er den Weg zu einer wahren Selbsterkenntnis, zumal des modernen Menschen und gibt damit dem Einzelnen eine wissenschaftlich begründete Richtschnur für sein Verhalten und Handeln in der modernen Welt. Hinzukommt, dass manche Teile seiner theoretischen Darstellung darüber hinaus für jeden therapeutisch interessant sind, indem sie zeigen, dass die wissenschaftliche Selbstreflexion eines Individuums dasselbe von

---

[13]Ders., Phänomenologie des Geistes, in: Hegel Werke, Bd. 3, Frankfurt a. M. 1970, S. 35.

[14]E. Metzke, Hegels Vorreden, Phänomenologie, a. a. O., S. 167.

manch einem Übel schützen oder von manch einer Fessel in seinem Inneren befreien kann.

Hegel hat seine Theorie der Persönlichkeit in der sich entwickelnden Moderne hervorgebracht. Manch eine Erkenntnis oder Formulierung Hegels war und musste notwendigerweise zeitbedingt sein; sollte doch seine Theorie keine leere Spekulation sein, sondern die Wirklichkeit, wie sie sich herausbildete, erfassen. Folglich wird man bei ihm z. B. noch nicht den weiteren Fortschritt in der Befreiung der Frau, wie er vor allem in der zweiten Hälfte des 20. Jahrhunderts stattfand, vorfinden. Seine Theorie verharrt noch auf der bürgerlichen Kernfamilie, ihrer Arbeitsteilung und der formalen Privilegierung des Ehemanns, wie sie sich im 19. Jahrhundert entwickelte und noch bis in das zwanzigste Jahrhundert zu den Selbstverständlichkeiten zählte. Nichtsdestoweniger waren die Struktur der modernen bürgerlichen Familie, damit das Verhältnis zwischen Mann und Frau, ein Fortschritt gegenüber der Familienstruktur und dem Verhältnis zwischen Mann und Frau im vorangehenden Feudalsystem und im Übergang zum modernen Zeitalter.

Im Folgenden eine Übersicht zu Hegels Theorie des subjektiven Geistes, der Persönlichkeit: Die Gliederung der Theorie beruht auf der Einheit von zwei verschiedenen methodischen Gesichtspunkten. Ist der *eine* Gesichtspunkt die *fertige* Persönlichkeit, so ist der *andere* die *Entwicklung* derselben. So ist nach Hegel einerseits jeder Einzelne als ein vollendetes Ganzes zugleich *Seele*, *Bewusstsein*, *Selbstbewusstsein* und *Geist*. Andererseits steigt, ihm zufolge, jeder Einzelne als ein werdendes Subjekt diese vier Entwicklungsstufen empor. Hegels Auseinandersetzung mit dem subjektiven Geist, schließt zwei Perspektiven ein, nämlich die *objektive* Perspektive, d. h. die Betrachtung der Persönlichkeit von außen, und die *subjektive* Perspektive, d. h. die Betrachtung der Persönlichkeit von innen.

Der Begriff des Geistes:

Grundprinzip und Ausgangspunkt von Hegels „Philosophie des Geistes" ist die *„Idee des Geistes"*, die für ihn das *„Absolute"*, so wie für die „Materialisten" die „Materie" das *„Absolute"* ist. Die Idee ist Subjekt und Objekt zugleich und das eine wie das andere ist der *„Begriff"*. Doch im Übrigen unterscheidet Hegel zwischen der Idee einerseits und dem Begriff andererseits. Unter diesem versteht Hegel jedoch nicht bloß ein Mittel, mit dem sich ein Subjekt die Dinge denkend aneignet, sondern ein den Dingen selbst innewohnendes Prinzip, das das denkende Ich entdeckt und in seinen *subjektiven* Begriff aufnimmt. Der Begriff als ein subjektiver erfasst also den Begriff als einen objektiven, ist mit diesem identisch, Denken und Sein bilden eine Einheit. Der (philosophische) Begriff der Idee schließt demgegenüber ein Subjekt ein, das einem Objekt gegenübersteht und mit diesem eine Einheit bildet. Nach Hegels Begriff des Geistes steht dieser der Natur gegenüber, die für jeden zunächst seine Voraussetzung zu sein scheint, doch ihr gegenüber ist nach Hegel der Geist das *Erste*; ist *er* es doch, der die Natur als das Andere seiner selbst setzt, um am Ende diese Setzung, diese seine „äußerste Entäußerung", in seiner „Philosophie der Natur" wieder aufzuheben. Die philosophische Theorie, einmal hervorgebracht, steht für Hegel nicht *neben* der in ihr erfassten Welt, sondern sie *ist* die Welt. Zum Begriff des Geistes gehört die Idealität; die Tätigkeiten des Geistes sind nach Hegel nur verschiedene Weisen der Zurückführung des Äußerlichen zum Innerlichen, die der Geist selbst ist, und nur *dadurch* ist er Geist. Die erste und einfachste Bestimmung des Geistes ist, dass er *Ich* ist, und dieses ist ein vollkommenes Einfaches und Allgemeines. Der Mensch erhebt sich, anders als das Tier, so Hegel, über die Einzelheit der Empfindung zur *Allgemeinheit* des Gedankens, zum Wissen von sich selbst, zum Erfassen seiner Subjektivität, seines Ichs; erst der Mensch ist der denkende Geist und eben dadurch unterscheidet er sich von der Natur. Das *Wesen* des Geistes ist deshalb nach Hegel formal die *Freiheit*. Deshalb kann er von allem Äußerlichen und sogar von seiner eigenen Äußerlichkeit, seinem Dasein, abstrahieren.

A. Die Anthropologie - Die Seele

Das, was Hegel unter dem Titel „Anthropologie" einordnet, umfasst ein Wissen, das heutzutage mehreren Disziplinen vom Menschen, so der Psychologie, zugeordnet wird. Dabei ist zu beachten, dass Hegel eine Theorie vorlegt, die den menschlichen Geist als ein Ganzes erfassen soll, und von dieser ist die hier im Mittelpunkt stehende Theorie des subjektiven Geistes (oder der Persönlichkeit) nur ein Abschnitt, eine „Abteilung" (ders.). Sie beginnt mit der Seele, die nach Hegel nicht nur für sich immateriell, sondern die allgemeine Immaterialität der Natur, das einfache *ideelle* Leben der Natur, ist. Die Seele ist für ihn die „Substanz", die absolute Grundlage sowohl des *Bewusstseins* (wo der Geist, das Ich, auf einen von ihm selbst gesetzten, äußeren Gegenstand bezogen ist, ohne sich über diese Setzung Rechenschaft abzulegen) als auch des *Geistes* (wo das Ich, z. B. des Wissenschaftlers, weiß, dass es sich in seinem Gegenstand nur auf sich selbst bezieht). So hat der Geist, also das Ich, Hegel zufolge, den ganzen „Stoff", dessen, wozu er bestimmt ist, in der Seele, so dass sie die „durchdringende, identische Idealität" (ders.) seiner Bestimmung bleibt. Durch den Geist bekommt jedoch die Seele erst ihre *"Form"*, z. B. die (Denk-)Formen des Bewusstseins. Gleichwohl bleibt die Seele dasjenige, was den Geist als eine Innerlichkeit durchdringt.

1. Die natürliche Seele

Die Seele als natürliche oder „seiende" hat nach Hegel „natürliche Qualitäten" an sich. Als eine Subjektivität verhält sie sich zu diesen Beschaffenheiten *nicht* wie zu Äußerlichkeiten; nur für das *Bewusstsein* sind sie Naturgegenstände. Diese natürlichen Beschaffenheiten sind nicht in der Seele ein für alle Mal fest verankert, vielmehr können sie überwunden werden, ohne dass dadurch die Seele als Subjekt verschwindet. Die natürliche Seele lebt das allgemeine Leben auf der Erde mit, mit den Klimaunterschieden und dem Wechsel der Jahres- wie der Tages- und Nachtzeiten. Sie wird von diesem allgemeinen Leben bis zu einem gewissen Grad determiniert, doch nicht so weitgehend wie Tier und Pflanze. Das Leben der Menschen auf der Erde spezifiziert sich in den einzelnen geographischen Weltteilen, so in verschiedene Lokal-, Volks- und Nationalgeister (-kulturen), Verschiedenheiten, die nicht mit der Seele des Einzelnen so fest verbunden sind, dass er sich nicht von ihnen befreien könnte. Sodann vereinzelt sich die Seele auf der Grundlage von Temperament, Talent, Charakter, äußerer Erscheinung und Idiosynkrasien von Familien. Solche natürlichen Qualitäten mögen zwar in den einzelnen Seelen angelegt sein, doch determinieren sie nicht unbedingt das Leben des Einzelnen. So kann dieser sein Temperament zügeln, sein Talent ungenutzt lassen oder seinen Charakter entwickeln. Der Einzelne verändert sich seelisch, geistig und körperlich im Verlauf seines Lebens, wobei er, als das Subjekt in diesen Veränderungen, verharrt. Zu diesen Veränderungen gehören die sich abwechselnden Zustände des Schlafes und des Wachseins, und dieser Zustand bildet den Übergang zur *Empfindung,* zur *dritten* Stufe, innerhalb der natürlichen Seele. Die Empfindung ist die Form des „dumpfen Wesens des Geistes" (ders.) in seiner *bewusst-* und *verstandeslosen* Individualität, in der *alle* Bestimmtheit noch ganz *unmittelbar* und hinsichtlich ihres Inhalts und des Gegensatzes zwischen dem Objektiven und dem Subjektiven noch *unentwickelt* ist. Die Empfindung fällt demnach noch nicht in den Bereich des *Bewusstseins,* in dem sich ein Subjekt und ein Objekt gegenüberstehen, ihr Inhalt ist beschränkt und flüchtig. Alles ist jedoch, so Hegel, in der *Empfindung* und alles, was im *geistigen Bewusstsein* und in der *Vernunft* hervortritt, habe *Quelle* und *Ursprung* in eben der *Empfindung.* Ihr Inhalt kann entweder von der *Außenwelt* oder von dem *Inneren* der Seele (z. B. Zorn, Neid usw.) stammen.

Die Entwicklung der Seele hin zum Ich des (*objektiven*) Bewusstseins, ist, wie Hegel im Übergang zur *fühlenden* Seele ausführt, als ein

Befreiungskampf der Seele gegen die Unmittelbarkeit ihres substanziellen Inhalts (natürliche Qualitäten usw.) zu begreifen. Sie müsse sich in diesem Kampf zu *dem* machen, was sie *an sich* ist, nämlich zu einem *Ich,* als eine sich auf sich beziehende einfache Subjektivität. Hegel skizziert hierzu *drei* Entwicklungsstufen, nämlich die Stufe des *Durchträumens* und des *Ahnens* (z. B. Schlafwandeln und Hellsehen), dann die Stufe der *Verrücktheit,* auf der die Seele mit sich selber entzweit ist (einerseits ist sie ihrer schon mächtig und andererseits ist sie es nicht, weil sie in einer Besonderheit, z. B. in einer „fixen Idee", gefangen gehalten wird) und schließlich die Stufe des Bewusstseins, auf der die Seele die Herrschaft über ihre Naturindividualität, ihre Leiblichkeit, gewinnt, den Körper zu einem gehorsamen Diener macht und sich den *nicht* zu ihrer Leiblichkeit gehörenden Inhalt ihrer substanziellen Totalität (der natürlichen Seele: natürliche Qualitäten usw.) als objektive Welt aus sich herausstellt. Hat die Seele dieses Ziel erreicht, dann tritt sie in der „abstrakten Freiheit des Ich" (ders.) hervor und wird damit *Bewusstsein.*

2. Die fühlende Seele

Empfindungen sind ganz unmittelbar; ihre Inhalte werden vom Subjekt schlechthin vorgefunden, sind einzelne, vorübergehende, flüchtige Inhalte. Ebenso unmittelbar und unwillkürlich sind die *Gefühle,* die sich als „Stellungnahmen" auf die Empfindungen beziehen. Demnach sind nach Hegel die *Gefühle* von den *Empfindungen* deutlich zu unterscheiden, wenn auch im üblichen Sprachgebrauch diese Unterscheidung häufig nicht gemacht wird. Hegel zufolge kann man den Unterschied zwischen beiden darin sehen, dass die *Empfindung* eher auf die Passivität, eben das bloße *Finden,* während das *Gefühl* eher auf die „Selbstischkeit" (Selbstbezogenheit) des Individuums hinausläuft. Jedenfalls steht die *fühlende* Seele in Hegels Verständnis der *empfindenden* Seele *gegenüber.* So schließt (grenzt) die individuelle Seele aus und setzt den so entstandenen Unterschied (die Differenz) in sich selbst; dasjenige, von dem die *fühlende* Seele sich unterscheidet, ist aber noch nicht ein äußeres Objekt, wie im Fall des *objektiven* Bewusstseins, sondern es sind die Bestimmungen der *empfindenden* Seele. Demnach könnte man hier von einem *„subjektiven* Bewusstsein" sprechen, indem die Empfindungen als das Vorgefundene an die Stelle des *Objekts*, während die Gefühle an die Stelle des *Subjekts*, gesetzt werden. Es handelte sich hierbei um ein vor-*sprachliches* Bewusstsein im Gegensatz zu einem *„objektiven* Bewusstsein", das die Sprache voraussetzt. Die fühlende Seele als eine Stufe des Geistes ist denn auch, so Hegel, die Stufe seiner „Dunkelheit" (ders.), weil sich die Bestimmungen der Seele nicht zu einem *bewussten* und *verständigen* Inhalt entwickeln. Interessant sei die Stufe insofern, da sie als ein Zustand erscheine, in den die schon zum (objektiven) Bewusstsein gelangte Entwicklung eines Menschen wieder zurückfallen könne, so dass dieser *krank* werde.

Die fühlende Seele in ihrer „Unmittelbarkeit" (oder an ihrem Anfang, z. B. im noch ungeborenen Kind) ist nach Hegel noch nicht ein *Selbst*, ein *in sich reflektiertes Subjekt*, und das Individuum ist deshalb nur *passiv*. Somit ist die auf ein Selbst bezogene Individualität des noch passiven Individuums ein von ihm *verschiedenes* Subjekt, das ein *anderes* Individuum (z. B. die Mutter des noch ungeborenen Kindes) sein könne, welches das passive Individuum, ohne auf Widerstand zu stoßen, beherrscht. Dieses Subjekt kann, so Hegel, dessen *„Genius"* (Schutzgeist u. a.) genannt werden. Wenn zwei Individuen sich in einer ungetrennten Seeleneinheit befinden und eines von den beiden als das Selbst, das Subjekt, des anderen, fungiert, dann spricht Hegel von „Genius" und denkt dabei auch an das Verhältnis zwischen Freunden, Eheleuten und Mitgliedern von Familien im bewussten und besonnenen Leben.

Die *erste* Entwicklungsstufe oder Entwicklungsform der in ihrer individuellen Welt gefangenen Seele ist nach Hegel, wie erwähnt, das *„Durchträumen und Ahnen",* eine Form, in die aber auch der zu Bewusstsein und Verstand entwickelte Geist wieder zurückfallen kann und deshalb krank wird. Das auf dieser Stufe noch dumpfe, *subjektive* oder ahnende Bewusstsein besteht, ihm zufolge, noch nicht, wie auf der *zweiten* Stufe der fühlenden Seele, der Stufe der Verrücktheit, in einem Gegensatz zum *objektiven* Bewusstsein, zum Verstand. Um jene Entwicklungsstufe zu verdeutlichen, führt Hegel den Begriff der *„Magie"* ein, bei der es darum geht, dass der Geist *eines* Menschen auf eine „vermittlungslose" Art und Weise auf den Geist eines *anderen* Menschen oder auf ein Tier einwirkt. Die vermittlungsloseste Magie ist diejenige, die der individuelle Geist auf seinen Körper ausübt. Hegel sieht *zwei* Formen des „magischen Verhältnisses", spricht bei der *einen* von einer nur *„formalen Subjektivität"* und sieht in *dieser* Form *drei* Zustände, nämlich das *natürliche Träumen,* sodann das *Leben des Kindes im Mutterleib* und schließlich das Verhalten unseres *bewussten Lebens zu unserem geheimen inneren Leben,* zu unserer *geistigen* Natur, zu *dem,* was Hegel den *„Genius des Menschen"* (im Sinne einer *„inneren* Führung", d. Verf.) nennt.

Bei der *zweiten* Form des magischen Verhältnisses, nach Hegel, die *krankhafte* Form, die er als *„reale Subjektivität"* bezeichnet, nennt er *fünf* Hauptmomente, nämlich den Somnambulismus, die Nostalgie, das Hellsehen, die hypnotischen Beziehungen und das Einschlafen der Sinnesorgane. Es handelt sich hierbei um ein *gestörtes* Seelenleben, dem Hegel das *Begreifen,* die *verständige Reflexion,* gegenüberstellt, die nach den *Vermittlungen* zwischen den Erscheinungen, nach Verstandesgesetzen, Kausalität und Grund fragt. „Real" nennt Hegel diese Subjektivität, weil hier, im Gegensatz zur „formalen Subjektivität", ein wirklich *zweifaches* Seelenleben hervortritt, das seine beiden Seiten zu einem eigentümlichen Dasein entlässt. Sei die *eine* dieser beiden Seiten das *unvermittelte* („direkte") Verhältnis der fühlenden Seele zu ihrer individuellen Welt und deren substanzieller Wirklichkeit, so sei die *andere* Seite dagegen die (durch Tätigkeiten von Bewusstsein und Geist) vermittelte Beziehung der Seele zu ihrer in einem objektiven Zusammenhang stehenden Welt. Würden sich diese beiden Seiten jedoch voneinander *trennen* und gegeneinander *selbständig* machen, dann müsste man, so Hegel, dies eine *Krankheit* nennen. Es geht hier also um *Krankheitszustände*, die dadurch entstehen, dass sich das *Seelische* vom *geistigen* (objektiven, Sprache einschließenden) Bewusstsein trennt. In dieser Trennung zeigt sich im Seelenleben nach Hegel ein unmittelbares, fühlendes, eben ein vermittlungsloses Wissen, und er nennt solche Erscheinungen, wie die Metall- und Wasserfühler, das Schlafwandeln, das Ahnen oder das *schauende* Wissen von etwas, was räumlich oder zeitlich vom Individuum entfernt ist. Solche Erscheinungen können sowohl bei körperlich *kranken* als auch bei *gesunden* Menschen auftreten. In beiden Fällen handelt es sich nach Hegel um „Naturzustände", sie können aber auch *absichtlich*, so durch *Hypnose*, hervorgerufen werden, der er eine besondere Beachtung schenkt.

Das Selbstgefühl

Die *fühlende* Seele besteht nach Hegel darin, sich in sich selbst zu differenzieren, und so hat sie *besondere* Gefühle und ist mit Bezug auf diese Gefühle *Subjekt*. Und als ein Subjekt setzt sie die besonderen Gefühle als ihre Gefühle in sich, versinkt in ihnen, verschmilzt mit ihnen, schließt sich in ihnen mit sich, so Hegel, zu einem „subjektiven Eins" (ders.) zusammen und ist auf diese Weise *Selbstgefühl,* das, ihm zufolge, nur in einem *besonderen* Gefühl (z. B. Eitelkeit, Stolz, Selbsthass, Minderwertigkeitsgefühl, Größenwahn) enthalten ist. Da zunächst nach Hegel die Leiblichkeit im Selbstgefühl noch ungetrennt vom Geistigen enthalten und weil das Gefühl selbst ein besonderes und damit eine „partikulare Verleiblichung" (ders.) ist, kann das Subjekt, obwohl es schon zum *verständigen* Bewusstsein aufgestiegen ist, noch *krank* werden, und zwar *dann*, wenn es das *besondere* Gefühl auf dem Weg von Wahrnehmung und Verstand *nicht* verarbeitet und überwindet. Das Subjekt gerät dann in einen Widerspruch zwischen der in seinem Bewusstsein systematisierten Welt einerseits und dem in ihm beharrenden besonderen Selbstgefühl (z. B. im Gefühl der Eitelkeit) andererseits und folglich in den Zustand der *Verrücktheit.* In einem solchen Zustand ist das Seelische im Verhältnis zum *objektiven*

Bewusstsein (Wahrnehmung und Verstand) nicht nur ein Verschiedenes, sondern ein dem objektiven Bewusstsein *Entgegengesetztes.* Als Arten des verrückten Zustandes nennt Hegel den Blödsinn, die Zerstreutheit und die Faselei, ferner die Narrheit und schließlich den Wahnsinn. Zugleich verweist er auf die Möglichkeit, diesen verrückten Zustand erfolgreich zu behandeln, indem der *aufgeklärte* Seelenarzt davon ausgeht, dass in den Kranken jeweils noch ein Rest an *Vernunft* vorhanden ist und als Grundlage einer Heilung herangezogen werden kann.

Methode

Wie Hegel zu Beginn seiner Anthropologie ausführt, müsste notwendigerweise mit dem noch natürlichen Geist (der natürlichen Seele) die philosophische Betrachtung des subjektiven Geistes beginnen und, wie aus dem entwickelten Begriff der Verrücktheit hervorgeht, sollte einleuchten, weshalb die Verrücktheit *vor* dem gesunden, verständigen Bewusstsein abgehandelt wird, obwohl sie den Verstand zur Voraussetzung hat. Um diesen Fortgang von einem *Abstrakten* zu einem *Konkreten* zu verdeutlichen, verweist Hegel auf seine *Rechtsphilosophie,* wo ein ähnlicher Fortgang stattfindet. So beginnt Hegel dort auch mit einem *Abstrakten,* nämlich mit dem Begriff des *Willens,* schreitet von dort aus zur Idee des *abstrakten* (privaten, individuellen) *Rechts* und im Weiteren zu den Ideen der *Moralität* und der *Sittlichkeit:* zunächst Familie und bürgerliche Gesellschaft, fort, um schließlich bei der Idee des *freiheitlichen Staates* anzukommen. Doch muss der so begriffene Staat von vornherein im Gang der Theoriebildung vorausgesetzt werden, gleichwohl darf man mit ihm, dem Konkretesten, nicht beginnen.

Die Gewohnheit

Indem die Seele sich zu einem „abstrakten allgemeinen Sein" (Hegel) macht und das Besondere der Gefühle, auch des Bewusstseins, zu einer nur *seienden* Bestimmung an ihr reduziert, wird sie, ihm zufolge, zur *Gewohnheit.* Die Seele hat so den Inhalt einer Gewohnheit in ihrem Besitz und enthält ihn in *der* Weise, dass sie in den seienden Bestimmungen weder empfindend ist noch sich von ihnen unterscheidet und in einem Verhältnis zu ihnen steht, noch in sie versenkt ist, sondern sie *empfindungs- und bewusstlos* an sich hat und sich in ihnen bewegt. So ist die Seele in der *Gewohnheit*, ihm zufolge, *frei* von den Gefühlen und Empfindungen sowie vom Bewusstsein, indem sie an ihnen weder interessiert noch mit ihnen beschäftigt ist. Indem die Seele in den Gewohnheiten (z. B. bei der täglichen Arbeit) existiert, bleibt sie zugleich für eine weitere Tätigkeit und Beschäftigung sowohl der Empfindung als auch des Bewusstseins, des Geistes überhaupt, bereit. Dieser Vorgang, in dem sich das Besondere oder das Leibliche der Gefühle und Empfindungen in das *Sein* der Seele einprägt, erscheint, so Hegel, als eine *Wiederholung* und die *Erzeugung* der Gewohnheit als eine *Übung.* Die Gewohnheit ist, ihm zufolge, wie das Gedächtnis, ein wichtiger Punkt in der Organisation des Geistes und hat *drei* Formen: Die *eine* besteht darin, dass die *unmittelbare Empfindung* negiert und als *gleichgültig* gesetzt wird (z. B. Abhärtung gegenüber äußerlichen Empfindungen wie Frost, Hitze usw.); die *andere* darin, dass gegenüber der *Befriedigung* (von Trieben oder Bedürfnissen) eine *Gleichgültigkeit* eintritt, und die *dritte* besteht in der *Geschicklichkeit.* Indem die einzelnen Tätigkeiten durch *wiederholte Übung* den Charakter einer Gewohnheit und die Form eines Inhalts erhalten, der in die *Erinnerung*, also in die Allgemeinheit des geistigen Inneren aufgenommen wird, bringt die Seele in ihre Äußerungen eine allgemeine Weise des Tuns, eine *Regel*, ein.

3. Die wirkliche Seele

Die Seele in ihrer Leiblichkeit, die sie gestaltet und sich zu eigen gemacht hat, so in der *Gewohnheit,* ist nach Hegel, ein einzelnes Subjekt für sich. Die Leiblichkeit sei so die Äußerlichkeit als Prädikat, in dem das Subjekt sich nur auf sich selbst bezieht, eine Äußerlichkeit, die ein *Zeichen* der Seele sei, in der sie sich aber nicht selbst vorstelle. Die Seele ist, ihm zufolge, die *Identität* des *Inneren* mit dem *Äußeren* (der äußeren Erscheinung), das dem *Inneren* unterworfen ist, und so ist sie *wirklich.* Zum menschlichen Ausdruck gehört die Bildung, insbesondere der Hand, des „absoluten Werkzeugs" (ders.), des Mundes, ferner das Lachen, das Weinen usw. Für den Geist ist die Gestalt eines Menschen nur seine *erste* Erscheinung, es ist aber die *Sprache*, in der dieser sich vollkommener ausdrückt; noch mehr erkannt wird er jedoch aus seinen *Handlungen* heraus.

Die *wirkliche Seele* bildet nach Hegel den *dritten* und *letzten* Hauptabschnitt der Anthropologie. Hat diese im *ersten* Hauptabschnitt mit der nur seienden, von ihrer Naturbestimmtheit noch ungetrennten Seele (der *natürlichen* Seele) begonnen, so setzt sie sich im *zweiten* Abschnitt mit der Seele fort, die ihr unmittelbares (*natürliches*) Sein von sich abtrennt, so zur für sich seienden, also zur *fühlenden* Seele übergeht, und gelangt im *dritten* Hauptabschnitt bei der Seele, die sich aus jener Trennung zur vermittelten *Einheit* mit ihrer *Natürlichkeit* entwickelt hat; es ist, so Hegel, *die in ihrer Leiblichkeit* auf konkrete Weise *für sich seiende*, eben die *wirkliche* Seele. Den Übergang zu dieser Entwicklungsstufe bildet die *Gewohnheit,* und ein *weiterer* Schritt über die *wirkliche* Seele hinaus führt zum *Ich*, zum *Bewusstsein.*

B. Die Phänomenologie des Geistes - das Bewusstsein

1. Das Bewusstsein

Das Bewusstsein hat, wie erwähnt, die Sprache zu seiner Voraussetzung, auch wenn diese erst später, in den Ausführungen zum *Geist*, also zur *Psychologie* wie Hegel sie versteht, behandelt wird. Das Bewusstsein ist nach Hegel die Stufe der Reflexion oder die Stufe, auf der der Geist in *Erscheinung* tritt. Deshalb nennt sich auch, ihm zufolge, dieses Theoriestück „Erscheinungslehre des Geistes". Es beginnt mit *dem*, womit die Anthropologie geendet hat, mit dem *Ich.* Das Ich ist laut

Hegel, die „unendliche Beziehung des Geistes auf sich, aber als *subjektive, als Gewissheit seiner selbst*". Die natürliche Seele ist zu dieser reinen ideellen Identität mit sich aufgestiegen, und der Inhalt der natürlichen Seele, so ihre Empfindungen, ist für diese „für sich seiende Reflexion" (ders.) *Gegenstand*. Mit anderen Worten, dem Ich als ein Wissenssubjekt steht der von ihm selbst konstituierte Gegenstand gegenüber, den es als ein ihm Äußeres setzt, ohne sich über diesen Vorgang Rechenschaft abzulegen. Die „reine abstrakte Freiheit für sich" (ders.), also das Ich des Bewusstseins, entlässt das Naturleben der Seele, als ebenso frei, nämlich als ein *selbständiges Objekt*, aus sich; von diesem Objekt als ein ihm *Äußeres* weiß das Ich zunächst, und auf diese Weise ist es *Bewusstsein*. Ich als diese absolute Negativität, dieses alles von sich Ausschließende, ist, so Hegel, *an sich* die Identität in dem *Anderssein*, also in dem Gegenstand. Ich ist es selbst, das über das Objekt als ein *an sich* Aufgehobenes hinausgreift und ist zugleich sowohl *eine* Seite des Verhältnisses als auch das *ganze* Verhältnis, eben *Bewusstsein*. Dieses hat nach Hegel drei Stufen oder Formen:

Das sinnliche Bewusstsein

Diese Form des Bewusstseins ist, Hegel zufolge, ganz unmittelbar, die Bezogenheit des Ichs auf seinen Gegenstand und die einfache, noch unvermittelte *Gewissheit*, dass er *ist*. Der Gegenstand ist also als *seiender*, als *in sich reflektierter*, d. h. er wird durch Kategorien, mit denen das Subjekt an den „sinnlichen Stoff" herantritt und ihn, ohne sich darüber Rechenschaft abzulegen, als Gegenstand konstituiert, und als unmittelbar *einzelnen* bestimmt. Das Bewusstsein als ein Verhältnis zwischen dem Ich und seinem Gegenstand enthält nach Hegel nur die dem abstrakten Ich angehörenden Kategorien, die für das Ich Bestimmungen des Gegenstandes sind. Deshalb weiß das sinnliche Bewusstsein von dem Gegenstand, Hegel zufolge, nur, dass er ein *Seiender*, ein *Etwas*, ein *existierendes Ding* und ein *Einzelner* ist. Dem Ich erscheint der *Inhalt* des Gegenstandes auf der Stufe des *sinnlichen* Bewusstseins am reichsten, wird doch von ihm noch nichts weggelassen, er ist aber, so Hegel, am ärmsten an Gedanken. Das, womit der Inhalt erfüllt ist, sind die *Empfindungen*.

Das wahrnehmende Bewusstsein

Dieses, über die Sinnlichkeit hinausgegangene Bewusstsein will, so Hegel, den Gegenstand „in seiner Wahrheit nehmen" (ders.), nicht in seiner bloßen Unmittelbarkeit, sondern als *vermittelten*, *in sich reflektierten* und *allgemeinen*. Somit ist er eine „Verbindung von sinnlichen und erweiterten Gedankenbestimmungen (Kategorien, d. Verf.) konkreter Verhältnisse und Zusammenhänge" (ders.). Das *wahrnehmende* Bewusstsein ist seiner Natur nach *selektiv*. Hier tritt nämlich das Ich an seinen Gegenstand mit einer bestimmten Sprache und damit einem bestimmten Bezugsrahmen heran, z. B. mit der Sprache des praktischen Wirtschaftsverkehrs oder der Politischen Ökonomie. Das Wahrnehmen ist nach Hegel der Standpunkt unseres *gewöhnlichen* Bewusstseins und auch mehr oder weniger der *Wissenschaften*, die *Beobachtungen* anstellen und dabei Zusammenhänge feststellen, also der empirischen Wissenschaften. Jedenfalls abstrahiert das Ich, indem es seinen Gegenstand in einer bestimmten Sprache fasst, *unwillkürlich* von allem, was nicht in den Bezugsrahmen dieser Sprache fällt. Da laut Hegel die Wahrnehmung den Gegenstand in seiner *Wahrheit* nehmen will, darf die Sprache, in der er gefasst wird, nicht willkürlich, beliebig oder subjektiv sein, sonst würden die Gegenstände, zumal diejenigen einer Geistes- oder Kulturwissenschaft, verfehlt werden.

Das verständige Bewusstsein

Auf der Stufe des Verstandes ist der Gegenstand des Bewusstseins *Erscheinung* (Manifestation) und nach der Weise, wie er vom Subjekt unwillkürlich in sich reflektiert wird, ist er ein für sich seiendes *Inneres* und *Allgemeines*. Dieses Innere ist nach Hegel die *aufgehobene Mannigfaltigkeit* des sinnlich Gegebenen; andererseits enthält das

Innere deswegen doch diese Mannigfaltigkeit, aber als *inneren einfachen Unterschied*, der in dem Wechsel der Erscheinungen mit sich identisch bleibt. Dieser Unterschied von der Welt der Erscheinungen ist das *„Reich der Gesetze der Erscheinungen*, ihr ruhiges allgemeines Abbild" (ders.), ein Reich, das sich aber nicht neben, hinter den oder jenseits der Erscheinungen befindet, sondern nur in diesen, eben in seinen Manifestationen, gegeben ist. Der Verstand bringt Gesetzeswissenschaften, so z. B. die Politische Ökonomie als Theorie des modernen kommerziellen Wirtschaftslebens, hervor. Der Weg einer solchen Wissensgewinnung verläuft vom Abstrakten zum Konkreten; es ist der Weg der abnehmenden Abstraktion, mit dem Ziel, sich immer mehr dem Gegenstand anzunähern. Doch die Politische Ökonomie zum Beispiel kann ihren Gegenstand, das moderne Wirtschaftsleben in seiner Mannigfaltigkeit, nicht vollständig erreichen, so dass es gilt, den Standpunkt der bloßen „Verstandesökonomie" zu verlassen, um sich nunmehr dem *Leben*, der Welt des Handelns und Strebens der Einzelnen, kurz, dem Selbstbewusstsein, zuzuwenden.

2. Das Selbstbewusstsein

Hier geht es nicht mehr um das Wissen des Ichs von einem ihm fremden Gegenstand, sondern von sich selbst. Die Wahrheit des Bewusstseins, also das, woraus der Prozess des Bewusstseins notwendigerweise hinausläuft, ist das *Selbstbewusstsein*, und dieses ist der *Grund* des Bewusstseins, so dass, Hegel zufolge, jegliches Bewusstsein eines anderen Gegenstandes *Selbstbewusstsein* ist; das Ich weiß von dem Gegenstand, dass er der *seinige*, und zwar *seine* Vorstellung ist, so dass das Ich deshalb von sich etwas weiß. Der Ausdruck vom Selbstbewusstsein lautet: Ich=Ich; es handelt sich nach Hegel nur um eine „abstrakte Freiheit, reine Idealität" (ders.), und, anders als das Ich des Bewusstseins, das einen *Gegenstand* hat, ist dieses Ich *ohne* Realität; hat doch das Ich, das Gegenstand seiner selbst ist, Hegel zufolge, eben *keinen realen Gegenstand*, weil kein Unterschied zwischen dem Gegenstand und dem Ich vorhanden ist.

Hegels Ausführungen zum Selbstbewusstsein des Einzelnen beginnt mit dem *„unmittelbaren, dem abstrakten Selbstbewusstsein"*, das für ihn die *erste* Negation des Bewusstseins ist und das folglich noch mit einem *äußerlichen Objekt*, das formal das Selbstbewusstsein negiert, behaftet ist. Es ist also zugleich Bewusstsein, damit noch die vorangehende Stufe und enthält so einen *Widerspruch*. Indem das Bewusstsein im *Selbstbewusstsein* an sich schon aufgehoben ist, so ist *dieses*, als *Gewissheit seiner selbst* gegenüber dem (ihm äußeren und fremden) Objekt, der *Trieb* (der Drang), *das* zu setzen, was es *an sich* ist, nämlich dem zunächst noch *abstrakten* Wissen (des Ichs) von sich selbst *Inhalt* und *Objektivität* zu geben und umgekehrt, sich von seiner *Sinnlichkeit* (der bloßen Begierde) zu befreien, die gegebene Objektivität aufzuheben und mit sich identisch zu setzen. In diesem Prozess sieht Hegel *drei* Entwicklungsstufen, nämlich das *begehrende*, das *anerkennende* und das *allgemeine* Selbstbewusstsein. Die *erste* Entwicklungsstufe ist von der Begierde, ihrer Befriedigung und der damit einhergehenden Negation des Objekts, die *zweite* ist vom Kampf um Anerkennung, Unterwerfung, Herrschaft und Knechtschaft und deren Überwindung durch den arbeitenden Knecht und die *dritte* von dem allgemeinen sittlichen Grundgebot bestimmt, wonach ein Ich als Selbstbewusstsein jeden Mitmenschen gleichermaßen als ein Selbstbewusstsein, als ein freies und selbständiges Ich, anerkennen soll und damit seinerseits zu Recht beanspruchen kann, ebenfalls als ein solches anerkannt zu werden.

3. Vernunft und Geist

Vernunft ist die *dritte* Stufe nach dem *Bewusstsein* und dem *Selbstbewusstsein*. Als „an und für sich seiende Wahrheit" (Hegel) ist sie, ihm zufolge, die „einfache *Identität* der Subjektivität des (durch Wissenschaft enthüllten, d. Verf.) Begriffs und der *Objektivität* und

Allgemeinheit". Als eine „Allgemeinheit" ist die Vernunft bereits im *Objekt,* aber auch im Subjekt des Bewusstseins (z. B. in der Wahrnehmung) gegenwärtig. Aber an *dieser* Stelle, also auf der *dritten* Stufe, ist sowohl das Objekt, das *allgemein* ist, das Ich durchdringt und befasst, als auch das reine *Ich*, der reinen Form, gemeint, die über das Objekt hinausgreift und es in sich befasst. Zum Beispiel befassen den Physiker Atome und Moleküle, den Sozialwissenschaftler Handlungen und soziale Systeme als durch rein wissenschaftliches Denken konstituierte Objekte. Demgegenüber steht die „Wissenschaft der Logik", das vom konkreten Inhalt absehende, *reine* Erkennen, das also nicht mehr auf ein besonderes Objekt, wie es jeweils in den einzelnen theoretischen Disziplinen hervorgebracht wird, abzielt, sondern die reine, allgemeine Form aller besonderen Wissenschaften, auch der Philosophie ausmacht.

Das *Selbstbewusstsein* des Einzelnen besteht in der *Gewissheit,* zu der er nach seinem Erfahrungsweg, wie ihn die „Phänomenologie des Geistes" beschreibt, gelangt ist, dass die Bestimmungen seines Denkens sich sowohl auf den Gegenstand beziehen, also gegenständlich, Bestimmungen des *Wesens* der Dinge, als auch *seine Gedanken* sind, womit sich der Einzelne nach Hegel auf die Stufe der *Vernunft* stellt. Die Vernunft ist nicht nur die *„absolute Substanz"* (ders.)*,* sondern die *„Wahrheit* des Wissens" (ders.). Denn sie hat, ihm zufolge, zu ihrer *Bestimmung,* ihrer innewohnenden *Form,* den für sich selber existierenden reinen Begriff, nämlich das *Ich*, die *Gewissheit* seiner selbst als unendliche Allgemeinheit. Und diese *„wissende* Wahrheit" sei der *Geist.* Anders ausgedrückt, gewinnt der Einzelne die Gewissheit, dass die Vernunft, die er in den Gegenständen sucht und auch dort findet, in ihm selbst, in seinem reinen logischen, bloß formalen Denken *für sich* ist, dann wird die Vernunft zur *„wissenden* Wahrheit" und damit zum *Geist.* Ahnt z. B. ein Wirtschaftswissenschaftler, dass die Logik seiner Theorie mit der „Logik" des wirklichen Wirtschaftslebens übereinstimmt, so ist er der Vernunft auf der Spur, aber sie ist noch nicht in ihm als eine *Gewissheit* anwesend. Erst wenn er zur (philosophischen) Gewissheit kommt, dass seine Theorie ein vernünftiges Gedankengebilde und als ein solches mit der wirtschaftlichen Wirklichkeit (als eine vernünftige und in sich notwendige) identisch ist, ist er bei der Vernunft als „wissende Wahrheit" und damit beim *Geist* angekommen.

C. Die Psychologie - der Geist

Ist der Einzelne zum Geist aufgestiegen, dann weiß er damit, dass das Denken und die Welt gleichermaßen logisch gefügt, aufeinander bezogen und eine Einheit bilden. Der Geist hat sich, so Hegel, zur Wahrheit der Seele und des Bewusstseins bestimmt, nämlich zur Wahrheit jener unmittelbaren Totalität (der Seele) und des Wissens (des Bewusstseins). Das Wissen wird (im Geist) als eine unendliche Form von jenem Inhalt (der Gefühle, Ahnungen und Empfindungen) nicht beschränkt und steht auch nicht im Verhältnis zum Inhalt als Gegenstand (des Bewusstseins), sondern es ist ein Wissen der substanziellen Totalität (der Logik des Denkens, die zugleich die Logik des Seins ist) und damit weder ein Wissen von der Subjektivität des Einzelnen noch von der objektiven Welt. Mit anderen Worten, das Wissen, das für den Geist konstitutiv ist, ihn erfüllt, nämlich das logische, bloß formale Wissen, wird weder durch Gefühle, Ahnungen und Empfindungen noch durch die Gegenstände, wie sie im sinnlichen, wahrnehmenden und verständigen Bewusstsein gegeben sind, beschränkt. Der Geist fange daher, so Hegel, nur von seinem *eigenen* Sein an und verhalte sich nur zu seinen *eigenen* Bestimmungen. Die *Psychologie* betrachtet, Hegel zufolge, denn auch nur die Vermögen oder allgemeinen Tätigkeitsweisen des Geistes als solchen, wie Anschauen, Vorstellen, Erinnern usw. und Begierden usw., und zwar teils ohne den Inhalt, der, so wie er erscheint, sich im empirischen Vorstellen, im Denken, wie auch in der Begierde und im Willen findet. Dies ist jedoch nach Hegel keine willkürliche Abstraktion; ist doch der Geist, wie es seinem Begriff entspricht, über die Natur und die natürliche Bestimmtheit, die Verwicklung mit einem äußerlichen

Gegenstand und dem Materiellen überhaupt erhaben. Er müsste jetzt, so Hegel, nur dies tun, diesen Begriff seiner Freiheit zu realisieren, nämlich die Form der Unmittelbarkeit, mit der er erneut beginnt, aufzuheben. Der Inhalt, den er zu *Anschauungen* erhebt, sind *seine Empfindungen*, die *Anschauungen* erhebt er sodann zu *Vorstellungen* und diese zu *Gedanken*.

1. Der theoretische Geist

Könne man vom *Bewusstsein*, weil es das Objekt unmittelbar hat, *nicht* sagen, es habe Trieb, so müsse dagegen, so Hegel, der Geist als *Trieb* gefasst werden. Er ist nämlich, ihm zufolge, eine *Tätigkeit*, durch die das scheinbar *fremde* Objekt, statt der Form eines bloß *Gegebenen*, *Vereinzelten* und *Zufälligen*, die Form eines *Erinnerten*, *Subjektiven*, *Allgemeinen*, *Notwendigen* und *Vernünftigen* erhält, und als diese, das Objekt verändernde Tätigkeit ist er nach Hegel *theoretischer Geist*. Vom Inhalt der Kenntnisse weiß der Einzelne, dass er *ist*, Objektivität hat, und zugleich weiß er, dass er in ihm ist, also *subjektiv* ist. Somit hat das Objekt hier nicht mehr, wie im Fall des *Bewusstseins*, die Bestimmung eines *Negativen* (eines Anderen) gegenüber dem Subjekt. Dagegen fängt der *praktische Geist* nicht, wie der *theoretische,* beim scheinbar *selbständigen* Objekt, sondern bei seinen *Zwecken* und *Interessen*, also bei *subjektiven* Bestimmungen, an und schreitet erst dazu fort, diese durch seine Tätigkeit zu einem *Objektiven* zu machen.

Das Erkennen als Tätigkeit des *theoretischen* Geistes hat nach Hegel *drei* Hauptstufen. Die *erste* besteht in der *Anschauung,* in einem *stoffartigen Wissen,* das unmittelbar auf ein *einzelnes* Objekt bezogen ist. Diese Stufe des unmittelbaren Erkennens oder des Bewusstseins, das von der Vernünftigkeit bestimmt und von der Gewissheit des Geistes durchdrungen ist, gliedert sich in *drei* Unterstufen. So beginnt die *Anschauung* mit der *Empfindung* des unmittelbaren Stoffs, entwickelt sich sodann zur *Aufmerksamkeit*, die das Objekt von sich abtrennt und wird auf diesem Weg zur *eigentlichen Anschauung*, die das Objekt als ein solches setzt, das „sich selber äußerlich ist" (ders.). Die *zweite* Stufe des Erkenntnisprozesses ist die *Vorstellung*, die sich aus dem Verhältnis zur Einzelheit des Objektes in sich zurückzieht und das Objekt auf ein *Allgemeines* bezieht. Die *Vorstellung* besteht ihrerseits aus *drei* Stufen, nämlich aus der *Erinnerung*, der *Einbildungskraft* und dem *Gedächtnis*. Die *dritte* Hauptstufe des *theoretischen* Geistes besteht im *begreifenden Erkennen*, das auf das *konkret Allgemeine* (den Begriff) der Gegenstände oder das *Denken* in *dem* Sinne abzielt, dass dasjenige, was wir denken, auch *ist*, Objektivität hat. Auch diese Stufe hat *drei* Unterstufen, nämlich den *Verstand*, das *Urteil* und die *Vernunft*.

2. Der praktische Geist

Das Denken bestimmt sich nach Hegel selbst zum *Willen;* es ist die „*Substanz"* (ders.) des Willens, so dass ohne das Denken *kein* Wille sein kann. Der *praktische* Geist ist, ihm zufolge, der Geist als *Wille*, der sich in sich entscheidet und sich aus sich heraus erfüllt (ausführt). Die Bestimmung des *an sich seienden Willens* besteht darin, die *Freiheit* in dem bloß *formalen* Willen zur Existenz zu bringen und damit seinen *Zweck*, seinen *Begriff*, zu erfüllen, die Freiheit zu seinem Inhalt, Zweck und Dasein zu machen. Dieser Begriff, also die Freiheit, ist wesentlich nur als *Denken* und der Weg des Willens, sich zum *objektiven Geist*, sich zum *denkenden Willen* zu erheben. Der Entwicklungsgang des *praktischen Geistes* beginnt nach Hegel zunächst, wie in seiner philosophischen Theorie üblich, damit, dass der Wille in der Form der „*Unmittelbarkeit"* (oder des „Anfangs") erscheint, d. h. er hat sich noch *nicht* als *frei* und als *objektiv bestimmende Intelligenz* gesetzt, sondern er ist lediglich ein *praktisches Gefühl*. Als ein solches hat er nur einen *einzelnen* Inhalt, ist selbst *unmittelbarer*, „*natürlicher"*, *einzelner*, *subjektiver* Wille, der sich zwar als objektiv bestimmend *fühlt*, aber noch nicht von der Form der Subjektivität befreit ist und dem der *wahrhaft* objektive, *an und für sich allgemeine Inhalt* (z. B. eine freiheitliche Verfassungsordnung) noch fehlt. Zur Idee der Freiheit gehört aber, dass der Wille seinen Begriff, nämlich die *Freiheit, selber* zu seinem *Inhalt* oder *Zweck* macht. Dem in diesem Sinne „vernünftigen Willen" gehen, neben dem natürlichen Willen, noch der „*reflektierende Wille*" und die „*Glückseligkeit*" voraus. Schließt der reflektierende Wille die Wahl des denkenden Subjekts zwischen Trieben und Neigungen ein, so werden diese vom Subjekt der Glückseligkeit untergeordnet, und dabei Prioritäten gesetzt. Das rational handelnde Willenssubjekt erstrebt auf diese Weise einen möglichst hohen Grad an Befriedigung. Sowohl das *unbestimmte* Allgemeine, wie es die *Glückseligkeit* darstellt, als auch die unmittelbare Besonderheit der Triebe und Neigungen und die abstrakte Einzelheit der *Willkür* (der reflektierten Willensbestimmung) sind in ihrer gegenseitigen Äußerlichkeit etwas Unwahres und münden deshalb in das konkret Allgemeine, d. h. den Willen ein, der den Begriff der *Freiheit* will und das *Ziel* der Entwicklung des *praktischen* Geistes darstellt.

3. Der freie Geist

Auf dieser *dritten* Stufe des Geistes oder der Psychologie ist der Wille der *freie Geist.* Dieser „*wirklich freie* Wille" (Hegel) ist, ihm zufolge, die *Einheit* des *theoretischen* und des *praktischen* Geistes; es ist der Wille, der *für sich* als *freier Wille* ist, indem er die Zufälligkeit und Beschränktheit des bisherigen praktischen Inhalts aufgehoben hat. Auf diese Weise ist die bloß formale Selbstbestimmung des Einzelnen zum *vernünftigen* Willen geworden. Dieser ist nach Hegel *an sich* die *Idee* (der Freiheit), die aber als solche nur im Willen des Einzelnen existiert und dort das Dasein der Vernunft ist; sie ist der einzelne Wille, der um seine Bestimmung *weiß*, die seinen Inhalt und Zweck ausmacht und für die er tätig ist. Die *Idee der Freiheit* erscheint also nur im *endlichen* Willen des Einzelnen, aber dessen Tätigkeit hat zum (eigentlichen) Zweck, die Idee zu entwickeln und ihren sich entfaltenden Inhalt als ihr Dasein, ihre Wirklichkeit, zu setzen. Diese ist nach Hegel der *objektive*

Geist, nämlich das Recht, die Moralität und die Sittlichkeit: die Familie, die bürgerliche Gesellschaft und der moderne Staat.

Versucht man Hegels Denken einzuordnen, so bietet sich, weil in ihm der *Geist* das Absolute ist, die Bezeichnung *„Spiritualismus"* an. Diesem gegenüber stehen die Denktraditionen des *„Materialismus",* in dem die *Materie* und des *„Historischen Materialismus",* in dem die *Produktionsweise* das Absolute ist. Doch diesen Traditionen steht der *„methodologische Skeptizismus",* z. B. des Soziologen Max Weber, gegenüber, der zwar die Fruchtbarkeit sowohl des „Spiritualismus" als auch des „Historischen Materialismus" für die Betrachtung der Menschenwelt betont, aber dem Anspruch dieser Paradigmen, das Absolute erkannt zu haben, nicht folgt. Aber auch gegen den „methodologische Skeptizismus" lassen sich Einwände erheben, doch eine solche Debatte ist nicht Gegenstand dieser Studie.

2. Hegels Einleitung in die Philosophie des Geistes

Selbsterkenntnis

Den Geist zu erkennen, das ist, Hegel zufolge, die konkreteste und darum die höchste und schwerste Aufgabe.[15] *"Erkenne dich selbst"*, dieses absolute Gebot fordere weder an sich noch dort, wo es ausgesprochen wurde, nur *sich selbst zu erkennen*, bezogen auf die besonderen Fähigkeiten, den Charakter, die Neigungen und die Schwächen, sondern *das* zu erkennen, was am Menschen wahrhaft, was das Wahrhafte an und für sich ist, - das *Wesen* als Geist. Ebenso wenig habe die Philosophie des Geistes die Bedeutung der *Menschenkenntnis*, die bemüht sei, die *Besonderheiten*, Leidenschaften, Schwächen, des Einzelnen zu erforschen. Dies sei eine Kenntnis, die nur Sinn unter der Voraussetzung habe, dass das *Allgemeine* des Menschen und damit des Geistes erkannt ist; soweit sie sich mit den zufälligen, unbedeutenden, *unwahren* Existenzen im geistigen Leben beschäftigt, dringe sie nicht zum *Substanziellen*, dem Geist selbst, vor.

Die Idee des Geistes

Die Schwierigkeit, den Geist zu erkennen, besteht, wie Hegel in seinem Zusatz erläutert[16], darin, dass wir es *nicht mehr* mit der vergleichsweise abstrakten und einfachen logischen Idee[17], sondern

---

[15]Ders., Enzyklopädie der philosophischen Wissenschaften, 3. Teil., a. a. O., S. 9 f. Dazu auch: E. Metzke, demzufolge die Enzyklopädie Hegels der erste wirkliche, voll durchgeführte Abschluss von Hegels philosophischem Gesamtsystem sei. Ders., Hegels Vorreden, a. a. O., S. 233.

[16]Ebenda. Zur Frage der erläuternden Zusätze siehe H. Drüe, Philosophie des Geistes (§§ 377-577), in: Hegels „Enzyklopädie der philosophischen Wissenschaften" (1830), H. Drüe u. a., a. a. O., S. 207.

[17] Diese entfaltet er im 1. Teil seiner „Enzyklopädie der philosophischen

mit der konkretesten und am weitesten entwickelten Form der Idee zu
tun haben, zu der die Idee in der Verwirklichung ihrer selbst gelangt.[18]

Wissenschaften", in: Hegel, Werke, Bd. 8, Frankfurt a. M. 1970. Die Entfaltung der
logischen Idee setzt er mit der Entfaltung der Idee der Natur und schließlich der
des Geistes fort. Die logische Idee ist ein System von allgemeinen Kategorien und
logischen Formen, die die Geschichte der Menschheit hervorgebracht, von der
Philosophie gedacht und überliefert wurden und die Hegel aufnimmt und in einem
System miteinander kombiniert, und zwar auf dem Weg des reinen
„dialektischen" Denkens. Die Kategorien haben ihr Dasein, teils in der natürlichen,
teils in der wissenschaftlichen oder teils in der philosophischen Sprache. Es sind
die Denkkategorien, „die das Wirkliche schlechthin konstituieren; sie sind dieses
Wirkliche selbst, abstrahiert von seinem Inhalte, wie er in Natur- und Geisteswelt
sich ausbreitet." Richard Kroner, Von Kant bis Hegel, 3. Aufl., 2. Bd., Tübingen
1977, S. 417. Neben seinem philosophischen System gibt es für Hegel nicht noch
die „eigentliche Welt", vielmehr *ist es die Welt* in ihrer Substanz. In der Philosophie
ist es nach Hegel von jeher um nichts anderes gegangen als um die „denkende
Erkenntnis der Idee" (ders.). Alles was verdient, sich „Philosophie" zu nennen,
habe stets das Bewusstsein einer absoluten Einheit dessen zugrunde gelegen, was
dem Verstand nur in seiner Trennung gelten würde. Ders., Enzyklopädie der
philosophischen Wissenschaften, 1. Teil., ebenda, S. 369. Die Idee ist für Hegel
nicht der Einfall eines einzelnen Philosophen, schon „gar nicht irgendeine
wirklichkeitsferne Gedankenkonstruktion, sondern der „gediegene Gehalt" der
konkreten Erfahrung und Wirklichkeit, „insofern er gedacht wird". E. Metzke,
Hegels Vorreden, a. a. O., S. 239. Nach K. Marx ist für Hegel „der Denkprozeß,
den er sogar unter dem Namen Idee in ein selbständiges Subjekt verwandelt, der
Demiurg des Wirklichen, das nur seine äußere Erscheinung bildet." Ders., Das
Kapital, 1. Bd., Nachw. z. 2. Aufl., Marx/Engels Werke, Bd. 23, Berlin 1962, S. 27.
Nicht die Einzelnen sind das Subjekt der Welt, sondern es ist die *Idee* (Hegel) als
Einheit zweier *Formen*: des *Begriffs* oder der *Subjektivität* und der *Objektivität*
oder der *Wirklichkeit*.
[18]Ders., Enzyklopädie der philosophischen Wissenschaften, 3. Teil, a. a. O., S. 9 ff.
Die Idee in ihrer abstrakten Form (wie sie in Hegels „Logik" gedacht wird) ist die
„unmittelbare" Idee als Leben, ihr folgen die Idee als Erkennen, die Idee als Wollen
und schließlich die absolute Idee als Synthese von Erkennen und Wollen als
Identität des Wahren und Guten. Die „unmittelbare" Idee avanciert zur absoluten
Idee dadurch, dass sie in der Form der Philosophie sich selbst denkt und damit in

Auch der endliche oder der *subjektive* Geist, und nicht nur der absolute, müsse als eine Verwirklichung der Idee gefasst werden. Die Betrachtung des Geistes sei in Wahrheit nur *dann* philosophisch, wenn sie den *Begriff* des Geistes[19] in seiner lebendigen Entwicklung und

---

ihr um sich weiß. Dazu: Nicolai Hartmann, G. F. Fr. Hegel, Berlin 1929., S. 281. In ihrer konkreteren Form ist die Idee als Natur (ihrem „Anderssein", Hegels Naturphilosophie) und in ihrer konkretesten Form ist sie als Geist, nämlich als „subjektiver Geist" (Seele, Bewusstsein, theoretischer, praktischer und freier Geist), sodann als „objektiver Geist" (Recht, Moralität und Sittlichkeit - der „absolute Geist an sich") und schließlich als „absoluter Geist für sich" (Philosophie der Kunst, der Religion und der Philosophie der Philosophie). Siehe auch die Ausführungen zur „Idee" im Anhang.

[19]Der Begriff als solcher ist nach Hegel nicht der durch Abstraktion gewonnene Begriff von einem Gegenstand, der als ein „Werkzeug unseres Wissens, eine Methode zur Erfassung der Wirklichkeit" (Ch. Taylor) ist. Der Begriff ist nach Hegel „ein aktives Prinzip, das der Wirklichkeit zugrunde liegt und sie zu dem macht, was sie ist". Ders., Hegel, Frankfurt a. M. 1978, S. 389. Somit weicht der Sinngehalt dieses Begriffs (engl. concept) vom Sinngehalt des Begriffs ab, wie er dem „gesunden Menschenverstand" entspricht. Dieser steht der Sache gegenüber, jener ist die Sache selbst. Da stellt sich, wie Hegel selbst bemerkt und worauf noch einmal unten eingegangen werden wird, die Frage, weshalb für grundverschiedene Inhalte ein und dasselbe Wort benutzt wird. Hegel gibt darauf, wie Taylor (ebenda, S. 391) ihn referiert, selbst die Antwort: weil die gewöhnliche Sprache und seine Sprache nicht so weit voneinander entfernt sind. Im Fall des Begriffs gelte es, so E. Metzke, daran zu denken, dass er für Hegel nicht Produkt der Abstraktion, sondern dass er das die Wirklichkeit als innere Wesensnotwendigkeit Durchwaltende und Bestimmende ist, das im Geist und im *subjektiven Begriff* nur *zu sich kommt*. Ders., Hegels Vorreden, a. a. O., S. 247. Der *subjektive* Begriff ist, so Hegel, *noch nicht die „Idee".* Er sei noch formal (abstrakt), jedoch nicht in dem Sinne, dass er einen *anderen* Inhalt (als den *wahren* Inhalt, die Idee, d. Verf.) haben sollte. Als die absolute Form sei er alle Bestimmtheit wie sie in ihrer Wahrheit ist. Obwohl er abstrakt sei, sei er das Konkrete, das Subjekt als solches. Das Absolut-Konkrete sei der Geist - der Begriff *existiere*, insofern er als Begriff (z. B. Freiheit), sich von seiner Objektivität (z. B. Staatsverfassung) unterscheidet, die aber trotzdem *seine* Objektivität bleibe. Alles andere Konkrete, so reich es auch sein mag, sei, so Hegel, nicht so innig identisch mit sich, am wenigsten *das*, was man im Allgemeinen unter

Verwirklichung erkennt, was eben heiße, wenn sie den Geist als ein Abbild der ewigen Idee begreift. Seinen Begriff zu erkennen gehöre zur Natur des Geistes. Die vom delphischen Apollo an die Griechen ergangene Aufforderung zur Selbsterkenntnis habe daher nicht den Sinn eines von einer fremden Macht äußerlich an den menschlichen Geist gerichteten Gebots, vielmehr sei der zur Selbsterkenntnis treibende Gott nichts anderes als das eigene absolute Gesetz des Geistes. Alles Tun des Geistes sei deshalb nur ein Erfassen seiner selbst, und der Zweck aller *wahrhaften* Wissenschaft sei nur der, dass der Geist in allem, was im Himmel und auf Erden ist, sich selbst erkennt. Ein durchaus Anderes sei für den Geist gar nicht vorhanden. Selbst der Orientale würde sich nicht ganz in dem Gegenstand seiner Anbetung verlieren, es seien aber die Griechen gewesen, die zuerst das, was sie sich als das Göttliche gegenüberstellten, ausdrücklich als Geist gefasst hätten. Doch seien sie weder in der Philosophie noch in der Religion zur Erkenntnis der absoluten Unendlichkeit des Geistes gelangt. Somit sei das Verhältnis des menschlichen Geistes zum Göttlichen bei den

---

dem Konkreten verstünde, nämlich eine bloß äußerlich zusammengehaltene Mannigfaltigkeit. Ders., Enzyklopädie der philosophischen Wissenschaften, 1. Teil, a. a. O. S. 314. Zum Beispiel schließt der Begriff des *Sinns* die Mannigfaltigkeit menschlichen Verhaltens und menschlicher Werke zu einer „innigen Identität" zusammen und konstituiert damit den Gegenstand oder den Bezugsrahmen der einzelnen Geisteswissenschaften, vollends der Philosophie des Geistes. Begriffe, wie sie Hegel versteht, werden also nicht dadurch gebildet, dass man von außen an die Dinge herantritt und von ihren Unterschieden abstrahiert, sondern sie werden, als das Substanzielle der Dinge, enthüllt. Als Beispiel für den Unterschied zwischen *Begriff* und *Idee* (als Subjekt-Objekt und Vernunft): So gibt es den *Begriff* des Handelns als eine sinnhafte Tätigkeit. Auch in der gewöhnlichen Alltagssprache würde man hier *nicht* von der „Idee des Handelns" sprechen. Demgegenüber gibt es die *Idee* der Freiheit. Hier ist ein normatives, ein Wertprinzip gemeint, das jedoch lediglich ein subjektives Phänomen, die Vorstellung Einzelner, bliebe, würde es, Hegel zufolge, keine „absolute" Einheit (ders.) mit einer geltenden normativen Ordnung, z. B. einer Staatsverfassung, bilden und sich damit nicht durch das Handeln der Einzelnen, z. B. der Staatsbürger, aktualisieren, verwirklichen. Siehe auch Anhang.

Griechen noch kein absolut freies. Erst das Christentum habe durch die Lehre von der Menschwerdung Gottes und von der Gegenwart des Heiligen Geistes in der gläubigen Gemeinde dem menschlichen Bewusstsein eine vollkommen freie Beziehung zum Unendlichen gegeben und dadurch die begreifende Erkenntnis des Geistes in der absoluten Unendlichkeit möglich gemacht.[20]

Nur eine solche Erkenntnis verdiene fortan den Namen einer philosophischen Betrachtung. Die *Selbsterkenntnis* im Sinne einer Erforschung der eigenen Schwächen und Fehler des Individuums sei nur für den Einzelnen, aber nicht für die Philosophie, von Interesse und wichtig. Selbst für den Einzelnen sei sie von einem umso geringeren Wert, je weniger sie sich auf die Erkenntnis der allgemeinen intellektuellen und moralischen Natur des Menschen einlassen würde und je mehr sie von den Pflichten, dem wahrhaften Inhalt des Willens, absehe und das Individuum sich selbstgefällig in seinen ihm teuren Absonderlichkeiten ergehe. Dasselbe gelte von der so genannten *Menschenkenntnis*, die ebenso auf die Eigentümlichkeiten einzelner Geister gerichtet sei. Für das Leben sei diese Menschenkenntnis allerdings nützlich und nötig, besonders in schlechten politischen Zuständen, wo nicht das Recht und die Sittlichkeit, sondern Eigensinn, Laune und Willkür der Individuen herrschten. Für die Philosophie aber bleibe diese Menschenkenntnis in eben dem Maße gleichgültig, wie dieselbe sich nicht von der Betrachtung zufälliger Einzelheiten zur Auffassung großer menschlicher Charaktere zu erheben vermag, durch die die wahrhafte Natur des Menschen in nicht verkümmerter Reinheit zur Anschauung gebracht werde. Sogar nachteilig für die Wissenschaft werde jene Menschenkenntnis aber dann, wenn sie - wie in der so genannten pragmatischen Behandlung der Geschichte geschehen - den

---

[20]Das lässt sich in dem Sinne verstehen, dass das Christentum die Grundlage für die Philosophie des Geistes als Selbsterkenntnis des Geistes geschaffen hat. Jedenfalls erkennt die Welt des Geistes, anders als die Welt der Natur, die vom Geist als sein „Außersichsein" gesetzt ist, sich selbst in den einzelnen Geisteswissenschaften, vollends in der Philosophie des Geistes.

substanziellen Charakter weltgeschichtlicher Individuen verkennen und nicht einsehen würde, dass Großes nur durch große Charaktere vollbracht werden kann.

Empirische und rationale Psychologie

Die *empirische* Psychologie habe, wie Hegel nach diesem Zusatz fortfährt, den *konkreten* Geist zu ihrem Gegenstand, und seitdem mit dem Wiederaufleben der Wissenschaften *Beobachtung* und *Erfahrung* zur Grundlage der Erkenntnis des Konkreten gemacht worden seien, sei teils jenes Metaphysische (die "abstrakte Verstandesmetaphysik", ders.[21]) aus dieser empirischen Wissenschaft ausgegrenzt worden, teils habe sich die empirische Wissenschaft an die "gewöhnliche Verstandesmetaphysik"[22] (ders.) von Kräften, verschiedenen

---

[21]Gemeint ist die „Pneumatologie" oder rationale Psychologie. Rational heiße, so Hegel, die Psychologie im Gegensatz zur *empirischen* Betrachtungsweise der Seele. Die rationale Psychologie betrachte die Seele nach ihrer metaphysischen Natur, wie sie durch das abstrakte Denken bestimmt wird. Sie wolle die innere Natur der Seele erkennen, wie sie an sich, wie sie für den Gedanken ist. Heutzutage werde in der Philosophie weniger von der Seele, als vom Geist gesprochen. Der Geist unterscheide sich von der Seele, indem diese gleichsam das Mittlere zwischen dem Körper und dem Geist oder das Band zwischen beiden sei. Der Geist als *Seele* sei in die Leiblichkeit versenkt, und die Seele sei das Belebende des Körpers. Die alte Metaphysik habe die Seele als *Ding* betrachtet, eine „Verdinglichung" (d. Verf.), die Hegel kritisiert. Die *rationale* Psychologie stehe dadurch höher als die empirische, indem sie den Geist durch das Denken erkennen und das Gedachte auch beweisen will. Die empirische Psychologie gehe dagegen von der Wahrnehmung aus und zähle nur auf und beschreibe nur, was diese ergibt. Den Geist, wolle man ihn angemessen begrifflich fassen, müsste man, so Hegel, wesentlich in seiner konkreten Wirklichkeit, in seiner Energie, betrachten, und zwar so, dass seine Äußerungen als durch seine Innerlichkeit bestimmt erkannt werden. Ders., Enzyklopädie der philosophischen Wissenschaften, 3. Teil, a. a. O., S. 100 ff.

[22]Hegel meint damit offensichtlich die impliziten kategorialen (z. B. die Kategorie

Tätigkeiten usw. gehalten und die spekulative Betrachtung daraus ausgeschlossen.[23] Demgegenüber verweist Hegel auf die Bücher des *Aristoteles* über die Seele, die noch das vorzüglichste und einzige Werk bildeten, das von einem spekulativen Interesse über diesen Gegenstand geleitet sei. Der wesentliche Zweck einer Philosophie des Geistes könne denn auch nur *der* sein, den *Begriff* in die Erkenntnis des Geistes wieder einzuführen, und damit auch den Sinn jener Bücher wieder zu erschließen.[24]

Ebenso wie die oben besprochene, auf die unwesentlichen, einzelnen empirischen Erscheinungen des Geistes gerichtete Betrachtungsweise sei auch, wie Hegel in seinem Zusatz erläutert, die *rationale Psychologie* (oder Pneumatologie), die sich nur mit abstrakt allgemeinen Bestimmungen, mit dem vermeintlich erscheinungslosen Wesen, dem Ansich des Geistes, beschäftige, von der echten *spekulativen Psychologie* auszuschließen.[25] Das müsse deshalb

---

der Kraft) Voraussetzungen einer auf Beobachtung beruhenden Psychologie.

[23] Ders. Enzyklopädie der philosophischen Wissenschaften, 3. Teil, a. a. O., S. 11. f

[24] Gemeint ist nicht der gewöhnliche Begriff im Sinne einer allgemeinen Vorstellung, sondern der spekulative Begriff, der nach Hegel ein Allgemeines ist, das sich selbst spezifiziert und in seinem Anderen in ungetrübter Klarheit bei sich selbst bleibt. Dieser Begriff ist nach Hegel, wie erwähnt, dem allgemeinen Sprachgebrauch keineswegs ganz fremd. So sagt man z. B. dass sich diese oder jene Rechtsbestimmung aus dem Begriff des Eigentums ergibt. Einen Begriff im spekulativen Sinne würden *wir*, so Hegel, gar nicht bilden, jedoch sei er nicht bloß das Sein oder das Unmittelbare, sondern es gehöre zu ihm die Vermittlung, und diese liege in ihm selbst. Der Begriff sei das wahrhaft Erste, und die Dinge seien das, was sie sind, durch die Tätigkeit des ihnen innewohnenden und in ihnen sich offenbarenden Begriffs. Ders, Enzyklopädie der philosophischen Wissenschaften, 1. Teil, a. a. O., S. 308, 312 u. 313. Formal gesehen, fordert Hegel, dass die Wissenschaft sich nur in der Sphäre des reinen begrifflichen Denkens bewegt, doch bedeutet das nicht, dass die Empirie ignoriert wird, vielmehr muss diese immer der Ausgangspunkt einer theoretischen Wissenschaft sein.

[25] Ders., Enzyklopädie der philosophischen Wissenschaften, 3. Teil, a. a. O., S. 11 ff.

geschehen, weil diese die Gegenstände weder aus der Vorstellung als gegebene aufnehmen, noch die Gegenstände durch bloße Verstandeskategorien bestimmen würde. So werfe jene (*rationale*, d. Verf.) Psychologie die Frage auf, ob der Geist oder die Seele einfach, immateriell, Substanz sei. Bei solchen Fragen würde der Geist als ein *Ding* betrachtet werden; würden doch jene Kategorien dabei nach der allgemeinen Weise des Verstandes als ruhende und feste angesehen, und so seien sie unfähig, die Natur des Geistes auszudrücken. Der Geist sei eben nicht ein Ruhendes, sondern das absolut Unruhige, die reine Tätigkeit, das Negieren aller festen Verstandesbestimmungen. Er sei nicht abstrakt einfach, sondern in seiner Einfachheit ein Prozess, in dem er sich von sich selbst unterscheidet[26], und er sei auch nicht ein *vor* seinem Erscheinen schon fertiges, mit sich selber hinter dem Berge der Erscheinungen festes Wesen, sondern sei nur durch die bestimmten Formen, in denen er sich notwendigerweise offenbart, wirklich.[27] Der Geist sei nicht, wie die *rationale* Psychologie meine, ein nur in äußerlicher Beziehung zum Körper stehendes Seelending, sondern mit dem Körper durch die Einheit des Begriffs innerlich verbunden.[28]

---

[26]So spaltet sich der Geist in ein Subjekt und ein Objekt auf, ein Vorgang, der nach Hegel mit dem Bewusstsein und seinen Formen gegeben ist. Hierbei handelt es sich um eine „dialektische" Entwicklung in dem Verhältnis zwischen einem Wissenssubjekt einerseits und seinem Objekt andererseits, eine Entwicklung, die Hegel in seiner „Phänomenologie des Geistes", der Erscheinungslehre des Geistes, im Einzelnen begrifflich-theoretisch nachvollzieht.

[27]Dabei handelt es sich um *die* Formen, die Hegel in seiner „Phänomenologie des Geistes" und in seiner „Psychologie" denkt.

[28]So trennt der Verstand Seele und Körper, doch bilden beide eine Einheit, die nur als solche lebendig ist; lässt sich doch keine Seele ohne den Körper und keinen lebendigen Körper ohne die Seele denken. Es gilt also, über diesen Zusammenhang nachzudenken und damit die Trennung des Verstandes zu überwinden.

In der Mitte zwischen der auf die zufällige Einzelheit des Geistes gerichteten *Beobachtung* und der sich nur mit dem erscheinungslosen Wesen des Geistes befassenden Pneumatologie (rationalen Psychologie, d. Verf.) stünde die auf das Beobachten und Beschreiben der besonderen Geistesvermögen ausgerichtete *empirische Psychologie*. Aber auch diese würde es nicht zur wahrhaften Vereinigung des Einzelnen und des Allgemeinen, zur Erkenntnis der konkret allgemeinen Natur oder des Begriffs des Geistes bringen und habe somit ebenfalls keinen Anspruch auf die Bezeichnung "*spekulative* Philosophie".[29] Wie den Geist überhaupt, so nehme die *empirische* Psychologie auch die besonderen Vermögen, in die sie den Geist zerlegt, als gegebene aus der Vorstellung auf, ohne durch Ableitung dieser Besonderheiten aus dem Begriff des Geistes den Beweis der Notwendigkeit zu erbringen, dass im Geiste gerade diese

---

[29]Das Allgemeine ist die Herrschaft, z. B. des Geistes oder der Gesellschaft über das Besondere, z. B. das Bewusstsein bzw. den Einzelnen. Dazu: Theodor W. Adorno, Einleitung in die Soziologie (1968), hrsg. v. Christoph Gödde, Frankfurt a. M. 1993, S. 61. Hegel gehe es, so Eugen Heuss, darum, „das „Allgemeine des Begriffs" vom lediglich „Abstrakten" (dem abstrakt Allgemeinen) deutlich abzusetzen, was so geschehe, dass er das Allgemeine (z. B. den Geist, d. Verf.) Schritt für Schritt als Totalität erweist. Das wahre Allgemeine (Leben, Ich, Geist) bestehe darum 1. nicht abgetrennt von seinen Besonderungen zu sein, vielmehr erhalte es sich darin und bleibe darin das, was es ist. Deshalb sei 2. Das „Negative oder die Bestimmung" keine Schranke für das Allgemeine, sondern es greife über sein Anderes über. Und es sei schließlich 3. das Einfache, das, was das „Reichste in sich ist". Denn ohne die Bestimmtheit, die näher die Besonderheit und Einzelheit sei, könne vom Allgemeinen nicht gesprochen werden. Die Bestimmtheit gehöre wesensnotwendig zum Allgemeinen, so dass es ein „Konkretes und nicht ein Leeres" sei. Ders., Anmerkung, in: Felix Krueger, Zur Philosophie und Psychologie der Ganzheit, hrg. v. Eugen Heuss, Berlin 1953, S. 331. Das Allgemeine ist, so Hegel, das sich selbst Besondernde oder Spezifizierende und nicht mit dem Gemeinschaftlichen zu verwechseln. Es ist der dem Besonderen und Einzelnen (dem Wirklichen) innewohnende Begriff. Dazu auch: Ders., Enzyklopädie der philosophischen Wissenschaften, 1. Teil, a. a. O., S. 311 ff.

und keine anderen Vermögen sind.[30] Mit diesem Mangel in der Form hänge notwendigerweise die Entgeistigung des Inhalts zusammen.

Wenn in den bereits geschilderten beiden Betrachtungsweisen einerseits das Einzelne - Hegel meint offenbar die Beobachtung - und andererseits das Allgemeine - gemeint sind offenbar die begrifflichen Konstruktionen der *rationalen* Psychologie - als etwas für sich Festes angenommen worden sei, so würden, Hegel zufolge, der *empirischen* Psychologie auch die Besonderungen, in die, ihr zufolge, der Geist zerfällt, als in ihrer Beschränktheit starre gelten. Dadurch würde der Geist zu einem bloßen Aggregat von selbständigen Kräften werden, von denen jede mit der anderen nur in einer Wechselwirkung, somit in einer nur *äußerlichen* Beziehung steht. Denn obwohl diese Psychologie auch die Forderung erhebe, dass zwischen den verschiedenen Geisteskräften[31] sich ein harmonischer Zusammenhang einstellt - ein nach Hegel häufig geäußertes, unbestimmtes Schlagwort -, so sei damit nur eine Einheit, die sein *soll*, nicht aber die ursprüngliche Einheit des Geistes ausgesprochen. Noch weniger sei aber die Besonderung, zu der der Begriff des Geistes, der seine an sich seiende Einheit darstellt, fortgeht, als eine notwendige und vernünftige erkannt. Jener harmonische Zusammenhang bleibe daher eine leere Vorstellung, die sich in nichts sagenden Redensarten verbreitend, nicht als eine Macht

---

[30] „Das zeigt sich schroff erst dort, wo sie (die Gesetzesforschung, d. Verf.) beim Menschen anlangt und sein Seelenleben ihr Gegenstand wird. Hier wird sie zur „beobachtenden Psychologie" (Hegel Zitat). Es ist eine Menge von Gesetzen, die sich hier aufdrängt. Aber die „reale Individualität" des Bewusstseins fassen sie nicht. Die Welt des Individuums ist nicht nur tief innerlich und verwickelt, sondern auch „zweideutig": Individuum und Welt „modifizieren" sich wechselseitig." Nicolai Hartmann, G. W. Fr. Hegel, Berlin 1929, S. 115.

[31] Nach Hubert Rohracher könnte man hier die psychischen Funktionen, wie Wahrnehmung, Gedächtnis und Denken und sodann die psychischen Kräfte, wie Trieb Gefühl und Wille nennen. Ders., Einführung in die Psychologie, 9. Aufl., Wien 1965, S. V-VII.

über die als selbständig vorausgesetzten Geisteskräfte angesehen werden könne.

Anstoß zum spekulativen Denken

Das Selbstgefühl von der *lebendigen* Einheit des Geistes setze sich, wie Hegel nach dem Zusatz ausführt, von selbst gegen die Zersplitterung des Geistes in die verschiedenen, *Vermögen, Kräfte* oder *Tätigkeiten*, die man sich als gegeneinander selbständig vorstelle, durch.[32] Noch mehr aber würden die sich sogleich darbietenden Gegensätze zwischen der *Freiheit* des Geistes einerseits und seiner *Determiniertheit* andererseits, ferner zwischen der freien Wirksamkeit der Seele einerseits und ihrer äußerlichen Leiblichkeit andererseits sowie auch der innige Zusammenhang beider, das Bedürfnis wecken, hier zum *Begreifen* zu schreiten. Insbesondere hätten die Erscheinungen des *animalischen Magnetismus*[33] in neueren Zeiten auch in der *Erfahrung* die *substanzielle Einheit* der Seele und die Macht ihrer Idealität zur Anschauung gebracht, wodurch alle festen Unterschiede, die der Verstand trifft, in Frage stünden, so dass eine spekulative Betrachtung zur Lösung der Widersprüche geboten sei.

Alle in den oben aufgeführten *endlichen* Auffassungen des Geistes seien, wie Hegel hierzu in seinem Zusatz erläutert, verdrängt worden, und zwar teils durch die ungeheure Umgestaltung, die die Philosophie in neuerer Zeit erfahren habe, und teils, von der empirischen Seite aus betrachtet, durch die Erscheinungen des animalischen Magnetismus, die das endliche Denken herausgefordert hätten.[34] Was die

---

[32]Ders., Enzyklopädie der philosophischen Wissenschaften, 3. Teil, S. 13 f.

[33]Laut dem „Neuen Brockhaus" (3. Aufl., Wiesbaden 1959) werden darunter (nach Franz Mesmer, 1734-1815, auf den Hegel weiter unten eingeht) von Menschen ausstrahlende (Heil-) Kräfte verstanden.

[34]Ders., Enzyklopädie der philosophischen Wissenschaften, 3. Teil, a. a. O., S. 13 ff.

Umgestaltung der Philosophie betrifft, so habe diese die endliche Betrachtungsweise des nur reflektierenden Denkens zur Auffassung des Geistes als der für sich selbst wissenden wirklichen Idee, also zum Begriff des lebendigen Geistes, erhoben, der sich auf notwendige Weise in sich selbst unterscheidet (differenziert, d. Verf.) und aus seinen Unterschieden zur Einheit mit sich zurückkehrt.[35] Damit seien aber nicht bloß die in jenen *endlichen* Auffassungen des Geistes herrschenden Abstraktionen des *nur* Einzelnen, *nur* Besonderen und *nur* Allgemeinen überwunden und zu Momenten des Begriffs (des Geistes, d. Verf.), der ihre Wahrheit sei, herabgesetzt worden, sondern es sei auch, statt einer äußerlichen Beschreibung des vorgefundenen Stoffs, die strenge Form des sich selbst mit Notwendigkeit entwickelnden Inhalts als die allein wissenschaftliche Methode zur Geltung gebracht worden.[36] Werde in den *empirischen* Wissenschaften

---

[35]Diese Rückkehr zur Einheit geschieht in der Philosophie des Geistes und was die Persönlichkeit des Einzelnen betrifft, im philosophischen Erkennen des „subjektiven Geistes".

[36]Dies mag am Beispiel der modernen Gemeinde verdeutlicht werden. Man kann zum Zweck der Bildung einer Theorie der modernen Gemeinde als Ausgangspunkt den Gemeindebegriff nehmen, wie er im Gemeinde- und Staatsrecht verankert ist. Sodann kann man die Gemeinde in die verschiedenen (besonderen) rechtlichen Sphären einteilen, um so zu einer vollständigen Theorie der Gemeinde im Sinne eines rechtlichen Gebildes zu kommen. Doch mit einer solchen Abstraktion würde man nach Hegel die moderne Gemeinde als ein lebendiges konkretes Ganzes nicht erfassen; ist sie doch auch ein politisches, administratives und ökonomisches Gebilde. Um nun die moderne Gemeinde als *das* zu erfassen, was sie ihrem Wesen nach ist, gilt es herausfinden, was ihr normatives, ihr sittliches Grundprinzip, ihre „*Idee*", ist. Ihre Idee würde nach Hegel in der Freiheit *vom* und in der Freiheit *im* Staat, kurz, in der kommunalen Selbstverwaltung bestehen. Das Walten dieser sittlichen Idee muss jedoch im Einzelnen im Gemeinde- und Verfassungsrecht, im Wissen und der Gesinnung der Bürger und in der Wirklichkeit der Gemeinde, also im Handeln des Gemeindevorstandes, der Verwaltung, der Bürger nachgewiesen und begrifflich dargestellt werden. Darüber hinaus ist die Idee der Gemeinde im Verhältnis einer Gemeinde zu anderen, im Gemeindewesen des modernen Staates

der Stoff als ein durch die Erfahrung gegebener, von außen aufgenommener und nach einer bereits feststehenden allgemeinen Regel geordnet und in einen äußerlichen Zusammenhang gebracht, so habe dagegen das *spekulative* Denken jeden seiner Gegenstände und die Entwicklung derselben in ihrer absoluten Notwendigkeit zu zeigen. Dies geschehe dadurch, dass jeder besondere Begriff aus dem sich selbst hervorbringenden und verwirklichenden allgemeinen Begriff oder der logischen Idee abgeleitet wird.[37] Die Philosophie müsse daher den Geist als eine *notwendige* Entwicklung der ewigen Idee begreifen und dasjenige, was die besonderen Teile der Wissenschaft vom Geist ausmacht, rein aus dem Begriff desselben sich entfalten lassen.[38] Wie

---

überhaupt und in der Geschichte von Gemeinde und Staat ebenfalls zu verfolgen und begrifflich darzustellen. Zu einer solchen philosophischen Theoriebildung müssen, wie erwähnt, die Ergebnisse der „abstrakten" Gemeindewissenschaften einbezogen und „aufgehoben", in dem Sinne, dass sie „negiert", „bewahrt" und „erhöht" werden. Die philosophische Theorie der teilweise autonomen Gemeinde stellt diese nicht nur als eine Wirklichkeit dar, sondern sie beweist auch, dass sie im modernen Staat *notwendig* und *vernünftig* ist.

[37] Um z. B. zum Begriff der christlichen Religion zu gelangen, bedarf es empirischer und vergleichender Forschungen zu den einzelnen Religionen. Durch Abstraktion wird dann ein allgemeiner Religionsbegriff und in weiteren Schritten der Begriff der christlichen Religion gewonnen. Ein Schritt darüber hinaus wäre dann derjenige hin zu dem subjektiven (und zugleich objektiven), also zum *spekulativen Begriff* der christliche Religion, der *das*, was, die christliche Religion ihrem Wesen nach und damit *das* ausmacht, was alle christlichen Gemeinden und ihre Mitglieder vereinigt. In einem weiteren Schritt gilt es, die *Idee* der christlichen Religion als eine Einheit von Glaubensprinzipien und ihrer Objektivierung und Verwirklichung in der Welt zu verfolgen und begrifflich darzustellen. Das betrifft die Riten, die normativen Ordnungen (z. B. das Kirchenrecht), die Organisation (z. B. die Kirche), die einzelnen Gemeinden und schließlich das religiöse Leben des Einzelnen. Erkennen lassen muss nach Hegel diese Darstellung der *Idee* der christlichen Religion, dass sie ein notwendiges und vernünftiges Moment der Wirklichkeit im modernen Staat ist, obwohl Staat und Religion voneinander getrennt sind.

[38] Der Geist bildet, wie sich Hegel verstehen lässt, jeweils den theoretischen

bei dem Lebendigen überhaupt auf ideelle Weise alles schon im Keim enthalten sei und von diesem selbst und *nicht* von einer fremden Macht hervorgebracht werde, so müssten auch alle besonderen Formen des lebendigen Geistes (z. B. Verfassungen und Gesetze, d. Verf.) aus seinem Begriff als ihrem Keim sich hervor treiben. *Unser vom Begriff* bewegtes Denken bleibe dabei dem ebenfalls vom *Begriff* bewegten Gegenstand durchaus immanent. [39] Wir würden der eigenen Entwicklung des Gegenstandes gleichsam nur zusehen und sie nicht durch Einmischung unserer *subjektiven* Vorstellungen und Einfälle verändern. Der Begriff bedürfe zu seiner Verwirklichung keines äußeren Antriebs. Seine eigene Natur, die den Widerspruch der Einfachheit und des Unterschieds in sich schließe und deswegen unruhig sei, treibe ihn dazu, sich zu verwirklichen, nämlich den in ihm selbst nur auf *ideelle* Weise, d. h. in der widersprechenden Form der Unterschiedslosigkeit vorhandenen Unterschied zu einem wirklichen Unterschied zu entfalten. Durch diese Aufhebung seiner Einfachheit als eines Mangels, einer Einseitigkeit, mache er sich wirklich zu dem Ganzen, von dem er zunächst nur die Möglichkeit enthalte. [40]

Bezugsrahmen, den gemeinsamen Gegenstand, der einzelnen Geisteswissenschaften, die sich innerhalb desselben entfalten müssen.

[39] Der theoretisch-spekulative Begriff ist demnach, wie erwähnt, mit dem Begriff, der nach Hegel den Gegenstand bewegt, identisch. Er ist demnach nicht der Begriff, der von außen durch Abstraktion gewonnen wird, also im Sinne einer „abstrakten Allgemeinheit" oder einer „allgemeinen Vorstellung". Aber als ein tätiges, dem Gegenstand, den Dingen, innewohnendes Prinzip ist er nach Hegel auch nicht, wie schon bemerkt, dem natürlichen Sprachgebrauch völlig fremd.

[40] Nach Hegel bestimmt der Gegenstand die Methode und die Kategorien, durch die, bzw. in denen er erkannt wird. Die Kategorien müssen dem Gegenstand angemessen, dürfen also nicht nur subjektiv und willkürlich, sein. Was die Methode betrifft, um das herauszufinden, was der Gegenstand in Wahrheit ist, dazu als Beispiel folgende sehr grobe Skizze: Im frühfeudalen Grundeigentum waren die unmittelbaren Produzenten, die für den freien Grundherrn (und Krieger) eine Grundrente erarbeiten und erwirtschaften mussten, Leibeigene. Dies war noch ein Zustand relativer gesellschaftlicher Unterschiedslosigkeit (Undifferenziertheit),

der jedoch einen Widerspruch enthielt. Denn die unmittelbaren Produzenten, die leibeigenen Knechte, wurden von den Priestern der sich entwickelnden Kirche im christlichen Glauben sozialisiert, nach dem, Hegel zufolge, jeder Mensch als ein solcher frei ist. Und dieser Glaube stand im Widerspruch zur Leibeigenschaft. Die Freiheit, die das Christentum lehrte, versprachen die teils von geistlichen, teils von weltlichen Herren gegründeten und von ihnen sodann verwalteten Städte. In den Städten, in die viele Leibeigene strömten und sie wachsen ließen, bildete sich ein freies Stadtbürgertum in Gestalt vor allem von Handwerkern und ihren Vereinigungen, den Zünften, heraus, und alsbald befreiten sich die Städte von ihren Herren und gaben sich eine eigene Verfassung und Regierung. Geboren war damit die relativ autonome Stadt des Mittelalters, die eine Vorgängerin des modernen Staates werden sollte. Kurz, es war ein wirklicher Unterschied von Stadt und Land eingetreten, der begrifflich auch dementsprechend entfaltet werden muss. Doch das Gebiet, das Stadt und Land einschloss, entwickelte sich in der Folge zum Territorialstaat als ein Teil des formal übergeordneten Reiches. Damit wurde den Städten wieder die Autonomie genommen. Dieser Einbuße an Gemeindefreiheit stand eine größere Sicherheit und damit Freiheit für den Einzelnen innerhalb der entstandenen Staatsgebiete und des Reichsgebiets gegenüber, und in den Städten konnten sich, infolge einer Vereinheitlichung von Recht und Geldwesen, der Handel weit über die Stadt und ihre Umgebung hinaus ausdehnen, wodurch die Voraussetzung für große Handelsbetriebe und (ihre) Manufakturen geschaffen wurde und sich damit ein neues mächtiges Stadtbürgertum herausbilden konnte. Doch Städte und ihre Bürger, mehr noch, die arbeitende Landbevölkerung, unterlagen dem absoluten Staat oder der absoluten Monarchie in der neueren Zeit. Der Begriff der Freiheit im sich herausbildenden neuen Bürgertums verlangte zu seiner Verwirklichung einen weiteren Schritt, und zwar hin zum modernen Staat und seiner differenzierten Verfassung (Gewaltengliederung), in der die Stadtgemeinden teilweise autonom sind und mit dem ihnen übergeordneten Staat aber eine, wenn auch widersprüchliche Einheit bilden. Der Differenzierungsprozess, der in den relativ einfachen Verhältnissen des frühen Mittelalters begann, denen es an Freiheit mangelte, hat schließlich zum modernen, freiheitlichen Staat als einem Ganzen geführt, der in jenen einfachen Verhältnissen nur der Möglichkeit nach vorhanden war. Die hier am Beispiel der (deutschen) Geschichte nur grob vorgeführte „dialektische Methode" ist idealistisch oder spiritualistisch, indem sie von der Idee, vom Geist der Freiheit ausgeht, ebenso könnte sie materialistisch sein, indem dieselbe Geschichte, so bei K. Marx, von den Produktionsverhältnissen, gefasst in den Kategorien der Politischen Ökonomie,

Nicht weniger als beim Beginn und Fortgang seiner Entwicklung sei, so Hegel, der Begriff bei ihrem Abschluss von unserer Willkür unabhängig. Bei der nur "räsonierenden Betrachtungsweise" (ders.) erscheine der Abschluss allerdings mehr oder weniger willkürlich. In der philosophischen Wissenschaft dagegen setze der Begriff selber seiner Entwicklung dadurch eine Grenze, dass er sich eine Wirklichkeit gibt, die ihm völlig entspricht. [41] Schon am Lebendigen sei diese Selbstbegrenzung des Begriffs sichtbar. So schließe der Keim der Pflanze - dieser *sinnlich* vorhandene Begriff - seine Entfaltung mit einer ihm entsprechenden Wirklichkeit, also mit der Hervorbringung des (neuen) Samens ab. Das gleiche gelte vom Geist; auch seine Entwicklung habe ihr Ziel erreicht, wenn sein Begriff sich vollkommen verwirklicht hat, oder, was dasselbe sei, wenn der Geist zum

---

ausgeht. Bevor der Gegenstand, z. B. die Geschichte, nach der dialektischen Methode „in seinem Begriff", als theoretisch, dargestellt werden kann, muss der Wissenschaftler auf gründliche empirische und theoretische Studien zurückgreifen können, er muss geradezu in die Geschichte eingetaucht sein, denn sonst bliebe seine Darstellung nur eine subjektive, leere historische Konstruktion. - Erst der wissenschaftliche Apparat erschließe, so Jürgen Habermas, einen Gegenstand, von dessen Struktur man gleichwohl vorgängig etwas verstanden haben muss, sollen die gewählten Kategorien ihm nicht äußerlich bleiben. Dieser Zirkel sei nur in Anknüpfung an die natürliche Hermeneutik der sozialen Lebenswelt dialektisch durchzudenken. Ders., Analytische Wissenschaftstheorie und Dialektik, in: Theodor W. Adorno u. a., Der Positivismusstreit in der deutschen Soziologie, Neuwied 1969, S. 157 u.158.

[41] Nimmt man hierfür wieder als Beispiel die Entwicklung von Stadtgemeinde und Staat und sieht in ihr als vorantreibendes Prinzip den Begriff, das Prinzip der Freiheit am Werk, dann ist die rein begrifflich-theoretische Bearbeitung dieses Vorgangs dann vollendet, wenn sie die gewordene moderne Wirklichkeit, d. h. den modernen Staat und in ihm das durch die Staatsverfassung gewährleistete, teilweise autonome Gemeindewesen, erfasst hat. Die gewordene Wirklichkeit, z. B. eine solche der sittlichen Idee (für Hegel der moderne Staat), setzt also, ihm zufolge, dem Begreifen eine Schranke, wobei zu berücksichtigen ist, dass die Wirklichkeit, so wie sie Hegel versteht, nicht neben ihrem Begriff, ihrer Theorie, steht, sondern in nichts anderem als in ihr zur Darstellung kommt.

vollkommenen Bewusstseins seines Begriffs gekommen ist.[42] Dieser Vorgang, in dem sich der Anfang mit dem Ende zu einem Eins zusammenziehe, diese Verwirklichung des Begriffs, in der dieser zu sich selber komme, erscheine aber im Geiste in einer Gestalt, die noch vollendeter sei als beim bloß Lebendigen. Denn während beim Lebendigen (z. B. einer Pflanze, d. Verf.) der hervorgebrachte Samen nicht derselbe sei mit dem, von dem er hervorgebracht worden ist, sei in dem sich selbst erkennenden Geist das, was er hervorbringt, ein und dasselbe mit dem Hervorbringenden.[43]

Nur wenn man den Geist in dem Prozess der Selbstverwirklichung seines Begriffs betrachtet, würde man ihn in seiner Wahrheit erkennen; denn Wahrheit heiße eben Übereinstimmung des Begriffs mit seiner Wirklichkeit. In seiner Unmittelbarkeit (z. B. bei einem Kleinkind, d. Verf.) sei der Geist noch nicht wahr, habe seinen Begriff noch nicht gegenständlich gemacht, habe das in ihm auf unmittelbare Weise Vorhandene noch nicht zu einem von ihm Gesetzten umgestaltet, seine Wirklichkeit noch nicht zu einer seinem Begriff gemäßen umgebildet. Die ganze Entwicklung des Geistes bestünde in nichts anderem als darin, sich zu seiner Wahrheit zu erheben, und die so genannten Seelenkräfte hätten keinen anderen Sinn als den, die Stufen dieser Erhebung zu sein. Dadurch, dass der Geist sich selbst unterscheidet (oder sich differenziert, d. Verf.), sich selbst umgestaltet und seine Unterschiede zur Einheit seines Begriffs zurückführt, sei er ein Wahres, ein Lebendiges, Organisches und Systematisches.[44] Nur indem die

---

[42]Zum Beispiel hat nach Hegel der moderne Geist, nämlich der Geist der Freiheit, dann sein Ziel erreicht, wenn er sich in allen Sphären eines Staates sowie im ganzen Staatensystem verwirklicht und sich am Ende selbst begriffen hat, etwa in Gestalt der Hegelschen Rechts- und Staatsphilosophie.

[43] Nach Hegel ist also der Geist, der Wirklichkeiten hervorbringt, am Ende identisch mit dem Geist, der ihn erkennt.

[44] Wie der Geist, ausgehend vom Einfachen der natürlichen Seele, sich fortschreitend differenziert, um sich schließlich zu einem Ganzen

Wissenschaft vom Geist diese seine Natur erkennt, sei sie ebenfalls wahr, lebendig, organisch und systematisch. Dies seien Prädikate, die weder der rationalen noch der empirischen Psychologie zuerkannt werden könnten, weil *jene*, also die *rationale* Psychologie, den Geist zu einem von seiner Verwirklichung abgeschiedenen, toten Wesen mache und *diese*, also die *empirische* Psychologie, den lebendigen Geist dadurch abtöte, dass sie ihn auseinander reißt in eine Mannigfaltigkeit selbständiger Kräfte, die nicht vom Begriff hervorgebracht und zusammengehalten werden.

"*Animalischer Magnetismus*"[45]

Hegel zufolge sei es der Gedanke des "tierischen Magnetismus" gewesen, der dazu beigetragen habe, die unwahre, endliche, bloß verständige Auffassung des Geistes zu verdrängen. Diese Wirkung habe jener wunderbare Zustand [46] besonders auf die Betrachtung der natürlichen Seite des Geistes gehabt.[47] Könnte der Verstand die sonstigen Zustände und natürlichen Bestimmungen des Geistes und seine bewussten Tätigkeiten wenigstens äußerlich [48] auffassen und könnte er den in ihm selbst wie auch den äußeren Zusammenhang von Ursache und Wirkung - den so genannten

---

zusammenzufügen, das stellt Hegel in seiner Theorie des subjektiven Geistes (oder der Persönlichkeit) dar. Die Entwicklung des subjektiven Geistes des Einzelnen läuft also, mit anderen Worten, darauf hinaus, die Unterschiede, den Prozess der Differenzierung von Seele und Geist, zur Einheit des Begriffs (des Geistes) zurückzuführen, ein Vorgang, der durch Hegel mittels seiner Methode rein begrifflich gedacht wird und sich nur so manifestiert.

[45]Nach Franz Anton Mesmer (1734-1815) vom Menschen ausstrahlende Kräfte, die durch magnetische Striche Heilkraft erhalten. Der Neue Brockhaus, 3. Bd., a. a. O., S. 405. Dabei geht es offenbar um den Einsatz der Hypnose zu Heilzwecken.

[46]Hegel scheint den Zustand der Hypnose oder der Trance zu meinen.

[47]Hegel scheint dabei an das zu denken, was er die „natürliche Seele" nennt.

[48]Zum Beispiel das Handeln, das sichtbar als Bewegung erscheint.

natürlichen Gang der Dinge - fassen, so zeige er sich dagegen unfähig, an die Erscheinungen des tierischen Magnetismus auch nur zu glauben, weil in denselben das nach seiner Auffassung feste Gebundensein des Geistes an Ort und Zeit sowie an den Zusammenhang von Ursache und Wirkung seinen Sinn verliere. Obwohl es nun, wie Hegel fortfährt, sehr töricht wäre, in den Erscheinungen des tierischen Magnetismus eine Erhebung des Geistes sogar über seine begreifende Vernunft zu sehen und von diesem Zustande über das Ewige höhere Erkenntnisse als jene zu erwarten, die die Philosophie bietet, und obwohl der magnetische Zustand (die Hypnose, d. Verf.) vielmehr für eine Krankheit gehalten werden müsste, in der der Geistes selbst unter das gewöhnliche Bewusstsein herabsinke und er in jenem Zustand sein Denken, das sich sonst in bestimmten Unterscheidungen zu bewegen pflege, aufgebe, sich der Natur gegenüberzustellen, so sei doch nichtsdestoweniger die in den Erscheinungen jenes Magnetismus sichtbare Loslösung des Geistes von den Schranken des Raums und der Zeit sowie von allen endlichen Zusammenhängen etwas, was mit der Philosophie verwandt sei. Mit aller Brutalität einer ausgemachten Tatsache trotze jene Loslösung des Geistes nämlich dem Skeptizismus des Verstandes und mache deshalb das Fortschreiten von der gewöhnlichen Psychologie zum begreifenden Erkennen der spekulativen Philosophie notwendig, für die allein der tierische Magnetismus *kein* unbegreifliches Wunder sei.

Weitere Bemerkungen zur Methode

Betrachtet man die *konkrete* Natur des Geistes, so stoße man, wie Hegel nach diesem Zusatz fortfährt, auf die eigentümliche Schwierigkeit, dass die besonderen Stufen und Bestimmungen in der Entwicklung seines Begriffs nicht auch als besondere Existenzen zurück- und seinen tieferen Gestaltungen gegenüber bleiben, wie dies in der äußeren Natur der Fall sei.[49] Die Bestimmungen und Stufen des *Geistes* dagegen seien wesentlich nur als Momente, Zustände und Bestimmungen an den höheren Entwicklungsstufen. Es geschehe dadurch, dass an einer niedrigeren, abstrakteren Bestimmung das Höhere sich schon empirisch vorhanden zeigt. So sei z. B. in der Empfindung alles höhere Geistige (z. B. das Recht) als Inhalt oder Bestimmtheit vorhanden. Oberflächlich gesehen, könne daher in der Empfindung, die nur eine abstrakte Form sei, jener Inhalt, so das Religiöse, Sittliche usw., wesentlich seine Stelle und sogar seine Wurzel haben, so dass es notwendig erscheine, die Bestimmungen des Inhalts als besondere Arten der Empfindung zu betrachten.[50] Aber zugleich werde es nötig, indem niedrigere Stufen betrachtet werden, um sie in ihrer empirischen Existenz vorzuführen, an *höhere* zu erinnern, an denen sie nur als Formen vorhanden sind. Auf diese Weise würde ein Inhalt vorweggenommen werden, der sich erst später in der Entwicklung zeigt, z. B. im Fall des natürlichen Erwachens: das *Bewusstsein*, oder bei der Verrücktheit: der *Verstand*. Hegel verweist hier also auf einen Aspekt seiner Methode, nach der er den subjektiven Geist eines Individuums begrifflich zu entfalten versucht.

---

[49]Ders., Enzyklopädie der philosophischen Wissenschaften, 3. Teil, a. a. O., S. 16 ff.

[50]So spricht man von religiösen und sittlichen Empfindungen, und es liegt nahe zu glauben, dass das Religiöse oder das Sittliche, als die einer höheren Stufe angehörenden Inhalte, ihren Ursprung oder ihren Platz in der Empfindung haben. Dabei können solche Inhalte einer höheren Stufe nicht aus einer niedrigeren, wo die Empfindungen angesiedelt sind, erklärt werden, erstere werden lediglich aus methodischen Gründen bei der Analyse der Empfindungen vorweggenommen. Religion, Sitte und Recht verbinden sich zwar mit Empfindungen oder Gefühlen, haben aber als Momente des „absoluten" (Hegel) und des „objektiven" Geistes (ders.) eben nicht ihre Wurzel und ihre ursprüngliche Stelle in den Empfindungen der einzelnen „natürlichen Seele" (ders.).

3. Der Begriff des Geistes

3.1 Geist und Natur

Der Geist hat *für uns*, so Hegel, *die Natur* zu seiner *Voraussetzung,* er sei aber *ihre Wahrheit* und damit ihr *absolut Erstes.* [51] *Für uns,* jedenfalls für unser sinnliches Bewusstsein[52], ist die Natur allerdings das Unmittelbare und Erste. Doch für das philosophische Bewusstsein ist der *Geist* die "Wahrheit" der Natur und damit ihr "absolut Erstes" (ders.).[53] Es ist die *Naturphilosophie,* die die Natur als eine der Welt des Geistes völlig andere, extrem entgegen gesetzte Welt setzt, und zugleich ihre Aufgabe darin sieht, die beiden von ihr selbst als einander äußerst gegensätzlich gesetzten Sphären wieder zu einem Ganzen zusammenzuführen. Das geschieht, indem sie die Natur, so wie sie in den diversen modernen Naturwissenschaften gedacht wird und deren Ergebnisse sie aufnimmt und zugleich aufhebt, als eine auf den Geist hin angelegte Welt interpretiert.[54] Für Hegel hat die Welt des

---

[51] Ders., Enzyklopädie der philosophischen Wissenschaften, 3. Teil, a. a. O., S. 17 ff.

[52] Nur dem sinnlichen Bewusstsein erscheine die Natur als das Erste, Unmittelbare, Seiende. Ders., Enzyklopädie der philosophischen Wissenschaften, 2. Teil, in: Hegel Werke, Bd. 9, Frankfurt a. Main 1970, S. 28.

[53] Es versteht sich, dass Hegels Naturphilosophie nicht unser Thema ist. Doch kann das Thema „Natur" bei der Behandlung des „Geistes" nicht ganz übergangen werden; erlaubt es doch ein umfassenderes Verständnis Hegelschen Denkens. Im Übrigen dürfte derjenige, der sich mit Hegels Philosophie des Geistes beschäftigt, neugierig sein, wie er die Natur einordnet, mit der der Mensch mit seinem Organismus und seinen Bedürfnissen, seiner ganzen materiellen Existenzweise, unlösbar verbunden ist.

[54] In der Äußerlichkeit, die nach Hegel die Bestimmung der Natur ausmacht, hätten die Bestimmungen des Begriffs den Schein eines gleichgültigen Bestehens und der Vereinzelung gegeneinander, und der Begriff sei deshalb ein Innerliches. Die Natur zeige daher in ihrem Dasein keine Freiheit, sondern Notwendigkeit und Zufälligkeit. Die Natur sei *an sich* (ihrem Begriff nach, d. Verf.) in der Idee göttlich,

Geistes gegenüber der Welt der Natur allerdings von vornherein den Vorrang; habe doch in der Natur das Spiel der Formen nicht nur seine zügellose Zufälligkeit, sondern entbehre doch jede Gestalt des Begriffs ihrer selbst. Das Höchste, zu dem es die Natur bringe, sei das *Leben*, aber als nur *natürliche* Idee sei dieses der Unvernunft der Äußerlichkeit hingegeben. Die geistigen Formen enthielten demgegenüber eine höhere Lebendigkeit und seien damit des Geistes würdiger als die natürlichen Formen. Menschliche Taten und Begebenheiten seien gegenüber Sonne, Mond, Tieren, Pflanzen usw. den Vorzug zu geben, wenn auch die Idee *an sich* göttlich sei.[55] Der Geist sei also, so Hegel, die Wahrheit der Natur, und in dieser Wahrheit sei die Natur verschwunden, und der Geist habe sich als die zu ihrem Fürsichsein gelangte *Idee* ergeben.[56] Das *Objekt* wie auch das *Subjekt* der Idee sei der *Begriff*[57]. Nach Hegel sind also in der Idee des Geistes bis zu deren Schwelle die Naturphilosophie die Natur herangeführt hat, Subjekt und Objekt identisch, d. h. das Subjekt als erkennender Geist steht nicht mehr einem Anderen, einem ihm fremden, nicht-geistigen

---

aber so wie sie *sei*, entspreche ihr Sein nicht ihrem Begriff; sie sei der unaufgelöste Widerspruch. Ders., Enzyklopädie der philosophischen Wissenschaften, 2. Teil, ebenda., S. 17.

[55] Ebenda, S. 27 u. 28.

[56] Auch die Natur ist „Idee", doch sie kommt als solche nicht zu ihrem „Fürsichsein", zum Bewusstsein ihrer selbst oder zur Selbsterkenntnis. Dorthin kommt sie erst in den einzelnen Naturwissenschaften, vollends in der Naturphilosophie, also im Geist.

[57] Die Idee des Geistes ist zwar Objekt, jedoch kein Objekt des Bewusstseins, sondern ein vom philosophischen Denken konstituiertes Objekt. Somit steht diesem Objekt nicht ein ihm äußerliches Subjekt gegenüber, sondern es ist mit diesem als einem begreifenden identisch. Wenn z. B. der Staat vom Philosophen Hegel als Idee gefasst und als solche denkend zu einem Ganzen entfaltet wird, dann ist dieser Vorgang identisch mit der Staatsphilosophie. Doch diese setzt die Vorarbeit der empirischen und theoretischen Staatswissenschaften voraus, sonst wäre die Staatsphilosophie als „Fürsichsein" der Idee des Staates bloß eine willkürliche Konstruktion.

Objekt gegenüber, wie im Fall der Natur, sondern einzig und allein sich selbst. Jene Identität, in der Subjekt und Objekt gleichermaßen der Begriff ist, sei, wie Hegel fortfährt, eine *"absolute Negativität"* (mit Bezug auf die Natur, d. V.), weil in der Natur der Begriff seine vollkommen *äußerliche* Objektivität habe.[58] Anders als die Welt des Geistes, in der der Begriff im menschlichen Handeln wirksam ist, sich manifestiert und sich selbst erkennt, steht also die Welt der Natur dem begreifenden Subjekt zunächst als eine ihm vollkommen "begriffs-" und "geistlose", ja geradezu als eine "sinnwidrige" Sphäre gegenüber. Diese muss aber nach Hegel nichtsdestoweniger als die *Entäußerung* des *einen* Geistes begriffen werden. Es ist eben der (moderne wissenschaftliche) Geist selbst, der die Natur als seine äußerste

---

[58]Hegel denkt dabei *nicht*, wie angedeutet, an die Natur, wie sie uns das sinnliche Bewusstsein vermittelt, sondern an die Natur, wie sie uns die modernen Naturwissenschaften vermitteln, z. B. an die Bewegungen der Himmelskörper (Mechanismus), an Reaktionen von Stoffen, die aufeinandertreffen (Chemismus) oder an Prozesse von Wachstums und Entwicklung pflanzlicher Organismen (Teleologie) und tierischer, Subjektivität einschließender Organismen ("Idee des Lebens", ders.). Bei vielen Ereignissen und Zuständen in der Natur handelt es sich für Hegel um für den menschlichen Geist äußerliche, fremde, ihm zum Teil geradezu drastisch widersprechende, sinnlose, gesetzlose, ja unlogische Vorgänge. Dabei kann man z. B. an Erdbeben oder an Himmelskörper denken, die auf die Erde stürzen. „Absolute Negativität" bedeutet - so Thomas Sören Hoffmann -, „daß er (der Geist, d. Verf.) die Negation und Aufhebung seiner selbst, die die Natur ist, seinerseits aufhebt und sich als sich selbst gegen die Natur affirmiert ..." Ders., Georg Wilhelm Friedrich Hegel, Wiesbaden 2004, S. 406. Indem Hegel die Natur als eine *„äußerliche Objektivität"* begreift, grenzt er sich offensichtlich vom Naturbegriff der Romantiker ab. „Der wahre Inhalt des Romantischen ist die absolute Innerlichkeit, die entsprechende Form die geistige Subjektivität, als Erfassen ihrer Selbständigkeit und Freiheit. Dies in sich Unendliche und an und für sich Allgemeine ist die absolute Negativität von allem Besonderen, die einfache Einheit mit sich, die alles Außereinander, alle Prozesse der Natur und deren Kreislauf des Entstehens, Vergehens und Wiedererstehens, alle Beschränktheit des geistigen Daseins verzehrt ..." Ders., Vorlesungen über die Ästhetik, 2. Teil, Hegel Werke, Bd. 14, Frankfurt a. M. 1970, S. 129-130.

Entäußerung setzt, um sodann diese seine Setzung in der Form der (modernen) naturphilosophischen Theorie, aufbauend auf den Erkenntnissen der empirischen und theoretischen Naturwissenschaften, schrittweise wieder aufzuheben.[59] Jene Identität, in der Subjekt und Objekt der Begriff ist, der Geist sich also als eine gegenüber der Natur eigenständige Welt konstituiert, ist damit zugleich seine Rückkehr aus der Natur.[60] Mit anderen Worten, für den Philosophen ist es der Geist selbst, der die Natur als das Andere seiner selbst und damit sich selbst als das Andere der Natur setzt; sodann kehrt er in der Philosophie der Natur zu sich selbst zurück, erfasst sich in der Philosophie des Geistes selbst und erkennt sich als das Identische in der einen wie in der anderen Welt, in der Welt des Menschen überhaupt. Es ist also der Geist, der die Natur als Idee setzt und sie als solche als sein Anderssein begreift und ebenso sich selbst als Idee setzt und sich als solche begreift.

In seinem erläuternden Zusatz zu seinen einleitenden Ausführungen zum Begriff des Geistes erinnert Hegel daran, dass dieser *als die sich selbst wissende wirkliche Idee zu verstehen ist.*[61] Der Begriff des Geistes ist demnach sowohl *wirklich*, z. B. in einer modernen

---

[59]„Die Naturphilosophie gehört selbst zu diesem Wege der Rückkehr; denn sie ist es, welche die Trennung der Natur und des Geistes aufhebt und dem Geiste die Erkenntnis seines Wesens in der Natur gewährt." Wie sehr auch immer der denkende Geist die geistige und die natürliche Welt voneinander trennt, es ist doch immer der Geist, der diese Trennung vornimmt. Ders., Enzyklopädie der philosophischen Wissenschaften, 2. Teil., in: Hegel Werke, Bd. 9, a. a. O., S. 24.

[60]Letztlich ist es nach Hegel nur die *eine* Idee (Weltvernunft), die die Welt der Natur und die des Geistes miteinander verbindet, und die sich in der Philosophie selbst begreift. „Das Ziel, auf das Hegel hinsteuert … ist der *Primat* des *Geistes über die Natur*, die *Eingliederung der Naturphilosophie in eine Natur und Geist in sich befassende Geistphilosophie* …" Richard Kroner, Von Kant bis Hegel, 2. Bd., 3. Aufl., Tübingen 1977, S. 230.

[61]Ders., Enzyklopädie der philosophischen Wissenschaften, 3. Teil, a. a. O., S. 17 ff.

Verfassungswirklichkeit (Wirklichkeit der Freiheit), als auch sich selbst wissend, z. B. in der modernen Rechts- und Staatsphilosophie (in der ja die Wirklichkeit zur Darstellung kommt). Anders als die Natur, kann sich der Geist, so sein Begriff von der Natur, sich selbst erkennen.

Den Begriff des Geistes habe, wie Hegel fortfährt, die Philosophie als notwendig zu erweisen, d. h. als Resultat der Entwicklung des allgemeinen Begriffs oder der logischen Idee[62] zu erkennen. Dem Geist gehe aber in dieser Entwicklung nicht nur die logische Idee, sondern auch die *äußere* Natur voran. Denn das schon in der einfachen *logischen* Idee enthaltene *Erkennen*[63] sei nur der von uns gedachte Begriff des Erkennens, nicht aber das für sich selbst vorhandene Erkennen[64], nicht der wirkliche Geist, sondern bloß dessen Möglichkeit. Der *wirkliche* Geist, der allein in der Wissenschaft vom Geist unser Gegenstand sei, habe die *äußere Natur* zu seiner *nächsten* und die logische Idee, zu seiner *ersten* Voraussetzung.[65] Mit dem "wirklichen

---

[62]Bei der „logischen Idee" geht es, wie erwähnt, um die allgemeinen Formen des Seins (Ontologie), des Denkens (Logik) und Erkennens (Erkenntnistheorie), wie sie in der natürlichen, der wissenschaftlichen und der philosophischen Sprache enthalten sind, und die Hegel in seiner „Wissenschaft der Logik" reflektiert und miteinander zu einem System durch „reines Denkens" zusammenfügt. Die „logische Idee" und ihre Formen sind die Voraussetzung dafür, dass wir überhaupt die Natur und die Welt des Geistes einerseits als uns gegenüberstehend konstituieren und wir ihnen andererseits als bewusste, selbstbewusste und erkennende Subjekte gegenübertreten können. Dazu: Ders., Enzyklopädie der philosophischen Wissenschaften, 1. Teil, Hegel Werke Bd. 8, a. a. O. S. 1970.

[63]Ebenda., S. 377 ff.

[64]Gemeint ist offenbar das Erkennen, wie es in den Wissenschaften bis hin zur Philosophie „wirklich" ist.

[65]Die Philosophie des Geistes ist nach Hegel die Idee, die aus ihrem „Anderssein", der Natur, in sich zurückkehrt. Die Unterschiede der besonderen philosophischen Wissenschaften sind nach Hegel jeweils nur Bestimmungen der *einen* Idee. In der Natur werde *nichts* Anderes als die Idee dargestellt, aber sie sei in der Form der *Entäußerung*. Im Geiste sei eben die Idee als für sich (etwa im Bewusstsein des

Geist" meint Hegel den Begriff des Geistes, wie er sich in der Seele, im Bewusstsein, im Denken und Wollen des Einzelnen, also im subjektiven Geist (ders.), ferner in den normativen Ordnungen, also im objektiven Geist (ders.) aktualisiert, sich sodann in der Kunst darstellt und sich in der Offenbarungsreligion vorstellt, um sich schließlich in der Philosophie zu denken; es ist der *Geist der Moderne* - eine konkrete Totalität.

Zu ihrem Endresultat müssten, wie Hegel fortfährt, daher die Naturphilosophie und mittelbar die Logik den Begriff des Geistes als *notwendig* begründen. Die Wissenschaft vom Geist habe diesen Begriff, so wie sie ihn entwickelt, zu prüfen, ob er sich bewährt. Was man daher zu Beginn der Betrachtung des Geistes nur versichern könne, könne erst durch die *ganze* Philosophie wissenschaftlich bewiesen werden. Zunächst könne man nicht mehr tun, als den Begriff des Geistes bloß für die *Vorstellung* zu erläutern.

Um zum Begriff des Geistes zu kommen, sei es nötig, die Bestimmtheit anzugeben, durch die die *Idee* Geist ist. Alle Bestimmtheit sei aber Bestimmtheit nur gegenüber einer anderen, und die Bestimmtheit des Geistes stehe zunächst der Bestimmtheit der Natur gegenüber, und jene sei zugleich mit dieser begrifflich zu erfassen. Als die unterscheidende Bestimmtheit des Begriffs des Geistes, müsse die *Idealität* bezeichnet werden. Dies bedeutet, dass, so Hegel, das *Anderssein* der Idee (die Idee als Natur[66], d. Verf.) aufgehoben wird, die

---

Einzelnen, d. Verf.) und als an und für sich seiend (in der Philosophie des Geistes, d. Verf.). Ders., Enzyklopädie der philosophischen Wissenschaften, 1. Teil, a. a. O., S. 64.

[66] Die Natur ist nach Hegels Naturphilosophie die „Idee in der Form des *Anderssein*" (ders.). Die *Idee als das* Negative ihrer selbst sei *sich äußerlich*. Die Natur sei nicht nur ein Äußerliches gegenüber dieser Idee und ihrer subjektiven Existenz, dem Geist, sondern die *Äußerlichkeit* sei die Bestimmung, in der sie als Natur ist. Ders., Enzyklopädie der philosophischen Wissenschaften, 2. Teil, a. a. O., S. 24.

Idee aus ihrem *Anderen* in sich zurückkehrt und so als ein Zurückgekehrtes ist.[67]

Auch die *äußere* Natur sei ebenso wie der Geist, vernünftig und göttlich, also eine Darstellung der *Idee*.[68] Aber in der Natur erscheine die Idee im Element des Außereinanders (in Raum und Zeit, d. Verf.), sie sei nicht nur für den Geist äußerlich, sondern, weil das Wesen des Geistes in der an und für sich seienden *Innerlichkeit* bestehen würde, sei sie auch eben deshalb sich selber äußerlich (sie ist sich selbst weder Subjekt noch Objekt, d. Verf.). Sie wird also vom Geist nicht nur als das ihm Äußerliche gesetzt, sondern ist auch sich selber ein Äußerliches. Die Natur wird somit von Hegel, wie schon erwähnt, nicht mit *dem* gleichgesetzt, was uns unsere Sinnesorgane vermitteln und was unsere

---

[67] Natur und Geisteswelt sind zunächst, wie schon erwähnt, als einander gegenüberstehende, z. T. als extrem gegensätzliche Welten zu betrachten - so der „gesunde Menschenverstand" und so erst recht der Standpunkt der Geisteswissenschaften. Und doch hängen diese Welten, wie jeder ahnt, irgendwie zusammen, so dass die dualistische Weltbetrachtung in den „endlichen Wissenschaften" zwar berechtigt ist, aber von der Philosophie überwunden werden muss.

[68] „Die Idee ist das das Wahre *an und für sich*, die *absolute Einheit des Begriffs und der Objektivität*. Ihr ideeller Inhalt ist kein anderer als der Begriff in seinen Bestimmungen; ihr reeller Inhalt ist nur seine Darstellung, die er sich in der Form äußerlichen Daseins gibt ..." Ders., Enzyklopädie der philosophischen Wissenschaften, 1. Teil., a. a. O, S., 367. Die Objektivität, wie sie Hegel versteht, darf nicht mit dem unmittelbar Daseienden verwechselt werden; denn sie setzt, anders als ein Daseiendes, ein sich im Begreifen, sich rein im Begriff bewegendes Subjekt voraus. Die „Weltkategorien" (N. Hartmann), in denen sich „Objektivität", die Welt der Natur oder des Geistes, darstellt, sind nach Hegel der Mechanismus, der Chemismus und die Teleologie - allgemeine Systemmodelle der Wissenschaft. Dazu auch: T. S. Hoffmann, Georg Wilhelm Friedrich Hegel, a. a. O., S. 374 ff. Wenn die Objektivität, also die Teleologie, in die Idee übergeht, so bedeutet das nach Hegel offenbar, dass sich der Begriff, z. B. die Seele, sich der Objektivität bemächtigt, und man es nunmehr mit dem „Leben" als solchem zu tun hat, dass Subjektivität: Seele und beim Menschen Bewusstsein und Geist, einschließt.

vor aller Erfahrung liegenden Kategorien zu Inhalten verarbeiten, sondern sie wird von ihm als eine eigenständige, auf sich beruhende Welt außerhalb des individuellen Bewusstseins, jedoch nicht als eine außerhalb der Reichweite des Geistes liegende Welt verstanden. So liegt z. B. die atomare Welt zwar jenseits des sinnlichen Bewusstseins des Einzelnen, sie liegt aber gleichwohl in der Reichweite des physikalischen und des darauf aufbauenden naturphilosophischen Denkens.[69]

Die Natur, so wie sie Hegel versteht, stimmt, ihm zufolge, vollkommen mit *dem* wie sie die alten Griechen verstanden, aber auch mit unserer *gewöhnlichen* Vorstellung von ihr überein.[70] So sei uns geläufig, dass das Natürliche räumlich und zeitlich ist, dass in der Natur Dieses neben Diesem besteht und Dieses Diesem folgt, kurz, dass alles Natürliche ins Unendliche außereinander ist. Ferner wüssten wir, dass die Materie, diese allgemeine Grundlage aller da seienden Gestalten der Natur, uns nicht nur Widerstand leistet und *außerhalb* unseres Geistes besteht, sondern gegen sich selber sich auseinanderhält, in konkrete Punkte, in materielle Atome sich trennt, aus denen sie sich zusammensetzt. Die

---

[69]Dazu T. S. Hoffmann: „... die Naturphilosophie dagegen versucht zunächst zu denken, was es macht, daß etwas qualitativ ein Naturgebilde und kein logischer Gedanke oder kein geistiges Selbst ist; sie nimmt den Naturgegenstand als ein unableitbar differentes Sein, an dem sich jedoch gleichwohl eine Art Innerlichkeit, ein Selbst melden kann, das allerdings nicht darin aufgeht, in eine Formel eingesetzt werden zu können.", „... Für das Verständnis der Naturphilosophie Hegels ist viel gewonnen, wenn man sich bewußt ist, daß es hier darum geht, einen Blick auf Natur einzuüben, der diese nicht nur als dem Baconschen „regnum hominis" schon anverwandelte, sondern als in ihrer ursprünglichen Fremdheit gewahrte nimmt und stehen läßt.", „Die Natur ist nicht nur das, was von uns hier ein Äußeres (Nicht-Ich) ist; sie ist vielmehr in einem *absoluten* Sinne äußerlich, was einschließt, daß sie sich selbst gegenüber ebenfalls äußerlich ist und sich nach einem Gesetz der Äußerlichkeit oder äußeren Beziehung bestimmt." Ders., Georg Wilhelm Friedrich Hegel, a. a. O., S. 393 ff.

[70]Ders., Enzyklopädie der philosophischen Wissenschaften, 3. Teil., a. a. O., S. 18 ff.

Unterschiede, zu denen sich der Begriff der Natur[71] entfalte, seien mehr oder weniger gegeneinander selbständige Existenzen. Durch ihre ursprüngliche Einheit stünden sie zwar miteinander in Beziehung, so dass keine Existenz ohne die andere begriffen werden könne, aber diese Beziehung sei eine in einem höheren oder geringeren Maße äußerliche Beziehung. Man würde daher mit Recht sagen, dass in der Natur nicht die Freiheit, sondern die *Notwendigkeit* herrscht. Denn diese sei eben, in ihrer eigentlichen Bedeutung, die nur innerliche und deshalb auch nur äußerliche Beziehung von gegeneinander selbständigen Existenzen.[72] So würden z. B. das Licht und seine Bestandteile als gegeneinander selbständig erscheinen, und die Planeten, obwohl sie von der Sonne angezogen werden, hätten trotz dieses Verhältnisses zu ihrem Zentrum den *Schein* der Selbständigkeit gegenüber demselben.

Im Lebendigen käme allerdings eine *höhere* Notwendigkeit zustande, als jene die im Bereich des Leblosen herrsche. Schon in der *Pflanze*

---

[71] Wie schon erwähnt, wohnt der Natur nach Hegel ein Selbstzweck (ihr Begriff), wenn auch nicht ein *absoluter* Selbstzweck inne, so dass sie einen Widerspruch einschließt. (N. Hartmann) Die Schwierigkeit, die sich aus einer teleologischen Naturbetrachtung ergibt, habe Hegel, so N. Hartmann, deutlich gesehen. Ders., G. W. Fr. Hegel, a. a. O., S. 284.

[72] So kann man z. B. auch in einer Marktwirtschaft eine äußere Notwendigkeit am Wirken sehen. So haben private Haushalte einen laufenden Bedarf an Konsumgütern aller Art und verfügen über Kaufkraft in Form von Geld. Demgegenüber stehen die Betriebe, die laufend für den Markt produzieren und darauf angewiesen sind, dass ihre Güter gekauft, so dass ihre Produktionskosten gedeckt werden, in denen auch die Arbeitslöhne von Arbeitnehmern als (Mit-)Inhaber privater Haushalte enthalten sind. Es liegt nahe, hierbei von einer „*äußeren*" Notwendigkeit zu sprechen. Als eine „innere" Notwendigkeit könnte man dagegen die der Marktwirtschaft zugrunde liegende strukturelle Differenzierung verstehen, nämlich die gesellschaftliche Arbeitsteilung, die Trennung der unmittelbaren Produzenten von den Produktionsmitteln, die Trennung von Haushalt und Betrieb und die Produktivkraftentwicklung.

zeige sich, dass sie ein in die Peripherie ergossenes Zentrum, eine Konzentration der Unterschiede ist, dass sie sich von innen heraus entwickelt, eine Einheit ist, die sich selbst differenziert und aus ihren Differenzen in der Knospe sich selbst hervorbringt und somit etwas sei, dem wir Trieb zuschreiben würden. Aber diese Einheit bleibe eine unvollständige, weil im Gliederungsprozess der Pflanze das vegetabilische Subjekt aus sich heraustrete, jeder Teil die ganze Pflanze, eine Wiederholung derselben sei, die Glieder also nicht in vollkommener Unterwürfigkeit unter der Einheit des Subjekts stünden.

Eine noch vollständigere *Überwindung* der *Äußerlichkeit* stelle der *tierische* Organismus dar. In diesem erzeuge nämlich nicht nur jedes Glied das andere, sei dessen Ursache und Wirkung, Mittel und Zweck, sondern das *Ganze* werde von seiner Einheit so durchdrungen, dass nichts in ihm als selbständig erscheine. Jede Bestimmtheit sei zugleich eine *ideelle*, das Tier bleibe in jeder Bestimmtheit dasselbe, das *eine Allgemeine*, so dass das Außereinander am tierischen Körper sich in seiner ganzen Unwahrheit zeige. Dadurch, dass das Tier in jeder Bestimmtheit bei sich und es in und aus seiner Äußerlichkeit unmittelbar in sich reflektiert sei, sei es eine für sich seiende *Subjektivität* und habe Empfindung.[73] Diese sei die Allgegenwart der

---

[73]Das Tier ist, wie sich Hegel verstehen lässt, in seiner Bestimmtheit (in jedem seiner Glieder) bei sich, und es ist ein Selbst (eine für sich seiende Subjektivität), das gegenüber seiner organischen Natur (seinem Organismus) und seiner unorganischen Natur (seine natürliche Umgebung) steht, die ihm durch seine Empfindungen vermittelt werden. Die organische Individualität des Tieres, so Hegel in seiner Naturphilosophie, existiere als Subjektivität, und zwar insofern die eigene Äußerlichkeit der Gestalt (also der Körper des Tieres, d. Verf.) zu Gliedern *idealisiert* sei und der Organismus in seinem nach außen gerichteten Prozess die auf ein Selbst bezogene Einheit in sich erhalte. Dies sei die *animalische* Natur, die in ihrer Wirklichkeit und in ihrer Äußerlichkeit der unmittelbaren Einzelheit ebenso *dagegen* ein *in sich reflektiertes* Selbst der *Einzelheit*, eine *in sich* seiende *subjektive* Allgemeinheit sei. Ders., Enzyklopädie der philosophischen Wissenschaften, 2. Teil, a. a. O., S. 430. Was die „Allgemeinheit" betrifft, so

Einheit des Tieres in allen seinen Gliedern, die jeden Eindruck unmittelbar dem *einen* Ganzen mitteilen, das im Tier zu werden beginne. In dieser subjektiven Innerlichkeit des Tieres liege, dass es durch sich selbst, von *innen* heraus, und nicht bloß von außen bestimmt ist, d. h., dass es Trieb und Instinkt hat. Die Subjektivität des Tieres enthalte einen Widerspruch und den Trieb, diesen Widerspruch aufzuheben und dadurch sich selbst zu erhalten. *Selbsterhaltung* sei das Vorrecht des Lebendigen und in einem noch höheren Grad des Geistes.[74]

Die tierische Seele sei jedoch, so Hegel, noch *nicht frei*; erscheine sie doch immer als eins mit der Bestimmtheit der Empfindung oder der Erregung, als an *eine* Bestimmtheit gebunden. Nur in der Form der Einzelheit sei die Gattung für das Tier gegeben.[75] Es *empfinde* nur die Gattung, aber *wisse* nichts von ihr. Im einzelnen Tier sei noch nicht die *Seele* für die *Seele*, das Allgemeine als solches für das Allgemeine. Durch das im Gattungsprozess stattfindende Aufheben der Besonderheit der Geschlechter komme das Tier nicht zum Erzeugen der Gattung, denn das, was durch diesen Prozess hervorgebracht wird,

---

verweist Hegel darauf, dass es sich dabei nicht um *das* handelt, was allem Besonderen gemeinschaftlich ist, sondern um *die* Allgemeinheit, die sich selbst besondert, spezifiziert. Ders., Enzyklopädie der philosophischen Wissenschaften, 1. Teil, a. a. O., S. 311 ff. In der Seele des Tieres bildet sich, ein „in sich reflektiertes Selbst" (ders.) heraus, also wie sich Hegel verstehen lässt, eine auf ein Selbst bezogene Welt, der sich das Selbst zugleich, dadurch für sich werdend, entgegensetzt.

[74]Hegel stellt dann im Einzelnen die widersprüchliche Interaktion des Tieres mit seiner natürlichen Umgebung dar, in der es die Mittel zu seiner Selbsterhaltung sucht, findet und diese verzehrt sowie seine Interaktion mit seinesgleichen, also mit einem anderen Tier derselben Gattung - das Geschlechtsverhältnis. Dazu: Ders., Enzyklopädie der philosophischen Wissenschaften, 3. Teil, a. a O., S. 20.

[75]Demnach bilden Tiere keine *sittlichen* Gesellschaften, und jedes einzelne Tier kehrt, sobald seine flüchtige Beziehung mit seinesgleichen im Geschlechtsverhältnis beendet ist, in den Zustand der Einzelheit zurück.

sei wieder nur ein Einzelnes. [76] So falle die Natur selbst auf der höchsten Spitze ihrer Erhebung über die Endlichkeit (der Reproduktion, d. Verf.) wieder in diese zurück und stelle somit nur einen beständigen Kreislauf dar. Auch der durch den Widerspruch der Einzelheit und der Gattung notwendigerweise herbeigeführte *Tod* bringe gleichfalls nicht - weil er nur die leere selbst in der Form der unmittelbaren Einzelheit erscheinende, vernichtende Negation der Einzelheit, aber eben nicht deren erhaltende Aufhebung sei - die an und für sich seiende Allgemeinheit (einen objektiven Geist, d. Verf.) oder die an und für sich seiende Einzelheit, die Subjektivität, die sich selber zum Gegenstand hat (ein Ich, der. Verf.), hervor. Auch in der am meisten vollendeten Gestalt, zu der sich die Natur erhebe, also im tierischen Leben, gelange der Begriff[77] nicht zu einer Wirklichkeit, die seinem Wesen als Seele[78] entspricht, nicht zur völligen Überwindung der Äußerlichkeit und Endlichkeit seines Daseins. Dieses geschehe erst im *Geist*, der eben durch diese in ihm selbst zustande kommende Überwindung *sich selber* von der Natur unterscheide, so dass diese Unterscheidung nicht bloß das Tun einer äußeren Reflexion über das Wesen des Geistes sei.

---

[76]Im Gattungsprozess, also mit der Zeugung, wird, wie sich Hegel verstehen lässt, die Besonderung der Tiere einer Gattung in weibliche und männliche Tiere aufgehoben, aber dadurch komme es nicht zur Gattung im Sinne einer Familiengesellschaft, eines übergeordneten Allgemeinen, vielmehr finde sich jedes neugeborene Exemplar wieder nur im Zustand der Einzelheit..

[77]„Der Selbstzweck im lebendigen Individuum ist „Seele" - in jenem Sinne des Wortes, den man aus des Aristoteles Definition als „erste Entelechie des organischen Körpers" kennt. Der „Begriff, der als subjektiver früher auftritt, ist die Seele des Lebens selbst; er ist der Trieb, der sich durch die Objektivität (Mechanismus, Chemismus, Teleologie, d. Verf.) hindurch seine Realität vermittelt" (zitiert bei Hegel). N. Hartmann, G. W. Fr. Hegel, a. a. O., S. 277.

[78]Als Ausgangspunkt einer geistigen Entwicklung.

Diese zum Begriff des Geistes gehörende *Aufhebung der Äußerlichkeit* ist das, was Hegel die *Idealität* des Geistes nennt.[79] Alle Tätigkeiten des Geistes seien nichts als verschiedene Weisen, wie die *Äußerlichkeit* in die *Innerlichkeit*, die der Geist selbst sei, zurückgeführt wird. Nur durch diese Idealisierung oder Assimilation des Äußerlichen werde er Geist und sei er Geist. Die Zurückführung des Äußerlichen auf das Innerliche findet, wie sich Hegel verstehen lässt, vor allem durch die Sprache statt, und zwar durch die Alltagssprache bis hin durch die Sprachen der Wissenschaften, der Religion, der Dichtung und der Literatur.[80]

Betrachtet man den Geist etwas näher, so ergebe sich, Hegel zufolge, als seine erste und einfachste Bestimmung, dass er ein *Ich* ist. Das *Ich* sei ein vollkommen Einfaches und Allgemeines. Sagen wir *Ich*, so würden wir wohl ein einzelnes Ich meinen, weil aber *jeder* ein *Ich* sei, würden wir damit nur etwas ganz Allgemeines ausdrücken.[81] Die Allgemeinheit des Ichs bedeute, dass es von allem, selbst von seinem Leben abstrahieren kann. Der Geist sei aber nicht bloß das abstrakt Einfache, wenn von der Einfachheit der Seele im Gegensatz zur Zusammengesetztheit des Körpers die Rede war, sondern er sei trotz

---

[79]Ders., Enzyklopädie der philosophischen Wissenschaften, 3. Teil., a. a. O., S. 21.

[80]Als ein Beispiel für die Zurückführung des Äußerlichen in das Innerliche lassen sich Dichtung und Literatur der Romantik anführen.

[81] „Wir werden in aller Regel keine Schwierigkeit dabei empfinden, mit „Ich" zugleich das Allerallgemeinste wie das Allerindividuellste, das ein Mensch von sich sagen kann, zu verknüpfen, zugleich aber auch in dem Wort „Ich" das Moment der Selbstbestimmung, d. h. der Entgegensetzung und Besonderung, zu hören. „Ich" sind alle und jeder, und „ich" ist jeder in seinem bestimmten Verhältnis zu allen. Mit der Bestimmung Ich präsentiert sich also ein selbstbewusstes Wesen einerseits als das, was alle selbstbewussten Wesen sind, als etwas Allgemeines; andererseits zeigt es sich als differentes, sich dem Nicht-Ich entgegensetzendes Wesen; schließlich bestimmt es sich zu unverwechselbarer Einzelheit, dazu, der Mensch als dieser Mensch zu sein ..." T. S. Hoffmann, Georg Wilhelm Friedrich Hegel, a. a. O., S. 353.

seiner Einfachheit ein in sich *Unterschiedenes*; setze doch das *Ich* sich *selbst* gegenüber, mache es sich doch zu seinem Gegenstand und kehre aus diesem jedoch erst abstrakten und noch nicht konkreten Unterschied zur Einheit mit sich zurück. Dieses Bei-sich-selbst-sein des Ichs in seiner Unterscheidung mache die Unendlichkeit oder *Idealität* des Ichs aus.[82] Diese Idealität würde sich aber erst bewähren in der Beziehung des Ichs zu dem ihm gegenüberstehenden, unendlich mannigfaltigen Stoff. Indem das Ich diesen Stoff erfasst, werde dieser von der Allgemeinheit des Ichs zugleich "vergiftet" und "verklärt", verliere sein vereinzeltes, selbständiges Bestehen und erhalte ein geistiges Dasein.[83] Das Ich erfasst den Stoff, wie sich Hegel verstehen lässt, nur im Medium der Sprache.[84] Und je nachdem mit welchem Sprachsystem, Wort- und Bedeutungsfeld, das Ich sich einem Stoff nähert, wird dieser, in den Worten Hegels, "vergiftet" oder "verklärt". So "vergiftet" ein Geschäftsmann einen Wald, indem er ihn dem System der praktischen kommerziellen Sprache unterwirft, ihn damit lediglich als Roh- oder Brennstofflieferant betrachtet, ihn folglich abholzen lässt, um ihn als *Ware* zu verkaufen. Mit einer ganz anderen Sprache nähert sich dagegen demselben Wald ein romantischer Dichter, erfasst ihn in seiner Sprache und "verklärt" ihn in seinem Gedicht. Geht man davon aus, dass jede Sprache die Intention eines Subjektes, sei es einer Gruppe, eines Volkes oder sei es einer Gesellschaft, einschließt, so übernimmt jeder, der diese Sprache erwirbt, stillschweigend die Intentionen[85], die in ihr enthalten sind.

---

[82] Ders., Enzyklopädie der philosophischen Wissenschaften, 3. Teil., a. a. O., S. 21

[83] Ebenda, S. 21 ff.

[84] „Die Sprache ist nicht nur eine der Ausstattungen, die dem Menschen, der in der Welt ist, zukommt, sondern auf ihr beruht, und in ihr stellt sich dar, daß die Menschen überhaupt *Welt* haben. Für den Menschen ist die Welt als Welt da, wie sie für kein Lebendiges sonst Dasein hat, das auf der Welt ist. Dies Dasein der Welt aber ist sprachlich verfaßt." Hans-Georg Gadamer, Wahrheit und Methode, Tübingen 1975, S. 419.

[85] „Wenn man das Element der Intention aus der Sprache entfernt, so bricht ihre

Aufgrund der unendlichen Mannigfaltigkeit seiner Vorstellungen werde der Geist, so Hegel, daher nicht aus seinem Beisichsein in ein räumliches Außereinander hineingetrieben, vielmehr würde sein einfaches Selbst in ungetrübter Klarheit jede Mannigfaltigkeit durchdringen und diese zu keinem selbständigen Bestehen kommen lassen. Alles, was von außen, dem räumlichen Außereinander, auf das Individuum einströmt, wird von diesem, wie sich Hegel verstehen lässt, durch die Sprache in seine Vorstellungen aufgenommen und wird damit ein raumloser Inhalt im Prozess der geistigen Verarbeitung.

Der Geist als ein *endlicher* Geist (als Beispiel könnte man einen Naturforscher anführen, d. Verf.) würde sich, so Hegel, nicht damit begnügen, durch seine vorstellende (der Anschauung folgenden, d. Verf.) Tätigkeit die Dinge (eingeordnet in einen bestimmten sprachlichen Bezugsrahmen, d. Verf.) in die Sphäre seiner Innerlichkeit zu versetzen und ihnen somit ihre Äußerlichkeit zu nehmen, vielmehr würde er als *religiöses* Bewusstsein durch die scheinbar absolute Selbständigkeit der Dinge zu der in ihrem Inneren wirksamen, alles zusammenhaltenden, unendlichen Macht Gottes dringen. Und als *philosophisches* Denken würde er jene *Idealisierung* der Dinge dadurch vollenden, dass er die bestimmte Weise erkennt, wie die ihr gemeinsames Prinzip bildende *ewige Idee* sich in ihnen darstellt. Durch diese Erkenntnis komme die schon im *endlichen* Geist sich betätigende idealistische Natur des Geistes zu ihrer vollendeten und konkretesten Gestalt, mache sich der Geist zu der sich selbst vollkommen erfassenden wirklichen Idee und damit zum *absoluten* Geist. Aber auch schon im endlichen Geist, wie er z. B. in den einzelnen Naturwissenschaften herrscht, beginnt, nach Hegel, bereits eine Rückkehr des Geistes aus der Natur, seiner äußersten Entäußerung, aber erst im absoluten Geist, also in der Naturphilosophie, vollendet sie sich. Denn erst im absoluten Geist, so Hegel, erfasse sich die Idee weder nur in der einseitigen Form des (subjektiven, d. Verf.) Begriffs oder der

ganze Funktion zusammen." Ludwig Wittgenstein, Philosophische Bemerkungen, Bd. 2, Frankfurt a. M. 1964, S. 11.

Subjektivität noch auch in der ebenso einseitigen Form der Objektivität oder der Wirklichkeit, sondern in der vollkommenen Einheit dieser ihrer unterschiedlichen Momente, d. h. in ihrer absoluten Wahrheit.

Das Hervorgehen des Geistes aus der Natur

Was Hegel oben über die Natur des Geistes gesagt hat, müsste, ihm zufolge, allein durch die Philosophie erwiesen werden, sei ein Erwiesenes und bedürfe einer Bestätigung durch unser *gewöhnliches* Bewusstsein nicht.[86] Insofern aber unser nichtphilosophisches Denken darauf angewiesen ist, sich vom entwickelten Begriff des Geistes eine Vorstellung zu machen, könne daran erinnert werden, dass auch die christliche Theologie Gott, d. h. die Wahrheit, als Geist auffasst und diesen nicht als ein Ruhendes, in einem leeren Einerlei Verbleibendes, sondern als ein solches betrachtet, das notwendig in einen Prozess eintritt, in dem es sich von sich selbst unterscheidet, sein Anderes setzt und erst durch dieses Andere und die Aufhebung desselben zu sich selber kommt. Die Theologie würde in der Weise der *Vorstellung* diesen Prozess bekanntlich so ausdrücken, dass Gott der Vater (dieses einfach Allgemeine, Insichseiende), seine Einsamkeit aufgibt und die Natur (das Sichselbstäußerliche, Außersichseiende) erschafft, sodann einen Sohn (sein anderes Ich) erzeugt, in diesem Anderen aber kraft seiner unendlichen Liebe sich selbst anschaut, sein Ebenbild erkennt und in diesem zur Einheit mit sich zurückkehrt. Diese sei nicht mehr eine abstrakte, unmittelbare, sondern eine konkrete, durch den Unterschied vermittelte Einheit, es sei der vom Vater und vom Sohne ausgehende, in der christlichen Gemeinde zu seiner vollkommenen Wirklichkeit und Wahrheit gelangende Heilige Geist. Als solcher müsse Gott erkannt werden, soll er in seiner absoluten Wahrheit, als an und für sich seiende Idee, in der vollen Übereinstimmung seines Begriffs und seiner Wirklichkeit erfasst werden.

---

[86]Ders., Enzyklopädie der philosophischen Wissenschaften, 3. Teil., a. a. O., S.22 ff.

Da die Beziehungen zwischen Natur und Geist, Hegel zufolge, häufig missverstanden worden seien, kehrt er noch einmal zu diesem Punkt zurück.[87] Der Geist, so erläutert er, negiere die Äußerlichkeit der Natur, assimiliere sich die Natur und idealisiere sie dadurch. Diese Idealisierung (die Aufhebung ihrer Äußerlichkeit, d. Verf.) habe im *endlichen* Geist, der die Natur *außer sich* setze, eine einseitige Gestalt. Hier stehe nämlich der Tätigkeit unseres Willens und unseres Denkens ein *äußerlicher* Stoff gegenüber, der sich gegenüber der Veränderung, die wir mit ihm vornehmen, gleichgültig verhalte, mehr noch, die ihm zuteilwerdende Idealisierung als *leidend* erfahre. Man kann hier als Beispiel ein Rind anführen, das als Nutztier, schlimmer noch, als bloßes Produktionsmittel bezeichnet, verstanden und dementsprechend behandelt wird. Bei dem die *Weltgeschichte* hervorbringenden Geist aber finde dagegen, wie Hegel fortfährt, ein anderes Verhältnis statt; stehe doch dort nicht mehr auf der *einen* Seite eine dem Gegenstand äußerliche Tätigkeit und auf der *anderen* ein bloß leidender Gegenstand, sondern die geistige Tätigkeit richte sich auf einen in sich selber tätigen Gegenstand, und zwar auf einen solchen, der sich zu dem, was durch jene Tätigkeit hervorgebracht werden soll, selbst heraufgearbeitet hat, so dass in der Tätigkeit und im Gegenstand ein und derselbe Inhalt vorhanden sei. So seien z. B. das Volk und die Zeit, auf die Alexander und Cäsar als auf ihren Gegenstand handelnd einwirkten, durch sich selbst zu dem fähig geworden, was beide vollbringen wollten. Die Zeit würde ebenso sehr jene Männer hervorbringen, wie sie von diesen hervorgebracht werde. Diese Männer seien ebenso die Werkzeuge des Geistes ihrer Zeit und ihres Volkes gewesen, wie umgekehrt diesen Helden ihr Volk als Werkzeug dazu gedient hätte, ihre Taten zu vollbringen.

Ähnlich dem soeben geschilderten Verhältnis sei die Weise, wie sich der *philosophierende* Geist zur *äußeren Natur* verhält. Dieser erkenne

---

[87]Ebenda, S. 23 ff.

nämlich, dass die Natur nicht bloß von uns idealisiert wird und dass das Außereinander[88] derselben nicht etwas ist, was für sie selber, für ihren Begriff, durchaus unüberwindlich ist. Vielmehr bewirke die der Natur *innewohnende ewige Idee*, der in ihrem Inneren arbeitende *an sich seiende Geist*, selber die Idealisierung, die Aufhebung des Außereinander; denn diese Form seines Daseins stehe mit der *Innerlichkeit* seines *Wesens* in einem Widerspruch. Die Philosophie brauche also nur zuzusehen, wie die Natur selber ihre Äußerlichkeit aufhebt, das Sichselbstäußerliche in das Zentrum der Idee zurücknimmt oder dieses Zentrum im Äußerlichen hervortreten lässt, den in ihr verborgenen Begriff von der Decke der Äußerlichkeit befreit und damit die *äußerliche* Notwendigkeit [89] überwindet. Dieser Übergang von der Notwendigkeit zur Freiheit sei nicht ein einfacher, sondern ein Stufengang von vielen Momenten, der in der Naturphilosophie dargestellt werde.[90] Auf der *höchsten* Stufe dieser Aufhebung des Außereinander, nämlich in der *Empfindung* (wie sie zunächst, wie schon erwähnt, in der Tierwelt, aber auch auf *der* Stufe eines Menschen gegeben ist, auf der dieser noch in seiner "natürlichen" Seele (Hegel) gefangen ist, d. Verf.) komme der in der

---

[88]Hegel unterscheidet das ganz „abstrakte Außereinander in Raum und Zeit" und das „vereinzelte Außereinander in jener Abstraktion". Darunter versteht er offensichtlich die Beziehungen zwischen den vereinzelten Atomen und Körpern. So sind Materieteilchen als Vereinzelte in der Bewegung in Zeit und Raum aufeinander bezogen. Ders., Enzyklopädie der philosophischen Wissenschaften, 2. Teil., a. a. O., S. 41.

[89]Hegel unterscheidet die *äußere* von der *inneren* Notwendigkeit. Die *äußere* Notwendigkeit besteht offensichtlich in den Gesetzen, die sich z. B. in den Beziehungen zwischen vereinzelten Materieteilchen, Körpern oder auch zwischen vereinzelten Individuen auf einem kapitalistischen Markt ergeben, die *innere* Notwendigkeit besteht dagegen in dem inneren, sich durchsetzenden Zweck oder Sinn zum Beispiel in der Natur oder auch in einer bürgerlich-kapitalistischen Wirtschaft.

[90]Ders., Enzyklopädie der philosophischen Wissenschaften, 3. Teil, a. a. O., S. 24 ff.

Natur gefangen gehaltene und *an sich seiende* Geist zum *Beginn* seines Fürsichseins und damit zu seiner Freiheit. Durch dieses aber noch mit der Form der Einzelheit und Äußerlichkeit, noch mit der Unfreiheit behaftete Fürsichsein werde die Natur über sich hinaus zum Geist *als solchem* fortgetrieben, und zwar zu dem durch das *Denken* in der Form der Allgemeinheit (der Sprache, d. Verf.) für sich seienden, *wirklich freien Geist.* Der nur empfindende Mensch ist also nach Hegel nur ein vereinzeltes Wesen, erst mit dem Erwerb der Sprache als einer Allgemeinheit und damit der Fähigkeit, zu denken und zu kommunizieren tritt er in die menschliche Gesellschaft ein.

Nach Hegel dürfe das Hervorgehen des Geistes aus der Natur, wie schon ausgeführt, nicht in *dem* Sinne verstanden werden, als ob die Natur das absolut Unmittelbare, Erste, ursprünglich Setzende, während der Geist nur ein von ihr Gesetztes ist. Vielmehr sei die Natur *vom Geist gesetzt*, und dieser sei damit das *absolut Erste*. Der *an und für sich seiende Geist* [91] sei eben nicht das bloße Resultat der Natur, sondern in Wahrheit sein *eigenes* Resultat. Er bringe sich selber aus den Voraussetzungen, die er sich selbst macht, aus der *logischen Idee* und der *äußeren Natur,* hervor und sei die Wahrheit sowohl jener als auch dieser Idee, d. h. die wahre Gestalt des nur *in sich* (logische Idee, d. Verf.) seienden und des nur außer *sich seienden* Geistes (Idee der Natur, d. Verf.). Der *Schein*, als ob der Geist durch ein *Anderes* vermittelt wird, werde vom *Geist* selber aufgehoben, weil dieser die "souveräne Undankbarkeit" (Hegel [92]) habe, dasjenige, wodurch er vermittelt erscheint, aufzuheben, zu etwas herabzusetzen, das nur durch ihn besteht, um sich auf diese Weise vollkommen selbständig zu machen.

Aus dem Gesagten gehe schon hervor, dass der Übergang der Natur zum Geist nicht ein solcher zu etwas ganz anderem, sondern nur ein

---

[91] Gemeint ist offensichtlich die Idee des Geistes, wie sie für die Welt des Geistes, z. B. ihre Institutionen, konstitutiv ist und in den Geisteswissenschaften, vollends in der Philosophie des Geistes sich selbst erkennt.

[92] Ebenda, S. 25.

Zusichselberkommen des in der Natur außer sich seienden Geistes ist. Ebenso wenig werde aber durch diesen Übergang der bestimmte Unterschied der Natur und des Geistes aufgehoben, denn der Geist gehe nicht auf natürliche Weise aus der Natur hervor. Wenn im Paragraphen § 222 [93] gesagt wurde, der Tod der nur unmittelbaren einzelnen Lebendigkeit sei das Hervorgehen des Geistes, so sei dieser Vorgang nicht fleischlich, sondern *geistig*, *nicht* im Sinne eines natürlichen Hervorgehens, sondern im Sinne einer Entwicklung des Begriffs zu verstehen, der die Einseitigkeit der Gattung aufhebe, die nicht zu einer angemessenen Verwirklichung komme, vielmehr im Tode sich als eine negative Macht gegenüber jener Wirklichkeit erweise. [94] Zugleich hebe der Begriff die jener gegenüberstehende Einseitigkeit des an die Einzelheit gebundenen tierischen Daseins in der an und für sich allgemeinen Einzelheit auf oder, was auf dasselbe hinauslaufe, in dem auf allgemeine Weise für sich seienden Allgemeinen, das der Geist sei. [95] Mit anderen Worten, der Mensch teilt

---

[93] Ders., Enzyklopädie der philosophischen Wissenschaften, 1. Teil, § 222, a. a. O., S. 377.

[94] „Das seelische Sein in seiner organischen Form läßt den Begriff (in der Form der Seele, d. Verf.) nicht zum einfachen Fürsichsein kommen, welches er als Idee ist. Das geschieht erst auf der Stufe des geistigen Seins. Der Tod des Individuums ist nicht nur das Leben der Gattung als der objektiv allgemeinen Idee, sondern auch das „Hervorgehen des Geistes". Und damit erst kommt die Seite des Fürsichseins in der Idee zu ihrem Recht. Sie hat notwendig wieder die Form der Subjektivität. Subjektiver Geist ist Bewusstsein, denkende Vernunft, oder die ihrer selbst bewusste Idee." N. Hartmann, G. W. Fr. Hegel, a. a. O., S. 278-279.

[95] Das Lebendige sei zwar, so Hegel, die höchste Weise der Existenz des Begriffs in der Natur, aber hier sei der Begriff (in der Form der Seele eines Tieres) nur *an sich*, weil die Idee in der Natur jeweils nur als ein Einzelnes existieren würde. Ders., Enzyklopädie der philosophischen Wissenschaften, 2. Teil, a. a. O., S. 538. Die Menschenwelt steht zwar, wie sich Hegel verstehen lässt, der Tierwelt in vieler Hinsicht nahe, unterscheidet sich aber in einer Hinsicht grundsätzlich von ihr, nämlich darin, dass sie an sich, aus bewussten und denkenden, also aus geistigen Wesen besteht. Es ist also der Geist, der die Menschen vereinigt und nicht, wie bei

mit dem Tier zwar das Schicksal, dass er Angehöriger einer natürlichen Gattung ist, die nur im Einzelnen und besonderen Menschen ihr Dasein hat, sich jedoch im Tod als die Macht über diesen erweist. Gleichwohl unterscheidet sich die menschliche von jeder tierischen Gattung, indem jene über die Sprache verfügt. Es gibt aber keine Entwicklung des Menschen von einem natürlichen Gattungswesen hin zu einem geistigen Wesen, vielmehr ist er von vornherein beides zugleich. Demgemäß leben die Menschen nicht als Vereinzelte, gleichsam wie Tiere einer bestimmten Gattung, die nur im Geschlechtsverhältnis (und in einer einfachen Arbeitsteilung) zueinander finden, sondern in einer von Sprache und normativen Ordnungen, also von einer geistigen Kultur konstituierten gesellschaftlichen Totalität (Familiengesellschaften, Stämme, Völker, Nationen, Staaten und Staatenvereine), und nur in einer solchen können sie sich individualisieren. Der Mensch, so Marx, sei im wörtlichen Sinn ein "Zoon politikon", also nicht nur ein geselliges Tier, sondern ein Tier, das nur in der Gesellschaft sich vereinzeln kann.[96]

Die Natur als solche komme, wie Hegel fortfährt, in ihrer Selbstverinnerlichung, so Hegel, *nicht* zu diesem Fürsichsein, zum Bewusstsein ihrer selbst. Das Tier, die vollendete Form dieser Verinnerlichung in der Natur, stelle nur die geist-lose Dialektik des Übergehen von einer einzelnen, seine ganze Seele ausfüllenden *Empfindung* zu einer anderen, ebenso ausschließlich in ihm herrschenden einzelnen *Empfindung* dar. Erst der Mensch würde sich über die *Einzelheit* der Empfindung zur *Allgemeinheit* des Gedankens erheben - durch Sprache und sprachliche Kommunikation, wie man Hegels Worte ergänzen könnte - hin zum Wissen von sich selbst, zum Erfassen seiner Subjektivität, seines Ich.[97] Mit einem Wort, erst der

---

den Tieren, bloß die Macht der Gattung. Insofern ist die Menschheit als eine „freie Gattung" (Hegel) unter den Lebewesen einzigartig.

[96]Ders., Grundrisse der Kritik der Politischen Ökonomie, Berlin 1953, S. 6.

[97]Als das entscheidende Moment muss die Sprache angesehen werden, die nach

Mensch sei der denkende Geist, und allein dadurch sei er wesentlich von der Natur unterschieden. Was der Natur als solcher angehöre, liege *hinter* dem Geist. Er habe zwar in sich selbst den ganzen Gehalt der Natur, aber die Naturbestimmungen seien am Geiste auf eine durchaus andere Weise als in der *äußeren* Natur.[98] So schließt z. B. eine menschliche Handlung den natürlichen Organismus ein, das Eigentümliche und Zentrale an der Handlung sind aber Sinn, Beweggrund, Ideologie und dergleichen. Der Organismus gehört nur zur Situation, den Bedingungen des Handelns.[99] Auch bei der Hervorbringung eines Kunstwerks würde man nicht die dazu erforderlichen Materialien, die Nervenanspannung oder die physische Energie des Künstlers, sondern den Sinn als wesentlich ansehen, den dieser damit verbindet, und die allgemeine Stilrichtung als Teil der Kultur oder des "absoluten Geistes" (Hegel).

Hegel dem objektiven Geist zuzurechnen ist und die man mit Hegel als ein im Einzelnen für sich seiendes Allgemeines verstehen könnte.

[98] „Alles ist Idee, auch die Natur ist Idee. Aber dass die Idee hier unbewußt ist, ist nur die Hälfte der Wahrheit. … Sie ist es deswegen, weil das Bewußtsein, oder die „Subjektivität", außer ihr ist, ihr gegenüber. Das Erkennende zu ihr als Erkanntem ist erst Geist. Weil aber andererseits die Idee selbst wesenhaft Subjektivität und Geist ist, so ist in der Natur der Geist „außer sich". Und die Idee ist „in ihrem Anderssein". Natur ist gleichsam nur ein Halbes, und deshalb nicht das Wahre. Denn Wahrheit ist nur das Ganze. Teleologisch bedeutet dies, „dass die Natur den absoluten Selbstzweck nicht in ihr enthält" (zitiert bei Hegel). Gleichzeitig aber, weil sie Idee ist, hat sie den Begriff dennoch in sich. Denn der Begriff ist seiner Natur nach überhaupt immanent „und damit der Natur als solcher immanent" (zitiert bei Hegel). Also schließt sie den Widerspruch ein, den Selbstzweck in sich und nicht in sich zu haben." N. Hartmann, G. W. Fr. Hegel, a. a. O., S. 284. Für Ch. Taylor ist denn auch die Naturphilosophie Hegels eine hermeneutische Dialektik. Ders., Hegel, a. a. O., S. 459.

[99] Dazu: Talcott Parsons, The Structure of Social Action, 3. Aufl., Glencoe 1964, S. 43 ff.

Wenn auch Hegel Natur und Geist als zwei einander extrem entgegen gesetzte Welten setzt, um sodann diese Entgegensetzung wieder aufzuheben, um die Welt als ein Ganzes zu denken, so gibt es, ihm zufolge, wie schon angedeutet, keine Entwicklung vom Tier hin zum Menschen, also zum Bewusstsein und zum Denken. [100] Eine Entwicklung gibt es für Hegel überhaupt nur in der Welt des Geistes, mithin der menschlichen Geschichte.

Die Freiheit als das Wesen des Geistes

Das *Wesen* des Geistes sei deswegen[101], wie Hegel nach diesem Zusatz fortfährt, *formal* die *Freiheit*, die absolute Negativität des Begriffs (mit Bezug auf die Natur, d. Verf.) als Identität mit sich.[102] Gemäß dieser formalen (abstrakten, d. Verf.) Bestimmung des Geistes *könne* dieser von allem Äußerlichen und seiner eigenen Äußerlichkeit, seinem Dasein, selbst abstrahieren. Er könne die Negation seiner individuellen Unmittelbarkeit, den unendlichen *Schmerz* ertragen, d. h. in dieser Negativität sich affirmativ erhalten und identisch für sich sein.[103] Diese

---

[100]Bei dem Anthropologen Adolf Portmann finden wir eine Bekräftigung dieses Standpunktes. Dazu die Einleitung zu seinem Buch „Zoologie und das neue Bild des Menschen", Rowohlts deutsche Enzyklopädie, Basel 1951.

[101]Hegel schließt hier an den zum Begriff des Geistes eingangs zitierten Satz an, wonach die Identität des Geistes nur als Zurückkommen aus der Natur ist.

[102]Ders., Enzyklopädie der philosophischen Wissenschaften, 3. Teil, a. a. O., S. 25-26.

[103]„Die Entwicklung des Geistes ist die Realisierung seines Wesens, und dieses ist die Freiheit. Tiefsinnig bestimmt Hegel als Wesen der Freiheit die Unabhängigkeit des Geistes von allem Äußeren, vermöge deren er von seinem eigenen Wesen abstrahieren (…) kann. So wird auch an diesem Punkte begreiflich, wie fern diese Entwicklungslehre von jeder Unterordnung des Geistes unter Naturbegriffe ist. … Nachdem nun aber einmal der Geist in die Existenz getreten ist, tritt die ganze Geschichte unter den Begriff einer Entwicklung, in welcher derselbe, was er an sich ist, für sein eigenes Bewusstsein wird, und was er als Anlage in sich trägt, durch seine Arbeit verwirklicht." Wilhelm Dilthey, Die Jugendgeschichte Hegels,

Möglichkeit sei seine Allgemeinheit (das einzelne Ich, d. Verf.), die abstrakt und für sich ist.[104]

Die Substanz des Geistes sei, wie Hegel in seinem Zusatz erläutert, die Freiheit, was bedeute, dass der Geist nicht von einem Anderen (etwa der Natur, d. Verf.) abhängig ist, dass er sich nur auf sich selbst bezieht.[105] Der Geist sei der Begriff, der für sich selbst ist, sich selbst zum Gegenstand hat (als subjektiver Geist z. B. ist er Bewusstsein, Selbstbewusstsein, theoretischer und praktischer Geist, d. Verf.) und verwirklicht ist (als objektiver Geist z. B. ist er Recht, Moralität und Sittlichkeit, d. Verf.).[106] In dieser in ihm vorhandenen Einheit von Begriff und Objektivität [107] bestehe zugleich seine Wahrheit und

---

Gesammelte Schriften, Bd. IV, 5. Aufl., Stuttgart 1974, S. 248.

[104]Wenn der Geist seinem Wesen nach sogar auch von seinem äußerlichen Dasein (seiner Körperlichkeit) abstrahieren und so seine Unmittelbarkeit negieren kann, so zielt Hegel offenbar auf das Ich des Einzelnen ab. Die Negation seiner Unmittelbarkeit ist, wie sich Hegel verstehen lässt, dadurch möglich, dass er sich zunächst dessen gewiss wird, ein „Ich" zu sein, indem er sich als ein solches mit dem *Wort* „Ich", samt seinem allgemeinen Sinngehalt, ausspricht. Wenn der Einzelne, einmal zum „wirklichen Ich" aufgestiegen, lieber den Schmerz des Todes erträgt, als z. B. andere Menschen zu verraten, so bekräftigt er das, was er geworden ist, nämlich ein *Ich* im nachdrücklichen Sinne des Wortes. Anders ausgedrückt: Das Ich als Begriff ist in diesem Einzelnen zum Dasein gekommen.

[105]Ders., Enzyklopädie der philosophischen Wissenschaften, 3. Teil., a. a. O., S. 26 ff.

[106]Der subjektive Geist ist nicht denkbar, trennt man ihn vom objektiven Geist, zu dem u. a. die Sprache zählt, und der objektive Geist ist nicht denkbar, trennt man ihn von der Subjektivität, der Gesinnung und dem Willen des Einzelnen.

[107]Diese Einheit ist für Hegel die *Idee*, sein philosophisches Grundkonzept. Sie ist für ihn kein subjektiver Plan, sondern etwas, was in der Wirklichkeit enthalten, für sie konstitutiv ist. Nur das ist nach Hegel „wirklich", was die Idee in sich trägt. Ihr jeweiliger Inhalt, z. B. ein bestimmter Freiheitsbegriff, gibt sich zudem die Form äußerlichen Daseins, z. B. in Gestalt eines bestimmten Staatsrechts. Ders., Enzyklopädie der philosophischen Wissenschaften, 1. Teil, a. a. O., S. 367.

Freiheit. Die Wahrheit mache den Geist, wie Hegel Christus zitiert, frei, und die Freiheit mache ihn wahr. Die Freiheit des Geistes sei aber nicht bloß eine außerhalb des Anderen (der Natur, d. Verf.), sondern eine im Anderen errungene Unabhängigkeit vom Anderen. Der Geist komme nicht durch die Flucht *vor* dem Anderen, sondern dadurch, dass er das Andere überwindet zur Wirklichkeit.[108] Der Geist könne aus seiner abstrakten für sich seienden Allgemeinheit, aus seiner einfachen Bezogenheit auf sich, heraustreten, einen bestimmten, wirklichen Unterschied, ein Anderes, als das einfache Ich ist, somit ein Negatives in sich selbst setzen.[109] Diese Beziehung auf das Andere (die Natur, d. Verf.), das er in sich setzt (z. B. als Objekt in seinem Bewusstsein, d. Verf.) sei dem Geist nicht nur möglich, sondern sogar *notwendig*, weil er durch das Andere und durch die Aufhebung desselben dahin komme, sich als dasjenige zu bewähren und zu sein, was er seinem Begriff nach sein *soll*, nämlich die Idealität des Äußerlichen (der Natur, d. Verf.), die aus ihrem Anderssein [110] in sich zurückkehrende Idee. Abstrakter ausgedrückt heiße das: Der Geist soll das sich selbst Unterscheidende und in seinem Unterschied das bei sich und das für sich seiende Allgemeine sein.[111] Das Andere, das Negative, der Widerspruch, die

---

[108] Das Andere könnte wohl auch ein geistloser, nur auf physischer Gewalt beruhender „Staat" sein.

[109] Mit dem Anderen ist offensichtlich an dieser Stelle die Natur gemeint, die sich das Subjekt (das Ich) als ein ihm äußerliches, fremdes Objekt, eben als ein Anderes, in sich setzt, um sodann diese Setzung stets von neuem aufzuheben. Nur so ist eine Entwicklung des Geistes möglich.

[110] Gemeint ist offensichtlich die Natur, die für Hegel die „Idee in der Form des *Anderssein*" ist Die *Äußerlichkeit* mache die Bestimmung aus, in der die Idee als Natur ist. Sie sei sich selbst äußerlich, d. h. sie ist nicht nur für das Subjekt des einzelnen Bewusstseins äußerlich. Ders., Enzyklopädie der philosophischen Wissenschaften, 2. Teil, a. a. O., S. 14.

[111] Es ist der Geist, der sich, wie sich Hegel verstehen lässt, von der Natur als sein von ihm gesetztes Äußerliches unterscheidet und, in diesem seinem Unterschied von ihr, sich als eine Allgemeinheit (eine Totalität) setzt, die eigenständig und für

Entzweiung würden also zur Natur des Geistes gehören, und in dieser Entzweiung liege die Möglichkeit des *Schmerzes*. Der Schmerz sei daher nicht von außen an den Geist gekommen, wie man glaubte, wenn man sich die Frage stellte, auf welche Weise Schmerz in die Welt gekommen ist. Ebenso wenig wie der Schmerz komme das *Böse*, das Negative des an und für sich seienden unendlichen Geistes, von *außen* an den Geist heran. Das Negative sei vielmehr nichts anderes als der Geist *selbst*, indem er sich auf die Spitze seiner Einzelheit stellt. Selbst in dieser seiner höchsten Entzweiung, wenn er sich von der Wurzel seiner *an sich seienden sittlichen* Natur losreißt, in diesem vollsten Widerspruch mit sich selbst, bleibe daher der Geist doch mit sich identisch und daher frei. Der Geist habe die Kraft, sich im Widerspruch, folglich im Schmerz (sowohl über das Böse als auch über das Üble) zu erhalten. Die gewöhnliche Logik würde daher irren, indem sie meint, der Geist sei etwas, was den Widerspruch ausschließt. Alles Bewusstsein enthalte vielmehr eine Einheit und eine Getrenntheit (z. B. einerseits das Ich und andererseits den ihm gegenüberstehenden Gegenstand als das Andere, d. Verf.), somit einen Widerspruch. Denkt man in diesem Zusammenhang an die modernen Diktaturen des 20. Jahrhunderts, an das Böse und den Schmerz, den sie verursacht haben, so muss man sich eingestehen, dass auch sie von dem *einen* menschlichen Geist, genauer noch, von einzelnen Menschen, Gruppen und Bewegungen hervorgebracht worden sind, die sich, in Hegels Worten, auf die Spitze ihrer Einzelheit stellten.

Der Widerspruch werde aber vom Geist ertragen, weil dieser *keine* Bestimmung in sich habe, die *nicht* von ihm selbst gesetzt ist, von der er folglich nichts weiß, und die er nicht auch wieder aufheben kann. Diese Macht über *allen* in ihm vorhandenen Inhalt bilde die Grundlage der Freiheit des Geistes. In seiner Unmittelbarkeit (etwa als natürliche Seele, d. Verf.) sei der Geist aber nur *an sich*, dem *Begriff* oder der

---

sich ist, d. h. im Bewusstsein, der Subjektivität des Einzelnen überhaupt, gegeben ist.

Möglichkeit nach, aber noch nicht der *Wirklichkeit* nach frei. Die *wirkliche* Freiheit sei also nicht etwas, was unmittelbar (etwa von der Geburt des Einzelnen an, d. Verf.) im Geist da ist, sondern etwas, was durch seine Tätigkeit hervorzubringen ist. Als denjenigen, der seine Freiheit selber hervorbringt, müssten wir in der Wissenschaft den Geist betrachten. Die ganze Entwicklung des Begriffs des Geistes stelle nur eine *Selbstbefreiung* des Geistes von allen Formen seines Daseins dar, die *nicht* seinem *Begriff* entsprechen. Es sei eine Befreiung, die dadurch zustande komme, dass diese Formen zu einer Wirklichkeit umgebildet werden, die dem Begriff des Geistes vollkommen angemessen ist. Wie sich der Geist von den Formen, die seinem Begriff noch nicht entsprechen, frei macht, stellt Hegel u. a. in seiner Theorie des subjektiven Geistes dar.

Manifestation des Geistes

Die abstrakte für sich seiende Allgemeinheit, worunter wir das Ich verstehen, das jedem Menschen zugeschrieben wird und das jeder sich selber zuschreibt, ist, wie Hegel nach diesem Zusatz fortfährt, auch das *Dasein* des Geistes. [112] Als für sich seiend, besondere sich das Allgemeine (in eine Vielfalt einzelner Ich, d. Verf.) und sei in dieser Besonderung mit sich identisch.[113] Die Bestimmtheit des Geistes sei daher die *Manifestation.* [114] Es gebe vom Geist nicht irgendeine Bestimmtheit oder Inhalt, dessen Äußerung oder Äußerlichkeit eine von ihm unterschiedene Form hat. Demzufolge offenbart er nicht bloß *etwas*, vielmehr sind seine Bestimmtheit und sein Inhalt dieses

---

[112]Ders., Enzyklopädie der philosophischen Wissenschaften, 3. Teil, a. a. O., S. 27 f.

[113]In jedem Menschen ist das Ich als ein erworbenes Innerliches, als ein Geistiges, als ein Begriff, gleichermaßen enthalten, so sehr sich auch sein besonderes Ich von dem besonderen Ich jedes der anderen Menschen unterscheidet.

[114]Der Geist als ein konkret Allgemeines, ein Überindividuelles, manifestiert sich, wie sich Hegel verstehen lässt, u. a. in der Form des einzelnen Ich.

Offenbaren selbst. In der *Form* manifestiert sich demnach, Hegel zufolge, vollständig der Inhalt, nichts von ihm bleibt jenseits der Form verborgen. Das, was im Geist möglich ist, sei daher, so Hegel, unmittelbar unendliche, absolute *Wirklichkeit*.

Es wurde bereits, wie Hegel in seinem Zusatz erläutert, die unterscheidende Bestimmtheit des Geistes in der *Idealität* gesehen, und zwar in der Aufhebung des Anderssein der Idee (der Natur, d. Verf.).[115] Wenn nun soeben die "Manifestation" als die Bestimmtheit des Geistes angegeben wurde, so sei die Idealität *keine* neue, zweite Bestimmung des Geistes, sondern nur eine Fortentwicklung der früher besprochenen Bestimmung. Denn durch Aufhebung des Anderssein der Idee (der Natur, d. Verf.) werde die logische Idee oder der an sich seiende Geist für sich, d. h. sich offenbar. Der *für sich seiende* Geist, d. h. *der Geist als solcher*, sei also - *im Unterschied* von dem *sich selber unbekannten*, nur uns offenbaren, in das Außereinander der Natur ergossenen, *an sich seienden* Geist - das, was sich nicht bloß einem *Anderen*, sondern sich *selber* s*ich offenbart*. Oder, was auf dasselbe hinauslaufe, er vollbringe seine Offenbarung in seinem *eigenen* Element und nicht in einem ihm *fremden* Stoff. Diese Bestimmung komme dem Geist als solchem zu, und sie gelte daher vom Geist nicht nur, weil er sich einfach auf sich bezieht, ein Ich ist, das sich selber zum Gegenstand hat, sondern auch, weil er aus seiner abstrakten für sich seienden Allgemeinheit (seiner "Ichheit", d. Verf.) heraustritt und eine bestimmte Unterscheidung, ein Anderes (z. B. die Natur, d. Verf.) als er ist, in sich selbst setzt. Denn der Geist verliere sich nicht in diesem Anderen, er erhalte und verwirkliche sich vielmehr darin und präge sein Inneres darin aus. Er mache das Andere zu einem ihm entsprechenden Dasein, komme also durch diese Aufhebung des Anderen, des bestimmten wirklichen Unterschiedes, zum konkreten Fürsichsein, dazu, sich offenbar zu werden. Der Geist offenbare daher

---

[115] Ebenda, S. 27 ff.

im Anderen nur sich selber, seine *eigene* Natur, die eben darin bestehe, sich selbst zu offenbaren. So offenbart sich z. B. der Geist eines Menschen darin, dass er die Natur als sein Anderes von sich unterscheidet, dieses Andere sodann aufhebt, indem er sich darin verwirklicht oder sein Inneres darin ausprägt

Wenn der Geist sich selber offenbart, so sei das, Hegel zufolge, der Inhalt des Geistes selbst und nicht nur eine *äußerlich* zum Inhalt hinzutretende Form. Durch seine Offenbarung stelle folglich der Geist nicht einen von seiner Form verschiedenen Inhalt heraus, sondern seine, den *ganzen* Inhalt des Geistes ausdrückende Form; er offenbare sich eben *ganz und gar selbst*. Form und Inhalt seien also im Geist miteinander identisch. Gewöhnlich würde man sich jedoch das Offenbaren als eine leere Form vorstellen, zu der noch von außen der Inhalt hinzutreten müsste. Unter dem Inhalt verstünde man etwas, was in sich sei, sich in sich halte, unter der Form dagegen die äußerliche Beziehung des Inhalts auf ein Anderes. In der *spekulativen* Logik dagegen werde aber bewiesen, dass in Wahrheit der Inhalt nicht bloß ein Insichseiendes, sondern ein durch sich selbst mit Anderem in Beziehung Tretendes ist. Umgekehrt sei die Form in Wahrheit nicht ein bloß Unselbständiges, also dem Inhalt Äußerliches, sondern dasjenige, was den Inhalt zum Inhalt, zu seinem Insichseienden, von einem Anderen Unterschiedenen macht. Der wahrhafte Inhalt enthalte also in sich selbst die Form, und die wahrhafte Form sei ihr eigener Inhalt. Und so müsse man den Geist als diesen wahrhaften Inhalt und als diese wahrhafte Form erkennen.[116] Als Beispiel führt Hegel die christliche Lehre an, um die im Geist vorhandene Einheit von Form und Inhalt, von Offenbarung und Offenbartem, für die Vorstellung zu erläutern. So sage das Christentum, Gott habe sich durch Christus, seinen eingeborenen Sohn, offenbart. In der Vorstellung werde jener Satz zunächst so

---

[116]So ist der Sinngehalt des Wortes „Ich" unlösbar mit seiner Form, dem Wort, verbunden, oder kann man sich jenen Sinngehalt, losgelöst von seiner sprachlichen Form, oder diese ohne seinen Inhalt vorstellen?

verstanden, als ob Christus nur das Organ dieser Offenbarung, als ob das auf diese Weise Offenbarte ein *Anderes* als das Offenbarende sei. Jener Satz habe aber in Wahrheit *den* Sinn, Gott habe offenbart, dass seine Natur darin besteht, einen Sohn zu haben. Das bedeute, dass er sich unterscheidet, sich endlich macht, in seinem Unterschied aber bei sich selbst bleibt, in seinem Sohn sich selber anschaut und offenbart und durch diese Einheit mit dem Sohn, durch dieses Fürsichsein in seinem Anderen, absoluter Geist ist, so dass der Sohn nicht das bloße Organ der Offenbarung, sondern der Inhalt der Offenbarung selbst ist.

Ebenso wie der Geist die Einheit von Form und Inhalt sei, sei er auch, wie Hegel fortfährt, die Einheit von *Möglichkeit* und *Wirklichkeit.* Unter dem *Möglichen* sei das noch *Innerliche* zu verstehen, das noch nicht zur Äußerung, zur Offenbarung gelangt ist. Der Geist als solcher *sei* aber nur, wie schon ausgeführt, insofern er sich selber sich *offenbart.* Die Wirklichkeit, die eben in seiner *Offenbarung* bestehe, gehöre daher zu seinem Begriff. Im *endlichen* Geist (z. B. im Bewusstsein des Einzelnen oder in einer Verstandeswissenschaft, etwa in Gestalt der Politischen Ökonomie, d. Verf.) komme allerdings der Begriff des Geistes noch nicht zu seiner absoluten Verwirklichung. Es sei der absolute Geist, der die absolute Einheit der Wirklichkeit und des Begriffs oder der Möglichkeit des Geistes darstellt. Dieser hat die Gestalt, wie man ergänzen kann, insbesondere die Gestalt der Philosophie wie sie Hegel versteht.

Das *Offenbaren*, das als das Offenbaren der *abstrakten* (logischen) Idee unmittelbarer Übergang, *Werden* der Natur sei, sei, so Hegel nach diesem Zusatz, als Offenbaren des Geistes, der frei sei, das *Setzen* der Natur als *seiner* Welt.[117] Es sei ein Setzen, das als Reflexion zugleich das *Voraussetzen* der Welt als selbständiger Natur ist.[118] Das Offenbaren im

---

[117]Ebenda, S. 29 f.

[118]Im Werden, also in den Kreisläufen der Natur, offenbart sich, wie sich Hegel verstehen lässt, die abstrakte Idee, das System logischer Kategorien, wie es Hegel

Begriff sei Erschaffen der Natur als seines Seins, in dem er sich die *Affirmation* und *Wahrheit* seiner Freiheit gebe.[119]
Das Absolute ist, wie Hegel bekräftigt, *der Geist*, und dies sei die höchste Definition des Absoluten.[120] Das Finden dieser Definition und das Begreifen ihres Sinns und Inhalts, dies sei die absolute Tendenz

---

in seiner Wissenschaft der Logik (Enzyklopädie der philosophischen Wissenschaften, 1. Teil) darstellt. Am Schluss seiner Darstellung (§ 244, a. a. O., S. 393) ist, ihm zufolge, die Idee, die *für sich* ist, nach ihrer Einheit mit sich *Anschauen,* und die anschauende Idee ist *Natur.* So gesehen, fällt die Natur zunächst mit der Anschauung zusammen, wie sie Ausgangspunkt der Naturwissenschaften ist. Als Anschauen ist aber, so Hegel, die Idee in einseitiger Bestimmung der Unmittelbarkeit durch äußerliche Reflexion gesetzt und damit noch nicht wahrhaft begriffen, auch nicht im „endlichen Erkennen" der einzelnen Naturwissenschaften. Wahrhaft begriffen wird sie erst in der Naturphilosophie. In dem Zusatz zum § 244 erläutert Hegel, dass am Anfang der Logik das abstrakte Sein behandelt worden sei, und nunmehr ginge es um die *Idee* als *Sein*, und diese seiende Idee sei die *Natur*. Gemeint ist offensichtlich die Natur, wie sie zweifelsfrei in der allgemein gebildeten Anschauung jedes Naturforschers als notwendiger Ausgangspunkt seiner Disziplin und darüber hinaus im allgemeinen Bewusstsein gegeben ist. Feststeht jedenfalls, dass es bei Hegel keine Natur jenseits menschlicher Anschauung und menschlichen Denkens (Sprache) gibt. Die Idee der Natur als Sein wird, wie angedeutet, unmittelbar noch nicht in der Naturphilosophie entfaltet, vielmehr ist sie erst im Bewusstsein des Einzelnen enthalten und wird auf einer weiteren Stufe in den Naturwissenschaften, im endlichen Erkennen, reflektiert, aber dort wird sie eben noch nicht als das begriffen, was sie nach Hegel ist, nämlich als Idee, und dies geschieht erst in der Naturphilosophie, die allerdings auf den Resultaten, etwa der Physik, aufbaut.

[119]Das Offenbaren der Natur im Begriff besagt offensichtlich, dass die Natur sich im Begriff, d. h. sich im naturphilosophischen Erkennen, manifestiert. In dieser durch das begreifende Erkennen geschaffenen Natur sei diese, wie sich Hegel verstehen lässt, das Sein des Begriffs, und in diesem Sein gebe er sich die Affirmation und Wahrheit seiner Freiheit. Entgegen der gewöhnlichen Vorstellung gibt es nach Hegel außerhalb des begreifenden Erkennens oder neben ihm keine Welt der Natur. Die Aufgabe der Philosophie besteht, ihm zufolge, darin, diese Behauptung im Einzelnen zu begründen.

[120]Ebenda, S. 29 ff.

aller Bildung und Philosophie gewesen. Auf eben diesen Punkt hin hätten alle Religion und Wissenschaft hingedrängt, und aus diesem Drang allein müsse die Weltgeschichte begriffen werden. Das Wort "Geist" und die damit verbundene *Vorstellung* seien früh gefunden, und der Inhalt der christlichen Religion laufe darauf hinaus, Gott als Geist zu erkennen. Das, was hier in der *Vorstellung gegeben* und was *an sich* das Wesen sei, müsse aber in seinem *eigenen* Element, nämlich dem (spekulativen, d. Verf.) *Begriff* gefasst werden, und eben dies sei die Aufgabe der Philosophie, eine Aufgabe, die so lange nicht wahrhaft und immanent gelöst sei, als der *Begriff* und die *Freiheit* nicht ihr Gegenstand und ihre Seele geworden sind.

Dass der Geist sich offenbart, das sei, wie Hegel im anschließenden Zusatz erläutert, eine ihm überhaupt zukommende Bestimmung.[121] Dieser Vorgang habe aber *drei* unterschiedliche Formen: Die *erste* Form[122], wie sich der an sich seiende Geist oder die logische Idee offenbart, bestehe darin, dass die Idee in die Unmittelbarkeit äußerlichen und vereinzelten Daseins umschlägt und dieses Umschlagen sei das Werden der Natur.[123] Auch die Natur sei, so Hegel, ein Gesetztes, aber so wie sie gesetzt sei, habe sie die Form der Unmittelbarkeit, des Seins, das der Idee äußerlich sei.[124] Diese Form

---

[121]Ebenda, S. 30 ff.

[122]Gemeint ist offensichtlich die Natur in der Form der Anschauung.

[123] Das Umschlagen der logischen Idee in die Natur als ihr diametral Entgegengesetztes geschieht nur in der Philosophie und ist nur denkbar, weil das Identische in beiden völlig Entgegengesetzten nach Hegel der Geist ist. Dazu: R. Kroner: „Die Logik könnte nicht in die Naturphilosophie übergehen, der Logos könnte sich nicht „entlassen", d. h. sich als sein Gegenteil und in seinem Gegenteile sich setzen, er könnte sich nicht sich entgegensetzen, wenn nicht die Logik schon Philosophie des Geistes, der Logos nicht an sich Geist wäre." Von Kant bis Hegel, Bd. 2, a. a. O., S. 511.

[124]Bei Hegel steht: „... des Seins außer der Idee". Ders., Enzyklopädie der philosophischen Wissenschaften, 3. Teil, a. a. O., S. 30.

widerspreche aber der *Innerlichkeit* der Idee als sich selbst setzende und aus ihren Voraussetzungen sich selbst hervorbringende. Die Idee oder der in der Natur schlafende, an sich seiende Geist hebe deshalb die Äußerlichkeit, Vereinzelung und Unmittelbarkeit der Natur auf, schaffe sich ein Dasein, das seiner Innerlichkeit und *Allgemeinheit* entspricht, und werde dadurch der in sich reflektierte, für sich seiende, selbstbewusste, erwachte Geist oder der Geist als solcher.[125]

Mit diesem sei, wie Hegel fortfährt, die *zweite* Form[126] der Offenbarung des Geistes gegeben. Auf dieser Stufe stelle der Geist, der nicht mehr in das Außereinander der Natur (in Raum und Zeit, d. Verf.) ergossen sei, sich als das dar, was er für sich und sich offenbar ist gegenüber der bewusstlosen Natur, die den Geist ebenso verhülle wie sie ihn offenbare. Dieser mache sich die Natur zum Gegenstand, reflektiere über sie, nehme die Äußerlichkeit der Natur in seine Innerlichkeit zurück, idealisiere die Natur und werde so in seinem Gegenstand für sich. Aber dieses *erste* Fürsichsein des Geistes - Hegel meint offensichtlich den Geist der modernen Naturwissenschaften - sei selbst noch ein unmittelbares, abstraktes, noch *nicht* ein absolutes Fürsichsein; denn durch jenes abstrakte Fürsichsein werde der Geist in seinem Außersichselbstsein (also in der Natur, d. Verf.) noch nicht absolut aufgehoben (was erst in der Naturphilosophie geschieht, d.

---

[125]Es ist, wie sich Hegel verstehen lässt, der Geist, der sich in den modernen, analytischen Naturwissenschaften, insbesondere in der Physik, offenbart. Dieser Geist, diese Disziplinen, sind der Ausgangspunkt der Naturphilosophie, die „den Stoff, den die Physik ihr aus der Erfahrung bereitet, an dem Punkte (aufnimmt), bis wohin ihn die Physik gebracht hat, und bildet ihn wieder um, ohne die Erfahrung als die letzte Bewährung zugrunde zu legen; die Physik muß so der Philosophie in die Hände arbeiten damit diese das ihr überlieferte verständige Allgemeine in den Begriff übersetze, indem sie zeigt, wie es als sich selber notwendiges Ganzes aus dem Begriff hervorgeht". Ders., Enzyklopädie der philosophischen Wissenschaften, 2. Teil, a. a. O., S. 20.

[126]Gemeint ist offensichtlich die Natur in der Form naturwissenschaftlicher, zumal physikalischer Theorien.

Verf.). Der erwachende Geist erkenne hier nämlich noch nicht seine Einheit mit dem in der Natur verborgenen, an sich seienden Geist (etwa den Selbstzweck, den inneren Sinn in der Natur, d. Verf.), stehe daher zur Natur in einer nur äußerlichen Beziehung, erscheine nicht als das, was alles in allem ist, sondern nur als die *eine* Seite des Verhältnisses. Zwar sei er in seinem Verhältnis zu dem Anderen (zur Natur, d. Verf.) in sich reflektiert und somit Selbstbewusstsein, lasse aber diese Einheit von Bewusstsein und Selbstbewusstsein noch als eine äußerliche, leere, oberflächliche Einheit bestehen.[127] Deshalb fielen die beiden Formen des Bewusstseins noch auseinander, und der Geist, obwohl er bei sich selber sei, sei zugleich *nicht* bei sich selber, sondern bei einem Anderen; seine Einheit mit dem im Anderen (in der Natur, d. Verf.) *wirksamen* an sich seienden Geist werde nämlich noch nicht für ihn.[128]

Der Geist setze hier die Natur als eine Sphäre, die in sich reflektiert, seine Welt ist, er nehme der Natur die Form eines ihm gegenüber Anderen und mache das ihm gegenüberstehende Andere zu einem von ihm Gesetzten. Zugleich aber bleibe dieses Andere noch ein von ihm Unabhängiges, ein unmittelbar Vorhandenes, vom Geiste nicht Gesetztes, sondern nur Vorausgesetztes; das Andere bleibe also ein solches, das (als Gegenstand des analytischen Erkennens, d. Verf.)

---

[127] Das Selbstbewusstsein oder das tätige selbstbewusste Ich sei, so Hegel an späterer Stelle, der Grund des Bewusstseins, so dass das Bewusstsein eines anderen Gegenstandes Selbstbewusstsein sei. Das Ich des Selbstbewusstseins wüsste von dem Gegenstand als dem seinigen - er sei seine Vorstellung, und es wüsste darin etwas von sich selbst. Ders., Enzyklopädie der philosophischen Wissenschaften, 3. Teil, a. a. O., S. 213.

[128] Die nicht mehr äußerliche, leere, oberflächliche Einheit des Bewusstseins und des Selbstbewusstseins, ist erst, wie sich Hegel verstehen lässt, in der Naturphilosophie gegeben, in der Erkennen, Wollen und Vernunft eine Synthese bilden. Hat sich ein Individuum zu einem solchen Standpunkt emporgearbeitet, dann begreift es sich als in einer Welt lebend, in der ihm nichts Fremdes, Unerkanntes, mehr gegenübersteht, eine Welt, die es als eine Vernünftige erkannt hat, deshalb will und demgemäß auch handelt.

gesetzt wird und dem reflektierenden Denken vorausgeht. Dass die Natur durch den Geist gesetzt wird, sei auf diesem Standpunkt somit noch *nicht* als ein absolutes, sondern nur als ein im reflektierenden Bewusstsein zustande kommendes Gesetztsein zu verstehen. Die Natur werde daher noch *nicht* als nur durch den unendlichen Geist bestehend, als seine Schöpfung begriffen. Der Geist habe folglich hier noch eine Schranke an der Natur und sei eben durch diese Schranke *endlicher* Geist.

Diese Schranke werde nun im *absoluten* Wissen[129] aufgehoben, das, Hegel zufolge, die *dritte* und höchste Form[130] der Offenbarung des Geistes sei. Auf dieser Stufe verschwinde der *Dualismus* einer *selbständigen* Natur oder des in das Außereinander ergossenen Geistes *einerseits* und des Geistes, der erst beginnt, für sich zu werden, aber seine Einheit mit jenem noch nicht begreift, *andererseits*. Der absolute Geist erfasse sich als selber das Sein setzend, als selber sein Anderes, die Natur und den endlichen Geist (z. B. die normativen Ordnungen der

---

[129]Das absolute Wissen ist die höchste und abschließende Stufe in Hegels „großer Phänomenologie des Geistes" von 1807. Hier kommt der Geist zur (philosophischen) Einsicht, dass *er* es ist, der die gegenständliche Welt setzt wie sie zunächst im Bewusstsein erscheint. Doch bis er zu dieser Einsicht vordringt muss er noch weitere von ihm hervorgebrachte Formen und Gestalten überwinden, so am Ende noch die christliche Religion, als die Form des absoluten Wissens an sich. Von dort aus ist es nach Hegel, der diesen Aufstieg des Geistes denkend nachvollzieht, nur noch ein Schritt hin zu *dem* Wissen, in dem sich der Geist als absolut weiß und sich nunmehr dem „grundlegenden Gliede" (N. Hartmann), der Philosophie, der Wissenschaft vom Absoluten, nämlich der Logik, zuwenden kann. Ders., G. W. Fr. Hegel, a. a. O. S. 141. In ihr werden, wie erwähnt, die ontologischen Kategorien, die Formen der subjektiven Logik sowie der Objektivität (in Gestalt der allgemeinen Weltmodelle) und das zentrale philosophische Konzept der Idee mittels der philosophischen Methode zu einem umfassenden System verknüpft.

[130] Gemeint ist offensichtlich die Natur, wie sie in der Naturphilosophie zur Darstellung kommt.

Gesellschaft oder die Einzelwissenschaften d. Verf.) hervorbringend, so dass dieses Andere jeglichen Schein der Selbständigkeit ihm gegenüber verliere; es höre vollkommen auf, eine Schranke für ihn zu sein und erscheine nur als das *Mittel*, durch das der Geist zum absoluten Fürsichsein, zur absoluten Einheit seines Ansichseins und seines Fürsichseins, seines Begriffs und seiner Wirklichkeit, gelange.

Die höchste Definition des Absoluten sei, so Hegel, die, dass das Absolute nicht nur überhaupt der Geist, sondern dass es der sich absolut offenbare, selbstbewusste, unendlich schöpferische Geist ist, der soeben als die *dritte* Form des Offenbarens bezeichnet worden sei. Wie in der Wissenschaft von den erwähnten unvollkommenen Formen der Offenbarung des Geistes zur höchsten Form derselben fortgeschritten werde, so würde auch die Weltgeschichte eine Reihe von Auffassungen, die sich auf das Ewige beziehen, hervorbringen, an deren Schluss erst der Begriff der absoluten Freiheit hervortrete.[131]

Hegel wendet sich dann den verschiedenen, in der Weltgeschichte aufgetretenen Religionen zu. So blieben die orientalischen Religionen, auch die jüdische Religion, noch beim abstrakten Begriff Gottes und des Geistes stehen, was sogar die Aufklärung täte, die auch von Gott dem Vater wissen wolle. Gott der Vater für sich sei das in sich Verschlossene, Abstrakte, also der noch nicht wahrhaftige Gott. In der griechischen Religion habe Gott allerdings angefangen, auf bestimmte Weise offenbar zu werden. Die Darstellung der griechischen Götter habe zum Gesetz die Schönheit, die zum Geistigen gesteigerte Natur, gehabt. Das Schöne bleibe nicht ein abstrakt Ideelles, sondern sei in seiner Idealität vollkommen bestimmt, individualisiert. Jedoch seien die griechischen Götter zunächst nur für die sinnliche Anschauung oder nur für die Vorstellung dargestellt und noch nicht in Gedanken gefasst. Das sinnliche Element könne aber die Totalität des Geistes nur als ein

---

[131]Gemeint ist hier der Geist in der Weltgeschichte, der, anders als die Natur, die „Idee in der Form des Andersseins" (Hegel), sich selbst erkennt.

Außereinander, als einen Kreis individueller geistiger Gestalten darstellen. Die diese Gestalten zusammenfassende Einheit bleibe daher eine den Göttern gegenüberstehende, unbestimmte fremde Macht. Erst durch die christliche Religion sei die in sich selber unterschiedene *eine* Natur Gottes, die Totalität des göttlichen Geistes, in der Form der Einheit offenbart worden. Diesen zunächst nur in der Form der *Vorstellung* vorhandene Inhalt habe die Philosophie in die Form des Begriffs oder des *absoluten Wissens* zu erheben, das die höchste Form der Offenbarung jenes Inhalts sei. Das absolute Wissen ist nach Hegel ein Wissen, in dem *jegliche* Gegenständlichkeit (oder Dingheit) aufgehoben ist. Es sei das allgemeine Selbstbewusstsein des Geistes oder der Menschheit, das erst auftreten könne, wenn sich der Weltgeist vollendet hat.[132]

3.2 Einteilung der Welt des Geistes[133]

Nachdem Hegel den Begriff des Geistes bestimmt hat, schreitet er zur Einteilung seines Gegenstandes fort. Danach bestehe die *Entwicklung* des Geistes darin, *erstens*, dass er *in der Form der Beziehung auf sich selbst ist* und darin, dass innerhalb seiner die *ideelle* Totalität der Idee zur Entfaltung kommt; das besage, dass *das*, was seinen Begriff ausmacht, auch für ihn wird und ihm sein Sein eben *dies* ist, bei sich und damit frei zu sein. Das ist für Hegel der *subjektive Geist*.

Die Entwicklung des Geistes bestehe *zweitens* darin, dass er in der Form der *Realität*[134] eine Welt ist, die von ihm sowohl hervorzubringen

---

[132] Ders., Phänomenologie des Geistes, in: G. W. F. Hegel Werke in zwanzig Bänden, Bd. 3, Frankfurt a. M. 1970, S. 585. Nach Hegel hat sich der Weltgeist mit dem Hervorbringen der Moderne und vollends mit dem Begreifen seiner selbst in der Philosophie vollendet.

[133] G. W. F. Hegel, Enzyklopädie der philosophischen Wissenschaften, 3. Teil, a. a. O., S. 32 f.

[134] Was die „Realität" betrifft, so spreche man, so Hegel, z. B. von der Realität eines

als auch hervorgebracht ist und in der die Freiheit als eine vorhandene Notwendigkeit herrscht. Das ist für Hegel der *objektive Geist*.

Die Entwicklung des Geistes bestehe *drittens* darin, dass er *in an und für sich seiender* und ewig sich hervorbringender *Einheit* der Objektivität des Geistes *und* seiner Idealität, seines *Begriffs*, also der Geist in seiner absoluten Wahrheit ist. Das ist nach Hegel der *absolute Geist*, und er denkt dabei u. a. offensichtlich an die Philosophie, die sich als begreifendes Erkennen der Idee des Geistes am Ende selbst reflektiert.

Der subjektive Geist

Der Geist ist, wie Hegel hierzu in einem Zusatz erläutert, *immer Idee*.[135] Zunächst sei er aber lediglich der Begriff der Idee oder die Idee in ihrer Unbestimmtheit, in der abstraktesten Weise der Realität, d. h. nur in der Weise des bloßen Seins.[136] Am Anfang hätten wir es nur mit der ganz allgemeinen, *unentwickelten* Bestimmung des Geistes und nicht schon mit dem Besonderen desselben zu tun. Dieses bekämen wir erst, wenn wir von einem zu einem anderen (z. B. von der Seele zum

---

Plans oder einer Absicht und verstehe darunter, dass beide nicht nur ein Inneres, ein Subjektives, sind, sondern in das *Dasein* hinausgetreten sind. In diesem Sinne könne man dann auch den Leib als die *Realität* der Seele, das Recht als die *Realität* der Freiheit oder die Welt als die *Realität* des göttlichen Begriffs betrachten. Ders., Enzyklopädie der philosophischen Wissenschaften, 1. Teil, a. a. O., S. 196.

[135] Ders., Enzyklopädie der philosophischen Wissenschaften, 3. Teil, a. a. O., S. 32 ff.

[136] Offenbar meint Hegel die Phase in der Entwicklung des Einzelnen, in der seine Seele sich noch in der Phase des Übergangs von der Natur zum Geist befindet, sie noch „Naturgeist" („schlafender Geist") und dazu bestimmt ist, Geist im nachdrücklichen Sinn des Wortes zu werden. Hegel spricht hier, wie noch ausgeführt werden wird, von der „natürlichen Seele". Nahe liegt es, an die noch embryonale Entwicklungsphase eines Kindes oder ganz an den Anfang seiner Entwicklung nach seiner Geburt zu denken.

Bewusstsein, d. Verf.) übergehen; enthalte doch das Besondere Eines und ein Anderes, ein Übergang, den wir zu Anfang noch nicht vollzogen hätten. Die Realität des Geistes sei also zunächst noch eine ganz allgemeine, noch nicht eine besonderte (abgesonderte, d. Verf.) Realität. Die Entwicklung dieser Realität werde erst durch die ganze Philosophie des Geistes vollendet. [137] Die noch ganz abstrakte, unmittelbare Realität, sei aber die *Natürlichkeit*, das noch Un-(Vor-)geistige. So sei das *Kind* noch in seiner *Natürlichkeit* gefangen, habe nur *natürliche* Triebe, sei noch nicht der *Wirklichkeit*, sondern nur der *Möglichkeit* oder dem *Begriff nach* ein *geistiger* Mensch.

Die *erste* Realität des Begriffs des Geistes müsse demnach, eben weil sie noch eine abstrakte, unmittelbare, der Natürlichkeit angehörende sei, als die dem Geiste noch *am wenigsten angemessene* Realität (gemeint ist offensichtlich die „natürliche Seele", d. Verf.) bezeichnet werden. Die *wahrhafte* Realität aber müsse als die Totalität der entwickelten Momente des Begriffs des Geistes bestimmt werden, der die *Seele*, die Einheit dieser Momente, bleibe.[138] Zu dieser Entwicklung seiner Realität schreite der Begriff des Geistes mit Notwendigkeit fort; habe doch die Form der Unmittelbarkeit, der Unbestimmtheit, die die Realität des Geistes zunächst ausmache, eine seinem Begriff *widersprechende* Realität. Das, was unmittelbar im Geist vorhanden zu sein scheint, sei nicht ein wahrhaft Unmittelbares, sondern an sich ein Gesetztes oder ein Vermitteltes.[139] Dieser Widerspruch treibe den Geist,

---

[137] Statt des Wortes „vollendet" bieten sich die Wörter „enthüllt" oder „vollzogen" an.

[138] Der Begriff ist, wie N. Hartmann Hegel zitiert, die Seele des Lebens selbst; er sei der Trieb, der sich durch die Objektivität (Leiblichkeit des Lebendigen, d. Verf.) hindurch seine Realität vermittele. Ders., G. W. Fr. Hegel, a. a. O., S. 277. Die „wahrhafte Realität" des Geistes ist offenbar dann erreicht, wenn der Einzelne die Stufe des freien Geistes betreten hat und damit in den objektiven Geist (Recht, Moralität, Sittlichkeit: Familie, bürgerliche Gesellschaft und Staat) übergeht.

[139] Das, was unmittelbar im Geist als Seele vorhanden zu sein *scheint*, ist seine

das Unmittelbare, das Andere, als das er sich selber voraussetzt, aufzuheben. Erst dadurch komme er zu sich selbst, trete er *als Geist* hervor. Man könne also nicht mit dem Geist als solchem, sondern müsse von seiner ihm am wenigsten angemessenen Realität anfangen.

Der Geist *sei* zwar schon am Anfang der Geist, aber er *wisse* noch nicht, dass er das ist. Nicht *er selber* habe zu Anfang schon seinen Begriff erfasst, sondern nur *wir, die wir ihn betrachten,* seien es, die seinen Begriff erkennen. Dass der Geist dazu kommt zu wissen, was er *ist,* eben *dies* mache seine Realisation aus. Der Geist sei im Wesentlichen nur das, was er von sich selber *weiß.* Zunächst sei er nur *an sich* Geist, und erst, indem er *für sich wird,* verwirkliche er sich. *Für sich* werde er aber nur dadurch, dass er sich *besondert,* sich *bestimmt* oder sich zu seiner Voraussetzung, zu dem Anderen (dem noch naturbehafteten Geist, der „natürlichen Seele", d. Verf.) seiner selbst macht, sich zunächst auf dieses Andere (den "Naturgeist", die Seele in ihm, d. Verf.) als auf seine Unmittelbarkeit bezieht, dasselbe aber als sein Anderes aufhebt.[140] Solange der Geist in seiner Beziehung auf sich als auf ein

---

Naturbestimmtheit; diese ist aber, wie sich Hegel verstehen lässt, nicht ein wahrhaft Unmittelbares. Ein solches ist vielmehr der Geist selbst, der das andere seiner selbst, seine Bestimmtheit als Natur, setzt, um sich zugleich dieser entgegenzusetzen und sich sodann über sie hinauszusetzen. Jene Naturbestimmtheit des Geistes ist also an sich (ihrem Begriff nach) von ihm selbst als sein Anderes gesetzt oder von ihm vermittelt. Der Mensch sei, so T. S. Hoffmann, existierender aktualer Geist und habe deshalb gar nicht die Wahl, ob er sich mit seiner natürlichen Unmittelbarkeit identifizieren will oder nicht. Er könne es nicht, habe er sich doch als Geist an sich schon über die Natur hinaus dazu bestimmt, ein geistig selbständiges Wesen zu sein. Ders., Georg Wilhelm Friedrich Hegel, a. a. O., S. 403.

[140] Der naturbehaftete Geist ist, wie Hegel später noch im Einzelnen im Zusammenhang mit der „natürlichen Seele" ausführen wird, als Geist zwar nicht mehr Natur, aber auch noch nicht (subjektiver) Geist im vollständigen Sinn des Wortes. Dazu steigt er auf, indem er seine natürliche Geistigkeit selber als sein anderes setzt und sie sich gegenüberstellt. Wäre der einzelne Mensch nicht von seiner Anlage her dazu bestimmt, ein geistiges Wesen zu werden, so wäre eine

Anderes dasteht, sei er nur der *subjektive*, der von der *Natur* her kommende Geist und zunächst selbst *"Naturgeist"*. Die ganze Tätigkeit des *subjektiven* Geistes laufe aber darauf hinaus, sich als sich selbst zu erfassen, sich als Idealität (als das Innerliche, d. Verf.) seiner unmittelbaren Realität zu erweisen. Wenn er sich zum Fürsichsein entwickelt hat, dann sei er nicht mehr bloß subjektiver, sondern *objektiver* Geist.[141]

Der objektive Geist

Sei der *subjektive* Geist wegen seiner Beziehung auf ein Anderes (also das Naturhafte, d. Verf.) noch unfrei oder nur *an sich* frei, so gelange im *objektiven* Geist die Freiheit, das Wissen des Geistes von sich, frei zu sein, zum Dasein. Im *objektiven* Geist sei der Einzelne *Person* und habe als solche im Eigentum die Realität seiner Freiheit. Denn im Eigentum werde die Sache (z. B. ein Grundstück, d. Verf.) als das, was sie ist, nämlich als ein Unselbständiges und als ein solches gesetzt, das wesentlich nur die Bedeutung habe, die *Realität* des freien Willens einer *Person* und darum für jede andere *Person* ein Unantastbares zu

---

Entwicklung von seiner „natürlichen Natur" hin zum Bewusstsein usw. nicht denkbar. Das Aufheben des Anderen, also des „Naturgeistes", bedeutet offensichtlich nicht nur ein Negieren, sondern auch ein Bewahren und ein Erhöhen.
[141] Indem der Einzelne die Stufe des *„freien Geistes"* (Hegel) erreicht hat, er als subjektiver Geist das *„für sich"* geworden, was er *an sich* ist", dann geht sein Geist in den objektiven Geist über. Oder, anders ausgedrückt: Indem der Einzelne die Normen des Rechts und der Sittlichkeit verinnerlicht und sie somit zum Bestandteil seiner Persönlichkeit gemacht hat, dann ist sein subjektiver Geist in den objektiven übergegangen. Vom Einzelnen wird nicht nur erwartet, dass er sich in seinem Handeln an den Normen der modernen Gesellschaft orientiert, sondern sich diesen auch innerlich verpflichtet fühlt, was ihn nach Hegel *frei* macht. Der Begriff des objektiven Geistes ist, so N. Hartmann, „ein schlicht deskriptiver Begriff, philosophische Formulierung eines Grundphänomens, das sich unabhängig vom Standpunkte jederzeit aufzeigen und beschreiben läßt." Ders., G. W. Fr. Hegel, a. a. O., S. 298-299.

sein. Hier würden wir ein Subjektives sehen, das sich *frei* weiß, und zugleich eine *äußerliche Realität* dieser Freiheit [142] hat. Der Geist komme daher hier zu seinem *Fürsichsein* (z. B. im allgemeinen *Rechtsbewusstsein*, d. Verf.), und die *Objektivität* des Geistes (in der Privatrechtsordnung, die sich z. B. im deutschen Bürgerlichen Gesetzbuch äußerlich darstellt, d. Verf.) komme zu ihrem Recht. Auf diese Weise sei der Geist aus der Form der bloßen Subjektivität (des „vernünftigen Willen des Einzelnen" (Hegel), d. Verf.) herausgetreten. Die vollständige Verwirklichung jener im Eigentumsrecht noch unvollkommenen, noch *formalen* (abstrakten, d. Verf.) Freiheit, die Vollendung der Realisierung des Begriffs des objektiven Geistes, werde aber erst im *Staat* erreicht. In ihm entwickele der Geist seine Freiheit zu einer von ihm gesetzten, eben zu einer sittlichen Welt. Doch auch diese Stufe müsse der Geist überwinden; bestehe doch der Mangel dieser Objektivität des Geistes darin, dass sie nur eine *gesetzte* sei. Die Welt müsse vom Geist wieder frei entlassen werden, und das vom Geist Gesetzte zugleich als ein unmittelbar Seiendes gefasst werden. Dies geschehe auf der *dritten* Stufe des Geistes, nämlich auf dem Standpunkt des *absoluten* Geistes, d. h. der Kunst, der Religion und der Philosophie.[143]

---

[142] In Gestalt des privaten Rechts oder des Individualrechts.

[143] Indem die Philosophie den objektiven Geist als eine sittliche Wirklichkeit, z. B. in Gestalt des modernen Staates, begriffen und dargestellt hat, muss sie als die sich denkende Idee diese Welt wieder „frei entlassen" (Hegel); gibt es doch für den Philosophen nunmehr keine andere Wirklichkeit als die durch sein Erkennen gesetzte, so dass diese als ein „unmittelbar Seiendes" (ders.) gefasst werden muss. Dieser sittlichen und wirklichen Welt stehen Kunst und geoffenbarte Religion, so der Geist des Christentums, scheinbar unvermittelt gegenüber, und zwar so, als ob die eine Seite mit der anderen nichts zu tun hat. Diese Trennung muss das philosophische Erkennen als einen Mangel ansehen; ist doch für dasselbe die Idee des Geistes eine Totalität und sagt doch die gewöhnliche Vorstellung über die Beziehungen zwischen dem weltlichen und dem religiösen Leben, dass Sittlichkeit in jenem auf religiösen, zumal christlichen Normen und Prinzipien beruht. Folglich besteht nun die weitere Aufgabe des philosophischen Geistes darin, sich in seiner

Die Entwicklung des Geistes

Die beiden *ersten* Teile der *Lehre vom Geist,* also die Lehre vom subjektiven und vom objektiven Geist, beschäftigen sich, wie Hegel nach diesem Zusatz fortfährt, mit dem *endlichen* Geist.[144] Der Geist sei die unendliche Idee, und die Endlichkeit habe hier die Bedeutung, dass die Realität dem Begriff nicht angemessen ist, und zwar mit der Bestimmung, dass die Realität das Scheinen[145] innerhalb des Begriffs

---

Tätigkeit der Idee als Religion zuzuwenden, um das voneinander anscheinend Getrennte begrifflich-theoretisch wieder zu vereinigen. Er muss sich also von der wirklichen, von ihm gesetzten und einer so als unmittelbar seiend gefassten Welt erst einmal verabschieden und sich der Welt des Glaubens zuwenden, um in der Folge diese Welt mit der Welt des wissenschaftlichen Wissens zu vermitteln, um sodann auch diese selbst zum Gegenstand seiner Reflexion zu machen. Doch hier gibt es nichts Neues; denn das Ganze des Systems der Philosophie, so N. Hartmann, sei schon da, und sie brauche sich nicht zu wiederholen. Es gebe keine andere Entwicklung der Philosophie als die *inhaltliche*. Ders., G. W. Fr. Hegel, a. a. O., S. 386.

[144]G. W. F. Hegel, Enzyklopädie der philosophischen Wissenschaften, 3. Teil., a. a. O., S. 34 ff.

[145]Das „Scheinen" ist nach Hegel die Bestimmung, wodurch das Wesen nicht *Sein,* sondern *Wesen* ist, und das *entwickelte Scheinen* sei die *Erscheinung*. Das Wesen sei daher nicht *hinter* oder *jenseits* der Erscheinung, sondern dadurch, dass das Wesen es ist, das existiert, sei die Existenz Erscheinung. Ders., Enzyklopädie der philosophischen Wissenschaften, 1. Teil, a. a. O. S. 261-262. Die Erscheinung sei, wie Hegel dazu in seinem Zusatz erläutert, *nicht* mit dem bloßen *Schein* zu verwechseln. Der *Schein* sei die nächste Wahrheit des Seins oder der Unmittelbarkeit. Das Unmittelbare sei nicht dasjenige, was wir an ihm zu haben meinen, also *nicht* ein *Selbständiges* und *auf sich Beruhendes*, sondern eben nur *Schein*, und als solcher sei das Unmittelbare zusammengefasst in die Einfachheit des in sich seienden *Wesens*. Dieses sei zunächst die Totalität des Scheinens in sich, es bleibe jedoch nicht bei dieser Innerlichkeit stehen, sondern trete als Grund in die Existenz hinaus, die ihren Grund nicht in sich selbst, sondern nur in einem Anderen habe, eben nur Erscheinung sei. Das Wesen bleibe nicht hinter oder jenseits der Erscheinung, sondern habe „die unendliche Güte" (ders.), seinen Schein in die

ist. Die Realität ist also, Hegel zufolge, ihrem Begriff nicht angemessen. Gleichwohl ist der Begriff (als Wesen) in der Realität als Schein anwesend, und sie *wäre* nicht ohne denselben, ebenso wenig wie der Begriff sich ohne die Formen seiner Realisierung entfalten könnte. So ist z. B. ein (historisch gewordenes) privatrechtliches Gesetzbuch als eine Realität dem Begriff der individuellen Freiheit nicht vollkommen angemessen, trotzdem wäre die Entwicklung des Begriffs der individuellen Freiheit ohne das bestehende Gesetzbuch als seine (vorläufige) Realität nicht möglich. Oder: Der Körper des Einzelnen zum Beispiel ist die Realität der Seele (des Begriffs). Ohne seinen Körper hätte seine Seele keine Realität, kein Dasein. Aber ebenso wenig hätte sein Körper Realität, ohne dass sich seine Seele (sein Wesen, sein Begriff) in seinem Körper als ein Schein zeigt und diesem, in Hegels Worten, "die Freude des Daseins gönnt".[146]

Die Realität sei ein *Schein*, den sich der Geist *an sich* als eine *Schranke* setzen würde, um durch das Aufheben derselben *für sich* die Freiheit als *sein* Wesen zu haben und zu wissen, d. h. schlechthin *manifestiert* zu sein. Die verschiedenen Stufen dieser Tätigkeit, auf denen, jeweils als Schein, der endliche Geist verweilen, die er aber, seiner Bestimmung gemäß, auch durchlaufen müsse, seien Stufen seiner *Befreiung*. Die absolute Wahrheit in diesen Stufen sei das *Vorfinden* einer Welt als einer vorausgesetzten, das *Erzeugen* derselben als eines von ihm (dem Geist, d. Verf.) Gesetzten und die Befreiung *von* ihr und *in* ihr seien ein

---

Unmittelbarkeit zu entlassen und ihm „die Freude des Daseins" (ders.) zu gönnen. Ebenda, S. 262. „... ein Geldschein beispielsweise ist ein Stück Papier, an dem das „Wesentliche" nicht ist, wie dieses Papier qualitativ oder quantitativ bestimmt ist, das heißt, was es in seiner Unmittelbarkeit ist, sondern das, *für das* dieses Stück Papier steht, nämlich der für sich als Wert unsichtbare Geldeswert, den dieses Papier hat." T. S. Hoffmann, Georg Wilhelm Friedrich Hegel, a. a. O. S. 320.

[146]Erst mit der Vollendung der Entwicklung von Körper und Seele wird der Körper Erscheinung oder Manifestation der Seele als Wesen und Begriff.

und dasselbe.[147] Es sei eine Wahrheit, zu deren unendlicher Form der Schein als zum Wissen derselben sich reinigt.

Die Bestimmung der Endlichkeit werde vor allem vom *Verstand*[148], bezogen auf den Geist und die *Vernunft,* festgesetzt. Es gelte dabei nicht nur für eine Sache des Verstandes, sondern auch für eine moralische und religiöse Angelegenheit, den *Standpunkt* der Endlichkeit als einem *letzten* festzuhalten. Es würde als eine Vermessenheit des Denkens angesehen, ja für eine Verrücktheit desselben, über ihn hinausgehen zu wollen. Es sei aber die schlechteste aller Tugenden, bei einer solchen *Bescheidenheit* des Denkens, die das *Endliche* zu einem schlechthin Festen, zu einem Absoluten macht, stehen zu bleiben und die oberflächlichste aller Erkenntnisse, bei *dem* zu verharren, was seinen Grund nicht in sich selbst hat.[149] Die Bestimmung der Endlichkeit, die

---

[147]Die absolute Wahrheit in den Stufen der Befreiung des Geistes, auf denen er zunächst nur als endlicher Geist waltet, ist das Vorfinden z. B. einer institutionellen Welt in Gestalt eines modernen Staates, sodann das (gedankliche) Erzeugen/Reproduzieren dieser Welt als eine von ihm selbst gesetzte und darauf die Befreiung von ihr und in ihr ist - das ist ein und dasselbe. Mit anderen Worten, die Menschen finden z. B. eine Welt normativer Ordnungen vor, machen diese zum Gegenstand der Reflexion, d. h. sie schreiten zu einer begrifflichen Reproduktion dieser Welt, und befreien sich sodann von ihr und in ihr. Die begrifflich-theoretische Erfassung der vorgefundenen Welt und die Befreiung von derselben sind also ein und derselbe Vorgang.

[148]Der Geist kann sich, wie sich Hegel verstehen lässt, nicht entwickeln, ohne sich *endlich* zu machen, d. h. sich zu *beschränken*. So beschränkt z. B. die Politische Ökonomie ihren Bezugsrahmen auf die bürgerliche Marktgesellschaft, also auf eine Sphäre, die sich im modernen Staat als eine relativ selbständige herausgebildet hat, und entwickelt von diesem Ausgangspunkt aus ihr theoretisches System. Nach Hegel handelt es sich dabei zwar nur um eine „endliche", eine „Verstandeswissenschaft", die er aber als eine notwendige Stufe hin zu seiner Staatsphilosophie betrachtet.

[149]So hat z. B. der vor mir liegende Euroschein als ein geltendes Zahlungsmittel seinen Grund weder in seiner äußeren Beschaffenheit noch in der Entscheidung der Europäischen Zentralbank, ihn zu drucken und in Umlauf zu setzen, sondern in

Hegel in seiner "Logik"[150] behandelt, bestehe darin, dass das Endliche nicht *ist*, nicht das *Wahre*, sondern nur ein Prozess des *Übergangs* und des *Über-sich-hinausgehens ist*. Dieses Endliche der bisherigen Sphären sei die Dialektik, sein Vergehen durch ein *Anderes* und in einem Anderen zu haben; der Geist aber, der Begriff und das *an sich* Ewige, sei es *selbst*, dieses Vernichten des Nichtigen, das Vereiteln des Eitlen in sich selbst zu vollbringen. Die erwähnte Bescheidenheit bestehe darin, an diesem Eitlen, dem Endlichen, gegenüber dem Wahren festzuhalten und sei deshalb selbst ein Eitles. Diese Eitelkeit bedeute in der Entwicklung des Geistes, dass er sich auf das Äußerste in seine Subjektivität vertieft, er dem innersten Widerspruch anheimfällt und sich damit ein Wendepunkt, als das *Böse*, ergibt.

Der *subjektive* und der *objektive* Geist seien, wie Hegel hierzu in seinem Zusatz verdeutlicht, noch *endlich*.[151] Wissen müsse man aber, welchen *Sinn* die *Endlichkeit* des Geistes hat. Gewöhnlich stelle man sich dieselbe als eine *absolute* Schranke, als eine feste Qualität vor, so dass der Geist aufhören würde, Geist zu sein, würde man diese Schranke wegnehmen. Man stelle sich die Endlichkeit des Geistes wie das Wesen der natürlichen Dinge vor, die an eine bestimmte Qualität gebunden seien. So könne z. B. das Gold nicht von seinem spezifischen Gewicht getrennt werden. In Wahrheit aber dürfe man die Endlichkeit des *Geistes nicht* als eine *feste* Bestimmtheit betrachten, sondern müsse sie als ein bloßes *Moment* erkennen. Denn der Geist sei, wie schon oben gesagt, wesentlich die Idee in der Form der Idealität (der Innerlichkeit, d. Verf.), d. h. in einer Form, in der das Endliche negiert

---

einer ökonomischen Struktur, die eine gesellschaftliche Arbeitsteilung einschließt und in der die unterschiedlichen Arbeitsprodukte von Privatproduzenten im Austausch als *Werte* gleichgesetzt werden, die sich dann in den Geldpreisen ausdrücken.

[150]Ders. Enzyklopädie der philosophischen Wissenschaften, 1. Teil, § 94, S. 199.

[151]Ders., Enzyklopädie der philosophischen Wissenschaften, 3. Teil, a. a. O., S. 35 ff.

ist. Das Endliche habe demnach im Geist nur die Bedeutung eines *Aufgehobenen* aber *nicht* die eines Seienden. Die *eigentliche* Qualität des Geistes sei daher die *wahrhafte Unendlichkeit*, d. h. diejenige Unendlichkeit, die dem Endlichen nicht einseitig gegenübersteht, sondern in sich selber das Endliche als ein Moment enthält. Es sei deshalb ein leerer Ausdruck, würde man sagen, es gebe endliche Geister. Der Geist als Geist *sei* nicht endlich, er *habe* die Endlichkeit zwar *in sich*, aber nur als eine aufzuhebende und aufgehobene Endlichkeit. Die echte Bestimmung der Endlichkeit, die hier nicht genauer erörtert werden könne, müsse in dem Sinne verstanden werden, dass das Endliche eine Realität ist, die ihrem Begriff nicht gemäß ist. So sei die Sonne ein Endliches, weil sie nicht ohne Anderes gedacht werden könne, weil zur Realität ihres Begriffs nicht nur sie selber, sondern das ganze Sonnensystem gehöre. Mehr noch, das ganze Sonnensystem sei ein Endliches, weil jeder Himmelskörper in ihm gegenüber dem anderen den Schein habe, selbständig zu sein. Folglich entspreche diese gesamte Realität ihrem Begriff noch nicht, stelle noch nicht dieselbe Idealität dar, die das Wesen des Begriffs ist.[152] Erst die Realität des *Geistes* sei selber Idealität, erst im Geist finde die absolute Einheit des Begriffs und der Realität und somit die *wahre* Unendlichkeit statt.[153] Bereits wenn wir von einer Schranke wissen,

---

[152]Die Sonne und das Sonnensystem, so lässt sich Hegel verstehen, sind für jeden geistig gesunden Menschen zweifellos eine Realität, etwas, was unbestreitbar da ist. Nun kann man diese dingliche und komplexe Realität unter verschiedenen Gesichtspunkten wahrnehmen, beobachten und beschreiben und am Ende kann der Verstand Theorien dazu entwickeln. Doch die Sonne kann sich, Hegel zufolge, nicht selber entwickeln, weil ihre Schranke nicht für sie selber, sondern nur für den Betrachter gegeben ist, und somit sind und bleiben Sonne und Sonnensystem als natürliche Dinge endlich. Und begriffen im nachdrücklichen Sinn des Wortes werden beide erst in der Naturphilosophie. Wie schon angedeutet, behandelt Hegel die „Realität", als eine Kategorie der objektiven Logik, in seiner Wissenschaft der Logik (Enzyklopädie der philosophischen Wissenschaften, 1. Teil, a. a. O. S. 195 ff.).

[153]Im Geist findet, anders als in der natürlichen Dingwelt, eine Entwicklung, und

hätten wir den Beweis, dass wir über dieselbe hinaus sind, also für unsere Unbeschränktheit. Die natürlichen Dinge seien eben deshalb endlich, weil ihre Schranke *nicht* für sie selber, sondern nur *für uns* vorhanden sei, die wir die Dinge miteinander vergleichen. Zu einem *Endlichen* würden wir uns dadurch machen, dass wir ein *Anderes* (als Beispiel könnte man unsere "Natur" oder unsere soziale Herkunft anführen, d. Verf.) in unser Bewusstsein aufnehmen. Aber, indem wir von diesem Anderen *wissen*, seien wir schon über diese Schranke hinausgegangen. Nur der Unwissende bleibe innerhalb seiner Schranke; weiß er doch nichts von ihr als einer Schranke seines Wissens. Wer dagegen von der Schranke weiß, der wisse von ihr nicht als eine Schranke seines Wissens, sondern als von einem Gewussten, als zu einem, was zu seinem Wissen gehört. Nur das, wovon wir nichts wissen, bilde eine Schranke des Wissens; die Schranke, von der wir wissen, sei dagegen *keine* Schranke des Wissens. Von unserer Schranke zu wissen, bedeute daher, von unserer Unbeschränktheit zu wissen. Werde aber der Geist für *unbeschränkt*, für *wahrhaft unendlich* erklärt, so soll damit nicht gesagt werden, dass die Schranke ganz und gar nicht im Geist vorkommt. Vielmehr müsse man erkennen, dass der Geist sich *bestimmen*, sich somit *endlich* machen, sich *beschränken* muss. [154]

---

zwar eine Entfaltung des Begriffs nach außen bis hin zu seiner vollendeten Darstellung statt, in der, Hegel zufolge, Begriff und Realität eine absolute Einheit bilden und damit die wahrhafte Unendlichkeit gegeben ist. Eine solche Entfaltung ist nur möglich, weil die jeweils auftretenden Schranken der Begriffsentwicklung stets in das Bewusstsein des Individuums oder der Individuen aufgenommen werden, so dass eine sukzessive Überwindung der einzelnen Schranken durch dasselbe/dieselben möglich wird. Als Beispiel könnte man die Entwicklung einer Staatsverfassung anführen, in der sich fortschreitend der normative Begriff der Freiheit entfaltet und sich schließlich mit der staatsphilosophischen Reflexion à la Hegel vollendet.

[154] Die Politische Ökonomie zum Beispiel konnte deshalb große Fortschritte machen, weil sich ihre Denker in der Definition ihres Gegenstandes auf die wirtschaftliche oder kommerzielle Sphäre der modernen Gesellschaft oder des Staates, beschränkten. Die Geistes- und Sozialwissenschaften überhaupt konnten

Aber der Verstand habe eben darin Unrecht, diese Endlichkeit als eine *starre* zu betrachten, den Unterschied der Schranke und der Unendlichkeit als einen absolut festen zu betrachten und demgemäß zu behaupten, der Geist sei *entweder* beschränkt oder unbeschränkt. Die wahrhaft *begriffene* Endlichkeit sei in der Unendlichkeit, die Schranke im Unbeschränkten enthalten. Der Geist sei daher *sowohl* unendlich *als* auch endlich und *weder* nur das eine *noch* nur das andere. Er bleibe in seiner Endlichkeit unendlich; denn er hebe die Endlichkeit in sich auf. Nichts sei in ihm ein Festes, ein Seiendes, alles sei vielmehr nur ein Ideelles, ein nur *Erscheinendes*. So müsse Gott, weil er Geist sei, sich bestimmen, Endlichkeit in sich setzen, sonst wäre er nur eine tote, leere Abstraktion. Da aber die Realität, die er sich durch sein Selbstbestimmen gibt (indem er Mensch wird, d. Verf.), eine ihm vollkommen gemäße Realität sei, wird Gott durch diese *nicht* zu einem Endlichen. Die Schranke *ist* also nicht in Gott und im Geist, sondern sie werde vom Geist nur gesetzt, um aufgehoben zu werden. Nur momentan könne es scheinen, als ob der Geist in einer Endlichkeit verharrt. Durch seine Idealität sei er aber über dieselbe erhaben, wisse er von der Schranke, dass sie keine feste Schranke ist. Deshalb gehe er über dieselbe hinaus, befreie sich von ihr, und diese Befreiung sei *nicht*, wie der Verstand meine, eine niemals vollendete, eine ins Unendliche reichende, immer nur erstrebte Befreiung, vielmehr reiße sich der Geist von diesem Progress, diesem Fortschreiten ins Unendliche, los, befreie sich absolut von der Schranke, von seinem Anderen, komme somit zum absoluten Fürsichsein und mache sich wahrhaft unendlich. Dazu komme der Geist als absoluter, wenn er sich, Hegel zufolge, als *"denkende Idee"* (ders.[155]) erkennt und das Logische die Bedeutung hat, dass es die "im konkreten Inhalt als in seiner Wirklichkeit *bewährte*

---

nur erfolgreich sein, indem sie als Bezugsrahmen die menschliche Sinnwelt wählten und dabei von der „Natur" abstrahierten.

[155] Ebenda, S. 393. Der Geist, der sich als „denkende Idee" erkennt, ist offensichtlich die Philosophie, wie Hegel sie versteht.

Allgemeinheit ist"[156]. Die Philosophie tut also nichts anderes, als, unter Einbeziehung der "endlichen" Wissenschaften, das zu begreifen, was wirklich ist.

3.3 Der subjektive Geist[157]

Der Geist, der sich in seiner Idealität entwickelt, ist, so Hegel, der Geist als *erkennender*. Aber das Erkennen werde hier nicht nur so verstanden, wie es die Bestimmtheit der Idee als logischer Idee[158] ist, sondern so wie der *konkrete* Geist sich zum Erkennen bestimmt.

Der *subjektive* Geist ist nach Hegel

A) an sich oder unmittelbar *Seele* oder "*Naturgeist*" und als solcher Gegenstand der *Anthropologie*.[159]

---

[156]Ebenda. Der „konkrete Inhalt" ist, wie sich Hegel auslegen lässt, z. B. ein einzelner moderner Staat. Seine „in seiner Wirklichkeit bewährte Allgemeinheit" wäre die sittliche Idee, so der Begriff der Freiheit in seiner Einheit mit der modernen Staatsverfassung.

[157]Hier definiert Hegel erneut seinen Gegenstand: den subjektiven Geist, und teilt ihn, wie schon erwähnt, in die Gebiete, mehr noch, in die miteinander zusammenhängenden Stufen ein, und zwar a) in die (philosophische) Anthropologie, b) in die Phänomenologie des Geistes und c) in die Psychologie (wie er sie versteht).

[158]Hegel verweist hier auf den § 223 in seiner „Wissenschaft der Logik" im 1. Teil der Enzyklopädie der philosophischen Wissenschaften, a. a. O. S. 377, wo es ganz allgemein um die „Idee des (wissenschaftlichen) Erkennens" geht. Hier geht es aber darum zu zeigen, wie der Geist des Einzelnen als *konkreter* Geist, sich zu einem erkennenden Geist entwickelt.

[159]Ders., Enzyklopädie der philosophischen Wissenschaften, 3. Teil, a. a. O., S. 38 ff.

B) Für sich oder *vermittelt,* noch als identische Reflexion in sich und in Anderes, der Geist in einem Verhältnis, ist der subjektive Geist *Bewusstsein*[160] und Gegenstand der *Phänomenologie des Geistes.*

C) Als *der sich in sich bestimmende Geist,* als Subjekt *für sich,* ist der subjektive Geist Gegenstand der *Psychologie*

In der Seele erwache, so Hegel, das *Bewusstsein.* Dieses *setze sich* als *Vernunft,* die unmittelbar zur sich wissenden Vernunft erwache und sich durch ihre Tätigkeit zur Objektivität, zum Bewusstsein ihres Begriffs befreie.[161]

Wie im Begriff überhaupt die *Bestimmtheit,* die an ihm vorkommt, *Fortgang* der *Entwicklung* sei, so sei auch an dem Geist jede Bestimmtheit, in der er sich zeigt, ein Moment seiner Entwicklung.[162] Und, indem er sich immer weiter bestimmt und vorwärts zu seinem *Ziel* hin schreitet, mache er sich zu *dem,* werde er *für sich,* was er *an sich* ist. Jede Stufe sei innerhalb ihrer dieser Prozess, und das Produkt

---

[160]Innerhalb des Bewusstseins stehen sich Subjekt (Ich) und Objekt (Nicht-Ich) oder das Ich als Subjekt und als Objekt zugleich, im Fall des „Selbstbewusstseins", gegenüber.

[161]In der *Seele* erwacht das *Bewusstsein,* das sich als *Vernunft* setzt und unmittelbar zur sich wissenden Vernunft erwacht, und zwar indem, wie sich dieser Absatz durch Vorgriff auf spätere Ausführungen verstehen lässt, das Ich im sinnlichen, wahrnehmenden und verständigen Bewusstsein sich einer durch die Sprache (u. a. durch die darin implizit enthaltenen logischen Kategorien) geordneten, vernünftig erscheinenden Objektwelt gegenübersieht. Erzeugt durch die Tätigkeit selbstbewusster Subjekte, wird die Vernunft im *allgemeinen Selbstbewusstsein* zu einem *Objektiven* in Gestalt des sittlichen Grundgebots, wonach alle Menschen ebenso füreinander frei und selbständig wie sie auch miteinander identisch sind, *und* zu einem *Subjektiven* wird die Vernunft in Form des individuellen sittlichen Bewusstseins. Zum Bewusstsein ihres Begriffs befreit sich die Vernunft im Übergange zum theoretischen und zum praktischen Geist und vollends zum *freien Geist,* der beide Formen des Geistes miteinander vereinigt.

[162]Gemeint ist der spekulative Begriff (und *nicht* der Begriff als eine abstrakte Vorstellung) als ein aktives Prinzip, das im Denken des Philosophen erkannt wird.

der Stufe sei, dass *für den* Geist (d. h. die Form desselben, die er in ihr, also der Stufe, habe) *das* ist, was er zu Beginn der Stufe *an sich* oder damit nur *für uns* (also die Betrachtenden, d. Verf.) war. Die psychologische und die gewöhnliche Betrachtungsweise würden, wie Hegel fortfährt, das beschreiben, was der Geist oder die Seele *ist*, was ihr *geschieht* und was sie *tut*. Demnach werde die Seele als ein *fertiges* Subjekt vorausgesetzt, an dem solche Bestimmungen nur als *Äußerungen* zum Vorschein kämen, aus denen erkannt werden soll, was sie *ist*, welche Vermögen und Kräfte sie in sich besitzt. Dabei fehle es in jener Betrachtungsweise am Bewusstsein darüber, dass die *Äußerung* desjenigen, *was* die Seele *ist*, im Begriff dasselbe *für sie* setzt, wodurch sie eine höhere Bestimmung gewonnen habe.[163]

Von diesem Fortschreiten des Geistes, wie es hier betrachtet wird, müssten, Hegel zufolge, Bildung und Erziehung unterschieden und davon ausgeschlossen werden; denn dieser Bereich würde sich *nur* auf die *einzelnen* Subjekte als solche beziehen, in denen der *allgemeine Geist* zur Existenz gebracht werden soll. In der *philosophischen* Ansicht des Geistes als solchen werde er selbst danach betrachtet, wie er *sich* nach seinem Begriff bildet und sich erzieht. Seine Äußerungen würden als die Momente des Prozesses angesehen, in dem er sich zu sich selbst hervorbringt und sich mit sich selbst zusammenschließt. Erst dadurch werde er *wirklicher* Geist.[164]

---

[163] Die Äußerungen der Seele, aus denen die psychologische wie auch die gewöhnliche Betrachtungsweise ihre Vermögen und Kräfte zu erkennen glauben, sind auch, wie Hegel sich verstehen lässt, *für* die Seele, d. h. der Einzelne fühlt, nimmt selbst wahr und versteht welche Vermögen und Kräfte in ihm tätig sind, und am Ende werden diese vom (spekulativen) Begriff enthüllt. Mit anderen Worten, jene Vermögen sind nicht nur für die fremden Beobachter der Seele eines Menschen manifest, sondern auch für diesen selbst.

[164] Daraus geht hervor, dass nach Hegel die Entwicklung des Einzelnen in erster Linie als ein Prozess verstanden werden muss, in dem der Begriff als ein inneres geistiges Prinzip sich stufenweise entfaltet. Von diesem von Innen kommenden Vorgang müssen die von außen kommenden Einwirkungen, etwa Erziehung und Bildung, unterschieden werden, die gewiss von großer Bedeutung für die seelische

Die drei Hauptformen des Geistes

Wie bereits ausgeführt, sieht Hegel den Geist in *drei* Hauptformen, nämlich den *subjektiven*, den *objektiven* und den *absoluten* Geist unterschieden und darüber hinaus die Notwendigkeit eines Fortgangs von der *ersten* zur *zweiten* und von dieser zur *dritten* Form.[165] Was den *subjektiven Geist* betrifft, so ist dieser, wie Hegel in seinem Zusatz erläutert, noch in seinem *unentwickelten* Begriff, d. h. der Geist habe sich seinen Begriff noch nicht *gegenständlich* gemacht.[166] Dies geschehe erst auf der Stufe des *objektiven* Geistes. In seiner *Subjektivität* sei der Geist aber zugleich objektiv, habe eine unmittelbare Realität, und durch die Aufhebung derselben werde er erst *für sich*, d. h. gelange zu sich selbst, zum Erfassen *seines* Begriffs, *seiner* Subjektivität.[167] Daher könnte man ebenso sagen, der Geist sei zunächst objektiv und soll subjektiv werden, wie auch umgekehrt, er sei erst subjektiv und soll sich objektiv machen. Der Unterschied zwischen dem subjektiven und dem objektiven Geist sei folglich nicht als starr anzusehen.[168]

---

und geistige Entwicklung des Einzelnen, aber eben nicht ausschlaggebend sind. Pädagogisch verfehlt wäre es demnach, würde man für die Entwicklung des Einzelnen Erziehung und Bildung für allein entscheidend halten.

[165] Ebenda, S. 39 ff.

[166] Dies geschieht erst auf der Stufe des objektiven Geistes in Gestalt von Recht, Moralität und Sittlichkeit.

[167] In der Entwicklung seiner Subjektivität ist der (subjektive) Geist des Einzelnen, wie sich Hegel verstehen lässt, zugleich objektiv, hat eine unmittelbare Realität in Gestalt des körperlichen Entwicklungsstandes, und, indem der Geist diese seine Realität als seine Schranke aufhebt, wird er *für sich*, gelangt er dazu, seinen Begriff, seine Subjektivität zu erfassen.

[168] Auch der objektive Geist, z. B. eine Verfassungsordnung, ist nicht nur objektiv, sondern auch subjektiv, z. B. in Gestalt eines allgemeinen Verfassungsbewusstseins.

Schon am Anfang müsse man, so Hegel, den Geist nicht als einen bloßen Begriff, als ein bloß Subjektives, sondern als *Idee* im Sinne einer *Einheit* des Subjektiven und des Objektiven fassen, und jeden Fortgang von diesem Anfang als ein *Hinausgehen* über die erste einfache Subjektivität des Geistes, als einen *Fortschritt* in der Entwicklung der *Realität* oder der Objektivität des Geistes betrachten. [169] Diese Entwicklung des Geistes bringe eine Reihe von *Gestalten* (z. B. Wahrnehmung und Verstand, d. Verf.) hervor, die zwar durch die Empirie belegt werden müssten, in der *philosophischen* Betrachtung dürften sie aber *nicht* äußerlich *nebeneinander* gestellt bleiben, vielmehr müsste jede Gestalt als Ausdruck einer *notwendigen* Reihe bestimmter Begriffe zu erkennen sein. Von Interesse für das philosophische Denken seien die Gestalten eben nur, indem sie eine solche Reihe von Begriffen ausdrücken. Zunächst könnten wir aber die sich voneinander unterscheidenden Gestaltungen des subjektiven Geistes nur vorläufig angeben; erst durch die bestimmte Entwicklung des subjektiven Geistes (wie sie die philosophische Arbeit nachvollzieht, d. Verf.) würde sich die Notwendigkeit jener Gestalten zeigen.

Die Seele

Die drei Hauptformen des *subjektiven* Geistes sind, Hegel zufolge, 1. die *Seele*, 2. das *Bewusstsein* und 3. der *Geist als solcher*. Als *Seele* habe der *Geist* die (begriffliche, d. Verf.) Form der abstrakten *Allgemeinheit*, als *Bewusstsein* die (begriffliche, d. Verf.) Form der *Besonderung* und *als für sich seiender Geist* die (begriffliche, d. Verf.) Form der *Einzelheit*.[170] So stelle sich in der Entwicklung des subjektiven Geistes

---

[169]So sind die Stufen: sinnliches, wahrnehmendes und verständiges Bewusstsein, sowohl subjektiver als auch objektiver Natur.

[170]Hegel entwickelt hier den Begriff des *subjektiven* Geistes. Dabei geht er von den *drei* Momenten des (subjektiven) Begriffs aus, nämlich der *Allgemeinheit*, der *Besonderheit* und der *Einzelheit*. Das Allgemeine ist, ihm zufolge, das mit sich

---

Identische *„ausdrücklich in der Bedeutung"* (ders.), dass in ihm zugleich das *Besondere* und *Einzelne* enthalten ist. Das Besondere ist das Unterschiedene oder die Bestimmtheit in der Bedeutung, dass es allgemein in sich und als Einzelnes ist. Ebenso hat das Einzelne die Bedeutung, dass es *Subjekt,* Grundlage ist, die die Gattung und Art in sich enthält und selbst *substanziell* ist. (Ders., Enzyklopädie der philosophischen Wissenschaften, 1. Teil, a. a. O., S. 314.) Auf den *Geist* bezogen, hat dieser als *Seele* die Form der (abstrakten) Allgemeinheit, und zwar, wie sich Hegel verstehen lässt, in *dem* Sinne, dass die Seele die *Substanz*, die absolute Grundlage jeglicher Besonderung und Vereinzelung, ist (Ders., Enzyklopädie der philosophischen Wissenschaften, 3. Teil, a. a. O., S 43). Als Seele hat der Geist deshalb die Form der „abstrakten Allgemeinheit", weil er so nur im abstrakten Denken eine Realität hat. Diese Form ist jedoch damit kein beliebiger Gedanke, sondern in ihr ist die Form der Besonderung des Geistes, also nach Hegel die Form des Bewusstseins, und ferner die der der Einzelheit, der *für sich seiende* Geist, enthalten. Im Bewusstsein, das sich in ein Ich und seinen Gegenstand und im Selbstbewusstsein, das sich in mehrere Ich unterscheidet, manifestiert sich der Geist, aber er ist dort noch nicht *für sich*, nicht in der Subjektivität des Individuums enthalten. *Für sich* ist der Geist erst in der Form der Einzelheit, in der er nicht mehr Seele und nicht mehr mit einem Gegenstand behaftetes Bewusstsein, sondern, beide Seiten als Aufgehobene in sich enthaltend, seinen eigenen Begriff erfasst und reflektiert und damit zu sich selber, zu seiner „wahren Wirklichkeit" (Hegel), gelangt. Dazu auch: H. Drüe, Die Philosophie des Geistes, in: Hegels „Enzyklopädie der philosophischen Wissenschaften" (1830), H. Drüe. u. a., a. a. O., S. 213. „Wahrhaft wirklich" ist demnach nicht der einzelne Mensch als bloße Seele, auch nicht als abstraktes Ich des Bewusstseins oder als Selbstbewusstsein, sondern nur als sich selbst erfassender und denkender Geist. Der Begriff des Geistes, wie ihn Hegel hier verwendet, ist zugleich subjektiv und objektiv, er ist aber noch nicht die *Idee;* ist er doch nicht im Seelenleben des Einzelnen, sondern nur in dessen Betrachter vorhanden und schließt doch die *Idee,* Hegel zufolge, die Einheit von Subjektivität und Objektivität ein. Hegel zufolge höre man oft, der *subjektive* Begriff (der hier auf den subjektiven Geist bezogen wurde, d. Verf.) sei etwas Abstraktes, was insofern richtig sei, als das *Denken* und *nicht* das *empirisch konkrete Sinnliche* sein Element sei; er sei auch noch *nicht* die *Idee*. Insofern sei der *subjektive* Begriff noch *formal* (abstrakt, d. Verf.), aber nicht in *dem* Sinne, dass er einen anderen Inhalt haben oder erhalten sollte als sich selbst. Als die absolute Form sei er alle *Bestimmtheit* wie sie in ihrer Wahrheit ist. Obwohl er also abstrakt sei, sei er das *Konkrete*, das *Subjekt* als solches. Ders., Enzyklopädie der

die Entwicklung des Begriffs (des Geistes, d. Verf.) dar. Weshalb die
jenen drei Formen des subjektiven Geistes entsprechenden Teile der
Wissenschaft die Bezeichnung *Anthropologie, Phänomenologie* und
Psychologie erhalten haben, werde in der Wissenschaft vom
subjektiven Geist verdeutlicht werden.

Den Anfang der Betrachtung müsse der *unmittelbare Geist* bilden, dies
sei aber der *Naturgeist*, die *Seele*. Ein Fehler sei es, mit dem Begriff des
Geistes zu beginnen; sei doch der Geist, wie schon erwähnt, von
vornherein *Idee*, also verwirklichter Begriff. Am Anfang aber könne der
Begriff des Geistes (als Idee im Sinne der Einheit von Subjektivität und
Objektivität; Beispiel: das Bewusstsein als Einheit von abstraktem Ich
und seinem Gegenstand, d. Verf.) noch nicht die vermittelte Realität
haben, die sie durch das abstrakte Denken (den *subjektiven* Begriff, d.
Verf.) erhält. Seine Realität (also der Idee des Geistes, d. Verf.) müsse
am Anfang zwar auch schon eine abstrakte Realität sein, und nur
dadurch würde sie der Idealität des Geistes (als einer Innerlichkeit, d.
Verf.) entsprechen, sie sei aber notwendig eine noch unvermittelte,
noch nicht (vom Geist als Idee, d. Verf.) gesetzte Realität, folglich eine
nur seiende, dem Geist (als einem Innerlichen, d. Verf.) noch äußerliche,
eine bloß durch die *Natur* gegebene Realität. Man müsse also bei dem
noch in der *Natur* befangenen, auf seine *Leiblichkeit* bezogenen, noch
nicht bei sich selbst seienden, also noch *nicht* beim Geist anfangen.[171]
Hegel spricht hierbei von der *Grundlage* des Menschen und sieht darin

---

philosophischen Wissenschaften, 1. Teil, a. a. O., S. 314.

[171] „Der subjektive menschliche Geist, der im Selbstbewusstsein für sich ist,
erscheint auch schon in den leibgebundenen Empfindungen. Wir *sind* nicht einfach
unser Leib, wir *haben* ihn, d. h., wir haben zu ihm ein eigenes und wandelbares
Verhältnis. Der Geist ist zwar von der Natur wesensverschieden, aber in seinem
primitiven Dasein doch so mit ihr eins, daß die natürlichen Bestimmtheiten
zugleich auch Qualitäten des Geistes sind." Karl Löwith, Mensch und
Menschenwelt, hrsg. v. Klaus Stichweh, Stuttgart 1981, S. 334, in: K. Löwith,
Sämtliche Schriften, hrsg. v. K. Stichweh u. Marc B. Launay, Bd. 1.

den Gegenstand der *Anthropologie*. [172] In diesem Zweig der Wissenschaft vom *subjektiven* Geist sei der Geist als *gedachter Begriff* nur *in uns*, den *Betrachtenden*, aber *noch nicht* im Gegenstand (also im Seelenleben des Einzelnen selbst, d. Verf.) selber vorhanden. Den Gegenstand der Betrachtung bildet hier erst der bloß *seiende* Begriff des Geistes, der seinen Begriff, noch nicht erfasst hat, der noch außer sich seiende Geist. Es ist, wie sich Hegel ergänzen lässt, der von außen auf den Gegenstand, den subjektiven Geist, bezogene *subjektive* Begriff des abstrakten Denkens eines Betrachters, ein Begriff, der jedoch nicht beliebig, sondern objektiv ist.

Das *Erste* in der *Anthropologie* sei, so Hegel, also die qualitativ bestimmte, an ihre *Naturbestimmungen* gebundene Seele (zu der, ihm zufolge, z. B. die rassischen Verschiedenheiten gehören). Aus diesem unmittelbaren *Einssein* mit ihrer Natürlichkeit trete die Seele in den *Gegensatz*, in den *Kampf*, zu jener. Dazu würden die Zustände der Verrücktheit und des Somnambulismus gehören. Diesem Kampf folge der *Sieg der Seele* über ihre *Leiblichkeit* und die *Herabsetzung* der Leiblichkeit zu einem bloßen *Zeichen*, zur Darstellung der Seele. Auf diese Weise trete die *Idealität* der Seele in ihrer *Leiblichkeit* hervor, werde diese Realität des Geistes (also die Leiblichkeit, d. Verf.) auf eine noch leibliche Weise ideell gesetzt.

---

[172] „Der subjektive Geist, wie ihn Rosenkranz im Anschluß an Hegel verstand, ist als subjektiver ein endlicher Geist und in seiner Erscheinung - aber nicht in seinem Wesen - an die Natur gebunden. Er äußert sich im seelischen und geistigen Leben des Individuums als einer endlichen Person. Als subjektiver *Geist* ist der Mensch zugleich schon immer über seine Naturbestimmtheit hinaus, und Rosenkranz' Anthropologie will den Prozeß aufweisen, in dem der subjektive Geist für sich wird, was er an sich, seiner Anlage nach, schon von Anfang an ist." Ebenda, S. 331.

Das Bewusstsein

In der *Phänomenologie des Geistes* zeigt Hegel, wie sich die Seele durch die *Negation* ihrer Leiblichkeit, zur reinen ideellen Identität mit sich erhebt, *Bewusstsein*, ein Ich wird und ihrem Anderen (ihrer Leiblichkeit, d. Verf.) gegenüber für sich wird.[173] Aber dieses *erste Für-sich-Sein* des Geistes sei noch durch das *Andere*, also die Leiblichkeit, von der der Geist herkomme, bedingt. Das *Ich* sei hier noch vollkommen *leer*, eine ganz *abstrakte Subjektivität*. Es setze allen Inhalt des unmittelbaren Geistes (gemeint ist offensichtlich der Inhalt der sinnlichen Empfindungen, d. Verf.) *außer* sich und beziehe sich auf den Inhalt als eine *vorgefundene Welt*.[174] So werde dasjenige, was zunächst nur *unser* Gegenstand war, zwar dem Geist selber zum Gegenstand, das Ich wisse aber noch nicht, dass das, was ihm gegenübersteht, der natürliche Geist selber ist. Mit anderen Worten, das Bewusstsein des Einzelnen unterscheidet sich in ein "leeres" Ich einerseits und eine ihm gegenüberstehende Welt als eine Vielfalt einander abwechselnder sinnlicher Eindrücke andererseits, die das Ich vollständig gefangen nehmen. Und das Ich weiß noch nicht - im Gegensatz zu dem Betrachter -, dass es der natürliche Geist im Individuum selbst ist, der diese sinnliche Welt, wie sie dem Ich unmittelbar gegenübersteht, hervorbringt.

Das *Ich* sei daher, wie Hegel fortfährt, obwohl es etwas *für sich* sei, zugleich *nicht* für sich, weil es nur auf ein Anderes, ein (sinnlich, d. Verf.) Gegebenes, bezogen sei. Die *Freiheit des Ichs* sei folglich nur eine *abstrakte*, *bedingte* und *relative* Freiheit. Zwar sei der Geist hier *nicht*

---

[173]Ders., Enzyklopädie der philosophischen Wissenschaften, 3. Teil, a. a. O., S. 41.

[174]Der Inhalt der vom Ich vorgefundenen Welt ist nicht nur ein Ensemble von Empfindungen aller Art, die einander abwechseln, sondern er ist durch Kategorien, wie „Seiendes", „Etwas", „existierendes Ding", „Einzelnes" usw. strukturiert (*sinnliches* Bewusstsein), ohne dass das (abstrakte, leere) Ich des Bewusstseins sich darüber Rechenschaft ablegt. Ebenda, S. 206.

mehr wie zuvor[175] in die *Natur* versenkt, sondern in sich reflektiert[176] und auf dieselbe bezogen, *erscheine* aber nur, stehe nur in Beziehung zur Wirklichkeit, sei aber noch nicht *wirklicher* Geist. Deshalb nennt Hegel *den* Teil der Wissenschaft, in dem diese Form des Geistes betrachtet wird, *Phänomenologie,* Erscheinungslehre des Geistes.[177]

---

[175]Vor der Stufe des Bewusstseins.

[176]Hier geht es um einen Erfahrungsprozess des Ich (Subjekt) mit einem Nicht-Ich (Objekt) und mit sich selbst, also um den Bewusstseinsprozess. So macht das Subjekt, das mit seinem Objekt identisch ist, die Erfahrung, dass „es im Wandel seines Objektes sich selbst wandelt. Und der Philosoph, der den Wandel verfolgt, braucht zu dieser „Erfahrung" des Subjekts nicht mehr hinzufügen als das Wissen um sie". N. Hartmann, G. W. Fr. Hegel, a. a. O., S. 80. Der Wandel des Bewusstseins vom sinnlichen über das wahrnehmende bis hin zum verständigen Bewusstsein setzt die Sprache voraus. Es geht hier also um die Konstitution dessen, was von der Natur als einem Äußeren in den Empfindungen aufgenommen und durch Kategorien geordnet wird, zu einem Gegenstand des Bewusstseins, dem das Ich des Bewusstseins als ein ihm Äußerliches gegenübersteht und sich nicht darüber Rechenschaft ablegt, dass es selbst den Gegenstand konstituiert. Dieser Sachverhalt widerspricht diametral seinem „natürlichen Bewusstsein". Gleichwohl macht das Ich, so in der Wahrnehmung, die Erfahrung, dass es und sein Gegenstand aufeinander bezogen sind und sich miteinander verändern.

[177]In der Phänomenologie Hegels werden, wie soeben erwähnt, die sukzessiven Erfahrungen, die das Subjekt mit dem Objekt und damit zugleich mit sich selbst macht, nachvollzogen. Dies geschieht zum einen in seiner „Phänomenologie des Geistes" (1806) und zum anderen in seiner „Philosophie des Geistes" als Teil seiner Enzyklopädie der philosophischen Wissenschaften, der hier im Mittelpunkt steht.

Das Selbstbewusstsein

Indem das Ich sich in seiner Beziehung zu Anderem auf sich selbst zurückbeugt[178], wird es nach Hegel *Selbstbewusstsein*.[179] In dieser Form wisse das Ich sich *zunächst* nur als das unerfüllte Ich und allen konkreten Inhalt als ein Anderes (so die Dinge, die Gegenstand der Begierde sind, aber auch andere Menschen, die gleichermaßen beanspruchen, ein Ich zu sein, d. Verf.). Die *Tätigkeit* des Ichs bestehe hier darin, die Leere seiner *abstrakten* Subjektivität zu *füllen*, das Objektive in sich hineinzubilden und das Subjektive dagegen objektiv zu machen.[180] Dadurch hebe das Selbstbewusstsein, also das seiner selbst bewusste Ich, die *Einseitigkeit* seiner Subjektivität auf, trete aus seiner Besonderheit, aus seinem Gegensatz zum Objektiven, heraus, komme zu der *beide* Seiten umfassenden *Allgemeinheit* und stelle in sich die *Einheit* seiner selbst mit dem Bewusstsein dar. Denn der Inhalt des Geistes werde hier ein objektiver Inhalt, wie im Fall des

---

[178]Bei Hegel steht „in sich reflektiert". Zumal im Fall des sinnlichen Bewusstseins wird das Ich vom Nicht-Ich „absorbiert", im Fall des Selbstbewusstseins ist das Ich dagegen ein „praktisches, aktives, und die Erfahrung, die es macht, gehört einer anderen Problemschicht an". N. Hartmann, G. W. Fr. Hegel, a. a. O., S. 105. Jedenfalls ist das Ich als ein nunmehr handelndes (und begehrendes) nicht mehr, wie in der Form des Bewusstseins, auf einen anderen, ihm gegenüberstehenden Gegenstand, sondern auf sich selbst und in seiner weiteren Entwicklung auf andere, gleichermaßen selbständige Ich bezogen. Soweit dieses Ich des Selbstbewusstseins einem anderen Gegenstand als sich selbst gegenübersteht, ist dieser in erster Linie Objekt seiner Begierde und nicht seiner (neutralen) Wahrnehmung oder seines Verstandes.

[179]Ders., Enzyklopädie der philosophischen Wissenschaften, 3. Teil., a. a. O., S. 41 ff.

[180] Hegel denkt hierbei offensichtlich sowohl an die materielle Arbeit - die definitionsgemäß den Zweck einschließt, den Arbeitsgegenstand gemäß einer bestimmten Zweckvorstellung umzuformen, eine Tätigkeit, die nur erfolgreich sein kann, wenn der Arbeitende über das erforderliche Wissen und die notwendigen Fertigkeiten verfügt - als auch an den Kampf des Menschen mit dem Menschen um gegenseitige Anerkennung als ein Ich.

Bewusstseins, und zugleich, wie im Fall des Selbstbewusstseins, ein subjektiver Inhalt.[181] Dieses *allgemeine* Selbstbewusstsein sei *an sich* oder *für uns* (die Betrachtenden, d. Verf.) *Vernunft*, doch erst im *dritten* Teil der Wissenschaft vom subjektiven Geist werde die Vernunft *sich selbst* gegenständlich. Im Fall des Selbstbewusstseins geht es, worauf noch unten im Einzelnen eingegangen werden wird, um den Vorgang der Vergesellschaftung, d. h. den Kampf des einen Selbstbewusstseins gegen ein anderes um Anerkennung, ein Kampf, der als Resultat ein System gegenseitiger Anerkennung (das als *allgemeines* Selbstbewusstsein objektiv und subjektiv gegeben ist, d. Verf.) hervorbringt.

Der Geist

Die *dritte* Hauptform des subjektiven Geistes, die Hegel unter der Überschrift *"Psychologie"* abhandelt, ist der Geist als *solcher*, wie er sich in seinem Gegenstand nur *auf sich selber* bezieht.[182] Der Geist habe es dabei nur mit seinen *eigenen* Bestimmungen zu tun, habe seinen *eigenen* Begriff erfasst und komme so zur Wahrheit. Denn nun sei die in der bloßen Seele noch *unmittelbare*, abstrakte Einheit des Subjektiven und des Objektiven und dadurch, dass sodann der im Bewusstsein entstehende Gegensatz zwischen dem Subjektiven und

---

[181]Die allgemeine Anerkennung jedes Menschen als ein Ich, als Ergebnis eines Kampfes des Menschen mit dem Menschen, ist, wie sich Hegel verstehen lässt, eine Grundnorm, die sowohl jedem Einzelnen als ein Objektives gegenübersteht (Bewusstsein) als auch in jedem Einzelnen als ein Subjektives (Gesinnung) vorhanden ist.

[182]Ebenda, S. 41 ff. Hier legt sich der Einzelne als subjektiver Geist fortschreitend darüber Rechenschaft ab, dass er sich, so in seinem Erkennen der Welt, ausschließlich in der Sphäre des Geistes bewegt. In allem, was er zum Gegenstand seiner Anschauung, Vorstellung und seines Denkens macht, weiß er zunehmend sich selbst als Geist anwesend und tätig. Kurz, die dem Ich gegenüberstehende Welt ist für dieses in letzter Analyse nichts als Geist.

Objektiven aufgehoben wird, nunmehr die Einheit als eine *vermittelte* wieder hergestellt. Die *Idee des Geistes* gelange also aus der ihr widersprechenden Form des *einfachen* Begriffs (also der Seele, d. Verf.) und der ihr ebenso widersprechenden *Trennung* ihrer Momente (also im Bewusstsein, das als Gegensatz von Subjekt und Objekt gegeben ist d. Verf.) zur *vermittelten* Einheit und somit zur wahren Wirklichkeit. In dieser Gestalt sei der Geist die *für sich selbst seiende Vernunft*. Geist und Vernunft stünden zueinander in einem solchen Verhältnis wie Körper und Schwere, wie Wille und Freiheit. Demnach gibt es nach Hegel ebenso wenig einen Geist ohne Vernunft wie es einen Willen ohne Freiheit gibt. Die Vernunft bilde, so Hegel, die substanzielle Natur des Geistes und sei nur ein anderer Ausdruck für die Wahrheit oder die Idee, die das Wesen des Geistes ausmache. Aber erst der Geist als solcher *wisse*, dass seine Natur die Vernunft und die Wahrheit ist.

Der Geist, der beide Seiten, nämlich die Subjektivität und die Objektivität, umfasse, setze sich, so Hegel, *zum einen* in der Form der *Subjektivität*, und so sei er *Intelligenz* und *zum anderen* in der Form der *Objektivität*, und so sei er *Wille*. Die zunächst auch selbst noch unerfüllte *Intelligenz* hebe ihre dem Begriff des Geistes unangemessene Form der Subjektivität auf, indem sie den ihr gegenüber stehenden, noch mit der Form des bloßen Gegebenseins und der Einzelheit behafteten objektiven Inhalt (z. B. ein gegebener Staat, d. Verf.), nach dem absoluten Maßstab der Vernunft misst, diesem Inhalt die Vernünftigkeit antut, die *Idee* in ihn einbildet, ihn damit zu einem konkret Allgemeinen [183] verwandelt und so in sich aufnimmt.[184] Dadurch komme die Intelligenz dahin, dass das, was sie

---

[183]Kurz gefasst ist das konkret Allgemeine die Herrschaft des Allgemeinen über das Besondere. Theodor W. Adorno, Einleitung in die Soziologie, a. a. O., S.61. Gemeint ist auch „Totalität" (d. Verf.).

[184]So begreift Hegel z. B., wie schon erwähnt, den Staat als „Wirklichkeit der sittlichen Idee" und geht dabei nicht von einem in der Anschauung und der Vorstellung eines Staatswissenschaftlers gegebenen Staat, sondern von der „*Idee*

weiß, nicht nur eine Abstraktion, sondern der *objektive* Begriff ist. Und andererseits verliere der Gegenstand dadurch die Form eines Gegebenen und bekomme die Gestalt eines dem Geist selber angehörenden Inhalts (also einer wissenschaftlichen Theorie, d. Verf.).[185]

Indem die Intelligenz aber zum Bewusstsein gelangt, dass sie den Inhalt aus sich selbst schöpft, werde sie zu dem nur sich selber zum Zweck setzenden *praktischen* Geist. Sie werde zum *Willen*, der *nicht*, wie die Intelligenz, mit einem von *außen* her gegebenen Einzelnen, sondern mit einem solchen Einzelnen anfängt, das er als das *Seinige* weiß.[186] Diesen Inhalt, nämlich die *Triebe* und die *Neigungen*, beziehe er, indem er sich in sich reflektiert (sich selbst zum Gegenstand des Nachdenkens macht, d. Verf.), zunächst auf ein Allgemeines (so die Glückseligkeit, d. Verf.), um sich dann am Ende zum Wollen des *an und für sich* Allgemeinen, der *Freiheit*, eben seines Begriffs zu erheben. Einmal an diesem Ziel angekommen, sei der (subjektive, d. Verf.) Geist ebenso zu seinem Anfang, nämlich zur Einheit mit sich (wie sie in der Seele gegeben ist, d. Verf.), zurückgekehrt Zugleich sei er aber zur

---

des Staates" aus. Doch dieses Konzept als Ausgangspunkt der philosophischen Theoriebildung setzt die Vorarbeit der einzelnen empirischen und theoretischen Staatswissenschaften voraus. Der moderne Staat, als eine sittliche, eine Vernunftidee verstanden, schließt, Hegel zufolge, die *Einheit* von *Subjektivität*: das Wissen des einzelnen Staatsbürgers von der Verfassungsordnung und das Wollen derselben (Verfassungsbewusstsein), und von *Objektivität*: die Verfassungsordnung, ein. Und, indem die Staatsbürger und Staatsdiener gemäß ihrem Verfassungsbewusstsein handeln, setzen sie den Staat als (Verfassungs-)Wirklichkeit. Ders., Grundlinien der Philosophie des Rechts, a. a. O., S. 398 u. 292. Die Idee des Staates ist nach Hegel eine *Totalität*.

[185] So geht z. B. die Soziologie bei der Konstruktion des Gesellschaftsbegriffs nicht von einer empirischen Gesellschaft, sondern von einer Handlungs-, einer Struktur- oder von einer Handlungs- und Strukturtheorie aus, jedenfalls von einem theoretischen Konzept.

[186] Ders., Enzyklopädie der philosophischen Wissenschaften, 3. Teil., a. a. O., S. 42 f.

absoluten, zur wahrhaft in sich bestimmten Einheit mit sich fortgeschritten, und zwar zu einer Einheit, in der die Bestimmungen nicht Natur- sondern Begriffsbestimmungen seien. [187] Hegel sieht demnach die Entwicklung des subjektiven Geistes als "dialektisch" an. So beginnt sie bei der *Seele*, der Einheit des Geistes mit sich, setzt sich mit dem *Bewusstsein* fort, in dem der Geist sich in Subjekt (Ich) und Objekt (Welt) unterscheidet, und schließlich kehrt der Geist zu seiner Einheit mit sich selbst, aber auf einer höheren Stufe, zurück.

---

[187]Hegel meint hier offenbar den „*wirklichen freien Willen*" (ders.), den Willen, der auch *für sich* ein freier ist, weil sich die Zufälligkeit und die Beschränktheit des praktischen Inhalts aufgehoben hat. Dieser Wille habe die *Freiheit* als *allgemeine* Bestimmung, Gegenstand und Zweck, indem er sich *denkt*, seinen Begriff wisse, Wille als freie Intelligenz ist. Ders., ebenda, S. 300.

4. Die Seele

Der Geist ist nach Hegel die "Wahrheit der Natur" *geworden* [188] Habe in der *Idee* (des Geistes, d. Verf.) überhaupt dieses Resultat die Bedeutung der Wahrheit, und zwar des Geistes gegenüber der Natur, so habe das Werden oder das Übergehen im *Begriff* die genauere Bedeutung des *freien Urteils.* [189] Der (aufgrund der Trennung, oder Abgrenzung d. Verf.[190]) gewordene Geist habe deshalb den Sinn, dass die Natur an ihr selbst sich als das Unwahre aufhebt. Auf diese Weise setze sich der Geist als eine Allgemeinheit voraus, die nicht mehr in der Einzelheit des Leibes *außer sich ist.* [191] Vielmehr setze er sich als eine *einfache*

---

[188] Ders., Enzyklopädie der philosophischen Wissenschaften, 3. Teil., a. a. O., S. 43 ff. Wie schon erwähnt, ist, wie der philosophische Geist erkennt, nicht die Natur das Erste, sondern der Geist selber, der die Natur als sein Anderes und als seine Voraussetzung setzt.

[189] Wenn nach der Philosophie Hegels, der Geist die *Wahrheit* der Natur ist, demnach der *Geist* es ist, der die Natur als seine Voraussetzung setzt, so stellt sich die Frage nach dem Werden des Geistes oder dem Übergang von der so gesetzten Natur zum Geist. Nach Hegel ist es ein Vorgang der die "genauere Bedeutung des *freien Urteils*" (ders.) hat, worunter man eine „befreiende Urteilung" oder „Trennung" verstehen könnte. Jedenfalls lässt sich die Seele als Übergang von der Natur zum Geist verstehen; wird sie denn auch von Hegel als „Naturgeist" begriffen. Als Seele ist der Geist „nicht mehr in der Einzelheit des Leibes *außer sich*" (ders.), d. h. er ist als eine eigenständige Sphäre gegenüber dem Körper zu begreifen, der allerdings nach Hegel, wie erwähnt, das Dasein des Geistes als Seele ist.

[190] Der Verfasser hat den betreffenden Satz Hegels in Teilsätze zerlegt, um ihn so zu verdeutlichen.

[191] Der Geist als Seele setzt sich also als eine „einfache Allgemeinheit", eine Totalität, die konkret ist, voraus, in der er nicht mehr als ein von ihm gesetztes „Außersichsein", als Natur, ist. Der Geist als Seele ist demnach ein einfaches, konkretes Ganzes im Sinne eines „eigenständigen Systems". Als eine „Allgemeinheit", die „*einfach*" ist, ist die Seele laut Hegel, so Eugen Heuss, das „Reichste in sich". Ohne die Bestimmtheit, die die Besonderheit und die Einzelheit

Allgemeinheit voraus, die konkret und Totalität sei, in der er nur *Seele*, aber noch nicht Geist sei. Zwar bildet die Seele als "Naturgeist" erst den *Übergang* zum "eigentlichen" Geist, sie steht aber, so N. Hartmann, "von vornherein unter dem Aspekt der Aufgaben des Geistes, des Erkennens und Wollens".[192]

Die Seele sei, so Hegel, nicht nur *für sich* immateriell[193], sondern sie sei die allgemeine Immaterialität der Natur, das einfache ideelle (innerliche, d. Verf.) Leben der Natur. Sie sei die *Substanz*[194] und damit die absolute Grundlage aller Besonderung und Vereinzelung des Geistes.[195] In der Seele habe der Geist allen *Stoff*, den er brauche, um zu *dem* zu werden, wozu er bestimmt sei, sie bleibe aber die durchdringende, identische Idealität dieser Bestimmung.[196] Zunächst

---

ist, könne man nach Hegel nicht von einem „Allgemeinen" sprechen; gehöre sie doch wesensnotwendig zu ihm, so dass es ein „Konkretes" und nicht ein Leeres sei und durch seinen Begriff einen *Inhalt* habe. E. Heuss, Anmerkungen, in: Felix Krueger, Zur Philosophie und Psychologie der Ganzheit, Berlin 1953, S. 331.

[192]Ders., G. W. Fr. Hegel, a. a. O., S. 295.

[193]Gemeint offenbar, dass die Seele sich als immateriell, als ein Innerliches, erlebt.

[194]Die Substanz ist, so Hegel, die Totalität der Akzidenzen, in denen sie sich als absolute Macht und zugleich als den Reichtum allen Inhalts offenbart. Dieser Inhalt sei nichts als diese Manifestation selbst. Ders., Enzyklopädie der philosophischen Wissenschaften, 1.Teil, a. a. O., S. 294.

[195] Hier wird der Geist als Seele vom Betrachter von außen und *nicht* von innen, von einem tätigen Subjekt her, im Denken erfasst. Hegel wechselt hier offensichtlich die Perspektiven; wurde doch in den Sätzen zuvor der Geist als Seele von innen her, d. h. im Sinne der *Idee* des Geistes als ein Subjekt-Objekt, gedacht. So wie Hegel im (abstrakten) Denken den *subjektiven* Begriff der Seele fasst, der, ihm zufolge, zugleich *objektiv* ist, ist die Seele die „Substanz und die absolute Grundlage" (ders.) aller Besonderung (Differenzierung) des Geistes, z. B. als *Bewusstsein*, in dem er ein Ich ist, das einem Gegenstand gegenübersteht, und seiner Vereinzelung, z. B. als *Geist*, in dem er als solcher um sich weiß, seinen eigenen Begriff erkannt hat.

[196]So sind z. B. die *äußerlichen Empfindungen* der *Stoff* des Bewusstseins, der

in der noch ganz abstrakten Bestimmung (ihres Begriffs, d. Verf.) sei die Seele jedoch nur der *"Schlaf des Geistes"*[197] (ders), der *passive Nous* des Aristoteles, der der *Möglichkeit* nach Alles sei.

Die Frage nach der Immaterialität der Seele könne, so Hegel, nur noch dann von Interesse sein, würde man sich die Materie als ein *Wahres* und den Geist als ein *Ding* vorstellen. In neueren Zeiten habe sich aber sogar den Physikern die Materie unter den Händen verflüchtigt. So seien jene auf unwägbare Stoffe wie Wärme, Licht usw. und sodann auf Raum und Zeit gestoßen. Trotz dieser Unwägbarkeiten, in denen die Materie ihre eigentümliche Eigenschaft, die Schwere, und auch die Fähigkeit, Widerstand zu leisten, verloren habe, behalte sie jedoch noch ein sinnliches Dasein, ein *"Außersichsein"*[198] (ders.). Der *"Lebensmaterie"* (das Lebendige in der Natur, d. Verf.), die man auch darunter eingeordnet finde, fehle dagegen nicht nur die Schwere, sondern auch jedes andere Dasein, wonach sie sich noch zum

---

durch die Kategorien (die in der Sprache gegeben sind) seine Form bekommt.

[197] „"Schlaf des Geistes" kann die Seele insofern heißen, als sie zwar schon nicht einfach mehr Natur, sondern sich fühlendes und empfindendes Wesen, aber zugleich nur indirekt oder unbewußt sich selbst bestimmendes, zur Freiheit erwachtes Wesen ist." T. S. Hoffmann, Georg Wilhelm Friedrich Hegel, a. a. O., S. 408. Die Seele als „Schlaf des Geistes" ist zunächst nur „Begriff" und noch nicht „Idee".

[198] „Die Natur aber, in ihrer Wahrheit ist sie die *ansichseiende* Idee, das Leben des *Allgemeinen* in sich. Aber eben das Allgemeine ist nicht das Unmittelbare des Daseins; die Natur, wie sie in ihrer Unmittelbarkeit ist, bietet sie das Schauspiel der sinnlich bunten Welt dar. Sinnliches Dasein heißt nichts anderes als das Außersichsein des Begriffs, der in die Verworrenheit und Vergänglichkeit der Erscheinung verlorene Begriff." G. W. F. Hegel, Berliner Schriften 1818-1831, in: Ders., Werke in zwanzig Bänden, Bd. 11, Frankfurt a. M. 1970, S. 549-550. „Die Naturphilosophie hat demnach ihr Schwergewicht außer sich, weil die Natur selbst das ihre außer sich hat. Natur ist nur das Äußere ihres eigenen Wesens. Und dieses kommt als Begriff erst zum Begriff, wo es sie hinter sich läßt und in ihr Anderssein, den Geist übergeht." N. Hartmann, G. W. Fr. Hegel, a. a. O., S. 288.

Materiellen zählen ließe. In der Tat sei in der *Idee des Lebens*[199] schon *an sich* das Außersichsein der Natur aufgehoben, und der Begriff, die Substanz des Lebens, sei *Subjektivität* (Seele, d. Verf.); aber nur in der Art und Weise, dass die Existenz oder die Objektivität (der Organismus, d. Verf.) noch jenem Außersichsein der Natur verfallen sei. Aber im Geist - als dem Begriff, dessen Existenz nicht (wie die der Seele, d. Verf.) mit der unmittelbaren Einzelheit (dem lebendigen Individuum, d. V.) verbunden, sondern die absolute Negativität, die Freiheit sei, und zwar dergestalt, dass das Objekt oder die Realität des Begriffs der Begriff selbst sei - sei das Außersichsein, das die Grundbestimmung der Materie ausmache, ganz zur subjektiven Idealität des Begriffs, zur Allgemeinheit verflüchtigt. Der Geist sei die existierende Wahrheit der Materie, so dass sie selbst keine Wahrheit habe.[200] Mit anderen Worten, es ist, wie schon an anderer Stelle erwähnt, der Geist der Physik, vollends der Naturphilosophie, der die Materie als ein Außersichseiendes setzt, um sie sodann begrifflich zu fassen und von dort aus Schritt für Schritt weiter zum Organischen und Lebendigen bis an die Schwelle der Welt des Geistes aufzusteigen.

Eine mit dem, was soeben ausgeführt wurde, zusammenhängende Frage sei, so Hegel, *wie* die *Gemeinschaft* von *Seele* und *Körper* zu denken ist. Eine solche Gemeinschaft habe man als eine Tatsache

---

[199]Die Idee des Lebens schließt, wie sie Hegel in seiner „Logik" darstellt, u. a. die Einheit von Seele (Begriff) und Organismus (Objektivität) ein. Ders., Enzyklopädie der philosophischen Wissenschaften, 1. Teil., a. a. O., S. 373 ff. Mit anderen Worten, das Leben schließt, anders als z. B. ein Stein, Subjektivität ein; es ist eben eine Einheit von Subjektivität (Seele) und Objektivität (Körper).

[200]Ders., Enzyklopädie der philosophischen Wissenschaften, 3. Teil, a. a. O., S. 44. Nur im Geist, nur im wissenschaftlich-theoretischen Denken, wird also das ausgesprochen, was die Materie in Wahrheit ist. Das Außersichsein der Natur ist, wie schon erwähnt, eine Setzung des wissenschaftlichen, des philosophischen Geistes. Er ist es, der sich sein extrem Anderes entgegensetzt. Damit ist aber nicht die Natur gemeint, wie sie im Bewusstsein des Einzelnen erscheint.

angenommen, so dass man sich nur noch die Frage gestellt habe, wie sie zu *begreifen* sei. Die gewöhnliche Antwort darauf laute, sie sei ein *unbegreifliches* Geheimnis. Denn in der Tat, würde man beide als *absolut Selbständige* gegeneinander voraussetzen, so wären sie einander ebenso *undurchdringlich* wie es jede Materie für eine andere ist.

Entferne man sich, so Hegel in seinem Zusatz hierzu, von dem *Gefühl*, es gebe eine *Einheit* von Geist und Natur und davon, diese sei immateriell (Pantheismus, d. Verf.) und schreite zu einer (verstandesmäßigen, d. Verf.) *Reflexion* fort, so würde sich der Gegensatz zwischen der Seele und der Materie sowie dem subjektiven Ich und seiner Leiblichkeit als ein *fester* Gegensatz, als eine Beziehung zwischen völlig *Selbständigen* darstellen, die gegenseitig aufeinander einwirken.[201] Und die üblichen physiologischen und psychologischen Betrachtungen könnten die Starrheit dieses Gegensatzes nicht überwinden. Da werde dem Ich als dem Einfachen und Einen - diesem Abgrund aller Vorstellungen - die Materie als das Viele und Zusammengesetzte in absoluter Schroffheit gegenübergestellt und die Beantwortung der Frage, wie dieses Viele mit jenem abstrakt Einen vereinigt ist, werde natürlicherweise als unmöglich erklärt.

Die Immaterialität der *einen* Seite dieses Gegensatzes, nämlich der Seele, würde man ohne weiteres zugestehen, während man die *andere* dagegen, nämlich das *Materielle*, verharre man auf dem Standpunkt des nur reflektierenden Denkens, als ein unumstößlich Festes betrachten würde. Man lasse das Materielle des Körpers ebenso wie die Immaterialität der Seele gelten und erkläre beide gleichermaßen als substanziell und absolut. Eine solche Betrachtungsweise würde auch in der früheren Metaphysik vorherrschen. So sehr diese den Gegensatz zwischen dem Materiellen und dem Immateriellen für einen

---

[201] Ebenda, S. 46 ff.

unüberwindlichen gehalten habe, so sehr habe sie den Gegensatz unbewusst dadurch wieder aufgehoben, dass sie die Seele zu einem *Ding*, also zu einem zwar ganz Abstrakten, aber dennoch zu einem sinnlich Bestimmten machte. Dies habe jene Metaphysik getan, indem sie nach dem *Sitz* der Seele gefragt habe. Dadurch habe sie die Seele in den *Raum*, und mit ihrer Frage nach dem Entstehen und dem Verschwinden der Seele diese in die *Zeit* gesetzt. Mit der Frage nach den Eigenschaften der Seele, schließlich, sei diese als ein Ruhendes, Festes, als ein verknüpfender Punkt von Bestimmungen betrachtet worden. Auch Leibniz habe die Seele als ein *Ding* betrachtet, indem er sie, wie alles Übrige, als Monade betrachtet hätte. Als eine solche sei die Seele ebenso ruhend wie ein Ding, und der ganze Unterschied zwischen der Seele und dem Materiellen würde nach Leibniz nur darin bestehen, dass die Seele eine etwas klarere, weiter entwickelte Monade als die übrige Materie ist. Dies sei eine Vorstellung, durch die das Materielle zwar erhoben, die Seele aber dafür eher zu einem Materiellen herabgesetzt als davon unterschieden wird.

Über diese bloß reflektierende Betrachtungsweise erhebe uns schon die *spekulative* Logik; zeige sie doch, dass alle jene auf die Seele angewandten Kategorien, wie *Ding, Einfachheit, Unteilbarkeit, Eins*, betrachte man sie abstrakt, nicht ein Wahres sind, sondern jeweils in ihr Gegenteil umschlagen. Die Philosophie des Geistes würde aber den Beweis, dass jene Verstandeskategorien *unwahr* sind, dadurch fortsetzen, dass sie darstelle, wie durch die Idealität (Immaterialität, d. Verf.) des Geistes alle festen Bestimmungen in demselben aufgehoben sind.

Was die andere Seite des genannten Gegensatzes, nämlich die *Materie*, angeht, so würden Äußerlichkeit, Vereinzelung, Vielheit als die festen Bestimmungen derselben angesehen werden, und die Einheit dieses Vielen würde daher nur für ein oberflächliches Band, für eine bloße Zusammensetzung, gehalten werden, so dass alles Materielle als trennbar gelte. Allerdings müsse, so Hegel, zugegeben werden, dass, während beim Geist die konkrete Einheit das Wesentliche und das Viele dagegen ein Schein sei, bei der Materie das Umgekehrte stattfinde. Davon habe schon die alte Metaphysik eine Ahnung gezeigt, indem sie gefragt hätte, ob das Eine oder das Viele beim Geist das erste ist. Dass aber die Äußerlichkeit und Vielheit der Materie von der Natur nicht überwunden werden könne, sei eine Voraussetzung, die die *spekulative* Philosophie längst als eine *nichtige* erkannt und hinter sich gelassen habe. So würde uns die *Naturphilosophie* lehren, wie die Natur ihre Äußerlichkeit *stufenweise* aufhebt, wie die Materie schon durch die *Schwere* die Selbständigkeit des Einzelnen, der Vielen widerlegt und wie diese Widerlegung durch das untrennbare, einfache *Licht* fortgesetzt, um schließlich durch das *tierische* Leben, das *Empfindende*, vollendet zu werden. Eben dieses Empfindende offenbare uns die *Allgegenwart* der *einen* Seele in allen Punkten ihrer Leiblichkeit und somit, dass das Außereinander der Materie aufgehoben ist. Indem somit alles Materielle durch den in der Natur wirkenden, *an sich seienden Geist* aufgehoben werde und diese Aufhebung sich in der Substanz der Seele vollende, trete die Seele als die Idealität *alles* Materiellen, als *alle* Immaterialität, hervor. Alles, was Materie heiße, so sehr es in der Vorstellung Selbständigkeit vorspiegeln würde, werde somit als ein gegenüber dem Geist Unselbständiges erkannt.

Von einem *Gegensatz* zwischen *Seele* und *Körper* müsse man allerdings, so Hegel, ausgehen. Ebenso wie die unbestimmte allgemeine Seele sich bestimmen, sich individualisieren und der Geist eben dadurch Bewusstsein werden würde - wohin er notwendigerweise fortschreite -, würde er sich auf den Standpunkt stellen, dass zwischen ihm und seinem Anderen ein *Gegensatz* besteht. Sein Anderes (also sein Körper, d. Verf.) würde ihm als ein *Reales*, als ein ihm *Äußerliches*, eben als ein *Materielles* erscheinen. Auf diesem Standpunkt stelle sich die Frage nach der Möglichkeit der Gemeinschaft der Seele und des Körpers wie selbstverständlich. Wären Seele und Körper, wie das *verständige* Bewusstsein behauptet, einander absolut entgegengesetzt, so sei keine Gemeinschaft zwischen beiden möglich. Demgegenüber habe aber die alte Metaphysik diese Gemeinschaft als eine unleugbare Tatsache anerkannt. Daher stelle sich die Frage, wie der Widerspruch in der Behauptung aufgelöst werden kann, die beiden absolut Selbständigen, Fürsichseienden, befänden sich in einer *Einheit* miteinander. So gestellt, könne diese Frage jedoch nicht beantwortet werden. Eine solche Frage müsse aber als unzulässig erkannt werden; verhalte sich doch in Wahrheit das Immaterielle zum Materiellen nicht wie ein Besonderes zu einem anderen Besonderem, sondern wie das über die Besonderheit *übergreifende* wahrhaft Allgemeine sich zu dem Besonderen verhält.[202] Das Materielle in seiner Besonderung habe *keine* Wahrheit, *keine* Selbständigkeit gegenüber dem Immateriellen (also dem Seelischen und Geistigen, d. Verf.). Jener Standpunkt, wonach das Materielle vom Immateriellen zu trennen sei, könne also nicht als ein letzter, absolut wahrer angesehen werden. Diese Trennung könne nur auf der Grundlage der *ursprünglichen Einheit*[203] beider erklärt werden. Hegel verweist in diesem Zusammenhang auf die Philosophen *Descartes*, *Malebranche* und *Spinoza*, die die Einheit des Materiellen und des Immateriellen in Gott, den sie wesentlich als Geist begriffen, gesetzt hätten. Indem aber die Einheit des Materiellen und Immateriellen von den genannten Philosophen in Gott, der wesentlich als Geist zu fassen sei, gesetzt werde, hätten, so Hegel, dieselben zu erkennen geben wollen, dass jene Einheit nicht als ein Neutrales, in dem zwei Extreme

---

[202]Zum Beispiel ist der Leib nach Hegel die Realität der Seele, ohne die Seele hat der Leib aber keine Selbständigkeit, keine Realität. Eine Hand als ein Materielles, die nicht unter der Herrschaft der Seele (des Geistes) steht, ist eigentlich keine Hand mehr, sondern nur noch ein Stück Fleisch mit Knochen und Sehnen, mag auch darin noch das Blut pulsieren.

[203]Hegel geht in der „Idee des Lebens", wie er sie in seiner „Logik" entwickelt, von der ursprünglichen Einheit von Seele und Körper aus. So heißt es in einem Zusatz: „Der Begriff des Lebens ist die Seele, und dieser Begriff hat den Leib zu seiner Realität. Die Seele ist gleichsam ergossen in ihre Leiblichkeit, und so ist dieselbe nur erst *empfindend*, aber noch nicht freies Fürsichsein." Dieses wird erst in der Idee als *Erkennen* erreicht. Ders., Enzyklopädie der philosophischen Wissenschaften, 1. Teil., a. a. O., S. 374.

von gleicher Bedeutung und Selbständigkeit nebeneinander stehen, betrachtet werden darf; denn das Materielle habe durchaus nur den Sinn eines Negativen gegenüber dem Geist und gegenüber sich selber oder es müsse, wie Plato und andere Philosophen sich ausgedrückt hätten, als das "Andere seiner selbst" bezeichnet werden. Die Natur des Geistes müsse dagegen als das Positive, als das Spekulative zu erkennen sein, weil der Geist durch das gegen ihn unselbständige Materielle frei hindurchgehe, über dieses sein Anderes übergreife, es nicht als ein wahrhaft Reales gelten lasse, sondern es idealisiere (zu einem Innerlichen mache, d. Verf.) und zu einem Vermittelten herabsetze. Kurz, der Dualismus von Körper und Geist, wie ihn nach Hegel der Verstand setzt, wird von der Philosophie, wie er sie versteht, aufgehoben.

Dieser spekulativen Auffassung des Gegensatzes von Geist und Materie stehe, wie Hegel fortfährt, der *Materialismus* gegenüber, der das Denken als ein Resultat des Materiellen darstelle und die Einfachheit des Denkens aus dem Vielfachen ableite. Nichts sei ungenügender als die in den materialistischen Schriften geführten Auseinandersetzungen darüber wie ein solches Resultat zustande kommen soll. Dabei werde übersehen, dass, wie die Ursache in der Wirkung oder wie das Mittel sich im ausgeführten Zweck aufhebt, das Materielle aus dem Denken, hervorgeht, jenes in diesem aufgehoben ist. Der Geist als solcher werde eben *nicht* durch ein Anderes hervorgebracht, sondern bringe sich selber aus *dem* hervor, was er *an sich* ist, zu *dem*, was er *für sich* ist. Und aus *dem*, was er seinem Begriff nach ist, bringe er sich zur Wirklichkeit und mache *dasjenige*, von dem er gesetzt sein soll, zu einem von *ihm* Gesetzten. Dennoch müsse man beim Materialismus das "begeisterungsvolle Streben" (ders.) anerkennen, dass er über den Dualismus, der zweierlei Welten als gleichermaßen substanziell und wahr annimmt, hinausgeht und die Trennung des ursprünglich Einen aufhebt.

Einteilung des Seelenlebens

Nach diesem Zusatz teilt Hegel seine Ausführungen zur Seele wie folgt ein: Zunächst sei die Seele in ihrer unmittelbaren Naturbestimmtheit *erstens* die nur *seiende*, also die *natürliche* Seele.[204] Als *individuelle* Seele trete sie *zweitens* in das Verhältnis zu diesem ihrem unmittelbaren Sein und sei darin abstrakt *für sich*, also die *fühlende* Seele.[205] Und wenn das Seelische in ihre Leiblichkeit eingeprägt ist, dann sei die Seele darin *wirkliche* Seele.

Die nur *seiende, natürliche Seele* wird, wie Hegel im Zusatz erläutert, im *ersten* Teil der Anthropologie behandelt, der sich wiederum in *drei* Abschnitte gliedert[206]:

Erster Abschnitt

Im *ersten* Abschnitt (wo die *„natürlichen Qualitäten"* oder Beschaffenheiten der Seele behandelt werden, d. Verf.) gehe es, so Hegel, zunächst noch um die ganz allgemeine, unmittelbare Substanz des Geistes, das einfache Pulsieren, den Vorgang, in dem die Seele sich bloß in sich "regt" (ders.). In diesem *ersten* geistigen Leben sei noch *kein* Unterschied weder zwischen der Individualität und der Allgemeinheit (der menschlichen Gattung, d. Verf.) noch zwischen der Seele und dem Natürlichen gesetzt. Dieses einfache (Seelen-, d. Verf.) Leben finde an der Natur *und* am Geist seine Darlegung; es *sei* nur, habe also noch kein Dasein, also kein *bestimmtes* Sein, keine Besonderung, *keine Wirklichkeit.* Wie aber in der Logik das bloße Sein zum Dasein übergehen müsse, so schreite auch die Seele mit Notwendigkeit aus

---

[204]Ders., Enzyklopädie der philosophischen Wissenschaften, 3.Teil., a. a. O.., S. 49.

[205]Der Einzelne bleibt als natürliche Seele also nicht bloß ein Seiendes, sondern er tritt auch als fühlende Seele zu diesem, seinem unmittelbaren Sein in ein Verhältnis, indem er jenes fühlt oder erahnt.

[206]Ebenda, S. 49 ff.

dieser ihrer *Unbestimmtheit* zur *Bestimmtheit* fort. Diese Bestimmtheit habe, wie schon erwähnt, zunächst die Form der *Natürlichkeit.* Die Naturbestimmtheit der Seele sei aber als Totalität, als *Abbild* des Begriffs zu fassen.[207] Das *erste* seien daher die ganz *allgemeinen qualitativen* Bestimmungen der Seele, wozu insbesondere die ebenso physischen wie *geistigen* Rassenverschiedenheiten der Menschheit sowie die Unterschiede (Verschiedenheiten, d. Verf.) zwischen den Nationalgeistern gehören würden.[208]

Zweiter Abschnitt

Diese auseinander liegenden *allgemeinen* Besonderungen oder Verschiedenheiten würden dann, und dies bilde den Übergang zum *zweiten* Abschnitt (zu den *natürlichen Veränderungen*, d. Verf.), in die

---

[207] Die natürliche Seele schließt eine Vielfalt von Bestimmungen ein, die im Einzelnen in den folgenden Ausführungen beschrieben werden. Doch darf man jene nach Hegel nicht nebeneinanderstehen lassen, sondern man muss sie im subjektiven Begriff (in ihrer Allgemeinheit, ihrer Besonderheit und ihrer Einzelheit) und damit als eine Totalität fassen. In diesem Sinne sind sie, wie sich Hegel auslegen lässt, als ein Abbild dieses Begriffs zu verstehen, in dem die natürliche Seele eben als ein Ganzes gedacht wird.

[208] Hegel spricht hier also nicht von „Rassenunterschieden", sondern nur von (physischen und *geistigen*) „Rassenverschiedenheiten". Jeweils einer bestimmten Rasse, einem bestimmten Volkes oder einer bestimmten Nation angehörend, unterscheiden sich zwar die Menschen, doch handelt es sich dabei nach Hegel eben bloß um eine *Verschiedenheit*, aber nicht um einen (wesentlichen) Unterschied. Solche natürlichen Qualitäten oder Beschaffenheiten des Einzelnen sind zwar mit seiner Seele eng verbunden, geben ihr eine Bestimmtheit, machen ihr Dasein aus, würde sie aber jene Beschaffenheiten verlieren, so bliebe der Einzelne gleichwohl seinem Begriff nach, ein individuelles, auf den Geist und die Freiheit hin angelegtes Subjekt. Der Mensch lebt nach Hegel unmittelbar in seiner Substanz: der natürlichen Seele, sowie im Geist einer lokalen Gesellschaft, eines Volkes oder einer Nation, ohne sich darüber Rechenschaft abzulegen. In diesem spontanen, instinktartigen Leben kommt die einzelne Seele noch nicht zum Fürsichsein, zum subjektiven oder objektiven Bewusstsein.

Einheit der Seele zurückgenommen oder, was dasselbe sei, zur *Vereinzelung* fortgeführt werden. Hegel vergleicht die allgemeine Naturseele mit dem Licht, das in eine unendliche Menge von Sternen zerspringe, und ebenso würde auch die *allgemeine* Naturseele in eine unendliche Menge *individueller* Seelen zerspringen. Allerdings würden sich die allgemeine Naturseele und das Licht darin unterscheiden, dass das Licht den Schein habe, unabhängig von den Sternen zu bestehen, während die allgemeine Naturseele nur in den *einzelnen* Seelen zur Wirklichkeit komme.

Indem die im *ersten* Abschnitt betrachteten auseinander fallenden, natürlichen Qualitäten (Beschaffenheiten, d. Verf.) in die *Einheit* der *einzelnen* menschlichen Seele zurückgenommen werden, bekämen sie, so Hegel, statt der *Form* der Äußerlichkeit, die *Gestalt* natürlicher *Veränderungen* des in ihnen beharrenden individuellen Subjekts. Diese ebenfalls zugleich geistigen und natürlichen Veränderungen würden im Verlauf der *Lebensalter* des Individuums hervortreten, und bei diesen höre der Unterschied auf, ein äußerlicher zu sein. Zu einer *wirklichen Besonderung*, zu einem wirklichen Gegensatz des Individuums zu sich selber, werde aber der Unterschied im *Geschlechtsverhältnis*. [209] Indem die individuelle Seele in den

---

[209] Die Seele eines Menschen, die ihrer allgemeinen Natur nach noch völlig unbestimmt ist, besondert sich, indem dieser z. B. in ein bestimmtes Volk hineingeboren und damit in dessen Geist (Kultur) sozialisiert wird. Die allgemeine Naturseele des Einzelnen, die sich zunächst mit der Aufnahme, z. B. eines bestimmten Volksgeistes, besondert, zersplittert sich in einem weiteren Schritt in unendlich viele *individuelle* Seelen. Die Seele als eine *individuelle* ist hinsichtlich ihrer natürlichen Beschaffenheiten (Qualitäten), die von einem „Natur-Geistigen" (Rasse) bis zu einem Lokal-, Volks- und Nationalgeist reichen, ihrem Begriff nach veränderlich, wobei das individuelle Subjekt, so Hegel, in diesen Veränderungen verharrt. Diese geistigen und natürlichen Veränderungen träten im Verlauf der Lebensalter des Individuums, die sich nicht nur äußerlich voneinander unterschieden, hervor. Zu einer wirklichen Besonderung, einem wirklichen Gegensatz des Individuums zu sich selber, komme es mit der Teilung der

Gegensatz zu ihren *natürlichen Qualitäten* (Beschaffenheiten, d. Verf.), zu ihrem allgemeinen Sein, tritt, werde dieses dadurch zu dem *Anderen* der Seele, zu einer bloßen Seite, zu einem vorübergehenden Zustand, nämlich zum *Zustand des Schlafes* heruntergesetzt.[210] So würde das *natürliche Erwachen*, das sich "Aufgehen" (ders.) der Seele entstehen. Hier in der Anthropologie würde man es aber noch nicht mit *dem* zu tun haben, was das *wache Bewusstsein* erfüllt, vielmehr müssten wir das Wachsein nur insofern betrachten, als es (noch) ein *natürlicher* Zustand ist.

Dritter Abschnitt

Aus diesem Verhältnis des *Gegensatzes* oder der *wirklichen Besonderung* (so im Geschlechtsverhältnis, d. Verf.) kehre im *dritten* Abschnitt der Anthropologie (bei der *Empfindung*, d. Verf.) die Seele zur Einheit mit sich zurück, indem sie ihrem Anderen (der natürlichen und geistigen Beschaffenheit, d. Verf.) die Festigkeit eines Zustandes nehme und dasselbe in ihrer Idealität [211] auflöse. So sei die Seele von

---

Menschheit in Männer und Frauen und ihrem Verhältnis zueinander. Das Geschlechtsverhältnis ist, wie sich Hegel verstehen lässt, ein soziales Verhältnis, das auf der natürlichen Differenz von männlichen und weiblichen Individuen beruht. In diesem Verhältnis, das sich zu einer Ehe und einer Familie entwickeln kann, stehen Männer und Frauen einander gegensätzlich gegenüber, sind aber zugleich aufeinander bezogen und sind so füreinander jeweils das Gegenteil des Anderen. Aus einem Geschlechtsverhältnis gehen Kinder hervor, so dass durch dieses die Reproduktion der menschlichen Gattung stattfindet.

[210] In dem Zustand des Schlafes werden also die natürlichen und geistigen Beschaffenheiten der Seele „heruntergedimmt". Demgegenüber steht das natürliche Erwachen, in dem alle Qualitäten der Seele das zunächst noch leere Fürsichsein derselben wieder ausfüllen. Mit diesem Vorgang beginnt die Empfindung als eine Stufe im Fürsich- oder Bewusstwerden der Seele. Aber es ist noch längst nicht die Stufe des „wachen", des sinnlichen, wahrnehmenden oder verständigen Bewusstseins.

[211] Gemeint ist offenbar, dass die Seele in der *Empfindung* zur Einheit mit sich

der nur *allgemeinen* und nur *an sich seienden* Einzelheit zur *für sich seienden wirklichen* Einzelheit und damit zur *Empfindung* fortgeschritten. Zunächst gehe es aber nur um die *Form* des Empfindens.[212] *Das,* was die Seele empfindet, sei erst im *zweiten Teil* der Anthropologie (wo es um die *fühlende* Seele geht, d. Verf.) zu bestimmen. Den *Übergang* zu diesem Teil mache die Ausdehnung der Empfindung in sich selber hin zur *ahnenden* Seele.

4.1 Die natürliche Seele

Die *allgemeine* Seele müsse, so Hegel, nicht als *Weltseele* (als „Menschheitsseele", d. Verf.) gleichsam als ein Subjekt verstanden werden; denn sie sei *nur* die allgemeine *Substanz,* die ihre wirkliche Wahrheit nur als *Einzelheit,* als *Subjektivität* habe. [213] So zeige sie sich

---

dadurch zurückkehrt, dass sie ihrem Anderen (ihren natürlichen und geistigen Qualitäten (Beschaffenheiten) und deren Veränderungen) die Festigkeit nimmt und ihn in ihrer Idealität (ihrer Innerlichkeit) auflöst.

[212]Das Empfinden überhaupt ist, so Hegel an späterer Stelle (Ebenda, S. 101), das gesunde *Mitleben* des individuellen Geistes in seiner Leiblichkeit. In der Anthropologie wird, ihm zufolge, das Erwachen als ein noch ganz unbestimmtes Geschehen betrachtet, in dem der Geist sich selber und eine ihm gegenüberstehende Welt überhaupt findet, ein Sichfinden, das zunächst nur zur Empfindung fortschreitet, aber von der konkreten Bestimmung der Intelligenz und des Willens noch weit entfernt ist (Ebenda, S. 90). Bekräftigt sei, dass die Empfindung stets ein empfindendes Subjekt und einen Inhalt einschließt.

[213]Ebenda, S. 51 f. Die allgemeine Seele ist also nach Hegel *nicht* als ein *Subjekt* zu verstehen; sie sei doch *nur* die „allgemeine Substanz", die ihre „*wirkliche* („wirkende", d. Verf.) *Wahrheit*" (ders.) nur in der Seele, der Subjektivität, des Einzelnen habe. Die natürliche Seele ist damit als eine Substanz zu verstehen, die der menschlichen Gattung schlechthin eigen ist, ihren „Begriff" ausmacht, wobei Hegel unter „Substanz" die Totalität der Akzidenzen versteht, über die sie die absolute Macht ausübt und in denen sie den Reichtum ihres Inhalts offenbart oder manifestiert. Ders., Enzyklopädie der philosophischen Wissenschaften, 1. Teil, a. a. O., S. 294.

als *einzelne*, unmittelbar nur als *seiende* Seele, die Naturbestimmungen an sich hat. Diese hätten sozusagen *hinter* ihrer Idealität (ihrem Dasein als ein Immaterielles, Innerliches, d. Verf.) eine *freie* Existenz, d. h. sie seien für das *Bewusstsein* Naturgegenstände, zu denen sich aber die Seele *nicht* wie zu einem Äußerlichen verhält. Vielmehr habe sie an ihr selbst diese Bestimmungen als *natürliche Qualitäten*. Erst auf der Stufe des *Bewusstseins* kann also der Einzelne die natürlichen Beschaffenheiten seiner Seele zum Gegenstand seiner Wahrnehmung und seines Verstandes machen; für seine Seele sind die natürlichen Qualitäten aber nicht äußerlich, sondern sie sind unmittelbare Qualitäten an der Seele selbst. Sie sind jedoch nicht so fest mit der Seele verbunden, dass mit ihrem Verschwinden auch sie verschwinden könnte. Zum Gegenstand des Bewusstseins und des theoretischen Geistes können jene natürlichen Beschaffenheiten vom Anthropologen, jedenfalls vom Wissenschaftler, gemacht werden.

Man könne, wie Hegel hierzu erläutert, gegenüber dem Makrokosmos der gesamten Natur die Seele als den Mikrokosmos bezeichnen, in dem jener sich zusammendrängt und dadurch sein "Außereinandersein" (ders.) aufhebt.[214] Dieselben Bestimmungen, die in der äußeren Natur als frei entlassene Sphären, als eine Reihe selbständiger Gestalten erscheinen, würden in der Seele zu bloßen Qualitäten (oder Beschaffenheiten, d. Verf.) herabgesetzt werden. So gibt es z. B. auf der Erde unterschiedliche geographische Zonen, die jeweils ihnen eigentümliche Volks- oder Nationalcharaktere hervorbringen.[215]

Die Seele stehe, so Hegel, in der *Mitte* zwischen der hinter ihr liegenden Natur einerseits und der aus dem Naturgeist sich herausarbeitenden Welt der sittlichen Freiheit andererseits. So wie die einfachen

---

[214]Ders. Enzyklopädie der philosophischen Wissenschaften, 3. Teil, a. a. O., S. 51.
[215]Dazu: G. W. F. Hegel, Vorlesungen über die Philosophie der Geschichte, in: Ders., Werke in zwanzig Bänden, Bd. 12, Frankfurt a. M. 1970, S. 105 ff.

135

Bestimmungen des Seelenlebens in dem allgemeinen Naturleben ihr "außereinander gerissenes Gegenbild" [216] (ders.) hätten, so würde dasjenige, was im einzelnen Menschen die Form eines Subjektiven, eines besonderen *Triebes* habe und bewusstlos, als ein Sein in ihm sei, sich im Staat zu einem System unterschiedener Sphären der Freiheit, zu einer von der selbstbewussten menschlichen Vernunft geschaffenen Welt entfalten. Bemerkenswert ist hierbei, dass Hegel die Entwicklung der Freiheitssphären im modernen Staat - so die Sphäre der Ortsgemeinden, der bürgerlichen Gesellschaft, des familiären und religiösen Lebens usw. - durch die "selbstbewusste menschliche Vernunft" (ders.) im Einklang sieht mit besonderen Trieben im einzelnen Menschen, die diesem nicht bewusst sind. Man könnte die besonderen Triebe, mehr noch, als ein Mittel betrachten, deren sich jene Vernunft bedient.

---

[216] So unterscheiden sich Menschen, die in einer Bergregion leben, in ihrer äußerlichen und innerlichen Beschaffenheit von solchen, die in einer Tiefebene oder an einer Meeresküste leben. Jedenfalls entsprechen, wie erwähnt, bestimmte äußerliche (körperliche) und innerliche (Seele, Geist) Beschaffenheiten des Einzelnen bestimmten geographischen Gegebenheiten. - „Das Sinnliche überhaupt hat zu seiner Grundbestimmung die Äußerlichkeit, das *Außereinander*; im Raum sind die Unterschiede neben-, in der Zeit nacheinander: Raum und Zeit ist die Äußerlichkeit, in der sie sind. Die sinnliche Betrachtungsweise ist gewohnt, so Verschiedenes vor sich zu haben, das außereinander ist. G. W. F. Hegel, Vorlesungen über die Philosophie der Religion, 2. Bd., in: Ders., Werke in zwanzig Bänden, Bd. 17, Frankfurt a. M. 1969, S. 227. „In der Natur existiert nicht nur alles im räumlichen und zeitlichen Außereinander, also auch, wie Hegel sogleich ergänzt, immer in der „*Vereinzelung* gegeneinander" und von daher in der Beziehung der „*Notwendigkeit* und *Zufälligkeit"* (zitiert bei Hegel) aufeinander; ..." T. S. Hoffmann, Georg Wilhelm Friedrich Hegel, a. a. O., S. 395.

136

A. Natürliche Qualitäten
Das allgemeine Leben auf dem Planeten Erde[217]

Der Geist lebe, wie Hegel nach dem Zusatz fortfährt, *erstens* in seiner *Substanz*, der *natürlichen* Seele, das allgemeine planetarische Leben mit, so mit dem Unterschied der Klimazonen, dem Wechsel der Jahres- und Tageszeiten u. dgl. Es sei ein Naturleben, das sich zum Teil nur in trüben *Stimmungen* ausdrücke.[218] Mehr als die Menschen, seien die *Tiere* vom Naturleben *innerlich* betroffen; bei vielen würden ihr besonderer Charakter und ihre besonderen Entwicklungen mehr oder weniger damit zusammenhängen. Bei den Menschen dagegen würden solche Zusammenhänge an Bedeutung verlieren, und zwar umso mehr, je gebildeter sie seien und je mehr ihr ganzer Zustand eine freie geistige Grundlage hätte. Weder würde die Weltgeschichte mit Revolutionen im Sonnensystem noch würde das Schicksal des Einzelnen mit der Stellung der Planeten zusammenhängen. Klimaunterschiede würden allerdings eine festere, ja eine gewaltigere Bestimmtheit enthalten. Dagegen würden den Jahres- und Tageszeiten *schwächere* Stimmungen entsprechen, die in Krankheitszuständen, wozu auch die Verrücktheit gehöre, in der Depression des selbstbewussten Lebens hervortreten könnten.

Unter den Völkern, die noch dem Aberglauben verfallen und damit weniger in der geistigen Freiheit fortgeschritten sind, und deshalb noch mehr in der Einigkeit mit der Natur leben, gebe es auch einige

---

[217]„Die erste natürliche Bestimmtheit des Geistes betrifft das planetarische Leben der Erde sowie das solarische und lunarische Leben, und weil die Erde durch ihre Beziehung zur Gestirnwelt mitbestimmt ist, betrifft sie auch das siderische Leben. Kein Menschenleben kann sich diesen kosmischen Bezügen entziehen, und dies um so weniger, als wir meist ohne Bewußtsein in ihnen leben und also gar nicht wissen, wieweit sie uns bedingen und bestimmen." K. Löwith, Zur Frage einer philosophischen Anthropologie, in: Mensch und Menschenwelt, a. a. O., S. 334.
[218]Ders., Enzyklopädie der philosophischen Wissenschaften, 3. Teil., a. a. O., S. 52 f.

wirkliche Zusammenhänge und darauf sich gründende wunderbar erscheinende Voraussagen von Zuständen und den damit verbundenen Ereignissen. Aber in dem Maße, wie der Geist seine Freiheit tiefer erfasst, würden auch diese wenigen und geringen Dispositionen, die sich auf das Mitleben mit der Natur gründen, verschwinden. Das Tier ebenso wie die Pflanze blieben dagegen an das Mitleben mit der Natur gebunden.

Aus dem, was soeben ausgeführt wurde, geht, wie es im Zusatz heißt, hervor, dass das allgemeine Naturleben auch das Leben der Seele ist und dass diese jenes allgemeine Leben mitempfindend ("sympathetisch", Hegel) mitlebt.[219] Ein Irrtum wäre es, würde man dieses Mitleben der Seele mit dem ganzen Universum zum höchsten Gegenstand der Wissenschaft vom Geiste erheben. Denn die Tätigkeit des Geistes würde ja gerade darin bestehen, sein Gefangensein im *bloßen Naturleben* zu überwinden, sich in seiner Selbständigkeit zu erfassen, die Welt seinem Denken zu unterwerfen und sie aus dem Begriff zu erschaffen.[220] Im Geist sei daher das allgemeine Naturleben nur ein ganz untergeordnetes Moment. Das Weltall und die Erde betreffenden Mächte würden von ihm beherrscht werden und könnten in ihm nur eine unbedeutende Stimmung hervorbringen.

Das allgemeine Naturleben ist nun, Hegel zufolge, *erstens* das Leben des Sonnensystems überhaupt und *zweitens* das Leben der Erde. Die Beziehung der Seele und des Geistes zum Sonnensystem werde in der Astrologie behandelt, deren Inhalte er jedoch als *Aberglaube* verwirft. Diese Ablehnung müsse jedoch wissenschaftlich begründet werden. Zur Bedingung habe das Leben des Menschen, dass sich die Erde in einer bestimmten Entfernung von der Sonne bewegt, weiter würde der

---

[219] Ebenda, S. 53 ff.

[220] Die Welt können die Menschen zum einen aus dem Begriff, z. B. einem bestimmten Freiheitsbegriff, erschaffen (Hegel scheint das hier zu meinen), zum anderen aus dem philosophischen Denken hervorbringen.

Einfluss, den die Stellung der Erde auf den Menschen ausübt, aber nicht reichen. Auch die eigentlichen Verhältnisse auf der Erde, so die jährliche Bewegung der Erde um die Sonne, die tägliche Bewegung der Erde um sich selbst sowie die Neigung der Erdachse in ihrer Beziehung zur Sonne, alle diese zur Individualität der Erde gehörenden Bestimmungen seien zwar nicht ohne Einfluss auf den Menschen, für den Geist als solchen seien sie aber unbedeutend. Schon die Kirche habe daher den Glauben an eine Macht, die angeblich von den Verhältnissen im Weltall und auf der Erde ausgeübt werde, mit Recht als abergläubisch und unsittlich verworfen. Der Mensch soll sich, so Hegel, als frei von den Naturverhältnissen verstehen, in jenem Aberglauben würde er sich bloß als ein Naturwesen betrachten.

Was den Einfluss, der von den Verhältnissen auf der Erde *wirklich* auf den Menschen ausgeübt wird, betrifft, so beschreibt ihn Hegel nur in seinen Hauptmomenten, weil, ihm zufolge, das Besondere davon in die Naturgeschichte des Menschen und der Erde gehöre. Der Prozess der Bewegung der Erde erhalte in den Jahres- und Tageszeiten eine physikalische Bedeutung, Wechsel, die allerdings den Menschen berühren würden. Der bloße Naturgeist, die Seele, durchlebe die Stimmung der Jahres- sowie der Tageszeiten mit. Seien die Pflanzen ganz an den Wechsel der Jahreszeiten gebunden und die Tiere durch denselben bewusstlos beherrscht, so bringe jener Wechsel in der Seele des Menschen dagegen keine Erregungen hervor, denen er willenlos unterworfen ist. Zwar gebe es die Disposition der Menschen, sich im Winter auf sich selbst und das Familienleben zurückzuziehen und im Sommer die Disposition, Reisen und Wallfahrten zu unternehmen, ins Freie zu gehen, doch weder das eine noch das andere hätten etwas Instinktartiges an sich. Die christlichen Feste würden mit dem Wechsel der Jahreszeiten in Zusammenhang gebracht werden, aber diese Verbindung des Religiösen mit dem Natürlichen sei gleichfalls nicht durch den Instinkt, sondern mit Bewusstsein gemacht. Was die Bewegung des Mondes betrifft, so hätte diese auf die physische Natur des Menschen nur einen beschränkten Einfluss. Die Tageszeiten würden allerdings eine eigene Disposition der Seele mit sich führen. So seien die Menschen morgens anders gestimmt als abends. Die Tageszeiten stünden in einer gewissen Beziehung zum öffentlichen Leben der Völker. Die durch die Tageszeiten hervorgebrachten Stimmungen könnten jedoch durch das Klima modifiziert werden. Hinsichtlich des Einflusses meteorologischer Veränderungen könne festgestellt werden, dass bei Pflanzen und Tieren das Mitempfinden jener Erscheinungen deutlich hervortritt. So empfänden die Tiere Gewitter und Erdbeben vorher, d. h. sie würden Veränderungen der Atmosphäre, die noch nicht für uns in Erscheinung getreten sind, fühlen. Menschen würden z. B. an Wunden eine Veränderung des Wetters spüren. Die Griechen hätten Entschlüsse von Naturerscheinungen abhängig gemacht, was in einem Widerspruch zu ihrem Geist, ihrer Kunst, Religion und Wissenschaft gestanden hätte. Privatleute und Fürsten der neueren Zeit würden jedoch Entschlüsse aus sich selber heraus fassen. Der subjektive Wille würde alle Überlegungen und Abwägungen beenden und sich zur Tat bestimmen.

Die besonderen Natur- und die Lokal- und Nationalgeister

Das allgemeine Leben des Naturgeistes auf dem Planeten Erde besondert sich, so Hegel nach diesem Zusatz, *zweitens* in die konkreten Unterschiede der Erde und zerfällt in die *besonderen Naturgeister*.[221] Diese würden im Großen und Ganzen die Natur der *geographischen Weltteile* ausdrücken und die *Rassenverschiedenheiten* ausmachen. Durch den Gegensatz von Nord- und Südpol auf der Erde werde das Land gegen Norden zusammengedrängt und habe das Übergewicht gegenüber dem Meer. Dem entgegen stehe die südliche Hemisphäre, die in Zuspitzungen getrennt auseinanderlaufe. Der Gegensatz von Nord- und Südpol würde mit den Unterschieden zwischen den

---

[221]Ebenda, S. 57 f.

Erdteilen zugleich Unterschiede in der Pflanzen- und Tierwelt mit sich bringen, wie *Treviranus*[222] gezeigt habe.

Hinsichtlich der *Rassenverschiedenheit* der Menschen müsse, so Hegel in seinem erläuternden Zusatz hierzu, bemerkt werden, dass die bloß historische Frage, ob alle menschlichen Rassen von *einem* oder *mehreren* Paaren ausgegangen seien, die Philosophie gar nichts angeht.[223] Man habe dieser Frage eine Wichtigkeit erteilt, weil man hoffte, man könne durch die Annahme einer Abstammung von mehreren Paaren die geistige Überlegenheit der einen Menschengattung über die andere erklären, ja beweisen. Man glaubte, die Menschen seien ihren geistigen Fähigkeiten nach von Natur aus verschieden, so dass einige wie Tiere beherrscht werden dürften. Aus der Abstammung könne aber, so Hegel, *nicht* abgeleitet werden, ob Menschen berechtigt oder nicht berechtigt sind, frei zu sein oder Herrschaft auszuüben. Der Mensch sei *an sich* vernünftig, und darin liege die Möglichkeit der Gleichheit des Rechts für *alle* Menschen, so dass die starre Unterscheidung in berechtigte und rechtlose Menschengattungen *nichtig* sei. Der Unterschied der Menschenrassen sei noch ein natürlicher, d. h. ein zunächst die Naturseele betreffender Unterschied. Als solcher stehe dieser in Zusammenhang mit den geographischen Unterschieden des Bodens, auf dem sich die Menschen in großen Massen ansammeln, und diese Unterschiede des Bodens seien das, was die Erdteile genannt werde. In diesen Gliederungen der Erde herrsche etwas Notwendiges, dessen nähere Auseinandersetzung in die *Geographie* gehöre.

In einer kurzen Skizze beleuchtet Hegel die Unterschiede zwischen den Erdteilen, versucht die Unterschiede als nicht zufällig, sondern als

---

[222] Hegel zitiert Gottfried Reinhold Treviranus, Biologie, oder Philosophie der lebenden Natur für Naturforscher und Ärzte, 6 Bde., Göttingen 1802-22. Ebenda, S. 57.

[223] Ebenda, S. 57 ff.

notwendig hinzustellen und will dann die mit jenen Unterschieden zusammenhängenden Rassenverschiedenheiten des Menschengeschlechts in physischer und geistiger Beziehung bestimmen. Er beginnt mit einer physiologischen Betrachtung der Differenzierung der Menschheit in einzelne Rassen und geht danach auf die geistigen Unterschiede zwischen ihnen ein. Manches in seinen Ausführungen ist nur skizzenhaft, gewiss auch zeitbedingt und muss hier im Einzelnen nicht referiert werden. Wichtig erscheint hierbei das Grundsätzliche, nämlich zum einen, dass er in der Gliederung der Menschheit in Rassen keinen Zufall, sondern eine (natürliche) Notwendigkeit sieht und zum anderen, dass aus der Abstammung eines Menschen nicht abgeleitet werden darf, dass er zur Freiheit berechtigt oder nicht berechtigt ist, er Rechte hat oder rechtlos ist. Weitaus mehr als ein Jahrhundert hat es noch gedauert bis sich diese Einsicht allgemein durchgesetzt hat.

Die Menschheit, die sich in einzelne Rassen differenziert, differenziert sich nach Hegel weiter, und zwar in die, wie er sie nennt, "*Lokalgeister*". Diese würden sich, wie er nach dem Zusatz fortfährt, in der äußerlichen Lebensart, der Beschäftigung, der körperlichen Bildung und der Disposition, aber noch mehr in der inneren Tendenz und Befähigung zum intelligenten und sittlichen Charakter der Völker zeigen.[224] Soweit die Geschichte der Völker zurückreicht, zeige sie das Beharrliche dieses Typus der besonderen *Nationen*.

Die oben erwähnten Rassenverschiedenheiten sind, so in Hegels Erläuterung, die durch den Begriff bestimmten Unterschiede des allgemeinen Naturgeistes.[225] Bei dieser *allgemeinen Unterscheidung* bleibe aber der Naturgeist nicht stehen. Die Natürlichkeit des Geistes habe nicht die Macht, sich als den reinen Abdruck (Ausdruck, d. Verf.)

---

[224]Ebenda, S. 63 f.
[225]Ebenda, S. 63 ff.

des Begriffs und seiner Bestimmungen zu behaupten; sie gehe vielmehr zu einer weiteren Besonderung jener allgemeinen (rassischen/ethnischen, d. Verf.) Unterschiede fort und verfalle so in die Mannigfaltigkeit der Lokal- und Nationalgeister. Die ausführliche Charakterisierung dieser *Lokal-* oder *Nationalgeister* gehöre, teils in die *Naturgeschichte des Menschen*, teils in die *Philosophie der Weltgeschichte*. Die *Naturgeschichte* beschreibe die durch die *Natur* mitbedingte Disposition des Nationalcharakters, nämlich die körperliche Bildung, die Lebensart, die Beschäftigung sowie die besonderen Richtungen der Intelligenz und des Willens der Nationen. Die *Philosophie der Geschichte* habe dagegen zu ihrem Gegenstand die weltgeschichtliche Bedeutung der Völker. Hier werde das Wort "Weltgeschichte" im umfassendsten Sinn gebraucht, es gehe um die höchste Entwicklung, zu der die ursprüngliche Disposition des Nationalcharakters gelange, die geistigste Form, zu der sich der in den Nationen wohnende Naturgeist erhebe. In der *philosophischen Anthropologie* könne man sich aber auf das Detail nicht einlassen, dessen Betrachtung den soeben genannten Wissenschaften obliege. Hier hätten wir den Nationalcharakter nur insofern zu betrachten, als er den Keim enthalte, zu dem die Geschichte der Nationen sich hin entwickle.

Zunächst könne bemerkt werden, dass der nationale Unterschied ein ebenso fester Unterschied wie die Rassenverschiedenheit der Menschen ist. Die Unveränderlichkeit des Klimas, der ganzen Beschaffenheit des Landes, in dem eine Nation ihren bleibenden Wohnsitz hat, trage zur Unveränderlichkeit ihres Charakters bei. Eine Wüste und sowohl die Nähe als auch die Ferne des Meeres könnten auf den Nationalcharakter Einfluss ausüben, wobei besonders der Zusammenhang mit dem Meer wichtig sei. Seien Völker durch Gebirge vom Meer getrennt, so bleibe ihr Geist unaufgeschlossen, aber die Nähe des Meeres für sich allein könne jedoch den Geist nicht frei machen. Als Beispiel führt Hegel die Inder an, denen die Schifffahrt aufgrund von

143

Despotismus verwehrt worden sei, wodurch sich Standes- und Kastenverhältnisse versteinert hätten.

Hegel beschreibt und vergleicht nun in diesem Zusatz die verschiedenen Nationalcharaktere, so der Griechen, der Italiener, der Spanier, der Franzosen, der Engländer und der Deutschen. Seine Ausführungen enthalten zwar manch eine treffende Beobachtung, doch für die Zwecke dieser Studie müssen sie hier, zumal sie stark zeitbedingt sind, nicht weiter referiert werden.[226]

Die Vereinzelung zum individuellen Subjekt

Die Seele ist, so Hegel nach diesem Zusatz, *drittens* zum *individuellen* Subjekt vereinzelt.[227] Diese Art der Subjektivität komme hier aber nur als eine Vereinzelung der *Naturbestimmtheit* in Betracht, und zwar in Gestalt des *Temperaments*, des *Talents*, des *Charakters*, der *Physiognomie* und anderer Dispositionen und *Idiosynkrasien* von Familien oder einzigartigen Menschen.

Nach Hegels erläuternden Zusatz hierzu differenziere sich, wie er ausführte, der Naturgeist zunächst in die einzelnen Menschengattungen, diese unterschieden sich wiederum in einzelne Volksgeister, deren Unterschied die "Form der *Besonderung*" (Hegel) habe, und im *dritten* Schritt *vereinzele* sich der Naturgeist und setze sich als individuelle Seele sich selber entgegen.[228] Der hier entstehende

---

[226] Ebenda, S. 65-70.
[227] Ebenda, S. 70 f.
[228] Ebenda, S. 70 ff. Gemeint ist offensichtlich der Gegensatz zwischen der allgemeinen Seele, der Seele in ihrem Naturleben, sowie der Seele in ihrer Besonderung (z. B. als Nationalgeist) einerseits und der in Gestalt von Temperament, Talent, Charakter usw. zum *individuellen* Subjekt vereinzelten Seele andererseits. Dabei handelt es sich um eine Vereinzelung der *Naturbestimmtheit* der Seele.

Gegensatz sei aber noch nicht derjenige, der zum Wesen des Bewusstseins gehöre (nämlich die Teilung in ein Subjekt und ein Objekt, d. Verf.). Die *Einzelheit* oder die *Individualität* der Seele komme in der Anthropologie nur als *Naturbestimmtheit* in Betracht.

Zunächst gelte es, über die individuelle Seele zu bemerken, dass in ihr die Sphäre des *Zufälligen* beginnt, weil nur das Allgemeine (Hegel meint offensichtlich die natürliche Seele in ihrem allgemeinen Naturleben sowie die geistigen Verschiedenheiten der Rassen und der Volks- oder Nationalgeister) das *Notwendige* sei. Die einzelnen Seelen würden sich voneinander durch eine unendliche Menge *zufälliger* Abwandlungen unterscheiden. Diese Unendlichkeit würde aber zur schlechten Art des Unendlichen zählen, und man dürfe deshalb die Eigentümlichkeit der einzelnen Menschen *nicht* zu hoch veranschlagen. Deshalb sei es leeres Gerede, behaupte man, ein Lehrer müsse sich sorgfältig nach der Individualität jedes einzelnen Schülers richten und diese studieren und ausbilden. Die Eigentümlichkeit der Kinder werde zwar im Kreis der Familie geduldet, aber mit der Schule beginne das Leben nach *allgemeinen* Regeln. Da müsse der Geist zum Ablegen seiner Absonderlichkeiten, zum Wissen und Wollen des *Allgemeinen*, zur Aufnahme der vorhandenen *allgemeinen* Bildung gebracht werden. Eben nur diese Umgestaltung der Seele heiße *Erziehung*. Je gebildeter ein Mensch sei, desto weniger trete in seinem Betragen etwas nur ihm Eigentümliches, also nur Zufälliges hervor. Die Eigentümlichkeit des Individuums habe verschiedene Seiten, und man unterscheide das *Naturell*, das *Temperament* und den *Charakter*.

Das Naturell

Unter "*Naturell*" versteht Hegel die *natürlichen* Anlagen eines Menschen im Gegensatz zu dem, was er durch seine *eigene* Tätigkeit geworden ist. Zu diesen Anlagen gehörten das *Talent* und das *Genie*. Beide Worte würden eine bestimmte Richtung ausdrücken, die der individuelle Geist von Natur aus erhalten hat. Das Genie sei jedoch umfassender als das Talent. Dieses bringe nur im Besonderen etwas Neues hervor, während das Genie eine *neue* Gattung hervorbringe. Talent und Genie müssten aber, weil sie zunächst nur Anlagen seien, nach allgemeingültigen Weisen ausgebildet werden. Nur durch diese Ausbildung träten jene Anlagen hervor, vor dieser Ausbildung könne man sich darüber täuschen, ob ein Mensch talentiert oder genial ist.

Das bloße Talent sei daher auch nicht höher zu schätzen als die Vernunft, die durch eigene Tätigkeit zur Erkenntnis ihres Begriffs gekommen sei, nämlich als das absolut freie Denken und Wollen. In der Philosophie führe das bloße *Genie* nicht weit; denn dort müsse es sich der strengen Zucht des logischen Denkens unterwerfen und nur dadurch gelange es zu seiner vollkommenen Freiheit. Und was den Willen betrifft, so könne man nicht sagen, dass es ein Genie im Bereich der Tugend gibt; sei doch die Tugend etwas Allgemeines, von allen Menschen zu fordern und sei nicht angeboren. Sie müsse eben durch die eigene Tätigkeit des Individuums hervorgebracht werden. Die Unterschiede des Naturells hätten deshalb für die Tugendlehre gar keine Wichtigkeit und müssten nur in einer Naturgeschichte des Geistes betrachtet werden.

Das Temperament

Die mannigfaltigen Arten des Talents und des Genies würden sich, so Hegel, voneinander durch die verschiedenen geistigen Sphären, in denen sie tätig sind, unterscheiden. Der Unterschied der *Temperamente* habe dagegen keine solche Beziehung nach außen. Was man unter *"Temperament"* versteht, sei schwer zu sagen. Es würde sich weder auf die sittliche Natur der Handlung beziehen noch auf das in der Handlung sichtbar werdende Talent, noch auf die Leidenschaft, die immer einen bestimmten Inhalt habe. Am besten ließe sich daher *"Temperament"* als die ganz allgemeine Art und Weise bestimmen, *wie* das Individuum tätig ist, wie es sich objektiviert und sich in der Wirklichkeit erhält. Daraus gehe hervor, dass für den *freien* Geist das

Temperament nicht so wichtig ist, wie man früher meinte. In der Zeit größerer Bildung würden sich die mannigfaltigen und zufälligen Manieren des Benehmens und Handelns und damit würde sich die Verschiedenheit in den Temperamenten verlieren. Der Versuch, Temperamente zu unterscheiden, sei unvollkommen geblieben. Unterschieden habe man bisher *vier* Temperamente, nämlich das *cholerische*, das *sanguinische*, das *phlegmatische* und das *melancholische* Temperament.

Der Charakter

Verliere bei den Individuen der Unterschied im Temperament in einer Zeit seine Wichtigkeit, wo die Art und Weise des Benehmens und der Tätigkeit der Individuen durch die allgemeine Bildung festgelegt werde, so bleibe dagegen der *Charakter* etwas, was Menschen *immer* voneinander unterscheidet. Durch ihn komme das Individuum erst zu seiner festen Bestimmtheit. Zum Charakter gehöre *erstens* die Energie, mit der ein Mensch, ohne sich irremachen zu lassen, seine Zwecke und Interessen verfolgt und in allen seinen Handlungen die Übereinstimmung mit sich selber bewahrt. Ohne Charakter komme der Mensch nicht aus seiner Unbestimmtheit heraus oder falle aus einer Richtung in die entgegengesetzte. An jeden Menschen sei daher die Forderung zu richten, *Charakter* zu zeigen. Der charaktervolle Mensch würde andere beeindrucken, weil diese wüssten, was sie an ihm haben. Zum Charakter gehöre aber, außer der formalen Energie, *zweitens* ein gehaltvoller, allgemeiner *Inhalt* des Willens. Nur durch die Ausführung großer Zwecke offenbare der Mensch einen großen Charakter, der ihn zum leuchtenden Vorbild für andere Menschen mache. Seine Zwecke müssten aber innerlich berechtigt sein, soll sein Charakter die absolute Einheit des Inhalts und der formalen Tätigkeit des Willens (also der Tätigkeit des Willens als solchen, d. Verf.) darstellen und somit vollkommene Wahrheit haben. Würde dagegen der Wille an lauter Einzelheiten und Gehaltlosem festhalten, so werde dieser zum *Eigensinn*, der vom Charakter nur die *Form*, nicht aber den *Inhalt* habe.

Durch den Eigensinn, der bloß eine Parodie des Charakters sei, erhalte die Individualität des Menschen eine Zuspitzung, die die Gemeinschaft mit anderen stört.

Noch individuellerer Art seien, so Hegel, die *Idiosynkrasien*, die sowohl in der der physischen als auch in der geistigen Natur des Menschen vorkämen. So würden manche Menschen in ihrer Nähe befindliche Katzen wittern und andere seien bei bestimmten Krankheiten besonders anfällig. Die *geistigen* Idiosynkrasien würden sich insbesondere in der Jugend zeigen, so z. B. in der unglaublichen Schnelligkeit, mit der einzelne Kinder im Kopf rechnen können. Die oben genannten Formen der Naturbestimmtheit des Geistes würden aber nicht nur Individuen, sondern auch ganze Familien voneinander unterscheiden, insbesondere dort, wo die Familien sich nicht mit Fremden vermischt haben.[229]

Die Notwendigkeit des Naturells, des Temperaments und des Charakters

Hegel deutet schließlich noch an, welche *"vernünftige Notwendigkeit"* (ders.) in den drei Formen der *"*qualitativen

---

[229] „Die Naturbestimmtheit des Menschen betrifft nicht nur seine Angewiesenheit auf die Natur außer ihm, sondern auch seine eigene. Zur allgemeinen Natur des Menschen gehört nicht nur eine dem menschlichen Organismus eigentümliche Temperatur, sondern auch ein individuell verschiedenes Temperament sowie bestimmte natürliche Anlagen und Idiosynkrasien. Die Temperamentenlehre ist zuerst von griechischen Philosophen-Ärzten entwickelt worden und wird heute meistens innerhalb der Charakterologie und Psychologie abgehandelt. Kretschmers Untersuchung über den Zusammenhang von „Körperbau und Charakter" war eine der bekanntesten Forschungen dieser Art. Populär unterschied man seit Jahrtausenden sanguinische, cholerische, phlegmatische und melancholische Temperamente. Wesentlich für die Temperamente ist, wie für jede Naturbestimmtheit, daß sie etwas Bleibendes, Dauerndes sind und sich in der Zeit wiederholen." K. Löwith, Mensch und Menschenwelt, a. a. O., S. 335.

Naturbestimmtheit der individuellen Seele" (ders.), also im Naturell, im Temperament und im Charakter, und der von ihm vorgenommenen Anordnung derselben wirksam ist. [230] Er habe mit dem *Naturell*, bestimmter noch, mit dem *Talent* und dem *Genie* angefangen, weil in dem Naturell die qualitative Naturbestimmtheit der individuellen Seele überwiegend die Form eines bloß *Seienden*, eines unmittelbar *Festen* habe. Im *Temperament* dagegen würde jene Naturbestimmtheit die Gestalt eines derart Festen verlieren; denn während in dem Individuum entweder ein Talent ausschließlich herrschen würde oder mehrere Talente ihr ruhiges, überganglosen Bestehen nebeneinander hätten, könne ein und dasselbe Individuum von jeder Form seines Temperaments in die andere übergehen, so dass keine in ihm ein festes Sein habe. Zugleich werde in den Temperamenten die "feste" Seite der Naturbestimmtheit der individuellen Seele (ihr Naturell), also Talent und Genie, die auf etwas bezogen seien, was außerhalb der individuellen Seele vorhanden sei, in das Innere derselben Seele reflektiert. [231] Im Charakter aber würde man die Festigkeit des Naturells mit der Veränderlichkeit im Temperament, also die im Charakter vorwaltende Beziehung nach außen, mit den Weisen des Temperaments vereinigt sehen, wie sie sich jeweils in der Seele widerspiegeln. Die Festigkeit des Charakters sei keine so unmittelbare, so angeborene wie die des Naturells, sondern eine, die durch den

---

[230] Ders., Enzyklopädie der philosophischen Wissenschaften, 3. Teil., a. a. O., S. 74 f.

[231] Wie Hegel bereits referiert wurde, unterscheiden sich die mannigfaltigen Arten des Talents und des Genies durch die verschiedenen geistigen Sphären voneinander, in denen sie sich betätigen. Der Unterschied der Temperamente habe dagegen keine solche Beziehung nach außen. (Ebenda, S. 72) Wenn z. B. ein Klavierlehrer jeweils cholerisch reagiert, wenn seine Schüler ihm vorspielen und dabei seine Erwartungen nicht erfüllen, dann kann das daran liegen, dass er ein genialer Pianist ist. Es gibt nach Hegel, wie erwähnt, keinen talentierten oder genialen Menschen schlechthin, sondern nur mit Bezug auf eine bestimmte geistige Sphäre, vorausgesetzt er hat sich darin mit Fleiß und Anstrengung betätigt.

Willen zu entwickeln sei. Der Charakter bestehe in etwas mehr als in einer gleichmäßigen Mischung der verschiedenen Temperamente. Gleichwohl könne nicht geleugnet werden, dass er eine *natürliche* Grundlage hat und dass einige Menschen zu einem starken Charakter von Natur aus mehr disponiert sind als andere. Aus diesem Grunde sei es berechtigt gewesen, hier in der Anthropologie vom Charakter zu sprechen, obwohl dieser seine volle Entfaltung erst in der Sphäre des *freien Geistes* erhalte.

B. *Natürliche Veränderungen*

Bei der Seele, indem sie als ein *Individuum* bestimmt ist, sind, so Hegel nach diesem Zusatz, die Unterschiede *Veränderungen,* die sich an ihr als an dem beharrenden *einen* Subjekt vollziehen; es seien seine Entwicklungs*momente.*[232] Da diese in *einem* physische und geistige Unterschiede seien, müsse man für ihre konkretere Bestimmung oder Beschreibung die Kenntnis des gebildeten Geistes vorwegnehmen.[233]

Der Lebensverlauf

Da ist nach Hegel *erstens* der *natürliche Verlauf der Lebensalter,* der mit dem *Kindesalter,* wo der Geist in sich "eingehüllt" (ders.) sei, beginnt. Er setze sich fort mit der Phase des *Jugendalters*, in der ein entwickelter Gegensatz, nämlich die Spannung herrsche zwischen

---

[232]Ebenda, S. 75 f.

[233] „Zur Naturbestimmtheit gehören ferner alle natürlichen Veränderungen im Leben des Menschen. Die allgemeinste Naturveränderung eines jeden Menschenlebens ist das Anderswerden infolge des Älterwerdens von der Geburt bis zum Tode und die Geschlechtsreife, welche ein kritischer Wendepunkt in diesem Ablauf ist. Jedermann erlebt im Laufe seines Lebens diese naturwüchsigen Veränderungen. Geborenwerden, Heranwachsen, Erwachsensein, Altwerden und Sterben sowie der tägliche Wechsel von Wachsein und Schlafen bestimmen das menschliche Dasein." K. Löwith, Mensch und Menschenwelt, a. a. O., S., S. 337.

einer noch subjektiven Allgemeinheit (Ideale, Einbildungen, Sollen, Hoffnungen usw.) *einerseits* und der unmittelbaren Einzelheit (d. h. der vorhandenen, jener subjektiven Allgemeinheit nicht angemessenen Welt) sowie der Stellung des noch unselbständigen und in sich unfertigen Individuums *andererseits.* Danach folge die Phase des *Erwachsenenalters*, in der das Individuum die *objektive* Notwendigkeit und Vernünftigkeit der bereits vorhandenen, fertigen Welt wahrhaft anerkenne. Mit dem Werk, das das Individuum an der Welt an sich und für sich vollbringe, verschaffe es sich Bewährung und Anteil. Durch diese Tätigkeit, *sei* es *etwas*, habe dadurch *wirkliche* Gegenwart und einen objektiven Wert. Nachdem das Individuum die Einheit mit der Objektivität, der objektiven Welt, einmal vollbracht hat, beginne bei ihm das *Greisenalter*, eine Phase untätiger, abstumpfender *Gewohnheit*, aber auch der Freiheit von den beschränkten Interessen und Verwicklungen der äußerlichen Gegenwart. [234]

Indem die zuerst vollkommen allgemeine Seele, die sich, wie ausgeführt, besondert und sich zuletzt zur Einzelheit, zur Individualität, bestimmt, trete sie, wie Hegel in seinem Zusatz erläutert, in den Gegensatz zu ihrer inneren Allgemeinheit, zu ihrer Substanz.[235] Dieser Widerspruch zwischen der Seele in ihrer unmittelbaren Einzelheit und der in dieser *an sich* vorhandenen, substanziellen Allgemeinheit begründe den *Lebensprozess* der individuellen Seele. Es sei ein Prozess, durch den die unmittelbare Einzelheit der Seele an das Allgemeine angepasst wird. Dieses werde in jener verwirklicht, und so werde die erste, einfache Einheit der Seele mit sich zu einer durch den Gegensatz vermittelten Einheit erhoben. Die zuerst abstrakte

---

[234]Hegel spricht vom Jünglings- statt vom Jugendalter und vom Mannes- statt vom Erwachsenenalter.

[235]Ders., Enzyklopädie der philosophischen Wissenschaften, 3. Teil., a. a. O., S. S. 75 ff.

Allgemeinheit der Seele werde zur konkreten Allgemeinheit entwickelt, und dieser Entwicklungsprozess sei die *Bildung*.[236]

Schon das bloß animalische Lebendige würde auf seine Weise jenen Prozess an sich darstellen, aber es habe nicht die Macht, wahrhaft die Gattung in sich zu verwirklichen. Die unmittelbare seiende, abstrakte Einzelheit des Tieres bleibe immer im Widerspruch mit seiner Gattung, schließe dieselbe ebenso von sich aus wie sie diese in sich einschließe. Durch diese Unfähigkeit des bloß animalisch Lebendigen zur vollkommenen Darstellung der Gattung zu kommen, gehe das

---

[236]Hegel entdeckt und denkt hier offensichtlich den „wahren" Begriff der Seele auf dem Gebiet der *Anthropologie*, indem er von der Seele als einer „abstrakten Allgemeinheit" (im Kindesalter) zur Seele als einer „konkreten Allgemeinheit" (im Greisenalter) fortschreitet. Geht es dabei zunächst um die „vollkommen allgemeine Seele" des Einzelnen (die sich besondert/spezifiziert und individualisiert), so geht es danach um den *Widerspruch* zwischen ihr „in ihrer unmittelbaren Einzelheit" einerseits und ihrer *an sich* vorhandenen „substanziellen Allgemeinheit" andererseits. Dieser Widerspruch begründe, so Hegel, den „*Lebensprozess*" der individuellen Seele, durch den diese als eine *unmittelbare Einzelheit* an das „*Allgemeine*" (die Seele des Menschen als einer bestimmten Gattung unter den Lebewesen) *angepasst* werde. Dieses (*innere*) Allgemeine" werde, ihm zufolge, in jeder Seele als einer unmittelbaren Einzelheit verwirklicht, und so werde die „erste *einfache* Einheit" der Seele durch den Gegensatz zu einer „*vermittelten* Einheit" erhoben. Die zuerst nur „*abstrakte* Allgemeinheit" der Seele (im Kindesalter) werde also zu einer „*konkreten* Allgemeinheit" (bis zum Greisenalter) derselben entwickelt, und dieser Prozess, den Hegel denkend nachvollzieht, sei „Bildung". Wahrhaft verwirkliche sich, wie er im Folgenden ausführt, die Gattung im *Geist*, im *Denken*; in der *Anthropologie* aber habe diese Verwirklichung, indem sie sich am „natürlichen individuellen Geist" vollziehe, noch die Weise der Natürlichkeit und falle deshalb in die Zeit. Hegel denkt also an die verschiedenen Lebensalter, die das Individuum im Verlauf seines Lebens von seiner Geburt bis zu seinem Tod, teils mit naturhafter Notwendigkeit, durchläuft. Die natürliche Seele, so wie Hegel sie begreift, stellt eine Totalität dar.

Lebendige zugrunde. Die Gattung erweise sich an ihm als eine Macht, vor der es verschwinden muss. Im Tod des (animalischen, d. Verf.) Individuums komme daher die Gattung nur zu einer Verwirklichung, die ebenso abstrakt sei wie die Einzelheit des bloß Lebendigen. Die Gattung schließe die lebendige Einzelheit ebenso aus, wie die Gattung von der lebendigen Einzelheit ausgeschlossen bleibe. Wahrhaft verwirkliche sich dagegen die (menschliche, d. Verf.) Gattung im *Geist*, im *Denken*, in diesem ihr gleichartigen Element. Im Anthropologischen aber habe diese Verwirklichung jedoch, weil sie sich am *natürlichen* individuellen Geist vollziehe, noch die Weise der Natürlichkeit und falle deshalb in die Zeit. Somit entstehe eine Reihe voneinander unterschiedener Zustände, die das Individuum als solches durchlaufe. Es handele sich allerdings um eine Abfolge von Unterschieden, die nicht mehr so fest wären, wie sie im Fall der menschlichen Rassen und der Nationalgeister, also im allgemeinen Naturgeist, gewesen seien. Vielmehr würden die Unterschiede an einem und demselben Individuum als fließende und ineinander übergehende Formen erscheinen.

Diese Abfolge von unterschiedenen Zuständen sei die Reihe der *Lebensalter*. Diese beginne mit der unmittelbaren, noch unterschiedslosen Einheit der Gattung und der Individualität, mit dem abstrakten Entstehen der unmittelbaren Einzelheit, also mit der Geburt des Individuums, und ende mit der Einprägung der Gattung in die Einzelheit oder dieser in jene, schließlich mit dem Sieg der Gattung über die Einzelheit, d. h. mit dem Tod. Was am Lebendigen als solchem die *Gattung* sei, das sei am Geistigen die *Vernünftigkeit*. Die Gattung habe schon die dem Vernünftigen zukommende Bestimmung der inneren Allgemeinheit. In dieser *Einheit* der Gattung und des Vernünftigen liege der Grund, weshalb sich die im Verlauf der Lebensalter hervortretenden geistigen Erscheinungen den in diesem Verlauf sich entwickelnden physischen Veränderungen des Individuums entsprechen. Die Übereinstimmung des Geistigen und des Physischen sei hier stärker als bei den Rassenverschiedenheiten. Hier hätten wir die nur mit den allgemeinen festen Unterschieden des Naturgeistes und mit den ebenso festen physischen Unterschieden der Menschen, während wir dort die bestimmten Veränderungen der individuellen Seele und ihrer Leiblichkeit zu betrachten hätten. Man dürfe aber nicht so weit gehen, in der physiologischen Entwicklung des Individuums das genaue Gegenbild seiner geistigen Entfaltung zu suchen; habe doch in dieser der sich darin hervortuende Gegensatz und die aus ihm zu erzeugende Einheit eine viel größere Bedeutung als im Physiologischen. Der Geist offenbare hier seine *Unabhängigkeit* von seiner Leiblichkeit dadurch, dass er sich früher als diese entwickeln könne. So hätten häufig Kinder eine geistige Entwicklung gezeigt, die ihrer körperlichen Ausbildung vorausgeeilt war. Dies sei vor allem der Fall bei künstlerischen Talenten, insbesondere bei musikalischen Genies. Frühreife bei Kindern könne man auch auf dem Gebiet der Mathematik, der Religion und der Sittlichkeit feststellen. Im Allgemeinen müsse jedoch zugestanden werden, dass der Verstand nicht vorzeitig kommt.

Der Entwicklungsprozess des natürlichen menschlichen Individuums würde, so Hegel, in eine Reihe von Prozessen zerfallen, deren Verschiedenheit auf dem jeweils veränderten Verhältnis des Individuums zur Gattung beruhen und den Unterschied des *Kindes* vom *Mann* (vom Erwachsenen, d. Verf.) und des Mannes (des Erwachsenen, d. Verf.) vom *Greis* (oder der Greisin, d. Verf.) begründen würde. Die Unterschiede der Lebensalter würden den Begriff (des Menschen, d. Verf.) darstellen, wie er sich unterscheidet (oder differenziert, d. Verf.). Deshalb sei das Kindesalter die Zeit der natürlichen Harmonie, des Friedens des Subjekts mit sich selbst und der Welt. Dieser Anfang sei ebenso frei von einem Gegensatz wie das Greisenalter, das Ende. Dennoch hervortretende Gegensätze im Kindesalter würden kein größeres Interesse verdienen. Das Kind lebe in Unschuld, ohne dauernden Schmerz, in Liebe zu den Eltern und im Gefühl von ihnen geliebt zu werden. Diese unmittelbare, deshalb ungeistige, nur natürliche Einheit des Individuums mit seiner Gattung und der Welt überhaupt müsse aufgehoben werden. Das Individuum müsse dazu fortschreiten, sich dem Allgemeinen, als der an sich und für sich seienden, fertigen und bestehenden Sache gegenüberzustellen, sich in seiner Selbständigkeit zu erfassen. Zunächst trete aber diese Selbständigkeit, dieser Gegensatz, in einer ebenso einseitigen Gestalt auf wie im Kinde die Einheit des Subjektiven und Objektiven. Der *Jüngling* (oder der Jugendliche, d. Verf.) löse die *in der Welt verwirklichte Idee* (hier wird der Jugendliche von innen betrachtet, in dem sich die Idee entfaltet, d. Verf.) auf die Weise auf, dass er sich selber die zur Natur der Idee gehörende Bestimmung des Substanziellen: das Wahre und Gute, der *Welt* dagegen die Bestimmung des Zufälligen und Akzidentellen zuschreibe. Bei diesem unwahren Gegensatz dürfe aber nicht stehen geblieben werden, vielmehr müsse sich der Jüngling (der Jugendliche, d. Verf.) über den Gegensatz erheben und zur Einsicht kommen, dass, im Gegenteil, die Welt als das Substanzielle, das Individuum dagegen als ein Akzidentelles zu betrachten ist. Der Mensch könne deshalb nur in der fest ihm gegenüberstehenden, selbständig ihren Lauf verfolgenden Welt seine wesentliche Betätigung und Befriedigung finden und müsse sich daher die für die Sache erforderliche Geschicklichkeit aneignen. Einmal auf diesem Standpunkt angelangt, sei der Jüngling (der Jugendliche, d. Verf.) zum *Mann* (zum Erwachsenen, d. Verf.) geworden. In sich selber fertig, betrachte der Mann (Erwachsene, d. Verf.) auch die sittliche Weltordnung als eine, die er nicht erst hervorbringen muss, sondern als eine im wesentlichen fertige Ordnung. So sei er für und nicht gegen die Sache tätig, habe für und nicht gegen die Sache ein Interesse, sei somit über die einseitige Subjektivität des Jünglings (Jugendlichen, d. Verf.) erhaben und stehe auf dem Standpunkt der objektiven Geistigkeit. Im *Greisenalter* nehme dagegen das Interesse an der Sache ab, der Greis (oder die Greisin, d. Verf.) habe sich in die Sache hineingelebt und gebe wegen dieser Einheit mit der Sache, die den Gegensatz verloren habe, das Interesse an der Tätigkeit für die Sache auf.

Hegel unterscheidet bei der Entwicklung des Kindes *drei* oder, wenn man das noch ungeborene, mit der Mutter identische Kind einbezieht, *vier* Stufen.[237] Das noch ungeborene Kind habe noch keine eigentliche Individualität, sein Leben gleiche dem Leben einer Pflanze. Indem das Kind aus diesem "vegetativen Zustand" (ders.), in dem es sich im Mutterleib befindet, zur Welt gebracht wird, gehe es zur "animalischen Weise des Lebens" (ders.) über. Die Geburt sei daher ein "ungeheurer Sprung" (ders.), durch den das Kind aus dem Zustand eines völlig gegensatzlosen Lebens in den Zustand der Absonderung, in das Verhältnis von Licht und Luft und in ein immer mehr sich entwickelndes Verhältnis zu vereinzelten Gegenständen und insbesondere zu vereinzelter Nahrung übergehe. Die erste Weise, wie sich das Kind zu einem Selbständigen konstituiert, sei das *Atmen*, und die wichtigste Veränderung seines Körpers sei das *Wachsen*, die Entwicklung des Organismus. Zunächst erscheine das Kind in einer weitaus größeren Abhängigkeit und Bedürftigkeit als die Tiere. Doch würde sich seine höhere Natur auch hier bereits offenbaren. So würde sich bei ihm das Bedürfnis, anders als bei den Tieren, sogleich ungebärdig, tobend, und gebieterisch ankündigen. Durch die "ideelle Tätigkeit" (ders.) des *Schreiens*, durch das das Kind das Gefühl seiner Bedürfnisse äußere, zeige es, dass es von der Gewissheit durchdrungen ist, es habe ein Recht, von der Außenwelt die Befriedigung seiner Bedürfnisse zu fordern.

Was die geistige Entwicklung des Kindes auf dieser *ersten* Stufe seines Lebens (nach der Geburt, d. Verf.) betrifft, so könne man sagen, dass der Mensch nie mehr lerne als in dieser Zeit. Das Kind mache sich hier mit allen Spezifikationen des Sinnlichen allmählich vertraut, die Außenwelt werde ihm hier ein Wirkliches und es schreite von der Empfindung zur *Anschauung* fort. Sodann kommt der Übergang zur *dritten* Stufe, nämlich zum *Knaben-* (*Mädchen-*, d. Verf.) alter. Hier

---

[237]Ebenda, S. 78 ff.

entwickele sich die Tätigkeit des Kindes gegen die Außenwelt; womit es, indem es zum Gefühl der Außenwelt als der Wirklichkeit gelange, beginnen würde, selbst zu einem wirklichen Menschen zu werden und sich als solcher zu fühlen. Damit gehe es aber in die Neigung zum praktischen Verhalten über, um sich in jener Wirklichkeit zu versuchen. Zum praktischen Verhalten werde das Kind dadurch befähigt, dass es *Zähne* bekommt, *stehen*, *gehen* und *sprechen* lernt. Zentral für die geistige Entwicklung eines Kindes sei, so Hegel, die *Sprache*; befähige sie doch den Menschen, die Dinge als allgemeine aufzufassen, zum Bewusstsein seiner eigenen Allgemeinheit, also zum Aussprechen des *Ichs* zu gelangen. Indem das Kind erfasse, dass es ein *Ich* ist, erreiche es einen höchst wichtigen Punkt in seiner geistigen Entwicklung. Hier beginne das Kind, das zunächst in seine Außenwelt versenkt sei, *sich in sich zu reflektieren*. Diese beginnende Selbständigkeit äußere sich zunächst dadurch, dass das Kind mit den sinnlichen Dingen *spielen* lernt, doch das Vernünftigste, was die Kinder mit ihrem Spielzeug machen könnten, sei, es zu zerbrechen.

Der nächste Schritt bestehe darin, dass das Kind zum Ernst des *Lernens* übergeht; die Kinder fingen an, neugierig zu werden, und die Hauptsache sei das in ihnen erwachende Gefühl, dass sie noch nicht das *sind*, was sie sein *sollen*, nämlich Erwachsene, und daraus würde ihre Nachahmungssucht entstehen. Die Kinder würden gedeihen wegen ihres Gefühls der unmittelbaren Einheit mit den Eltern, aber auch dadurch, dass sie selbst das Bedürfnis hätten, erwachsen zu werden. Das eigene Streben der Kinder nach Erziehung sei das immanente Moment aller Erziehung. Da aber das Kind noch auf dem Standpunkt der Unmittelbarkeit stehe, erscheine ihm das Höhere, zu dem es sich erheben soll, nicht in der Form der Allgemeinheit oder der Sache, sondern in Gestalt eines Gegebenen, eines Einzelnen, einer Autorität. Es sei dieser oder jener Mann (diese oder jene Frau, d. Verf.), der (die) das Ideal bilde, das das Kind zuerkennen und nachzuahmen strebe. Was das Kind lernen soll, müsse ihm daher mit Autorität vermittelt werden. Es müsse das Gefühl haben, dass das Gegebene gegenüber ihm ein Höheres ist, und dieses Gefühl sei bei der Erziehung sorgfältig festzuhalten. Eine spielende Pädagogik hält Hegel deshalb für verfehlt. Auffällig ist, dass Hegel in seinen Ausführungen nur die Knaben, aber nicht die Mädchen im Auge hat. Das befremdet aus heutiger Sicht, doch darf man nicht übersehen, dass er das reflektierte, was beim damaligen Entwicklungsstand der Moderne vorherrschend war und galt.[238]

Der *Gehorsam* in der Erziehung sei, so Hegel, der Anfang der Weisheit; lasse doch durch den Gehorsam der Wille, der das Wahre und das Objektive noch nicht erkennt und zu seinem Zweck bestimmt, also der noch nicht wahrhaft selbständige, der noch unfertige Wille, den von außen kommenden vernünftigen Willen in sich gelten und mache diesen zu dem Seinigen. Die schlechteste Erziehung sei demnach, wenn man den Kindern erlaubt, das zu tun, was in ihrem Belieben liegt und ihnen dafür auch noch Gründe an die Hand gibt, so dass sie sich in ihrem besonderen Belieben einhausen. Darin sieht Hegel die Wurzel allen Übels. Das Kind sei von Natur aus weder böse noch gut, weil es zunächst weder erkenne, was gut, noch was böse ist.

Die andere Seite der Erziehung stelle, Hegel zufolge, der *Unterricht* dar, der mit dem Erlernen der Buchstaben beginne. Indem das Kind die Sprache als das "Sinnlich-Unsinnliche" (ders.) erlernt, erweitere sich seine Kenntnis, und es erhebe seinen Geist immer mehr über das Sinnliche und Einzelne zum Allgemeinen, also zum Denken. Diese Befähigung zum Denken sei der größte Nutzen des ersten Unterrichts. Der Knabe (das Mädchen, d. Verf.) komme jedoch nur zum *vorstellenden* Denken, so dass die Welt nur für seine Vorstellung sei. Er (es) lerne die Beschaffenheit der Dinge kennen, mache sich mit den Verhältnissen in der natürlichen und geistigen Welt vertraut, interessiere sich für die Sachen, erkenne aber noch nicht die Welt in ihrem inneren Zusammenhang, eine Erkenntnis zu der erst der Mann (die Frau, d. Verf.) komme. Allerdings könne dem Knaben (dem

---

[238]Wir erlauben uns, den Hegelschen Text in dieser Frage dort, wo es vertretbar erscheint, etwas zu aktualisieren.

Mädchen, d. Verf.) ein, wenn auch unvollkommenes Verständnis von Natur und Geist nicht abgesprochen werden. So müsse die Behauptung als ein Irrtum bezeichnet werden, der Knabe/das Mädchen verstehe noch gar nichts von der Religion und vom Recht, so dass man ihn/es mit solchen Gegenständen nicht behelligen könne und stattdessen bei dem sinnlich Gegenwärtigen bleiben sollte. Aber schon das Altertum habe den Kindern nicht erlaubt, lange beim Sinnlichen stehen zu bleiben, der *moderne* Geist verlange aber eine noch viel höhere Erhebung über das Sinnliche, eine viel größere Vertiefung in seine Innerlichkeit als der antike Geist. Die übersinnliche Welt müsse daher schon früh der Vorstellung des Knaben/des Mädchens nahegebracht werden, und dies geschehe in der Schule in einem noch höheren Maße als in der Familie. In dieser gelte das Kind in seiner unmittelbaren Einzelheit, werde geliebt, und sein Betragen könne gut oder schlecht sein. In der Schule dagegen verliere die Unmittelbarkeit des Kindes ihre Geltung, hier werde es nur insofern geachtet, als es Wert hat, es etwas leistet. Hier werde es nicht mehr bloß geliebt, sondern nach allgemeinen Bestimmungen kritisiert und gerichtet, nach festen Regeln durch die Gegenstände des Unterrichts gebildet, überhaupt einer allgemeinen Ordnung unterworfen. So bilde die Schule den Übergang aus der Familie in die bürgerliche Gesellschaft, zu der der Knabe/das Mädchen nur erst ein unbestimmtes Verhältnis habe; teile sich doch sein Interesse zwischen Lernen und Spielen.

Mit dem *Jünglingsalter* - heute würde man eher vom "Jugendalter" sprechen - reife das männliche Individuum, indem, so Hegel, beim Eintritt der Pubertät das Leben der Gattung in ihm sich zu regen beginne und es anfange, Befriedigung zu suchen. [239] Der

---

[239]Ebenda, S. 83 f. Hegel folgt, wie schon bemerkt, in seiner Darstellung dem Entwicklungstrend in den Beziehungen zwischen den Geschlechtern, wie er sich Ende des 18. und Anfang des 19. Jahrhundert abzeichnete, und wendet sich deshalb in erster Linie dem männlichen Menschen zu. Vor Augen hat er offensichtlich die fest gefügte Arbeitsteilung zwischen Mann und Frau in der damals modernen

Jugendliche wende sich überhaupt dem substanziellen Allgemeinen zu. Sein Ideal erscheine ihm nicht mehr, wie dem Knaben, in der Person eines Mannes, sondern werde von ihm als ein von solcher Einzelheit unabhängiges Allgemeines aufgefasst. Dieses Ideal habe aber im Jugendlichen noch eine mehr oder weniger subjektive Gestalt und könne das Ideal der Liebe, der Freundschaft oder eines allgemeinen Weltzustandes sein. In dieser Subjektivität des substanziellen Inhalts eines solchen Ideals liege nicht nur dessen Gegensatz zur vorhandenen Welt, sondern auch der *Trieb*, diesen Gegensatz durch Verwirklichung des Ideals aufzuheben. Der Inhalt des Ideals flöße dem Jugendlichen das Gefühl der Tatkraft ein, und deshalb sehe dieser sich berufen und befähigt, die Welt umzugestalten oder wenigstens, wie es ihm scheint, die aus den Fugen gekommene Welt wieder zu ordnen. Dass das in seinem Ideal enthaltene substanzielle Allgemeine, seinem Wesen nach sich in der Welt bereits entwickelt und verwirklicht, sehe der "schwärmende Geist" (ders.) des Jugendlichen nicht ein. Ihm scheine die Verwirklichung jenes Allgemeinen ein Abfall von demselben zu sein, und deshalb fühle er sowohl sein Ideal als auch seine Persönlichkeit von der Welt nicht anerkannt. So werde der Friede, in dem das Kind mit der Welt lebt, gebrochen. Wegen dieser Hinwendung zum Idealen habe die Jugend den Schein eines edleren Sinnes und größerer Uneigennützigkeit als sich in den Menschen im Erwachsenenalter zeige, die sich um ihre besonderen, zeitlichen Interessen sorgen müssten. Der Mann (oder die Frau, d. Verf.) sei nicht mehr in seinen (ihren) besonderen Trieben und subjektiven Ansichten gefangen und nur mit seiner (ihrer) persönlichen Ausbildung beschäftigt, sondern habe sich in die Vernunft der Wirklichkeit versenkt und zeige sich für die Welt tätig. Zu diesem Ziel käme der Jugendliche mit Notwendigkeit. Sein unmittelbarer Zweck sei *der*, sich zu bilden, um sich fähig zu machen, seine Ideale zu verwirklichen, und in dem Versuch, sie zu verwirklichen werde er/sie zum *Mann/zur Frau*.

Kernfamilie und der bürgerlichen Gesellschaft.

Am Anfang könne dem Jugendlichen (dem "Jüngling", Hegel) der Übergang aus seinem idealen Leben in die bürgerliche Gesellschaft als ein schmerzhafter Wechsel in das "Philisterleben" (ders.) erscheinen. Bis dahin sei er nur mit allgemeinen Gegenständen beschäftigt gewesen und habe bloß für sich selber gearbeitet, nunmehr soll der zum Mann (oder zur Frau, d. Verf.) werdende Jugendliche, indem er in das praktische Leben eintritt, für andere tätig sein und sich mit Einzelheiten befassen. Eine solche Beschäftigung könne jedoch für den Jugendlichen sehr belastend sein und ihn, weil er nicht mehr in der Lage sei, seine Ideale zu verwirklichen, hypochondrisch machen. In einer solchen krankhaften Stimmung wolle der Mensch seine Subjektivität nicht aufgeben, den Widerwillen gegen die Wirklichkeit nicht überwinden, so dass er sich in einem Zustand relativer Unfähigkeit, die leicht zu wirklicher Unfähigkeit werde, befinde. Will deshalb ein Mensch nicht untergehen, dann müsse er die Welt als eine selbständige, im Wesentlichen *fertige* anerkennen, die Bedingungen, die sie ihm stellt, annehmen und "ihrer Sprödigkeit das abringen, was er für sich selber haben will" (ders.).[240] Nur in der *Not* glaube der Mensch, er müsse sich fügen, in Wahrheit aber müsse die Einheit mit der Welt nicht als ein Verhältnis der Not, sondern als ein vernünftiges anerkannt werden. Das Vernünftige, Göttliche, besitze die absolute Macht, sich zu verwirklichen, es sei nicht so ohnmächtig, dass es erst auf den Beginn seiner Verwirklichung warten müsste. Die Welt sei diese Verwirklichung der göttlichen Vernunft, und nur auf ihrer Oberfläche herrsche das Spiel vernunftloser Zufälle. Der Jugendliche, einmal zum *Mann* (oder zur Frau, d. Verf.) geworden, würde deshalb ganz vernünftig handeln, würde er den Plan einer gänzlichen Umgestaltung der Welt aufgeben und seine persönlichen Zwecke, Leidenschaften und Interessen nur verwirklichen, indem er sich der Welt anschließt.[241] Auch so bleibe ihm noch Raum für ehrenvolle,

---

[240]Ebenda, S. 84.

[241]Ebenda, S. 84 u. ff.

weitgreifende und schöpferische Tätigkeit übrig. Denn obwohl die Welt als im Wesentlichen fertig anerkannt werden müsse, müsse sie immer von neuem hervorgebracht, aber auch zu einem Fortschritt geführt werden, und darin bestehe die Arbeit des reifen Mannes (oder der reifen Frau, d. Verf.).

Blicke der Mann (oder die Frau, d. Verf.) nach fünfzigjähriger Arbeit auf seine (ihre) Vergangenheit zurück, so werde er (sie) das Fortschreiten erkennen, eine Erkenntnis und Einsicht in die Vernünftigkeit der Welt, die ihn (sie) von der Trauer über die Zerstörung seiner (ihrer) Ideale befreie. Was in solchen Idealen *wahr* ist, erhalte sich in der praktischen Tätigkeit, nur das Unwahre, die leeren Abstraktionen, müsse er (sie) sich abarbeiten. Der Umfang und die Art seines (ihres) Geschäfts könnten sehr verschieden sein, aber das Substanzielle in allen menschlichen Geschäften sei dasselbe, nämlich das Rechtliche, das Sittliche und das Religiöse. Daher könnten die Menschen in allen Bereichen ihrer praktischen Tätigkeit Befriedigung und Ehre finden, wenn sie überall *das* leisten, was in dem beruflichen Bereich, dem sie durch Zufall, äußerliche Notwendigkeit oder freie Wahl angehören, mit Recht von ihnen gefordert wird. Dazu sei vor allen Dingen notwendig, dass die Bildung des zum Mann (zur Frau, d. Verf.) werdenden Jugendlichen vollendet ist, er (sie) ausstudiert hat und sich entschließt, selber für seinen (ihren) Lebensunterhalt dadurch zu sorgen, dass er (sie) für andere tätig wird. Die bloße Bildung mache ihn (sie) noch nicht zu einem vollkommen fertigen Menschen, das werde er (sie) erst, indem er (sie) für sich und seine (ihre) zeitlichen Interessen Sorge trägt. Dies gelte auch für Völker, die erst dann als mündig erscheinen, wenn sie es dahin gebracht haben, von der Wahrnehmung ihrer materiellen und geistigen Interessen nicht durch eine sogenannte väterliche Regierung ausgeschlossen zu werden.

Indem nun der Mann (oder die Frau, d. Verf.) ins praktische Leben eintritt, könne er (sie) sich wohl über den Zustand der Welt ärgern und die Hoffnung auf eine Besserung aufgeben, trotzdem würde er (sie) sich in die objektiven Verhältnisse einhausen und sich an sie gewöhnen. Je länger der Einzelne in seinem Geschäft tätig ist, desto mehr würde er das Allgemeine, die Regel, das Gesetzmäßige, aus allen Besonderheiten erkennen, so dass er dazu käme, in seinem Fach völlig zu Hause zu sein und sich in *das*, wozu er bestimmt ist, einzuleben. Das Wesentliche in allen Gegenständen seines Geschäfts sei ihm dann ganz und gar geläufig, und nur das Individuelle und Unwesentliche könne für ihn noch etwas Neues enthalten. Aber dadurch, dass seine Tätigkeit seinem Geschäft so sehr entspricht, dass sie an ihren Objekten keinen Widerstand mehr findet und dadurch, dass seine Tätigkeit so vollendet ausgebildet ist, *erlösche* die Lebendigkeit in seiner Arbeit. Denn zugleich mit dem Gegensatz des Subjekts und des Objekts verschwinde das Interesse des Subjekts am Objekt, und so werde der Mann (oder die Frau, d. Verf.) durch die Gewohnheit des geistigen Lebens ebenso zum *Greis* (zur Greisin) wie dadurch, dass die Tätigkeit seines (ihres) physischen Organismus abstumpft.

Der Greis (oder die Greisin) lebe ohne ein bestimmtes Interesse, weil er (sie) die Hoffnung, einst gehegte Ideale verwirklichen zu können, aufgegeben habe und ihm (ihr) die Zukunft nichts Neues mehr zu versprechen scheine. Von allem, was ihm (ihr) noch begegnen mag, glaube er (sie), das Allgemeine, Wesentliche schon zu kennen. Somit sei der Sinn des alten Menschen nur diesem Allgemeinen und der Vergangenheit zugewendet, der er die Erkenntnis des Allgemeinen verdankt. Indem er so in der Erinnerung an das Vergangene und Substanzielle lebe, verliere er für das Einzelne der Gegenwart und für das Willkürliche, z. B. für die Namen, das Gedächtnis. Andererseits halte er die weisen Lehren der Erfahrung in seinem Geist fest und halte sich für verpflichtet, sie an Jüngere weiterzugeben. Diese Weisheit aber, der Umstand, dass die subjektiven Tätigkeiten vollkommen mit der Welt zusammengegangen sind, führe zur gegensatzlosen Kindheit ebenso zurück wie die zur Gewohnheit gewordene Tätigkeit seines physischen Organismus zur abstrakten Negation der lebendigen Einzelheit, zum *Tode*, fortgehe. Und so schließe der Verlauf der

Lebensalter des Menschen zu einer durch den Begriff (des Menschen als Exemplar einer besonderen Gattung Lebewesen, d. Verf.) bestimmten Totalität von Veränderungen, die durch den Prozess der Gattung mit der Einzelheit hervorgebracht werden, ab.[242]

Wie bei der Beschreibung der Rassenverschiedenheiten der Menschen und bei der Charakterisierung des Nationalgeistes musste auch bei der Beschreibung des Verlaufs der Lebensalter, wie Hegel betont, der "konkrete Geist" (ders.) vorweggenommen werden, weil er in diesem Entwicklungsprozess enthalten sei. Jedoch in der Anthropologie sei er noch *nicht* Gegenstand.

Zusammenfassend kann gesagt werden, dass Hegel im Wesentlichen in seiner Beschreibung des Lebensverlaufs des Einzelnen in erster Linie das männliche Individuum in einer von Männern geprägten bürgerlichen Welt im Auge hat, die in ihren Sphären zur Wirklichkeit kommt. Hegel will ja bekanntlich die Wirklichkeit erfassen, so wie sie sich in Westeuropa in der Wende vom 18. zum 19. Jahrhundert herausbildete. Die Emanzipation der Frau war einem "neuen Werden" vorbehalten, doch sie war im modernen Staat, wie ihn Hegel begriff, als eine Möglichkeit enthalten.[243] Hegel beschreibt also den typischen Lebensverlauf eines zugleich männlichen und bürgerlichen Individuums. Allerdings war er sich darüber im Klaren, dass nicht jedes

---

[242] Der Prozess der Gattung bringe diese, wie Hegel das Leben begrifflich fasst und worauf schon an anderer Stelle hingewiesen wurde, zum Fürsichsein, etwa in Gestalt eines einzelnen Menschen. Das Produkt dieses Prozesses bestehe einerseits im lebendigen Individuum, das ein Vermitteltes und Erzeugtes sei, und andererseits in der sich negativ zur Allgemeinheit, also zur Gattung, verhaltenden lebendigen Einzelheit, die in der Gattung als ihre unwiderstehliche Macht untergehe. Dazu: Ders., Enzyklopädie der philosophischen Wissenschaft, 1. Teil, a. a. O., S. 376.

[243] Der Verfasser hat sich also erlaubt, „das neue Werden" vorweg zu nehmen und damit den Hegelschen Text zu „modernisieren", was auf eine leichte Verfremdung hinausläuft.

Individuum im modernen Staat und der bürgerlichen Gesellschaft die Entwicklungsmöglichkeiten hat, wie er sie im Einzelnen darstellt. So wusste er, dass das Leben von Individuen, die der Masse der Besitzlosen, der Armen, kurz, dem Proletariat angehörten, typischerweise einen ganz anderen Verlauf nahm als das Leben von Individuen aus dem Bürgertum.[244]

Das Geschlechtsverhältnis

Das Moment des realen ("reellen", Hegel) Gegensatzes des Individuums zu sich selbst, so dass es *sich* in einem *anderen* Individuum sucht und findet [245] - das sei das *Geschlechtsverhältnis*. [246] Dieses sei ein Naturunterschied *einerseits* der *Subjektivität*, die in der sittlichen

---

[244]Dazu: Ders., Grundlinien der Philosophie des Rechts, Frankfurt a. M. 1970, S. 387 ff.

[245]Die Menschheit als eine bestimmte Gattung unter den Lebewesen differenziert sich von Natur aus und darüber hinaus aufgrund von Geist und Kultur (Rollenzuschreibung und -differenzierung) in „männliche" und „weibliche" Individuen. Ein „weibliches" Individuum ist *für* ein „männliches" ein realer, d. h. nicht nur ein innerlicher Gegensatz, und umgekehrt. Dieser Gegensatz von „Mann" und „Frau", die sich jeweils zugleich voneinander *unterscheiden* und miteinander *identisch* sind, treibt nach Hegel beide Seiten dazu, sich im jeweils anderen zu suchen und zu finden. Die Beziehung zwischen einem Mann und einer Frau, insbesondere dann, wenn sie sich zu einer ehelichen Gemeinschaft entwickelt, unterliegt einem sittlichen Normengefüge, das den Beteiligten als eine Objektivität gegenübersteht, aber zugleich auch in ihrer Subjektivität enthalten ist. Diese normative Struktur unterscheidet sich, wie man den folgenden Satz Hegels auslegen kann, grundlegend von jenen normativen Strukturen, die im Bereich von Staat, Wissenschaft und Kunst gelten.

[246]Ders., Enzyklopädie der philosophischen Wissenschaften, 3. Teil, S. 86-87. Hegel gibt an dieser für den Leser etwas sperrigen Stelle nur äußerst knappe Hinweise zumal zum Geschlechtsverhältnis aus anthropologischer Sicht. Dazu auch: H. Drüe, Die Philosophie des Geistes, in: Ders. u. a., Hegels „Enzyklopädie der philosophischen Wissenschaften" (1830), a. a. O., S. 222-223.

Empfindung, der Liebe usw., mit sich einig bliebe und nicht zum Extrem des Allgemeinen in den Zwecken, Staat, Wissenschaft, Kunst usw., fortschreite. Jener Unterschied sei *andererseits* ein solcher der *Tätigkeit*, die sich in sich zu einem Gegensatz allgemeiner, objektiver Interessen zu der eigenen und der äußerlich-weltlichen Existenz der Individuen "spanne" (ders.) und jene (Interessen, d. Verf.) in dieser (Existenz, d. Verf.) zu einer erst hervorgebrachten Einheit verwirklichen würde. Das Geschlechtsverhältnis erlange in der *Familie* seine geistige und sittliche Bedeutung und Bestimmung. Indem, wie sich Hegels sehr kurze Ausführungen zum Geschlechtsverhältnis ergänzen lassen, sich eine Liebesbeziehung, etwa eine "romantische Liebe" zwischen Mann und Frau, zu einer Ehe entwickelt, bildet sich damit zugleich eine strukturelle Grundlage heraus, auf der allgemeine, objektive Interessen des Gemeinwesens befördert werden. So finden Mann und Frau in der Ehe und der Familie nicht nur eine Befriedigung ihrer natürlichen Bedürfnisse und die Achtung ihrer sittlichen Empfindungen, sondern sie dienen auch mit ihren Tätigkeiten, wenn auch unbeabsichtigt, allgemeinen, objektiven Interessen und Zwecken, indem sie z. B. Kinder in die Welt setzen, diese auf- und erziehen, einen Haushalt errichten und unterhalten, Steuern zahlen und in allen Wechselfällen des Lebens (z. B. Krankheiten, Invalidität) füreinander Verantwortung tragen. [247] Dass Ehen und Familien für allgemeine, objektive Interessen und Zwecke tätig sind, wird vom modernen Staat anerkannt, indem er z. B. die sittliche Normen von Ehe und Familie

---

[247] „Und wenn der Erwachsene wiederum einen Menschen zeugt, so setzt sich in der persönlichen Liebe von Mann zu Weib wiederum die Gattung durch, und man nennt den Akt der Zeugung deshalb Begattung und spricht von Ehegatten. Scheinbar hat es die Liebe beim Menschen zwar nur mit diesem bestimmten Individuum zu tun, aber im Hintergrund treibt die Allgemeinheit der Gattung das eine zum anderen Geschlecht, wie Schopenhauer (1859) in seiner *Metaphysik der Geschlechtsliebe* deutlich gemacht hat." K. Löwith, Zur Frage einer philosophischen Anthropologie, in: Ders., Mensch und Menschenwelt, a. a. O., S. 337. Löwith scheint hier an Hegelsche Gedanken anzuknüpfen.

durch das Recht stärkt und die einzelnen Familien durch Sozialpolitik unterstützt. Doch die Familie ist nach Hegel eine Sphäre des "objektiven Geistes" oder des modernen Staates und wird deshalb erst in der *zweiten* Abteilung der Philosophie des Geistes behandelt. Hier dagegen bewegt sich Hegels Denken noch auf der Ebene der natürlichen Seele, also der Anthropologie.

Das Wachsein und das Schlafen

Wenn die Individualität als eine *für sich seiende* von sich als eine nur *seiende* Individualität unterscheidet, dann sei es, so Hegel, dass *Erwachen* der Seele. [248] Dieses Erwachen trete ihrem in sich verschlossenen Naturleben zunächst als Naturbestimmtheit und *Zustand*, einem anderen *Zustand*, nämlich dem *Schlaf*, gegenüber. [249] Das Erwachen unterscheide sich nicht nur *für uns* oder nur äußerlich vom Schlaf, es sei vielmehr das *Urteil* (die Urteilung, d. Verf.) der individuellen Seele selbst. Ihr Fürsichsein sei für sie die Beziehung diese ihrer Bestimmung auf ihr Sein, das Unterscheiden ihrer selbst von ihrer noch nicht unterschiedenen Allgemeinheit. [250] In das

---

[248] Ders., Enzyklopädie der philosophischen Wissenschaften, 3. Teil, a. a. O., S. 87 ff. Die *natürliche* Seele mit ihren Qualitäten oder Beschaffenheiten ist für Hegel, wie erwähnt, nur die „*seiende* Seele". Indem diese als „für sich seiende Individualität" sich von sich selbst als nur „seiende Individualität" unterscheidet, kommt es also, ihm zufolge, zum „Erwachen der Seele", d. h. zum *Erleben* ihrer selbst. Dieses *Erwachen* ist für Hegel zunächst, wie noch ausgeführt werden wird, der *Zustand* eines „leeren Fürsichseins" (ders.), der sodann in das „ausgefüllte Fürsichsein" (ders.), d. h. in die *Empfindung* übergeht.

[249] Wachsein und Schlaf sind also nach Hegel *Zustände* und keine Tätigkeiten.

[250] Der Zustand des Erwachens der individuellen Seele unterscheidet sich also nach Hegel nicht nur für die Betrachtenden oder nur äußerlich vom Zustand des Schlafens. Es handelt sich, ihm zufolge, um ein in der individuellen Seele selbst stattfindendes Urteil (Urteilung). Das Fürsichsein ist eine Bestimmung der Seele, die sich auf ihr Sein bezieht, worunter hier offenbar die natürlichen Qualitäten (Beschaffenheiten) und die natürlichen Veränderungen der Seele zu verstehen sind.

Wachsein falle, so Hegel, überhaupt jede selbstbewusste und vernünftige *Tätigkeit* des Geistes, der sich *für sich* unterscheide. Der Schlaf sei die Bekräftigung dieser Tätigkeit, und zwar nicht als bloß negative Ruhe von jener Tätigkeit, sondern die *Rückkehr* aus der Welt der *Bestimmtheiten*, aus der Zerstreuung und aus der Fixierung auf die Einzelheiten (etwa auf die Rollen des Einzelnen in der Gesellschaft, d. Verf.) in das allgemeine *Wesen der Subjektivität*, das die *Substanz* jener Bestimmtheiten und deren *absolute Macht* sei.[251] Der Unterschied von

---

Mit dem Entstehen ihres Fürsichseins im Erwachen unterscheidet sich die individuelle Seele in sich selbst, d. h. von ihrer Allgemeinheit, die noch nicht unterschieden (differenziert?) ist; d. h. sie steht mit ihrer Unterscheidung in sich selbst noch nicht, wie sich Hegel auslegen lässt, irgendeinem besonderen, gegenständlichen Inhalt gegenüber. Offensichtlich ist der Zustand des Erwachens der Seele nach Hegel ein solcher vorbewussten, inhaltlosen Erlebens der Seele, mithin ein noch völlig leeres Fürsichsein. Zwar ist das Individuum wach, aber es ist noch nicht in sein konkretes, alltägliches Leben wieder eingetaucht.

[251] Dazu K. Löwith: „Im Erwachen erwacht der Mensch zum Selbstgefühl und Selbstbewußtsein. Erst durch diese Beziehung auf sich selbst hebt sich dann alles andere als ein anderes von uns selber ab. Es wird zum Gegenüber unserer selbst. Wenn ich erwachend zum Bewußtsein meiner selbst komme, ist auch schon die andere Erfahrung gemacht, daß es anderes gibt als mich selbst. Das Wachsein ist das zur Gewohnheit gewordene Setzen des Unterschieds von Subjekt und Objekt, ein Unterschied, der sich in der bewußtlosen Gesammeltheit des Schlafes wieder aufhebt. Der Übergang vom Wachen zum Schlafen, das Einschlafen, bedeutet aber nicht, daß das Schlafen nur ein vermindertes Wachsein wäre und bloß gradweise sich von ihm unterschiede. Das Einschlafen kann zwar längerer oder kürzerer Zeit bedürfen, der Übergang als solcher geschieht jedoch abrupt durch ein plötzliches und schon nicht mehr bewußtes Abbrechen der Kontinuität des wachen Lebens. Man ist dann auf einmal nicht mehr für sich da, sondern weg und nur noch für andere Wachende vorhanden und auch für sie anders als zuvor. Ebenso abrupt wie das Einschlafen geschieht das Erwachen, auch wenn ihm ein halbes Erwachen vorausgeht, ehe man die Augen aufschlägt und aufsteht. Um einzuschlafen, schließt man die Augen, d. h., man verschließt sich dem sinnlichen Eindruck der Außenwelt. Was man im Schlaf träumend erlebt, ist, auch wenn es lebhaft geträumt wird, doch immer eine Traumwelt, in der die Gesetze des wachen Lebens nicht gelten." K.

Schlafen und Wachen pflege nach Hegel zu einer der quälenden Fragen zu gehören, die der Philosophie gestellt wird. Die oben angegebene Bestimmtheit sei abstrakt, insofern sie zunächst das natürliche Erwachen betrifft, worin jedoch das geistige Erwachen implizit enthalten, aber noch nicht als *Dasein* gesetzt sei.[252] Wenn aber noch *konkreter* von diesem Unterschied von Wachen und Schlafen die Rede sei, der aber in seiner Grundbestimmung immer derselbe bleibe, so müsste das Fürsichsein der individuellen Seele schon als ein *Ich* des Bewusstseins bestimmt und als verständiger Geist genommen werden. Die Schwierigkeit, auf die man stoße, betrachte man jene beiden voneinander unterschiedenen Zustände, würde erst entstehen, nehme man das *Träumen* im Schlaf hinzu und bestimme dann die Vorstellungen des wachen, besonnenen Bewusstseins, die ebenso *Vorstellungen* wie auch die Träume seien. In einer solchen oberflächlichen Bestimmung von *Vorstellungen* würden freilich beide Zustände übereinstimmen, d. h. es würde über den Unterschied zwischen ihnen hinweggesehen werden; und stets würde man, wenn man das *wache* Bewusstsein (vom Schlaf, den Träumen, d. Verf.) unterscheidet, sich zu der trivialen Bemerkung hinreißen lassen, dass das Bewusstsein doch auch nur Vorstellungen enthalte. Aber das *Fürsichsein* der wachen Seele, *konkret* aufgefasst, sei Bewusstsein und Verstand, und die Welt des verständigen Bewusteins sei etwas ganz anderes als ein Gemälde von bloßen Vorstellungen und Bildern. Diese würden vor allem äußerlich, nach den so genannten Gesetzen der *Ideenassoziation*, auf nicht verständige Weise zusammenhängen, wobei sich auch hier und dort Kategorien einmischen könnten. Im

---

Löwith, Zur Frage einer philosophischen Anthropologie, in: Ders., Mensch und Menschenwelt, a. a. O., S. 339. Das allgemeine *Wesen* der Subjektivität ist also nach Hegel die „Substanz" der selbstbewussten Tätigkeit des Einzelnen, die von ihm nach Rückkehr zum Wachsein wieder aufgenommen wird.

[252] Ders., Enzyklopädie der philosophischen Wissenschaften, 3. Teil, a. a. O., S. 87 ff. Hegel meint offenbar das Erwachen, in dem sich das Empfindens noch nicht voll entfaltet und schon gar nicht die Bewusstseinstätigkeit eingesetzt hat.

Wachen aber verhalte sich der Mensch wesentlich als ein konkretes Ich, als Verstand. Durch diesen stünde die *Anschauung* vor ihm als eine konkrete Totalität von Bestimmungen, in der jedes Glied, jeder Punkt seine durch und durch mit allen anderen zugleich eine bestimmte Stelle einnehme. So habe der Inhalt seine Bewährung nicht durch das bloße subjektive Vorstellen und Unterscheiden des Inhalts als eines Äußeren von der Person, sondern durch den *konkreten Zusammenhang*, in dem jeder Teil mit anderen Teilen dieses Komplexes stünde. Das Wachen sei das *konkrete* Bewusstsein dieser gegenseitigen Bestätigung jedes einzelnen Moments seines Inhalts durch alle Übrigen des Gemäldes, wie es die Anschauung darstelle.

Um den Unterschied von Träumen und Wachen zu erkennen, brauche man sich nur den Unterschied, den Kant zwischen der *Objektivität* der Vorstellung, die, ihm zufolge, durch Kategorien bestimmt sei, und der *Subjektivität* der Vorstellung vor Augen zu führen. Zugleich müsse man wissen, wie schon bemerkt wurde, dass das, was im Geist wirklich vorhanden ist, darum nicht auf explizite Weise auch in seinem Bewusstsein gesetzt sein müsse.

Durch das *Erwachen* trete, wie Hegel in seinem Zusatz erläutert, die *natürliche* Seele des menschlichen Individuums zu ihrer Substanz in ein Verhältnis.[253] Dieses im Erwachen eintretende Verhältnis müsse man als die *Wahrheit* und die *Einheit* der beiden Beziehungen[254]

---

[253]Ebenda, S. 89 ff. Durch ihr Erwachen tritt die natürliche Seele des Einzelnen also in ein Verhältnis zu ihrer Substanz, d. h. zu ihren natürlichen Qualitäten und zu ihren natürlichen Veränderungen: Lebensverlauf und Geschlechtsverhältnis. In diesem Vorgang erlebt sich die Seele, wie man ergänzen könnte, ganz unmittelbar sowohl als in einem bestimmten Lebensalter stehend als auch als weiblich oder männlich.

[254] Dieses mit dem Erwachen eintretende Verhältnis ist nach Hegel als die Wahrheit und Einheit von Lebensverlauf und Geschlechtsverhältnis zu verstehen. Erwacht das einzelne Subjekt, so erlebt es sich demnach z. B. sowohl als ein

betrachten. Diese fänden *einerseits* in der Entwicklung, die den Verlauf der *Lebensalter* hervorbringe, statt und *andererseits* im *Geschlechtsverhältnis* zwischen der Einzelheit (den Einzelnen, d. Verf.) und der substanziellen Allgemeinheit, also der Gattung des Menschen.[255] Denn während im Verlauf der *Lebensalter* die Seele als das beharrende *eine* Subjekt erscheine, seien die an ihr hervortretenden Unterschiede nur Veränderungen, nur *fließende*, aber nicht feststehende Unterschiede. Dagegen komme im *Geschlechtsverhältnis* das Individuum zu einem *festen* Unterschied, zu einem realen Gegensatz zu sich selber;[256] die Beziehung des Individuums zu der an ihm selber tätigen Gattung entwickle sich zu einer Beziehung zu einem Individuum des entgegengesetzten Geschlechts. Während also im Fall der Lebensalter die *einfache Einheit* und im Fall des Geschlechtsverhältnisses der *feste* Gegensatz vorherrsche, sehe man in der *erwachenden* Seele eine nicht bloß einfache, sondern eine durch den *Gegensatz* vermittelte Beziehung der Seele auf sich selber.[257] In diesem Fürsichsein der Seele (in dem

---

Erwachsener als auch ein Mann.

[255] Die im Lebensverlauf hervorgebrachten Formen, sind für Hegel *fließend*, ineinander übergehend, und sind somit keine festen Unterschiede, während, ihm zufolge, das Geschlechtsverhältnis einen *festen* Unterschied sowie einen realen Gegensatz zwischen dem männlichen und dem weiblichen Individuum einschließt. Auf die *Einheit* von Lebensalter und Geschlecht, die im Erwachen und damit im vorbewussten Erleben der Seele entsteht, drängen, wie sich Hegel verstehen lässt, die beiden einander gegensätzliche Beziehungen: Lebensverlauf und Geschlechtsverhältnis, hin.

[256] Im Geschlechtsverhältnis setzen sich Mann und Frau gegenseitig als einen „reellen" (Hegel) Gegensatz.

[257] Gemeint ist offenbar, dass im Erwachen der Seele diese sich auf sich selbst bezieht, sie *für sich* wird, und sich dabei, wie gesagt, zugleich in einem bestimmten Lebensalter und als männlich oder als weiblich erlebt. In der erwachenden Seele sieht Hegel also nicht nur eine *einfache* Beziehung der Seele, sondern eine durch den *Gegensatz* vermittelte Beziehung der Seele auf sich selber, wobei er offenbar den Gegensatz zwischen dem Lebensverlauf und seinen einzelnen Lebensaltern

unmittelbaren, vorbewussten Erleben, wie es mit dem Erwachen eintritt, d. Verf.) würde man aber den Unterschied (zwischen Wachsein und Schlaf, d. Verf.) weder als einen so *fließenden*, wie im Verlauf der *Lebensalter*, noch als einen so *festen*, wie im *Geschlechtsverhältnis* sehen, sondern als die an einem und demselben Individuum sich hervorbringende *dauernden Abfolge* der Zustände von Schlafen und Wachen. Die *Notwendigkeit* des *dialektischen* Fortgangs vom *Geschlechtsverhältnis* hin zum *Erwachen* der Seele, liege aber näher darin, dass, indem *jedes* der zueinander in geschlechtlicher Beziehung stehenden Individuen kraft ihrer *an sich* seienden Einheit (im Geschlechtsverhältnis, d. Verf.) in dem *anderen* sich selber wieder findet, die Seele aus ihrem Ansichsein zum Fürsichsein, das heiße eben aus ihrem Schlaf zum *Erwachen* gelangt. [258] Das, was im Geschlechtsverhältnis an *zwei* Individuen verteilt sei - nämlich *eine* Subjektivität, die mit ihrer Substanz in unmittelbarer Einheit *bleibe*, und *eine* Subjektivität, die in einen Gegensatz zu dieser Substanz *trete* -, das sei in der *erwachenden* Seele *vereinigt*. Das Geschlechtsverhältnis habe somit die Festigkeit seines Gegensatzes verloren und jene Flüssigkeit im Unterschied erhalten, durch die dasselbe zu bloßen *Zuständen* werde.[259] Der *Schlaf*, so fährt Hegel fort,

---

einerseits und dem Geschlechtsverhältnis andererseits meint. Von diesem aus sieht Hegel einen (notwendigen) dialektischen Fortgang zum Erwachen der Seele.

[258]Für das Leben des Einzelnen als Exemplar der menschlichen Gattung, einer „substanziellen Allgemeinheit", ist der Schlaf, in dem seine Seele nicht unterschieden (differenziert) ist, eine Notwendigkeit. Für das Leben der Gattung ist auch das Wachsein eine Notwendigkeit, indem sich in ihm, so lässt sich folgern, ihre Reproduktion, einschließlich der Tätigkeit für den Lebensunterhalt, vollzieht.

[259] Die beiden im Geschlechtsverhältnis füreinander als reale Gegensätze gegenüberstehende Individuen sind im Zustand des *Schlafes*, *das*, was sie *an sich* aufgrund ihres Naturunterschiedes sind, nämlich männlich bzw. weiblich. Gleichwohl sind beide Seiten körperlich und seelisch aufeinander bezogen, sie treten aber in jenem Zustand noch nicht zueinander in ein für sie reales gegensätzliches Verhältnis und werden somit noch nicht *für sich*, was sie jeweils *an sich* sind, nämlich Mann bzw. Frau. Einmal *wach*, sind Mann und Frau jeweils

sei ein Zustand, in dem die Seele in ihrer *unterschiedslosen Einheit* versunken ist, das *Wachsein* dagegen sei ein Zustand, in dem die Seele in den *Gegensatz* gegen diese einfache (also unterschiedslose, d. Verf.) Einheit getreten ist. Das "Naturleben des Geistes" (ders.[260]) bestehe aber hier noch in dem bloßen Wachsein. Sei die erste Unmittelbarkeit der Seele bereits aufgehoben und nun zu einem bloßen *Zustand* (des Schlafes, d. Verf.) herabgesunken, so *erscheine* das *Fürsichsein* der Seele, zustande gekommen durch die Negation jener Unmittelbarkeit (also des Schlafes, d. Verf.), ebenfalls lediglich in Gestalt eines bloßen *Zustandes* (eben als bloßes Wachsein, d. Verf.). Das Fürsichsein, die Subjektivität der Seele, sei also noch nicht mit ihrer *an sich seienden* Substantialität zusammengefasst.[261] Beide Bestimmungen (der Schlaf

---

das *für sich* (in ihren Ahnungen, Gefühlen, ihrem Wissen), was sie an sich sind. Zugleich treten sie in ihrer Subjektivität, als Mann bzw. Frau, in den Gegensatz zur jeweiligen Substanz (zur naturgegebenen Männlichkeit bzw. Weiblichkeit) des anderen. In diesem Verhältnis wird jedes der beiden Individuen dazu getrieben, den Gegensatz zwischen sich und dem anderen aufzuheben, indem jedes sein Verhalten auf das des anderen einstellt und damit eine innige soziale Beziehung, die Geschlechtsliebe, eingeht. In diesem Prozess der Vereinigung verliert das Geschlechtsverhältnis, so Hegel, seinen festen Gegensatz, wird flüssig und zu einer Abfolge bloßer Zustände. Das Verhältnis zwischen Mann und Frau wird demnach im Wachsein zu einem fortlaufenden Prozess aufeinander eingestellten Verhaltens, der, mehr als den bloßen Naturunterschied, Geist, Sittlichkeit, und am Ende die Gründung einer Familie einschließt. Im Geschlechtsverhältnis sind eben Mann und Frau nicht nur füreinander ein Ding, mittels dessen jede Seite ihren Geschlechtstrieb befriedigen kann, sondern füreinander Subjekt, Subjektivität, mehr noch, sie haben sich gegenseitig verinnerlicht.

[260] „Der Geist lebt 1. In seiner Substanz, der natürlichen Seele, das allgemeine planetarische Leben mit, den Unterschied der Klimate, den Wechsel der Jahreszeiten, der Tageszeiten u. dgl. - ein Naturleben, das in ihm zum Teil nur zu trüben Stimmungen kommt." Ders., Enzyklopädie der philosophischen Wissenschaften, 3. Teil, a. a. O., S. 52.

[261] Das Fürsichsein der Seele, wie es mit dem Erwachen eintritt, ist also, Hegel zufolge, noch nicht jenes Fürsichsein, jene Subjektivität (jenes vorbewusste Erleben der Seele, d. Verf.), die mit *dem* zusammengefasst ist, was die *seiende*

und das Wachsein, d. Verf.) würden noch als einander *ausschließende* und einander *abwechselnde* Zustände erscheinen.[262]

In das Wachsein falle allerdings, wie Hegel fortfährt, die wahrhaft geistige Tätigkeit, nämlich der Wille und die Intelligenz. In *dieser* konkreten Bedeutung dürfe aber hier, wie erwähnt, das Wachsein *noch nicht* betrachtet werden, sondern nur als ein *Zustand*, als etwas, was sich vom Willen und der Intelligenz wesentlich *unterscheidet*. Dass aber der in seiner Wahrheit als *reine Tätigkeit* zu fassende Geist die Zustände des Schlafens *und* des Wachseins *an sich* hat, käme davon, dass der Geist eben auch *Seele* sei und als *Seele* sich zu der Form eines Natürlichen, eines Unmittelbaren, eines Leidenden (oder Erleidenden, d. Verf.) herabsetze. In dieser Gestalt *erleide* der Geist nur sein Fürsichwerden, so dass man sagen könne, das Erwachen werde dadurch bewirkt, dass der Blitz der Subjektivität die Form der Unmittelbarkeit (der Natürlichkeit, d. Verf.) des Geistes durchschlägt. Zwar könne sich der *freie* Geist[263] auch zum Erwachen bestimmen, hier, in der *Anthropologie,* sei das Erwachen aber nur insofern zu betrachten, als es ein noch ganz *unbestimmtes Geschehen* ist, als ein solches, in dem der Geist *sich selber* und eine ihm *gegenüberstehende* Welt überhaupt *findet.* Es sei ein bloßes *Sichfinden* (oder unmittelbares Erleben, d. Verf.), das zunächst *nur* zur *Empfindung* fortschreiten würde, aber von der Intelligenz und dem Willen, wie diese konkret

---

Seele mit ihren Naturbestimmungen an sich ausmacht. Im Zustand des bloßen Wachseins ist die Seele zwar *für sich*, doch sie ist noch nicht auf der Stufe der Empfindungen angekommen und erst recht nicht auf denen des Bewusstseins, der Intelligenz und des Willens. Im Zustand des Erwachens ist die Seele, mit anderen Worten, nur auf der Stufe des leeren Fürsichseins.

[262]Den Geist begreift Hegel als reine *Tätigkeit* und *nicht* als einen Zustand. Wenn der Geist, wie er im Folgenden erläutert, das Wachsein und den Schlaf als Zustände an sich hat, so kommt das daher, dass er noch *Seele* ist, die Form eines *Natürlichen*, eines *Unmittelbaren,* hat, er noch „Naturgeist" ist.

[263]Dieser ist erst Gegenstand in Hegels „Psychologie".

bestimmt seien, noch *weit* entfernt bleibe. Darin, dass die Seele, indem sie erwacht, sich und die Welt, also diese Zweiheit und diesen Gegensatz, bloß *findet* (oder nur unmittelbar erlebt, d. Verf.), bestehe eben die *Natürlichkeit* des Geistes.[264]

Die im Erwachen erfolgende Unterscheidung der Seele von sich selbst und von der Welt hänge nun, so Hegel, wegen ihrer Natürlichkeit, mit einem physikalischen Unterschied, nämlich mit dem Wechsel von Tag und Nacht zusammen.[265] Es sei nur natürlich für den Menschen, am Tag zu wachen und in der Nacht zu schlafen; denn wie der Schlaf ein Zustand der Seele ist, in dem sie sich *nicht unterscheidet,* so verdunkele die Nacht den Unterschied der Dinge. Und wie im Erwachen die Seele sich von sich selber unterscheide, so lasse das Licht des Tages die Unterschiede der Dinge hervortreten. Aber nicht nur in der physikalischen Natur, sondern auch im menschlichen Organismus finde sich ein Unterschied, der dem des Schlafens und Wachens der Seele entspreche. Am animalischen Organismus sei wesentlich die Seite seines "Insichbleibens von der Seite seines Gerichtetsein gegen Anderes zu unterscheiden"[266]. *Bichat*[267] spreche im ersten Fall vom *"organischen"*, im zweiten vom *"animalischen Leben"*. Zum *organischen* Leben zähle er das Reproduktionssystem, nämlich die

---

[264] Aus Hegels Text geht u. E. hervor, dass Hegel das bloße Erwachen eines Individuums als einen Zustand ansieht, in dem es lediglich die Welt und sich selber nur *findet*. Es handelt sich offenbar nur um ein vorbewusstes, unmittelbares Erleben, *vor* der Stufe der Empfindung. Auf der folgenden Stufe der Empfindung werden die Naturbestimmungen der Seele, wie auch die Welt überhaupt, in ihrer Vielfalt erlebt, womit jedoch noch nicht die Stufe des Bewusstseins erreicht ist; denn dieses ist nicht mehr Gegenstand der Anthropologie. Hier bewegen wir uns nach Hegel noch auf der naturgeistigen, noch vorsprachlichen Ebene.

[265] Ders., Enzyklopädie der philosophischen Wissenschaften, 3. Teil, a. a. O., S. 90 ff.

[266] Ebenda, S. 91.

[267] Marie Francois Xavier Bichat, *Recherches physiologiques sur la vie et la mort* (Paris 1800), 4. Aufl. 1822, S. 7 f., von Hegel zitiert, ebenda.

Verdauung, den Blutkreislauf, die Transpiration und das Atmen, Prozesse, die im Schlaf andauern und nur mit dem Tod enden würden. Zum *animalischen* Leben zähle nach *Bichat* dagegen das System der Sensibilität und der Irritabilität[268], die Tätigkeit der Nerven und Muskeln. Dieses System sei nach *außen* gerichtet und höre im Schlaf mit seiner Tätigkeit auf, weshalb man Schlaf und Tod als Geschwister ansehen würde. Die einzige Weise, in der sich der animalische Organismus im Schlaf noch auf die Außenwelt beziehe, sei, so Hegel, das Atmen als das ganz abstrakte Verhältnis zum unterschiedslosen Element der Luft. Zur sonstigen Äußerlichkeit dagegen stehe der gesunde Organismus des Menschen im Schlaf in keiner Beziehung mehr. Würde der Organismus daher im Schlaf nach außen tätig werden, so sei er krank. Hegel denkt dabei an das Schlafwandeln und an andere Tätigkeiten im Schlaf. Über jenen Unterschied in der Tätigkeit des Organismus hinaus sei, Hegel zufolge, auch in der Gestaltung der Organe des inneren und des nach außen gerichteten Lebens ein Unterschied zu bemerken. So seien die äußeren Organe, die Augen, die Ohren, sowie die Extremitäten, die Hände und Füße, symmetrisch verdoppelt, die inneren Organe würden dagegen entweder gar keine oder nur eine unsymmetrische Verdoppelung aufweisen.

Was den *geistigen* Unterschied von Wachen und Schlafen betrifft, so müsste noch auf folgendes hingewiesen werden: Der Schlaf sei als derjenige Zustand bestimmt worden, in dem die Seele sich weder in sich selbst noch sich von der Außenwelt unterscheidet. Die Erfahrung bestätige diese an sich notwendige Bestimmung. Würde unsere Seele immer nur ein und dasselbe empfinden oder sich vorstellen, so würde sie schläfrig (Hegels Beispiele: Eintöniges Singen oder das Gemurmel eines Bachs.) werden. Unser Geist würde sich nur dann *vollkommen* wach fühlen, würde ihm etwas Interessantes, Neues und Gehaltvolles geboten. Zur Lebendigkeit des Wachseins gehöre also sowohl der

---

[268]Das System, das ermöglicht, Reize aufzunehmen und darauf zu reagieren.

Gegensatz als auch die *Einheit* des Geistes mit dem *Gegenstand*.[269] Würde dagegen der Geist in dem Anderen die in sich unterschiedene (differenzierte, d. Verf.) Totalität, die er selber ist, nicht wieder finden, so würde er sich von der Gegenständlichkeit in seine unterschiedslose Einheit mit sich zurückziehen, sich langweilen und einschlafen. In diesen Bemerkungen sei aber schon enthalten, dass nicht der Geist *überhaupt*, sondern, genauer noch, das *verständige* und *vernünftige* Denken durch den Gegenstand in Spannung gesetzt werden muss, soll das Wachsein in der ganzen Schärfe seiner Unterschiedenheit vom Schlafe und vom Träumen gegeben sein. Wir könnten uns im Wachen, würden wir das Wort abstrakt verstehen, sehr langweilen und umgekehrt sei es möglich, dass wir uns im Traum für etwas interessieren. Aber im Traum sei es nur unser *vorstellendes*, *nicht* aber unser *verständiges* Denken, dessen Interesse erregt wird.

Für die Unterscheidung von Wachen und Träumen, könne, wie Hegel fortfährt, auch die Bezeichnung *„Klarheit"* nicht ausreichen. Denn *erstens* sei eine solche Bestimmung nur eine quantitative und drücke nur die Unmittelbarkeit der Anschauung, folglich nicht das Wahrhafte aus. Dieses hätten wir *erst* vor uns, würden wir uns überzeugen, dass das Angeschaute eine vernünftige Totalität in sich ist. Und *zweitens* wüssten wir sehr wohl, dass das Träumen sich nicht immer als das *Unklarere* vom Erwachen unterscheidet, sondern im Gegenteil, namentlich bei Krankheiten und bei Schwärmern, oft klarer ist als das Wachen.

Man würde auch dadurch nicht genügend zwischen Wachen und Schlafen unterscheiden, meine man nur im Wachen *denke* der Mensch. Denn das Denken gehöre *überhaupt* so sehr zur Natur des Menschen, dass dieser auch im Schlaf denken würde. In allen Formen des Geistes, ob im Gefühl, in der Anschauung oder in der Vorstellung, bleibe das

---

[269]Das wäre der Fall, wenn mit dem Wachsein auch das Bewusstsein einsetzt.

Denken die Grundlage. Es werde daher, insofern es diese unbestimmte Grundlage ist, von dem Wechsel vom Schlaf zum Wachsein und umgekehrt nicht berührt, sondern stehe als die ganz allgemeine Tätigkeit über den beiden Seiten dieses Wechsels. Anders würde sich dagegen die Sache verhalten, würde das Denken - als eine von anderen geistigen Tätigkeiten unterschiedene Form - den anderen Formen des Geistes *gegenübertreten*. In diesem Falle würde das Denken im Schlaf und im Traum aufhören. Verstand und Vernunft, die Weisen des *eigentlichen* Denkens, wären demgemäß nur im Wachen tätig. Erst im *Verstand* komme der erwachenden Seele die abstrakte Bestimmung zu, sich selber vom Natürlichen zu unterscheiden, von ihrer unterschiedslosen Substanz und von der Außenwelt. Sie bekomme so ihre *intensive*, konkrete Bedeutung, weil der Verstand das unendliche „Insichsein" sei, das sich zur Totalität entwickle und eben dadurch sich von der Einzelheit der Außenwelt frei mache.[270] Wenn aber das Ich in sich selber frei ist, mache es auch die Gegenstände von seiner Subjektivität unabhängig, betrachte es dieselben gleichfalls als Totalitäten und als Glieder einer sie alle umfassenden Totalität.[271] Am

---

[270]Der Verstand schließt, wie sich Hegel verstehen lässt, ein bestimmtes abstraktes, selektives Sprachsystem, z. B. das der Ökonomie, ein, forscht in diesem Bezugsrahmen nach Gesetzen und macht sich damit von den Einzelheiten der Außenwelt frei.

[271] Die Freiheit in sich selbst findet das Ich dadurch, dass es sich von den Einzelheiten der Außenwelt befreit. Sein Weg dorthin führt aber nur über einen Umweg, nämlich über die Auseinandersetzung mit den Gegenständen, die es als Totalitäten (z. B. als Volkswirtschaft) und als Glieder einer umfassenden Totalität (z. B. als Weltwirtschaft) betrachtet. Indem das Ich sich im Bezugsrahmen einer besonderen Disziplin, z. B. der Ökonomie, und dort auf der Stufe des auf Gesetze abzielenden Verstandes bewegt und sich auf diese Weise von den Einzelheiten der Außenwelt befreit, macht es die Gegenstände von seiner Subjektivität unabhängig. Der Verstand hat es aber nur mit einem Zusammenhang der *Notwendigkeit*, also mit Gesetzen, und *nicht*, wie der Philosoph, mit der „freien Idee" (Hegel) zu tun, der Gesichtspunkt, unter dem dieser die Außenwelt begreift.

Äußerlichen sei nun die Totalität (für den Verstand, d. Verf.) nicht als freie Idee (wie für den Philosophen, d. Verf.), sondern als Zusammenhang der *Notwendigkeit*. Dieser objektive Zusammenhang sei dasjenige, wodurch sich die Vorstellungen, die wir im Wachen haben, *wesentlich* von denen unterscheiden, die wir im Traum haben. Begegnet uns daher im Wachen etwas, dessen Zusammenhang mit dem übrigen Zustand der Außenwelt noch nicht erkennbar ist, so würden wir uns fragen, ob wir wachen oder träumen.

Im Traum würden wir uns, so Hegel, nur vorstellend verhalten, da würden unsere Vorstellungen nicht von den Kategorien des Verstandes beherrscht werden. Das bloße Vorstellen reiße aber die Dinge aus ihrem konkreten Zusammenhang heraus und vereinzele sie. Daher würde im Träumen alles auseinanderfließen und sich in wilder Unordnung einander durchkreuzen. Alle Gegenstände würden den notwendigen, objektiven, verständigen und vernünftigen Zusammenhang verlieren und kämen nur in eine ganz oberflächliche, zufällige und subjektive Verbindung. So geschehe es, dass wir etwas, was wir im Schlaf hören, in einen ganz anderen als in *den* Zusammenhang stellen, in dem es in der Wirklichkeit steht. Das Entstehen falscher Vorstellungen im *Schlaf* sei deshalb möglich, weil in diesem Zustand der Geist *nicht* die für sich seiende Totalität ist, mit der er alle seine Empfindungen, Anschauungen und Vorstellungen vergleicht, um aus der Übereinstimmung oder der Nichtübereinstimmung der einzelnen Empfindungen, Anschauungen und Vorstellungen mit seiner für sich seienden Totalität die Objektivität oder Nichtobjektivität jenes Inhalts zu erkennen.[272] Bloß

---

[272] So träume ich z. B., dass der Bombenkrieg ausgebrochen ist, eine Vorstellung, der ich im Schlaf ganz und gar ausgeliefert bin und deshalb schweißgebadet aufwache. Nunmehr weiß ich, dass ein Verkehrsflugzeug über unser Haus geflogen ist und dass sein Geräusch sich mit dem Donner eines herannahenden Gewitters vermischt hat. Vor meinem Traum, also im noch wachen Zustand, hätte ich das Flugzeug sofort als ein Verkehrsflugzeug eingeordnet, das nach meiner Vorstellung

hier und da lasse sich in den Träumen einiges finden, das einen gewissen Zusammenhang mit der Wirklichkeit hat, so bei den Träumen *vor* Mitternacht. In diesen könnten die Vorstellungen noch einigermaßen von der Wirklichkeit, mit der wir uns am Tag beschäftigt haben, in einer Ordnung zusammengehalten werden.

Schließlich gelte es noch zu bemerken, dass das Wachen, als ein *natürlicher* Zustand, eine *natürliche* Spannung der individuellen Seele angesichts der Außenwelt, eine *Grenze*, ein Maß, hat. Die Tätigkeit des wachenden Geistes ermüde nämlich und führe so den Schlaf herbei, der seinerseits gleichfalls eine Grenze habe und deshalb zu seinem Gegenteil fortschreiten müsse. Dieser doppelte *Übergang* sei die Weise, wie in dieser Sphäre die Einheit der *an sich* seienden Substantialität der Seele mit der *für sich* seienden Einzelheit der Seele zur Erscheinung komme.[273]

C. *Empfindung*

Schlafen und Wachen sind nach Hegel, wie er nach diesem Zusatz fortfährt und wie schon erwähnt, nicht nur Veränderungen, sondern

---

eine der üblichen Flugrouten zwischen zwei mir bekannten Flughäfen benutzt. Und was das andere Geräusch betrifft, so hätte ich es sofort als Donner eines herannahenden Gewitters wahrgenommen. Ich weiß, was ein Gewitter ist, habe sogar darüber ein rudimentäres theoretisches Wissen und bin deshalb in der Lage, die Veränderung der Wetterlage als „Gewitter" zu identifizieren. Hätte sich mein Geist nicht zu einer „für sich seiende Totalität" entwickelt, so hätte ich im Zustand des *Wachseins* lediglich Geräusche gehört und ein sich bewegendes Etwas gesehen.

[273] In dem Wechsel von Schlaf und Wachheit manifestiert sich also nach Hegel die Einheit der „*an* sich *seienden* (natur-geistigen) Substantialität" und der *für sich* seienden Einzelheit der Seele. Im Zustand der Wachheit kommt die Seele des Einzelnen zu ihrem Fürsichsein, vollends in der Form ihrer „wahrhaften Individualität" (Hegel), eine Individualität, die sich als eine solche selbst erlebt und sich weiß.

einander *abwechselnde* Zustände, ein Fortschreiten ins Unendliche.[274] In diesem ihrem formalen, negativen Verhältnis (das Negative des Schlafes ist das Wachsein und umgekehrt, d. Verf.) zueinander sei aber ebenso sehr ein *affirmatives* vorhanden. Schlafen und Wachen, die zwar ebenso einander abwechselnde wie einander ausschließende Zustände seien, würden also ein Verhältnis darstellen, das deshalb auch "affirmativ" (ders.) sei, weil, wie aus seinem Zusatz hierzu hervorgeht[275], beide Zustände eine "*konkrete* Einheit" (ders.) bilden würden; isoliert betrachtet, wären sie also bloße "Abstraktionen". Im Fürsichsein (im vor-bewussten Zustand, d. Verf.) der *wachen* Seele sei, wie Hegel fortfährt, das Sein[276] als ein *ideelles* Moment enthalten; die Seele *finde* (emp-finde, d. Verf.) so die Bestimmtheiten der Inhalte ihrer schlafenden Natur[277], die als ihre Substanz *an sich* in derselben,

---

[274]Ders., Enzyklopädie der philosophischen Wissenschaften, 3. Teil, a. a. O., S. 95 f.

[275]Ebenda, S. 95 ff.

[276] Gemeint ist *das*, was in der Seele: natürliche Qualitäten und natürliche Veränderungen, als Anlage und was im wachen Zustand der Seele als ihr Fürsichsein („als ein ideelles Moment", Hegel) enthalten ist. Der Seele als einer *seienden* steht demnach dieselbe Seele als eine *für sich seiende* gegenüber.

[277]Hegel hat den Schlaf als einen Zustand bestimmt, in dem die Seele sich weder in sich selber noch von der Außenwelt unterscheidet. Ebenda, S. 92. Im Erwachen findet (emp-findet) die Seele *das*, was sie als natürliche und seiende Seele inhaltlich bestimmt, ihre „*Substanz*" (Hegel) ausmacht, in sich selbst, und zwar *für sich*. Die Seele jedes Menschen ist in ihrer Substanz, wie ausgeführt, zunächst naturbestimmt, nämlich vom allgemeinen Leben auf dem Planeten „Erde" mit seinen unterschiedlichen Klimazonen und seinem Wechsel der Jahres- und Tageszeiten. Dieses allgemeine seelische Naturleben der Menschen auf der Erde besondert (differenziert) sich in „Naturgeister" (Hegel), nämlich in die Rassenverschiedenheiten, die Volks-, National- und Lokalgeister, und vereinzelt sich schließlich gemäß dem Naturell (Talent, Genie), dem Temperament und dem Charakter. Darüber hinaus unterliegt die Seele natürlichen Veränderungen, nämlich der Abfolge der Lebensalter, dem Geschlechtsverhältnis und dem Wechsel von Wachsein und Schlaf. Von der erwachenden Seele aus erfolgt dann der Fortgang zur *Empfindung*. Bleiben im Schlaf die Naturbestimmungen der Seele dem

in sich selbst, und zwar *für sich* (als ein bloßes unmittelbares Erleben der Seele, d. Verf.) seien. Als Bestimmtheit sei dieses Besondere von der Identität des Fürsichseins mit sich unterschieden und zugleich in dessen Einfachheit einfach enthalten; es sei die *Empfindung*.[278]
Zum "dialektischen Fortgang", wie ihn Hegel von der *erwachenden* Seele hin zur *Empfindung* gedanklich vollzieht, die folgende Erläuterung in seinem Zusatz [279]: Der nach dem *wachen* Zustand eintretende *Schlaf* sei die *natürliche* Weise der Rückkehr der Seele aus der Differenz (also aus dem wachen Zustand, d. Verf.) zur *unterschiedslosen* Einheit mit sich. Indem der Geist an die *Natürlichkeit* gefesselt bleibt, stelle die Rückkehr der Seele aus der Differenz hin zum Schlaf nur die leere *Wiederholung* des Anfangs, also

---

Einzelnen verborgen, so offenbaren oder manifestieren sie sich ihm in der Wachheit im Fürsichsein der Seele. Mit anderen Worten, sie kommen im vor-bewussten Erleben der einzelnen Seele zum Vorschein.

[278] Als ein Besonderes, das die Seele bestimmt, kann man z. B. den Inhalt eines Nationalgeistes, den die wache Seele in sich vorfindet, anführen, der sich von der „Identität des Fürsichseins mit sich" (Hegel) unterscheidet und zugleich „in der Einfachheit des Fürsichseins" als ein „Einfaches" enthalten ist. „Empfindung" kann also vorläufig als ein Vorgang verstanden werden, in dem die erwachte Seele des Einzelnen die in ihrer schlafenden Natur enthaltenen (und von ihrem Fürsichsein unterschiedenen Inhalte) findet (emp-findet) und sie damit in ihr Fürsichsein aufnimmt. Was die „Einfachheit" betrifft, so sei sie, Hegel zufolge, nicht mehr als der reine Anfang, und nur das Unmittelbare sei einfach; sei doch nur im Unmittelbaren noch nicht ein Fortgegangensein von einem zum anderen. Ders., Wissenschaft der Logik, 1. Bd., Hegel Werke, Bd. 5, Frankfurt a. M. 1969, S. 79. Wie Hegel an einer späteren Stelle schreibt, bleibe in der bloßen Empfindung der Gegensatz eines Empfindenden und eines Empfundenen, eines Subjektiven und eines Objektiven, noch fremd. Die Subjektivität der empfindenden Seele sei eine so unmittelbare, so unentwickelte, eine so wenig sich selbst bestimmende und sich unterscheidende, dass die Seele, insofern sie *nur* empfinde, sie sich noch nicht als ein dem Objektiven gegenüberstehendes Subjektives erfasse. Dieser Unterschied gehöre erst dem *Bewusstsein* an. Ders., Enzyklopädie der philosophischen Wissenschaften, 3. Teil, a. a. O., S. 100 f.

[279] Ebenda., S. 95 ff.

lediglich einen langweiligen Kreislauf dar. *An sich* oder dem Begriff nach sei aber in jener Rückkehr zugleich ein *Fortschritt* enthalten. Denn der Übergang vom Schlaf in den wachen Zustand und umgekehrt habe *für uns* (also nur für die Betrachtenden, d. Verf.) das ebenso positive wie negative Resultat, dass sowohl das im Schlaf vorhandene, ununterschiedene *substanzielle* Sein der Seele als auch das im Erwachen zustande gekommene noch ganz *abstrakte* (formale, d. Verf.) Fürsichsein der Seele[280] sich als voneinander *Getrennte*, als *einseitige* und damit *unwahre* Bestimmungen erwiesen; aber dadurch würde ihre *konkrete Einheit* als ihre *Wahrheit* hervortreten. In dem sich wiederholenden Wechsel von Schlafen und Wachen würde jeder dieser beiden Zustände immer nur nach ihrer *konkreten Einheit* streben, ohne aber diese jemals zu erreichen. Jede dieser Bestimmungen würde aus ihrer Einseitigkeit immer nur in die Einseitigkeit der entgegengesetzten Bestimmung fallen. Zur *Wirklichkeit* aber käme diese in jenem Wechsel immer nur erstrebte Einheit (also von Wachen und Schlafen, d. Verf.) in der *empfindenden* Seele.[281]

---

[280]Die aus dem Schlaf erwachte Seele als „abstraktes Fürsichsein" ist, wie sich Hegel verstehen lässt, noch nicht mit einem vorgefundenen Inhalt gefüllt, so dass noch keine Empfindung vorliegt. In der Empfindung unterscheidet sich das Fürsichsein der Seele, wie erwähnt, von dem, was sie in sich selbst oder in der Außenwelt *vorfindet*. Es liegt nahe, hierbei von einem noch „unentwickelten Subjekt-Objektverhältnis" zu sprechen.

[281]Im Schlaf erlebt die Seele nicht *das*, was sie ihrem substanziellen Sein nach ist. Im Erwachen kommt die Seele zu ihrem, allerdings zunächst leeren Fürsichsein und, indem sie empfindet, kommt sie zum erfüllten Fürsichsein, in dem das substanzielle Sein nach Hegel als ein ideelles Moment enthalten ist. Hier kommt, wie sich Hegel verstehen lässt, die in dem Wechsel von Schlaf und Wachsein immer nur erstrebte Einheit zur Wirklichkeit. „Die erwachende Seele schreitet dialektisch zur Empfindung fort: Der Schlaf ist eine natürliche Rückkehr der Seele aus der Unterschiedenheit des Taglebens in die unterschiedslose Einheit mit sich. Das Wachsein stellt die gegenläufige Bewegung dar. Dem Anschein nach handelt es sich um einen einfachen Wechsel, und zwar in beiden möglichen Richtungen. Dem Begriff nach ergibt sich aber ein höher führender Fortschritt. Das im Schlaf

Indem die Seele *empfinde*, habe sie es mit einer unmittelbaren, seienden, noch nicht durch sie hervorgebrachten, sondern mit einer von ihr nur *vorgefundenen* Bestimmung zu tun, einer Bestimmung, die *innerlich* oder *äußerlich* gegeben, also nicht von ihr abhängig sei.[282] *Zugleich* sei aber diese Bestimmung in die Allgemeinheit der Seele versenkt, sie würde damit in ihrer Unmittelbarkeit negiert und somit *ideell* gesetzt werden.[283] Daher kehre die empfindende Seele in diesem ihrem *Anderen* (Hegel meint offensichtlich alles das, was sie vorgefunden, noch nicht selbst hervorgebracht hat), als in dem nunmehr ihr Angehörenden, zu sich selber zurück. Sie sei damit in dem

---

ununterschiedene substantielle Sein der Seele und ihr im einfachen Wachen noch leeres Fürsichsein zeigen sich in der Getrenntheit als einseitige Bestimmungen. Ihre konkrete Einheit tritt als Wahrheit auf, wenn es zur Wirklichkeit der Empfindung in der Seele kommt." H. Drüe, Die Philosophie des Geistes, in: Hegels „Enzyklopädie der philosophischen Wissenschaften" (1830), H. Drüe u. a., a. a. O. S. 223-224.

[282] Indem die Seele als ein Subjekt emp-findet hat sie es also nach Hegel mit einer unmittelbar seienden, nicht durch sie hervorgebrachten, nur vorgefundenen und nicht von ihr abhängigen innerlichen oder äußerlichen Bestimmung zu tun. Ein Beispiel für eine innerliche Bestimmung wäre der Inhalt eines bestimmten Volks- oder Nationalgeistes und für eine äußerliche Bestimmung ein Sinneseindruck, etwa in Gestalt eines roten Flecks.

[283] Eine von der empfindenden Seele vorgefundene Bestimmung wird also, Hegel zufolge, zugleich in die „Allgemeinheit der Seele" (Hegel) versenkt, damit in ihrer Unmittelbarkeit negiert und als ein Ideelles gesetzt. Mit anderen Worten, das von der empfindenden Seele nur Vorgefundene, nicht durch sie Hervorgebrachte, wird von ihr in ihr Inneres aufgenommen, verinnerlicht. Dabei liegt es nahe, die „Allgemeinheit der Seele" im Sinne einer Totalität zu verstehen, die u. a. darin besteht, dass sie nicht abgetrennt ist von ihren Besonderungen, sondern sich darin erhält und darin bleibt, was sie ist. Dazu: Anmerkungen von E. Heuss, in: F. Krueger, Zur Philosophie und Psychologie der Ganzheit, a. a. O., S. 331. Wenn etwas als „ideell" gesetzt wird, dann meint Hegel damit, wie erwähnt, die Aufhebung der Äußerlichkeit und ihre Zurückführung auf die Innerlichkeit, einen Vorgang, der zum Begriff des Geistes gehöre. Ders., Enzyklopädie der philosophischen Wissenschaften, 3. Teil, a. a. O., S. 21.

Unmittelbaren, dem Seienden, das sie *empfindet*, bei sich selber. So bekomme das im *Erwachen* vorhandene noch *abstrakte* (formale, leere) Fürsichsein durch die Bestimmungen, die *an sich* in der schlafenden Natur der Seele, in ihrem *substanziellen* Sein, enthalten seien, seine erste Erfüllung.[284] Durch diese Erfüllung verwirkliche, vergewissere und bewähre die Seele sich ihr Fürsichsein, ihr *Erwachtsein,* und *sei* dadurch nicht bloß *für sich*, sondern *setze* sich auch als *für sich seiend,* als eine *Subjektivität,* eine *Negativität* ihrer unmittelbaren (ihrer vorgefundenen, d. Verf.) Bestimmungen. Und so erst habe sie erst ihre *wahrhafte* Individualität erreicht.[285]

Dieser *subjektive* Punkt der Seele (also ihre wahrhafte Individualität, d. Verf.) stehe nunmehr nicht mehr abgesondert gegenüber ihrer Unmittelbarkeit (also dem, was sie vorfindet, d. Verf.), sondern mache sich in dem Mannigfaltigen geltend, das in jener Unmittelbarkeit der Möglichkeit nach enthalten ist. Die empfindende Seele setze das Mannigfaltige (dessen, was sie in sich an Unmittelbarem vorfindet, d. Verf.) in ihre *Innerlichkeit* hinein und hebe damit den Gegensatz zwischen ihrem Fürsichsein, ihrer Subjektivität, einerseits und ihrer Unmittelbarkeit, ihrem substanziellen Ansichsein, andererseits auf.[286]

---

[284]Ebenda, S. 96 ff.

[285]Indem die Seele als eine empfindende sich dadurch verwirklicht, vergewissert und bewährt, dass sie das in ihrer schlafenden Natur, ihrem substanziellen Sein, Vorhandene (die natürlichen Qualitäten und die natürlichen Veränderungen) in sich aufnimmt, wird sie nach Hegel nicht nur *für sich*, sondern *konstituiert* sich auch als *für sich seiend,* d. h. als eine (eine Negativität ihrer unmittelbaren Bestimmungen) Individualität. Mit anderen Worten, die Seele erlebt sich nicht nur als „Gefäß" einer Vielfalt „natur-geistiger" Bestimmungen, sondern als eine Subjektivität, die sich von den unmittelbaren, von ihr vorgefundenen Bestimmungen abgrenzt und dadurch zu einer Individualität avanciert, die sich als eine solche *erlebt* oder *weiß,* eben zu einer „*wahrhaften* Individualität".

[286]Bei der Seele, die Hegel offensichtlich als ein tätiges Subjekt versteht, sieht er also einen Gegensatz zwischen *dem*, was die Seele *für sich ist*, nämlich eine Subjektivität, und dem, was sie substanziell *an sich ist*, einen Gegensatz, den sie,

185

Die Aufhebung dieses Gegensatzes geschehe jedoch nicht auf *die* Weise, dass, wie im Fall der Rückkehr des Erwachens in den Schlaf, das Fürsichsein der Seele (ihre Subjektivität, d. Verf.) seinem Gegenteil, jenem bloßen Ansichsein, Platz macht, sondern auf *die* Weise, dass ihr Fürsichsein in der Veränderung (gemeint ist offenbar der Wechsel vom Zustand der Wachheit zu dem des Schlafs, d. Verf.), in dem Anderen (gemeint ist offenbar das Ansichsein d. Verf.) sich erhält, entwickelt und bewährt.[287] Dabei werde die Unmittelbarkeit der Seele von der Form eines Zustandes, der *neben* jenem Fürsichsein vorhanden sei, zu einer nur *in* jenem Fürsichsein bestehenden Bestimmung, folglich zu einem *Schein*[288] herabgesetzt. Durch das *Empfinden* sei somit die Seele

---

ihm zufolge, im Zustand des Wachseins aufhebt.

[287]Das Fürsichsein als Subjektivität/wahrhafte" Individualität, entfaltet sich, wie sich Hegel verstehen lässt, auf der Grundlage dessen, was in der einzelnen Seele als geistige Naturbestimmungen „an sich" angelegt oder in ihr als Möglichkeit für die Entwicklung des Fürsichseins vorgegeben ist. Nahe liegt es, diesen Satz Hegels in *dem* Sinne auszulegen, dass das Fürsichsein im Zustand des Schlafs der Seele und damit im Modus ihres Ansichseins sich in diesem erhält, um sich im folgenden Zustand der Wachheit weiterzuentwickeln, ein Fortschritt, der in dem dann wieder folgenden Wechsel in den Zustand des Schlafes sich im Ansichsein der Seele erhält. Mit dem jeweiligen Wechsel von der Wachheit zum Schlaf und umgekehrt würde sich demnach das Fürsichsein der Seele gleichsam in der Form eines spiralförmigen Kreislaufs entwickeln. So wird z. B. der Charakter eines Menschen, der „an sich" in ihm steckt, nur in seinem Handeln „für sich" oder nur in diesem erlebbar. Der Charakter als ein Natur-Geistiges ist aber keine Konstante, sondern kann sich im Verlauf des Lebens formen und festigen.

[288]„Ein Schein sein bedeutet ganz allgemein, in seinem Sein auf etwas bezogen zu sein oder darauf zu verweisen, was das Bezogene unmittelbar *nicht* ist; es bedeutet in der Sprache Hegels, einem Anderen nicht nur als ein Anderes gegenüberzustehen, sondern in das Andere reflektiert zu sein, sich in ihm aufzuheben." T. S. Hoffmann, Georg Wilhelm Friedrich Hegel, a. a. O., S. 320. Indem z. B. das in einer einzelnen Seele angelegte künstlerische Talent in dieser *für sich*, erlebt, wird, nämlich in der künstlerischen Betätigung dieses Individuums, steht das Talent als Anlage nicht mehr neben dem Fürsichsein, sondern geht in diesem auf, gleichsam wie das Samenkorn in der sich entfaltenden Pflanze.

dort hingekommen, dass das Allgemeine, das ihre Natur ausmacht, in einer unmittelbaren Bestimmtheit *für sie* wird.[289] Eben nur durch dieses Fürsichwerden sei die Seele empfindend.

In der obigen Auseinandersetzung mit dem Wesen der Empfindung sei, so Hegel, schon enthalten, dass, indem das *Erwachen* als ein *Urteil* der individuellen Seele bezeichnet wurde - weil dieser Zustand eine *Teilung* der Seele in eine *für sich* seiende und eine *nur seiende* Seele und zugleich eine *unmittelbare* Beziehung ihrer *Subjektivität* auf *Anderes* (gemeint ist offenbar das Vorgefundene, d. Verf.) hervorbringe -, in der Empfindung das Vorhandensein eines *Schlusses* behauptet werde.[290] Daraus könne abgeleitet werden, dass wir mittels der Empfindungen uns davon vergewissern, dass wir in den Zustand des Wachseins eingetreten sind.[291] Indem wir erwachen, würden wir uns *zunächst* in einem Zustand befinden, in dem wir uns von der

---

[289]Das Allgemeine der Seele, das ihre Natur ausmacht, wird also auf dem Weg des Empfindens in einer unmittelbaren Bestimmtheit *für* die Seele. So ist z. B. eine bestimmte Disposition bei einem Volk oder einer Nation, etwa aufgrund einer kollektiven Erfahrung, durchgängig verbreitet, so dass fast alle Angehörigen dieser Gruppe mit der gleichen Empfindung in einer gegebenen Situation reagieren. Auf diese Weise wird jenes Allgemeine in der Seele des Einzelnen *für* sich. Das äußerlich Empfundene werde zwar nur, wie Hegel an einer späteren Stelle ausführt, in Einzelheiten, z. B. in einzelnen Farben, empfunden, es enthalte jedoch, wie das Geistige, *an sich* ein Allgemeines, z. B. Farbe überhaupt. Ders., Enzyklopädie der philosophischen Wissenschaften, 3. Teil, a. a. O., S. 99.

[290]„Die Empfindung ist ein Schluß: Das unbestimmte Unterschiedensein von der Außenwelt wird zu einem punktuell bestimmten, und zwar wird ein Anderes aus der Welt durch die Vermittlung der Empfindung auf den Menschen bezogen. In der Empfindung schließt die Seele sich mit dem empfundenen Inhalt zusammen, erhält sich dabei als sie selber und bestätigt damit ihr Fürsichsein." H. Drüe, Die Philosophie des Geistes, in: Hegels „Enzyklopädie der philosophischen Wissenschaften" (1830), a. a. O., S. 224.

[291]Ders., Enzyklopädie der philosophischen Wissenschaften, 3. Teil., a. a. O., S. 96-97.

Außenwelt als noch ganz *unbestimmt unterscheiden*. Erst wenn wir anfangen zu *empfinden*, werde dieser Unterschied zu einem *bestimmten* Unterschied. [292] Um daher zu einem Zustand *völligen* Wachseins zu gelangen und zur Gewissheit, dass wir diesen Zustand erreicht haben, würden wir die Augen öffnen, uns anfassen und untersuchen, ob ein bestimmtes *Anderes*, ein bestimmt von uns Unterschiedenes, *für uns* ist. Bei dieser Untersuchung würden wir uns auf das Andere nicht mehr direkt, sondern nur *mittelbar* beziehen. So sei z. B. die *Berührung* die Vermittlung zwischen mir und dem Anderen, weil sie (die Berührung, d. Verf.) von den beiden Seiten dieses Gegensatzes zwar verschieden ist, doch zugleich beide vereinigt. [293] Hier, wie bei der Empfindung überhaupt, schließe die Seele mittels dessen, was zwischen ihr und dem Anderen steht, in dem empfundenen Inhalt sich mit sich selber zusammen, reflektiere sich aus dem Anderen in sich, scheide sich von demselben ab und bestätige sich dadurch ihr *Fürsichsein*. [294] Dieser *Zusammenschluss der Seele mit sich selber* sei der *Fortschritt*, den die Seele, die sich ja im Erwachen *teile*, durch ihren Übergang zur *Empfindung* mache.

Die *Empfindung* sei, wie Hegel nach diesem Zusatz fortfährt, die "Form des dumpfen Webens des Geistes" (ders.) in seiner Individualität, die noch *nicht Bewusstsein* und *Verstand* einschließe und in der *alle* Bestimmtheit noch *unmittelbar* sei. [295] Sowohl nach ihrem Inhalt als auch nach dem Gegensatz eines Objektiven zu einem Subjekt sei die

---

[292] Ebenda, S. 97 f.

[293] Die Berührung des Anderen, insbesondere bei Kindern, scheint ein besonders wichtiges Mittel der Seele zu sein, sich die Umgebung anzueignen.

[294] So schließt sich z. B. die einzelne Seele mit einer ihr gegenüberstehenden Blume als ihrem Anderen zusammen, indem ihr die Tätigkeit des Sehens, Riechens und Berührens die Blume als einen empfundenen Inhalt vermittelt; sodann, ausgehend von dem Anderen, der Blume, reflektiert sie sich in sich, unterscheidet, trennt, sich damit von der Blume und bestätigt sich dadurch ihr Fürsichsein.

[295] Ebenda, S. 97 ff.

Empfindung als *unentwickelt* gesetzt, gehöre sie der äußerst besonderen, natürlichen *Eigenheit* des Geistes an.[296] Der Inhalt des Empfindens sei damit *beschränkt* und *vorübergehend*, weil er dem natürlichen, unmittelbaren, dem qualitativen und endlichen Sein angehöre.

Alles sei in der Empfindung gegeben und alles, was im geistigen Bewusstsein und in der Vernunft hervortrete, habe seine *Quelle* und seinen *Ursprung* in eben der *Empfindung*; bedeute doch Quelle und Ursprung nichts anderes als die *erste* unmittelbare Weise, in der etwas erscheint. Es genüge *nicht*, sage man, dass Grundsätze, Religion usw. nur im Kopf sind, sie müssten auch im *Herzen*, in der *Empfindung*, sein. In der Tat, was man von solchen Inhalten im Kopf habe, sei im Bewusstsein überhaupt, und der Inhalt sei in diesem so *gegenständlich* vorhanden, dass, ebenso wie er *in* mir, dem abstrakten Ich[297], gesetzt ist, er auch *von* mir, nach meiner konkreten Subjektivität, ferngehalten werden könnte.[298] In der Empfindung *dagegen* sei ein solcher Inhalt eine Bestimmtheit meines ganzen Fürsichseins, wenn auch noch in dumpfer Form, und er werde so als mein *Eigenstes* gesetzt. Das Eigene sei das, was vom wirklichen konkreten Ich *nicht* getrennt ist, und diese unmittelbare Einheit der Seele mit ihrer Substanz und dem bestimmten Inhalt derselben sei eben dieses Ungetrennte, insofern es

---

[296]In der Empfindung ist also nach Hegel die Beziehung zwischen Subjekt und Objekt noch unentwickelt, gleichwohl ist sie in der empfindenden Seele vorhanden. Jene Beziehung liegt noch, wie ausgeführt, im Bereich des Vorbewussten, des bloßen Erlebens, und damit noch *vor* dem Bewusstsein und seinen darin enthaltenen Kategorien.

[297]Hegel meint das Ich, das im Bewusstsein einem Objekt, z. B. einem religiösen Inhalt, gegenübersteht.

[298]Das Ich als eine konkrete Subjektivität kann, wie sich Hegel verstehen lässt, z. B. einen in seinem Bewusstsein enthaltenen religiösen Inhalt von sich fernhalten, ist dieser dagegen im Empfindungs- (oder Gefühls-)leben des Ich verankert, so ist das nicht ohne weiteres möglich.

nicht zum Ich des Bewusstseins, noch weniger zur Freiheit vernünftiger Geistigkeit bestimmt sei. Dass Wille, Gewissen, Charakter noch eine ganz andere Intensität und Festigkeit des *"Mein-eigen-Seins"* (ders.) besitzen als die Empfindung und der Komplex derselben, das *Herz*, sei auch in den gewöhnlichen Vorstellungen enthalten. Es sei zwar richtig zu sagen, dass vor allem das *Herz gut* sein müsse, Empfindung und Herz seien aber nicht die *Form*, wodurch etwas als religiös, sittlich, wahr, gerecht usw. *gerechtfertigt* ist. Keine trivialere Erfahrung könne es geben als die, dass es auch böse, schlechte, gottlose, niederträchtige usw. Empfindungen gibt. In solchen Zeiten, in denen das Herz und die Empfindung zum Kriterium des Guten, Sittlichen und des Religiösen seitens der wissenschaftlichen Theologie und Philosophie gemacht werden, müsse, an jene triviale Erfahrung erinnert und überhaupt gemahnt werden, dass das *Denken* das *Eigenste* ist, wodurch sich der Mensch vom Tier unterscheidet, dass er aber das *Empfinden* mit diesem *gemeinsam* hat.

Obwohl auch der dem *freien Geist* [299] angehörende eigentümlich menschliche Inhalt die Form der *Empfindung* annehme, so sei doch die Form als solche, wie Hegel in seinem Zusatz erläutert [300], der tierischen und der menschlichen Seele gemeinsam und deshalb jenem Inhalt nicht angemessen. Das Widersprechende zwischen dem *geistigen* Inhalt (z. B. rechtliche und sittliche Normen oder religiöse Grundsätze, d. Verf.) einerseits und der *Empfindung* eines solchen Inhalts andererseits bestehe darin, dass der *geistige Inhalt* ein an und für sich *Allgemeines*, *Notwendiges* und wahrhaft *Objektives*, die *Empfindung* dagegen bloß ein *Vereinzeltes*, *Zufälliges*, einseitig *Subjektives* sei. Das Empfundene, gleichgültig ob es vom *freien Geist* (z. B. ein Gesetz, d. Verf.) oder aus der *Sinnenwelt* (aus der durch die Sinne vermittelten Welt, d. Verf.) stammt, habe wesentlich die Form eines *Unmittelbaren*,

---

[299] Die höchste Stufe des subjektiven Geistes und der Übergang zum objektiven Geist.
[300] Ebenda, S. 99 ff.

190

eines *Seienden*. Die *Idealisierung*, die das der *äußeren* Natur Angehörende dadurch erfahre, dass es *empfunden* wird, sei eine noch ganz *oberflächliche*; sie bleibe noch dem vollkommenen Aufheben der Unmittelbarkeit dieses Inhalts (durch das Bewusstsein, vollends den theoretischen Geist, d. Verf.) fern. Der an sich diesem *seienden* (durch die Sinne vermittelten, d. Verf.) Inhalt *entgegengesetzte geistige* Stoff (z. B. eine rechtliche, sittliche oder religiöse Norm, d. Verf.) aber werde in der empfindenden Seele zu einem in der Weise der Unmittelbarkeit existierenden Stoff.[301]

Da nun, wie Hegel fortfährt, das Unvermittelte ein Vereinzeltes ist, habe alles Empfundene nur die Form eines *Vereinzelten*. Dies würde man den Empfindungen des *Äußerlichen* (gemeint sind die Empfindungen, die aus Reizen seitens der äußeren Natur ausgelöst werden, d. Verf.) leicht zugestehen, man müsse es aber *auch* im Fall *der* Empfindungen des *Innerlichen* (z. B. den Wertempfindungen, d. Verf.) behaupten. Indem das Geistige, so das Vernünftige, das Rechtliche, das Sittliche und das Religiöse, in die Form der Empfindung eintrete, erhalte es die Gestalt eines Stoffs, der sinnlich, verstreut und zusammenhanglos ist. Das Geistige bekomme somit eine Ähnlichkeit mit dem *äußerlich* Empfundenen. Dieses werde zwar nur in Einzelheiten, z. B. in einzelnen Farben, empfunden, enthalte jedoch, wie das Geistige, *an sich* ein Allgemeines, z. B. Farbe überhaupt. Die umfassendere, höhere Natur des Geistigen trete deshalb *nicht* in der Empfindung, sondern erst im *begreifenden Denken* hervor. In der Vereinzelung des empfundenen Inhalts sei zugleich seine *Zufälligkeit* und seine einseitig subjektive Form begründet. Die *Subjektivität* der Empfindung müsse nicht darin gesucht werden, dass der Mensch durch das Empfinden etwas *in sich setzt* - denn auch im Denken würde er etwas in sich setzen -, sondern darin, dass er etwas in seine *natürliche, unmittelbare, einzelne* und *nicht* in seine *freie geistige, allgemeine* Subjektivität setzt. Jene

---

[301]Zum Beispiel existiert eine sittliche oder eine religiöse Norm in der Seele eines Individuums in der Form einer Empfindung.

natürliche Subjektivität sei eine, die sich noch *nicht selbst* bestimmt, ihrem *eigenen* Gesetz folgt und sich auf *notwendige* Weise betätigt, sondern eine von *außen* bestimmte Subjektivität, die an *diesen* Raum und an *diese* Zeit gebunden und von *zufälligen* Umständen abhängig ist. Indem jeder Inhalt in diese Subjektivität versetzt wird, werde dieser zu einem zufälligen Inhalt und erhalte Bestimmungen, die nur *diesem einzelnen* Subjekt angehören. Es sei deshalb *unstatthaft*, sich auf seine bloßen Empfindungen zu berufen. Wer dies tut, würde sich von dem allen gemeinsamen Feld der Gründe (oder Begründungen, d. Verf.), des Denkens und der Sache in seine *einzelne* Subjektivität zurückziehen, in die (weil die einzelne Subjektivität ein wesentlich Passives sei, ders.) das Unverständigste und Schlechteste ebenso wie das Verständige und Gute eindringen könnten. Aus alledem ergebe sich, dass die Empfindung die *schlechteste* Form des Geistigen ist und dass sie den *besten Inhalt* verderben kann.[302]

Zugleich sei, so Hegel, im oben Ausgeführten schon enthalten, dass in der bloßen Empfindung der Gegensatz zwischen einem *Empfindenden* und einem *Empfundenen*, also einem *Subjektiven* und einem *Objektiven*, noch fremd bleibt.[303] Die Subjektivität der empfindenden Seele sei eine so unmittelbare, so unentwickelte, eine so wenig sich selbst bestimmende und unterscheidende, dass die Seele, wenn sie *nur* empfindet, sich noch nicht als ein Subjektives erfasst, das einem Objektiven gegenübersteht. Dieser Unterschied gehöre erst dem *Bewusstsein* an und trete damit erst dann hervor, wenn die Seele zu dem *abstrakten* Gedanken ihres Ich, ihres unendlichen Fürsichseins, gekommen ist. Von diesem Unterschied werde jedoch erst in der

---

[302] Das würde z. B. geschehen, würde man die Gottesidee lediglich als einen Inhalt der Empfindung betrachten.

[303] In der empfindenden Seele hat sich also noch nicht ein gegensätzliches Subjekt-Objektverhältnis herausgebildet oder entwickelt. Ein empfindendes Individuum sieht also das von ihm Empfundene (z. B. eine rote Fläche) noch nicht als ein Objekt und sich selbst nicht als das diesem Objekt gegenüberstehende Subjekt an.

Phänomenologie die Rede sein. Hier in der *Anthropologie* würden wir nur den durch den *Inhalt* der Empfindung gegebenen Unterschied[304] betrachten und das werde im Folgenden geschehen.

Was die empfindende Seele in sich findet, sei, wie Hegel nach diesem Zusatz fortfährt, *einerseits* das natürliche Unmittelbare, das in ihr ideell und ihr zu eigen gemacht werde.[305] *Andererseits* werde das, was ursprünglich dem Fürsichsein angehöre, das weiter in sich vertieft, *Ich des Bewusstseins* und *freier Geist* werde, zur natürlichen *Leiblichkeit* bestimmt und so *empfunden*. Danach unterscheide sich *eine* Sphäre des Empfindens, das zuerst Bestimmung der *Leiblichkeit* (des Auges usw., überhaupt jedes körperlichen Teils) sei und die dadurch Empfindung werde, dass sie im Fürsichsein der Seele *innerlich* gemacht, *erinnert* (verinnerlicht, d. Verf.) werde, von einer *anderen* Sphäre, die die Bestimmtheiten, die aus dem *Geist* hervorgehen und ihm angehören, einschließe; es seien Bestimmtheiten, die, um als gefundene zu sein, um empfunden zu werden, *verleiblicht* werden würden.[306] So sei die Bestimmtheit im Subjekt als in der *Seele* gesetzt. Wie jenes *zuerst* genannte Empfinden sich in dem System der Sinne spezifiziere, so würden sich notwendigerweise auch die Bestimmtheiten des Empfindens, die aus dem *Inneren* kommen, systematisieren; und die Verleiblichung dieser Bestimmtheiten des Empfindens, wie sie in der lebendigen, konkret entwickelten Natürlichkeit gesetzt seien, würde sich, je nach dem *besonderen* Inhalt der geistigen Bestimmung, in einem *besonderen* System oder Organ des Leibes vollziehen.[307]

---

[304]Hegel meint offensichtlich den schon erwähnten unentwickelten Unterschied zwischen dem Empfindenden und dem Empfundenen, dem Subjektiven und dem Objektiven.

[305]Ebenda, S. 100 ff.

[306]Offensichtlich meint Hegel, wie er später erläutert, mit der *einen* Sphäre des Empfindens die Sphäre der *äußerlichen* Empfindungen und mit der *anderen* die Sphäre der *innerlichen* Empfindungen. Ebenda, S. 102.

[307]So sehen wir mit den Augen, hören mit den Ohren, schmecken mit der Zunge

Das Empfinden sei, so Hegel, überhaupt das "gesunde Mitleben" (Miterleben, d. Verf.) des individuellen Geistes in seiner Leiblichkeit.[308] Die Sinne (so der Gesichts-, Geruchs-, Gehörsinn usw., d. Verf.) bildeten das einfache System, in dem sich das Körperliche spezifiziert. Das *System* des *inneren* Empfindens, so wie es sich leiblich *besondert*, sei "würdig" (ders.) genug, um in einer bestimmten Wissenschaft, nämlich einer *psychischen Physiologie*, behandelt zu werden. In diese würde der Tatbestand fallen, dass eine *unmittelbare* Empfindung von dem für sich bestimmten sinnlichen *Inneren* als angemessen, also als *angenehm*, oder als unangemessen, also als *unangenehm*, empfunden wird. Demnach kann, Hegel zufolge, z. B. der Geruch einer Erbsensuppe bei dem *einen* Individuum eine *angenehme* Empfindung hervorrufen, weil in seinem sinnlichen Inneren sich eine Vorliebe für Gemüse, während der Geruch der gleichen Suppe bei einem *anderen* Individuum eine *unangenehme* Empfindung hervorrufen kann, weil in seinem sinnlichen Inneren sich eine Vorliebe für Fleisch entwickelt hat. Die interessanteste Seite einer psychischen Physiologie wäre aber nach Hegel die Betrachtung, wie sich bestimmte geistige Bestimmungen, insbesondere die *Affekte*, verleiblichen. So gelte es zu begreifen, warum Zorn und Mut in der Brust, im Blut, also im *irritablen* System, und Nachdenken, geistige Beschäftigung, im Kopf, also im Zentrum des *sensiblen* Systems, empfunden werden. Gründlicher als bisher gelte es, die bekanntesten Zusammenhänge zu verstehen, durch die von der Seele heraus sich Tränen, Stimme überhaupt, Sprache, Lachen, Seufzen und noch andere Besonderheiten bilden. Die Eingeweide und Organe würden in der Physiologie nur als Momente des *animalischen* Organismus betrachtet werden, doch sie würden zugleich ein System bilden, indem das Geistige sich verleiblicht, wodurch sie noch eine ganz andere Deutung erhielten.

---

usw., und wenn wir uns aufregen, dann schlägt das Herz schneller, und wenn wir uns ärgern, dann schmerzt der Magen.

[308]Ders., Enzyklopädie der philosophischen Wissenschaften, 3. Teil, a. a. O., S. 101 ff.

Der Inhalt der Empfindung stammt, wie Hegel dazu in seinem Zusatz erläutert, entweder aus der *Außenwelt* oder er gehört dem *Inneren* der Seele an. [309] Somit spricht Hegel im ersten Fall von der *"äußerlichen"* und im zweiten von der *"innerlichen"* Empfindung. Diese Art der Empfindungen werde hier nur insofern betrachtet, als diese sich *verleiblichen*. Hinsichtlich ihrer Innerlichkeit würden sie in das Gebiet der *Psychologie* fallen. Dagegen würden die *äußerlichen* Empfindungen ausschließlich Gegenstand der *Anthropologie* sein.

Das nächste, was über die *äußerlichen Empfindungen* zu sagen sei, ist, dass wir diese durch die verschiedenen *Sinne* erhalten. Das Empfindende sei hierbei von *außen* bestimmt, d. h. seine Leiblichkeit werde von etwas Äußerlichem determiniert. Die verschiedenen Weisen, wie die Leiblichkeit bestimmt wird, würden die verschiedenen *äußeren* Empfindungen ausmachen. Jede Weise, wie die Leiblichkeit von einem Äußerlichen bestimmt sei, sei eine allgemeine Möglichkeit des Bestimmtwerdens, ein Kreis einzelner Empfindungen. So enthalte z. B. das Sehen, also der Gesichtssinn, die unbestimmte Möglichkeit, dass vielfache einzelne Gesichtsempfindungen entstehen. Die allgemeine Natur des beseelten Individuums zeige sich auch darin, dass dieses in den bestimmten Weisen der Empfindung nicht an etwas Einzelnes gebunden ist, sondern einen Kreis von Einzelheiten umfasst. Könnte ich nur eine blaue Farbe sehen, so wäre diese Beschränkung eine Qualität von mir. Aber weil ich das in der Bestimmtheit bei sich selber seiende Allgemeine sei, würde ich überhaupt Farbiges oder vielmehr sämtliche Verschiedenheiten des Farbigen sehen.

Die allgemeinen Weisen des Empfindens bezögen sich, so Hegel, auf die verschiedenen physikalischen und chemischen Bestimmtheiten des Natürlichen; sie würden durch die verschiedenen Sinnesorgane vermittelt und in der Naturphilosophie als notwendig dargestellt

---

[309] Ebenda, S. 102 ff.

werden. Dass überhaupt die Empfindung des Äußerlichen in solche verschiedenen, gegeneinander gleichgültigen Weisen des Empfindens auseinanderfällt, das liege in der Natur ihres Inhalts, eben weil dieser ein *sinnlicher* ist.

Warum haben wir, so fragt Hegel, gerade *fünf* Sinne, die sich noch dazu so voneinander unterscheiden? Aufgabe der Philosophie sei es, die vernünftige Notwendigkeit dieses Sachverhalts nachzuweisen, was geschehe, indem die Sinne als Darstellungen der Begriffsmomente gefasst werden, wovon es nur *drei* gebe. Die fünf Sinne würden sich ganz natürlich auf *drei* Klassen reduzieren. Die *erste* Klasse werde von den Sinnen der "physischen Idealität" (ders.)[310] (*Sehen* und *Hören*, d. Verf.), die *zweite* von den Sinnen der "realen Differenz" (ders.) (*Riechen* und *Schmecken*, d. Verf.) gebildet und die *dritte* Klasse falle in den Sinn der "irdischen Totalität" (ders.) (*Tasten*, d. Verf.).[311] Als Darstellungen der Begriffsmomente müssten diese drei Klassen jede in sich selber eine Totalität bilden. Das *Gesicht* sei, so Hegel, der Sinn desjenigen "physischen Ideellen" (ders.), den man das *Licht* nennt. Von diesem ließe sich sagen, dass es gleichsam der physikalisch gewordene *Raum* ist; sei doch das Licht wie der Raum ein Untrennbares, ein ungetrübt Ideelles, die absolut bestimmungslose Ausdehnung. Das Licht manifestiere Anderes (Hegel scheint die Materie zu meinen, d. Verf.) und dieser Vorgang mache sein Wesen aus; aber in sich selber sei das Licht "abstrakte Identität mit sich" (ders.), das innerhalb der Natur selber hervortretende Gegenteil des Außereinanderseins der Natur,

---

[310] Hegel führt weiter unten als Beispiel das Licht an. Physikalische (oder materielle) Vorgänge erscheinen im Auge des Menschen, in seinem „Sehapparat", als „Licht", wobei die Struktur und Funktionsweise desselben organisch-materieller Natur sind. Das sehende Subjekt setzt jedoch das Licht als ein der Außenwelt Angehörendes, ein ihm Äußerliches. Für den Betrachter ist das Licht einerseits physisch-materieller und andererseits ideeller Natur, indem es für das tätige Subjekt widerstandslos, nicht dinghaft ist.

[311] Ebenda, S. 103.

also die immaterielle Materie. [312] Darum leiste das Licht keinen Widerstand, habe keine Schranke in sich, dehne sich nach allen Seiten ins Ungemessene aus, sei absolut leicht und unwägbar. Nur mit *diesem* ideellen Element und mit dessen Trübung durch das *Finstere*, d. h. mit der *Farbe*, habe es das Sehen zu tun. Die Farbe sei das, was wir sehen und das Licht sei das Mittel des Sehens. Das eigentlich Materielle der Körperlichkeit[313] gehe uns dagegen beim *Sehen* noch nichts an. Die *Gegenstände*, die wir sehen, könnten sich daher fern von uns befinden. Wir würden uns zu den *Dingen* gleichsam nur theoretisch, noch nicht praktisch verhalten; würden wir sie doch beim Sehen ruhig jeweils als ein Seiendes bestehen lassen und uns nur auf ihre ideelle Seite[314] beziehen. Wegen dieser Unabhängigkeit des Gesichtsinns von der eigentlichen Körperlichkeit könnte man ihn den edelsten Sinn nennen. Andererseits sei das Gesicht ein sehr unvollkommener Sinn, weil durch denselben der Körper nicht als eine räumliche Totalität, nicht als *Körper* (als ein dreidimensionales Gebilde, d. Verf.), sondern immer nur als Fläche, nur nach den beiden Dimensionen der Breite und Höhe (oder Länge, d. Verf.) unmittelbar vor uns tritt. Erst dadurch, dass wir den Körper von verschiedenen Standorten aus betrachten, würden wir ihn nacheinander in allen seinen Dimensionen, in seiner totalen Gestalt, zu sehen bekommen. Ursprünglich würden, wie sich bei den Kindern

---

[312]Das Licht, wie es jeder empfindet, ist für den isolierenden Verstand, wie sich Hegel verstehen lässt, insofern eine „abstrakte Identität", als es der Materie gegenübergestellt wird. Es gelte aber, eine solche Entgegensetzung zu überwinden und dementsprechend das Licht als eine „immaterielle Materie" zu begreifen. Hinzuzufügen wäre, dass das Licht, so wie es im Gesichtssinn erfasst wird und wie man heute weiß, nur ein kleiner Ausschnitt der Strahlen ist, die aus dem Materiellen hervorgehen.

[313] Hegel meint offensichtlich, wie aus dem folgenden hervorgeht, das „Gegenständliche" oder das „Dingliche".

[314]Hegel scheint *die* Seite eines Gegenstandes zu meinen, wie er sich uns, den Sehenden, darbietet. Jedenfalls zeigt er uns, den Sehenden, nicht die materielle, die uns Widerstand leistende Seite.

beobachten lasse, dem Sehen, eben weil es die *Tiefe* nicht unmittelbar erfasse, die am weitesten entfernten Gegenstände mit den am nächsten liegenden auf einer und derselben Fläche erscheinen. Erst wenn wir bemerken würden, dass der Tiefe, die durch das *Gefühl* (Hegel meint offenbar den *Tastsinn*) erfasst werde, ein Dunkles, ein *Schatten* entspricht, kämen wir dahin, dort, wo ein Schatten sichtbar wird, zu glauben, eine Tiefe zu sehen. Damit hänge zusammen, dass uns das Maß der Entfernung der Körper nicht unmittelbar durch das Sehen gegeben ist, sondern wir jenes Maß daraus erschließen, dass uns die Gegenstände kleiner oder größer erscheinen.

Dem Gesicht, als dem Sinn der "innerlichkeitslosen Idealität" (Hegel), stehe das *Gehör* als der Sinn der "reinen Innerlichkeit des Körperlichen" (ders.) gegenüber. [315] Wie sich das Gesicht (der Gesichtssinn, d. Verf.) auf den physikalisch gewordenen Raum, auf das Licht beziehe, so beziehe sich das Gehör auf die physikalisch gewordene *Zeit*, auf den *Ton*. Denn der Ton sei dasjenige, wodurch die Körperlichkeit zeitlich gesetzt wird, er sei die Bewegung, das Schwingen des Körpers in sich selber, ein Erzittern, eine mechanische Erschütterung, bei der der Körper, ohne dass er seinen relativen Ort als

---

[315]Der Gesichtssinn vermittelt, wie sich Hegel verstehen lässt, Ansammlungen zweidimensionaler farbiger Flächen, in denen keine Innerlichkeit gegeben ist. Das Gehör hat es dagegen mit Tönen zu tun, die von aufeinanderstoßenden Körpern hervorgerufen und durch bestimmte Materien, z. B. Luft, dem „Gehörapparat" vermittelt werden. Jeder Körper ruft, je nach stofflicher Zusammensetzung und Volumen u. a., wenn er mit einem anderen Körper zusammenstößt, einen bestimmten Ton hervor. Schlägt man auf ein Holzbrett, so klingt es nach „Holz", der Klang wird aber von dem Volumen, der Art des Holzes u. a. mitbestimmt. Der Begriff der Innerlichkeit bezieht sich hier also offenbar auf *das*, was einem Körper „innerlich" ist, und eben dieses erscheint im Gehör in Form eines bestimmten Tons oder Klangs. Vermittelt das Gehör *das*, was einem Körper innerlich ist, so vermittelt der Gesichtssinn dagegen *das*, was einem Körper äußerlich ist, unmittelbar bei Licht „ins Auge fällt", und das sind zweidimensionale farbige Flächen.

ganzer Körper verändern muss, nur seine Teile bewegt. Er setze seine *innere* Räumlichkeit zeitlich, hebe also sein gleichgültiges Außereinandersein auf und lasse dadurch seine reine Innerlichkeit hervortreten. Aus der oberflächlichen Veränderung, die er durch die mechanische Erschütterung erlitten habe, stelle er sich jedoch unmittelbar wieder her. Das Medium aber, durch das der Ton an unser Gehör komme, sei nicht nur das Element der Luft, sondern in einem noch höheren Maße die zwischen uns und dem tönenden Gegenstande befindliche konkrete Körperlichkeit, zum Beispiel die Erde; hätte man einst sein Ohr an sie gehalten, so hätte man mitunter Kanonaden gehört, die durch die bloße Vermittlung der Luft nicht hätten gehört werden können.

Die Sinne der *zweiten* Klasse, also das Riechen und Schmecken, träten, Hegel zufolge, in Beziehung zur *realen* Körperlichkeit.[316] Sie hätten es aber mit dieser noch nicht insofern zu tun, als diese für sich ist, Widerstand leistet, sondern nur insofern, als diese sich in ihrer Auflösung befindet, in ihren *Prozess* eingeht, der etwas Notwendiges sei. Allerdings würden die Körper zum Teil durch äußerliche und zufällige Ursachen zerstört werden. Aber außer durch eine zufällige Zerstörung würden die Körper durch ihre eigene Natur untergehen, aber derart, dass ihr Verderben dem Schein nach von außen an sie herantritt. So sei es die Luft, durch deren Einwirkung ein Prozess entsteht, in dem sich alle Körper, vollends alle vegetabilischen und animalischen Gebilde, sich still und unmerkbar verflüchtigen, ja verduften. Obwohl sowohl der *Geruch* als auch der *Geschmack* zu der sich auflösenden Körperlichkeit in Beziehung stünden, so würden sich diese beiden Sinne dadurch voneinander unterscheiden, dass der *Geruch* den Körper in dem *abstrakten*, einfachen und unbestimmten Prozess der Verflüchtigung oder Verduftung aufnimmt, während sich dagegen der *Geschmack* auf den realen konkreten Prozess des Körpers

---

[316] Gemeint sind offensichtlich die Dinge, die, je nach ihrem Zustand, einen bestimmten Geruch verbreiten oder einen bestimmten Geschmack hervorrufen.

und auf die in diesem Prozess hervortretenden chemischen Bestimmtheiten des Süßen, des Bitteren, des Sauren und des Salzigen bezieht. Beim *Geschmack* werde ein unmittelbares Berühren des Gegenstandes nötig, während der *Geruchssinn* einer solchen Berührung nicht bedürfe. Beim Hören sei diese noch weniger nötig, und beim Sehen finde sie gar nicht erst statt.

Die *dritte* Klasse enthält, wie schon erwähnt, nur den *einen* Sinn des *Gefühls* (des Fühlens, d. Verf.). Da dieses vor allem in den Fingern seinen Sitz habe, nenne man es, so Hegel, auch den *Tastsinn*. Das Gefühl sei der konkreteste aller Sinne; sei doch seine Wesenheit weder auf das abstrakt allgemeine oder ideelle Physikalische noch auf die sich auflösenden Bestimmtheiten des Körperlichen, sondern auf die gediegene Realität des Körperlichen bezogen. Erst für das *Gefühl* sei daher ein für sich bestehendes Anderes (ein Ding, ein Gegenständliches d. Verf.), ein für sich seiendes Individuelles, gegenüber dem empfindenden Subjekt, das gleichfalls ein für sich seiendes Individuelles sei. In das Gefühl falle deshalb die *Schwere* von Körpern, d. h. die Einheit der Körper, die für sich beharren, nicht in den Prozess der Auflösung eingehen, sondern Widerstand leisten. Überhaupt sei für das Gefühl das materielle Fürsichsein. Zu den verschiedenen Weisen dieses Fürsichseins gehöre aber nicht nur das Gewicht, sondern auch die Art der *Kohäsion*, nämlich das Harte, das Weiche, das Steife, das Spröde, das Raue und das Glatte. Zugleich mit der beharrenden, festen Körperlichkeit sei jedoch für das Gefühl auch die Negativität des Materiellen als eines für sich Bestehenden, nämlich die *Wärme.* Durch diese werde die spezifische Schwere und die Kohäsion der Körper verändert. Diese Veränderung betreffe somit dasjenige, wodurch der Körper wesentlich Körper ist. Insofern könne man daher sagen, dass auch im Wärmereiz die gediegene Körperlichkeit für das Gefühl gegeben ist. Endlich falle noch die *Gestalt* in ihren drei Dimensionen dem Gefühl (dem Tastsinn, d. Verf.) anheim; gehöre doch ihm die mechanische Bestimmtheit vollständig an.

Außer den angegebenen *qualitativen* Unterschieden hätten die Sinne, so Hegel, auch eine *quantitative* Bestimmung des Empfindens, eine Stärke oder Schwäche desselben. Die Quantität erscheine hier notwendigerweise als eine *intensive* Größe, weil die Empfindung ein Einfaches sei. So sei zum Beispiel die Empfindung, die von einer bestimmten Masse durch ihren Druck auf den Gefühlssinn hervorgerufen wird, etwas Intensives, obwohl dieses Intensive auch extensiv, nach Maßen, Pfunden usw. existieren würde.

Wichtig für die philosophische Anthropologie ist nach Hegel die Beziehung zwischen den *äußerlichen* Empfindungen und dem *Inneren* des empfindenden Subjekts. Dieses Innere sei weder ein Unbestimmtes noch ein Undifferenziertes. Schon in dem Umstand, dass die Empfindung eine intensive Größe ist und diese ein gewisses Maß erreichen muss, liege eine Bezogenheit des Reizes auf ein Subjekt als ein an und für sich bestimmtes, eine gewisse Bestimmtheit der Empfindsamkeit des Subjekts (Ansprechbarkeit [317] desselben auf äußere Reize, d. Verf.), eine Reaktion der Subjektivität auf die Äußerlichkeit, somit der Keim oder der Beginn der inneren Empfindung.

Mehr aber als durch jenes Maß der Empfindsamkeit, das einem Subjekt eigentümlich ist, werde, so Hegel, die *äußerliche* Empfindung durch

---

[317] Nach Philipp Lersch ist *Empfindsamkeit* eine „erhöhte Ansprechbarkeit des Erlebens im Gefühlsbereich des Gemüts, mit der auf feinste Abschattungen im Wechsel der Eindrücke reagiert wird." Ders., Aufbau der Person, 7. Aufl., München 1956, S. 258. Wenn zum Beispiel bei einem Individuum ein bestimmter Geruch nicht stark genug ist, dann tritt er auch nicht in den Kreis seines (vorbewussten) Erlebens. Tritt er in diesen Kreis ein, so kann das, Hegel zufolge, der Beginn einer inneren Empfindung sein. Auf bestimmte Geruchsemissionen, die objektiv nachweisbar sind, sprechen Individuen, die sie zwar empfinden, aber sich daran gewöhnt haben, gar nicht mehr an, während andere sofort darauf ansprechen und z. B. einen Ekel empfinden.

ihre Beziehung auf das *geistige* Innere zu etwas eigentümlich *Anthropologischem*. Diese Beziehung habe nun mannigfaltige Seiten. *Ausgeschlossen* von dieser Betrachtung bleibe hier aber insbesondere die Bestimmung der Empfindung im Hinblick darauf, ob sie *angenehm* oder *unangenehm* ist. Hierbei handele es sich um ein mehr oder weniger durch Nachdenken geleitetes Vergleichen der äußeren Empfindung mit unserer an und für sich bestimmten Natur, die im Fall der Befriedigung durch einen Reiz mit einer *angenehmen* und im Fall der Nichtbefriedigung mit einer *unangenehmen* Empfindung reagiere. Ebenso wenig könne hier schon das Erwachen der *Triebe* durch die Reize in den Kreis dieser Untersuchung einbezogen werden, ein Erwachen, das erst in das hier noch entfernte Gebiet des *praktischen* Geistes liege. Was vielmehr an dieser Stelle zu betrachten ist, bestehe einzig und allein darin, dass die *äußere* Empfindung *bewusstlos*[318] auf das geistige *Innere* bezogen wird. Durch diese Beziehung entstehe in uns dasjenige, was wir *Stimmung* nennen - eine Erscheinung des Geistes, von der sich zwar (so wie im Fall der Empfindung des Angenehmen und des Unangenehmen und das Erwachen der Triebe durch die Reize) bei den Tieren etwas Ähnliches finde, sie habe jedoch einen eigentümlich *menschlichen* Charakter. Sie werde in dem hier angegebenen engeren Sinn dadurch zu etwas *Anthropologischem*, dass sie ein vom Subjekt noch nicht mit *vollem* Bewusstsein Gewusstes ist. Schon bei der Betrachtung der noch nicht zur Individualität fortgeschrittenen *natürlichen* Seele sei von ihren *Stimmungen* die Rede gewesen, die einem *Äußerlichen* entsprechen. Dieses Äußerliche habe aber dort noch in ganz allgemeinen Umständen bestanden, von denen man wegen ihrer unbestimmten Allgemeinheit eigentlich noch nicht sagen könne, dass sie *empfunden* werden. Auf dem jetzt erreichten Standpunkt dagegen, zu dem die Entwicklung der Seele geführt worden ist, sei die *äußerliche* Empfindung selber dasjenige, was die

---

[318] Statt von „bewusstlos" kann man auch, wie schon erwähnt, von „*vor*-bewusst" sprechen. Jedenfalls handelt es sich um eine Stufe, die *vor* dem Bewusstsein liegt, aber in das Erleben des Subjekts fällt.

Stimmung erregen würde. Diese Wirkung werde aber von der *äußerlichen* Empfindung insofern hervorgebracht, als sich mit dieser unmittelbar, d. h. ohne, dass dabei die *bewusste* Intelligenz mitwirken müsste, eine *innere* Bedeutung verknüpft. Durch diese Bedeutung werde die äußerliche Empfindung zu etwas *Symbolischem*. Dabei sei jedoch zu bemerken, dass hier noch nicht ein Symbol in der eigentlichen Bedeutung dieses Wortes vorhanden ist, weil, strenggenommen, zum Symbol ein von uns unterschiedener äußerlicher Gegenstand gehöre, in dem wir uns einer innerlichen Bestimmtheit bewusstwerden oder den wir auf eine solche Bestimmtheit beziehen. Bei der Stimmung, die durch eine äußerliche Empfindung hervorgerufen wird, würden wir uns dagegen noch nicht zu einem von uns unterschiedenen, äußerlichen Gegenstand verhalten, seien wir doch noch *nicht Bewusstsein*. Deshalb würde hier das Symbol noch nicht in seiner eigentlichen Gestalt erscheinen.

Die durch die symbolische Natur der Reize erregten *geistigen* Sympathien (oder Antipathien, d. Verf.) seien, so Hegel, uns wohl bekannt; sie würden in uns durch Farben, Töne, Gerüche, Geschmäcke und von *dem* hervorgerufen werden, was für den Gefühlssinn gegeben ist.[319] Was die *Farben* betrifft, so gebe es ernste, fröhliche, feurige, kalte, traurige und sanfte Farben. Man würde daher bestimmte Farben als *Zeichen* der in uns vorhandenen Stimmung wählen. So nehme man, um die Trauer auszudrücken, die Farbe der Nacht, des vom Licht nicht erhellten Finsteren, das farblose *Schwarz*. Auch Feierlichkeit und Würde würden durch Schwarz ausgedrückt werden, weil in dieser Zufälligkeit, Mannigfaltigkeit und Veränderlichkeit keinen Platz hätten. Das reine, leuchtende *Weiß* entspreche dagegen der Einfachheit und Heiterkeit der Unschuld. Die eigentlichen Farben hätten, wie man sagen könnte, eine konkretere Bedeutung als Schwarz und Weiß. So habe das *Purpurrot* von jeher als eine königliche Farbe gegolten; sei

---

[319]Ders., Enzyklopädie der philosophischen Wissenschaften, 3. Teil, a. a. O., S. 108 ff.

doch dasselbe die machtvollste, für das Auge am meisten angreifende Farbe. Das Blau dagegen sei das Symbol für Sanftmut, der Weiblichkeit, Liebe und Treue, und das *Gelb* sei nicht bloß das Symbol der Heiterkeit, sondern auch des Neides.

Außer den Farben seien es besonders die *Töne*, die eine entsprechende Stimmung in uns hervorrufen würden. Vornehmlich gelte dies für die menschliche *Stimme*; sei doch diese die hauptsächliche Weise, wie der Mensch über sein Inneres Auskunft gibt. So lege er das, was er ist, in seine Stimme; in ihrem Wohlklang würden wir daher glauben, die Schönheit seiner Seele, in ihrer Rauheit ein rohes Gefühl zu erkennen. So werde durch den Ton im ersten Fall unsere Sympathie, im zweiten unsere Antipathie erweckt.[320]

Schon bei der Betrachtung der Beziehungen der *äußerlichen* Empfindungen zum *geistigen* Inneren sei, Hegel zufolge, erkennbar gewesen, dass das Innere des Empfindenden kein Leeres, kein vollkommen Unbestimmtes, sondern ein an und für sich Bestimmtes ist. Dies gelte schon von der tierischen Seele, in unvergleichlich höherem Maße jedoch vom menschlichen Inneren. In diesem Inneren finde sich daher ein Inhalt, der für sich nicht ein äußerlicher, sondern ein *innerlicher* ist. Damit dieser Inhalt empfunden werden kann, sei aber notwendig, dass einerseits ein äußerlicher Anlass gegeben ist und sich andererseits der innerliche Inhalt *verleiblicht*. Ebenso wie die *äußeren* Empfindungen sich symbolisieren, d. h. sich auf das geistige Innere beziehen, würden sich die *inneren* Empfindungen notwendigerweise *entäußern*, verleiblichen, weil sie der natürlichen Seele angehören. Sie seien folglich *seiende* Empfindungen, müssten somit ein unmittelbares Dasein gewinnen, in dem die Seele für sich wird. Wenn wir, Hegel zufolge, von der *inneren* Bestimmung des empfindenden Subjekts sprechen, ohne dabei die Verleiblichung dieser Bestimmung zu

---

[320]Hegel sieht also folgenden Zusammenhang: Ein Reiz (er spricht von Affektion) ruft eine äußere Empfindung hervor, und diese erregt ein geistig Inneres.

berücksichtigen, so würden wir dieses Subjekt *so* betrachten, wie es nur *für uns*, aber noch *nicht* für sich selber in seiner Bestimmung bei sich ist, wie es sich in ihr empfindet. Erst dadurch, dass sich die inneren Bestimmungen verleiblichen, würde das Subjekt dahin gelangen, diese zu empfinden; denn damit sie empfunden werden können, sei es notwendig, dass sie sowohl von dem Subjekt unterschieden als mit ihm identisch gesetzt werden. Beides würde aber erst durch die Entäußerung, die Verleiblichung der inneren Bestimmungen, des Empfindenden, geschehen.

Das Verleiblichen jener mannigfaltigen inneren Bestimmungen würde, Hegel zufolge, einen Kreis des Leiblichen voraussetzen, in dem es sich vollzieht, und diese beschränkte Sphäre sei der Körper. Dieser bestimme sich so als eine Empfindungssphäre, und zwar sowohl für die *inneren* als auch für die *äußeren* Bestimmungen der Seele. Die Lebendigkeit des Körpers bestehe darin, dass seine Materialität *nicht* für sich sein, mir keinen Widerstand leisten kann, sondern mir unterworfen, von meiner Seele durchdrungen und für sie ein Ideelles ist. Durch diese Natur meines Körpers werde die Verleiblichung meiner Empfindungen möglich und notwendig - würden die Bewegungen meiner Seele unmittelbar zu Bewegungen meiner Körperlichkeit werden.

Zwei Arten innerer Empfindungen

Hegel sieht nun *zweierlei* Arten *innerlicher* Empfindungen:[321] Zum *einen* solche Empfindungen, die die unmittelbare *Einzelheit* eines Individuums betreffen, das sich in irgendeinem besonderen Verhältnis oder Zustand befindet; dazu würden zum Beispiel *Zorn, Rache, Neid, Scham Reue* gehören. Zum *anderen* solche Empfindungen, die sich auf ein an und für sich *Allgemeines*, so auf das Recht, die Sittlichkeit, die

---

[321]Ebenda, S. 110 ff.

Religion oder auf das Schöne und das Wahre beziehen. Hierbei müsste man eigentlich, wie er an späterer Stelle betont, eher von *Gefühlen*, so von einem Rechts-, einem sittlichen, einem religiösen, einem ästhetischen oder einem Wahrheitsgefühl, sprechen.

Beide Arten der *inneren* Empfindungen hätten nach Hegel, wie schon erwähnt, eines *gemeinsam*, nämlich dass sie Bestimmungen sind, die der unmittelbar einzelne und *natürliche* Geist in sich *findet*. Einerseits könnten beide Arten sich einander nähern, indem entweder der empfundene rechtliche, sittliche oder religiöse Inhalt immer mehr die Form der Vereinzelung annimmt, oder die zunächst im einzelnen Subjekt aufkommenden Empfindungen einen stärkeren Zusatz *allgemeinen* Inhalts bekommen.[322] Andererseits würde, so Hegel, der *Unterschied* beider Arten der *inneren* Empfindungen immer stärker hervortreten, je mehr sich die rechtlichen, sittlichen und religiösen Gefühle von den *zufälligen* Besonderheiten des Subjekts befreien und sich dadurch zu reinen Formen des an und für sich Allgemeinen erheben.[323] In eben dem Maße aber, wie in den *innerlichen* Empfindungen das Einzelne dem Allgemeinen weicht, würden sich diese *vergeistigen*, und ihre Äußerung würde immer *weniger* in der Leiblichkeit in Erscheinung treten. So ist z. B. zu erwarten, dass in einem Gericht ein Fall so verhandelt wird, dass sich die körperlichen Äußerungen der innerlichen Empfindungen, wie Brüllen und Toben der Beteiligten, in engen Grenzen halten.

---

[322] Als Beispiele könnte man einerseits ein Individuum anführen, das das Privatrecht verinnerlicht und somit ein ausgeprägtes Rechtsempfinden hat und das eine Quelle heftigen Zorns ist, sobald das Individuum z. B. sein Eigentumsrecht verletzt sieht und andererseits ein Individuum, das zornig ist, weil sein Nachbar sich unbefugt auf seinem Grundstück betätigt und dieser Zorn sich dadurch verstärkt, dass es die allgemeinen Normen des Privatrechts verletzt sieht.

[323] Wenn sich die rechtlichen, sittlichen und religiösen Gefühle von den zufälligen Besonderheiten des Einzelnen befreien, so werden sie, wie sich Hegel verstehen lässt, zu allgemeinen Haltungen und damit auch zu allgemeinen sozialen Erwartungen.

Der nähere *Inhalt* der innerlichen Empfindungen sei, wie Hegel bereits betonte, in der Anthropologie noch nicht Gegenstand der Auseinandersetzung und werde erst im *dritten* Teil der Lehre vom subjektiven Geist (in der Psychologie, d. Verf.) behandelt. Unser Gegenstand sei jetzt nur die Art und Weise wie die inneren Empfindungen verleiblicht werden, genauer noch, die *unwillkürlich* erfolgende, *nicht* vom Willen des Einzelnen abhängige Verleiblichung der Empfindungen mittels der *Gebärde*. Diese Art der Verleiblichung gehöre aber noch nicht hier her, weil sie voraussetze, dass der Geist schon Herr über seine Leiblichkeit geworden ist, diese mit Bewusstsein zu einem Ausdruck seiner innerlichen Empfindungen gemacht hat. Das habe hier aber noch nicht stattgefunden. An dieser Stelle sei, wie erwähnt, nur der unmittelbare Übergang der innerlichen Empfindung in die leibliche Weise des Daseins zu betrachten, ein Vorgang, der zwar auch für andere sichtbar werde, sich zu einem *Zeichen* der inneren Empfindung gestalten könne, aber nicht notwendig - und jedenfalls ohne den Willen des empfindenden Individuums - zu einem solchen Zeichen werde.

Gebrauche, so Hegel, der Geist für eine *Gebärde* die Glieder seines nach *außen* gerichteten Lebens, nämlich das Gesicht, die Hände und die Füße, so müssten dagegen die Glieder des nach *innen* gekehrten Lebens, die so genannten edlen Eingeweide, vor allem als *die* Organe bezeichnet werden, in denen sich die *innerlichen* Empfindungen für das empfindende Subjekt selber, aber nicht notwendig für andere, auf unmittelbare und unwillkürliche Weise verleiblichen. So ruft z. B. das Benehmen eines Menschen, das von einem anderen Menschen als rücksichtslos empfunden wird, bei diesem spontan die (innere) Empfindung des Zorns hervor, steigert gleichzeitig seinen Blutdruck und löst Magenschmerzen aus.

Die wichtigsten Erscheinungen der Verleiblichung innerer Empfindungen seien jedem durch die *Sprache* bekannt, die darüber manches enthalte, was man nicht als einen tausendjährigen Irrtum erklären kann. Im Allgemeinen könne man behaupten, dass die *inneren* Empfindungen sowohl der Seele als auch dem ganzen Leibe teils zuträglich, teils schädlich, ja sogar verderblich sein können. So erhalte die Heiterkeit des Gemüts die Gesundheit, während der Kummer sie untergrabe. Sogar könnten Kummer und Schmerz den Tod oder den Verlust des Verstandes herbeiführen. Ebenso gefährlich sei eine plötzliche große Freude. Charaktervolle Menschen seien jedoch solchen Einwirkungen viel weniger ausgesetzt als andere, weil ihr Geist sich von ihrer Leiblichkeit weitaus freier gemacht habe als der Geist von Menschen, die an Vorstellungen und Gedanken arm sind. Es gehört, wie man hierzu ergänzen kann, geradezu zur beruflichen Qualifikation, zumal von politischen Führungskräften, ihre innerlichen Empfindungen sowie deren Auswirkungen auf den Körper zu kontrollieren.

In den diversen Weisen wie sich das Geistige verleiblicht, würde, so Hegel, nur dasjenige, was die Seele bewegt, äußerlich werden, was zu ihrem Empfinden notwendig ist oder zum Zeigen des Inneren dienen könne. Jenes Äußerlichwerden des Seelischen würde sich aber erst dann vollenden, wenn es die innerlichen Empfindungen bewältigt, abgeführt hat. Eine solche abführende Verleiblichung des Inneren zeige sich im *Lachen*, noch mehr aber im *Weinen*, im *Ächzen* und *Schluchzen* und überhaupt in der *Stimme*, noch bevor sie sich artikuliert, noch ehe sie zur *Sprache* wird.[324] Die Tiere würden es in der Äußerung ihrer Empfindungen nicht weiter als bis zur unartikulierten Stimme, bis zum Schrei des Schmerzes oder der Freude, bringen, der Mensch aber bleibe nicht bei dieser tierischen Weise, sich zu äußern, er schaffe sich vielmehr die *artikulierte* Sprache, durch die die inneren Empfindungen zu Worte kommen. Die artikulierte Sprache sei deshalb die höchste

---

[324]Ebenda, S. 113.

Weise, wie der Mensch sich seiner innerlichen Empfindungen entäußert.[325]

Von der durch die artikulierte Sprache erfolgende Äußerung und Entäußerung (Abfuhr, d. Verf.) der innerlichen Empfindungen könne, so Hegel, in der Anthropologie nur im Vorgriff die Rede sein. Zu erwähnen bleibe noch die physiologische Seite der Stimme. Hinsichtlich dieses Punktes wüssten wir, dass die Stimme, "diese einfache Erzitterung des animalisch Lebendigen" (ders.), im Zwerchfell ihren Anfang nimmt, sodann auch mit den Organen des Atmens in einem nahen Zusammenhang steht und ihre letzte Bildung durch den Mund erhält, der eine doppelte Funktion habe: Zum einen beginne er die Speise in Gebilde des lebendigen animalischen Organismus unmittelbar zu verwandeln und zum anderen vollende er die in der Stimme geschehene *Objektivierung* der *Subjektivität.*

Von der empfindenden zur fühlenden Seele

Die *Empfindungen* seien, weil sie, wie Hegel nach diesem Zusatz fortfährt, unmittelbar sind und vorgefunden werden, *einzelne* und *vorübergehende* Bestimmungen.[326] Sie seien Veränderungen in der "Substantialität der Seele" (ders.), die gesetzt seien in ihrem mit derselben (der "Substantialität der Seele", d. Verf.) identischen Fürsichsein.[327] Aber dieses Fürsichsein sei *nicht nur* ein formales

---

[325]Ebenda, S. 116-117.

[326]Ebenda, S. 117 f.

[327] Die Natürlichkeit der Seele, so die fünf Sinne, die die von außen kommenden Reize in *äußerliche* Empfindungen umwandeln und die Organe, die die *inneren* Empfindungen verleiblichen, hat, wie sich Hegel verstehen lässt, die Form der *Substantialität*, indem sie als solche mit den Empfindungen (also mit dem Fürsichsein der Seele), die ihre *Akzidenzien* sind, *identisch* ist. Die als Substantialität begriffene Natürlichkeit der Seele manifestiert sich in ihren Akzidenzien, also in den einzelnen Empfindungen und ist folglich mit diesen identisch.

Moment des Empfindens, *vielmehr* sei die Seele "an sich reflektierte Totalität" (ders.) des Empfindens; sie sei das "Empfinden der totalen Substantialität" (ders), die die Seele *an sich* und *in sich* sei, und so sei sie die "*fühlende* Seele" (ders.).[328]

Von den Empfindungen sind also nach Hegel die *Gefühle* zu unterscheiden, ein Unterschied, der allerdings, ihm zufolge, im Sprachgebrauch nicht deutlich gemacht wird. So würde man eher *nicht* von der "Empfindung des Rechts", der "Selbstempfindung" usw., sondern eher von einem "Gefühl des Rechts" oder einem "Selbstgefühl" sprechen. Mit der Empfindung hänge die *Empfindsamkeit* zusammen, und man könne der Auffassung sein, dass die *Empfindung* eher auf die Passivität des Individuums, das bloße *Finden*, während das *Gefühl* eher auf die "*Selbstischkeit*" (ders.)[329] hinausläuft.[330]

---

[328]Wie Hegel im folgenden Zusatz erläutert, stelle sich die Seele als fühlende ihrer Substantialität (ihren Empfindungen) entgegen, trete sich damit selber gegenüber, komme in ihren bestimmten Empfindungen zugleich zum Gefühl ihrer selbst oder zum (noch nicht objektiven) *subjektiven* Bewusstsein ihrer Totalität. Damit höre die Seele, weil die Empfindung als solche an das Einzelne gebunden sei, auf, nur empfindend zu sein. Im „subjektiven Bewusstsein" nimmt die fühlende Seele die Stelle des Subjekts, während die Empfindungen, also das bloß Vorgefundene, die Stelle des Objekts einnimmt. Gefühle bestehen, greift man Hubert Rohrachers Definition dazu auf, die nicht weit entfernt von Hegels Verständnis zu liegen scheint, in einer *Stellungnahme* der Persönlichkeit, die *unmittelbar* und *willkürlich* ist, *von selbst entsteht* und *zustimmender* oder *ablehnender* Art ist. Gefühle träten ohne Mitwirkung des (objektiven, d. Verf.) Bewusstseins auf, sie seien auf einmal da, ohne dass man sie gewollt oder sonst wie bewusst hervorgerufen hat. Ders., Einführung in die Psychologie, a. a. O., S. 405.

[329]Der Sinngehalt dieses Wortes scheint in die Richtung „Selbstbezogenheit", „Selbstbezüglichkeit", „Selbsterhaltung" zu gehen.

[330]Der Inhalt der empfindenden Seele als ein bloß Vorgefundener verdichtet sich also zu einem Objekt des *subjektiven* Bewusstseins, zu dem das Subjekt desselben, dieser Form des Bewusstseins gemäß, *gefühlsmäßig* Stellung nimmt. Das Subjekt

Mit dem, was zu den Empfindungen ausgeführt wurde, ist, so Hegel in seinem Zusatz, der *erste* Teil der Anthropologie vollendet, bei dem es *zuerst* um die *qualitativ* bestimmte Seele oder die Seele, wie sie unmittelbar (von Natur aus, d. Verf.) bestimmt ist, ging.[331] Durch die immanent fortschreitende Entwicklung unseres Gegenstandes seien wir *zuletzt* bei der ihre Bestimmtheit *ideell* setzenden, darin zu sich selber zurückkehrenden und *für sich* werdenden, d. h. zur *empfindenden*, individuellen Seele angelangt. Damit sei der Übergang zu dem ebenso schwierigen wie interessanten *zweiten* Teil der Anthropologie (also zur *fühlenden* Seele, d. Verf.) gegeben. In diesem Teil gehe es, wie schon erwähnt wurde, darum, wie die Seele sich ihrer Substantialität (als Form ihrer Natürlichkeit, d. Verf.) *entgegenstellt*, sich selber *gegenübertritt* oder in ihren bestimmten Empfindungen zugleich zum *Gefühl* ihrer selbst oder zu dem noch nicht objektiven[332], sondern nur *subjektiven* Bewusstsein ihrer *Totalität* gelangt. Somit höre die Seele, weil die Empfindung an das Einzelne (im Gegensatz zum Gefühl, d. Verf.) gebunden sei, *auf*, bloß *empfindend* zu sein. In diesem *zweiten* Teil der Anthropologie will Hegel die Seele, weil sie hier als mit sich selber *entzweit* erscheint, als eine solche betrachten, die sich im Zustand der *Krankheit* befindet. In dieser Sphäre herrsche ein Widerspruch zwischen der Freiheit und der Unfreiheit der Seele; sei doch die Seele *einerseits* noch an ihre *Substantialität* gefesselt, also durch ihre *Natürlichkeit* bedingt, beginne sie doch *andererseits* sich

---

(das Selbst) bewertet also unwillkürlich das von ihm Vorgefundene, sei es in einem positiven oder sei es in einem negativen Sinn. Eine solche spontane Bewertung kann sich auch auf das Selbst beziehen. Empfindungen sind flüchtiger Natur, während sich Gefühle verfestigen und somit dauerhafter Natur sind, so dass es nahe liegt, hier auch von „Einstellungen" zu sprechen. Kurz, Empfindungen enthalten *die* Inhalte, die das Subjekt *vorfindet*, und auf eben diese bezieht es seine Gefühle.

[331] Ders., Enzyklopädie der philosophischen Wissenschaften, 3. Teil, a. a. O., S. 117 ff.

[332] Dies ist nach Hegel, wie schon erwähnt, das Bewusstsein, das erst später in der „Phänomenologie des Geistes" behandelt wird und die Sprache voraussetzt.

von ihrer Substanz, also von ihrer *Natürlichkeit*, zu trennen. Damit steige sie auf die Stufe, die *zwischen* ihrem *unmittelbaren Naturleben* einerseits und dem *objektiven, freien Bewusstsein* andererseits liege, empor. Inwiefern die Seele jetzt diese *"Mittelstufe"* (ders.) betritt, dazu Hegels Fortsetzung seiner Erläuterung:

Die *bloße Empfindung* habe es also, wie erwähnt, nur mit *Einzelnem* und *Zufälligem*, mit *unmittelbar Gegebenem* und *Gegenwärtigem* zu tun, und dieser *Inhalt* erscheine der empfindenden Seele als ihre *eigene konkrete Wirklichkeit*. Würde ich mich dagegen auf den Standpunkt des (objektiven, d. Verf.) *Bewusstseins* erheben (der stets die Sprache einschließt d. Verf.), so würde ich mich zu einer dem Individuum *äußeren* Welt, zu einer *objektiven Totalität*, zu einem in sich *zusammenhängenden Kreis* mannigfaltiger und verwickelter Gegenstände, die mir gegenübertreten, verhalten. Als *objektives* Bewusstsein hätte ich zwar zunächst eine unmittelbare Empfindung, zugleich sei das Empfundene aber für mich ein Punkt in dem *allgemeinen Zusammenhang* der Dinge, somit eine *sinnliche Einzelheit*, die über die unmittelbare Gegenwart *hinausweist*. An die sinnliche Gegenwart der Dinge sei das objektive Bewusstsein so wenig gebunden, dass man auch davon etwas wissen könne, was einem *nicht sinnlich* gegenwärtig ist. Als Beispiel nennt Hegel ein fernes Land, das einem nur aus Büchern bekannt ist. Das Bewusstsein betätige seine Unabhängigkeit von dem Stoff der Empfindung dadurch, dass es ihn aus der Form der *Einzelheit* in die Form der *Allgemeinheit* erhebt, an dem Stoff, unter Abstraktion des rein Zufälligen und Gleichgültigen, das *Wesentliche* festhalte. [333] Dadurch verwandele sich das bloß

---

[333] Allein wenn ich z. B. das Lebewesen, das ich vor mir sehe, als einen „Hund" bezeichne, abstrahiere ich mit diesem Wort und seinem Sinngehalt von allen individuellen Eigenschaften dieses Tieres; es ist ein „Hund" wie jedes andere Tier, das unter diese Bezeichnung fällt. Und bezeichne ich es bloß als „Tier", so abstrahiere ich von allen Tierarten und -gattungen. Es ist dann ebenso ein „Tier" wie dieser Regenwurm, diese Fliege oder dieser Vogel vor meinen Augen.

Empfundene zu einem *Vorgestellten*. Diese vom *abstrakten* (Sprache einschließenden, d. Verf.) Bewusstsein vorgenommene Veränderung sei allerdings etwas *Subjektives*, das bis zum *Willkürlichen* und *Unwirklichen* fortschreiten und Vorstellungen hervorbringen könne, die keine ihnen entsprechende Wirklichkeit haben.

Zwischen dem *vorstellenden Bewusstsein einerseits* und der *unmittelbaren Empfindung andererseits* steht nach Hegel die im *zweiten* Teil der Anthropologie zu betrachtende, sich "selber in ihrer *Totalität* und *Allgemeinheit fühlende* oder *ahnende* Seele in der *Mitte*" (ders.).[334] Dass das Allgemeine *empfunden* wird, scheine, so Hegel, ein Widerspruch zu sein; habe doch, wie erwähnt, die Empfindung als solche nur das *Einzelne* zu ihrem Inhalt. Im Fall der *fühlenden* Seele sei jedoch kein solcher Widerspruch gegeben; denn diese sei weder in der *unmittelbaren sinnlichen Empfindung* befangen und von der *unmittelbaren sinnlichen Gegenwart* abhängig, *noch* beziehe sie sich auf das nur durch das *reine Denken* zu erfassende *ganz Allgemeine*, sondern sie habe einen Inhalt, der noch nicht zur *Trennung* des Allgemeinen und des Einzelnen sowie des Subjektiven und des Objektiven fortentwickelt ist.[335] "Was *ich* auf diesem Standpunkt (der *fühlenden* Seele, d. Verf.) empfinde (fühle, d. Verf.), das *bin* ich, und was ich *bin*, das empfinde (fühle, d. Verf.) ich." (Hegel[336]) Ich sei hier, so fährt Hegel fort, *unmittelbar* in dem Inhalt *gegenwärtig*, der mir erst nachher, wenn es zum objektiven *Bewusstsein* aufsteigt, als eine mir gegenüber *selbständige* Welt erscheint.[337] Zur fühlenden Seele verhalte sich dieser Inhalt noch wie die Akzidenzen zur Substanz. Die fühlende

---

[334]Ebenda, S. 118.

[335]Das geschieht nach Hegel offensichtlich erst auf der Stufe des Bewusstseins.

[336]Ebenda, S. 119.

[337]So ist das Individuum, das einen Sonnenuntergang erlebt und zugleich davon begeistert ist, in diesem Inhalt gegenwärtig. Erst auf der Stufe des objektiven, die Sprache einschließenden Bewusstseins avanciert dieser Inhalt zu einer dem Ich gegenüberstehenden, selbständigen Welt.

Seele erscheine noch als das *Subjekt* und als der Mittelpunkt aller inhaltlichen Bestimmungen, als die *Macht*, die über die Welt des Fühlens auf unmittelbare Weise herrscht.

Der Übergang zum *zweiten* Teil der Anthropologie, also zur fühlenden Seele, geschieht nach Hegel auf folgende Weise: Zunächst weist er darauf hin, dass der oben behandelte Unterschied von *äußerlichen* und *innerlichen* Empfindungen nur *für uns*, d. h. für unser reflektierendes Bewusstsein, aber noch *nicht* für die Seele selber ist.[338] Die *einfache* Einheit der Seele, ihre ungetrübte Idealität, erfasse sich selbst noch nicht in ihrem *Unterschied* von einem *Äußerlichen*. Obwohl die Seele sich ihrer ideellen Natur noch nicht bewusst sei, sei sie nichtsdestoweniger die *Idealität* oder die *Negativität* aller mannigfaltigen Arten von Empfindungen, die in ihr jede für sich und gleichgültig gegeneinander zu sein scheinen. Ebenso wie sich die objektive Welt für unsere *Anschauung*[339] *nicht* als ein in verschiedene Seiten Getrenntes, sondern als ein *Konkretes* darstelle, dass sich in voneinander unterschiedene Objekte teile, die wiederum jedes für sich ein Konkretes, ein Bündel verschiedener Bestimmungen, seien, sei die Seele *selber* eine *Totalität* unendlich vieler unterschiedener Bestimmtheiten. Diese würden sich in der Seele in *eins* zusammenfügen, so dass sie in ihnen *an sich ein* unendliches Fürsichsein bleibe.[340] In dieser Totalität oder Idealität, in dem zeitlosen

---

[338]Ebenda, S. 119 ff.

[339]Offensichtlich meint Hegel damit nicht eine Stufe des Bewusstseins, sondern eine höhere Stufe, nämlich die des theoretischen Geistes. Es handelt sich dabei um eine Art „geistigen Sehens". So stellt sich z. B. in der Anschauung eines von Marx inspirierten Gesellschaftstheoretikers die Wirtschaft Deutschlands von vornherein nicht als ein bloßes Nebeneinander von Unternehmen, Arbeitnehmern, Gewerkschaften usw., sondern als eine objektive Totalität, eine kapitalistische Gesellschaft, dar.

[340]Gemeint ist offenbar, dass sich die Inhalte der Empfindungen stets von neuem zu einem Erlebnis (als einem Ganzen) oder zu einer Abfolge von Erlebnissen

gleichgültigen[341] Inneren der Seele, verschwänden jedoch die einander verdrängenden Empfindungen nicht absolut spurlos, sondern blieben darin als *aufgehobene* Empfindungen. Sie bekämen darin ihr Bestehen als ein zunächst nur *möglicher* Inhalt, der erst dadurch, dass er *für* die Seele oder diese in ihm *für sich* wird, von einem *möglichen* zu einem w*irklichen* Inhalt wird. Die Seele *behalte* also den Inhalt der Empfindung, wenn auch nicht *für sich*, so doch *in sich*. Dieses Aufbewahren, das sich nur auf einen *für sich innerlichen* Inhalt, auf einen Reiz, sich auf die bloße *Empfindung* beziehen würde, sei von der *eigentlichen Erinnerung* noch entfernt, weil diese von der *Anschauung* eines äußerlich gesetzten Gegenstandes, der zu einem Innerlichen gemacht wird, ausgehe, der aber hier für die Seele noch nicht existieren würde.[342]

Die Seele habe aber, so Hegel, noch eine *andere* Seite der Erfüllung als durch den in der Empfindung *gewesenen* Inhalt, von dem zunächst die Rede war. Außer diesem Stoff seien wir, als wirkliche Individualitäten,

---

gestaltet bzw. gestalten, in dem bzw. in denen die Seele „für sich" ist. Fahre ich z. B. mit der Bahn, so erlebe ich dies nicht als eine chaotische Vielfalt von immer neuen einzelnen Empfindungsinhalten, sondern ich erlebe aneinander vorbeiziehende Landschaftsgebilde, den rasenden Zug und meinen Bahnwagen mit den teils sitzenden, teils hin und her laufenden Fahrgästen und mich selbst; es ist eine kontinuierliche Abfolge von Erlebnissen, gleichsam wie ein ablaufender Film mit einander ablösenden Szenen. Ist meine Bahnfahrt beendet, dann verschwindet dieser Strom von Erlebnissen nicht spurlos, sondern er wird aufgehoben.

[341] Hegel spricht von dem „indifferenten Inneren" und denkt dabei offensichtlich, wie aus dem Vorangehenden hervorgeht, an die verschiedenen Arten von Empfindungen, die aufeinander folgend, dabei gleichgültig gegeneinander bleibend, das Innere der Seele ausfüllen.

[342] Empfindungen, z. B. der Geschmack eines bestimmten Nahrungsmittels, verschwinden nicht, wie sich Hegel verstehen lässt, spurlos, sondern werden aufbewahrt. Sobald das Individuum wieder mit dem Nahrungsmittel in Berührung kommt, wird sein Geschmack ihm wieder gegenwärtig. Allerdings spricht Hegel hier noch nicht von der „eigentlichen Erinnerung", weil diese einer späteren Stufe der Entwicklung, dem theoretischen Geist, vorbehalten sei.

an sich noch eine *Welt* von konkretem Inhalt mit unendlicher Peripherie, hätten wir in uns eine zahllose Menge von Beziehungen und Zusammenhängen, die *immer* in uns seien, wenn diese Menge auch nicht in unsere Empfindung und Vorstellung vordringt. Und diese Menge, wie sehr jene Beziehungen sich selbst ohne unser Wissen, auch verändern können, gehöre dennoch zum konkreten Inhalt der menschlichen Seele, so dass diese wegen des unendlichen Reichtums ihres Inhalts als Seele einer Welt, als *individuell* bestimmte *Weltseele* bezeichnet werden darf. [343] Da, wie Hegel fortfährt, die Seele des Menschen eine *einzelne*, nach allen ihren Seiten hin bestimmte und damit *beschränkte* sei, verhalte sie sich auch zu einem, gemäß ihrem *individuellen* Standpunkt bestimmten Universum. Dieses der Seele Gegenüberstehende sei aber *nicht* ein ihr Äußerliches. Die Totalität der Verhältnisse, in der die individuelle Seele sich befinde, würde, so Hegel, ihre wirkliche Lebendigkeit und Subjektivität ausmachen und sei mit ihr ebenso fest verwachsen wie die Blätter mit dem Baum. Obwohl die Blätter sich einerseits vom Baum unterscheiden würden, so würden sie doch andererseits wesentlich zu ihm gehören, so dass er abstürbe, würde man sie ihm wiederholt abreißen. Allerdings könnten die zu einem taten- und erfahrungsreichen Leben gelangten selbständigen

---

[343] Außer den Inhalten der Empfindungen hat also der Einzelne *in sich* eine zahllose Menge von Beziehungen und Zusammenhängen, die *immer* in ihm sind, ohne aber in seine Empfindungen und Vorstellungen vorzudringen. Damit verweist Hegel auf eine *unbewusste* Sphäre in dessen Seele. Diese Sphäre, die sich, Hegel zufolge, ohne das Wissen des Einzelnen verändern kann, gehört trotzdem zum konkreten Inhalt seiner Seele, so dass diese wegen des „unendlichen Reichtums ihres Inhalts" (ders.) als „individuell bestimmte Weltseele" (ders.) bezeichnet werden kann. Sie enthält nach den folgenden Ausführungen, das von einem *individuellen* Standpunkt heraus bestimmte *Universum*, das der Seele des Einzelnen gegenübersteht, ohne dabei ein ihr Äußerliches zu sein. Es handelt sich also nicht um die Welt, wie sie im *objektiven* Bewusstsein des Einzelnen gegeben ist. Inhalt der individuell bestimmten Weltseele ist z. B. die innerliche Bindung an eine bestimmte Landschaft und an einen bestimmten Ort, kurz, *das*, was im Deutschen „Heimat" genannt wird.

menschlichen Naturen den Verlust eines Teils desjenigen, was ihre Welt ausmacht, bei weitem besser ertragen als Menschen, die in einfachen Verhältnissen aufwachsen und nicht fähig sind, nach weiterem zu streben. Das Lebensgefühl mancher dieser Menschen sei so fest an ihre Heimat gebunden, dass sie in der Fremde unter der Heimwehkrankheit leiden und einer Pflanze gleichen würden, die nur auf einem bestimmten Boden gedeihen kann. Doch auch die innerlich stärksten Menschen würden für ihr konkretes Selbstgefühl einen gewissen Umfang äußerer Verhältnisse, ein hinreichendes Stück Universum ("Heimat", d. Verf.) benötigen, weil ohne eine solche *individuelle* Welt die menschliche Seele gar *keine* Wirklichkeit habe, nicht zu einer bestimmten, unterschiedenen Einzelheit gelange.

Die Seele des Menschen weise, so Hegel, nicht nur *Naturunterschiede* auf, sondern sie würde sich auch *in sich selber unterscheiden*, ihre *substanzielle Totalität*, ihre individuelle Welt, von sich abtrennen und sich, als dem Subjektiven, gegenübersetzen. Ihr Zweck sei dabei *der*, dass *für sie* oder *für den* Geist wird, was dieser *an sich* ist, dass nämlich der *an sich* im Geist enthaltene Kosmos in das *Bewusstsein* des Geistes tritt. Auf dem Standpunkt der Seele, also des noch nicht *freien* Geistes, gebe es aber, wie schon erwähnt, *kein objektives* Bewusstsein, *kein Wissen* von der Welt als einer, die wirklich aus mir *herausgesetzt* ist. Die *fühlende* Seele verkehre *nur* mit ihren *innerlichen* Bestimmungen. Der Gegensatz ihrer selbst und desjenigen, was für sie ist, bleibe noch in sie eingeschlossen. Erst wenn die Seele den mannigfaltigen, unmittelbaren Inhalt ihrer individuellen Welt *negativ* gesetzt und ihn (im Medium der Sprache, d. Verf.) zu einem Einfachen, zu einem *abstrakt Allgemeinen* gemacht hat, wenn somit ein *ganz Allgemeines* für die *Allgemeinheit* der Seele[344] ist und diese sich eben dadurch *zu dem für sich selbst seienden, sich selbst gegenständlichen Ich*, zu diesem sich auf sich beziehenden vollkommen Allgemeinen, entwickelt

---

[344]Hegel meint offensichtlich den sprachlich verfassten Inhalt der individuellen Welt, der dadurch ein Allgemeines ist, und das Ich als ein (abstrakt) Allgemeines.

hat - eine Entwicklung, die der Seele als solcher noch fehle -, erst nach Erreichen dieses Ziels erhebe sich die Seele aus ihrem *subjektiven Fühlen* (und Ahnen, d. Verf.) zum wahrhaft *objektiven Bewusstsein*.[345] Denn erst das für sich selbst seiende, von dem unmittelbaren Stoff zunächst wenigsten auf abstrakte Weise *befreite* Ich lasse auch dem Stoff die *Freiheit, außerhalb* des Ichs zu bestehen.[346] Was wir daher bis zum Erreichen dieses Ziels zu betrachten haben, das sei der *Befreiungskampf,* den die Seele gegen die Unmittelbarkeit ihres substanziellen Inhalts durchkämpfen muss, um ihrer selbst vollkommen mächtig und ihrem Begriff entsprechend zu werden; sie müsse sich also zu *dem* machen, was sie *an sich* oder ihrem *Begriff* nach ist, nämlich zu der im *Ich* existierenden, sich auf sich beziehenden *einfachen Subjektivität.* Der Aufstieg zu diesem Entwicklungspunkt schließe *drei* Stufen ein:

Die Stufen zum objektiven Bewusstsein

Auf der *ersten* Stufe würden wir die Seele in dem *Durchträumen* und *Ahnen* ihres konkreten Naturlebens befangen sehen. Um das Wunderbare dieser in neuerer Zeit allgemein beachteten Seelenform zu begreifen, müssten wir festhalten, dass die Seele sich hier noch in *unmittelbarer, unterschiedsloser* Einheit mit ihrer Objektivität

---

[345]Diesen Prozess behandelt er in der sich der „Anthropologie" anschließenden „Phänomenologie des Geistes", von der später noch ausführlich die Rede sein wird.

[346]Es ist nicht die Seele als ein *individuelles* Subjekt, sondern es ist das Ich als ein abstrakt Allgemeines, das sich als ein solches *ausspricht*. In diesem Sinne ist jeder Mensch gleichermaßen ein „Ich" und unterscheidet sich darin nicht von seinen Mitmenschen. Als das Ich des Bewusstseins lässt es den Stoff, seinen Gegenstand, als außerhalb seiner, als von ihm unabhängig, bestehen. Zum Beispiel nehme ich das vor mir liegende Ding (zutreffend) als einen Geldschein wahr, was nur möglich ist, weil ich das Wort „Geldschein" und seinen allgemeinen Sinngehalt kenne. Doch ich gehe zugleich davon aus, dass das von mir als „Geldschein" identifizierte Ding auch unabhängig davon *da* ist, ob ich es wahrnehme oder nicht.

befindet. Hegel denkt hierbei offensichtlich an das Schlafwandeln, das Hellsehen usw., also an Erscheinungen, die in der Zeit der Romantik eine große Beachtung fanden.

Auf der *zweiten* Stufe würden wir die Seele in einem Zustand der *Verrücktheit* sehen, d. h. der *mit sich selber entzweiten*, einerseits ihrer schon mächtigen und andererseits ihrer noch nicht mächtigen, in einer *einzelnen Besonderheit* festgehaltenen Seele, die darin ihre Wirklichkeit habe.[347] Hegel denkt offensichtlich an ein Individuum, das von einer subjektiven Idee, einem Plan oder einer Sache wahnhaft besessen ist.

Auf der *dritten* Stufe, schließlich, würden wir sehen, wie die Seele Meister über ihre *Naturindividualität*, über ihre *Leiblichkeit*, wird, sie den Körper zu einem ihr gehorsamen *Mittel* hinabstuft und sich den *nicht* zu ihrer Leiblichkeit gehörenden Inhalt ihrer substanziellen Totalität als *objektive* Welt aus sich *herausstellt*. Habe die Seele dieses Ziel einmal erreicht, dann würde sie in der abstrakten Freiheit des *Ichs* hervortreten und damit *Bewusstsein* werden.

Über alle soeben angeführten Entwicklungsstufen sei, so Hegel, zu bemerken, was er schon bei den früheren Entwicklungsstufen der Seele getan habe, dass auch hier Tätigkeiten des Geistes, die erst später in ihrer *freien* Gestalt betrachtet werden könnten, im Voraus erwähnt werden müssten, weil diese bereits durch die fühlende Seele hindurchwirkten.

---

[347]Nach A. M. Olson steht im Hintergrund von Hegels Auseinandersetzung mit der „Verrücktheit" und den Geisteskrankheiten überhaupt das Schicksal seines Freundes Friedrich Hölderlin und seiner Schwester Christiane sowie die eigene Angst, selbst geisteskrank zu werden. Ders., Hegel and the Spirit, a. a. O., S. 84 ff.

4.2 Die fühlende Seele

Das fühlende Individuum ist, so Hegel, "die *einfache Idealität*[348], Subjektivität des Empfindens"[349]. Es gehe beim *fühlenden* Individuum darum, dass das Individuum seine Substantialität, also dasjenige, was seine Seele zunächst nur *an sich* erfüllt, als Subjektivität *setzt,* sich die Substantialität in Besitz nimmt und so als die Macht seiner selbst für sich wird. Die Seele sei als *fühlende* Seele *nicht* mehr bloß eine *natürliche* Seele, sondern eine *innerliche* Individualität. Dieses *Fürsichsein* (also die Seele als fühlende, d. Verf.), das in der nur "substanziellen Totalität" (in der Form der Natürlichkeit: natürliche Qualitäten, Veränderungen, Empfindungen, d. Verf.) erst formal gegeben sei, sei zu verselbständigen und zu befreien.[350]

Nirgends so sehr wie bei der Seele, aber noch mehr beim Geist, gelte es, so Hegel, an der *Bestimmung der Idealität* festzuhalten, die zum Verständnis am wesentlichsten sei. Die Idealität ist, ihm zufolge, die *Negation* des Realen[351], das aber zugleich *aufbewahrt,* als

---

[348] Die „Idealität" ist nach Hegel, wie weiter unten erläutert werden wird, die „Negation des Realen". Die Seele ist eben keine Realität wie der menschliche Körper, der nach Hegel offenbar die „Realität" der Seele wäre. „Einfach" ist diese Idealität, indem sie nach Hegel das Reichste in sich ist.

[349] Ders., Enzyklopädie der philosophischen Wissenschaften, 3. Teil., a. a. O., S. 122 ff.

[350] Die Seele als *fühlende* ist also eine *innerliche Individualität*, was offenbar bedeutet, dass der Einzelne, indem er sich zu einer *fühlenden* Seele entwickelt, er zu einer *innerlichen Individualität* aufsteigt, d. h., dass er sich von allen seinen Mitmenschen unterscheidet. Dieses „Fürsichsein" ist nach Hegel *in* der „substanziellen Totalität" der *natürlichen* Seele - also in demjenigen, was die Seele des Individuums nur *an sich* erfüllt - erst nur *formal* (abstrakt) gegeben, so dass die weitere Entwicklung seiner Seele darin besteht, sich in jener „Substantialität" selbständig zu machen und sich von ihr zu befreien.

[351] Hegel sprich vom „Reellen". Gemeint ist offensichtlich das Natürliche, etwa das Körperliche, im Gegensatz zum Seelischen, erst recht zum Geistigen. So findet sich

innewohnende Kraft oder als Möglichkeit[352] erhalten werde, obwohl es nicht existiere. Es sei die Bestimmung, die wir wohl mit Blick auf Vorstellungen und Gedächtnis vor uns haben. Jedes Individuum sei ein unendlicher Reichtum an *Empfindungen, Vorstellungen, Kenntnissen, Gedanken* usw., aber *Ich* sei darum gleichwohl ein ganz *Einfaches*, ein bestimmungsloser Schacht, in dem alles dieses aufbewahrt werde, *ohne* zu existieren. Erst wenn *ich* mich *an eine* Vorstellung erinnern würde, würde ich sie aus jenem Inneren heraus zur Existenz vor das Bewusstsein stellen. In bestimmten Krankheiten würden seit vielen Jahren vergessene Vorstellungen und Kenntnisse wieder zum Vorschein kommen, weil sie seit langer Zeit nicht in das Bewusstsein gehoben worden seien. Wir seien nicht in ihrem Besitz, kämen auch durch die in der Krankheit geschehene Reproduktion nicht wieder in ihren Besitz, und doch seien sie in uns gewesen und blieben auch weiterhin in uns. Somit könne der Mensch nie wissen, wie viele Kenntnisse er tatsächlich *in sich* hat, sollte er sie vergessen haben. Sie würden nicht seiner Wirklichkeit, seiner *Subjektivität* als solcher, sondern nur seinem *an sich* seienden Sein (oder seinem Unbewussten, d. Verf.) angehören. Diese *einfache Innerlichkeit* (in der sich jeder von jedem anderen unterscheidet, d. Verf.) sei und bleibe die *Individualität* bei aller Bestimmtheit und Vermittlung des Bewusstseins, die später in sie gesetzt werde. Hier sei diese *Einfachheit* der Seele zunächst als *fühlender*, in der die Leiblichkeit *enthalten* sei, festzuhalten.[353] Dies

---

bei Hegel der Satz: „Diese Einheit des Göttlichen und Natürlichen, Identität des Ideellen und Reellen, …" Ders., Vorlesungen über die Philosophie der Religion, 2. Bd., a. a. O., S. 61.

[352]Hegel verwendet hier das Wort „virtualiter", das mehrere Bedeutungen hat, so die Bedeutung von „innewohnender Kraft" oder „als Möglichkeit".

[353]Die Leiblichkeit wird, wie sich Hegel verstehen lässt, zunächst als *Schmerz* unmittelbar empfunden, erlebt, und zu diesem tritt die Seele als fühlende in ein Verhältnis, in dem sie unwillkürlich dazu Stellung bezieht. Zum Beispiel hat ein Individuum Zahnschmerzen, so packt ihn das Gefühl der Sorge, es müsse sich einer noch schmerzhafteren Zahnoperation unterziehen. Der Zahnschmerz hat für das

laufe *der* Vorstellung von der Leiblichkeit zuwider, wie sie für das Bewusstsein und den Verstand sei, nämlich als eine außereinander und außer ihr seiende Materialität.[354]

Die *Mannigfaltigkeit* der vielen *Vorstellungen* würde, so Hegel, *kein* (raum-zeitliches, d. Verf.) Außereinander und eine reale Vielfalt in dem *Ich* begründen. Auch habe das reale Auseinander, wie es der Leiblichkeit eigen sei, *keine* Wahrheit für die fühlende Seele. Als empfindend (fühlend, d. Verf.) sei die Seele *unmittelbar* bestimmt, also natürlich und leiblich, aber das Außereinander und die sinnliche Mannigfaltigkeit dieses Leiblichen würde der Seele, ebenso wenig wie dem Begriff (dem Denken, d. Verf.), als etwas Reales und darum nicht als eine Schranke gelten.[355] Die Seele sei der *existierende* Begriff[356], die Existenz des Spekulativen, und sei deshalb im Leiblichen die einfache

---

Individuum durchaus etwas Gegenständliches (Dazu: P. Lersch, Der Aufbau der Person, a. a. O., S. 195) an sich, worauf es denn auch gefühlsmäßig reagiert. Die Leiblichkeit wird also auf diese Weise vom Subjekt unmittelbar *empfunden* und *gefühlt*. Anders als auf der Stufe der bloßen Seele verhält es sich auf der Stufe des Bewusstseins; ist doch hier die Leiblichkeit für das Subjekt, das Ich, ein äußerlicher Gegenstand.

[354]Hegel meint also *nicht* die Leiblichkeit, wie sie für das Bewusstsein und den Verstand ist, für die sie eine außerhalb der Seele sich befindende, außereinander seiende Materialität ist.

[355]Für die fühlende Seele gilt der Körper als lebendiger Organismus nicht als eine Realität und somit nicht als eine Schranke. Ein leidenschaftlicher Bergsteiger zum Beispiel lässt sich, trotz der zu erwartenden Anstrengungen und Leiden, nicht davon abhalten, den einmal geplanten Aufstieg auf einen hohen Berg in die Tat umzusetzen. Dabei kann es sein, dass sein Organismus von vornherein den Anstrengungen nicht gewachsen ist, doch diese Realität stellt sich für ihn nicht als eine Schranke dar.

[356] Mit dem „existierenden Begriff" meint Hegel offensichtlich *den* Begriff, der als Seele in einem Leib realisiert ist und denkt dabei an die „Idee des Lebens" im Sinne einer Einheit von Subjektivität (Seele) und Objektivität (Leib). Ders., Enzyklopädie der philosophischen Wissenschaften, 1. Bd., a. a. O., S. 373.

allgegenwärtige Einheit. Wie für die *Vorstellung* der Leib *eine* Vorstellung ist und das unendlich Mannigfaltige seiner Materialität und Organisation, wie es sich in der Vorstellung darstellt und sich zur *Einfachheit* eines bestimmten Begriffs verdichtet [357], so sei die Leiblichkeit und damit alles *das*, was ihrer Sphäre angehört und damit "außereinanderfällt" (Hegel), in der *fühlenden* Seele auf die *Idealität*, die *Wahrheit* der natürlichen Mannigfaltigkeit, reduziert. Die Seele sei *an sich* die Totalität der Natur, als individuelle Seele sei sie *Monade*.[358] Sie selbst sei die gesetzte Totalität ihrer *besonderen* Welt, so dass diese in sie eingeschlossen, ihre Erfüllung sei, gegenüber der sie sich nur zu sich selbst verhalte.[359]

Als *individuelle* Seele *schließe* (grenze, der. Verf.) die Seele, wie Hegel fortfährt, *aus* und setze den Unterschied (die Differenz, d. Verf.) *in sich* selbst.[360] Allerdings sei dasjenige, was sie von sich selbst unterscheidet,

---

[357]Das „*gemeine Leben*" habe nach Hegel *keine* Begriffe, sondern *Vorstellungen*, und es sei die Philosophie selbst, den *Begriff* zu erkennen, was sonst bloß eine Vorstellung sei. Ders., Wissenschaft der Logik, 2. Bd., in: Hegel Werke, Bd. 6, Frankfurt a. M. 1969, S. 406.

[358]Die Monade, wie sie Gottfried Wilhelm Leibniz begreift und wie Hegel referiert, „ist ein Eins ...; sie ist die Totalität des Inhalts der Welt; ... Die Monade als solche ist daher wesentlich *vorstellend*; sie hat aber, ob sie wohl eine endliche ist, keine *Passivität*, sondern die Veränderungen und Bestimmungen in ihr sind Manifestationen ihrer in ihr selbst. Sie ist Entelechie; das Offenbaren ist ihr eigenes Tun. - Dabei ist die Monade auch *bestimmt, von anderen unterschieden*; ..." Ders., Wissenschaft der Logik, 2. Bd., in Hegel Werke, Bd. 6, Frankfurt a. M. 1969, S. 198-199. „Die „Monaden" sind, als aktualisierte oder potentielle Bewegungszentren, die „wahren Atome der Natur", Josef Simon, Stichwort „Leben", in: Handbuch philosophischer Grundbegriffe, Bd. 3, hrsg. v. Hermann Krings u. a., München 1973, S. 846-847.

[359] Die Welt stellt für den Einzelnen nichts anderes dar als die von seiner empfindenden Seele gesetzte Totalität mannigfaltiger Inhalte, ein strukturiertes Ganzes, zu dem sie sich als fühlende Seele verhält.

[360]Ders., Enzyklopädie der philosophischen Wissenschaften, 3. Teil., a. a. O., S. 124 f.

noch nicht ein *äußeres* Objekt, wie im Fall des (objektiven, d. Verf.) *Bewusstseins*, sondern es seien die Bestimmungen ihrer *empfindenden Totalität*. Die Seele sei in diesem Urteil (dieser "Urteilung", d. Verf.) *Subjekt* überhaupt, ihr Objekt sei ihre *Substanz* (also die Bestimmungen ihrer empfindenden Totalität, d. Verf.), die zugleich ihr Prädikat sei. Diese Substanz sei *nicht* der Inhalt ihres Naturlebens, sondern der Inhalt der *individuellen*, von *Empfindungen erfüllten Seele*.[361] Da sie aber in diesem Inhalt zugleich eine *besondere* Seele sei, sei der Inhalt eben ihre *besondere* Welt, insofern diese Welt auf implizite Weise im Subjekt als Idealität eingeschlossen ist.[362]

Die fühlende Seele als eine Stufe des Geistes sei, so Hegel, für sich noch die Stufe seiner *Dunkelheit*, insofern ihre Bestimmungen sich nicht zu einem *bewussten* und *verständigen* Inhalt entwickeln würden. Interessant sei die Stufe, insofern sie als eine *Form* und damit als ein *Zustand* erscheint, in den die Seele, nachdem ihre Entwicklung bereits zu Bewusstsein und Verstand fortgeschritten ist, *zurückfallen* kann. Die wahrhaftere Form des Geistes (also das Bewusstsein, d. Verf.), wenn sie in einer ihr untergeordneten, abstrakteren Form existiert, enthalte eine Unangemessenheit, die ihre *Krankheit* sei. Betrachtet werden müssten in dieser Sphäre zum einen die *abstrakten* (also vor-bewussten, d. Verf.) Gestalten der Seele *für sich* und zum anderen *dieselben* Gestalten als

---

[361]Mit „Substanz" ist hier also nur der Inhalt der individuellen, von Empfindungen erfüllten Seele und *nicht* der Inhalt des Naturlebens der Seele (das allgemeine Leben auf dem Planeten Erde, seine Besonderung in „Naturgeister": Volksgeister usw., und seine Vereinzelung: Naturell, Temperament, Charakter, (ebenda, S. 52 ff.) gemeint. Die fühlende Seele ist in diesem „Urteil" Subjekt, dem die empfindende Seele als Objekt, Totalität und „Substanz" gegenübersteht.

[362]Der zweite Halbsatz lässt sich so verstehen, dass für das fühlende Subjekt es nicht erkennbar ist, dass die Welt, wie sie ihm in seinen Empfindungen gegeben ist, eine seiner Individualität entsprechende, besondere Welt ist. Mit anderen Worten, auf der Stufe der empfindenden und fühlenden Seele lebt jedes menschliche Subjekt nur in seiner *besonderen* Welt, ohne sich darüber Rechenschaft abzulegen.

Krankheitszustände des Geistes, weil diese Zustände ganz aus jenen (vorbewussten, d. Verf.) Gestalten zu verstehen seien. Die *fühlende* Seele, für sich genommen, ist nach Hegel jedoch *kein* krankhafter Zustand, wenn aber ein auf der Stufe des objektiven Bewusstseins angekommener Mensch wieder auf die Stufe der fühlenden Seele zurückfällt, dann droht sein Geist in einen Zustand der Krankheit zu versinken.

A. *Die fühlende Seele in ihrer Unmittelbarkeit*[363]

1. Die *fühlende* Individualität sei, so Hegel, zunächst ein "monadisches Individuum"[364] (ders.). Aber so, wie es *unmittelbar* (z. B. als Kind im Mutterleib, d. Verf.) ist, sei es noch *nicht* ein *Selbst*, *nicht* ein Subjekt, das ein *in sich reflektiertes Subjekt* sei, und deshalb sei das Individuum *passiv.*[365] Somit sei die *"selbstische* Individualität" (ders.)[366] des noch passiven Individuums ein von diesem *verschiedenes* Subjekt, das auch ein *anderes* Subjekt (z. B. die Mutter des noch ungeborenen Kindes, d. Verf.) sein könne. Von der "Selbstischkeit" (ders.), der Selbstbezogenheit (d. Verf.), des *anderen* Individuums werde das Subjekt des *einen* (des passiven d. Verf.) Individuums bloß als eine

---

[363] Wie Hegel in seinem folgenden Zusatz bemerkt, ist mit dieser Überschrift das schon erwähnte „Durchträumen" und „Ahnen" der in ihrer individuellen Welt und ihrem Naturleben befangenen Seele gemeint. Mit der „Unmittelbarkeit" meint er offensichtlich den Anfang in der Entwicklung der fühlenden Seele.

[364] „Die „Monaden" sind, wie schon erwähnt, als aktualisierte oder potentielle Bewegungszentren, die „wahren Atome der Natur.". Josef Simon, in: Handbuch philosophischer Grundbegriffe. Bd. 3, hrsg. v. Hermann Krings u. a., a. a. O. S. 846-847.

[365] Ebenda, S. 124 ff.,

[366] Sucht man nach dem Sinn des Wortes „selbstisch", so stößt man auf die Worte „selbstsüchtig", „eigennützig" und „egoistisch". Hegel scheint mit dem Wort „selbstische Individualität" die auf ein *Selbst* bezogene oder zentrierte Individualität zu meinen.

Substanz, als ein unselbständiges Prädikat, auf eine durchgängig widerstandslose Weise bestimmt. Dieses *andere* Subjekt (z. B. die Mutter des ungeborenen Kindes, d. Verf.) könne man so den *"Genius"*[367] des nur *passiven* Subjekts nennen.

Hegel führt als ein Beispiel für das Verhältnis zwischen einem Individuum und einem anderen Individuum, das als dessen *"Genius"* fungiert, das Verhältnis zwischen einer Mutter und ihrem noch *ungeborenen* Kind an. Dieses Verhältnis sei, ihm zufolge, *weder* ein *nur* leibliches *noch* ein *nur* geistiges, sondern ein *seelisches* Verhältnis. Es seien zwar *zwei* Individuen, diese befänden sich jedoch in einer noch *ungetrennten* Seeleneinheit. Das eine, also das noch ungeborene Kind, sei noch *kein Selbst*, noch kein Undurchdringliches, sondern ein Widerstandsloses. Das andere, also die Mutter, sei das *Subjekt* des Kindes, das *Selbst beider* Individuen. Die Mutter sei somit der *"Genius"* des Kindes; pflege man doch unter *"Genius"* die *selbstische* (die auf ein Selbst bezogene, d. Verf.) *Totalität des Geistes* zu verstehen, insofern diese *für sich* existieren und die subjektive Substantialität eines Anderen (z. B. des noch ungeborenen Kindes, d. Verf.), der nur äußerlich als Individuum gesetzt sei, ausmachen würde. Dieses andere Individuum, nach Hegels Beispiel das noch ungeborene Kind, habe somit nur *formal* ein Fürsichsein. Das *Substanzielle* des "Genius" bestehe in der ganzen Totalität des Daseins, Lebens und Charakters[368], und zwar nicht als bloße Möglichkeit oder Fähigkeit,

---

[367]Laut dem Grimmschen Wörterbuch hat das Wort „Genius" eine große Vielfalt von Sinngehalten. Aus dieser seien nur einige wenige genannt: Innerste göttliche Stimme, Begleiter des Menschen auf seiner Lebensbahn. Schutzgeist des Menschen, Engel, helfender Geist, Geist eines Volkes, Landes oder einer Nation, das höhere Ich, der eigentümliche Geist eines Menschen.

[368]Erinnert sei an das, was Hegel zum Charakter sagt, wonach dieser etwas sei, was die Menschen immer unterscheide. Durch ihn komme das Individuum zu seiner festen Bestimmtheit. Ders., Enzyklopädie der philosophischen Wissenschaften, 3. Teil, a. a. O., S. 73.

sondern als Wirksamkeit und Betätigung, als *konkrete Subjektivität*.[369] Hegel zufolge ist die seelische Beziehung zwischen einer Mutter und ihrem Kind, die bereits im Mutterleib beginnt, ein *"magisches Verhältnis"*. Für ein derartiges Verhältnis gebe es auch Beispiele im bewussten und besonnenen Leben, so etwa im Verhältnis zwischen Freunden, insbesondere nervenschwachen Freundinnen, zwischen Eheleuten und Mitgliedern von Familien.

Das Gefühlsleben als eine Totalität habe, so Hegel, zu seinem *Selbst* eine von ihm *verschiedene Subjektivität*. Diese Subjektivität (also das Selbst, d. Verf.) könne in der Form unmittelbarer Existenz dieses Gefühlslebens auch, wie beschrieben, ein *anderes* Individuum übernehmen.[370] Aber die "Gefühlstotalität" (ders.) sei dazu bestimmt ("prädestiniert", d. Verf.), ihr Fürsichsein aus ihr selbst heraus in *einer und derselben* Individualität hin zur Subjektivität zu entwickeln, und diese Subjektivität sei dann das ihr *innewohnende, besonnene, verständige* und *vernünftige Bewusstsein*. Für dieses Bewusstsein habe *jenes* Gefühlsleben als nur ein *an sich* seiendes substanzielles Material gedient, aus dem sich der vernünftige, selbstbewusste und bestimmende *"Genius"*, also die *besonnene* Subjektivität, herausgebildet habe. Der *Kern* des Gefühlsseins (-lebens, d. Verf.) enthalte neben dem *für sich* bewusstlosen *Naturell*, dem *Temperament* usw., auch (in der *Gewohnheit*, von der später die Rede sein werde) alle weiteren Bande, wesentliche Verhältnisse, Schicksale und Grundsätze. Er enthalte überhaupt alles, was zum *Charakter* gehört und an dessen

---

[369]Als Beispiel für eine „konkrete Subjektivität" könnte man eine Frau, anführen, die ihre Mutterrolle annimmt, diese gemäß ihrem Charakter, ihrer Lebenserfahrung und ihrer besonderen Lebensumstände mitgestaltet und sich so mit ihr vollständig identifiziert.

[370]Hegel unterscheidet also die „Gefühlstotalität" (ders.) von ihrem Selbst als einer von ihr verschiedenen Subjektivität. Dieses Selbst, diese Subjektivität, könne, wie gesagt, in ein und demselben Individuum oder auch in einem anderen Individuum (z. B. in der Mutter eines Kindes) unmittelbar existieren.

Erarbeitung die selbstbewusste Tätigkeit ihren wichtigsten Anteil gehabt hat. Das *Gefühlssein* sei so die in sich *vollkommen bestimmte Seele*. Der *Kern* des Gefühlslebens ist also, Hegel zufolge, der *Charakter*, der teils *individuell*, teils *sozial* bestimmt ist. So enthält er das *Naturell* und das *Temperament* (natürliche Seele) sowie die *Gewohnheit*, aber auch das, was auf wesentlichen (sozialen) Verhältnissen (z. B. Familie), Ereignissen in der Lebensgeschichte und auf der Verinnerlichung rechtlicher, sittlicher und moralischer Grundsätze beruht.

Die Totalität des Individuums, so wie sie hier eng zusammengefasst werde, sei *zu unterscheiden* von der existierenden Entfaltung seines *Bewusstseins*, seiner *Weltvorstellung*, seinen entwickelten *Interessen*, *Neigungen* usw. Gegenüber diesem "vermittelten Außereinander" (ders.) sei jene intensive Form der Individualität" (ders.) der *"Genius"* genannt worden. Der *"Genius"* gebe, so Hegel, im Scheine der Vermittlungen, Absichten, Gründen, in denen das *entwickelte Bewusstsein* sich ergehe, die *letzte* Bestimmung.[371] Diese konzentrierte Individualität trete auch in einer Weise in Erscheinung, die das *"Herz"* oder das *"Gemüt"* genannt werde. Man spräche einem Menschen, das Gemüt ab, wenn dieser mit besonnenem Bewusstsein nach seinen bestimmten Zwecken - handele es sich um

---

[371] Erkennbar werden in der „Totalität des Individuums" (Hegel) *drei* Ebenen, nämlich das Gefühlsleben des Individuums, dessen „Genius" (als die besonnene Subjektivität, die sich im Gefühlsleben herausbildet) und die im Individuum „existierende Entfaltung" (ders.) seines Bewusstseins, seiner Weltvorstellung, und seiner entwickelten Interessen und Neigungen. Nach Hegel hat der „Genius", als die „konzentrierte Individualität" (ders.) des Einzelnen, gegenüber allen gesellschaftlichen Zumutungen, Zwängen und Interessen sowie den individuellen Neigungen das *allerletzte* Wort. Alles, was nach Hegel zum *Charakter* des Einzelnen, den dieser in seiner „selbstbewussten Tätigkeit" (ders.) miterarbeitet hat, zählt, determiniert in letzter Instanz sein Handeln. Der „Genius" ist gleichsam die „innere Führung" des Einzelnen, die ihn von jedem seiner Mitmenschen unterscheidet und die, wie Hegel später betont, neben dem von sich *wissenden Ich*, un-bewusst ist, schicksalhaft, gar verhängnisvoll wirkt.

substanzielle, große Zwecke oder um kleinliche und unberechtigte Interessen - die Welt betrachtet und danach handelt. Ein *gemütlicher* (gemütvoller, d. Verf.) Mensch würde derjenige genannt werden, der seine, wenn auch beschränkte Gefühlsindividualität walten lässt, sich im Einklang mit ihren Besonderheiten befindet und von diesen völlig ausgefüllt ist.

Durchträumen und Ahnen

Das, was Hegel oben *"Durchträumen und Ahnen"* der in ihrer individuellen Welt befangenen Seele genannt hat, fällt für ihn, wie er in seinem Zusatz erläutert, unter die Bezeichnung *"die fühlende Seele in ihrer Unmittelbarkeit".*[372] Diese Entwicklungsform der menschlichen Seele will er noch deutlicher bestimmen: Wie bereits erwähnt, bildet die Stufe des *"Durchträumens und Ahnens"* auch eine Form, zu der schon, ihm zufolge, der zu Bewusstsein und Verstand entwickelte Geist wieder *zurückfallen* kann. In diesem Fall würde es sich, wie erwähnt, um einen *Krankheitszustand* handeln. Beide Weisen des Geistes, sowohl das gesunde, verständige Bewusstsein als auch das Träumen und Ahnen könnten, so Hegel, auf der hier angesprochenen *ersten* Entwicklungsstufe der fühlenden Seele als mehr oder weniger in einer *Mischung* vorkommen, weil das Eigentümliche dieser Stufe darin bestehe, dass hier das dumpfe, *subjektive* oder *ahnende* Bewusstsein *noch nicht,* wie auf der *zweiten* Stufe der *fühlenden* Seele[373], also der Stufe der *Verrücktheit,* in einen *direkten* Gegensatz zum freien, *objektiven* oder *verständigen* Bewusstsein gesetzt ist. Vielmehr stehe jenes subjektive oder ahnende Bewusstsein zum verständigen

---

[372]Ebenda, S. 127 ff.

[373]Wie oben ausgeführt, unterscheidet Hegel drei Stufen in der Entwicklung der fühlenden Seele: Erstens das *Durchträumen* und *Ahnen,* zweitens die *Verrücktheit* und drittens die *Überwindung der Leiblichkeit* und ihre *Herabsetzung* zu einem *Mittel* durch die Seele.

Bewusstsein in einem Verhältnis der *Verschiedenheit*[374], könne sich also mit diesem vermischen. Der Geist würde somit auf der Stufe des Träumens und Ahnens noch nicht als der *Widerspruch in sich selber* existieren. Die beiden Seiten, die fühlende Seele einerseits und das verständige Bewusstsein andererseits, die im Zustand der Verrücktheit miteinander in Widerspruch gerieten, würden hier noch in einer *unbefangenen* Beziehung zueinanderstehen. Dieser Standpunkt könne das *magische* Verhältnis der fühlenden Seele genannt werden, denn mit diesem Ausdruck würde man ein Verhältnis bezeichnen, dem die Vermittlung des Inneren zu einem Äußeren oder zu einem Anderen überhaupt *fehlt*. So ahnt man zum Beispiel, dass es zwischen zwei Gegebenheiten einen Zusammenhang gibt oder dass ein Gesetz/Prinzip sich in bestimmten Erscheinungen zeigt, aber diese Ahnung entbehrt noch der Bestätigung durch Wahrnehmung, Beobachtung und Verstand.[375] Eine *magische Gewalt* ist nach Hegel eine Gewalt, deren Wirkung nicht durch den Zusammenhang, die Bedingungen und Vermittlungen der objektiven Verhältnisse bestimmt ist. Eine solche *ohne* Vermittlung *wirkende Gewalt* sei aber die *"fühlende Seele in ihrer Unmittelbarkeit"*.

Um diese Entwicklungsstufe der Seele weiter zu verdeutlichen, geht Hegel auf den Begriff der *Magie* ein. Die *absolute Magie* sei die Magie

---

[374] Das Träumen und Ahnen einerseits und das verständige Bewusstsein andererseits unterscheiden sich, aber dieser Unterschied ist nur eine „Verschiedenheit" und kein wesentlicher Unterschied. Dazu Hegel: „Der Unterschied ist 1. *unmittelbarer* Unterschied, *die Verschiedenheit*, in der die Unterschiedenen jedes *für sich ist*, was es ist, und gleichgültig gegen seine Beziehung auf das Andere, welche also eine ihm äußerliche ist." Ders., Enzyklopädie der philosophischen Wissenschaften, 1. Teil, a. a. O., S. 239.

[375] Einem Wissenschaftler kann passieren, dass er eine bestimmte Erkenntnis oder Hypothese im Traum gewinnt. Denken könnte man dabei an den Chemiker August Kekulé von Stradonitz (1829-1896), der im Traum den Benzolring entdeckt haben soll. Der Neue Brockhaus, 3. Aufl., a. a. O.

des Geistes als solchen. Auch dieser übe an den Gegenständen eine *magische* Ansteckung aus, wirke *magisch* auf einen anderen Geist ein. In diesem Verhältnis sei aber die Unmittelbarkeit nur das *eine* Moment; die durch das Denken, die Anschauung, die Sprache und die Gebärde erfolgende Vermittlung bilde darin das *andere* Moment. Das Kind werde allerdings auf eine überwiegend *unmittelbare* Weise von dem Geist der Erwachsenen, von denen es sich umgeben sieht, angesteckt. Zugleich sei jedoch dieses Verhältnis durch das Bewusstsein und die beginnende Selbständigkeit des Kindes *vermittelt*. Unter den Erwachsenen übe ein überlegener Geist eine magische Gewalt über den schwächeren aus. Hinsichtlich der unmittelbar wirkenden Gewalt des einen Geistes auf einen anderen Geist oder auf natürliche Gegenstände erwähnt Hegel noch die *Zauberei*, in der nicht die Macht eines *göttlichen*, sondern eines teuflischen Geistes gesehen werde. Die *vermittlungsloseste* Magie sei diejenige, die der individuelle Geist über seine *eigene* Leiblichkeit ausübt, indem er diese zur unterwürfigen, widerstandslosen Vollstreckerin seines Willens mache. Auch gegenüber Tieren würde der Mensch eine höchst vermittlungslose magische Gewalt ausüben, weil jene den Blick des Menschen nicht ertragen könnten.

Die erste Form des magischen Verhältnisses – die formale Subjektivität

Zweierlei Formen des *magischen* Verhältnisses der Seele seien, so Hegel zu unterscheiden: Die *erste* dieser Formen, nennt er die *"formelle Subjektivität"* (ders.[376]) des Lebens. *Formell* (formal oder abstrakt, d. Verf.) sei diese Subjektivität, weil sie sich dasjenige, was dem *objektiven* Bewusstsein angehöre, so wenig anmaßen, dass sie selber ein *Moment* des objektiven Lebens ausmachen würde. [377]

---

[376]Ders., Enzyklopädie der philosophischen Wissenschaften, 3. Teil, a. a. O., S. 129 ff.

[377]Im Fall der bloß formalen (abstrakten) Subjektivität steht, wie sich Hegel verstehen lässt, *nicht* ein Subjekt einem ihm äußerlichen Objekt gegenüber, wie im

Deshalb sei sie *nicht* etwas, was *nicht* sein soll, etwas *Krankhaftes*, sondern etwas, was auch dem gesunden Menschen notwendigerweise zukommt. In der formalen Natur, in der unterschiedslosen Einfachheit dieser Subjektivität liege aber zugleich, dass - abgesehen von dem hier noch ausgeschlossenen, erst in der Verrücktheit herrschenden *direkten Gegensatz* zwischen dem *subjektiven* und dem *objektiven* Bewusstsein - hierbei nicht einmal von einem Verhältnis zweier *selbständiger* Persönlichkeiten zueinander die Rede sein kann. Ein derartiges Verhältnis liege erst bei der *zweiten* Form des magischen Zustandes der Seele vor.

Die drei Zustände der ersten Form

Die *erste* Form des magischen Verhältnisses enthält nach Hegel *drei* Zustände, nämlich *erstens* das *natürliche Träumen, zweitens* das *Leben des Kindes im Mutterleib* und *drittens* das *Verhalten unseres bewussten Lebens zu unserem geheimen inneren Leben*, zu unserer bestimmten geistigen Natur oder zu demjenigen, was Hegel den "*Genius* des Menschen" nennt.[378]

Was *erstens* die *Träume* betrifft, so sei davon, wie Hegel fortfährt, schon die Rede gewesen, als es um das Erwachen der individuellen Seele und um den Unterschied zwischen Schlafen und Wachen ging. Da sei bereits vom *natürlichen Träumen* gesprochen worden, weil dieser Vorgang ein Moment des Schlafes sei. Die eigentliche Stelle für die

---

Fall des objektiven Bewusstseins, sondern sie ist ein Moment des objektiven Lebens, so wie es sich fortlaufend und spontan vollzieht. Ein Beispiel, auf das unten noch eingegangen werden wird, ist das *Träumen*. Weder gibt es im Fall der formalen Subjektivität einen Gegensatz zwischen dem subjektiven (dem Gefühl, dem Ahnen) und dem objektiven Bewusstsein noch, wie im Folgenden erwähnt werden wird, ein Verhältnis zwischen zwei selbständigen Persönlichkeiten. Ein solches liegt erst bei der *zweiten* Form des magischen Zustandes der Seele vor.
[378]Ebenda, S. 129 ff.

Betrachtung dieser Seelentätigkeit findet sich nach Hegel aber erst *dort*, wo es um die *"fühlende Seele in ihrer Unmittelbarkeit"* geht. Hier gehe es, so Hegel, um den Beginn der Entwicklung der individuellen Seele, die noch in dem Durchträumen und Ahnen ihres konkreten Naturlebens befangen sei. Nur noch hinzuzufügen sei, dass die menschliche Seele im Zustand des Träumens nicht nur von *vereinzelten* Reizen (Einwirkungen, d. Verf.).[379] erfüllt wird, sondern - mehr als in den Zerstreuungen der wachen Seele gewöhnlich der Fall sei - zu einem tiefen, mächtigen Gefühl ihrer *ganzen individuellen Natur*, des *gesamten Umkreises* ihrer Vergangenheit, Gegenwart und Zukunft gelangt. Und dieses Empfundenwerden der *individuellen Totalität* der Seele sei der Grund, weshalb man das Träumen bei der Betrachtung der sich selbst fühlenden Seele zur Sprache bringen muss.

Was *zweitens* das *Kind im Mutterleib* betrifft, so zeige das Kind eine Seele, die noch nicht in ihm selbst, sondern erst in der Mutter *wirklich* für sich ist und nur von der Seele der Mutter getragen wird. Im Träumen dagegen, in dem das Individuum zum Gefühl seiner selbst gelange, sei das Individuum in einfacher und unmittelbarer Beziehung zu sich befangen, und dieses Fürsichsein habe durchaus die Form der Subjektivität. Gegenüber dieser im Träumen vorhandenen einfachen Bezogenheit der Seele auf sich selbst, existiere im Kinde eine ebenso einfache und unmittelbare Bezogenheit auf ein *anderes* Individuum (also zur Mutter, d. Verf.), in dem die noch selbst-lose Seele des Fötus ihr Selbst finde. Dieses Verhältnis zwischen Kind und Mutter habe für den Verstand, der nicht fähig sei, die Einheit des Unterschiedenen zu begreifen, etwas Wunderbares; zeige sich doch hier ein unmittelbares Ineinanderleben, eine ungetrennte Seeleneinheit *zweier* Individuen, von denen das eine ein *wirkliches*, für sich selbst seiendes Selbst ist, während das andere nur formal ein Fürsichsein hat, das sich jedoch dem wirklichen Fürsichsein immer mehr annähert.

---

[379] Hegel spricht von „Affektionen".

Was *drittens* das Verhältnis des Individuums zu seinem *"Genius"* betrifft, so sei es die *dritte* Weise, in der die menschliche Seele zum Gefühl ihrer Totalität kommt. Unter dem *"Genius"* sei, wie Hegel wiederholt, die *Besonderheit* eines Menschen zu verstehen, die in allen seinen Lagen und Verhältnissen über sein Tun und Schicksal entscheidet. Ich sei nämlich ein *Zweifaches* in mir, und zwar *einerseits das*, was ich von mir gemäß meinem *äußerlichen* Leben und meinen *allgemeinen* Vorstellungen *weiß*, und andererseits *das*, was ich in meinem, auf *besondere* Weise bestimmten *Inneren* bin. Besonders bemerkenswert ist, dass Hegel, wie schon angedeutet, im Individuum ein doppeltes Ich erkennt, und zwar ein solches, das ein (Alltags-)Wissen und eine allgemeine Vorstellung von sich hat und ein solches, das in seinem auf besondere Weise bestimmten Inneren, als sein „Genius", wirkt. Diese *Besonderheit* im Inneren des Einzelnen mache, so Hegel, sein *Verhängnis*, sein *Schicksal*, aus; denn sie sei das Orakel, von dessen Ausspruch alle Entschlüsse des Individuums abhängen. Die Besonderheit bilde das Objektive, das sich von dem *Inneren* des Charakters heraus geltend mache. Dass die Umstände und Verhältnisse, in denen das Individuum sich befindet, seinem Schicksal gerade *diese* und keine andere Richtung geben, dies liege nicht nur an der Eigentümlichkeit jener Umstände und Verhältnisse, auch nicht nur an der *allgemeinen* Natur des Individuums, sondern zugleich an seiner *Besonderheit.* Trotz *gleicher* Umstände verhalte sich dieses bestimmte Individuum *anders* als hundert andere Individuen; auf das eine Individuum könnten gewisse Umstände magisch wirken, während ein anderes durch die gleichen Umstände nicht aus seinem Gleis geworfen werde. Die *Umstände* würden sich also auf eine zufällige und besondere Weise mit dem *Inneren* des Individuums verbinden, so dass dies, teils durch die Umstände und durch das Allgemeingültige[380], teils durch seine eigene besondere innere Bestimmung zu demjenigen wird, was aus ihm dann tatsächlich wird. Übernimmt demnach ein

---

[380] Damit dürfte Hegel u. a. normative Ordnungen meinen.

Individuum eine bestimmte soziale Position, so muss es sich in seinem Verhalten den damit verbundenen Vorschriften (Erwartungen) und besonderen Umständen (z. B. den verfügbaren Mitteln) anpassen. Allerdings bleibt ihm normalerweise ein gewisser Handlungsspielraum, so dass er die regelmäßige Ausübung seiner Tätigkeit innerhalb seiner Position, seine Rolle, bis zu einem gewissen Grad selbst gestalten kann. Und dies würde, Hegel zufolge, gemäß der Besonderheit seines Inneren, seines „Genius", geschehen.

Allerdings führe die Besonderheit des Individuums für sein Tun und Lassen, wie Hegel fortfährt, auch *Gründe*, also *allgemeingültige* Bestimmungen [381], mit sich, aber sie tue dies, weil sie sich dabei wesentlich *fühlend* verhalte, eben immer nur auf eine *besondere* Art. Selbst das wache, verständige, in allgemeinen Bestimmungen sich bewegende Bewusstsein eines Individuums werde folglich von seinem *"Genius"* auf eine so übermächtige Weise bestimmt, dass dabei das Individuum in einem Verhältnis der Unselbständigkeit erscheint, ein Verhältnis, das mit der Abhängigkeit des Fötus von der Seele der Mutter oder damit verglichen werden könne, wie im Träumen die Seele zur Vorstellung ihrer individuellen Welt kommt. Das Verhältnis des Individuums zu seinem *"Genius"* *unterscheide* sich aber andererseits von diesen beiden vorher betrachteten Verhältnissen der fühlenden Seele *dadurch*, dass es deren *Einheit* ist, nämlich dass es das im *natürlichen Träumen* enthaltene Moment der *einfachen Einheit* der Seele mit sich selber und dass es das im Verhältnis des Fötus zur Mutter vorhandene Moment der *Doppelung* des Seelenlebens in *eins* zusammenfasst. Das geschehe deshalb, weil der *"Genius"* einerseits, wie die Seele der Mutter gegenüber dem Fötus, ein *selbstisches Anderes* gegenüber dem Individuum ist und weil der *"Genius"* andererseits mit dem Individuum eine ebenso *untrennbare Einheit* bildet wie die Seele mit der Welt ihrer Träume.

---

[381] Hegel meint offenbar solche Gefühle wie das Rechtsgefühl, das sittliche oder das religiöse Gefühl.

Die zweite Form des magischen Verhältnisses – die reale Subjektivität

Das Gefühlsleben als *Form, Zustand* eines *selbstbewussten, gebildeten, besonnenen* Menschen sei *2.*, so Hegel nach diesem Zusatz, eine *Krankheit*, in der das Individuum sich *unvermittelt* zum konkreten Inhalt seiner selbst verhält, und so sein besonnenes Bewusstsein seiner selbst sowie des verständigen Weltzusammenhangs einen davon *unterschiedenen* Zustand hat.[382] Hegel verweist dabei auf den *magnetischen Somnambulismus* [383] und die mit ihm verwandten Zustände (z. B. der Zustand des Schlafwandelns, d. Verf.) sowie auf *fünf* Hauptmomente auf diesem Feld:[384]

Somnambulismus

Zum *konkreten* Sein eines Individuums gehöre, so Hegel, die Gesamtheit seiner Grundinteressen, der wesentlichen und

---

[382]Ebenda, S. 132 ff.

[383]Hegel meint offensichtlich den Zustand der Hypnose, der hypnotischen Trance, bei einem Individuum, der von einem anderen Individuum, dem Hypnotiseur, herbeigeführt wird, wodurch dieser die Möglichkeit erlangt, das Verhalten jenes Individuums zu bestimmen. Dazu: Burkhard Peter, Hypnose, in: Handwörterbuch Psychologie, hrsg. v. Roland Asanger und Gerd Wenninger, 4. Aufl., München 1988, S. 307 ff.

[384]„The location of Hegel's analysis of madness in the Enzyklopädie is itself extremely important (...) since his treatment of the „sensate soul" (die fühlende Seele) is developed dialectically between his treatment of „natural soul" and „aktual soul, ...". „This importance consists of Hegel's belief that although feeling is important in the development of consciousness, it is not ultimately decisive as the Romantics and philosophers of Nature believed. For feeling is something that humans share with animals, especially domestic animals. But humans also have the ability to rise above mere feeling through understanding; that is, they have the power to move beyond feeling-in-itself to feeling-for-itself, and in so doing have the ability to move beyond being controlled by feeling to controlling feeling." A. M. Olson, Hegel and the Spirit, a. a. O., S. 89.

partikularen empirischen Verhältnisse, in denen es zu anderen Menschen und zur Welt überhaupt steht. Diese Totalität mache *seine* Wirklichkeit in *der* Weise aus, dass sie ihm *immanent* ist, und sie sei sein *"Genius"* genannt worden. Dieser sei aber *nicht* der *wollende* und *denkende freie* Geist. Die Gefühlsform, die nun hier vielmehr betrachtet werde, die Form also, in die das Individuum versinkt, bestehe demgegenüber darin, dass das Individuum seine Existenz als *bei sich selbst seiende Geistigkeit* aufgibt (es verfällt also dem Zustand des *Somnambulismus*, d. Verf.). Bei diesem würden, so Hegel, nur der Kreis der *individuell* bestimmten Welt, partikulare Interessen und beschränkte Verhältnisse in das Bewusstsein des Individuums treten. Wissenschaftliche Erkenntnisse oder philosophische Begriffe und allgemeine Wahrheiten dagegen würden einen anderen Boden erfordern, nämlich das zum freien Bewusstsein aus der Dumpfheit des fühlenden Lebens heraus entwickelte Denken. Töricht sei es, Offenbarungen über Ideen vom *somnambulen* Zustand zu erwarten.

Nostalgie

Der Mensch mit gesundem Sinn und Verstand würde, so Hegel, von dieser seiner Wirklichkeit wissen, die die konkrete Erfüllung seiner Individualität ausmacht, und zwar auf selbstbewusste, verständige Weise. Er wisse sie (also die Wirklichkeit, d. Verf.), wach wie er ist, in der Form des Zusammenhangs seiner mit den Bestimmungen der Wirklichkeit als einer von ihm unterschiedenen äußeren Welt, und er wisse von dieser als einer ebenso *verständig in sich zusammenhängenden* Mannigfaltigkeit. In seinen subjektiven Vorstellungen und Plänen habe er ebenso diesen verständigen Zusammenhang seiner Welt und die *Vermittlung* seiner Vorstellungen und Zwecke mit den in sich durchgängig vermittelten objektiven Existenzen vor Augen.[385] Dabei habe diese Welt, die außerhalb seiner

---

[385] Die äußere Welt, von der das „hellwache" Individuum weiß, sind z. B. die objektiven normativen Ordnungen, etwa die sittlichen Normen oder z. B. die

ist, ihre Fäden so in ihm, dass das, was er - *für sich* - wirklich ist, aus *denselben* bestehen würde. Und er würde in dem Maße innerlich absterben wie diese Äußerlichkeiten verschwinden, wenn er nicht in sich durch Religion, subjektive Vernunft und Charakter selbständig und davon unabhängig ist. [386] Hierbei könne an die Wirkung erinnert werden, die der Tod von geliebten Verwandten, Freunden usw. auf die Hinterbliebenen haben kann. So habe Cato nach dem Untergang der römischen Republik nicht mehr weiterleben können, seine *innere* Wirklichkeit sei weder weiter noch höher als sie gewesen. Als ein weiteres Beispiel führt Hegel das Heimweh an.

Hellsehen

Indem das Bewusstsein, wie es mit der Außenwelt und sein Verhältnis dazu erfüllt ist, eingehüllt wird und die Seele somit in den Schlaf (also in einen hypnotischen Zustand [387], in die Starre und in andere Krankheiten, z. B. der weiblichen Entwicklung, und in die Nähe des Todes usw.) versenkt wird, bleibe, Hegel zufolge, jene Wirklichkeit, die dem Individuum *immanent* sei, dieselbe substanzielle Totalität als ein

---

„augenfälligen" Prinzipien und Gesetze, die das Wirtschaftsleben beherrschen und die es beachten muss, will es seine wirtschaftlichen Pläne erfolgreich verwirklichen.

[386] Der Einzelne steht also der äußerlichen Welt nicht neutral und gleichgültig gegenüber, vielmehr ist sie in seinem Inneren wirksam. Und er würde geradezu, wie Hegel ausführt, innerlich „absterben", würde sich *das* auflösen, was seine Lebenswirklichkeit ausmacht, z. B. seine Familie, seine Arbeitsorganisation, sein Sportverein, seine Gemeinde und gar sein Staat usw.

[387] Hegel spricht vom „magnetischen Schlaf", worunter sich ein hypnotischer Zustand verstehen lässt. Ein solcher Zustand besitzt nach B. Peter unterschiedliche Ausprägungs- bzw. Tiefenstufen, die von leichter körperlicher Entspannung bis hin zu tiefem Somnambulismus reichen können. Alle Bemühungen, Ähnlichkeiten und Unterschiede zum Wachen, Schlafen und zur Entspannung experimentell zu erfassen, hätten jedoch mehr Widersprüche als Klärung erbracht. Ders., Hypnose, in: Handwörterbuch Psychologie, hrsg. v. R. Asanger u. G. Wenninger, a. a. O., S. 307.

Gefühlsleben, das in sich sehend, wissend sei. Da es das entwickelte, erwachsene und gebildete Bewusstsein sei, das in jenen Zustand des Fühlens hinab gesunken ist, behalte es mit seinem Inhalt zwar formal sein Fürsichsein, sein formales Anschauen und Wissen, das aber *nicht* bis zum Urteil des Bewusstseins fortschreite. Aber nur durch ein solches Urteil würde sein Inhalt sich als äußere Objektivität für das Bewusstsein so darstellen wie es seinem gesunden und wachen Zustand entspricht. So sei das Individuum (dessen gebildetes Bewusstsein in den Zustand des bloßen Fühlens herabgesunken ist, d. Verf.) die Monade, die seine Wirklichkeit in sich weiß, der sich selbst anschauende *"Genius".* In diesem *Wissen* des Individuums sei daher das Charakteristische, dass *derselbe* Inhalt, der als *verständige* Wirklichkeit objektiv für das gesunde Bewusstsein ist und um den zu wissen es als *besonnenes* Bewusstsein der verständigen *Vermittlung* in ihrer ganzen realen Ausbreitung bedarf, in *dieser* Immanenz *unmittelbar* vom Individuum gewusst, *geschaut* werden kann. Ein solches Anschauen sei ein *Hellsehen*, insofern es ein Wissen in der ungetrennten Substantialität des *"Genius"* sei. Das Anschauen befinde sich im *Wesen* des Zusammenhangs und sei daher nicht an die Reihe der vermittelnden, einander äußerlichen Bedingungen gebunden, die das besonnene Bewusstsein durchlaufen habe und das im Hinblick auf jene Bedingungen nach seiner eigenen äußerlichen Einzelheit beschränkt sei. Dieses *Hellsehen* sei aber, weil der Inhalt in seiner Trübheit *nicht* als ein verständiger Zusammenhang ausgelegt sei, allen individuellen *Zufälligkeiten* des Fühlens, Einbildens usw. *preisgegeben*, wobei in das Schauen des Individuums auch *fremde* Vorstellungen eintreten könnten. Es sei daher nicht auszumachen, ob das, was die Hellsehenden richtig schauen, das übertrifft, wo sie sich täuschen. Abwegig aber sei es, das Hellsehen für eine Erhebung des Geistes und für einen Zustand zu halten, der fähig ist, wahrhaftere, *allgemeine* Erkenntnisse hervorzubringen. Als ein Beispiel hierfür könnte man "Wirtschaftsweise" anführen, die den weiteren Verlauf der wirtschaftlichen Entwicklung vorhersagen, ohne dabei auf dem Boden einer im Detail ausgearbeiteten wissenschaftlichen Begründung zu stehen.

Hypnotische Beziehungen

Eine wesentliche Bestimmung in diesem Gefühlsleben, in dem die Persönlichkeit, Hegel zufolge, einen Mangel an Verstand und Willen aufweist, bestehe darin, dass es ein *Zustand* der *Passivität*, vergleichbar mit dem des Kindes im Mutterleib, ist. Das kranke Subjekt stehe in diesem Zustand *unter der Macht eines anderen*, des Magnetiseurs (Hypnotiseurs, d. Verf.), so dass in dieser psychischen Beziehung beider das selbst-lose, *nicht* als *Person* wirkliche Individuum zu seinem *subjektiven* Bewusstsein das Bewusstsein jenes besonnenen Individuums habe. Die subjektive gegenwärtige Seele dieses besonnenen Individuums (also des Hypnotiseurs, d. Verf.) fungiere als der *"Genius"* des kranken Subjekts, der dieses auch mit Inhalt erfüllen könne.

Dass das somnambule (also das in einem hypnotischen Trancezustand[388] befindliche) Individuum, Geschmäcke, Gerüche, die in demjenigen vorhanden sind, mit dem es in Beziehung steht, in sich selbst empfindet, dass es ferner von den sonstigen aktuellen Anschauungen und inneren Vorstellungen des Hypnotiseurs ein Wissen hat, als ob es von ihm selbst ist, das zeige die *substanzielle Identität*, in der die *eine* Seele sich mit der *anderen* befinden kann. In dieser substanziellen Identität gebe es nur *eine* Subjektivität des

---

[388] Der Zustand der hypnotischen Trance werde, so B. Peter, von vielen Autoren als ein vom Wachbewusstsein einerseits und vom Schlaf andererseits unterscheidbarer Sonderzustand angesehen, was allein deshalb problematisch sei, weil dieser Zustand unterschiedliche Ausprägungs- bzw. Tiefenstufen habe, die von leichter körperlicher Entspannung bis hin zum tiefen Somnambulismus reichen könne. Ders, Stichwort „Hypnose", in: Handwörterbuch Psychologie, hrsg. v. Roland. Asanger u. Gerd. Wenninger, a. a. O., S. 317.

Bewusstseins; die Individualität des Kranken habe zwar ein Fürsichsein, aber ein nur *leeres*, sich nicht gegenwärtiges, *wirkliches* Fürsichsein. Dieses nur *formale* (abstrakte) Selbst werde daher von den Empfindungen und Vorstellungen des anderen erfüllt, d. h. es sehe, rieche, schmecke, lese und höre auch im anderen. Zu bemerken sei noch, dass der Somnambule auf diese Weise in ein Verhältnis zu zwei *"Genien"* und zweifachem Inhalt gerät, nämlich zu seinem eigenen *"Genius"* und zu dem des Hypnotiseurs.

Einschlafen der Sinnesorgane

So wie in dieser nur *fühlenden* Substantialität, Hegel zufolge, der Gegensatz zum äußerlichen Objektiven nicht gegeben sei, so sei *innerhalb* seiner selbst das Subjekt in dieser Einigkeit. In ihr seien die Partikularitäten des Fühlens verschwunden, so dass, indem die Tätigkeit der Sinnesorgane eingeschlafen sei, sich das "Gemeingefühl" (ders. [389]) zu besonderen Funktionen bestimmen würde. So werde mit den Fingern, insbesondere mit der Herzgrube und dem Magen, gesehen, gehört usw.

Begreifen heiße, so Hegel *nach* seiner Darstellung dieser *fünf* Hauptmomente zum gestörten Seelenleben, für die verständige Reflexion die Reihe der *Vermittlungen* zu erkennen, die zwischen einer Erscheinung und einer anderen, mit der sie zusammenhängt, gegeben ist und sie nach den Verstandesgesetzen und den Verhältnissen der Kausalität, des Grundes usw. zu betrachten.[390] Das Gefühlsleben, auch wenn es noch das nur formale Wissen, wie es in den erwähnten Krankheitszuständen vorhanden sei, beibehält, sei gerade diese Form der *Unmittelbarkeit*, in der die Unterschiede zwischen dem Subjektiven und dem Objektiven, zwischen der verständigen

---

[389]Ders, Enzyklopädie der philosophischen Wissenschaften, 3. Teil., S. 137. Hegel spricht in seinem Zusatz auch von einem „Gemeinsinn". Ebenda, S.141.

[390]Ebenda, S. 137 ff.

241

Persönlichkeit und der äußerlichen Welt und jene Verhältnisse der Endlichkeit zwischen denselben *nicht* vorhanden sind. Das Begreifen dieses verhältnislosen und doch vollkommen erfüllten Zusammenhangs (wie er sich im Gefühlsleben und seinen Krankheitszuständen unmittelbar darstellt, d. Verf.) mache sich selbst dadurch *unmöglich*, dass es zum einen selbständige Persönlichkeiten gegeneinander und gegen den Inhalt als eine objektive Welt und zum anderen, dass es das räumliche und materielle Auseinandersein als absolut voraussetzt.

In einem oben zitierten Zusatz Hegels war von *zweierlei* Formen des magischen Verhältnisses der *fühlenden* Seele die Rede. Die *erste* dieser Formen nannte Hegel die *"formelle* Subjektivität" des Lebens. Dabei ging es um das natürliche Träumen, das Leben des Kindes im Mutterleib und das Verhalten unseres *bewussten* Lebens zu unserem *geheimen* inneren Leben. In diesem Zusatz geht es um die Erläuterung der soeben dargestellten *zweiten* Form des magischen Verhältnisses der Seele, nämlich die *"reale Subjektivität"* der fühlenden Seele.[391] *"Real"* nennt Hegel diese Subjektivität deshalb, weil hier, im Gegensatz zur *formalen* Subjektivität, ein *wirklich zweifaches* Seelenleben hervortrete, das *seine beiden Seiten zu einem eigentümlichen Dasein* entlassen habe. Sei die *eine* dieser beiden Seiten das *unvermittelte* Verhältnis der fühlenden Seele zu ihrer *individuellen* Welt und ihrer substanziellen Wirklichkeit, so sei die *andere* Seite dagegen die *vermittelte* Beziehung der Seele zu ihrer in einem *objektiven* Zusammenhang stehenden Welt. Würden diese beiden Seiten sich *voneinander trennen* und *gegeneinander selbständig* werden, dann müsse man dies als *Krankheit* bezeichnen; würde doch dieses Auseinandertreten, anders als die Weisen der formalen Subjektivität, *kein* Moment des objektiven Lebens selbst ausmachen. Ebenso wie eine *leibliche* Krankheit mit dem Versagen eines Organs oder Systems

---

[391] Ebenda, S. 138 ff.

ausbricht und eine solche Störung immer weiter fortschreiten könne, breche, so Hegel, auch im *Seelenleben* eine Krankheit aus, wenn das bloß *Seelische* des Organismus' sich von der Gewalt des *geistigen* Bewusstseins unabhängig mache und sich dessen Funktion anmaße. Der Geist verliere in diesem Fall die Herrschaft über das zu ihm gehörende *Seelische*, bleibe seiner selbst nicht mächtig, sondern sinke selber zur Form des Seelenhaften hinab und gebe damit das dem gesunden Geist wesentliche, objektive Verhältnis zur wirklichen Welt auf, d. h. das Verhältnis, das durch Aufhebung des äußerlich Gesetzten vermittelt wird. Dass das Seelische gegenüber dem Geist selbständig wird und sogar dessen Funktion an sich reißt, das sei möglich, weil das Seelische vom Geist ebenso *unterschieden* wie es an sich mit ihm *identisch* sei. Indem das Seelische sich vom Geist trennt, sich *für sich* setzt, würde es sich den Schein geben, *das* zu sein, was der Geist in Wahrheit ist, nämlich die in der Form der *Allgemeinheit* für sich selbst seiende Seele. [392] Die durch jene Trennung entstehende *seelische* Krankheit müsse aber mit einer *körperlichen* Krankheit nicht bloß *verglichen*, sondern als mehr oder weniger mit einer solchen *verknüpft* werden; sei doch bei der Trennung des Seelischen vom Geistigen die für die empirische Existenz beider *notwendige* Leiblichkeit unter diese zwei auseinandertretenden Seiten verteilt, so dass die Leiblichkeit selber, zu etwas in sich Getrenntem, also Krankhaftem werde.

Die Krankheitszustände, in denen eine solche *Trennung* des Seelischen vom geistigen Bewusstsein hervortritt, seien, so Hegel, mannigfaltiger Art. Fast jede Krankheit könne bis zu dem Punkte jener Trennung fortschreiten. Hier in der philosophischen Betrachtung unseres Gegenstandes müsse nicht jene unbestimmte Mannigfaltigkeit von Krankheitsformen verfolgt, sondern nur das sich in ihnen auf verschiedene Weise gestaltende *Allgemeine* nach seinen *Hauptformen* erfasst werden. Zu den Krankheiten, in denen dieses *Allgemeine*

---

[392] Der Geist als die „in der Form der Allgemeinheit für sich selber seiende Seele" (ders.) hat die Sprache und ihre Begriffswelten zu seiner Voraussetzung.

erscheinen könne, gehöre das *Schlafwandeln,* die *Katalepsie* (Starrkrampf der Muskeln), die *Entwicklungsperiode der weiblichen Jugend,* der *Zustand der Schwangerschaft* und auch der *Veitstanz.* Ebenso gehöre dazu der Augenblick des herannahenden Todes, wenn dieser die oben besprochene Spaltung des Lebens in das schwächer werdende gesunde, vermittelte Bewusstsein einerseits und in das immer mehr zur Alleinherrschaft kommende seelische Wissen andererseits herbeiführt. Insbesondere müsse hier aber derjenige Zustand, den man den *animalischen Magnetismus*[393] genannt hat, untersucht werden, und zwar insofern dieser sich *von selber* in einem Individuum entwickelt und insofern er in diesem durch ein *anderes* Individuum auf besondere Weise hervorgebracht wird. Auch durch *geistige* Ursachen, besonders durch religiöse und politische Erregung oder Hysterie, könne, Hegel zufolge, der angesprochene Zustand einer Trennung des Seelenlebens herbeigeführt werden.[394] So habe sich zum Beispiel im Cevennenkrieg das frei hervortretende Seelische bei Kindern, Mädchen und zumal bei Greisen als eine in hohem Grade vorhandene Sehergabe gezeigt. Das merkwürdigste Beispiel einer solchen Erregung sei jedoch die berühmte *Jeanne d'Arc,* in der einerseits die patriotische Begeisterung einer ganz reinen einfachen Seele und andererseits eine Art von magnetischem Zustand sichtbar werde.

---

[393]Laut dem Neuen Brockhaus auch *Mesmerismus* nach Franz Anton. A. Mesmer (1734-1815). Es handelt sich um von einem Menschen ausstrahlende Kräfte, die durch magnetische Striche Heilkraft erhalten („Heilmagnetismus"). Ders., a. a. O., S.405.

[394]„By locating the possibility of madness in the semiextant „featureless abyss" of the „feeling soul", Hegel anticipated by a hundred years Freud's and Jung's theories of the unconscious." A. M. Olson, Hegel and the Spirit, a. a. O., S. 95.

Hauptformen der Trennung des Seelischen vom objektiven Bewusstsein

Hegel bestimmt und schildert nun die Hauptformen, in denen das Seelische und das *objektive* Bewusstsein sich voneinander trennen.[395] Dabei erinnert er an das, was bereits über den Unterschied der beiden Verhaltensweisen des Menschen zu seiner Welt gesagt wurde. So wisse das *objektive Bewusstsein* die Welt als eine ihm äußerliche *mannigfache*, aber in allen ihren Punkten *notwendig zusammenhängende*, *nichts Unvermitteltes* in sich enthaltende Objektivität und verhalte sich zu dieser auf eine ihr entsprechende, d. h. ebenso mannigfache, *bestimmte*, *vermittelte* und *notwendige* Weise. Daher trete es nur durch ein *bestimmtes* Sinnesorgan zu einer bestimmten Form der äußerlichen Objektivität in Beziehung, zum Beispiel nur durch die Tätigkeit des Auges. Demgegenüber fehle dem *Fühlen*, also die *subjektive* Weise des Wissens, die Vermittlungen und Bedingungen, die für das objektive Wissen unentbehrlich sind, ganz oder zum Teil. So könne zum Beispiel das Fühlen, also die *subjektive* Weise des Wissens, ohne die Hilfe der Augen und ohne Vermittlung des Lichtes das Sehbare wahrnehmen.

Dieses *unmittelbare* oder *fühlende* Wissen tritt, Hegel zufolge, vor allem in folgenden Formen in Erscheinung:

Die *erste* Erscheinung: Die Metall- und Wasserfühler. Darunter verstehe man Menschen, die in ganz wachem Zustand und ohne die Vermittlung des Gesichtssinns unter dem Erdboden befindliches Metall oder Wasser bemerken. Es bestünde kein Zweifel, dass es solche Menschen gibt.

---

[395]Ders, Enzyklopädie der philosophischen Wissenschaften, 3. Teil., a. a. O., S. 140 ff.

Die *zweite* Erscheinung des unmittelbaren oder fühlenden Wissens, die, so Hegel, hier betrachtet werden müsse, habe mit der soeben besprochenen *ersten* gemeinsam, dass in beiden ein Gegenstand ohne die Vermittlung des *spezifischen* Sinns, der sich auf jenen bezieht, empfunden wird. Zugleich unterscheide sich aber diese *zweite* Erscheinung von der *ersten* dadurch, dass bei ihr nicht ein so ganz vermittlungsloses Verhalten wie bei der *ersten* Erscheinung stattfindet, sondern der betreffende spezifische Sinn entweder durch den vorzugsweise in der *Herzgrube* tätigen *Gemeinsinn* oder durch den *Tastsinn* ersetzt wird. Ein solches Fühlen zeige sich sowohl in der *Starre* (*Katalepsie*, ders.), in einem Zustand der Lähmung der Organe, als auch insbesondere beim *Schlafwandeln*, das eine Art von Starrezustand darstelle. In einem solchen Zustand äußere sich das Träumen nicht nur durch das Sprechen, sondern auch durch das Herumgehen und sonstige Handlungen, denen oft ein richtiges Gefühl von den Verhältnissen der umgebenden Gegenstände zugrunde liege.

Die *dritte* Erscheinung des unmittelbaren Wissens bestehe darin, dass ohne die Mitwirkung irgendeines *spezifischen* Sinns und ohne dass der *Gemeinsinn* an einem einzelnen Teil des Leibes tätig wird aus einer *unbestimmten Empfindung* ein *Ahnen* oder *Schauen*, eine *Vision* von etwas nicht *sinnlich Nahem*, sondern im Raum oder in der Zeit *Fernem*, von etwas *Zukünftigem* oder *Vergangenem* entsteht. Obwohl es oft schwierig sei, die bloß *subjektiven* Visionen, die sich auf nicht vorhandene Gegenstände beziehen, von *den* Visionen zu unterscheiden, die etwas Wirkliches zum Inhalt haben, so sei an diesem Unterschied doch festzuhalten. Die zuerst genannte Vision komme zwar auch im Somnambulismus, aber eher in einem physischen Krankheitszustand, zum Beispiel in der Fieberhitze vor. In der anthropologischen Betrachtung müssten wir uns jedoch, so Hegel, vorzugsweise mit der Art von Visionen beschäftigen, die sich auf *wirklich* vorhandene Gegenstände beziehen. Dabei gelte es, um das Wunderbare der hierzu gehörenden Erscheinungen zu begreifen, von folgenden Gesichtspunkten auszugehen. So sei die Seele das *Allesdurchdringende*, das nicht nur in einem besonderen Individuum existiere; müsse sie doch als die Wahrheit, als die Idealität *alles Materiellen*, als das *ganz Allgemeine* gefasst werden, in dem alle Unterschiede nur als *ideelle* sind und das *nicht einseitig dem Anderen gegenübertritt*, sondern auf *das Andere übergreift.*[396] Zugleich aber sei die Seele *individuell und besonders* bestimmt und habe deshalb mannigfache Bestimmungen oder Besonderungen in sich. Diese würden zum Beispiel als Triebe und Neigungen erscheinen. Diese Bestimmungen seien, obgleich sie sich voneinander unterscheiden würden, dennoch für sich nur etwas *Allgemeines*. In mir, als einem *bestimmten* Individuum, erhielten diese Bestimmungen erst einen *bestimmten* Inhalt. So werde zum Beispiel die Liebe zu den Eltern, Verwandten, Freunden usw. in mir individualisiert. Denn ich könne nicht Freund usw. *überhaupt* sein, sondern ich sei notwendigerweise mit *diesen* Freunden *dieser* an *diesem* Ort, in *dieser* Zeit und in *dieser* Lage lebende Freund. Alle die in mir individualisierten und von mir durchlebten allgemeinen Seelenbestimmungen würden meine Wirklichkeit ausmachen, seien daher nicht meinem Belieben überlassen, sondern würden die Mächte meines Lebens bilden und zu meinem wirklichen Sein gehören ebenso wie mein Kopf oder meine Brust zu meinem lebendigen Dasein gehören würde. Ich sei dieser ganze Kreis von Bestimmungen, diese seien mit meiner Individualität verwachsen. Jeder einzelne Punkt in diesem Kreis, zum Beispiel der Umstand, dass ich jetzt hier sitze, zeige sich abseits der Willkür meines Vorstellens dadurch, dass er in die Totalität meines Selbstgefühls als Glied einer Kette von Bestimmungen gestellt ist oder, mit anderen Worten, von dem Gefühl der Totalität meiner Wirklichkeit umfasst wird. Von dieser meiner Wirklichkeit, von dieser meiner Welt wisse ich aber, insofern ich erst nur *fühlende* Seele und eben noch *nicht* ein *waches, freies Selbstbewusstsein* bin, auf *ganz unmittelbare*, auf ganz *abstrakt positive* Weise, weil ich, wie schon

---

[396]Mit dem „Anderen" scheint Hegel das „Materielle", etwa den Organismus zu meinen.

erwähnt, auf diesem Standpunkt die Welt noch nicht von mir abgetrennt, noch nicht als ein Äußerliches gesetzt habe. Mein Wissen von der Welt sei somit noch nicht durch den Gegensatz des Subjektiven und des Objektiven und durch Aufhebung dieses Gegensatzes *vermittelt.* Es gelte nun, den *Inhalt* dieses *schauenden* Wissens näher zu bestimmen:

Bestimmung des schauenden Wissens:

Erstens: Es gebe Zustände, wo die Seele von einem Inhalt weiß, den sie längst vergessen hat und sie im Wachen nicht mehr ins Bewusstsein erheben kann. [397] Eine solche Erscheinung komme in mancherlei Krankheiten vor. Die auffälligste Erscheinung dieser Art sei die, dass Menschen in Krankheiten in einer Sprache sprechen, mit der sie sich zwar in früher Jugend beschäftigten, die sie aber nicht mehr im wachen Zustand sprechen können. Auch geschehe es, dass einfache Leute, die gewohnheitsmäßig und mit Leichtigkeit nur plattdeutsch sprechen, in einem "magnetischen" (hypnotischen, d. Verf.) Zustand mühelos hochdeutsch sprechen. Ebenso sei unbezweifelbar der Fall, dass Menschen in einem derartigen Zustand einen nie auswendig gelernten und aus ihrem wachen Bewusstsein entschwundenen Inhalt eines Textes, der vor geraumer Zeit von ihnen gelesen wurde, mit vollkommener Fertigkeit vortragen können. Ein besonders merkwürdiges Beispiel sei auch der Fall eines Knaben, der sich in frühester Jugend durch einen Sturz am Gehirn verletzt hatte, deshalb operiert wurde und nach und nach sein Gedächtnis verlor, so dass er nach Ablauf einer Stunde nicht mehr wusste, was er getan hat. In einen "magnetischen" (hypnotischen, d. Verf.) Zustand versetzt, habe er das Gedächtnis vollständig wieder zurück erhalten, so dass er die Ursache seiner Krankheit, die bei der Operation gebrauchten Instrumente und die dabei tätig gewesenen Personen angeben konnte.

---

[397]Ders., Enzyklopädie der philosophischen Wissenschaften, 3. Teil, a. a. O. S. 144 ff.

Zweitens: Noch wunderbarer als das soeben betrachtete Wissen von einem schon in das *Innere* der Seele niedergelegten Inhalt könne das vermittlungslose Wissen von Ereignissen erscheinen, die dem fühlenden Subjekt noch *äußerlich* sind; wüssten wir doch hinsichtlich dieses zweiten Inhalts der schauenden Seele, dass die Existenz des Äußerlichen an *Raum* und *Zeit* gebunden und unser *gewöhnliches Bewusstsein* durch diese beiden Formen des Außereinander vermittelt ist. Was zuerst das *räumlich* uns Ferne betrifft, so könnten wir von demselben, wenn wir wachen Bewusstseins sind, nur unter der Bedingung wissen, dass wir die Entfernung auf eine vermittelte Weise aufheben. Eine solche Bedingung sei aber für die *schauende* Seele nicht vorhanden. Der Raum gehöre nämlich nicht der Seele, sondern der *äußerlichen Natur* an. Sinke daher das freie, verständige Bewusstsein zur Form der bloß fühlenden Seele hinab, so sei das Subjekt nicht mehr an den Raum gebunden. Beispiele von dieser Unabhängigkeit der Seele vom Raum ließen sich in großer Menge anführen. Hierbei müssten wir zwei Fälle unterscheiden. Entweder sind die Begebenheiten dem schauenden Subjekt *absolut äußerlich* und werden ohne Vermittlung von ihm gewusst oder sie haben im Gegenteil für dasselbe schon die Form eines *Innerlichen*, also eines ihm *Nichtfremden*, eines Vermittelten erhalten. Dies könne dadurch geschehen, dass die Begebenheiten auf ganz *objektive* Art von einem *anderen* Subjekt gewusst werden und zwischen diesem und dem schauenden Individuum eine so vollständige Seeleneinheit besteht, dass dasjenige, was in dem objektiven Bewusstsein des anderen Subjekts ist, auch in die Seele des schauenden Individuums eindringt. Die durch das Bewusstsein eines *anderen* Subjekts vermittelte Form des Schauens werde jedoch erst später, bei dem *eigentlichen* "magnetischen" Zustand betrachtet. Hier dagegen gelte es, uns mit dem zuerst erwähnten Fall des vermittlungslosen Wissens von räumlich fernen Ereignissen auseinanderzusetzen. Beispiele von einer solchen Weise des Schauens kämen, so Hegel, in früheren Zeiten, in Zeiten eines mehr seelenbezogenen Lebens, viel häufiger vor als in der neueren Zeit, in der die Selbständigkeit des verständigen Bewusstseins weiter fortgeschritten sei. Bei dem Ahnen des räumlich Entfernten könne bald ein dunkleres, bald ein helleres Bewusstsein stattfinden. Dieser Wechsel in der Klarheit des Schauens habe sich zum Beispiel bei einem Mädchen gezeigt, das, ohne dass es im wachen Zustande etwas davon wusste, einen Bruder in Spanien hatte und das in ihrem *Hellsehen*, zunächst nur undeutlich, dann aber deutlich diesen Bruder in einem Krankenhaus und als Toten sah. Dann glaubte es jedoch, den Bruder wieder im lebendigen Zustand zu erblicken. Wie sich später ergab, hatte sie richtig gesehen. Ihr Irrtum habe nur darin bestanden, dass sie ihn für tot gehalten hat.

Ebenso wie über die Bedingung des *Raumes* setze sich die anschauende Seele über die Bedingung der *Zeit* hinweg. Bereits erwähnt worden sei, dass die Seele im Zustand des Schauens etwas aus ihrem wachen Bewusstsein zeitlich völlig Entferntes sich wieder vergegenwärtigen kann. Interessant sei jedoch die Frage, ob der Mensch auch das durch die *zukünftige* Zeit von ihm Getrennte deutlich wissen kann. Vor allem könnten wir, so Hegel, dazu bemerken, dass das vorstellende Bewusstsein sich irre, hielte es das bloße Schauen einer durch ihre *räumliche* Entfernung vom leiblichen Auge weit entfernte Einzelheit für etwas Besseres als das Wissen von Vernunftwahrheiten. In einem gleichen Irrtum befinde sich die Vorstellung, wonach ein vollkommen sicheres und verständig bestimmtes Wissen des *Zukünftigen* etwas sehr Anspruchsvolles [398] sei, so dass man sich trösten müsse, wenn man über ein derartiges Wissen nicht verfügt. Demgegenüber müsse gesagt werden, dass es zum Verzweifeln langweilig wäre, könnte man seine Schicksale mit völliger Bestimmtheit vorher wissen und müsste diese dann der Reihe nach durchleben. Ein Vorauswissen *dieser* Art gehöre aber zu den Unmöglichkeiten; könne doch dasjenige, was nur erst ein *Zukünftiges*, also ein bloß Ansichseiendes ist, gar nicht Gegenstand des *wahrnehmenden* und *verständigen Bewusstseins* werden, weil nur das

---

[398] Bei Hegel steht: „... etwas sehr Hohes ..."

Existierende, das zur *Einzelheit* eines *sinnlich Gegenwärtigen* gelangt ist, wahrgenommen werden könne. Allerdings könne der menschliche Geist über das Wissen hinausgehen, das sich nur mit der sinnlich gegenwärtigen Einzelheit beschäftigt. Die *absolute* Erhebung über dieses Wissen finde aber nur in dem *begreifenden Erkennen des Ewigen* statt; denn das Ewige werde nicht, wie das sinnlich Einzelne, vom Wechsel des Entstehens und Vergehens ergriffen. Es sei daher weder ein Vergangenes noch ein Zukünftiges, sondern das *absolut* Gegenwärtige, das über die Zeit erhaben ist und das alle Unterschiede der Zeit als aufgehobene in sich enthält. Im "magnetischen" Zustand (im Zustand der Trance, d. Verf.) dagegen könne bloß ein *bedingtes* Hinausgehen über das Wissen des unmittelbar Gegenwärtigen erfolgen. Das in diesem Zustand (der Trance, d. Verf.) sich offenbarende Vorauswissen beziehe sich immer nur auf den einzelnen Kreis der Existenz des Hellsehenden, und zwar insbesondere auf dessen individuelle Krankheitsdisposition. Dieses Vorauswissen habe seiner Form nach nicht den *notwendigen Zusammenhang* und die *bestimmte Gewissheit*, die das objektive verständige Bewusstsein enthält.

Der Hellsehende befinde sich in einem *konzentrierten* Zustand und schaue sein eingehülltes, prägnantes Leben auf konzentrierte Weise an. In dieser Konzentration seien auch *eingehüllt* die Bestimmungen des *Raumes* und der *Zeit* enthalten. Für sich selber würden jedoch Raum und Zeit von der Seele des Hellsehenden, die in ihre Innerlichkeit versunken sei, nicht erfasst werden. Dies geschehe nur durch das *objektive* Bewusstsein, das seine Wirklichkeit sich als eine äußerliche Welt gegenüberstellt. Da aber der Hellsehende zugleich ein *Vorstellender* sei, müsse er jene, also *Raum* und *Zeit*, in sein konzentriertes Leben *eingehüllten* Bestimmungen *herausheben* oder, was auf dasselbe hinauslaufe, seinen Zustand in die Formen des *Raumes* und der *Zeit hinaussetzen* und seinen Zustand nach der Weise des wachen Bewusstseins auslegen. Daraus gehe hervor, in welchem Sinne das ahnende Bewusstsein einerseits eine Vermittlung der Zeit in sich enthält, es aber andererseits dieser Vermittlung nicht bedarf und eben deshalb fähig ist, in die Zukunft vorzudringen. Das *Ausmaß* der in dem angeschauten Zustand liegenden zukünftigen Zeit sei aber nicht etwas für sich Festes, sondern eine *Art und Weise* der *Qualität* des geahnten Inhalts, etwas, was zu dieser Qualität ebenso gehöre wie zum Beispiel die Zeit von drei oder vier Tagen zur Bestimmtheit der Natur des Fiebers. Das Herausheben jenes Zeitraums bestehe daher darin, das Intensive des Geschauten zu erfassen, dabei sei aber eine unendliche Täuschung möglich. So würden die Hellsehenden auch niemals die Zeit genau angeben, und meistens würden die auf die Zukunft sich beziehenden Aussagen dieser Menschen zu Irrtümern führen, zumal wenn dieses Schauen inhaltlich Ereignisse einschließt, die vom freien Willen anderer Personen abhängen.

Andererseits kann man jedoch, Hegel zufolge, nicht leugnen, dass Personen höchst wunderbare Ahnungen und Visionen haben. Insbesondere im schottischen Hochland, in Holland und in Westfalen (die "Spökenkieker", d. Verf.) fänden sich häufige Beispiele von Ahnungen des Zukünftigen. So sei bei den schottischen Gebirgsbewohnern das Vermögen, ein "zweites Gesicht" ("second sight", ders.)[399] zu haben, nichts Seltenes. Mit einem solchen Vermögen ausgestattete Personen sähen sich *doppelt*, in gegenwärtigen und in zukünftigen Verhältnissen und Zuständen. Für das Entstehen der "zweiten Sicht" scheine ein eigentümlicher Standpunkt der geistigen Entwicklung notwendig zu sein, und zwar einer, der von der Rohheit und der großen Bildung gleich weit entfernt ist, ein Standpunkt, auf dem die Menschen keine *allgemeinen* Zwecke verfolgen, sondern sich nur für ihre individuellen Verhältnisse interessieren und nur ihre *zufälligen, besonderen* Zwecke, ohne gründliche Einsicht in die Natur der zu behandelnden Zwecke zu haben, träge das Althergebrachte nachahmen. Sie würden sich somit, ohne sich für die Erkenntnisse des Allgemeinen und Notwendigen zu interessieren, nur mit dem

---

[399]Gemeint ist offensichtlich ein "*zweites* Sehen" oder eine „*zweite* Sicht".

Einzelnen und Zufälligen beschäftigen. Gerade dadurch, dass der Geist in das *Einzelne* und *Zufällige* versunken ist, scheinen, so Hegel, die Menschen imstande zu sein, eine noch in der Zukunft verborgene *einzelne* Begebenheit, zumal wenn diese ihnen nicht gleichgültig ist, zu schauen.

Drittens: Während bei dem unter (*erstens*) betrachteten Schauen die in ihre Innerlichkeit verschlossene Seele nur einen ihr *schon angehörenden* Inhalt sich wieder vergegenwärtigt und während dagegen bei dem unter (*zweitens*) besprochenen Stoff die Seele in das Schauen eines einzelnen *äußerlichen* Umstandes versenkt ist, kehre die Seele *drittens* in dem schauenden Wissen von ihrem *eigenen* Inneren, ihrem Seelen- und Körperzustand, aus jener Beziehung auf ein Äußerliches zu sich selber zurück. Diese Seite des Schauens habe einen sehr weiten Umfang und könne zugleich zu einer bedeutenden Klarheit und Bestimmtheit gelangen. Etwas vollkommen Bestimmtes und Richtiges könnten jedoch die Hellsehenden über ihren körperlichen Zustand nur dann angeben, wenn sie medizinisch gebildet sind und somit in ihrem wachen Bewusstsein eine genaue Kenntnis der Natur des menschlichen Organismus besitzen. So wie aber bei den verschiedenen hellsehenden Individuen das unmittelbare Wissen von ihrem *Körperzustand* sehr verschieden ist, so herrsche auch in dem schauenden Erkennen ihres *geistigen* Inneren sowohl mit Bezug auf die Form als auch mit Bezug auf den Inhalt eine große Verschiedenheit. Menschen mit *edlem* Charakter würden im Hellsehen - weil dies ein Zustand sei, in dem die Substantialität der Seele hervortrete - eine Fülle edlen Empfindens, ihr wahres Selbst, der bessere Geist des Menschen erschlossen werden und was ihnen oft als besonderer Schutzgeist erscheine. Menschen mit einem *schlechten* Charakter dagegen würden diesen in jenem Zustand offenbaren und sich demselben ohne Hemmung hingeben. Individuen, deren Charakter dazwischen liegt, also weder edel noch schlecht ist, würden während des Hellsehens häufig einen sittlichen Kampf mit sich selber führen, weil in diesem neuen Leben, in diesem ungestörtem inneren Schauen, das

Bedeutendere und Edlere der Charaktere hervortrete und sich gegen das Fehlerhafte derselben vernichtend kehre.

Viertens: Dem *schauenden* Wissen von dem *eigenen* geistigen und körperlichen Zustand reihe sich als eine *vierte* Erscheinung das hellsehende Erkennen eines *fremden* Seelen- und Körperzustandes ein. Dieser Fall würde sich besonders im "magnetischen Somnambulismus" ereignen, wenn durch den "Rapport" (Hegel)[400], in die das eine Subjekt mit einem anderen Subjekt getreten ist, die beiderseitigen Lebenssphären der beiden Personen gleichsam zu einer einzigen geworden sind.

Fünftens: Würde endlich ein solcher "Rapport" (also ein unmittelbarer Kontakt zwischen einem Hypnotiseur und einem in Hypnose befindlichen Subjekt, d. Verf.) den höchsten Grad an Innigkeit und Stärke erreichen, so käme *fünftens* die Erscheinung vor, dass das schauende Subjekt nicht bloß *von*, sondern *in* einem anderen Subjekt weiß, schaut und fühlt. Es würde ohne direkte Aufmerksamkeit auf das andere Individuum alles, was demselben begegnet, *unmittelbar mitempfinden*, also die Empfindungen der fremden Individualität als seine eigenen in sich haben. So hätte ein französischer Arzt zwei sich gegenseitig sehr liebende Frauen behandelt, die, obwohl sie sich in bedeutender Entfernung voneinander aufgehalten, die beiderseitigen Krankheitszustände ineinander empfunden hätten. Als ein weiteres Beispiel führt Hegel einen Soldaten an, der die Angst seiner von Räubern bedrohten Mutter, obwohl er sich in erheblicher Entfernung von ihr befunden hätte, in einer solcher Stärke unmittelbar mitempfunden, dass er sich unwiderstehlich gedrängt gefühlt hätte, zu ihr zu eilen.

---

[400]Gemeint ist hier offenbar der unmittelbare Kontakt zwischen zwei Personen, wobei sich die eine in einem Zustand der Hypnose und die andere in der Rolle des Hypnotiseurs befindet. Dazu: Duden, das Fremdwörterbuch, 5. Aufl., hrsg. v. Wissenschaftlichen Rat der Dudenredaktion, Mannheim 1990, S.661.

Die soeben behandelten *fünf* Erscheinungen seien, so Hegel, die *Hauptmomente* des schauenden Wissens, die alle die Bestimmung miteinander teilen würden, dass sie sich *immer* auf die *individuelle* Welt der *fühlenden* Seele beziehen. Es gebe aber zwischen ihnen keinen so untrennbaren Zusammenhang, dass sie immer alle in einem und demselben Subjekt hervortreten müssten. *Zweitens* sei jenen Erscheinungen auch das gemeinsam, dass sie sowohl infolge physischer Krankheit als auch bei sonst gesunden Personen aufgrund einer besonderen Disposition entstehen können. In beiden Fällen seien jene Erscheinungen *unmittelbare* Naturzustände, und *nur* als solche seien sie bisher betrachtet worden. Sie könnten aber auch *absichtlich* hervorgerufen werden und wenn dies geschehe, habe man es mit dem eigentlichen *"animalischen Magnetismus"* zu tun, von dem im Folgenden die Rede sein werde.

Animalischer Magnetismus

Was zunächst die Bezeichnung *"animalischer Magnetismus"* betrifft, so sei dieser ursprünglich dadurch entstanden, dass *Mesmer*[401] damit begann, mit Magneten den "magnetischen" Zustand herbeizuführen. Danach sei jene Bezeichnung beibehalten worden, weil auch im *tierischen Magnetismus* eine unmittelbare gegenseitige Beziehung zwischen zwei Existenzen, wie im *unorganischen Magnetismus*, stattfinde. Erst mit dem *"eigentlichen"* animalischen *Magnetismus* habe sich das allgemeine Interesse auf die "magnetischen" Zustände gerichtet, weil sich durch ihn die Möglichkeit eröffnet habe, alle

---

[401]Der Arzt Franz Anton Mesmer, (1734-1815), der oben schon erwähnt wurde, begründete die Lehre von der Heilkraft des „animalischen Magnetismus", eine Methode, die in Deutschland, Frankreich und anderen Ländern Europas weitere Anhänger und Interpreten hatte. So nennt Hegel Armand Marie Jacques Puységure (1751-1825), Karl Alexander Ferdinand Kluge (1782-1844), Pierre Gabriel von Ghert (1782-1852) und Karl Eberhard von Schelling (1783-1854). G. W. F. Hegel, Enzyklopädie der philosophischen Wissenschaften, 3. Teil, a. a. O., S 150 ff.

möglichen Formen solcher Zustände herauszubilden und zu entwickeln. Die auf diesem Wege absichtlich hervorgebrachten Erscheinungen seien jedoch nicht verschieden von den schon besprochenen. Durch ihn werde nur das *gesetzt*, was sonst als *unmittelbarer* Naturzustand vorhanden sei.

Um *erstens* zu begreifen, wie es *möglich* ist, *absichtlich* einen "magnetischen" Zustand (einen solchen der Trance, d. Verf.) herbeizuführen, müsste nur an das erinnert werden, was als Grundbegriff dieses ganzen Standpunktes der Seele angeführt wurde: Der "magnetische" Zustand sei nämlich eine *Krankheit*. Der *allgemeine* Begriff der Krankheit hinsichtlich dieses Zustandes bestimme sich in *der* Weise, dass in dieser eigentümlichen Krankheit zwischen dem *seelischen* Sein eines Individuums einerseits und seinem *wachen* Sein andererseits, zwischen seiner *fühlenden Naturlebendigkeit* einerseits und seinem *vermittelten verständigen Bewusstsein* andererseits, ein *Bruch* entsteht. [402] Dieser *Bruch* sei, weil jeder Mensch die eben genannten beiden Seiten in sich trage, auch in dem gesündesten Menschen als *Möglichkeit* enthalten. Er käme jedoch nicht in allen Individuen zur Existenz, sondern nur in denjenigen, die dazu eine *besondere* Anlage haben. Und erst wenn der Bruch aus der Möglichkeit zur Wirklichkeit heraustrete, würde er zu etwas *Krankhaftem* werden. Trenne sich aber das *seelische* Leben eines Individuums von seinem *verständigen* Bewusstsein und übernehme dessen Geschäft, so würde das Individuum seine im *verständigen* Bewusstsein wurzelnde Freiheit einbüßen. Es würde die Fähigkeiten verlieren, sich einer *fremden* Gewalt zu verschließen und würde sich dieser unterwerfen. Ebenso wie der "magnetische" (oder hypnotische, d. Verf.) Zustand, in den ein Individuum geraten ist, *von selber entstehen* kann - und es damit von einer fremden Gewalt abhängig wird -, könne er auch von einer *äußerlichen* Gewalt verursacht werden. Indem diese das Individuum

---

[402] Ebenda, S. 151 ff.

bei der *an sich* in ihm vorhandenen Trennung seines fühlenden Lebens von seinem denkenden Bewusstsein ergreift, könne dieser Bruch in ihm zur Existenz gebracht werden, und so könne der "magnetische" Zustand (oder der Zustand der Hypnose oder Trance, d. Verf.) auch *künstlich* bewirkt werden. Jedoch könnten, wie bereits erwähnt, nur diejenigen Individuen, in denen eine besondere Disposition zu diesem Zustand schon gegeben ist, leicht und dauernd Schauende ("Epopten", ders.) werden. Dagegen könnten Menschen, die nur durch eine besondere Krankheit in jenen Zustand geraten, nie vollkommen Schauende werden. Die fremde Gewalt aber, die den magnetischen Somnambulismus [403] in einem Subjekt erzeugt, sei *hauptsächlich* ein *anderes Subjekt*;

Was *zweitens* die *Art und Weise* des "Magnetisierens" (Hypnotisierens, d. Verf.) betrifft, so werde diese auf verschiedene Weise betrieben. Gewöhnlich würde der "Magnetiseur" (Hypnotiseur, d. Verf.) auf dem Wege der Berührung wirken. Wie im Galvanismus die Metalle durch unmittelbaren Kontakt aufeinander einwirken würden, so würde auch der "Magnetiseur" auf die zu magnetisierende Person einwirken. Das "magnetisierende" Subjekt könne jedoch erfolgreich nur unter der Bedingung tätig sein, dass es den entschiedenen Willen hat, seine Kraft auf das Subjekt, das in einen "magnetischen" Zustand versetzt werden soll, zu übertragen und die dabei gegeneinander stehenden beiden

---

[403] Hegel meint offenbar vor allem das durch Hypnose herbeigeführte Schlafwandeln oder den durch Hypnose herbeigeführte Zustand der Trance. - Der schottische Kollege von F. A. Mesmer habe den Begriff der Hypnose (nach dem griechischen Wort für Schlaf: hypnos) geprägt. Heute gingen Marie-Elisabeth Faymondville und andere Spezialisten davon aus, dass Hypnose Menschen in einen anderen Bewusstseinszustand versetzt. „Die Patienten können Abstand nehmen, von dem, was um sie herum passiert, können stattdessen auf ihr inneres Erleben fokussieren" (M.-E. Faymondville). Astrid Viciano, Trance als Therapie, in: Süddeutsche Zeitung v. 14./15./16. 5. 2016.

animalischen Sphären [404] durch den Akt des "Magnetisierens" gleichsam in *einer* Sphäre zu vereinigen.

Die nähere Weise, wie der "Magnetiseur" vorgeht, sei vor allem ein *Bestreichen* des zu magnetisierenden Individuums, ein Verfahren, das aber nicht auf ein wirkliches Berühren hinauszulaufen brauche. Nicht in allen Fällen sei das Bestreichen des dem "Magnetiseur" mehr oder weniger räumlich nahen Individuums, das magnetisiert (hypnotisiert, d. Verf.) werden soll, nötig, vielmehr könne durch ein bloßes Auflegen der Hand, namentlich auf den Kopf, auf den Magen oder auf die Herzgrube der magnetische "Rapport"[405] eingeleitet werden. Mitunter sei auch ein einziger Blick und die Aufforderung des "Magnetiseurs" an das zu magnetisierende Individuum einzuschlafen, hinreichend, um es in den Zustand der Hypnose zu versetzen. Hauptsächlich komme es bei diesem *magischen* Verhältnis darauf an, dass ein Subjekt auf ein ihm an Freiheit und Selbständigkeit des Willens *unterlegenes* Individuum einwirkt. Sehr kräftige Organisationen würden daher über schwache Naturen oft eine so unwiderstehliche Gewalt ausüben, dass diese, ob sie wollen oder nicht, durch jene Organisationen zu einem "magnetischen" (hypnotischen, d. Verf.) Schlaf gebracht werden könnten. Aus dem angegebenen Grund seien *starke* Männer zum Hypnotisieren weiblicher Personen besonders geeignet. Hinzufügen könnte man hier, dass umgekehrt auch starke Frauen zum Hypnotisieren männlicher Personen besonders geeignet sind.

---

[404]Hegel meint offenbar das *animalische* Leben im Unterschied zum organischen Leben. Zu jenem gehört nach Bichat, den Hegel, wie oben erwähnt, zitiert, das System der Sensibilität und der Irritabilität. Es handelt sich nach Hegel um das theoretische und praktische Nach-außen-Gerichtetsein, das, anders als das organische Leben, im Schlaf aufhört. Ebenda, S. 91 f.

[405]Wie schon erwähnt, ist der „Rapport" der unmittelbare Kontakt zwischen dem Hypnotiseur und dem zu Hypnotisierenden.

Der *dritte* hier zu besprechende Punkt betreffe die durch das "Magnetisieren" (das Hypnotisieren d. Verf.) hervorgebrachten *Wirkungen.* [406] Die nächste allgemeine *Wirkung* des "Magnetisierens" sei das *Versinken* der "magnetischen" (also der hypnotisierten, d. Verf.) Person in den Zustand ihres *eingehüllten, unterschiedslosen Naturlebens,* d. h. in den Schlaf. Sein Eintreten bezeichne den Beginn des "magnetischen" (hypnotischen, d. Verf.) Zustandes, jedoch sei der Schlaf hierbei nicht unbedingt notwendig, auch ohne ihn könnten "magnetische" Heilverfahren ausgeführt werden. Was hier notwendigerweise stattfinden müsse, das sei nur, dass die empfindende (fühlende, d. Verf.) Seele selbständig wird, sich also von dem vermittelten, verständigen Bewusstsein *trennt.*[407]

Nach der *physiologischen* Betrachtung [408] des "animalischen Magnetismus", die hier, wie angemerkt, beiseitegelassen worden ist, gelte es, so Hegel, näher zu bestimmen, wie dieser Zustand hinsichtlich der Seele beschaffen ist. Wie in den von selber eintretenden "magnetischen" Zuständen, so auch im Fall des absichtlich hervorgebrachten "animalischen Magnetismus", schaue die in ihre *Innerlichkeit* versunkene Seele ihre individuelle Welt *nicht außer sich,* sondern *in sich selber* an. Dieses Versinken der Seele in ihre *Innerlichkeit* könne aber, wie schon bemerkt, sozusagen auf halbem Wege stehen bleiben, so dass *kein Schlaf* eintrete. Ein weiteres sei aber, dass das Leben nach außen durch den Schlaf gänzlich abgebrochen wird. Auch bei diesem Abbrechen könne der Verlauf der "magnetischen" (hypnotischen, d. Verf.) Erscheinungen stillstehen. Ebenso möglich sei jedoch der Übergang des "magnetischen" (hypnotischen, d. Verf.) Schlafes zum *Hellsehen.* Die

---

[406]Ebenda, S. 154 ff.

[407]In Hegels Text, der hier nicht referiert werden soll, wird auch die physiologische Seite des magnetischen oder hypnotischen Zustandes beleuchtet.

[408]Ebenda, S. 155.

meisten "magnetisierten" (hypnotisierten, d. Verf.) Personen werden sich in diesem Schauen befinden, ohne sich daran zu erinnern. Ob Hellsehen vorhanden ist, das habe sich oft nur durch Zufall gezeigt; hauptsächlich komme jenes zum Vorschein, wenn die "magnetische" Person vom "Magnetiseur" *angeredet* wird. Ohne seine Anrede würde diese vielleicht immer nur geschlafen haben. Obgleich nun die Antworten der Hellsehenden wie aus einer anderen Welt zu kommen scheinen, so könnten diese Individuen doch von *dem* wissen, was sie als *objektives Bewusstsein* sind. Oft sprächen sie aber von ihrem *verständigen* Bewusstsein wie von einer *anderen* Person.[409] Entwickelt sich das Hellsehen mit größerer Deutlichkeit, dann würden die "magnetischen" Personen Erklärungen über ihren *leiblichen Zustand* und über ihr *geistiges Innere* abgeben. Ihre Empfindungen seien aber ebenso *unklar* wie die Vorstellungen eines Blinden, der von dem Unterschied von hell und dunkel und von den äußeren Dingen kein Wissen hat. Das im Hellsehen Geschaute werde erst nach einigen Tagen klarer, sei jedoch *nie* so deutlich, dass dasselbe nicht der Auslegung bedürfe, die aber den "magnetischen" Personen zuweilen gänzlich missglücken würde. Andererseits könne man nicht leugnen, dass die Hellseher zuweilen die Natur und den Verlauf ihrer Krankheit sehr bestimmt angeben, dass sie gewöhnlich sehr genau wissen, wann die Höhepunkte ihrer Krankheit eintreten werden, wann und wie lange sie des "magnetischen" (hypnotischen, d. Verf.) Schlafes bedürfen und wie lange ihre Heilung dauern wird. Mitunter könnten die Hellseher einem dem verständigen Bewusstsein unbekannten Zusammenhang zwischen einem Heilmittel und dem Übel, das zu beseitigen ist, entdecken und somit eine dem Arzt sonst schwierige Heilung erleichtern. In dieser Beziehung könnte man die Hellseher mit Tieren vergleichen, weil deren Instinkt sie über die für sie heilsamen Dinge belehrt. Was aber den weiteren Inhalt des *absichtlich* erregten Hellsehens betrifft, so brauche kaum bemerkt zu werden, dass in

---

[409]Das objektive Bewusstsein ist also im hypnotischen Schlaf nach Hegel nicht ganz ausgeschaltet.

diesem, wie auch im *natürlichen* Hellsehen, die Seele mit der Magengrube zu lesen und zu hören vermag. Nur zweierlei gelte es, hierbei noch zu betonen, nämlich *erstens*, dass dasjenige, was außerhalb des Zusammenhangs des *substanziellen* Lebens der Person im Zustand der Hypnose oder Trance liegt, durch den somnambulen Zustand *nicht* berührt wird, dass sich daher das Hellsehen zum Beispiel nicht auf das Ahnen von Lotteriezahlen erstreckt, die einen Gewinn versprechen, und es überhaupt nicht zu eigensüchtigen Zwecken benutzt werden kann. Anders als mit solchen zufälligen Dingen, verhalte es sich dagegen mit großen Weltereignissen. So werde zum Beispiel erzählt, eine Somnambule[410] habe am Vorabend der Schlacht bei Waterloo in großer Erregung ausgerufen, dass morgen derjenige, der ihr und anderen so viel geschadet habe, entweder durch einen Blitz oder durch das Schwert untergehen würde. Der *zweite* hier noch zu erwähnende Punkt sei *der*, dass, weil die Seele im Hellsehen ein von ihrem verständigen Bewusstsein *abgeschnittenes* Leben führe, die Hellsehenden beim Erwachen zunächst von dem, was sie im "magnetischen Somnambulismus"[411] geschaut haben, nichts mehr wissen; auf einem Umweg könnten sie jedoch davon ein Wissen bekommen, indem sie von dem Geschauten träumen und sich dann im Wachen ihrer Träume erinnern. Auch lasse sich durch Vorsatz zum Teil eine Erinnerung an das Geschaute bewirken, und zwar auf die Weise, dass der Arzt die Kranken während ihres *wachen* Zustandes auffordert, sich vorzunehmen, das von ihnen im "magnetischen" (hypnotischen, d. Verf.) Zustand Empfundene zu behalten.

Was *viertens* den *engen Zusammenhang* und die *Abhängigkeit* der "magnetisierten" (hypnotisierten, d. Verf.) Person von dem "Magnetiseur" (Hypnotiseur, d. Verf.) betrifft, so müsse, Hegel zufolge, angeführt werden, dass die hellsehende Person zunächst bloß den

---

[410] Gemeint ist eine weibliche Person, die schlafwandelt oder sich im Zustand der Trance befindet.

[411] Gemeint ist der durch Hypnose herbeigeführte Zustand der Trance.

"Magnetiseur" hören könne, andere Individuen aber nur *dann*, wenn diese mit jenem in einem Rapport/Kontakt stünden. [412] Zuweilen würde jedoch die hellsehende Person ihr Gehör wie auch den Gesichtssinn gänzlich verlieren. Ferner könne es bei diesem, andere ausschließenden Lebenszusammenhang, in dem sich die magnetische Person mit dem "Magnetiseur" befindet, für die hypnotisierte Person höchst gefährlich werden, wenn sie von einer *dritten* Person berührt wird; Schüttelkrämpfe und Muskelstarre könnten die Folge sein. Hinsichtlich des geistigen Zusammenhangs, der zwischen dem Hypnotiseur und den Personen im Zustand der Hypnose besteht, könnte man, so Hegel, noch erwähnen, dass die Hellsehenden oft durch das Wissen des "Magnetiseurs", das sie übernehmen, die Fähigkeit erhalten, etwas zu erkennen, was nicht unmittelbar von ihnen selbst innerlich geschaut wird. So könnten sie ohne eigene direkte Empfindung zum Beispiel die Uhrzeit angeben. Die Kenntnis der innigen Gemeinsamkeit zwischen den Beteiligten würde uns davor bewahren, über die von den Hellsehenden manchmal "ausgekramte Weisheit" (ders.) in Erstaunen zu geraten. Sehr häufig gehöre diese Weisheit eigentlich nicht den "magnetisierten" Personen, sondern den mit ihnen im Rapport sich befindenden Individuen an. Außer dieser Gemeinsamkeit im *Wissen* könne, insbesondere bei längerer Dauer des Hellsehens, die "magnetische" Person zum "Magnetiseur" auch in andere geistige Beziehungen eintreten, und zwar in solche, bei denen es um Benehmen, Leidenschaft und Charakter geht. Insbesondere könne die *Eitelkeit* der Hellseher leicht erregt werden, würde man den Fehler begehen, sie in den Glauben zu versetzen, ihre Reden würde man für sehr wichtig halten. Dann würden nämlich die "Somnambulen" von der Sucht befallen werden, über alles und jedes zu sprechen, ohne jeweils davon eine Ahnung zu haben. In diesem Fall hätte das Hellsehen *keinen* Nutzen, vielmehr werde es zu etwas Fragwürdigen. Daher sei unter den "Magnetiseuren" oft die Frage

---

[412]Ebenda, S. 157 ff.

diskutiert worden, ob man das Hellsehen, wenn es von selber entstanden ist, ausbilden und erhalten sollte oder ob man es, falls es nicht von selber entsteht, absichtlich herbeiführen oder man stattdessen danach streben sollte, es zu verhindern.

Das Hellsehen komme, so Hegel, zum Vorschein und zur Entwicklung, indem die Person im Zustand der Hypnose mehrfach gefragt wird. Werde sie nun nach verschiedenen Gegenständen befragt, so könne sie leicht in Zerstreuung geraten, die Richtung auf sich selber verlieren und somit weniger fähig werden, ihre Krankheit zu benennen und die Mittel anzugeben, die dagegen anzuwenden sind. Dadurch würde sich der Heilungsprozess verzögern. Deshalb müsse der Hypnotiseur bei seinen Fragen vermeiden, bei der hypnotisierten Person, Eitelkeit und Zerstreuung hervorzurufen. Vor allem dürfe er nicht seinerseits in ein Abhängigkeitsverhältnis von der Person im Zustand der Hypnose geraten. Es käme sehr viel auf den Grad der Stärke des Gemüts, des Charakters und des Körpers der Hypnotiseure an. Würden diese, was besonders bei Nichtärzten der Fall sei, auf die Launen der hypnotisierten Person eingehen, würden sie nicht den Mut haben, ihr zu widersprechen und sich ihr zu widersetzen und erhalte diese so das Gefühl, ihrerseits stark auf den Hypnotiseur einzuwirken, so überließe sie sich, wie ein verzogenes Kind, allen ihren Launen, bekomme die sonderbarsten Einfälle, halte den Hypnotiseur unbewusst zum besten und hemme dadurch ihre Heilung. Die hypnotisierte Person könne jedoch nicht bloß in diesem *schlechten* Sinn zu einer gewissen Unabhängigkeit kommen, sondern sie behalte, wenn sie sonst einen sittlichen Charakter besitzt, auch im Zustand der Hypnose eine Festigkeit des sittlichen Gefühls, an der die etwaigen unreinen Absichten des Hypnotiseurs scheitern würden. So habe zum Beispiel eine "Magnetisierte" erklärt, dass sie der Aufforderung des Magnetiseurs, sich vor ihm zu entkleiden, nicht zu entsprechen brauche.
Der *fünfte* und letzte Punkt, den es im Fall des "animalischen Magnetismus" zu erwähnen gelte, sei, so Hegel, der eigentliche *Zweck*

der magnetischen Behandlung, nämlich die *Heilung*.[413] Zweifellos müssten viele der in früherer Zeit erfolgten Heilungen, die man als Wunder angesehen habe, als eine Wirkung des "animalischen Magnetismus" angesehen werden. Nicht nötig sei es aber, sich auf Wundergeschichten aus ferner Vergangenheit zu berufen; seien doch in neuerer Zeit von den glaubwürdigsten Männern durch die Hypnose so zahlreiche Heilungen erzielt worden, dass man an der Heilkraft des "animalischen Magnetismus" nicht mehr zweifeln könne. Deshalb ginge es jetzt nur noch darum, die Art und Weise zu zeigen, wie dieses Verfahren die Heilung vollbringt. Zu diesem Zweck könne man daran erinnern, dass bereits die gewöhnliche medizinische Heilbehandlung darauf hinausläuft, eine Krankheit, die eine *Störung* des animalischen Lebens[414] darstellt, zu beseitigen, das "In-sich-flüssig-Sein" (ders.) des Organismus wiederherzustellen. Dieses Ziel werde nun bei der "magnetischen" Behandlung, also der Hypnose, dadurch erreicht, dass entweder der Schlaf und das Hellsehen hervorgebracht werden oder das individuelle Leben nur dazu gebracht wird, in sich selber zu versinken, zu einer einfachen Allgemeinheit[415] zurückzukehren.

---

[413]Ebenda, S. 159 ff.

[414]Am animalischen Organismus sei nach Hegel, wie schon referiert wurde, die Seite seines Insichbleibens von der Seite seines Gerichtetseins gegen Anderes zu unterscheiden. *Bichat* habe die erste Seite das *organische* Leben und die zweite das *animalische* Leben genannt. Zum *organischen* Leben zähle er das Reproduktionssystem: die Verdauung, den Blutumlauf, die Transpiration und das Atmen. Dieses Leben dauere im Schlaf fort, während das animalische Leben, zu dem *Bichat* das System der Sensibilität, der Irritabilität, die Tätigkeit der Nerven und Muskeln zähle, also dieses theoretische und praktische Nach-außen-Gerichtetsein, im Schlaf aufhöre. Ebenda, S. 91 f.

[415]Hegel meint offensichtlich den Vorgang, in dem das individuelle Leben dazu gebracht wird, sich von der Außenwelt zu verabschieden und sich in sich selber zu versenken, also in einen Zustand der Hypnose, in dem das individuelle Leben zu einer „einfachen Allgemeinheit" (Hegel) zurückkehrt. „*Einfach*" ist diese („Totalität"), weil sie nach Hegel das *Reichste* in sich enthält. (Dazu: E. Heuss, in: F. Krueger, Zur Philosophie und Psychologie der Ganzheit, a. a. O., S. 331) Wie

Ebenso wie der *natürliche* Schlaf eine Stärkung des gesunden Lebens bewirke, indem er den *ganzen* Menschen aus der schwächenden Zersplitterung, wie sie die Tätigkeit in der *Außenwelt* herbeiführe, in die substanzielle Totalität (in das allgemeine Wesen der Subjektivität als Substanz der selbstbewussten Tätigkeit im Wachsein, ebenda, S. 87) und Harmonie des Lebens zurückführe, so sei auch der *schlafähnliche* "magnetische" (hypnotische) Zustand, indem durch ihn der in sich *entzweite Organismus* zur Einheit mit sich gelange, die Grundlage der Gesundheit, die dadurch wieder hergestellt werde. Doch dürfe hierbei von der Seite des Hypnotiseurs *nicht* außer Acht gelassen werden, dass jene im magnetischen/hypnotischen Zustand vorhandene *Konzentration* des *empfindenden* (fühlenden Lebens, d. Verf.) zu etwas *Einseitigem* werden und sich gegen das übrige *organische Leben* und das *sonstige Bewusstsein* krankhaft *verfestigen* könnte. Deshalb könnte es fragwürdig sein, jene Konzentration absichtlich hervorzurufen. Werde die Verdopplung der Persönlichkeit[416] zu sehr gesteigert, so handele man in einer Weise, die dem Zweck der Heilung widerspricht, weil man eine Trennung hervorbringe, die größer sei als diejenige, die man durch das "magnetische" Heilverfahren beseitigen will. Bei einer so unvorsichtigen Behandlung drohe die Gefahr, dass Krisen und Krämpfe eintreten; so könnte der Gegensatz, der diese Erscheinungen erzeugt, nicht bloß körperlich bleiben, sondern auch auf vielfältige Weise ein Gegensatz im somnambulen Bewusstsein selber werden. Gehe man dagegen vorsichtig vor, übertreibe man nicht die im hypnotischen Zustand stattfindende Konzentration des *empfindenden* (fühlenden, d. Verf.) Lebens, so gewinne man mit ihr die

---

Hegel im folgenden Satz, der den vorangehenden, oben besprochenen verdeutlicht, ausführt, gelange im schlafähnlichen, hypnotischen Zustand der in sich (in Körper, Seele und Bewusstsein) entzweite Organismus zur Einheit mit sich zurück, wodurch die Grundlage der Gesundheit wiederhergestellt werde.

[416]Gemeint ist offensichtlich, dass sich in dem Verhältnis zwischen einem kranken Individuum, das der Hypnose unterliegt, und seinem Hypnotiseur die Persönlichkeit des Kranken verdoppelt.

Grundlage für die Wiederherstellung der Gesundheit. Auf dieser Grundlage sei man imstande, die Heilung dadurch zu erreichen, dass man den noch in der *Trennung* stehenden, aber gegenüber seinem konzentrierten Leben *machtlosen* übrigen Organismus, in seine substanzielle Einheit, in seine einfache Harmonie mit sich selber, *nach und nach* zurückführt. Der Organismus werde dadurch befähigt, *unbeschadet* seiner *inneren Einheit,* sich wieder auf die *Trennung* und den *Gegensatz* einzulassen.

B. *Das Selbstgefühl*

Die Seele als eine fühlende Totalität [417] bestehe, so Hegel, als eine Individualität im Wesentlichen darin, sich in sich selbst zu unterscheiden und *zum Urteil* [418] (zur Urteilung, d. Verf.) *in sich* zu erwachen. Gemäß diesem Urteil habe die Seele *besondere* Gefühle und sei, mit Bezug auf diese *Subjekt.* [419] Als ein *Subjekt* setze sie die *besonderen* Gefühle als *seine* Gefühle *in sich* und *versinke* in ihnen. Zugleich schließe es durch die Idealität der *besonderen* Gefühle sich in diesen mit sich zu einem subjektiven Einen zusammen. Das Subjekt sei auf diese Weise *Selbstgefühl* - und dieses sei zugleich nur in einem

---

[417] Zum Begriff der Totalität die schon oben zitierte Anmerkung von E. Heuss, Hrsg. v. F. Krueger, Zur Philosophie und Psychologie der Ganzheit, a. a. O. S. 331: Danach geht es dabei um das „wahre" Allgemeine, das von seinen Besonderungen nicht abgetrennt ist und sich in diesen erhält und in ihnen das bleibt, was es ist. Das Negative oder die Bestimmung ist deshalb keine Schranke für das Allgemeine, und es ist das „Einfache", das aber in sich das „Reichste" ist. Ohne die Bestimmtheit, die die Besonderheit und die Einzelheit, kann vom Allgemeinen nicht gesprochen werden, so dass es ein „Konkretes" und nicht ein „Leeres" ist.

[418] „Die *etymologische* Bedeutung des *Urteils* in unserer Sprache ist tiefer und drückt die Einheit des Begriffs als das Erste und dessen Unterscheidung als die *ursprüngliche* Teilung aus, was das Urteil in Wahrheit ist." Ders., Enzyklopädie der philosophischen Wissenschaften, 1. Teil, a. a. O., S. 316.

[419] Ders., Enzyklopädie der philosophischen Wissenschaften, 3.Teil, a. a. O., S. 160 f.

besonderen Gefühl enthalten.[420] Das Subjekt ist, anders ausgedrückt, "Selbstgefühl", indem es sich mit einem besonderen Gefühl (z. B. Stolz, Hochmut) zu einem "subjektiven Eins" zusammenschließt.[421]

Aufgrund der Unmittelbarkeit[422], in der, so Hegel, das Selbstgefühl noch bestimmt sei, d. h. aufgrund des Moments der Leiblichkeit, die im Selbstgefühl noch ungetrennt von der Geistigkeit enthalten und weil auch das Gefühl selbst ein *besonderes* und damit eine partikulare Verleiblichung sei, könne das Subjekt, obwohl es schon zum

---

[420]H. Drüe interpretiert diesen Gedanken Hegels wie folgt: „Sie (die fühlende Seele, d. Verf.) ist einerseits in deren Besonderheit (gemeint sind die Gefühle, d. Verf.) versenkt, schließt sie andererseits in sich als Zentrum zusammen. Als diese Einheit ihrer besonderen Gefühle und ihrer selbst ist sie das Zentrum der Gefühle, das Selbstgefühl." Ders., Die Philosophie des Geistes, in: Hegels „Enzyklopädie der philosophischen Wissenschaften" (1830), H. Drüe u. a., a. a. O., S. 237. Nach P. Lersch würde man ganz allgemein von einem „Selbstgefühl" sprechen, wenn von einem Menschen sein individuelles Selbstsein in der Form eines Zumuteseins erlebt wird, mit dem er je und je auf die Welt bezogen ist und ihr gegenübersteht. Der Mensch erfahre sein individuelles Selbstsein in Abgehobenheit und Gegenstellung zur Um- und Mitwelt. Ders., Aufbau der Person, a. a. O., S. 279. Besondere Gefühle, die jeweils „ideeller" und damit nicht „materieller" Natur sind, schließen sich also mit dem Subjekt, dem Selbst, zu einer subjektiven Einheit, mehr noch, zu Einem, zusammen. Als Beispiele für besondere Gefühle führt Hegel später Eitelkeit und Stolz an. Ein Selbst kann demnach vollständig in seine Eitelkeit oder seinen Stolz versunken sein, so dass es sich von diesen Gefühlen nicht mehr unterscheidet.

[421]„... so ist an sich dies Gefühl (das reine Gemüt, d. Verf.) *Selbstgefühl*, es hat den Gegenstand seines reinen Fühlens gefühlt, und dieser ist es selbst.; es tritt also hieraus als Selbstgefühl oder für sich seiendes Wirkliches auf." Ders., Phänomenologie des Geistes, Hegel Werke, Bd. 3., Frankfurt a. M. 1970, S. 170. „Selbstgefühl" bedeutet demnach, dass der Gegenstand, auf das sich das Fühlen, als eine unwillkürliche Stellungnahme des Subjekts, bezieht, das *Selbst* ist.

[422]Am Anfang der Entwicklung des Selbstgefühls sind also nach Hegel das Geistige und das Leibliche noch ungetrennt.

verständigen Bewusstsein aufgestiegen sei, noch *krank* werden.[423] Es könne nämlich in der *Besonderheit* seines Selbstgefühls stecken bleiben, das es nicht zur Idealität[424] verarbeiten und überwinden kann.[425]

Das *erfüllte Selbst* des *verständigen* Bewusstseins sei das Subjekt, das ein in sich konsequentes und nach seiner individuellen Stellung und seinem Zusammenhang mit der äußeren und innerhalb ihrer geordneten Welt, ein sich ordnendes und sich haltendes Bewusstsein sei.[426] Indem aber das Subjekt in einer besonderen Bestimmtheit (einem Selbstgefühl, d. Verf.) gefangen bleibe, würde es einem solchen Inhalt *nicht* die *verständige* Stelle und die Unterordnung zuweisen, die ihm in dem individuellen Weltsystem, das ein Subjekt ist, zukomme.[427] Das Subjekt befinde sich auf diese Weise in einem *Widerspruch* zwischen der in seinem Bewusstsein systematisierten Totalität

---

[423]Ders., Enzyklopädie der philosophischen Wissenschaften, 3. Teil, S. 160 ff.

[424] Gemeint ist offenbar, dass das Subjekt in einer Besonderheit seines Selbstgefühls (z. B. im Gefühl der „Größte" zu sein) gefesselt bleiben und dieses nicht, um es zu überwinden, zum Gegenstand des Bewusstseins oder des theoretischen Geistes machen kann, so dass es krank werden kann.

[425]Als Beispiel könnte man den Inhaber eines Berufs anführen, der aufgrund seiner beruflichen Erfolge von einem starken Überlegenheitsgefühl in Besitz genommen und außerstande ist, dieses Selbstgefühl durch Wahrnehmung und Verstand in den Zusammenhang seiner Arbeitsorganisation und der Zusammenarbeit mit anderen angemessen einzuordnen und zu überwinden.

[426]Ebenda, S. 161 ff.

[427]Geht z. B. ein Sportler aus einem Wettkampf als Sieger hervor, so wird ihn das Gefühl des Stolzes übermannen, das sich zu einem Hochmut gegenüber anderen Sportlern steigern und festigen kann. Eine solche Entwicklung, die nach Hegel ein Weg zur Verrücktheit ist, kann der Sportler abbrechen, indem er auch die Erfolge der anderen Sportler wahrnimmt und versteht, dass andere an seinem Erfolg mitgewirkt und er überdies durch besondere Umständen begünstigt wurde, kurz, indem er mittels seines objektiven Bewusstseins, der Wahrnehmung und des Verstandes, seinen Erfolg relativiert.

einerseits und der besonderen in dieser starren, weder ein- noch untergeordneten Bestimmtheit (eines bestimmten Selbstgefühls, d. Verf.) *andererseits;* es befinde sich so im Zustand der *Verrücktheit.*[428] Bei der Betrachtung der Verrücktheit müsse man, wie Hegel fortfährt, zugleich das gebildete und verständige Bewusstsein vorwegnehmen, dessen *Subjekt* zugleich auch das *natürliche Selbst* des *Selbstgefühls* sei.[429] In dieser Bestimmung könne das Subjekt in den *Widerspruch* zwischen seiner *für sich freien Subjektivität* und einer *Besonderheit* geraten, die in jener nicht *ideell* werde (d. h. durch die Tätigkeit des Bewusstseins verarbeitet werde, d. Verf.) und daher im Selbstgefühl gefangen bleibe. Der Geist sei *frei* und deshalb für sich gesehen für diese Krankheit (also die Verrücktheit, d. Verf.) *nicht* anfällig. Er sei von der früheren Metaphysik als *Seele*, als ein *Ding*, betrachtet worden, und *nur* als ein solches, d. h. als ein *Natürliches* und *Seiendes*, könne er in den Zustand der Verrücktheit als eine Endlichkeit (Beschränktheit, d. Verf.), die in ihm verharrt, fallen. Deswegen sei die Verrücktheit eine *seelische* Krankheit, die weder vom Leiblichen noch vom Geistigen

---

[428] „What one encounters in many instances of this condition, according to Hegel, is the refusal to „subordinate" (Unterordnung) the feeling to an overall world-system of subjectivity ... Failing to do so, the subjekt faces what seems to be an insurmountable contradiction (Widerspruch) represented, on the one hand, by the development of consciousness as a systematic totality (...) and, on the other, to remain sunk in this particular obsessive feeling. To remain in this condition, that is, to be paralyzed by feeling, results in madness for Hegel." A. M. Olson, Hegel and the Spirit, a. a. O. S. 96.

[429] Das Bewusstsein schließt, wie noch ausgeführt werden wird, ein abstraktes Ich und ein diesem gegenüberstehenden Gegenstand ein. Das Subjekt des Bewusstseins ist nach Hegel zugleich auch das *natürliche Selbst*, das noch *kein* „*Ich*" ist und deshalb dem Selbstgefühl nicht gegenübersteht, vielmehr in diesem *versunken* ist. Zwischen dem abstrakten Ich des Bewusstseins einerseits und dem im Selbstgefühl versunkenen natürlichen Selbst andererseits kann sich, Hegel zufolge, ein Widerspruch auftun. So kann sich ein Individuum, das sonst mit einem „gesunden" Bewusstsein ausgestattet ist, sich als ein Messias fühlen und sich somit in einem Zustand der Verrücktheit befinden.

getrennt sei. Der Anfang der Krankheit könne, wie es scheine, mehr von der einen oder mehr von der anderen Seite ausgehen und ebenso die Heilung.

Als ein gesundes und besonnenes Subjekt habe dieses das gegenwärtige Bewusstsein, in dem die Totalität seiner individuellen Welt geordnet ist. Im System dieser Welt subsumiere das Subjekt jeden vorkommenden, *besonderen* Inhalt der Empfindung, der Vorstellung, der Begierde, der Neigung usw. und ordnet ihn an der verständigen (verstandesgemäßen, d. Verf.) Stelle des Systems ein. Das Subjekt sei der über diese Besonderheiten *herrschende "Genius"*. Ein *Irrtum* und dergleichen sei ein in jenen objektiven Zusammenhang aufgenommener Inhalt, im konkreten Fall sei es allerdings oft schwer festzustellen, wo der Irrtum anfängt in den Wahnsinn überzugehen. So könne ein seinem geringfügigen Inhalt nach heftiger Hassausbruch eines Individuums gegenüber der bei ihm sonst vorauszusetzenden Besonnenheit und Zurückhaltung als ein Ausbruch des Wahnsinns erscheinen. Dieser enthalte aber wesentlich den *Widerspruch* zwischen einem *leiblich* und *seiend* gewordenen *Gefühl einerseits* und der Totalität der Vermittlungen, die das konkrete Bewusstsein darstelle, *andererseits*. Der Geist, der nur als *seiend* bestimmt sei, insofern ein solches Sein unaufgelöst in seinem Bewusstsein steckt, sei *krank*.[430]

Der Inhalt, der in dieser seiner Natürlichkeit frei wird, das seien, so Hegel, die selbstsüchtigen Bestimmungen des Herzens, nämlich die Eitelkeit, der Stolz und die *anderen* Leidenschaften, die Einbildungen und Hoffnungen, die Liebe und der Hass des Subjekts.[431] Dieses

---

[430] Hat sich z. B. in einem Politiker das Selbstgefühl verfestigt, er sei eine historische Persönlichkeit von der Bedeutung des Kaisers Napoleon Bonaparte, so dass sein Blutdruck immer mit seiner Erregung steigt, wenn ein Berufskollege nicht sein Selbstgefühl bestätigt, so ist er, folgt man Hegel, krank.

[431] „Selbstsüchtigen Bestimmungen des Herzens" wie Eitelkeit, Stolz usw. sind für

"Irdische" (ders.) werde frei, weil die Macht der Besonnenheit und des Allgemeinen, der theoretischen oder moralischen Grundsätze über das Natürliche nachließen, eine Macht, die sonst jenes Natürliche kontrollieren oder versteckt halten würde. Denn an sich sei dieses *Böse* im Herzen vorhanden, weil dieses unmittelbar, natürlich und selbstisch (selbstbezogen, d. Verf.) sei. Der *böse "Genius"* des Menschen sei es, der in der *Verrücktheit* herrschend werde. Dieses geschehe aber im Gegensatz und im Widerspruch zum *Besseren* und *Verständigen*, das im Menschen gleichzeitig vorhanden sei, so dass dieser Zustand eine Zerrüttung und ein Unglück des Geistes in ihm selbst sei.[432]

Die wahrhafte *seelische* Behandlung dieses krankhaften Zustandes halte darum auch an dem Gesichtspunkt fest, dass die Verrücktheit nicht ein abstrakter *Verlust* der Vernunft, weder nach der Seite der Intelligenz noch des Willens und seiner Zurechnungsfähigkeit, sondern nur ein Widerspruch in der noch vorhandenen Vernunft ist. Hegel vergleicht die seelische mit der körperlichen Krankheit, die auch nicht einen gänzlichen Verlust der Gesundheit - denn dieser wäre der Tod - bedeute. Eine solche menschliche, d. h. ebenso wohlwollende wie auch vernünftige Behandlung - für die sich *Philippe Pinel*[433] eingesetzt habe

---

Hegel offensichtlich besondere und natürliche Selbstgefühle, die von jedem Subjekt Besitz ergreifen und ihn krank machen können, siegt nicht die „Macht der Besonnenheit" über diese Gefühle.

[432] „One thing is certain, however - that when the rational subject fails to become the dominant genius over his feelings, the feelings become „the evil genius" (der böse Genius) controlling the subject, and the subject may bei identified as being possessed by an evil force. Hegel's use of the term *evil* is striking here in its agreement with the biblical maxim that the „heart", as the center of self-feeling, „is evil from its youth" - or at least potentially so, given the extent of its grounding in sense-certainty. For when reason cannot control the emotive realm, „unearthly elements are set free" in all their chaotic immediacy." A. M. Olson, Hegel and the Spirit, a. a. O., S. 97.

[433] Ders., 1745-1825, französischer Arzt, „Traité médico-philosophique sur l'aliénation mentale ou la manie", Paris 1801, in: G. W. F. Hegel, Enzyklopädie der

und wofür er höchste Anerkennung verdiene - würde, so Hegel, den Kranken als einen *vernünftigen* Menschen voraussetzen und habe daran einen festen Ausgangspunkt, von dem aus sie ihn erfassen könne. Die Verrücktheit wurde von Hegel, so in seinem erläuternden Zusatz, als die *zweite* unter den *drei* oben angeführten Entwicklungsstufen eingeordnet.[434] Diese Stufen durchlaufe die *fühlende* Seele in ihrem Kampf mit der Unmittelbarkeit ihres substanziellen Inhalts, um zu der *einfachen Subjektivität* aufzusteigen. Diese sei im *Ich* gegeben, *beziehe sich auf sich* und sei dadurch ihrer selbst vollkommen *mächtig* und *bewusst;*[435] es ist die *dritte* Entwicklungsstufe. Hegel will seine Auffassung, die *Verrücktheit* sei eine in der Entwicklung der Seele notwendigerweise hervortretende Form oder Stufe, jedoch nicht in *dem* Sinne verstanden wissen, als ob *jeder* Geist oder *jede* Seele durch diesen Zustand äußerster Zerrissenheit hindurchgehen *muss*. Eine solche Behauptung wäre, ihm zufolge, ebenso unsinnig wie etwa die Annahme: Da in der *Rechtsphilosophie* das *Verbrechen* als eine *notwendige* Erscheinung des menschlichen Willens betrachtet wird, soll das Begehen von Verbrechen zu einer unvermeidlichen Notwendigkeit für *jeden Einzelnen* gemacht werden. Verbrechen und Verrücktheit, das seien *Extreme*, die der Menschengeist im Verlauf

---

philosophischen Wissenschaften, 3. Teil., a. a. O., S. 163.

[434] Auf diesen Stufen geht es, wie Hegel zitiert wurde, um den Befreiungskampf, den die Seele gegen die Unmittelbarkeit ihres substanziellen Inhalts durchstehen muss, um ihrer selbst vollkommen mächtig und ihrem Begriff gemäß zu werden, also zu dem, was sie *an sich* ist, nämlich zu der im *Ich* existierenden, sich auf sich beziehenden *einfachen Subjektivität*. Ist auf der *ersten* Entwicklungsstufe die Seele im Durchträumen und Ahnen ihres konkreten Naturlebens gefangen, so befindet sie sich auf der *zweiten* im Zustand der *Verrücktheit*, in dem die Seele mit sich selber entzweit ist. Einerseits ist sie ihrer schon mächtig, andererseits ist sie es noch nicht, indem sie an eine einzelne Besonderheit gefesselt ist und darin ihre Wirklichkeit hat. Auf der *dritten* Entwicklungsstufe wird die Seele Herr über ihre *Naturindividualität*, ihre Leiblichkeit, und setzt diese zu ihrem Mittel herab. Ebenda, S. 121.

[435] Ebenda, S. 163 ff.

seiner Entwicklung überwinden müsse. Sie würden aber nicht in *jedem* Menschen als *Extreme*, sondern lediglich in Gestalt von *Beschränktheit*, *Irrtum und Torheit*, aber eben *nicht von verbrecherischer Schuld* in Erscheinung treten.

Was aber die Bestimmung des Zustandes der Verrücktheit betrifft, so sei das Eigentümliche dieses Zustandes - im Unterschied zu dem auf der *ersten* der drei Entwicklungsstufen betrachteten *magnetischen Somnambulismus*[436] - dahingehend beschrieben worden, dass in der Verrücktheit das *Seelische* im Verhältnis zum *objektiven Bewusstsein*[437] nicht mehr *bloß ein Verschiedenes*, sondern ein dem Bewusstsein *Entgegengesetztes* ist und sich deshalb mit dem Bewusstsein *nicht* mehr *vermischt*.[438] Hegel will dies in diesem Zusatz darstellen und beweisen, dass der Fortgang seiner Betrachtung der *"magnetischen"* Zustände [439] bis hin zum Zustand der *Verrücktheit* vernünftig und notwendig ist. Die Notwendigkeit, so in der Betrachtung fortzuschreiten, bestehe darin, dass die Seele bereits *an sich* einen *Widerspruch* darstellt, nämlich zugleich ein *Individuelles*, ein

---

[436]Dieser durch Hypnose herbeigeführte Zustand fällt nach Hegel in die *erste* der drei schon erwähnten Entwicklungsstufen der Seele hinauf zum Ich, in der die Seele noch im Durchträumen und Ahnen ihres konkreten Naturlebens befangen sei. Ders., Enzyklopädie der philosophischen Wissenschaften, 3. Teil, a. a. O., S. 164.

[437] Das „objektive" Bewusstsein, ist, wie schon erwähnt, das durch Sprache vermittelte Bewusstsein.

[438]Wie soeben wiederholt wurde, ist die Stufe der *Verrücktheit* laut Hegel die *zweite* Stufe in der Entwicklung der Seele zu *dem*, was sie *an sich* oder ihrem Begriff nach ist, nämlich zu der im *Ich* existierenden sich auf sich beziehenden *einfachen Subjektivität*. Ebenda, S. 121. Drei Hauptformen der Verrücktheit sieht Hegel, nämlich a) den Blödsinn, die Zerstreutheit und die Faselei, b) die Narrheit und c) den Wahnsinn. Ebenda, S. 172 ff. Nach A. M. Olson kommt die dritte Form der Verrücktheit, der Wahnsinn, dem Zustand Hölderlins, wie ihn Hegel sieht, am nächsten. Ders., Hegel and the Spirit, a. a. O., S. 99.

[439]Hegel meint offensichtlich hypnotische oder durch Hypnose herbeigeführte Zustände.

Einzelnes[440], und ein mit der *allgemeinen* Naturseele, mit ihrer Substanz[441], unmittelbar *Identisches* zu sein. Diese Entgegensetzung, die in der ihr widersprechenden Form der Identität existiere, müsse auch als eine Entgegensetzung, als ein Widerspruch, hervortreten, und dies geschehe in der *Verrücktheit*; denn erst in diesem Zustand trenne sich die *Subjektivität* der Seele nicht nur von ihrer *Substanz*, die im Somnambulismus (Schlaf-, Nachtwandeln, Mondsüchtigkeit, d. Verf.) noch unmittelbar mit ihr identisch sei, sondern gerate in einen *direkten Gegensatz* zu ihrer Substanz, in einen völligen Widerspruch mit dem *Objektiven*.[442] Die *Seele* als eine einzelne werde dadurch zu einer rein *formalen, leeren, abstrakten* Subjektivität und maße sich an, in ihrer Einseitigkeit die Bedeutung einer *wahrhaften Einheit* des Subjektiven und Objektiven zu haben. [443] Die in der Verrücktheit vorhandene

---

[440]Die allgemeine Seele ist, wie ausgeführt, nach Hegel die allgemeine *Substanz* (die natürlichen Qualitäten und Veränderungen), die ihre wirkliche Wahrheit nur als *Einzelheit, Subjektivität*, hat. Sie zeigt sich als einzelne, aber unmittelbar nur als *seiende* Seele, die *Naturbestimmungen* an sich hat. Ders., Enzyklopädie der philosophischen Wissenschaften, 3. Teil, a. a. O., S. 51.

[441]Die allgemeine (Natur-) Seele ist nach Hegel, wie erwähnt, die allgemeine *Substanz*, die absolute Grundlage aller Besonderung und Vereinzelung; sie habe „ihre Wahrheit nur als *Einzelheit*, Subjektivität" (ders.) und zeige sich als einzelne, aber unmittelbar nur als *seiende* Seele, die Naturbestimmtheiten an sich aufweise. Ebenda, S. 43 u. S. 51. Die Seele als eine individuelle sei mit ihrer allgemeinen Naturseele identisch, was aber einen Widerspruch einschließe, der in der „Verrücktheit", in der sich die Subjektivität der Seele von ihrer Substanz entfernt habe, erscheinen könne.

[442]Zum Beispiel gerät ein demokratisch gewählter Regierungschef mit dem *Objektiven*, d. h. mit der Verfassung seines Staates, in Widerspruch, wenn er sich für den „Erlöser" seines Volkes hält, deshalb überzeugt ist, durch göttliche Vorsehung in das Regierungsamt gekommen zu sein und folglich dazu bestimmt ist, die Nation zu führen.

[443]Bei einem schon im verständigen Bewusstsein angelangten, demokratisch gewählten Regierungschefs kann die Idee aufkommen und sich verfestigen, die göttliche Vorsehung habe ihn als Führer der Nation auserwählt. Eine solche „fixe

Einheit und Trennung des Subjektiven und des Objektiven sei daher noch eine *unvollkommene*. Zu ihrer vollkommenen Gestalt gelange diese Einheit und diese Trennung nur im *vernünftigen*, im *wirklich objektiven* Bewusstsein. Denn wenn ich mich, so Hegel, zum *vernünftigen* Denken erhoben habe, sei ich nicht nur *für mich*, nur *mir gegenständlich*, also eine *subjektive* Identität des Subjektiven und Objektiven, sondern ich habe diese Identität von mir *abgeschieden*, als eine wirklich objektive mir gegenübergestellt. Um zu dieser vollkommenen Trennung zu gelangen, müsse die *fühlende Seele* ihre *Unmittelbarkeit*, ihre *Natürlichkeit*, die *Leiblichkeit*, überwinden, diese ideell setzen, sich zu eigen machen und dadurch in eine *objektive* Einheit des Subjektiven und Objektiven umbilden.[444] Damit müsse sie

---

Idee" würde nach Hegel eine rein formale, leere, abstrakte Subjektivität darstellen, die sich jedoch „in ihrer Einseitigkeit" (ders.) „anmaßt", die Bedeutung einer wahrhaften Einheit des Subjektiven und des Objektiven zu haben. So sieht sich der Regierungschef, der sich als von Gott gesandt fühlt, durchaus im Einklang mit dem Objektiven, so mit der Staatsverfassung oder den unter seiner Regierung erfolgreich hervorgebrachten Werken. In einer solchen Form der Verrücktheit sind laut Hegel die Einheit und die Trennung des Subjektiven und des Objektiven noch *unvollkommen*. Nur im vernünftigen, wirklichen, objektiven Bewusstsein kämen aber eine solche Einheit und Trennung (in Subjekt (abstraktes Ich)) und Objekt (Gegenstand) zu ihrer vollkommenen Gestalt. Im Zustand der Verrücktheit befindet sich die Seele also nicht im Zustand des Schlafwandelns, sondern in einem bewussten Zustand, der aber unvollkommen ist und so nicht an das objektive Bewusstsein heranreicht.

[444] Das ist, wie erwähnt, die *dritte* Entwicklungsstufe der Seele in ihrem Befreiungskampf gegen die Unmittelbarkeit ihres substanziellen Inhalts. Hier werde die Seele *Herr* ihrer *Naturindividualität*, ihrer *Leiblichkeit*, setze diese zu ihrem *Mittel* herab, grenze den *nicht* zu ihrer Leiblichkeit gehörenden Inhalt ihrer substanziellen Totalität (ihrer natürlichen Seele) als *objektive* Welt aus, trete sodann in der abstrakten Freiheit des *Ich* hervor und werde damit *Bewusstsein*. Ebenda, S. 121-122. Die Seele wird also Bewusstsein, indem sie, nunmehr als ein abstraktes Ich, jenen Inhalt zu einem ihr gegenüberstehenden äußeren Objekt macht. Damit ist eine „objektive Identität" des Subjektiven und Objektiven, während auf der Stufe des bloßen Selbstgefühls nur eine „subjektive Identität" gegeben ist.

sowohl ihr Anderes (ihre Naturindividualität, d. Verf.) aus dessen unmittelbarer Identität mit sich entlassen, als auch sich selber von diesem Anderen befreien. Zu *diesem* Ziel sei aber die Seele auf diesem Standpunkt, auf dem sie jetzt betrachtet werde, noch nicht gelangt. Solange sie *verrückt* ist, halte sie vielmehr an einer *nur subjektiven* Identität des Subjektiven und Objektiven als an einer objektiven Einheit dieser beiden Seiten fest.[445] Und nur insofern sie, neben aller Narrheit und allem Wahnsinn, doch zugleich noch *vernünftig* ist, also auf einem *anderen* als dem jetzt zu betrachtenden Standpunkt steht, gelange sie dennoch zu einer *objektiven* Einheit des Subjektiven und Objektiven (also zur Stufe des Bewusstseins, d. Verf.).

Im Zustand der eigentlichen Verrücktheit seien nämlich *beide* Weisen des endlichen Geistes - *einerseits* das in sich *entwickelte, vernünftige Bewusstsein* mit seiner *objektiven* Welt und *andererseits* das an sich festhaltende *innere* Empfinden, das *in sich selber seine Objektivität* habe - jede für sich zur *Totalität,* zu *einer Persönlichkeit* ausgebildet. Das *objektive* Bewusstsein der Verrückten zeige sich auf mannigfaltige Art: Sie wüssten z. B., dass sie im Irrenhaus sind; sie kennten ihre Aufwärter; sie wüssten auch mit Blick auf andere, dass diese ebenfalls Narren sind; sie machten sich über ihre gegenseitige Narrheit lustig und würden zu allerlei Verrichtungen gebraucht, mitunter sogar zu Aufsehern ernannt werden. Aber zugleich würden sie *wachend*

---

[445] Wenn, entgegen dem objektiven, verständigen Bewusstsein eines gewählten Politikers, in diesem das Gefühl, er sei eine einzigartige weltgeschichtliche Persönlichkeit, aufkommt und sich wahnhaft verfestigt, so gerät er damit nach Hegel in den Zustand der Verrücktheit. Seine „fixe Idee" bringt ihn dazu, mit Blick auf die Welt, wie sie ihm seine empfindende Seele vermittelt, sich als eine dem Objektiven widersprechende Persönlichkeit zu fühlen. In diesem „närrischen" Zustand des Politikers ist, wie sich Hegel verstehen lässt, nur eine „*subjektive* Identität" des Subjektiven und des Objektiven gegeben. Wenn er dagegen neben seiner Verrücktheit auch vernünftig sein kann, dann ist es, wie Hegel im folgenden Satz ausführt, möglich, dass er sich auf die Stufe des objektiven, d. h. des wahrnehmenden und verständigen Bewusstseins stellt.

träumen und seien an eine mit ihrem objektiven Bewusstsein nicht zu vereinigende *besondere* Vorstellung *gebannt*. Dieses *wache Träumen* habe eine Verwandtschaft mit dem *Somnambulismus*; zugleich unterscheide es sich jedoch von diesem. Während im *Somnambulismus* die *beiden* in *einem* Individuum vorhandenen *Persönlichkeiten* *sich* *einander* *nicht* *berühren* würden, das *somnambule* Bewusstsein vielmehr von dem *wachen* Bewusstsein *so getrennt* sei, dass keines von beiden von dem anderen weiß und die *Zweiheit der Persönlichkeiten* auch als eine *Zweiheit der Zustände* erscheine, seien dagegen in der *eigentlichen Verrücktheit* die *zweierlei Persönlichkeiten* *nicht* *zweierlei Zustände*, sondern *in einem und demselben* Zustand. Deshalb würden diese gegeneinander *negativen* Persönlichkeiten - das *seelenhafte* Bewusstsein sowie das *verständige* Bewusstsein - sich *gegenseitig berühren* und *voneinander* wissen. Das verrückte Subjekt sei daher in dem *Negativen seiner selber bei sich*, d. h. in seinem Bewusstsein sei unmittelbar das Negative des Subjekts vorhanden. [446] Dieses Negative werde vom Verrückten nicht überwunden, das *Zweifache*, in das er zerfalle, werde nicht zur *Einheit* gebracht. Obgleich die verrückte Person *an sich* ein und dasselbe Subjekt sei, habe sie sich dennoch nicht als ein mit sich selber übereinstimmendes, in sich ungetrenntes Subjekt, sondern als ein in *zweierlei Persönlichkeiten* auseinanderfallendes oder gespaltenes Subjekt zum Gegenstand.

---

[446]Das verrückte, kranke Subjekt ist also, Hegel zufolge, in der Vorstellung, in der es gefangen ist, bei sich. Die Zwangsvorstellung, die in seinem *seelenhaften* Bewusstsein herrscht, kann von ihm nicht durch sein *verständiges* Bewusstsein überwunden werden; das Zweifache in ihm, das seelenhafte und das verständige Bewusstsein werden also nicht zur Einheit gebracht. So kann z. B. ein Politiker, der im Bann der Vorstellung gefangen ist, eine welthistorische Persönlichkeit zu sein, sich nicht durch sein verständiges Bewusstsein von dieser Obsession befreien und bleibt damit ein in zweierlei Persönlichkeiten gespaltenes Subjekt.

Der *bestimmte* Sinn dieser Zerrissenheit, dieses *Beisichseins* des Geistes im *Negativen* (z. B. in einer Zwangsvorstellung, d. Verf.) seiner selbst, bedürfe einer noch weiteren Entwicklung. Jenes *Negative* bekomme nämlich in der *Verrücktheit* eine konkretere Bedeutung als das Negative der Seele in der bisherigen Betrachtung. Auch müsse das *Beisichsein* des Geistes hier in einem erfüllteren Sinne als das bisher zustande gekommene Fürsichsein der Seele betrachtet werden. Zunächst sei also jenes für die Verrücktheit charakteristische *Negative* vom andersartigen Negativen der Seele zu unterscheiden. Würden wir z. B. Beschwerden ertragen, seien wir auch in einem Negativen bei uns selber, brauchten deswegen aber noch *keine* Narren zu sein. Narren würden wir erst dann werden, würden wir Beschwerden auf uns nehmen, obwohl wir mit ihnen keinen vernünftigen Zweck erreichen können. So würde man z. B. eine zur Seelenstärkung zum Heiligen Grab unternommene Reise für eine Narrheit halten, weil eine solche Reise für den dabei vorschwebenden Zweck unnütz, also kein notwendiges Mittel ist, um diesen Zweck zu erreichen. Das in der Verrücktheit ertragene Negative sei also ein solches, in dem sich nur das *empfindende* (das fühlende, d. Verf.) Bewusstsein, nicht aber das verständige und vernünftige Bewusstsein wiederfindet.

In dem verrückten Zustand mache aber, wie oben schon erwähnt wurde, das *Negative* eine Bestimmung aus, die sowohl dem *seelenhaften* als auch dem *verständigen* Bewusstsein in ihrer gegenseitigen Beziehung zukommt. Diese Beziehung jener beiden entgegengesetzten Weisen des *Beisichseins* des Geistes bedürfe gleichfalls einer näheren Charakterisierung, damit die Beziehung nicht mit dem Verhältnis verwechselt wird, in dem der *bloße Irrtum* und die *Torheit* zum *objektiven, vernünftigen* Bewusstsein stehen. Um diesen Punkt zu erläutern, erinnert Hegel daran, dass die Seele, indem sie *Bewusstsein* wird, für sie, durch die Trennung des in der natürlichen Seele auf unmittelbare Weise Vereinigten, der *Gegensatz* zwischen einem subjektiven Denken und der Äußerlichkeit entstehen würde. Es entstünden hiermit *zwei Welten*, die in *Wahrheit* zwar miteinander

278

identisch seien, die jedoch dem bloß *reflektierenden* Bewusstsein, dem *endlichen* Denken, als *wesentlich verschiedene* und als gegeneinander *selbständige* erscheinen würden. Somit trete die Seele als *Bewusstsein* in die Sphäre der *Endlichkeit* und *Zufälligkeit*, des *Sich-selber-Äußerlichen*, somit *Vereinzelten*.[447] Was jemand, so Hegel, auf diesem Standpunkt wüsste, das wüsste er zunächst als ein Vereinzeltes, Unvermitteltes, folglich als ein Zufälliges, als ein Gegebenes, Gefundenes. Das Gefundene und Empfundene verwandle er in *Vorstellungen* und mache das Empfundene zugleich zu einem *äußerlichen Gegenstand.* Diesen Inhalt erkenne er dann aber, insofern die Tätigkeit seines Verstandes und seiner Vernunft sich auf den Inhalt richtet. Er erkenne ihn aber zugleich als ein *nicht* bloß Vereinzeltes und Zufälliges, sondern als das *Moment* eines großen *Zusammenhangs*, als ein solches, das mit anderen Inhalten in unendlicher *Vermittlung* steht und durch diese Vermittlung zu etwas *Notwendigem* wird. Nur wenn er auf die eben angegebene Art verfährt, sei er bei *Verstand* und der ihn erfüllende Inhalt erhalte seinerseits die Form der *Objektivität.* Ebenso wie diese Objektivität das Ziel seines *theoretischen* Strebens ist, bilde die Objektivität auch die *Norm* seines *praktischen* Verhaltens. Will er daher seine *Zwecke* und *Interessen*, also von *ihm* ausgehende Vorstellungen, aus ihrer *Subjektivität* in die *Objektivität* versetzen, so müsste er, soll er verständig sein, das *Material*, also das ihm gegenüberstehende Dasein, in dem er beabsichtigt, jenen Inhalt zu verwirklichen, sich so vorstellen, wie das Material in Wahrheit ist.[448]

---

[447] Im Bewusstsein stehen sich also ein abstraktes Ich und eine Mannigfaltigkeit einzelner Inhalte gegenüber, die durch die Tätigkeit der Empfindungen vermittelt werden und sich, dank der Kategorien im (transzendentalen) Ich, zu einem Gegenstand zusammenfügen, ohne dass das abstrakte Ich des Bewusstseins sich darüber Rechenschaft ablegt.

[448] So muss z. B. der Chemiker, der aus Wasser Wasserstoff gewinnen will, wissen, aus welchen Atomen sich Wasser zusammensetzt und wie diese miteinander verbunden sind. Dabei wird er als eine Objektivitätskategorie ein chemisches Systemmodell im Kopf haben.

Ebenso aber wie von der ihm gegenüber stehenden Objektivität müsste er, um sich verständig zu benehmen, eine *richtige* Vorstellung *von sich selber* haben, d. h. eine solche Vorstellung, die mit der *Totalität* seiner Wirklichkeit, mit seiner unendlich bestimmten Individualität übereinstimmt, die von seinem substanziellen Sein unterschieden ist.[449]

Sowohl über sich selbst als auch über die Außenwelt könne man sich, so Hegel, allerdings *irren*. *Unständige* Menschen hätten *leere*, *subjektive* Vorstellungen, *unerfüllbare* Wünsche, die sie sich gleichwohl in Zukunft zu erfüllen hoffen. Sie würden sich auf ganz *vereinzelte* Zwecke und Interessen beschränken, an *einseitigen* Grundsätzen festhalten und gerieten dadurch mit der Wirklichkeit in einen *Zwiespalt*. Aber diese *Borniertheit* und jener *Irrtum* seien noch nichts Verrücktes, falls die Unständigen zugleich wissen, dass ihr *Subjektives noch nicht objektiv* existiert. Zur Verrücktheit würden der Irrtum und die Torheit erst in *dem* Fall werden, wo der Mensch seine *nur subjektive Vorstellung* als *objektiv* sich *gegenwärtig* zu haben glaubt und an ihr trotz des Widerspruchs zwischen ihr und der *wirklichen Objektivität* festhält. Den Verrückten sei ihr bloß Subjektives ebenso eine Gewissheit wie das Objektive. An ihrer nur subjektiven Vorstellung, z. B. an der Einbildung, *dieser* Mensch zu sein, obwohl es nicht zutrifft, hätten sie die *Gewissheit ihrer selbst*, hänge ihr Sein. Wenn daher jemand etwas Verrücktes sagt, so müsse er immer

---

[449] Will z. B. ein Individuum als Unternehmer an der kapitalistischen Marktwirtschaft erfolgreich teilnehmen, so muss es die Gesetze derselben, den Marktmechanismus, als eine Objektivität, kennen und darüber hinaus eine klare Vorstellung von seinen beruflichen Zielen und Fertigkeiten, seiner finanziellen Situation und seinen sonstigen Lebensumständen haben. Damit ein Individuum eine *richtige* Vorstellung von sich selber gewinnt, genügt es, wie sich Hegel verstehen lässt, nicht, sich einfach auf sein unmittelbares Empfinden (Bestandteil des substanziellen Seins) zu verlassen, sondern es muss seine Individualität und die Verhältnisse, die Wirklichkeit, in der es lebt und handelt, zum Objekt seines Bewusstseins, d. h. seiner Wahrnehmung und seines Verstandes, machen. Mit anderen Worten, es muss sich zu sich selber als zu einem Äußerlichen verhalten.

zu allererst an den *ganzen Umfang seiner* Verhältnisse, an seine *konkrete Wirklichkeit,* erinnert werden. Würde er dann, obwohl jener objektive Zusammenhang vor seine Vorstellung gebracht worden ist und von ihm gewusst wird, trotzdem an seiner falschen Vorstellung festhalten, so würde es keinen Zweifel darangeben, dass er *verrückt* ist. Aus dem soeben Ausgeführten folge, so Hegel, man könne die *verrückte* Vorstellung, die das kranke Individuum für etwas *Konkretes* und *Wirkliches* halte, eine *leere Abstraktion* und *bloße Möglichkeit* nennen; denn wie erwähnt worden sei, werde eben in jener Vorstellung von der *konkreten Wirklichkeit* des Verrückten *abstrahiert.* Wenn z. B. ich, der weit davon entfernt ist, ein König zu sein, dennoch mich für einen König halte, so habe diese Vorstellung, die der Totalität meiner Wirklichkeit widerspricht und deshalb eine verrückte Vorstellung ist, durchaus keinen anderen Grund und Inhalt als die *unbestimmte allgemeine Möglichkeit.* Diese bestehe nämlich darin, dass, weil überhaupt ein Mensch ein König sein kann, ich, dieser bestimmte Mensch, mich für einen König halte. Dass aber ein solches Festhalten eines Individuums an einer mit seiner konkreten Wirklichkeit unvereinbaren besonderen Vorstellung entstehen kann, habe seinen Grund darin, dass es zunächst ein ganz *abstraktes,* vollkommen *unbestimmtes* Ich ist, das daher jedem beliebigen Inhalt offen steht. Insofern ich ein solches bin, könne ich mir die leersten Vorstellungen machen. Ich könne mich z. B. für einen Hund halten (dass Menschen in Hunde verwandelt worden sind, komme ja in Märchen vor) oder mir einbilden, ich könne fliegen, weil andere lebendige Wesen zu fliegen imstande seien. Sobald ich dagegen ein *konkretes* Ich werde, *bestimmte* Gedanken von der Wirklichkeit erhalte, sobald ich z. B. an meine Schwere denke, sehe ich ein, dass es für mich unmöglich ist zu fliegen. *Nur* dem Menschen gelinge es, sich in jener vollkommenen *Abstraktion* des Ichs zu erfassen. Dadurch habe er sozusagen das *Vorrecht,* der Narrheit und dem Wahnsinn zu verfallen. Diese Krankheit entwickle sich aber in dem *konkreten, besonnenen* Selbstbewusstsein nur dann, wenn dieses zu dem vorher besprochenen *ohnmächtigen, passiven, abstrakten Ich hinunter sinkt.* Durch diesen Abstieg verliere das konkrete Ich die absolute Macht über das ganze System seiner Bestimmungen, büße die Fähigkeit ein, alles an die Seele Herankommende an die rechte Stelle zu setzen, in jeder seiner Vorstellungen *sich selber vollkommen gegenwärtig* zu bleiben. Es lasse sich von einer *besonderen*, nur subjektiven Vorstellung gefangen nehmen, werde durch diese *außer sich gebracht*, aus dem *Mittelpunkt* seiner Wirklichkeit hinausgedrängt und bekomme, weil es zugleich noch ein Bewusstsein seiner Wirklichkeit behalte, zwei *Mittelpunkte*, und zwar den *einen* in dem Rest seines verständigen Bewusstseins und den *anderen* in seiner *verrückten* Vorstellung.

In dem verrückten Bewusstsein stehe die *abstrakte Allgemeinheit* des unmittelbaren, seienden Ich mit einer von der Totalität der Wirklichkeit abgerissenen, somit *vereinzelten* Vorstellung in einem *unaufgelösten* Widerspruch. Das verrückte Bewusstsein sei daher nicht ein wahrhaftes, sondern ein im Negativen des Ichs steckenbleibendes Beisichsein. Ein ebenso unaufgelöster Widerspruch herrsche hier zwischen jener *vereinzelten* Vorstellung und der *abstrakten Allgemeinheit des Ichs* einerseits und der in sich harmonischen *totalen Wirklichkeit* andererseits. Hieraus ergebe sich, dass der von der *begreifenden Vernunft* mit Recht verkündete Satz: "Was ich denke, das ist wahr", in dem *Verrückten* einen *verrückten* Sinn erhält und zu etwas ebenso Unwahrem wird wie die von einem "unverständigen" Verstand jenem Satz entgegengesetzte Behauptung, das Subjektive und das Objektive seien *absolut voneinander geschieden*.[450] Gegenüber diesem Unverstand und der Verrücktheit

---

[450]Wenn also die *begreifende* Vernunft (in Gestalt der Philosophie) behauptet, was sie *denkt*, sei auch *wahr*, so ist das, Hegel zufolge, zutreffend. Der Satz bekomme allerdings einen „verrückten Sinn", wenn er auf eine vereinzelte, von der Totalität der Wirklichkeit losgelöste Vorstellung eines Individuums angewendet wird. Dann werde er ebenso *unwahr* wie die Behauptung des „unverständigen" Verstandes, das Subjektive (das Ich) und das Objektive (die ihm gegenüberstehende äußere Welt) seien *absolut* voneinander geschieden, eine Behauptung, die dem Satz der *begreifenden* Vernunft diametral entgegengesetzt sei.

habe schon die bloße *Empfindung der gesunden* Seele den Vorzug der Vernünftigkeit insofern, als in der Empfindung die wirkliche Einheit des Subjektiven und Objektiven vorhanden sei.[451] Wie bereits oben erwähnt worden sei, würde jedoch diese Einheit ihre vollkommene Form erst in der *begreifenden Vernunft* erhalten; denn nur, was von dieser gedacht wird, sei sowohl seiner Form als seinem Inhalt nach ein Wahres, d. h. eine *vollkommene* Einheit des *Gedachten* und des *Seienden*.[452] In der Verrücktheit dagegen seien die Einheit und der Unterschied des Subjektiven und Objektiven noch etwas bloß *Formales*, das den konkreten Inhalt der Wirklichkeit ausschließe.[453]

Wegen des Zusammenhanges und um es noch stärker zu verdeutlichen, soll, so Hegel, etwas, was schon mehrmals angesprochen worden sei, konzentrierter und genauer wiederholt werden. Gemeint ist, dass die

---

[451] Wenn z. B. ein bestimmter Stoff, etwa Benzin, bei einem Individuum eine bestimmte Geruchsempfindung erzeugt, so ist diese Empfindung nicht nur ein rein subjektives Phänomen, vielmehr befindet sie sich in einer Einheit mit einer objektiv gegebenen chemischen Substanz. Diese ist jedoch noch nicht Gegenstand des objektiven Bewusstseins, der Wahrnehmung und des Verstandes.

[452] Nach Hegel hat, wie bereits zitiert, alles, was im geistigen (objektiven) Bewusstsein und in der Vernunft hervortritt, seine Quelle und seinen Ursprung in der *Empfindung*. Die Empfindung sei die erste, unmittelbare Weise, in der etwas erscheint. Ebenda, S. 97-98. Dies gilt in erster Linie für die Naturwissenschaften. Doch von der Empfindung bis zur begreifenden Vernunft, in der eine vollkommene Einheit des Gedachten und des Seienden hervorgebracht wird, muss noch ein weiter Weg, der über das Bewusstseins, so über die Wahrnehmung und den Verstand, bis hin zum theoretischen Geist, den theoretischen Wissenschaften, führt, zurückgelegt werden.

[453] Wenn z. B. in dem Führer einer sozialen Bewegung sich die Vorstellung festsetzt, er sei der Messias des Volkes, so enthält diese Vorstellung nach Hegel zwar den Unterschied zwischen dem Subjektiven und dem Objektiven, er sei aber nur formal; der Führer aber hält, „verrückt" wie er ist, daran fest, dass seine Vorstellung, ein Messias zu sein, mit dem Objektiven, der Wirklichkeit, übereinstimmt. Tatsächlich wird aber der „konkrete Inhalt der Wirklichkeit ausgeschlossen" (Hegel).

Verrücktheit wesentlich als eine *zugleich geistige und leibliche Krankheit* verstanden werden müsste, weil in ihr eine noch ganz *unmittelbare*, noch nicht durch die unendliche Vermittlung hindurchgegangene Einheit des Subjektiven und Objektiven herrsche und das von der Verrücktheit betroffene Ich - so scharf diese *Spitze des Selbstgefühls* auch sein mag - noch ein *Natürliches*, *Unmittelbares*, *Seiendes* sei und folglich das in ihm *Unterschiedene* als ein *Seiendes* fest werden könne. Oder, wie es Hegel verdeutlicht: Da in der Verrücktheit ein dem *objektiven* Bewusstsein des Verrückten widersprechendes *besonderes Gefühl* als etwas Objektives gegenüber jenem Bewusstsein *festgehalten* und *nicht ideell* gesetzt werde, dieses Gefühl folglich die Gestalt eines *Seienden*, somit *Leiblichen* habe.[454] Dadurch bringe sich aber in dem Verrückten eine von seinem objektiven Bewusstsein nicht überwundene *Zweiheit* des *Seins*, ein *seiender*, für die verrückte Seele zur festen Schranke werdender Unterschied hervor.[455]

---

[454]Die Verrücktheit eines Individuums ist also nach Hegel eine zugleich geistige und körperliche Krankheit, weil es in einem *Selbstgefühl* gefangen ist, das dem objektiven Bewusstsein widerspricht und vom Subjekt nicht durch Reflexion überwunden und so zu einem Seienden, einem Leiblichen, wird. Zum Beispiel kann jedes Individuum im Fall eines großen Erfolges vom Gefühl ergriffen werden, ein „Genie" zu sein. Doch gewöhnlich interveniert bei den meisten Individuen das objektive Bewusstsein und verhindert, dass sich ein solches Selbstgefühl bei ihnen festsetzt. Bei einigen ist das jedoch nicht der Fall, ihr besonderes Selbstgefühl verfestigt sich vielmehr, verleiblicht sich, wird zu einem Seienden, Unmittelbaren, Natürlichen; die Individuen geraten also in den Zustand der Verrücktheit und werden damit krank.

[455] In der Persönlichkeit entsteht also ein fester Unterschied zwischen dem objektiven Bewusstsein einerseits und dem besonderen Selbstgefühl als einem Seienden andererseits. Dieser Unterschied, der nach Hegel eine feste Schranke für die Persönlichkeit darstellt, kann durch die Tätigkeit des Bewusstseins nicht überwunden werden. Das Individuum verharrt folglich im Zustand der Verrücktheit.

Was ferner die gleichfalls bereits oben aufgeworfene Frage betrifft, wie der Geist dazu kommt, verrückt zu sein, so könne außer der schon gegebenen Antwort noch bemerkt werden, dass jene Frage schon das von der Seele auf ihrer *jetzigen* Entwicklungsstufe noch nicht erreichte feste, objektive Bewusstsein voraussetzt und dass dort, wo unsere Betrachtung jetzt angekommen ist, die *umgekehrte* Frage zu beantworten sei, nämlich die Frage, wie die in ihre *Innerlichkeit eingeschlossene*, mit ihrer individuellen Welt unmittelbar identische Seele aus dem bloß *formalen*, leeren Unterschied des Subjektiven und Objektiven zum *wirklichen* Unterschied dieser beiden Seiten und damit zum *wahrhaft objektiven*, verständigen und vernünftigen Bewusstsein gelangt.

Die Methode

Was Hegel zu Beginn der Anthropologie über die *Notwendigkeit* ausführte, mit dem *natürlichen* Geist die philosophische Betrachtung des subjektiven Geistes zu beginnen und wie aus dem oben von ihm entwickelten *Begriff der Verrücktheit* hervorgeht, dürfte, ihm zufolge, einleuchten, warum die Verrücktheit *vor* dem *gesunden verständigen* Bewusstsein abgehandelt werden muss, obwohl sie den Verstand zur *Voraussetzung* hat und das *Äußerste des Krankheitszustandes* ist, in den der Verstand versinken kann. Die Erörterung dieses Zustandes müsste schon in der Anthropologie erfolgen, weil in ihm das *Seelische*, das *natürliche Selbst*, die *abstrakte formale Subjektivität* über das *objektive*, *vernünftige*, *konkrete* Bewusstsein die Herrschaft erlangt. Die Betrachtung des *abstrakten*, *natürlichen Selbst* müsse aber der Darstellung des *konkreten*, *freien Geistes* vorangehen. Damit jedoch dieser Fortgang von einem Abstrakten zu einem Konkreten, das das Abstrakte der Möglichkeit nach enthält, nicht wie eine vereinzelte und deshalb bedenkliche Erscheinung aussieht, könnte daran erinnert werden, dass in der *Rechtsphilosophie* ein ähnlicher Fortgang stattfinden muss. Auch in dieser Wissenschaft beginne er, mit einem *Abstraktem*, nämlich mit dem *Begriff des Willens* und schreite sodann zu der in einem *äußerlichen Dasein* erfolgenden Verwirklichung des noch *abstrakten Willens* hin zur Sphäre des *formalen Rechts* fort. Von dort aus gehe er zu dem aus dem äußeren Dasein in sich *reflektierten Willen*, dem Gebiet der Moralität, über und komme schließlich drittens zu dem *diese beiden abstrakten* Momente in sich *vereinigenden* und darum *konkreten sittlichen* Willen. In der Sphäre der Sittlichkeit selber fange er dann wieder mit einem *Unmittelbaren*, nämlich mit der *natürlichen, unentwickelten* Gestalt an, die der sittliche Geist in der *Familie* habe, und komme danach zu der *Entzweiung* der sittlichen Substanz, wie sie in der *bürgerlichen Gesellschaft* erfolge, und gelange zuletzt zu der im *Staat* vorhandenen *Einheit* und *Wahrheit* jener beiden einseitigen Formen des sittlichen Geistes.

Aus diesem Gang seiner Betrachtung folge jedoch nicht im mindesten, dass er, Hegel, die Sittlichkeit zu etwas der Zeit nach *Späterem* als das Recht und die Moralität betrachten oder die Familie und die bürgerliche Gesellschaft als etwas dem Staat in der Wirklichkeit *Vorangehendes* erklären würde. Vielmehr wüsste er sehr wohl, dass die Sittlichkeit die *Grundlage* des Rechts und der Moralität ist und dass die Familie und die bürgerliche Gesellschaft mit ihren wohlgeordneten Unterschieden schon das Vorhandensein des Staates *voraussetzen*. In der *philosophischen Entwicklung* des Sittlichen könnte man jedoch nicht mit dem *Staat* beginnen, weil in diesem das Sittliche sich zu seiner *konkretesten* Form entfalte, der *Anfang* dagegen notwendigerweise etwas *Abstraktes* sei. Aus diesem Grunde müsse auch das Moralische *vor* dem Sittlichen betrachtet werden, obwohl das Moralische sich gewissermaßen nur als eine Krankheit an dem Sittlichen hervortue. Aus dem gleichen Grund müsse aber auch innerhalb der Anthropologie die *Verrücktheit* abgehandelt werden, weil diese, wie erwähnt wurde, in einer gegenüber dem *konkreten*, objektiven Bewusstsein des

Verrückten festgehaltenen *Abstraktion* bestehe und somit *vor* diesem Bewusstsein zu erörtern sei.[456]

Die Arten des verrückten Zustandes

Was die *besonderen Arten* des verrückten Zustands betrifft, so würde man diese gewöhnlich weniger nach einer inneren Bestimmtheit als nach den Äußerungen dieser Krankheit unterscheiden, was für die philosophische Betrachtung nicht ausreichend sei. Sogar die Verrücktheit müsste man als ein auf notwendige und insofern *vernünftige* Weise *in sich* Differenziertes erkennen. Eine notwendige Unterscheidung dieses Seelenzustandes lasse sich aber *nicht* aus dem *besonderen Inhalt* der formalen Einheit des Subjektiven und Objektiven, die in der Verrücktheit vorhanden sei, herleiten; sei doch jener Inhalt etwas unendlich *Mannigfaltiges* und somit *Zufälliges*. Man

---

[456]Der Zustand der Verrücktheit als einer Krankheit wird zwar von Hegel *vor* dem objektiven Bewusstsein behandelt, was aber nicht bedeutet, dass jener Zustand, der ja in den Bereich des Gefühlslebens fällt, zeitlich (oder in der Entwicklung) dem objektiven Bewusstsein vorausgeht. Vielmehr gibt es eine notwendige Beziehung zwischen der Verrücktheit einerseits und dem objektiven Bewusstsein andererseits. Die Verrücktheit für sich genommen ist also bloß eine Abstraktion. Im „Kapital" von Marx findet sich die gleiche Methode. So beginnt er mit der Kategorie der Ware und weder mit der des Geldes noch mit der des Kapitals. Doch lässt sich die Kategorie der Ware in einer Gesellschaft mit kapitalistischer Produktionsweise *nicht* ohne die Kategorien „Geld" und „Kapital" denken. Somit ist die Kategorie der Ware nur eine Abstraktion, und die Methode besteht darin, vom Abstrakten zum Konkreten zu schreiten und am Ende die kapitalistische Gesellschaft als eine konkrete Totalität mit allen ihren Widersprüchen zu erfassen. Historisch gehen allerdings Ware und Geld, zumal dem Industriekapital voraus, wobei man es aber noch nicht mit einer fertigen, vollentfalteten kapitalistischen Gesellschaft zu tun hat. Ebenso geht der Zustand der Verrücktheit dem Bewusstsein voraus, indem sich die Seele vereinzelt und in einen Widerspruch zur allgemeinen natürlichen Seele, der Substanz, tritt. Beispiel: Das Verhalten insbesondere männlicher Jugendlicher. Doch bei diesen liegt keine Krankheit vor.

müsste daher im Gegenteil die an der Verrücktheit hervortretenden ganz *allgemeinen Formunterschiede* ins Auge fassen. Zu diesem Zweck sei auf das verwiesen, was schon oben erwähnt wurde, wonach die Verrücktheit als eine *Verschlossenheit*, als ein Zustand des Geistes bezeichnet wurde, in dem dieser *in sich versunken sei*. Das *Eigentümliche* dieses Zustandes bestehe, im Gegensatz zu dem im *Somnambulismus* vorhandenen Insichsein des Geistes, darin, dass er sich mit der Wirklichkeit nicht mehr in einem *unmittelbaren Zusammenhang* befindet, sondern sich von der Wirklichkeit *entschieden abgetrennt* hat. Dieser Zustand des Geistes, in dem er in sich versunken ist, sei nun *einerseits* das *Allgemeine* in *jeder* Art der Verrücktheit; *anderseits* bilde es, würde es bei seiner *Unbestimmtheit*, seiner *Leere* bleiben, eine besondere Art des verrückten Zustandes. Mit dieser Art müsste die Betrachtung der verschiedenen Arten der Verrücktheiten begonnen werden. [457] Bekomme aber jenes ganz unbestimmte Insichsein einen *bestimmten* Inhalt, kette es sich an eine bloß subjektive, *besondere* Vorstellung und halte diese für ein Objektives, dann würde sich die *zweite* Form des verrückten Zustandes zeigen.[458]

Die *dritte* und letzte Hauptform dieser Krankheit trete hervor, wenn dasjenige, was dem Wahn der Seele *entgegen steht, gleichfalls für die Seele* ist, wenn also der Verrückte seine bloß subjektive Vorstellung mit seinem objektiven Bewusstsein *vergleicht*, den zwischen beiden befindlichen *krassen* Gegensatz entdeckt und somit zu dem unglücklichen Gefühl seines Widerspruchs mit sich selber gelangt.[459] Hier würde man die Seele in dem mehr oder weniger verzweifelten Streben sehen, sich aus dem schon in der *zweiten* Form der

---

[457] Gemeint sind, wie aus dem Folgenden hervorgeht, der „Blödsinn", die „Zerstreutheit", die „Faselei".

[458] Gemeint ist, wie ebenfalls aus dem Folgenden hervorgeht, die „eigentliche Narrheit".

[459] Hier ist der Wahnsinn als die dritte Hauptform der Verrücktheit gemeint.

Verrücktheit vorhandenen - dort aber *kaum oder gar nicht gefühlten Zwiespalt* - zur *konkreten Identität* mit sich, zur inneren Harmonie des Selbstbewusstseins wieder herzustellen, das in dem *einen* Mittelpunkt seiner Wirklichkeit unerschütterlich beharrt.

Blödsinn, Zerstreutheit, Faselei

Hegel wendet sich nun im Einzelnen den oben erwähnten drei Hauptformen der Verrücktheit zu. In die *erste* Form ordnet er, wie schon erwähnt, den *Blödsinn,* die *Zerstreutheit und* die *Faselei* ein. Diese Form, in der das Individuum in ganz unbestimmter Weise in sich versunken sei, erscheine zunächst als der *Blödsinn,* der wiederum verschiedene Gestalten habe. So gebe es den *natürlichen* und sporadisch vorkommenden Blödsinn (Kretinismus), der unheilbar sei, sodann einen Blödsinn, den ein unverschuldetes oder selbst verschuldetes Unglück herbeiführt, und ferner einen, der einen nur vorübergehenden Zustand darstellt. Eine weitere Gestalt der *ersten* Hauptform, die *Zerstreutheit,* bestehe darin, dass das Individuum von der *unmittelbaren* Gegenwart *kein Wissen* hat. Oft bilde dieses von der unmittelbaren Gegenwart fehlende Wissen den Anfang des Wahnsinns, doch gebe es auch eine vom Wahnsinn weit entfernte Zerstreutheit, die dadurch eintreten könne, dass der Geist in tiefe Meditationen eintaucht und von allem, was vergleichsweise unbedeutend ist, abgezogen wird. Die *eigentliche* Zerstreutheit sei aber ein Versinken in ein ganz *abstraktes Selbstgefühl,* in eine Untätigkeit des besonnenen, objektiven Bewusstseins, in einen Zustand der Abwesenheit des Geistes bei solchen Dingen, bei denen er gegenwärtig sein sollte. Das in diesem Zustand befindliche Subjekt unterliege Verwechselungen und fasse die äußeren Umstände auf eine *einseitige* Weise, nicht nach der Totalität ihrer Beziehungen auf. Als ein Beispiel hierfür führt Hegel *Newton* an, der einst den Finger einer Dame ergriffen haben soll, um sich mit ihm seine Pfeife zu stopfen. Eine solche Zerstreutheit könne Folge vielen Studierens sein und finde sich bei Gelehrten, zumal bei jenen, die einer früheren Zeit angehören. Häufig entstehe die Zerstreutheit jedoch auch dann, wenn Menschen sich überall ein hohes Ansehen geben wollen, folglich ihre Subjektivität ständig vor Augen haben und darüber die Objektivität vergessen. Der Zerstreutheit des einen Individuums stehe ein anderes gegenüber, das an allem ein Interesse nehme und deshalb der *Faselei* anheimfalle. Diese entspringe der Unfähigkeit, die Aufmerksamkeit auf irgendetwas *Bestimmtes* zu *konzentrieren* und bestehe in der Krankheit, von einem Gegenstand zum anderen zu taumeln. Dies sei ein zumeist unheilbares Übel.

Narrheit

Die *zweite* Hauptform des verrückten Zustandes, die *eigentliche Narrheit*, entstehe, so Hegel, wenn der oben in seinen verschiedenen Gestalten betrachtete natürliche, in sich verschlossene Geist einen *bestimmten* Inhalt bekommt und dieser Inhalt zu einer *fixen* Vorstellung dadurch wird, dass der seiner selbst noch nicht vollkommen mächtige Geist in den Inhalt ebenso versinkt, wie er beim Blödsinn in sich selber, in den Abgrund seiner *Unbestimmtheit* versunken ist.[460] Wo die eigentliche Narrheit beginnt, sei schwer zu präzisieren. Man finde z. B. in kleinen Städten Leute, besonders Frauen, die in einem äußerst beschränkten Kreis von partikularen Interessen derart versunken sind und sich in dieser ihrer Beschränktheit so behaglich fühlen, dass man solche Individuen mit Recht *närrisch* nennt. Doch zur Narrheit im *engeren Sinne des Wortes* gehöre aber, dass der Geist in einer *einzelnen, bloß subjektiven* Vorstellung stecken bleibt und diese für ein Objektives hält. Dieser Seelenzustand eines Menschen rühre meistens daher, dass er aus Unzufriedenheit mit der Wirklichkeit

---

[460]Zum Beispiel kann die Vorstellung eines politischen Führers, er sei der Messias, zu einer fixen Vorstellung werden, dies umso mehr, wenn er einige Erfolge aufzuweisen hat und das massenhaft anwesende Volk, sobald er in der Öffentlichkeit auftritt, sofort in einen Taumel der Begeisterung fällt und ihn so in seiner Vorstellung bestärkt. Statt der Narrheit könnte man hier auch schon von einem Übergang zum (Größen-)Wahn sprechen.

sich in seine Subjektivität einschließt. Vornehmlich sei die Leidenschaft der *Eitelkeit* und des *Hochmuts* die Ursache, weshalb die Seele sich in sich einspinnt. Der so in seine Innerlichkeit sich einnistende Geist verliere dann leicht die Fähigkeit, die Wirklichkeit zu verstehen und finde sich nur in seinen subjektiven Vorstellungen zurecht. Bei einem solchen Verhalten könne die *völlige Narrheit* bald entstehen. Denn falls in diesem einsiedlerischen (eigenbrötlerischen, d. Verf.) Bewusstsein noch eine *Lebendigkeit* vorhanden ist, komme es leicht dazu, sich irgendeinen Inhalt aus sich selbst hervorzubringen und dieses bloß Subjektive als etwas Objektives zu betrachten und festzuhalten. Während, wie oben erwähnt wurde, die Seele weder beim *Blödsinn* noch bei der *Faselei* die Kraft besitze, etwas Bestimmtes festzuhalten, zeige dagegen die eigentliche *Narrheit* dieses Vermögen und beweise eben dadurch, dass sie noch *Bewusstsein* ist, dass sie sich in sich selbst noch von ihrem fest gewordenen Inhalt *unterscheidet*. Obwohl daher das Bewusstsein der Narren einerseits mit jenem Inhalt verwachsen sei, transzendiere es doch andererseits, aufgrund seiner *allgemeinen* Natur, den *besonderen* Inhalt der verrückten Vorstellung. Die Narren hätten deshalb, neben dem Umstand, dass sie auf einen Punkt bezogen sind, zugleich ein gutes, konsequentes Bewusstsein, eine richtige Auffassung der Dinge und seien fähig, verständig zu handeln. Dadurch und aufgrund der misstrauischen Zurückhaltung der Narren werde es möglich, dass man mitunter einen Narren nicht sogleich als einen solchen erkennt. Deshalb kämen auch Zweifel auf, ob die Heilung der Narrheit gelungen ist. Was den Unterschied der Narren untereinander betrifft, so werde er, so Hegel, hauptsächlich durch die Mannigfaltigkeit der Vorstellungen bestimmt, die sich in ihnen festsetzen.

Zur *unbestimmten* Narrheit könne, so Hegel, der *Lebensüberdruss* gezählt werden, werde dieser nicht durch den Verlust geliebter, geachteter Personen und sittlicher Verhältnisse veranlasst. Der *unbestimmte*, grundlose Ekel am Leben sei nicht *Gleichgültigkeit* gegenüber dem Leben - denn bei dieser ertrage man das Leben -, sondern die *Unfähigkeit*, es zu ertragen. Es handele sich um ein

Schwanken zwischen der Neigung einerseits und der Abneigung andererseits gegenüber allem, was der Wirklichkeit angehört. Das Individuum sei an die fixe Vorstellung, dass das Leben widerlich sei, gebannt, strebe aber zugleich über diese Vorstellung hinaus. Der Lebensüberdruss könne als *Melancholie* erscheinen, die vornehmlich bei den Engländern verbreitet sei. Dies sei ein beständiges vor sich Hinbrüten des Geistes über seine unglückliche Vorstellung, der dadurch nicht zur Lebendigkeit des Denkens und Handelns komme. Aus diesem Seelenzustand würde sich nicht selten ein unbezwingbarer Trieb zum Selbstmord entwickeln.

Wahnsinn

Erst mit der *dritten* Hauptform des verrückten Zustandes, der *Tollheit* oder des *Wahnsinns*, hätten wir, wie Hegel fortfährt, die Erscheinung, dass das verrückte Subjekt *selber* davon weiß, dass es in zwei sich gegenseitig widersprechende Weisen des Bewusstseins auseinander gerissen ist. Der Geisteskranke fühle *selber* deutlich den Widerspruch zwischen seiner nur subjektiven Vorstellung und der Objektivität und könne dennoch von dieser Vorstellung nicht ablassen, sondern wolle sie durchaus verwirklichen oder das Wirkliche vernichten. In dem soeben erwähnten Begriff der *Tollheit* liege, dass diese nicht aus der *leeren Einbildung* eines Individuums zu entspringen braucht, sondern dadurch bewirkt werden könne, dass ihm ein *großes Unglück* widerfährt, seine individuelle Welt *erschüttert*, oder der allgemeine Weltzustand gewaltsam umgekehrt wird und aus den Fugen gerät. Das geschehe, wenn das Individuum mit seinem Gemüt ausschließlich in der *Vergangenheit* lebt und dadurch unfähig ist, sich in die *Gegenwart* einzufinden, von der es sich zurückgestoßen und zugleich an sie gebunden fühlt. Als Beispiel nennt Hegel den Umsturz aller bürgerlichen Verhältnisse durch die Französische Revolution.
Das in den Wahnsinnigen vorhandene Gefühl, innerlich zerrissen zu sein, könne ein *ruhiger* Schmerz sein, könne sich aber auch zur *Wut der Vernunft* gegen die *Unvernunft*, ja zur *Raserei* entwickeln. Denn mit

jenem unglücklichen Gefühl verbinde sich in den Wahnsinnigen sehr leicht nicht bloß eine von *Einbildungen* und *Grillen* gefolterte *hypochondrische* Stimmung, sondern auch eine misstrauische, falsche, neidische, tückische und boshafte Gesinnung. Sie seien ergrimmt, dass sie durch die sie umgebende Wirklichkeit gehemmt werden und über diejenigen, von denen sie eine Beschränkung ihres Willens erfahren. Verzogene Menschen, die gewöhnt sind, sich alles zu ertrotzen, könnten von ihrem *faselnden Eigensinn* leicht in den Wahnsinn geraten, wenn ihnen der vernünftige Wille, der das Allgemeine will, einen Damm entgegenstellt, den ihre sich aufbäumende Subjektivität nicht überspringen oder durchbrechen kann.

In jedem Menschen kämen Anflüge von Bösartigkeit vor; der sittliche oder wenigstens kluge Mensch wüsste jedoch wie er diese unterdrücken kann. Im Wahnsinn aber, wo eine *besondere Vorstellung* über den vernünftigen Geist die Herrschaft an sich reiße, da trete *überhaupt* die *Besonderheit* des Subjekts ungezügelt hervor, da würden die zu jener Besonderheit gehörenden *natürlichen* und durch Reflexion entwickelten *Triebe* das Joch abwerfen, das ihnen die sittlichen Gesetze, die vom *wahrhaft allgemeinen* Willen ausgehen, auferlegen. Da würden die finsteren, unterirdischen Mächte des Herzens frei werden, und die Ergrimmtheit der Wahnsinnigen könnte zu einer förmlichen Sucht werden, anderen zu schaden, sich sogar zu einer plötzlich erwachenden Mordlust steigern. Diese könnte die davon ergriffenen Individuen, trotz des in ihnen vorhandenen Abscheus vor einem Mord, mit unwiderstehlicher Gewalt dazu zwingen, selbst diejenigen umzubringen, die sie sonst zärtlich lieben. Die Bösartigkeit der Wahnsinnigen würde jedoch, wie Hegel andeutete, moralische und sittliche Gefühle nicht ausschließen; vielmehr könnten diese Gefühle, eben wegen des Unglücks der Wahnsinnigen und wegen des in ihnen herrschenden *unvermittelten Gegensatzes*, eine erhöhte Spannung haben. *Pinel* sage ausdrücklich, er habe nirgendwo liebevollere Gatten und Väter gesehen als in einer Irrenanstalt.

Heilung der Verrücktheit

Was die *Heilung der Verrücktheit* betrifft, so habe sie teils durch physische, teils durch psychische Verfahren zu erfolgen. Die physische Behandlung könnte für sich allein manchmal ausreichen, meistens müsse jedoch eine psychische Behandlung hinzutreten. Diese bleibe, so Hegel, die Hauptsache. Könne diese zwar gegen den *Blödsinn* nichts ausrichten, so könne sie dagegen die eigentliche *Narrheit* und den *Wahnsinn* häufig mit Erfolg bekämpfen, weil bei diesen Seelenzuständen noch eine Lebendigkeit des Bewusstseins gegeben sei und neben der Verrücktheit, die sich auf eine besondere Vorstellung beziehe, ein noch in seinen übrigen Vorstellungen vernünftiges Bewusstsein bestehe, so dass ein geschickter Seelenarzt über jene Besonderheit Gewalt erlangen könne. Das besondere Verdienst *Pinels* sei es, dass er in dem Rest an Vernunft, der in den Narren und in den Wahnsinnigen noch vorhanden ist, die Grundlage der Heilung gesehen und dementsprechend die Behandlung jener Geisteskrankheiten darauf ausgerichtet habe. Seine Schrift über diesen Gegenstand müsse man für das Beste halten, was in diesem Fach existiert. Vor allem käme es darauf an, beim psychischen Heilverfahren das *Vertrauen* der Irren zu gewinnen. Dieses könne deshalb erworben werden, weil die Verrückten noch sittliche Wesen seien. Am sichersten aber würde man ihr Vertrauen *dann* gewinnen, wenn man ihnen offen und direkt gegenübertritt[461], diese Offenheit jedoch nicht in einen direkten Angriff auf die verrückte Vorstellung ausarten lässt. Nachdem man sich das Vertrauen der Irren erworben hat, müsse man eine gerechte *Autorität* über sie gewinnen und versuchen, in ihnen das Gefühl zu erwecken, dass es überhaupt etwas Wichtiges und Würdiges gibt. Die Verrückten würden ihre geistige Schwäche und ihre Abhängigkeit von den Vernünftigen fühlen. Das ermögliche diesen, sich bei jenen Respekt zu verschaffen. Lerne der geistig gestörte Mensch den ihn behandelnden

---

[461] Bei Hegel heißt es: „…, wenn man gegen sie zwar ein offenes Benehmen beobachtet, …" Ebenda, S.179.

Arzt zu achten, werde er fähig, seiner Subjektivität, die sich mit der Objektivität in Widerspruch befindet, Gewalt anzutun. Bei aller Strenge, die bei der Behandlung der gestörten Personen notwendig sei, müsse immer bedacht werden, dass diese, weil ihre Vernünftigkeit noch nicht ganz zerstört sei, eine rücksichtsvolle Behandlung verdienen. Die gegen diese Unglücklichen anzuwendende Gewalt müsse deshalb immer eine solche sein, die zugleich die moralische Bedeutung einer *gerechten* Strafe hat. Die Irren hätten noch ein Gefühl von dem, was recht und gut ist und wüssten, dass man anderen nicht schaden soll. Deshalb könne man ihnen das Böse, das von ihnen begangen wurde, vor Augen führen und *zurechnen* und wenn man sie bestraft, könne man ihnen die gegen sie verhängte Strafe begreiflich machen. Dadurch würde man ihr besseres Selbst erweitern und, indem dies geschieht, würden sie Vertrauen zu ihrer *eigenen* sittlichen Kraft erlangen, um im Umgang mit guten Menschen völlig zu genesen.

C. *Die Gewohnheit*

Die „Gewohnheit" ist der *dritte* Schritt in der Entwicklung der fühlenden Seele und müsste die beiden vorangehenden, also die „fühlende Seele in ihrer Unmittelbarkeit" und das „Selbstgefühl", aufgehoben in sich enthalten. Die Entwicklung ist sowohl im Sinne einer begrifflichen (logischen) als auch einer in der Zeit stattfindenden Entwicklung zu verstehen. Den Übergang zur Gewohnheit bildet nach Hegel das *Selbstgefühl*, genauer noch, der Zustand der *Verrücktheit*. Hegels Begründungen dazu erfolgen an späterer Stelle.

Das *Selbstgefühl* ist, so Hegel, in die Besonderheit der Gefühle, nämlich "einfacher Empfindungen" (ders.), wie der Begierden, Triebe, Leidenschaften und deren Befriedigungen, versenkt und unterscheidet sich *nicht*, wie er nach dem obigen Zusatz fortfährt, von diesen

Empfindungen.[462] *Aber* das Selbst sei *an sich* die einfache Beziehung der *Idealität* auf sich, es sei eine formale (abstrakte, d. Verf.) Allgemeinheit, und diese sei die Wahrheit dieses Besonderen. Als diese Allgemeinheit sei das Selbst in diesem Gefühlsleben zu setzen und so sei es die von der Besonderheit sich unterscheidende *für sich seiende Allgemeinheit.*[463] Diese Allgemeinheit sei aber nicht die gehaltvolle Wahrheit der *bestimmten* Empfindungen (natürlichen Gefühlen, d. Verf.), Begierden[464] usw.; denn der *Inhalt* dieser Empfindungen käme

---

[462]Ebenda., S. 182 ff.

[463]Das *Selbstgefühl* ist also nach Hegel in die Besonderheit solcher „*einfachen Empfindungen*" wie Begierden, Triebe und Leidenschaften und deren Befriedigungen versunken und unterscheide sich nicht von diesen. Wenn Hegel hierbei von „einfachen Empfindungen" spricht, so unterscheidet er diese offensichtlich von den oben genannten äußerlichen und innerlichen Empfindungen. Die *einfachen* Empfindungen sind mit der Leiblichkeit verbunden und schließen für die Seele äußerliche Objekte ein. Gegeben ist das Selbstgefühl eines Individuums nach Hegel nur als in einem besonderen und einfachen Gefühl „versenkt". Aber „an sich" ist das Selbst eine Idealität (ein Innerliches, d. Verf.), die sich auf sich bezieht, oder, mit anderen Worten, das Selbst ist *das*, was es ist, indem es sich von sich (etwa von seinen besonderen Empfindungen und Gefühlen) unterscheidet und sich zugleich auf sich bezieht (Dazu: Stichwort „Gott" v. Hermann Krings u. Eberhard Simons, in: Handbuch philosophischer Grundbegriffe, Bd. 3, hrsg. v. H. Krings u. a., a. a. O., S. 620.). Das Selbst ist, wie Hegel fortfährt, „an sich" eine abstrakte Allgemeinheit und als solche die Wahrheit der jeweils der besonderen *einfachen* Empfindung, z. B. einer Begierde, eines Triebes usw. Als eben eine formale oder abstrakte Allgemeinheit sei das *Selbst* in diesem Gefühlsleben (Empfindungsleben, d. Verf.) zu setzen, und so sei es eine „*für sich seiende Allgemeinheit*", die sich von einem besonderen Gefühl, z. B. einem natürlichen Trieb, unterscheidet.

[464]Das Selbst als eine „für sich seiende Allgemeinheit" ist aber nach Hegel *nicht* die *inhaltliche* Wahrheit der natürlichen (einfachen) Empfindungen; werde doch der *Inhalt* derselben, z. B. der Inhalt einer Begierde, eines Triebes oder einer Leidenschaft, einschließlich der Befriedigung, an dieser Stelle noch nicht betrachtet. Die Besonderheit eines(r) einfachen, natürlichen Gefühls (Empfindung), z. B. eines Triebes, ist also, Hegel zufolge, nur formal, nur als ein „besonderes

hier noch nicht in Betracht. Die *Besonderheit* (eines einfachen Gefühls, d. Verf.), wie sie hier bestimmt ist, sei nur formal und nur das *besondere Sein* oder die Unmittelbarkeit der Seele *gegenüber* ihrem ebenso formalen, *abstrakten Fürsichsein* (also dem Selbst, d. Verf.). Jenes *besondere* Sein der Seele (die natürlichen Begierden, Triebe, Leidenschaften usw., d. Verf.) sei das "Moment ihrer *Leiblichkeit*" (Hegel [465]), von der die Seele sich hier *trenne*, sich als *einfaches* Sein von der Leiblichkeit unterscheide (abgrenze, d. Verf.) und als "ideelle, *subjektive* Substantialität dieser Leiblichkeit" (ders.[466]) sei - so wie die Seele in ihrem *an sich* seienden Begriff[467] nur die *Substanz* der Leiblichkeit als solche war.[468]

Sein" oder als die Unmittelbarkeit der Seele gegenüber ihrem ebenso formalen, abstrakten Fürsichsein, dem Selbst, gegeben.

[465] Ebenda, S. 183.

[466] Das „besondere Sein" der Seele, also die natürlichen Begierden, Triebe usw., ist also nach Hegel das „*Moment ihrer Leiblichkeit*", von der sich die Seele *trennt* (abgrenzt), sich somit als ein „*einfaches Sein*" von der Leiblichkeit unterscheidet und sich als die „ideelle, *subjektive* Substantialität" (Hegel) dieser Leiblichkeit konstituiert. Gegenüber den *einfachen* Empfindungen, dem besonderen Sein der Seele, bildet sich also ein *Subjekt* im Sinne einer zentralen steuernden Macht, die aber noch kein „Ich" ist, heraus und manifestiert sich (eben als eine „subjektive Substanzialität"), indem sie, die Befriedigung der Begierden, Triebe und Leidenschaften, sei es unterdrückt, hemmt, aufschiebt oder erlaubt.

[467] Hegel verweist hier auf den § 389 in seiner Anthropologie, wonach die Seele nicht nur für sich immateriell, sondern die allgemeine Immaterialität der Natur, das einfache ideelle Leben derselben sei.

[468] „Der Begriff des Lebens ist die Seele, und dieser Begriff hat den Leib zu seiner Realität. Die Seele ist gleichsam ergossen in ihre Leiblichkeit, und so ist dieselbe nur erst *empfindend*, aber noch nicht freies Fürsichsein. Der Prozeß des Lebens besteht dann darin, die Unmittelbarkeit, in welcher derselbe noch befangen ist, zu überwinden ..." G. W. F. Hegel, Enzyklopädie der philosophischen Wissenschaften, 1. Teil., a. a. O., S. 374. Die Seele ist die Substanz der Leiblichkeit, die eben nur durch sie lebendig ist.

Dieses abstrakte Fürsichsein der Seele *in ihrer Leiblichkeit* ist jedoch nach Hegel noch *nicht* ein *Ich,* ist also noch *nicht* die Existenz des seienden Allgemeinen, das *für* das Allgemeine ist.[469] Das abstrakte Fürsichsein der Seele sei die Leiblichkeit, die auf ihre reine *Idealität* (ihre Innerlichkeit, d. Verf.) zurückgeführt sei, die so der Seele als solcher zukomme. Das besage: Ebenso wie Raum und Zeit als das abstrakte Außereinander, also als leerer Raum und leere Zeit, nur *subjektive* Formen, reines Anschauen, seien, sei jenes reine *Sein,* das, indem in ihm die Besonderheit der Leiblichkeit, d. h. die unmittelbare Leiblichkeit als solche aufgehoben worden, Fürsichsein sei, das ganz reine noch *bewusstlose* Anschauen.[470] Jenes reine Sein (also das Fürsichsein, in dem die unmittelbare Leiblichkeit aufgehoben ist, d. Verf.) sei aber die Grundlage des Bewusstseins, zu dem es in sich gehe, indem es die Leiblichkeit, deren *subjektive* Substanz es sei und die für dasselbe, also für das Fürsichsein, noch eine *Schranke* bilde, in sich aufgehoben habe. Auf diese Weise sei es als ein *Subjekt für sich* (also als ein *Ich,* d. Verf.) gesetzt.[471]

---

[469]Ders., Enzyklopädie der philosophischen Wissenschaften, 3. Teil., a. a. O., S. 183 ff. Dieses „abstrakte Fürsichsein" der Seele in ihrer Leiblichkeit ist also noch *nicht* ein *Ich,* d. h. noch *nicht* die Existenz des *seienden* Allgemeinen, das auch *für* das Allgemeine ist. Es ist die Leiblichkeit, die auf ihre reine Idealität, d. h. auf ihre *Innerlichkeit,* zurückgeführt ist.

[470]Das abstrakte Fürsichsein der Seele als das „reine Sein", in dem die unmittelbare Leiblichkeit aufgehoben ist, ist also nach Hegel „das ganz reine noch bewusstlose Anschauen", ein Vorgang, der die Einheit von Form (Raum und Zeit) und Inhalt (Empfindungen) einschließt. Dieses Anschauen bewegt sich noch *nicht* auf der Stufe des *Bewusstseins* und seiner Kategorien. Es ist ein Fürsichsein, in dem weder ein anschauendes Subjekt einem Gegenstand, wie im *theoretischen* Geist, noch ein (abstraktes) Ich einem Gegenstand (z. B. der Leiblichkeit), wie im *Bewusstsein,* gegenübersteht; es ist aber nach Hegel die *Grundlage* des Bewusstseins.

[471]Das Fürsichsein, in dem die unmittelbare Leiblichkeit aufgehoben (negiert und bewahrt) ist, ist also die Grundlage des Bewusstseins, zu dem es sich entwickelt, indem es als die „subjektive Substanz der Leiblichkeit" diese als seine Schranke in sich aufhebt. In Hegels Ausführungen sind also *zwei* Vorgänge erkennbar: Da ist

Indem die Seele sich auf diese Weise zu einem *abstrakten* allgemeinen *Sein* macht und das Besondere der Gefühle (*auch des Bewusstseins*), zu einer nur *seienden* Bestimmung[472] an ihr reduziert, werde sie, so Hegel, *Gewohnheit.*[473] Die Seele habe den Inhalt (einer Gewohnheit, d. Verf.) auf diese Weise *in ihrem Besitz* und enthalte ihn in *der* Weise, dass sie in den seienden Bestimmungen weder empfindend sei noch sich von ihnen unterscheide und in einem Verhältnis zu ihnen stehe, noch in sie versenkt sei, sondern sie *empfindungs-* und *bewusstlos* an sich habe und sich in ihnen bewege. Insofern sei die Seele *frei* von den Gefühlen (Empfindungen, d. Verf.) und dem Bewusstsein, als sie an ihnen weder interessiert noch mit ihnen beschäftigt sei. Indem die

zum einen der Vorgang, in dem die Seele sich von ihrer Leiblichkeit trennt und sich als Fürsichsein, als „subjektive Substanz" der Leiblichkeit, oder als das noch reine, *bewusstlose* Anschauen konstituiert. Und das Fürsichsein, als Grundlage des Bewusstseins, setzt sich als ein für sich seiendes Subjekt (als ein Ich), indem es die Leiblichkeit, die für das Fürsichsein noch eine Schranke bildet, in sich aufhebt. Da ist *zum anderen* der Vorgang, in dem die Seele das Besondere der Gefühle, Empfindungen und auch des Bewusstseins zu einer nur *seienden* Bestimmung an ihr herabsetzt, so dass sich eine *Gewohnheit* herausbildet. Deutlich wird, dass die Gewohnheit, so wie sie gedacht wird, nach Hegels Methode Bewusstsein und Geist begrifflich voraussetzt, obwohl beide erst später behandelt werden.

[472] Empfindet z. B. jemand, der sich im Winter morgens auf seinem Weg zur Berufsarbeit begibt, die relativ niedrige Lufttemperatur als Kälte und leidet darunter, dann wird er, nachdem er diesen Gang viele Male wiederholt hat, die Kälte nicht mehr empfinden und folglich nicht mehr darunter leiden. Das Besondere des Kälteempfindens und des darauf beruhenden Leidgefühls wird also zu einer „*seienden* Bestimmung" seiner Seele.

[473] Ein Fischer, der Tag für Tag bei Wind und Wetter auf das Meer hinausfährt, um dort seiner Berufsarbeit nachzugehen, wird im allgemeinen Wind, Regen, Kälte und das Schwanken des Bootes in den Wellen ebenso wenig spüren wie die Anstrengungen beim Fischen selbst und das Steuern des Bootes nach Kompass und Seekarte. Alle besonderen Empfindungen, die bei der Arbeit des Fischers entstehen sowie alle Tätigkeiten des Bewusstseins sind auf seiende Bestimmungen an der Seele reduziert, haben sich damit zu einer Gewohnheit (eben zu einem Sein der Seele) zusammengefasst.

Seele in diesen Formen existiert, bleibe sie zugleich für die weitere Tätigkeit und Beschäftigung sowohl der Empfindung als auch des Bewusstseins des Geistes überhaupt, bereit.[474]

Dieser Vorgang, in dem sich das Besondere oder das Leibliche der Gefühls-/Empfindungsbestimmungen in das *Sein* der Seele einprägt, erscheine, so Hegel, als eine *Wiederholung,* und die Erzeugung der *Gewohnheit* erscheine als eine *Übung.*[475] Denn dieses Sein als abstrakte Allgemeinheit in Beziehung auf das Natürlich-Besondere, das in diese Form gesetzt werde, sei die "Reflexions-Allgemeinheit" (Hegel.[476]), d. h. ein und dasselbe, das als Äußerliches und Vieles des Empfindens gegeben sei, werde auf seine Einheit reduziert und diese als eine abstrakte Einheit *gesetzt.* [477]

---

[474] Mündet also die sich wiederholende Tätigkeit eines Individuums in eine Gewohnheit ein, dann vollzieht sie sich danach so gut wie empfindungs-(gefühl-) und bewusstlos, so dass das Subjekt die Möglichkeit bekommt, weitere, noch nicht gewohnheitsmäßige Tätigkeiten aufzunehmen.

[475] Zum Begriff der Gewohnheit P. Lersch: „Gewohnheiten sind ja jene gleich bleibenden, stereotyp gewordenen Formen des Handelns und Verhaltens, die sich im Laufe des Lebens durch Wiederholung herausbilden und die in der Organisation des seelischen Lebens eine wichtige Rolle spielen, indem sie unser Bewusstsein entlasten, seelische Energie sparen, die Ermüdung verringern und die Aufmerksamkeit verfügbar machen für die Erledigung neuer, ungewohnter Aufgaben und Notwendigkeiten." Ders., Aufbau der Person, a. a. O., S.468.

[476] Hegel verwendet an anderer Stelle auch das Wort „Gemeinschaftlichkeit" (ders., Enzyklopädie der philosophischen Wissenschaften. 1. Teil, a. a. O., S. 326). Ders., Enzyklopädie der philosophischen Wissenschaften, 3. Teil, a. a. O., S. 184.

[477] Macht sich z. B. jemand zum ersten Mal daran, einen Holztisch herzustellen, dann muss er eine Vielfalt von einzelnen Anstrengungen und Beschwerden auf sich nehmen. So muss er einen Arbeitsplan erstellen, der seinen Vorstellungen entspricht, danach das geeignete Holz auswählen und die erforderlichen Werkzeuge bereitstellen und sodann zur Bearbeitung des Materials übergehen, um schließlich die einzelnen Teile zu einem Tisch zusammenzufügen. Jede Arbeitsphase erfordert eine stark spürbare geistige und körperliche Anstrengung. Diese würde sich bei der

Die *Gewohnheit* sei, ebenso wie das Gedächtnis, ein wichtiger Punkt in der *Organisation des Geistes.*[478] Sie sei ebenso der *Mechanismus* des Selbstgefühls wie das Gedächtnis der *Mechanismus* der Intelligenz sei. Die *natürlichen* Qualitäten und Veränderungen des Alters, des Schlafens und Wachens seien unmittelbar *natürlich.* Die Gewohnheit sei die zu einem Natürlichen, Mechanischen gemachte Bestimmtheit des Gefühls, auch der Intelligenz, des Willens usw., insofern sie zum Selbstgefühl gehören. Die Gewohnheit sei mit Recht eine *zweite Natur* genannt worden. *"Natur"* sei sie deshalb, weil sie ein *unmittelbares* Sein der Seele sei und eine *"zweite"* sei sie deshalb, weil sie eine von der Seele *gesetzte* Unmittelbarkeit sei. Die Gewohnheit sei eine Ein- und Durchbildung der Leiblichkeit, in die die Gefühls-, die Vorstellungs- und Willensbestimmungen eintreten.[479]

Herstellung eines weiteren Holztisches derselben Art wiederholen. Doch fährt er fort, Tag für Tag solche Holztische herzustellen, dann wird seine Tätigkeit zu einer *Gewohnheit.* Sie werde nach Hegel ein Sein als abstrakte Allgemeinheit mit Bezug auf das Natürlich-Besondere, z. B. auf das, was im Einzelnen an Anstrengungen in die Herstellung eines Holztisches eingeht. Die Gewohnheit in einer Tätigkeit ist eine Abstraktion, ein abstraktes Tätigkeitsmuster; wird doch mit ihm alles das herausgestellt, was allen einzelnen Produktionen von Holztischen gemeinschaftlich („Reflexions-Allgemeinheit") ist. Das Äußerliche und die Vielfalt des Empfindens, die bei jeder Fertigung eines Holztisches ausgelöst werden, werden auf eine abstrakte Einheit (eine Gewohnheitshandlung) reduziert.

[478]Ebenda, S. 184 ff. „Hegel's use of *Gewohnheit* presupposes this archaic English meaning (an abode or dwelling, A. M. Olson), since *Gewohnheit* is intended to convey the explicit sense of „living" (*wohnen*) with the *Wohnheim* or *Heimat* being the place of dwelling and *pietas* being what is or should be manifest in the family dwelling (…)." A. M. Olson, Hegel and the Spirit, a. a. O., S. 101.

[479]Übernimmt z. B. der Absolvent eines Chemiestudiums eine Position in einem Forschungslabor, so spürt er seinen Willen, den Beruf, den er liebt, auch auszuüben, vertraut seinem Wissen, fühlt sich der Ethik seines Berufsstandes verpflichtet und erlebt sich als angetrieben, wissenschaftliche Leistungen zu vollbringen. Diese berufsbezogenen Gefühle setzt er als sein Selbstgefühl, und dieses gibt ihm die Zuversicht, dass er seiner zukünftigen Rolle als Forscher gerecht werden wird. Zu Beginn seiner Berufstätigkeit spürt er die Anstrengung, sich an die Disziplin einer

Der Mensch sei, so Hegel, mit der Gewohnheit in der Weise einer Naturexistenz und sei darum in ihr *unfrei*. Andererseits sei er insofern *frei*, als die Naturbestimmtheit der Empfindung durch die Gewohnheit zu *seinem* bloßen *Sein* herabgesetzt sei, er nicht mehr in einer Differenz und damit nicht mehr in einem Verhältnis von Interesse, Beschäftigung und Abhängigkeit zur Naturbestimmtheit der Empfindung stehe. Die Unfreiheit in der Gewohnheit sei teils nur *formal*, indem sie nur in das Sein der Seele gehöre und teils sei sie nur *relativ*, indem sie nur bei *üblen* Gewohnheiten gegeben oder indem einer Gewohnheit überhaupt ein anderer Zweck entgegengesetzt sei. Die Gewohnheit des Rechten überhaupt, des Sittlichen, aber habe den Inhalt der Freiheit. Erfüllt man demnach gewohnheitsmäßig ebenso seine Pflichten als Mitglied einer Familie oder eines Verfassungsstaates wie man seine Rechte in diesen sittlichen Gebilden in Anspruch nimmt, so liegt darin, Hegel zufolge, der Inhalt der Freiheit.

Die *wesentliche* Bestimmung sei die *Befreiung* von den Empfindungen, die der einzelne Mensch durch die Gewohnheit gewinnt. Hegel sieht dabei folgende unterschiedliche Formen der Gewohnheit, und zwar *erstens* die *unmittelbare* Empfindung, die als negiert und als

---

Arbeitsorganisation und die Erwartungen seiner Berufskollegen anzupassen und Widerstände, auch eigene, zu überwinden. Sodann leidet er unter den Gerüchen, die die chemischen Stoffe verströmen, spürt die Anstrengungen und Beschwerden bei der Arbeit mit Geräten und Stoffen, den Analysen und Synthesen. Alsbald verfestigt sich aber seine Tätigkeit zur Gewohnheit, er beginnt fast mechanisch in seiner Arbeitsorganisation zu funktionieren. Nunmehr spürt er nicht mehr die Disziplin, die ihm die Organisation auferlegt, auch nicht mehr die Erwartungen seiner Arbeitskollegen, fühlt sich auch nicht mehr von den Gerüchen im Labor belästigt, leidet nicht mehr unter den Beschwerden und Mühen bei der Arbeit mit Geräten und Stoffen, und seine Analysen und Synthesen erlebt er nicht mehr als eine geistige Herausforderung. Die *Gewohnheit* hat also nunmehr von seiner Berufsarbeit Besitz ergriffen; er hat seine Rolle eingeübt, sie ist ein Seiendes in seiner Seele geworden, und er hat Zeit für die Hervorbringung von Innovationen gewonnen.

gleichgültig gesetzt werde. Als Beispiel nennt er die *Abhärtung* gegenüber *äußerlichen* Empfindungen (Frost, Hitze, Müdigkeit der Glieder usw.) sowie die *Abhärtung* des Gemüts gegenüber dem Unglück. Beide Formen der Abhärtung seien eine Stärke, indem der Frost usw. und das Unglück vom Einzelnen zwar empfunden, solche Empfindungen aber zu einer Äußerlichkeit und Unmittelbarkeit herabgesetzt würden. Das *allgemeine* Sein der Seele würde sich als abstrakt für sich darin erhalten, und das *Selbstgefühl* als solches, *Bewusstsein*, *Reflexion*, ein sonstiger Zweck und eine sonstige Tätigkeit seien nicht mehr darin verwickelt.[480]

Die *zweite* Form der Gewohnheit sei die *Gleichgültigkeit* gegenüber der *Befriedigung.* Die Begierden und Triebe würden sich durch die *Gewohnheit,* sie zu befriedigen, abstumpfen, was eine vernünftige Befreiung von ihnen sei. Die mönchische Entsagung und Gewaltsamkeit (Selbstgeißelung?, d. Verf.) würden weder von den Begierden und Trieben befreien noch seien sie dem Inhalt nach vernünftig. Dabei verstehe es sich, dass die Triebe ihrer Natur nach endliche Bestimmtheiten sind und sie, ebenso wie ihre Befriedigung, als Momente dem vernünftigen Willen untergeordnet werden.

Die *dritte* Form *der* Gewohnheit sei die *Geschicklichkeit.* Darin soll nicht nur das abstrakte Sein der Seele für sich festgehalten, sondern als ein subjektiver Zweck *in* der Leiblichkeit geltend gemacht und diese ihm durchgängig unterworfen werden.[481] Gegenüber einer solchen

---

[480]Indem also eine Tätigkeit zur Gewohnheit wird, sind Selbstgefühl, Bewusstsein und Nachdenken nicht mehr in ihr enthalten. Sie wird nur noch mechanisch vollzogen.

[481]H. Drüe fasst Hegels Ausführungen zur Gewohnheit so zusammen: „1. Der Mensch wird durch die Gewohnheit frei von all den Ereignissen, die die Gewohnheit in sich einbindet und zähmt. Sie festigt das Verhalten, indem sie das Individuum gegen Eindrücke abhärtet, gegen äußere und innere. 2. Die Gewohnheit erzeugt Gleichgültigkeit gegen die Befriedigung der Begierden und

innerlichen Bestimmung der subjektiven Seele sei die Leiblichkeit als *unmittelbares äußerliches Sein* und als *Schranke* bestimmt. Es sei der Bruch der Seele als ein einfaches Fürsichsein in sich selbst mit ihrer ersten Natürlichkeit und Unmittelbarkeit. Die Seele sei damit nicht mehr in ihrer unmittelbaren Idealität, sondern müsse als äußerlich erst dazu herabgesetzt werden.[482]

Die Verleiblichung der bestimmten Empfindungen sei ferner selbst eine bestimmte, und die unmittelbare Leiblichkeit sei eine *besondere Möglichkeit* (eine besondere Seite ihrer Unterschiedenheit (Differenzierung, d. Verf.), ein besonderes Organ ihres organischen Systems) für einen bestimmten Zweck.[483] Das Einbilden eines solchen Zwecks in die Leiblichkeit bestehe ferner darin, dass die *an sich* seiende Idealität des Materiellen überhaupt und der bestimmten Leiblichkeit, auch als Idealität *gesetzt* werden, damit die Seele, in *dem*, was sie sich vorstellt und will, als Substanz in ihrer Leiblichkeit auch *existiert.*[484]

Triebe. Eine solche Abstumpfung ist vernünftig. 3. Wiederholtes Üben erzeugt Geschicklichkeit; damit wird die Leiblichkeit einem bestimmbaren Zweck dienstbar gemacht." Ders., Die Philosophie des Geistes, in: Hegels „Enzyklopädie der philosophischen Wissenschaften" (1830), a. a. O., S. 241.

[482] Zum Beispiel übt ein Individuum die Verarbeitung von Holz mit dem Zweck ein, Möbel aller Art herzustellen, und diesen Zweck setzt er in seiner Leiblichkeit durch. Gegenüber einer solchen innerlichen (Zweck-)Bestimmung der Seele ist seine Leiblichkeit dazu bestimmt, ein unmittelbares äußerliches Sein und eine Schranke zu sein; eine Schranke lässt sich zwar überwinden, aber nicht unbegrenzt. Beim Erwerb der Geschicklichkeit durch wiederholtes Einüben bricht seine Seele, als ein einfaches Fürsichsein, mit ihrer ersten Natürlichkeit und Unmittelbarkeit, also ihrem Zustand *vor* der Einübung der Geschicklichkeit. Seine Seele befindet sich damit nicht mehr in der Tätigkeit der unmittelbaren Idealität (der Verinnerlichung des Äußerlichen), vielmehr hat sie sich mit dem Erwerb ihrer Geschicklichkeit zu einem Äußerlichen gemacht und muss als ein solches erst auf ihre Innerlichkeit zurückgeführt werden.

[483] So bieten z. B. Arme, Beine und andere Organe jeweils die Möglichkeit, bestimmte Zwecke in sie einzubilden.

[484] Setzt sich z. B. jemand den Zweck, sich die Fertigkeit anzueignen, die

Auf solche Weise werde dann, in Form der Geschicklichkeit, die Leiblichkeit durchgängig zum Instrument gemacht, so dass die in mir vorhandene Vorstellung (z. B. eine Melodie) auch von meinem Körper widerstandslos, flüssig und richtig geäußert wird.

Die Form der Gewohnheit umfasse, so Hegel, alle Arten und Stufen der Tätigkeit des Geistes. Seine äußerlichste Tätigkeit, das Individuum räumlich dazu zu bestimmen, nämlich *aufrecht* stehen, sei durch seinen Willen zur Gewohnheit gemacht. Es sei eine unmittelbare *bewusstlose* Stellung, die immer Sache des fortdauernden Willens bleibe. Der Mensch stehe nur aufrecht, weil er es will, und nur so lange wie er es

---

notwendig ist, um Melodien, die er im Gedächtnis hat, auf dem Klavier zu spielen, so muss er lernen, welche Taste mittels eines Fingerdrucks welchen Ton hervorbringt. Doch die Fertigkeit, Klavier zu spielen, beschränkt sich nicht darauf, mit einem Finger eine einfache Tonfolge, die sich bestenfalls zu einer Melodie zusammenfügen mag, zu spielen, vielmehr muss er lernen, mit den Fingern (zumal in Kenntnis der Notenschrift) beider Hände in schneller Folge und gleichzeitig eine Vielfalt von Tönen zu erzeugen, damit komplexere Melodien zustande kommen können. Die Fertigkeit, ein Klavier zu spielen, erreicht unser Anfänger dann, wenn seine Hände, ohne dass er sie bewusst steuert und seine einzelnen Finger beim Tastendruck spürt, beim Spielen einer ihm bekannten Melodie gleichsam von allein über die Tastatur fliegen. Indem er seinen Zweck erreicht hat, die Geschicklichkeit zu erwerben, die erlaubt, die ihm geläufigen Melodien so gut wie mechanisch auf dem Klavier zu spielen, hat er ihn in seine Leiblichkeit eingebildet. Die Einbildung eines solchen Zwecks in einen dafür geeigneten Bereich des Leiblichen besteht, wie sich Hegel verstehen lässt, darin, dass dieser Bereich, der zunächst als eine Äußerlichkeit gesetzt, aber dazu bestimmt ist, zu einer Innerlichkeit geführt zu werden, auch dann als eine Innerlichkeit gesetzt wird damit, in den Worten Hegels, die Seele, in *dem*, was sie sich vorstellt und will, als Substanz in ihrer Leiblichkeit auch existiert. Ist zum Beispiel die Fertigkeit, Klavier flüssig und gleichsam mechanisch zu spielen, einmal erworben, dann gehört sie zur seelischen Substanz in der Leiblichkeit des Spielers und kann von ihm eingesetzt werden, sobald eine ihm geläufige Melodie in seine Vorstellung eintritt und er sie auf seinem Klavier ausdrücken will.

bewusstlos will.[485] Ebenso sei das *Sehen* eine konkrete Gewohnheit, die *unmittelbar* die vielen Bestimmungen der Empfindung, des Bewusstseins, der Anschauung und des Verstandes usw. in einem einfachen Akt vereint. Das ganz freie, in dem reinen Element seiner selbst tätige *Denken* bedürfe ebenfalls der Gewohnheit, dieser Form der *Unmittelbarkeit*, wodurch es ungehindertes, durchdringendes Eigentum des *einzelnen Selbst* werde. Erst durch diese Gewohnheit würde ich für mich als ein Denkender *existieren*. Selbst diese Unmittelbarkeit, in der ich als Denkender bei mir bin, enthalte insofern die Leiblichkeit, als ungewohntes und lang andauerndes Denken zu Kopfschmerzen führe. Die Gewohnheit würde diese Empfindung vermindern, indem sie die natürliche Bestimmung (der Leiblichkeit, das Denken zu ermöglichen, d. Verf.) zu einer Unmittelbarkeit der Seele machen würde. Die entwickelte und die im Geistigen betätigte Gewohnheit aber sei die *Erinnerung* und das *Gedächtnis*, was weiter unten zu betrachten sei.

Von der Gewohnheit pflege man, wie Hegel fortfährt, herabsetzend zu sprechen und sie für ein Unlebendiges, Zufälliges und Partikulares zu halten. Allerdings könne ein ganz zufälliger Inhalt die Form der Gewohnheit annehmen. Aber zugleich sei die Gewohnheit für die *Existenz* aller Geistigkeit im individuellen Subjekt das Wesentlichste damit das Subjekt als *konkrete* Unmittelbarkeit, als *seelische* Idealität, ist und damit *religiöse, moralische* usw. Inhalte ihm als *diesem Selbst*, ihm als *dieser* Seele *angehören* und jene Inhalte weder in ihm nur *an sich* (als Anlage, ders.) noch als eine vorübergehende Empfindung oder Vorstellung, noch als eine abstrakte, von Tun und Wirklichkeit abgeschiedene Innerlichkeit, sondern in *seinem Sein* gegeben sind.[486]

---

[485]Nach H. Drüe könne man diese Aussage Hegels im Lichte der Ergebnisse der biologischen Entwicklungsforschung nicht aufrechterhalten. Ebenda, S. 247.

[486] Hegel spricht hier also von den in einem Individuum zur Gewohnheit werdenden religiösen, moralischen usw. Inhalten, mithin davon, dass solche Inhalte vom Individuum *verinnerlicht* (internalisiert) und damit zum Bestandteil seiner

In wissenschaftlichen Betrachtungen der Seele und des Geistes pflege man, wie Hegel kritisiert, die Gewohnheit zu übersehen, entweder, weil man sie für etwas Verächtliches oder weil man sie für begrifflich schwer bestimmbar hält.

Obwohl jeder eine Vorstellung von der *"Gewohnheit"* habe, bedürfe dieser Begriff, Hegel zufolge, dennoch eines erläuternden Zusatzes.[487] Zunächst müsse die Notwendigkeit gezeigt werden, mit der sich der *dialektische Fortgang* von der *Verrücktheit* zur *Gewohnheit* vollzieht. Zu diesem Zweck sei daran zu erinnern, dass im *Wahnsinn* die Seele das Bestreben hat, sich aus dem *Widerspruch* zwischen ihrem *objektiven* Bewusstsein und ihrer *fixen* Vorstellung ("fixen Idee", d. Verf.) zu lösen, um die vollkommene innere Harmonie des Geistes wiederherzustellen, was ebenso gelingen wie auch misslingen könne. Für die *einzelne* Seele erscheine es somit als etwas *Zufälliges*, zum freien, in sich harmonischen Selbstgefühl zu gelangen.[488] *An sich* aber sei das absolute Freiwerden des Selbstgefühls, das ungestörte Beisichsein der Seele bei aller Besonderheit ihres Inhalts, etwas durchaus Notwendiges. Denn *an sich* sei die Seele die absolute Idealität, das, was alle ihre Bestimmtheiten übergreift, und in ihrem *Begriff* liege es, dass sie sich durch Aufhebung der in ihr fest gewordenen Besonderheiten als die unbeschränkte Macht über die Besonderheiten

---

(geistigen oder sozial-kulturellen) Persönlichkeit werden.

[487]Ders., Enzyklopädie der philosophischen Wissenschaften, 3. Teil., S. 187 ff.

[488]Der Zustand des Wahnsinns, in dem sich z. B. ein politischer Führer befindet, besteht in dem Widerspruch z. B. zwischen seinem *objektiven* Bewusstsein (etwa der Wahrnehmung seiner Position und Funktion innerhalb der Staatsverfassung) und seiner „fixen Idee", z. B. der Erlöser des Volkes zu sein. Von diesem besonderen Selbstgefühl, in dem er gefesselt ist, muss er sich befreien, um zu einem in sich „harmonischen Selbstgefühl" (Hegel), einem „ungestörten Beisichsein seiner Seele" (ders.) zu kommen. Ist die Zerrissenheit des Selbst, der Seele, aufgehoben und ist, Hegel zufolge, der Zustand erreicht, in dem die Seele „bei sich" ist, dann spricht er von „*Gewohnheit*" und erhellt damit den Übergang vom Selbstgefühl zu derselben.

307

erweist, dass sie das noch *Unmittelbare, Seiende* in ihr zu einer bloßen *Eigenschaft*, zu einem bloßen *Moment*, herabsetzt, um durch diese absolute Negation als *freie Individualität für sich selber* zu werden.[489] Nun hätten wir zwar schon, wie Hegel in seinem Zusatz fortfährt, in dem Verhältnis der menschlichen Seele zu ihrem *Genius* ein Fürsichsein des Selbst beleuchtet. Dort hätte jedoch dieses Fürsichsein noch die Form der *Äußerlichkeit*, der Trennung in *zwei* Individualitäten, nämlich in ein beherrschtes und ein herrschendes Selbst gehabt[490], und zwischen diesen beiden Seiten habe noch kein entschiedener *Gegensatz*, kein *Widerspruch,* stattgefunden, so dass der Genius, diese bestimmte Innerlichkeit, *ungehindert* sich in dem menschlichen Individuum zur Erscheinung bringen konnte. Auf der hier erreichten Entwicklungsstufe des subjektiven Geistes kämen wir, so Hegel, zu einem Fürsichsein der Seele, das ihr *Begriff* (als ein innewohnendes, tätiges Prinzip, d. Verf.) zustande gebracht habe, indem er den in der Verrücktheit vorhandenen inneren *Widerspruch* des Geistes *überwunden* und die *Zerrissenheit* des Selbst *aufgehoben* habe. *Diesen Zustand, in dem die Seele "bei sich ist", nennt Hegel die Gewohnheit.* In der Gewohnheit habe die Seele, die *nicht mehr* an eine nur subjektive besondere Vorstellung gebunden sei und durch diese aus dem Mittelpunkt ihrer konkreten Wirksamkeit verdrängt werde, den an sie herangetretenen unmittelbaren und vereinzelten Inhalt in

---

[489] „An sich" (gemäß ihrem Begriff) ist, wie sich Hegel verstehen lässt, die Seele als Geist „absolute Idealität" (ders.). Als eine Allgemeinheit, die über das Besondere herrscht (T. W. Adorno, Einleitung in die Soziologie, a. a. O., S. 61), übergreift die Seele ihre Bestimmtheiten, gemäß ihrem Begriff, hebt sie alle in ihr fest gewordenen Besonderheiten, z. B. Selbstgefühle wie Stolz, Hochmut, auf und erweist sich so als eine unbeschränkte Macht über jene; das noch Unmittelbare, Seiende in ihr, z. B. Volks- und Nationalcharakter, Naturell und Temperament, setzt sie zu einer überwindbaren Eigenschaft, zu einem bloßen Moment herab. Durch die absolute Negation alles dessen, was in der Seele als Geist eine fest gewordene Besonderheit oder ein Seiendes ist, macht sie sich zu einer *freien Individualität für sich selber*, also zu einer freien Individualität, die sich als eine solche auch weiß.
[490] Ein Beispiel hierfür war das Mutter-Kind-Verhältnis.

ihre Idealität (ihre Innerlichkeit, d. Verf.) so vollständig aufgenommen und sich in ihr so völlig *eingewohnt*, dass sie sich in ihm mit *Freiheit* bewege. Während bei der bloßen Empfindung bald dieses und bald jenes berühren würde und bei ihr - wie auch bei anderen geistigen Tätigkeiten, solange diese dem Subjekt noch *ungewohnt* seien - die Seele in ihrem Inhalt versenkt sei, sie sich sogar in ihm *verliere*, nicht ihr konkretes Selbst empfinde, würde sich *dagegen* in der *Gewohnheit* der Mensch nicht zu einer zufälligen und einzelnen Empfindung, Vorstellung, Begierde usw. verhalten. Vielmehr würde er sich *zu sich selber* verhalten, nämlich zu einer seine Individualität ausmachenden, ihm *eigen* gewordenen *allgemeinen Weise* des Tuns, die durch ihn selber gesetzt sei, und er würde eben deshalb als *frei* erscheinen.[491] Das Allgemeine, auf das sich die Seele in der Gewohnheit beziehe, sei jedoch - im Unterschied von dem erst für das *reine* Denken vorhandenen, sich selbst bestimmenden, *konkret Allgemeinen* [492] - nur die aus der

---

[491] Wenn z. B. ein Schauspieler seine Rolle eingeübt, mitgestaltet und verinnerlicht hat, kurz, wenn er sich in sie „eingewohnt" hat, dann erscheint er als *frei;* ist doch die Rolle Teil seiner Identität, seines Ich, geworden.

[492] Hegel meint offenbar das „wahrhaft Allgemeine", das nur in einem Besonderen enthalten, nach Adorno die Herrschaft über dieses Besondere (Ders, Einleitung in die Soziologie, a. a. O. S. 61) und eine Totalität (Heuss) ist (Ders., in: F. Krueger, zur Philosophie und Psychologie der Ganzheit, a. a. O., S. 331.). „Für sich" ist dieses „konkret Allgemeine" (z. B. die Gesellschaft) nur in der Form des subjektiven Begriffs (des Denkenden), der aber nach Hegel objektiv ist, insofern er die Sache als solche enthält. Hier geht es jedoch nur um die *„abstrakte Allgemeinheit"* (ders.), die das Individuum hervorbringt, indem es in seinem Handeln viele Einzelheiten wiederholt und diese reflektiert, d. h. das Gemeinschaftliche der Tätigkeiten herausstellt. Ein Begriff im Sinne einer „abstrakten Allgemeinheit" ist nach Hegel, wie bereits erwähnt, eine abstrakte Vorstellung. Man würde dementsprechend vom Begriff der Farbe, der Pflanze usw. sprechen, Begriffe, die dadurch entstünden, dass das jeweils Besondere, wodurch sich die Farben, Pflanzen usw. voneinander unterscheiden, weggelassen und das jeweils gemeinschaftliche festgehalten werde, eine Weise, wie der Verstand den Begriff auffassen würde. Dazu: Ders., Enzyklopädie der philosophischen

Wiederholung vieler Einzelheiten durch *Reflexion* hervorgebrachte *abstrakte Allgemeinheit.*[493] Nur zu dieser Form der Allgemeinheit könne die mit dem Unmittelbaren, also dem Einzelnen, sich beschäftigende natürliche Seele gelangen. Das auf die einander äußerlichen Einzelheiten bezogene Allgemeine sei aber das *Notwendige.*

Obgleich daher der Mensch durch die Gewohnheit einerseits frei werde, so mache die Gewohnheit den Menschen, wie Hegel fortfährt, andererseits *auch* zu ihrem *Sklaven.* Sie sei zwar nicht die *unmittelbare, erste* Natur, die von der Einzelheit der Empfindungen beherrscht werde, sondern eine von der Seele *gesetzte,* eben *zweite Natur.* Aber gleichwohl bleibe sie eine *Natur,* also ein Gesetztes, das die Gestalt eines Unmittelbaren annehme, eine selber noch mit der Form des Seins behaftete *Idealität* des Seienden.[494] Folglich sei sie etwas, was dem *freien* Geiste noch nicht entspreche und deshalb nur in das Gebiet des *Anthropologischen* falle.

Auf die oben angeführte Art und Weise sei die Seele durch Überwindung ihrer Zerrissenheit, ihres inneren Widerspruchs[495], zur

---

Wissenschaften, 1. Teil., a. a. O., S. 307 ff. u. 311 ff.

[493] Als eine durch „Reflexion hervorgebrachte abstrakte Allgemeinheit" lassen sich das Wissen und die Fertigkeit verstehen, die aus der Wiederholung vieler Einzelheiten in einer Tätigkeit, z. B. in einer arbeitsteiligen Organisation, hervorgehen. Nur zu dieser Form der Allgemeinheit kann also die natürliche Seele, die sich mit dem Einzelnen beschäftigt, vordringen, gleichwohl liegt in der Beziehung des Allgemeinen, des Wissens und der Fertigkeit, auf die Einzelheiten nach Hegel eine Notwendigkeit.

[494] Man könnte hierbei, wie schon erwähnt, von einem „abstrakten Tätigkeitsmuster" sprechen.

[495] Gemeint ist offenbar der *Widerspruch* in einem Individuum zwischen seinem *objektiven* Bewusstsein und seiner fixen Vorstellung, wie er nach Hegel in der *Verrücktheit,* vollends im *Wahnsinn* gegeben ist, sowie das *Bestreben* der Seele, sich zur inneren Harmonie des Geistes wieder empor zu arbeiten.

"sich auf sich beziehenden Idealität" (ders.[496])[497] geworden, nachdem sie zuvor unmittelbar die mit ihr identische Leiblichkeit von sich abgetrennt habe und zugleich an dem so zur Unmittelbarkeit entlassenen Leiblichen "die Kraft ihrer Idealität" (ders.[498]) ausübe.[499] Auf diesem Standpunkt hätten wir daher nicht zu betrachten, wie sich das Innere von einer vorgefundenen (äußeren, d. Verf.) Welt abtrennt, sondern wie sich jene Leiblichkeit der Herrschaft der Seele unterwirft Diese Bemächtigung der Leiblichkeit seitens der Seele sei die Bedingung dafür, dass die Seele *frei* wird und zum objektiven Bewusstsein aufsteigt. Allerdings sei die individuelle Seele *an sich* schon körperlich "abgeschlossen" (ders.[500]). So habe ich als ein lebendiges Wesen einen organischen Körper, und dieser sei mir nicht ein *Fremdes*, sondern gehöre zu meiner *Idee* als Mensch, sei das unmittelbare, äußerliche Dasein meines *Begriffs* (meiner Seele, d. Verf.) und mache mein einzelnes Naturleben aus. Deshalb sei die Vorstellung leer, der Mensch würde eigentlich gar keinen organischen Leib benötigen, weil die Sorge um die Befriedigung seiner physischen

---

[496]Ders., Enzyklopädie der philosophischen Wissenschaften, 3. Teil, a. a. O., S. 189.

[497]Wenn nach Hegel die Seele zu einer „sich auf sich beziehenden Idealität" wird, so meint er offenbar damit, dass die Seele sich gegenüber ihren Gefühlen als ein Selbst, ein Subjekt, konstituiert.

[498]Ebenda.

[499]Gemeint ist wohl, dass die Seele die Kraft ihrer Innerlichkeit, ihres Selbst, an dem nunmehr zur Unmittelbarkeit entlassenen (d. h. aus dem Seelenleben ausgegrenzten) Leiblichen ausübt.

[500]Ebenda. Hegel scheint das in *dem* Sinne zu verstehen, dass die Seele ihrem Begriff nach mit dem Körper eine Einheit bildet. Die Entwicklung des Körpers ist nach Hegel unlösbar mit der Entwicklung der Seele verbunden. Doch auf einer bestimmten Stufe der Entwicklung trennt sich, wie erwähnt, die Seele vom Körper, konstituiert sich ihm gegenüber als ein(e) eigenständige(s) Sphäre, „System". Gleichwohl löst diese Trennung die Bezogenheit von Körper und Seele aufeinander, also ihre grundsätzliche Einheit, nicht auf; ist doch für Hegel der Körper die Realität der Seele.

Bedürfnisse ihn von seinem rein geistigen Leben abziehen und er deshalb zur *wahren Freiheit* unfähig werden würde. Von einer derartigen Ansicht würde sich schon der unbefangene religiöse Mensch distanzieren, indem er die Befriedigung seiner leiblichen Bedürfnisse für eine *würdige* Angelegenheit hält und zum Gegenstand seiner an Gott gerichteten Bitten macht. Die Philosophie aber müsse erkennen, wie der Geist nur dadurch *für sich selber* wird, dass er sich das Materielle - teils seine *eigene* Leiblichkeit, teils seine Außenwelt überhaupt - *entgegensetzt,* um sodann dieses so von ihm Unterschiedene - durch den Gegensatz sowie seine Aufhebung - zur vermittelten Einheit mit sich zurückzuführen. Zwischen dem Geist und seinem *eigenen* Leib finde natürlicherweise eine noch innigere Verbindung statt als zwischen der sonstigen Außenwelt einerseits und dem Geist andererseits.

Eben wegen dieses notwendigen Zusammenhangs meines Leibes und meiner Seele sei, wie Hegel fortfährt, die Tätigkeit meiner Seele, die sie gegenüber dem Leib unmittelbar ausübe, weder eine *endliche* (oder begrenzte, d. Verf.) noch eine nur *negative.* Zunächst müsse ich mich deshalb in dieser *unmittelbaren* Harmonie zwischen meiner Seele und meinem Leib behaupten, ich brauche diesen zwar nicht zu einem Selbstzweck zu machen, wie z. B. ein Athlet oder ein Seiltänzer es tut, müsse ihm aber sein Recht lassen, ihn schonen und ihn gesund und stark erhalten. Weder darf ich ihn verächtlich noch feindlich behandeln. Würde ich meinen Körper missachten oder gar misshandeln, so würde ich mich zu ihm in ein Verhältnis der Abhängigkeit und der äußeren Notwendigkeit begeben. Denn auf diese Weise würde ich ihn - trotz meiner Identität mit ihm - zu einem mir gegenüber *Negativen, Feindseligen* machen. Ich zwänge meinen Körper, sich mir gegenüber zu empören und sich an meinem Geist zu rächen. Verhalte ich mich dagegen gemäß den Gesetzen meines leiblichen Organismus, so sei meine Seele in ihrem Körper frei.

Dennoch könne die Seele bei dieser *unmittelbaren* Einheit mit ihrem Leib nicht stehen bleiben. Die Form der *Unmittelbarkeit* jener Harmonie würde dem Begriff der Seele widersprechen, nämlich ihrer Bestimmung, eine *Idealität zu sein, die sich auf sich selber bezieht* (als ein Selbst, vollends ein Ich, d. Verf.). Um sich zu diesem ihrem *Begriff* zu entwickeln, müsste die Seele - was sie auf dem hier erreichten Standpunkt noch nicht getan habe - ihre Identität mit ihrem Leib zu einer durch den *Geist* gesetzten oder vermittelten Identität machen, d. h. ihren Leib in *Besitz* nehmen und ihn zu einem *gefügigen* und *geschickten* Werkzeug ihrer Tätigkeit heranbilden. Sie müsse ihn so umgestalten, dass sie sich in ihm auf *sich selber* bezieht, er zu einem mit ihrer Substanz, der Freiheit, in Einklang gebrachten Akzidens wird. Der Leib sei die *Mitte*, durch die ich mit der Außenwelt überhaupt zusammenkomme. Will ich daher meine Zwecke verwirklichen, so müsse ich meinen Körper befähigen, dieses Subjektive, also meine Zwecke, in die äußere Objektivität zu überführen. Dazu sei der Leib von Natur aus nicht fähig; unmittelbar täte er nur das, was seinem animalischen Leben entspricht. Die bloß organischen Verrichtungen seien noch *nicht* Tätigkeiten, die auf Veranlassung meines Geistes vollzogen werden. Mein Leib müsse erst zu jenem Dienst (nämlich Zwecke in die Tat umzusetzen, d. Verf.) ausgebildet werden. Menschen müssten sich, anders als Tiere, die ihren Instinkten gehorchen würden, erst durch *eigene* Tätigkeit zum Herrn ihres Leibes machen. Am Anfang durchdringe die menschliche Seele ihren Körper nur auf eine ganz *unbestimmte allgemeine* Weise, damit dieser Vorgang ein *bestimmter* wird, bedürfe es dazu der *Bildung*. Zunächst zeige sich hierbei der Körper gegenüber der Seele ungefügig, sei nicht sicher in seinen Bewegungen, führe diese, um einen bestimmten Zweck zu erreichen, bald in zu großer und bald in zu geringer Stärke aus. Das richtige Maß dabei könne nur *dadurch* erreicht werden, dass das Individuum die mannigfaltigen Umstände des Äußerlichen, in denen er seine Zwecke verwirklichen will, besonders bedenkt und nach jenen Umständen alle einzelnen Bewegungen seines Körpers bemisst. Daher könne selbst das talentierte Individuum nur, wenn es technisch ausgebildet ist, sofort das Richtige treffen.

Würden die im Dienst des Geistes zu vollbringenden Tätigkeiten des Leibes oft *wiederholt* werden, so bekämen sie einen immer höheren Grad an Angemessenheit, weil die Seele, mit allen dabei zu beachtenden Umständen, eine immer größere Vertrautheit erlangen, in ihren *Äußerungen* somit immer *heimischer* werden würde. Folglich gelange sie zu einer stetig wachsenden Fähigkeit, ihre innerlichen Bestimmungen unmittelbar zu verleiblichen, den Leib immer mehr zu ihrem Eigentum zu machen und zu einem brauchbaren Werkzeug umzugestalten, so dass dadurch ein *magisches* Verhältnis, ein unmittelbares Einwirken des Geistes auf den Leib, entstehen würde. Indem die einzelnen Tätigkeiten des Menschen durch wiederholte Übung den Charakter einer *Gewohnheit* und die Form eines Inhalts erhalten, der in die *Erinnerung*, also in die *Allgemeinheit* des geistigen Inneren, aufgenommen wird, würde die Seele in ihre Äußerungen eine *allgemeine* Weise des Tun, eine *Regel*, einbringen, die auch anderen überliefert werden könne. Dieses Allgemeine, also diese *Regel*, sei ein dermaßen zur *Einfachheit* in sich Zusammengefasstes, dass sich das Individuum in demselben der *besonderen* Unterschiede, die seine einzelnen Tätigkeiten aufweisen, nicht mehr bewusst werde. Als Beispiel hierfür nennt Hegel das Schreiben. Lerne man Schreiben, so müsste man seine Aufmerksamkeit auf das Einzelne, auf eine ungeheure Menge von Vermittlungen richten. Sei einem dagegen die Tätigkeit des Schreibens zur *Gewohnheit* geworden, dann würde unser Selbst die dazu gehörenden Einzelheiten so vollständig meistern, würde diese so sehr mit seiner Allgemeinheit anstecken, dass die *Einzelheiten* uns nicht mehr als *solche* gegenwärtig seien. Im Auge behielten wir nur noch das *Allgemeine* in den Einzelheiten. Feststellen würden wir folglich, dass in der *Gewohnheit* unser Bewusstsein gleichzeitig in der Sache *gegenwärtig*, für dieselbe *interessiert* und doch von ihr *abwesend* und ihr gegenüber *gleichgültig* ist. Ferner würden wir feststellen, dass unser Selbst ebenso sehr sich die Sache *aneignet* wie es sich im Gegenteil aus ihr *zurückzieht* und dass die Seele einerseits ganz in ihre Äußerungen *eindringt*, um sie andererseits wieder *zu verlassen*. Somit verleihe sie ihren Äußerungen die Gestalt eines *Mechanischen*, einer bloßen *Naturwirkung*.

4.3 Die wirkliche Seele

Die Seele sei, wie Hegel nach diesem Zusatz fortfährt, in ihrer Leiblichkeit, die sie durchgebildet und sich zu eigen gemacht habe, ein *einzelnes* Subjekt für sich.[501] Die Leiblichkeit sei so die *Äußerlichkeit* als Prädikat, in dem das *Subjekt* sich nur auf sich beziehe. Diese Äußerlichkeit der Seele stelle nicht sich selbst, sondern die Seele vor und sei ihr *Zeichen*. Die Seele sei als diese *Identität* des *Inneren* und des *Äußeren*, das dem Inneren unterworfen sei, *wirklich*.[502] An ihrer Leiblichkeit habe die Seele ihre freie Gestalt, in der sie *sich fühle* und *sich zu fühlen* gebe[503], eine Gestalt, die als das "Kunstwerk der Seele *menschlichen*, pathognomischen und physiognomischen Ausdruck" (ders.[504]) habe.

---

[501] Ebenda, S. 192f.

[502] „Die Wirklichkeit ist die unmittelbar gewordene Einheit des Wesens und der Existenz oder des Inneren und des Äußeren. Die Äußerung des Wirklichen ist das Wirkliche selbst, so daß es in ihr ebenso Wesentliches bleibt und nur insofern Wesentliches ist, als es in unmittelbarer Form äußerlicher Existenz ist." Ders., Enzyklopädie der philosophischen Wissenschaften, 1. Teil, a. a. O., S. 279.

[503] Die Seele ist also *wirklich*, indem sie in der Leiblichkeit, die sie gestaltet und sich zu eigen gemacht hat, *für sich* ein einzelnes Subjekt ist; sie fühlt (oder empfindet) sich in ihrer Leiblichkeit und drückt darin ihre Empfindungen oder Gefühle aus. Die Leiblichkeit als eine Äußerlichkeit ist das *Zeichen* der Seele. Eine *andere Wirklichkeit* der Seele eines Menschen als diese Identität des Inneren und des Äußeren, das jenem unterworfen ist, gibt es nicht.

[504] Ebenda. Laut Duden ist „pathognomisch" etwas, was für eine Krankheit, ein Krankheitsbild charakteristisch oder kennzeichnend ist. Das „Physiognomische" bezieht sich auf die äußere Erscheinung, insbesondere auf den

Zum menschlichen Ausdruck gehöre z. B. die aufrechte Gestalt, die Bildung insbesondere der Hand als des "absoluten Werkzeugs" (ders.), des Mundes, ferner das Lachen und das Weinen usw. sowie der geistige Ton, der sich über das Ganze ausgieße und den Körper unmittelbar als Äußerlichkeit einer *höheren* Natur kundgebe. Dieser Ton sei eine so leichte, unbestimmte und unsagbare Modifikation (Veränderung der Gestalt des Körpers, d. Verf.), weil die Gestalt nach ihrer Äußerlichkeit, ein Unmittelbares und Natürliches sei. Deshalb könne die äußere Gestalt nur ein unbestimmtes und ganz unvollkommenes *Zeichen* für den Geist sein und ihn nicht, wie er für sich selbst als ein *Allgemeines* ist, repräsentieren. Für das Tier sei die menschliche Gestalt das Höchste, wie der Geist ihm erscheint. Aber für den Geist sei die menschliche Gestalt nur seine *erste* Erscheinung, es sei die *Sprache*, in der er sich *vollkommen* ausdrücken würde. Die (äußere, d. Verf.) Gestalt sei zwar seine nächste Existenz, aber sie sei zugleich in ihrer "physiognomischen und pathognomischen Bestimmtheit" (ders.[505]) ein *Zufälliges* für ihn. Einer der leersten Einfälle sei gewesen, die Physiognomik[506], vollends die Kranioskopie[507] zu *Wissenschaften* zu erheben.

Gesichtsausdruck eines Menschen, auch eines Tieres. Ders., Das Fremdwörterbuch, 5. Aufl., a. a. O. Nach Hegel sei der Unterschied zwischen dem Pathognomischen und dem Physiognomischen *der*, dass der pathognomische Ausdruck sich mehr auf *vorübergehende* Leidenschaften, während der physiognomische Ausdruck sich mehr auf den *Charakter*, also auf etwas *Bleibendes*, bezieht. Ders., Enzyklopädie der philosophischen Wissenschaften, 3. Teil, a. a. O., S. 196.

[505] Ebenda.

[506] Lehre von der Beziehung zwischen der Gestaltung des menschlichen Körpers und dem Charakter. Duden, Das Fremdwörterbuch, a. a. O.

[507] Hegel scheint eine systematische Untersuchung des Schädels zu meinen, die das Ziel hat, daraus Schlüsse auf das Innerliche des Menschen zu ziehen.

Die *wirkliche* Seele bildet, so Hegel in seinem Zusatz hierzu, den *dritten* und *letzten* Hauptabschnitt der Anthropologie. [508] Die anthropologische Betrachtung habe im - *ersten* Hauptabschnitt - mit der nur *seienden*, von ihrer *Naturbestimmtheit* noch *ungetrennten* Seele (also der natürlichen Seele, d. Verf.) begonnen. Im *zweiten* Hauptabschnitt habe die Betrachtung mit der Seele, die ihr *unmittelbares* (natürliches, d. Verf.) *Sein* von sich *abtrennt*, fortgesetzt und sei damit zur *für sich seienden*, d. h. zur *fühlenden* Seele, übergegangen. Im *dritten* Hauptabschnitt gehe es schließlich darum, dass die Seele sich zu der aus jener *Trennung* zur *vermittelten Einheit* mit ihrer Natürlichkeit fortentwickelt, und zwar hin zu der in ihrer Leiblichkeit auf *konkrete* Weise *für sich seienden*, also zur *wirklichen* Seele. Und den *Übergang* zu dieser Entwicklungsstufe bilde der Begriff der *Gewohnheit*. Denn in der Gewohnheit würden einerseits die *ideellen* Bestimmungen der Seele die Form eines *Seienden*, und zwar eines solchen, das *sich selbst äußerlich ist*, erhalten und andererseits werde die Leiblichkeit ihrerseits durch die Seele widerstandslos durchdrungen und der freiwerdenden Macht ihrer Idealität unterworfen.[509] So entstehe durch die Trennung der Seele von ihrer

---

[508] Ders., Enzyklopädie der philosophischen Wissenschaften, 3. Teil, a. a. O., S. 192 ff.

[509] Die Entwicklung zur „wirklichen Seele" erfolgt also nach Hegel in *drei* Schritten: Der *erste* Schritt besteht in der von ihrer *Naturbestimmtheit* noch ungetrennten Seele; der *zweite* in der Abtrennung der Seele von ihrem natürlichen Sein und damit im Übergang zur *fühlenden* Seele; der *dritte* in der Aufhebung jener Trennung und im Übergang zur *wirklichen* Seele, die, Hegel zufolge, in ihrer Leiblichkeit auf konkrete Weise für sich ist. Den Übergang zu diesem Schritt bildet die Gewohnheit, in der einerseits die *ideellen* Bestimmungen der Seele die Form eines Seienden haben, das sich selbst (und nicht nur für die Seele) äußerlich ist, und in der andererseits die Leiblichkeit durch die Seele durchdrungen und ihrer freiwerdenden Innerlichkeit unterworfen ist. Die Gewohnheit eröffnet, wie sich Hegel verstehen lässt, der Seele einen „Spielraum", sich weiter zu entfalten und damit die Leiblichkeit noch umfassender zu durchdringen und zu beherrschen. Die wirkliche Seele ist also eine vermittelte und hervorgebrachte Einheit, die, Hegel

Leiblichkeit und durch die Aufhebung dieser Trennung eine vermittelte Einheit jenes *Inneren* und *Äußeren*. Diese Einheit, die hervorgebracht und zu einer unmittelbaren Einheit wird, nennt Hegel die "*Wirklichkeit*" der Seele.

Auf dem nunmehr erreichten Standpunkt komme der Leib, so Hegel, nicht mehr nach der Seite seines *organischen Prozesses*, sondern nur *insofern* in Betracht, als er in seinem Dasein ein *ideell gesetztes Äußerliches* ist.[510] In ihrem Leib bringe die Seele, die nicht mehr auf die *unwillkürliche* Verleiblichung ihrer *inneren* Empfindungen [511] beschränkt sei, sich in *dem* Ausmaß an *Freiheit* zur Erscheinung, wie sie *bis jetzt dadurch* errungen habe, dass sie das, was ihrer Idealität widerspricht, überwunden hat.[512]

Die am Schluss des ersten Hauptabschnitts der Anthropologie betrachtete *unfreiwillige* Verleiblichung der inneren Empfindungen, wie sie sich beim Menschen vollzieht, hätten, wie Hegel fortfährt, etwas

---

zufolge, in eine unmittelbare Einheit übergeht.

[510] Die Seele steht demnach dem Leib als ein durch sie verinnerlichtes Äußerliches gegenüber.

[511] Wie bereits erwähnt, unterscheidet Hegel *zwei* Arten innerer Empfindungen, und zwar solche, die das Individuum betrifft, das sich in irgendeinem besonderen Verhältnis zu einer unmittelbaren *Einzelheit* befindet (z. B. Zorn, Rache, Neid, Scham, Reue usw.) und solche, die sich auf ein an und für sich *Allgemeines* beziehen (z. B. Recht, Sittlichkeit, Religion usw.). Ebenda, S. 110.

[512] Mit anderen Worten, gemäß der Idealität der Seele, erscheint sie in *dem* Maße, wie sie ihrem Begriff nach allem Äußerlichen widersprochen und gekämpft hat, dasselbe auf ein Innerliches zurückzuführen, als eine befreite Seele. Solange der Leib *kein* in seinem Dasein ein ideell gesetztes Äußeres ist, ist, wie sich Hegel verstehen lässt, die Seele darauf beschränkt, durch ihn unmittelbar bestimmte innere Empfindungen, wie z. B. Zorn und Ärger, auszudrücken. Diese Beschränkung der Seele fällt, indem sie den Leib als ein Äußerliches auf ein Innerliches reduziert, damit das ihr Widersprechende überwunden und somit die Freiheit im Ausdruck dessen erlangt, was sie bewegt.

mit den Tieren gemeinsam. Die jetzt zu erörternden Verleiblichungen, die mit *Freiheit* geschehen würden, gäben dagegen dem menschlichen Körper ein so *eigentümliches geistiges* Gepräge, dass er sich von den Tieren weitaus mehr als aufgrund irgendeiner Naturbestimmtheit unterscheide. [513] Hinsichtlich seines Leibes unterscheide sich ein Mensch nämlich nicht so sehr von einem Affen, doch, indem sein Leib vom Geist durchdrungen und dadurch äußerlich geprägt werde, würde er sich so stark von einem Affen unterscheiden, dass zwischen diesem und einem Vogel eine geringere Verschiedenheit bestünde.

Der geistige Ausdruck zeige sich, so Hegel, vor allem im *Gesicht*, weil der Kopf der eigentliche Sitz des Geistigen sei. Weitere Ausdrucksformen des Geistigen im Körperlichen fänden sich in der Körperhaltung, im Mienenspiel, in den Gebärden, in der Bewegung des Kopfes, in der Art der Fortbewegung, in der Tätigkeit der Hände und Arme, sei es, dass diese als *Werkzeuge* oder sei es, dass sie zur Gebärdensprache oder zum Händeschütteln benutzt werden, ferner im Kopfnicken, in der Verbeugung als Achtungsbezeugung, im Kopfaufwerfen als ein Zeichen des Hochmuts usw. Der Gebildete habe es, anders als der Ungebildete, nicht nötig, sich verschwenderisch mit Mienen und Gebärden auszudrücken; besitze er doch in der *Rede* ein ebenso würdiges wie geeignetes Mittel, sich auszudrücken, und könne doch die *Sprache* jede Veränderung der Vorstellung aufnehmen. Zur *freiwilligen* Verleiblichung des Geistes gehören nach Hegel auch solche klanglichen Äußerungen, wie das Auslachen oder das willkürliche Seufzen. Sei eine innere Empfindung nicht nur eine vorübergehende, sondern eine bleibende, so könne sie sich dauerhaft, z. B. im Gesicht, einprägen.

Jeder Mensch habe ein physiognomisches Ansehen und erscheine auf den ersten Blick, sei es als eine angenehme oder eine unangenehme oder sei es als eine starke oder eine schwache Persönlichkeit. Nach

---

[513] Grüßt z. B. ein Individuum ein anderes mit Kopfnicken, nimmt dabei seinen Hut ab und lächelt diesem zu, dann ist das ein Ausdruck, der in Freiheit geschieht.

diesem Schein würde man aus einem gewissen Instinkt heraus ein erstes allgemeines Urteil über andere fällen. Dabei könne man sich allerdings leicht irren, weil solch ein Urteil, das sich überwiegend auf das mit dem Charakter der Unmittelbarkeit behaftete Äußerliche bezieht, dem Geist nicht vollkommen, sondern nur mehr oder weniger entsprechen würde; könne doch hinter dem ungünstigen wie auch dem günstigen Äußeren etwas anderes stehen, als sich zunächst vermuten lässt. Deshalb sei man mit Recht von der übertriebenen Achtung abgerückt, die man für die Physiognomik früher hegte, wo *Lavater*[514] mit derselben Spuk getrieben und wo man sich von ihr den höchsten Gewinn für die hoch gepriesene Menschenkennerei versprochen habe. Doch der Mensch werde weitaus *weniger* aus seiner *äußeren* Erscheinung als aus seinen *Handlungen* heraus erkannt. Selbst die *Sprache* sei dem Schicksal ausgesetzt, sowohl zur *Verhüllung* als auch zur *Offenbarung* der menschlichen Gedanken zu dienen.

An sich (also ihrem Begriff nach, d. Verf.) habe die Materie, wie Hegel nach diesem erläuternden Zusatz fortfährt, *keine* Wahrheit in der Seele. [515] Als *für sich seiende* Seele trenne sie sich von ihrem unmittelbaren Sein, stelle sich dieses als ihre Leiblichkeit gegenüber und bilde sich sodann in diese ein, die dagegen keinen Widerstand leisten könne. Die Seele, die ihr Sein (also ihre Leiblichkeit, d. Verf.) sich entgegensetzt, es dann aufgehoben und als das zu ihr Gehörende bestimmt habe, habe damit die Bedeutung der *Seele*, als der *Unmittelbarkeit* des Geistes, verloren. Die *wirkliche* Seele - in der *Gewohnheit* des Empfindens und ihres *konkreten* Selbstgefühls - sei *an sich* (ihrem Begriff nach, d. Verf.) die für sich seiende Idealität ihrer Bestimmtheiten; in ihrer Äußerlichkeit (ihrer Leiblichkeit, d. Verf.) sei sie in sich erinnert (zu einem Zeichen ihrer selbst gemacht, d. Verf.)

---

[514]Johann Kaspar Lavater, 1741-1801. Bedeutung habe er wegen der von ihm hervorgerufenen Neubelebung der Physiognomik erlangt. Philosophisches Wörterbuch, 14. Aufl., a. a. O., S. 342.

[515]Ebenda, S. 197.

und (als ein Subjekt, d. Verf.) unendlich auf sich bezogen.[516] Dieses "Fürsichsein der freien Allgemeinheit" (ders.) sei das höhere Erwachen der Seele zum *Ich,* zur abstrakten Allgemeinheit, insofern sie *für* die abstrakte Allgemeinheit sei, und diese sei *Denken* und *Subjekt für sich,* und zwar als Subjekt seines Urteils bestimmt. In diesem Urteil sei das Ich, die natürliche Totalität seiner Bestimmungen als ein *Objekt,* eine *ihm äußere* Welt, die es von sich ausschließe und sich zugleich auf sie beziehe, so dass das Subjekt in der äußeren Welt unmittelbar in sich reflektiert sei, - das sei das *Bewusstsein.*[517]

---

[516]Um diesen Satz weiter zu verdeutlichen, bietet es sich an, auf den Begriff der Rolle zurückzugreifen. So könnte man die Gewohnheit eines Individuums in *dem* Sinne verstehen, dass sich bei ihm in seiner Arbeit und seinem darauf bezogenen Verkehr mit anderen eine bestimmte Rolle herausbildet. In dieser Rolle, in diesem „Eingewohnten", würde sich sein Innerliches in einem Äußerlichen ausdrücken. Dieses würde sodann zu einem Innerlichen (es „erinnert sich in sich" (Hegel)) werden, ein Prozess, der vom Mannigfaltigen des Äußerlichen zum Allgemeinen führen würde, womit gemeint ist, dass die Mannigfaltigkeit des Äußeren, also der einzelnen Rollenhandlungen, sich in einem Allgemeinbegriff zu einer gedanklichen Einheit zusammenfasst. Als einen solchen Begriff könnte man das *Ich,* als das „Fürsichsein der freien Allgemeinheit" (Hegel), verstehen. Mit anderen Worten, mit der Herausbildung der Rolle eines Individuums in der Gesellschaft mit anderen erwacht das Ich als ein *Subjekt für sich.* (Dazu: Hermann Schmitz, Hegels Begriff der Erinnerung, Hamburg 1964, S. 37.).

[517]Mit dem „Fürsichsein der freien Allgemeinheit" beginnt nach Hegel also das „höhere Erwachen der Seele zum *Ich*" (ders.). Mit dem *Ich* ist, ihm zufolge, eine „*abstrakte* Allgemeinheit" (ders.) - ist doch jeder Mensch gleichermaßen ein Ich - gegeben, insofern diese eine „*für* die *abstrakte* Allgemeinheit" (ders.), also eine abstrakte Allgemeinheit ist, die sich als eine solche auch weiß. Und so ist sie *Denken* und *Subjekt für sich.* Das Ich ist Subjekt seines Urteils (seiner Ur-teilung), in dem es „die natürliche Totalität seiner Bestimmungen als ein Objekt" (ders.), als eine ihm äußere Welt, setzt. Der vom Ich als Objekt gesetzten äußeren Welt stellt sich das Ich entgegen, schließt diese von sich aus, um sie zugleich auf sich zu beziehen. Mit diesem Vorgang ist das Ich in der Objektwelt unmittelbar in sich reflektiert, und so ist es „*Bewusstsein*".

Die Hineinbildung der Seele in ihre Leiblichkeit sei, so Hegel in seinem Zusatz hierzu [518], keine *absolute*, sie sei kein Vorgang, der den Unterschied zwischen der Seele und dem Leib vollständig aufhebt. Es gehe aus der Natur der *logischen Idee*, die alles aus sich entwickle, hervor, dass dieser Unterschied sein Recht behält.[519] Einiges in der Leiblichkeit bleibe daher *rein organisch* und folglich der Macht der Seele entzogen, und zwar so, dass die Hineinbildung der Seele in ihren Leib nur dessen *eine* Seite ist. Indem die Seele zum Gefühl dieser Beschränktheit ihrer Macht gelangt, würde sie sich in sich reflektieren ("sich auf sich selbst zurückbeugen", d. Verf.) und die Leiblichkeit als ein ihr *Fremdes* aus sich hinauswerfen. Dadurch dass der Geist sich in sich reflektiert, vollende er seine Befreiung von der Form des *Seins* (also des Leiblichen, d. Verf.), gebe sich die Form des *Wesens* und werde damit zum *Ich*.[520] Zwar sei die Seele, insofern sie Subjektivität oder Selbstischkeit (ein auf ein Selbst Bezogenes, d. Verf.) sei, schon *an*

---

[518] Ebenda, S. 197 ff.

[519] „Die unmittelbare Daseinsform, in der die Idee sich als das aus der Objektivität hervorgehende Subjekt manifestiert, ist das „Leben". Das Lebendige ist Selbstzweck, Selbstbestimmung des Begriffs, Wechselbestimmung von Mittel und Zweck. Die Gegenseitigkeit des Hervorbringens ist im Verhältnis des Organismus' zu seinen Gliedern erfüllt. Der Selbstzweck im lebendigen Individuum ist „Seele" - in jenem Sinne des Wortes, den man aus des Aristoteles' Definition als „erste Entelechie des organischen Körpers" kennt." N. Hartmann, G. W. Fr. Hegel, a. a. O., S. 277.

[520] Hervorzuheben ist, dass Hegel den Übergang zum Ich auch darin sieht, dass die Seele das Gefühl bekommt, gegenüber ihrem Leib nur eine *beschränkte* Macht zu sein, sich sodann in sich reflektiert, sich dadurch von der Form des Seins, also vom Leiblichen, befreit und sich mit diesem Schritt hin zum Ich die Form des Wesens gibt. Unter „Reflexion" versteht Hegel hier nicht die Reflexion, mit der das denkende Bewusstsein an die Sache herantritt (äußere Reflexion), sondern den inneren Vorgang in der Sache selbst, der vom Denkenden nur nachvollzogen wird. Hegel spricht hierbei von einer „inneren Reflexion" oder einer „Reflexion-in-sich". Dazu: N. Hartmann, G. W. Fr. Hegel, ebenda, S. 231-232.

sich (d. h. ihrem Begriff, ihrer Bestimmung[521] nach, d. Verf.) ein *Ich*. Zur *Wirklichkeit* des *Ichs* gehöre aber *mehr* als die *unmittelbare, natürliche* Subjektivität der Seele; denn das *Ich* sei dieses Allgemeine, dieses Einfache (des Geistes, d. Verf.), das in *Wahrheit* erst *dann* existieren würde, wenn es zum *einen sich selber zum Gegenstand* hat[522], zum *anderen* es zum *Fürsichsein*[523] des *Einfachen* im *Einfachen*[524] und zum *dritten* es zur *Beziehung* des *Allgemeinen* auf das *Allgemeine*[525]

---

[521]Im Sinne von „Destination".

[522]Zum Begriff des Ich gehört also, dass es sowohl Subjekt als auch Objekt ist. Somit nimmt es sich selbst wahr, versteht sich selbst und kann sich selbst erkennen.

[523]Das Fürsichseiende ist nach Hegel das *Eins*, das in sich selbst Unterschiedslose, damit das *Andere* aus sich *Ausschließende*. Als ein Beispiel für ein Fürsichseiendes nennt Hegel das *Ich*. Wir würden uns als daseiend zunächst von anderem Daseienden unterscheiden und auf dasselbe bezogen *wissen*. Man könne sagen, dass sich der Mensch vom Tier und somit von der Natur überhaupt dadurch unterscheidet, dass er sich als ein *Ich weiß*. Ders., Enzyklopädie der philosophischen Wissenschaften, 1. Teil, a. a. O., S. 203-204. Das Fürsichsein ist, so N. Hartmann, eine Sphäre der Individuation, das Reich der Vielheit oder der vielen Eins. Ders., G. W. Fr. Hegel, a. a. O. S. 220.

[524]Hegel scheint das so zu verstehen, dass mit der Herausbildung des Ich im einzelnen Menschen die erste und einfachste (und damit reichste) Bestimmung des Geistes gegeben ist und die im Ich zu ihrem Fürsichsein kommt. Anders ausgedrückt, indem sich der Einzelne zu einem Ich entwickelt, tritt er in das eigentliche Reich des Geistes ein und wird damit ein Ich. Und in diesem wird der Geist in seiner ersten und einfachsten (und damit reichsten) Bestimmung *für sich*. So gesehen, ist das Ich nichts Natürliches, nicht mehr Seele („Naturgeist"), sondern eben *Geist* schlechthin, und dieser ist als ein Ich einerseits das Resultat der Entwicklung des Einzelnen und andererseits der Interaktion und sprachlichen Kommunikation des Subjekts mit anderen Subjekten. Unabhängig vom Menschen ist kein Geist und unabhängig vom Geist ist kein Mensch, im nachdrücklichen Sinne des Wortes, denkbar.

[525]Gemeint ist offenbar, dass das Ich als ein Allgemeines auf die ihm übergeordnete menschliche Gattung bezogen ist, die aber nur im Ich des einzelnen Menschen existiert und für sich ist. Mit anderen Worten, nur als ein Ich ist der Einzelne ein vollständiger Angehöriger der *menschlichen* Gattung, und erst recht im Ich des

geworden sei. Und das Allgemeine (die menschliche Gattung, d. Verf.),
das sich auf sich selber bezieht, würde nirgends außer im Ich existieren.
In der *äußeren Natur* komme das Allgemeine (die Gattung, d. Verf.)
dagegen nur durch die *Vernichtung* des einzelnen Daseins zur höchsten
Betätigung seiner Macht und damit *nicht* zum *wirklichen Fürsichsein.*
Auch die *natürliche* Seele sei zunächst nur die *reale Möglichkeit,* dieses
Fürsichsein zu werden, aber erst mit dem *Ich* werde diese Möglichkeit
zur *Wirklichkeit.* Mit dem *Ich* folge somit ein *Erwachen höherer Art* als
das *natürliche Erwachen,* das auf das bloße *Empfinden* des *Einzelnen*
beschränkt sei. Denn das *Ich* sei "der durch die Naturseele schlagende
und ihre Natürlichkeit verzehrende *Blitz"* (ders.[526]). Im *Ich* werde
daher die *Idealität* (die Innerlichkeit, d. Verf.) der natürlichen Seele,
also das *Wesen* der Seele, *für* die Seele.[527] Zu diesem Ziel würde die
ganze anthropologische Entwicklung des Geistes hindrängen.

Blicke man, so Hegel, auf diese Entwicklung zurück, so erinnere man
sich daran, wie die Seele des *Menschen* - im Unterschied zur *tierischen
Seele,* die in der Einzelheit und Beschränktheit der Empfindung
versenkt bleibe - sich über den beschränkten Inhalt des Empfundenen,
der *an sich* ihrer unendlichen Natur widerspreche, erhebt, diesen
Inhalt ideell setzt und ihn, insbesondere in der *Gewohnheit,* zu etwas
Allgemeinem, Erinnertem, Totalem, also zu einem *Sein* macht. Eben

---

Einzelnen, in dem die Gattung zu ihrem Fürsichsein kommt, existiert sie. Zum
Begriff der menschlichen Gattung, die ja nur im Einzelnen Ich existiert und nur
dort *für sich* ist, gehört die Sprache. Darin unterscheidet sie sich grundsätzlich von
jeder Tiergattung.

[526]Ders., Enzyklopädie der philosophischen Wissenschaften, 3. Teil., a. a. O., S.
198.

[527]Das Erwachen „höherer Art" eines Einzelnen besteht, wie sich Hegel verstehen
lässt, darin, dass er dazu kommt, sich als ein „Ich" zu wissen, indem er
„Ich" ausspricht und dieses Wort, das mit der Sache eine Einheit bildet, auf sich
bezieht. Der „durch die Naturseele schlagende ihre Natürlichkeit verzehrende
Blitz" (Hegel) ist also die Sprache, die das Bewusstsein des Einzelnen konstituiert.

dadurch habe die Seele den zunächst leeren Raum ihrer Innerlichkeit mit einem Inhalt gefüllt, der in seiner Allgemeinheit (gemeint ist offenbar die aus der Gewohnheit hervorgehende Regel, d. Verf.) ihr gemäß ist, habe in sich selber das *Sein* gesetzt. Andererseits habe sie ihren Leib zum Abbild ihrer Idealität (Innerlichkeit, d. Verf.), ihrer Freiheit, umgestaltet. Somit sei die Seele dahin gelangt, das im Ich vorhandene, *sich auf sich selber beziehende, individuell bestimmte Allgemeine*, eine von der *Leiblichkeit befreite, für sich seiende, abstrakte Totalität* zu sein. [528] Erscheine in der Sphäre der *bloß empfindenden* (fühlenden, d. Verf.) *Seele* das *Selbst* in Gestalt des *Genius* als eine auf die Individualität, sei es *nur von außen* oder sei es *nur von innen*, wirkende Macht, so habe sich dagegen auf der jetzt erreichten Entwicklungsstufe der Seele das *Selbst* in dem *Dasein* der Seele, also in ihrer *Leiblichkeit, verwirklicht.* Andererseits habe das Selbst in sich selber dieses Sein gesetzt, so dass das *Selbst* oder das *Ich* sich jetzt in *seinem Anderen selber anschaut* und *dieses Sichanschauen* ist.[529]

---

[528]Das Ich ist, wie schon oben zum Begriff des Geistes ausgeführt wurde, die erste und einfachste Bestimmung des Geistes. „Ich" ist nach Hegel ein vollkommen Einfaches und Allgemeines. Würde man „Ich" sagen, so würde man, so Hegel, ein Einzelnes meinen, weil aber jeder ein „Ich" sei, würde man damit nur etwas ganz Allgemeines sagen. Die Allgemeinheit des Ich mache es, dass es von allem, selbst von seinem Leben abstrahieren könne. (Ebenda, S. 21.) Im Sinne dieses Satzes scheint Hegel das Ich als eine „abstrakte Totalität" zu verstehen, nämlich als ein für sich seiendes Ganzes, das von allem Dinglichen, seinem Organismus, der äußeren Natur und der Gesellschaft absehen kann.

[529]Die einzelne Seele als ein Selbst ist also in ihrer Leiblichkeit *wirklich*, d. h. sie ist nirgendwo anders wirklich als dort. So wie die einzelne Seele sich in ihren Gesten, Gebärden, Lauten und ihrem Mienenspiel (freiwillig) äußert, gibt sie von sich Kunde. Aber das Selbst, das mit seinen leiblichen Äußerungen identisch ist, hat sich, so Hegel, diese in sich selber als ein Sein gesetzt, so dass das Selbst oder das Ich sich in seinem Anderen, also der Äußerlichkeit (Leiblichkeit) seiner Seele, selber anschaut, mehr noch, dieses Selbstanschauen ist.

Versucht man Hegels Gedanken grob zusammenzufassen, so steht das *Ich* als die erste und einfachste Bestimmung des Geistes, nicht am Anfang der Entwicklung eines Menschen, aber es ist in ihm angelegt, so dass seine ganze natürliche und seelische Entwicklung auf diesen "ausdehnungslosen Punkt" (T. S. Hoffmann[530]) hindrängt. Aber die Entwicklung führt nicht geradeswegs oder "naturwüchsig" von der natürlichen über die fühlende bis zur wirklichen Seele schließlich zum Geist, d. h. zum Ich; setzt dieses doch die Sprache voraus, und sie ist ein Produkt der menschlichen Gattungsgeschichte, der Geschichte eines Volkes, einer Nation oder einer Gesellschaft. Das Ich und damit das Bewusstsein eines Individuums, einmal in seiner Seele erwacht, erfordert, zumal in seiner weiteren Entwicklung, einen Lernprozess, der Interaktion und Kommunikation mit anderen einschließt. Mag auch die Herausbildung des Bewusstseins in der Leiblichkeit des Einzelnen von vornherein angelegt sein, würde sich aber seine leibliche und damit seelische Entwicklung isoliert von der umgebenden Gesellschaft vollziehen, so würde er niemals die Stufe des Bewusstseins erreichen.[531]

---

[530] „...wiederum ist die ideelle Einheit dieses Begriffs, die reine Subjektivität, zunächst nur als einfache Negativität, sozusagen als ausdehnungsloser Punkt und Fokus von Identität da. Aber ein wirklicher Mensch ist nur insofern ein Ich, als er seine Ichheit als ein Sich-in-Beziehung-Setzen auf Anderes und auf andere darzustellen vermag; er ist es nicht in autistischer Abkapselung, sondern in positiver Auslegung, im Leben seiner Ichheit, die sich Sichselbstgleichheit als sich „wiederherstellende Gleichheit", als prozessuale Einheit verdeutlicht. Identität erhält sich nicht in narzisstischer Selbstbetonung, sondern nur darin, dass sie sich ihrem Anderen, dass sie sich dem, was sie nicht ist, was ihre Differenz ist, aussetzt." T. S. Hoffmann., Georg Wilhelm Friedrich Hegel, a. a. O., S. 224.

[531] Hegel lehrt, „dass das Bewusst-Sein sich der Sprache nicht bedient, sondern zuerst einmal Sprachlichkeit *ist*. Sprache ist als solche Geist ...", „... Hegel spricht davon, daß das Bewußtsein eine sprachlich „gebundene Existenz" und „sein Sein als Sprache" habe." Ebenda, S. 178.

5. Das Bewusstsein

Das *Bewusstsein* bilde, wie Hegel nach diesem Zusatz fortfährt, die Stufe der Reflexion oder des *Verhältnisses* des Geistes seiner als *Erscheinung.*[532] Das Ich sei die unendliche Beziehung des Geistes auf sich, aber als eine *subjektive* Beziehung, als *Gewissheit seiner selbst.*[533] Die unmittelbare Identität der natürlichen Seele sei zu dieser reinen ideellen Identität mit sich selbst (also zum Ich, d. Verf.) aufgestiegen, und der *Inhalt* der natürlichen Seele sei für diese für sich seiende Reflexion nunmehr *Gegenstand.*[534] Die reine abstrakte Freiheit für sich (die mit dem Ich gegeben ist, d. Verf.) entlasse ihre Bestimmtheit, nämlich das Naturleben der Seele, als ebenso frei, als ein *selbständiges Objekt* aus sich heraus.[535] Von diesem Objekt als ein für das Ich *äußerer*

---

[532]Ders., Enzyklopädie der philosophischen Wissenschaften, 3. Teil., a. a. O., S. 199 ff. Der Geist, so wie er sich manifestiert, besteht nach Hegel offensichtlich darin, dass das Ich sich als ein (Wissens-)Subjekt gegenüber einen ihm äußeren Gegenstand verhält, um von ihm ein *Wissen* zu erlangen. Dabei handelt es sich um einen Prozess der Interaktion zwischen dem Ich und seinem für ihn äußeren Gegenstand, einen Prozess, dessen Stufen das sinnliche, das wahrnehmende und das verständige Bewusstsein ausmachen. Widerspiegelt sich einerseits der Gegenstand im Ich, so widerspiegelt sich andererseits das Ich auch im Gegenstand, ohne dass sich das Ich darüber Rechenschaft ablegt. (Hegel macht, wie er später betont, einen Unterschied zwischen „*Wissen*" (Stufe des Bewusstseins) und „*Erkennen*" (Stufe des theoretischen Geistes)).

[533]Ebenso wie das Ich die Gewissheit hat, dass sein Gegenstand unabhängig davon, ob es ihn zum Inhalt seines Wissens macht, *ist*, hat es die Gewissheit, dass es selbst *ist* - als ein denkendes oder erkennendes Ich.

[534]Offensichtlich meint Hegel damit, dass das Ich den Inhalt der natürlichen Seele als einen ihm äußeren Gegenstand setzt. Das Ich müsse, wie Hegel an anderer Stelle betont, von der *individuellen Seele* unterschieden werden, die anderes ausschließe und den Unterschied in sich setze. Das, was diese von sich unterscheide, sei aber nicht ein äußeres Objekt, wie im Fall des Bewusstseins, sondern es seien die Bestimmungen ihrer *empfindenden* Totalität. Ebenda, S. 124.

[535]Mit dem Prozess, in dem sich das Ich aus der natürlichen Seele herausbildet,

Gegenstand habe das Ich zunächst ein *Wissen* und sei auf diese Weise *Bewusstsein*. Das Ich als diese "absolute Negativität" sei *an sich* die Identität in dem Anderssein (gemeint ist offensichtlich die natürliche Seele als Objekt, d. Verf.); das Ich sei es (das Anderssein, d. Verf.) selbst und greife über das Objekt (die natürliche Seele, d. Verf.), das *an sich* ein Aufgehobenes sei, über, es sei *eine* Seite des Verhältnisses und zugleich das *ganze* Verhältnis. Es sei das Licht, das sich und auch noch anderes manifestiert.[536]

Wie Hegel in dem *vorangehenden* Zusatz erläuterte, müsse, so in *diesem* Zusatz, das als *individuell* bestimmte Ich, in seiner Bestimmtheit und in seinem Unterschied, als das *Allgemeine*, das sich nur auf sich selber bezieht, gefasst werden. Hierin liege bereits, dass das Ich unmittelbar eine *negative* Beziehung auf sich selbst ist und folglich das unvermittelte *Gegenteil* seiner von aller Bestimmtheit abstrahierten Allgemeinheit, also die ebenso *abstrakte, einfache Einzelheit* ist.[537] Nicht nur wir, die *Betrachtenden*, würden das Ich in

---

entsteht ein Zustand der abstrakten Freiheit, der sowohl das Ich als auch die natürliche Seele einschließt, die nunmehr als ein dem Ich äußerer, selbständiger Gegenstand gesetzt ist. Mit anderen Worten, das Ich, als ein Wissenssubjekt, steht nun der natürlichen Seele als ein ihm äußeres und selbständiges Objekt des Wissens gegenüber, und damit ist das Bewusstsein gegeben.

[536] Das Ich als das alles von sich Ausschließende ist also *an sich* das Identische in dem Anderssein, womit Hegel offensichtlich die natürliche Seele als Objekt gesetzt meint. Das Ich versetzt den Inhalt der natürlichen Seele, z. B. die Empfindungen, mittels seiner Kategorien in die Form eines ihm äußeren Objekts, das dann dem Ich als sein Anderssein gegenübersteht, mit dem es aber *an sich* identisch ist. Das Ich des Bewusstseins (das ein Verhältnis darstellt) legt sich über diesen Vorgang keine Rechenschaft ab. Es ist in diesem Verhältnis zwischen dem Ich und seinem Gegenstand nur eine Seite und zugleich das ganze Verhältnis, eine Einsicht, die jedoch nur der philosophische Betrachter hat.

[537] Ebenda, S. 199 ff. Das Ich eines Menschen ist nach Hegel einerseits *individuell* bestimmt, so dass es sich in dieser Hinsicht vom Ich jedes anderen Menschen unterscheidet. Andererseits ist das Ich desselben Menschen als ein Allgemeines,

seinen entgegengesetzten Momenten unterscheiden, sondern kraft seiner in sich *allgemeinen*, somit von sich selbst unterschiedenen Einzelheit, sei das *Ich selber* das, was sich *von sich unterscheidet*,[538] denn als sich auf sich beziehend schließe seine ausschließende Einzelheit sich von sich selber, also von der Einzelheit, aus und setze sich dadurch als das mit ihr unmittelbar zusammengeschlossene Gegenteil ihrer selbst, als Allgemeinheit.

Die dem Ich wesentliche Bestimmung der *abstrakt allgemeinen* Einzelheit mache das *Sein* desselben aus. Ich und mein Sein seien daher untrennbar miteinander verbunden; der Unterschied meines Seins von mir sei ein Unterschied, der *keiner* ist.[539] Einerseits müsse zwar das

---

das sich nur auf sich selbst bezieht, zu verstehen. Das schließt, Hegel zufolge, ein, dass das (individuelle) Ich negativ (als alles andere ausgrenzend) auf sich selbst bezogen ist, woraus folgt, dass das Ich das „unvermittelte Gegenteil" (ders.) seiner von „aller Bestimmtheit abstrahierten Allgemeinheit" (ders.) und somit die *„abstrakte, einfache Einzelheit"* (ders.) ist. Nach Hegel steht demnach dem Ich als eine „abstrakte, einfache Einzelheit" das Ich als ein Allgemeines oder als eine „abstrakt allgemeine Einzelheit" (ders.) gegenüber. *Jenes* Ich entsteht, indem es alles andere von sich ausschließt, *dieses* Ich, indem es denkt, sich damit in Kategorien und Begriffen, also in der Sprache bewegt.

[538] Aus der Sicht des Betrachtenden zeigen sich also nach Hegel zwei Momente im Ich, nämlich zum einen die *abstrakte, einfache Einzelheit* und zum anderen das *Allgemeine*, die *abstrakte allgemeine Einzelheit*. Doch das Ich unterscheidet sich nach Hegel selber in eine *allgemeine*, von sich selbst unterschiedene Einzelheit. Das Ich, das sich auf sich bezieht, schließt, so Hegel, seine ausschließende Einzelheit von sich selber, also von *seiner* Einzelheit, aus und setzt das mit ihr unmittelbar zusammengeschlossene Gegenteil ihrer selbst als *Allgemeinheit*. Indem also das Ich sich nur auf sich bezieht und alles andere von sich ausschließt, kommt es, wie sich Hegel verstehen lässt, dazu, zu seinem Gegenteil, nämlich zu einer Allgemeinheit, einem Bewusstsein, zu werden, was die Sprache voraussetzt.

[539] Unter der „dem Ich wesentlichen Bestimmung der abstrakt allgemeinen Einzelheit" versteht Hegel offensichtlich den *Begriff*, nämlich das, was im Wissen, im Erkennen und im Denken als logische Voraussetzung gegeben ist. Das Ich als ein Allgemeines und der Begriff sind ein und dasselbe. Das so verstandene Ich setzt

Sein als das *absolut Unmittelbare, Unbestimmte, Ununterschiedene* von dem sich selbst *unterscheidenden* und durch Aufhebung des Unterschieds *sich mit sich vermittelnden* Denken, also vom *Ich*, unterschieden werden; andererseits sei jedoch das *Sein mit dem Denken identisch*, weil das Denken aus aller Vermittlung zur Unmittelbarkeit, aus aller seiner Selbstunterscheidung zur ungetrübten Einheit mit sich zurückkehre. Das Ich sei daher Sein oder habe das Sein als ein Moment in sich.

Indem ich dieses Sein als ein gegen mich *Anderes* und zugleich mit mir *Identisches* setze, sei ich, so Hegel, *Wissen* und habe die absolute *Gewissheit* meines Seins.[540] Diese Gewissheit dürfe *nicht*, wie es von der Seite der bloßen *Vorstellung* geschieht, als eine Art *Eigenschaft* des Ichs, als eine Bestimmung an der Natur des Ichs betrachtet, sondern müsse als die *Natur selber* des Ichs begriffen werden; könne doch das Ich nicht existieren, ohne sich von sich zu unterscheiden und doch in dem von ihm Unterschiedenen bei sich selber zu sein. Das Ich könne also ohne von sich zu wissen, ohne die Gewissheit seiner selbst zu haben und zu sein, nicht existieren. Die *Gewissheit* verhalte sich

---

das Sein, das folglich mit dem Ich untrennbar verbunden ist, so dass es zwischen dem Sein und dem Ich keinen Unterschied gibt. Deshalb gibt es auch keinen Unterschied zwischen dem Denken und dem Sein. So setzt das Ich als Begriff den Gegenstand, von dem es ein Wissen erlangen will, eine Setzung, über die sich das Ich des Bewusstseins jedoch noch keine Rechenschaft ablegt. In einem noch stärkeren Maße als dass Ich im Sinne einer bloßen abstrakten, einfachen Einzelheit (das individuell bestimmte Ich) setzt das Ich als Begriff die Sprache voraus.

[540]Hegel denkt hier offensichtlich an die Entwicklung des Bewusstseins, von der später im Einzelnen die Rede sein wird. Dort setzt das Ich seinen Gegenstand als ein *Seiendes* und erlangt dadurch ein *Wissen* von ihm, ohne sich darüber Rechenschaft abzulegen, dass es selber den Gegenstand konstituiert. Im oben referierten Satz wird jedoch die Theorie des Philosophen Hegel zum Entstehen von Wissen vermittelt, über die das Wissenssubjekt nicht verfügt.

deshalb zum *Ich* wie die *Freiheit* zum *Willen*.[541] Wie die Gewissheit die Natur des Ichs ausmache, so mache die Freiheit die Natur des Willens aus. *Zunächst* sei jedoch die Gewissheit nur mit der *subjektiven* Freiheit, der Willkür, zu vergleichen. Erst die *objektive* Gewissheit, die *Wahrheit*, würde der *echten* Freiheit des Willens entsprechen. Das seiner selbst gewisse Ich sei aber, so Hegel, *am Anfang* noch das *ganz einfach subjektive* Ich, das *ganz abstrakt Freie*, die vollkommen *unbestimmte Idealität*, die jegliche Beschränktheit von sich ausschließe. Indem das Ich sich von sich selber abstößt, komme es daher zuerst nur zu einem *formal*, nicht zu einem *wirklich* von ihm Unterschiedenen.[542] Wie in der Logik gezeigt würde, müsse aber der *an sich seiende* Unterschied auch gesetzt, d. h. zu einem *wirklichen* Unterschied fortentwickelt werden. Demzufolge müsse die Entwicklung des Ichs dahingehend erfolgen, dass das Ich *nicht* in das *Anthropologische*, in die bewusstlose Einheit des Geistigen und Natürlichen zurückfällt, sondern seiner selbst gewiss bleibt und sich in seiner Freiheit erhält; in der Entwicklung des Ichs müsse sich also sein *Anderes* (gemeint ist offensichtlich sein Leibliches, d. Verf.) zu einer der Totalität des Ichs gleichen *Totalität* entfalten und eben dadurch aus einem der Seele angehörenden Leiblichen ein ihr (der Totalität des Ichs, d. Verf.) *selbständig Gegenübertretendes*, also ein *Gegenstand* im eigentlichen Sinn dieses Wortes werden. Da aber das Ich zunächst nur das ganz abstrakt Subjektive sei, das sich bloß formal und inhaltslos sich von sich selbst unterscheide, befinde sich der *wirkliche* Unterschied, der *bestimmte Inhalt*, außerhalb des Ichs und gehöre allein den *Gegenständen* an. Da aber *an sich* das Ich den Unterschied

---

[541] Demnach gibt es kein Ich ohne die Gewissheit des Individuums, ein Ich zu sein, ebenso wie es keinen Willen gibt, dessen Natur nicht die Freiheit ist.

[542] Das zunächst seiner selbst gewisse Ich schließt also jegliche Beschränktheit von sich aus und damit auch den von ihm gesetzten, unterschiedenen Gegenstand (z. B. seinen Körper) und kommt deshalb nur *formal*, aber nicht *wirklich* zu dem von ihm unterschiedenen Gegenstand; es bewegt sich, wie sich Hegel verstehen lässt, nur in seinen *subjektiven* Vorstellungen von dem Gegenstand.

schon in sich selber habe oder, mit anderen Worten, weil *an sich* die Einheit seiner und seines Anderen gegeben sei, so sei es auf den in dem Gegenstand existierenden Unterschied notwendig *bezogen* und aus diesem seinem Anderen *unmittelbar in sich reflektiert.*[543] Das Ich greife also über das *wirklich* von ihm Unterschiedene über, sei in diesem seinem Anderen bei sich selber und bleibe, in aller Anschauung, seiner selbst gewiss.[544] Nur indem ich dahin gelange, mich als ein *Ich* zu erfassen, werde das Andere mir gegenständlich, trete mir gegenüber und werde zugleich in mir ideell gesetzt, somit zur Einheit mit mir zurückgeführt.[545] So wie das Licht sich selbst und sein

---

[543]Die Gegenstände, z. B. der Körper des Ich, sind nicht nur in der subjektiven Vorstellung des Ich, sondern außerhalb derselben gegeben. Folglich gehört der Inhalt der Gegenstände, z. B. der Organismus als ein Ganzes, eine Totalität oder ein System, allein diesen selbst an. Die Gegenstände sind also *nicht* mit den *subjektiven* Vorstellungen des Ich identisch, gehen nicht in diesen auf. Aber die Gegenstände werden letztlich von ihm selbst, dem Ich als einem allgemeinen, konstituiert. *An sich* bilden das Ich und sein Anderes, sein Gegenstand, eine Einheit, und somit ist das Ich auf den Gegenstand, ungeachtet des existierenden Unterschiedes, notwendigerweise bezogen; es widerspiegelt sich, so Hegel, aus diesem seinem Anderen in sich selbst. Mit anderen Worten, das Ich, das z. B. seinen Körper erkennen will, darf nicht in seinen subjektiven Vorstellungen von ihm verharren, vielmehr muss es diese überwinden und ihn als einen wirklichen, von ihm unabhängigen, selbständigen Gegenstand, als eine bestimmte Objektivität (ein bestimmtes System), setzen. Ein prinzipiell unerkennbares „Ding-an-sich" gibt es demnach für das Ich nicht; sind doch *„an sich"* Gegenstand und Ich identisch.

[544]Das Ich macht das *wirklich* von ihm Unterschiedene, den ihm äußerlichen Gegenstand, zum Objekt seiner erkennenden Tätigkeit. Es bleibt aber bei seinem Erkenntnisgegenstand, den es gezielt definiert und im System seiner Kategorien rekonstruiert, bei sich selber. Der Gegenstand ist in der gediegenen (wissenschaftlichen) Anschauung des Ich anwesend, die ja eine Vielfalt von Voraussetzungen einschließt, unmittelbar dem Ich gegenwärtig und konkret. Dennoch absorbiert der vom erkennenden Ich bestimmte Gegenstand nicht das ihm gegenüberstehende Ich, vielmehr bleibt dieses, in Hegels Worten, „seiner selbst gewiss."

[545]Nur wenn man dahin gelangt, sich als ein *Ich* im nachdrücklichen, also im

Anderes, nämlich das *Dunkle* manifestiert und sich nur dadurch offenbaren könne, dass es jenes Andere offenbart, so sei auch das Ich nur insofern sich selber offenbar, als ihm sein Anderes (das ihm Entgegenstehende, sein Gegenstand, d. Verf.) in der Gestalt eines von ihm Unabhängigen offenbar wird.

Aus dieser allgemeinen Auseinandersetzung mit der Natur des Ichs gehe, so Hegel, hervor, dass das Ich, indem es mit den äußeren Gegenständen in einen Kampf eintritt, etwas Höheres ist als die in "kindhafter Einheit" (ders.) mit der Welt befangene, ohnmächtige *natürlichen* Seele, in die, eben wegen ihrer Ohnmacht, die oben betrachteten geistigen Krankheitszustände fallen.[546]

Die *Identität* des Geistes mit sich, so Hegel nach diesem Zusatz, sei, so wie sie zunächst als *Ich* gesetzt sei, nur seine abstrakte, formale Idealität.[547] Als *Seele* in der Form *substanzieller* Allgemeinheit sei der Geist nun die subjektive Reflexion-in-sich, auf diese Substantialität als das Negative seiner selbst, das ein ihm Jenseitiges und Dunkles sei, bezogen.[548] Das Bewusstsein sei deshalb, wie das Verhältnis überhaupt,

---

philosophischen Sinn des Wortes, zu begreifen, wird einem das Andere gegenständlich, trete es einem gegenüber, wird in einem ideell (als Gedanke, als Theorie) gesetzt und auf diese Weise zur Einheit mit einem selbst als ein Ich zurückgeführt.

[546] Nach Hegel entwickelt sich das Ich des Einzelnen nur weiter, indem es in eine geistige Auseinandersetzung mit äußeren Gegenständen eintritt; ein Rückfall in die natürliche Seele, in eine erträumte, erahnte oder gefühlte Einheit mit der Welt, würde dagegen zu den erwähnten geistigen Krankheitszuständen führen.

[547] Ders., Enzyklopädie der philosophischen Wissenschaften, 3. Teil., a. a. O., S. 201 f.

[548] Der Geist, der sich als Seele in der Form einer substanziellen Allgemeinheit befindet, ist als *Bewusstsein* subjektiv in sich reflektiert, d. h. er bezieht sich als ein abstraktes Ich auf diese Substanzialität (die Seele) als "das Negative seiner selbst" (Hegel), als ein ihm "Jenseitiges und Dunkles" (ders.), kurz, auf einen *an* sich von ihm selbst gesetzten äußeren Gegenstand. Die Seele, die nach Hegel die

der *Widerspruch*, dass beide Seiten (das Ich und sein Gegenstand, d. Verf.) zugleich selbständig sind und eine Identität darstellen, in der sie aufgehoben sind.[549] Der Geist sei als Ich *Wesen*. Aber, indem die Realität in der Sphäre des Wesens als unmittelbar seiend und zugleich als ideell gesetzt sei, sei der Geist als das Bewusstsein nur das *Erscheinen* des Geistes.[550]

Die Negativität (oder die Abgrenzung, d. Verf.), die, so Hegel in seinem Zusatz hierzu, das ganz *abstrakte* Ich oder das *bloße Bewusstsein* an seinem *Anderen* (an dem ihm äußeren und für ihn selbständigen Gegenstand, d. Verf.) ausübe, sei durchaus noch unbestimmt, oberflächlich und nicht absolut.[551] Deshalb erhebe sich auf diesem Standpunkt der *Widerspruch*, dass der Gegenstand einerseits *in mir* ist und andererseits *außer mir* selbständig besteht, so wie das *Dunkle* gegenüber dem Licht. Dem ("natürlichen", d. Verf.) Bewusstsein erscheine der Gegenstand nicht als ein durch das Ich *gesetzter*, sondern als ein *unmittelbarer, seiender, gegebener* Gegenstand; würde doch das Ich noch nicht wissen, dass der Gegenstand *an sich* mit dem *Geist identisch* und nur durch eine *Selbstteilung* des Geistes (in ein

---

Form einer Substanz (die nur in ihren Erscheinungen gegeben ist) und einer Allgemeinheit (Ganzheit, Totalität) hat, ist also im Bewusstsein ein dem Ich gegenüberstehender äußerer Gegenstand und unterliegt somit der Wahrnehmung und dem Verstand.

[549] Im Bewusstsein als einem Verhältnis zwischen dem Ich und seinem ihm äußeren Gegenstand gibt es also den Widerspruch, dass beide Seiten, sowohl das Ich als auch sein Gegenstand, zugleich gegeneinander selbständig sind und eine Identität bilden.

[550] Für Hegel ist der Geist als Ich also *Wesen*, aber diese Einsicht hat nicht der Einzelne in seinem sinnlichen, seinem wahrnehmenden und seinem verständigen Bewusstsein. In seinem Bewusstsein manifestiert sich nur der Geist als Ich, als Wesen, ein Sachverhalt, der erst enthüllt werden muss. „An sich" sind, wie erwähnt, Ich und Gegenstand identisch, dies ist jedoch nicht „für" das Ich des *erscheinenden* Geistes, also des Bewusstseins.

[551] Ders., Enzyklopädie der philosophischen Wissenschaften, 3. Teil, S. 201 ff.

abstraktes Ich und seinen ihm äußeren Gegenstand als die beiden Seiten des Bewusstseins, d. Verf.) zu einer scheinbar vollkommenen Unabhängigkeit entlassen ist.[552] Dass es sich so verhält, wüssten nur *wir*, die wir zur *Idee* des Geistes vorgedrungen seien und uns somit über die abstrakte, formale Identität des Ichs erhoben hätten.[553]

Da das "Ich *für sich*", wie Hegel nach seinem Zusatz fortfährt, nur als formale (abstrakte, d. Verf.) Identität sei, stelle sich die *dialektische* Bewegung des Begriffs (oder des Begreifens, d. Verf.), d. h. die Fortbestimmung des Bewusstseins, dem Ich *nicht* als *seine* Tätigkeit dar. Vielmehr verhalte es sich so, dass diese Fortbestimmung *an sich* und *für das* Ich eine Veränderung des Objekts ist.[554] Das Bewusstsein erscheine daher *verschieden* bestimmt, je nach der *Verschiedenheit* des gegebenen Gegenstandes, und die Fortbildung des Bewusstseins erscheine als eine Veränderung der Bestimmungen seines Objekts.[555]

---

[552]So mache ich z. B. als Ökonom „Geld" zum Gegenstand meines Bewusstseins, d. h. meiner Wahrnehmung und meines Verstandes. Dabei gehe ich davon aus, dass das Geld als eine Sache *da* ist, unabhängig davon, ob ich sie zu meinem Erkenntnisgegenstand mache oder nicht. Doch bleibe ich auf der Bewusstseinsebene, so dringe ich nicht weiter als bis zu einer oberflächlichen Geldtheorie vor. Erst auf der Ebene des von Empirie und Anschauung weit entfernten philosophischen Erkennens, das die (normative) Theorie eines marktwirtschaftlichen Wirtschaftssystems entfaltet, komme ich zu einer Geldtheorie, in der der Gegenstand aufgehört hat, ein mir äußerer zu sein.

[553] „Wir", die Betrachtenden, sind zur Idee des Geistes, zur philosophischen Einsicht vorgedrungen, dass über das abstrakte, formale Ich des Bewusstseins hinausgegangen werden muss.

[554]Ebenda, S. 202 f.

[555]So sind z. B. in der Wahrnehmung eines kapitalistischen Agrarunternehmers die Kühe nichts anderes als Produktionsmittel und Kapital, das es gewinnbringend zu verwerten gilt. Doch diese wahrgenommenen Eigenschaften der Kühe sind nicht solche, die den Kühen von Natur aus mitgegeben werden, sondern solche, die Unternehmer und Verbraucher den Kühen auferlegen und dann als „natürliche" Eigenschaften der Kühe wahrnehmen (Prozess der Verdinglichung).

Ich, das Subjekt des Bewusstseins, sei *Denken*. Die logische Fortbestimmung des Objekts sei das, was im *Subjekt und im Objekt identisch* ist, ihr absoluter Zusammenhang, sei dasjenige, wonach das Objekt das Objekt des Subjekts ist.[556] Obwohl die Fortbestimmung des Bewusstseins, so Hegel in seinem Zusatz, aus seinem *eigenen* Inneren hervorgehe und auch eine *negative* Richtung gegenüber dem Objekt einschlage, dieses also vom Bewusstsein *verändert* werde, würde diese Veränderung dem Bewusstsein doch so erscheinen, als ob sie *ohne* seine subjektive Tätigkeit zustande kommt.[557] Und die Bestimmungen, die das Bewusstsein in den Gegenstand setzt, würden dem Bewusstsein nur als dem Gegenstand angehörend, als seiende Bestimmungen gelten.[558]

Dass Kühe bloß als Produktionsmittel, Kapital und Konsumgüter wahrgenommen werden, liegt aber nicht bloß an den Unternehmern und Konsumenten, sondern ist auch in der Natur der Kühe selbst begründet.

[556]Hegel verfolgt, wie noch im Einzelnen referiert werden wird, die Entwicklung des „natürlichen" Bewusstseins. Dieses geht, wie selbstverständlich, davon aus, dass der Gegenstand ein dem erkennenden Ich äußerlicher also kein bloß subjektiver ist. Wenn demnach ein Ich an einem gegebenen Gegenstand eine bestimmte Beschaffenheit wahrnimmt - was eine spezifische Sprache und damit ein ihr entsprechendes Denken, z. B. das des Ökonomen, voraussetzt -, so entspricht diese Wahrnehmung auch dem, was der Gegenstand an sich hat. Dass die Wahrnehmung einer Eigenschaft des Gegenstandes, der dem Ich gegenübersteht, auch „wahr" ist, liegt, Hegel zufolge, im Begriff der Wahrnehmung. So gesehen, gibt es für das Ich eine Übereinstimmung zwischen ihm und seinem Gegenstand. Es fehlt allerdings noch die „logische Fortbestimmung" (ders.) des Gegenstandes, die dahin führen muss, wo Ich und Gegenstand identisch sind, wo es einen „absoluten Zusammenhang" (ders.) zwischen beiden Seiten gibt.

[557]Ebenda, S. 203 f.

[558]Das Ich des Bewusstseins nimmt z. B. einen Apfel als ein Lebensmittel wahr und sieht damit diese Bestimmung als eine *seiende* Bestimmung an seinem Gegenstand, also am Apfel. Wird der Apfel faul und damit ungenießbar, dann ist er (in der Wahrnehmung) kein Lebensmittel mehr; er hat diese *seiende* Bestimmung verloren. Aber er bleibt immer noch, wenn auch faul, ein Apfel als Exemplar einer bestimmten Fruchtsorte. Der Apfel bleibt also ein Ding mit mehreren

Bei *Fichte*, so in dem anschließenden Zusatz Hegels, stelle sich immer das Problem, wie das *Ich* mit dem *Nicht-Ich* fertig werden soll. Es komme hier aber zu keiner *wahrhaften* Einheit dieser beiden Seiten. Diese Einheit bleibe immer nur eine *Einheit, die sein soll*, weil von vornherein die falsche Voraussetzung gemacht werde, dass das Ich und das Nicht-Ich in ihrer *Getrenntheit*, in ihrer *Endlichkeit*, etwas *Absolutes* seien.[559]

Das Ziel des Geistes als *Bewusstsein* besteht, wie Hegel nach diesem Zusatz fortfährt, darin, seine *Erscheinung* (seine Manifestation, d. Verf.) mit seinem *Wesen* identisch zu machen und damit *die Gewissheit seiner selbst zur Wahrheit* zu erheben.[560] Die *Existenz*, die der Geist im Bewusstsein habe, habe darin ihre Endlichkeit (oder ihre Schranke, d. Verf.), dass sie die formale Beziehung auf sich, also nur Gewissheit ist.[561] Da das Objekt nur abstrakt als dem Geist zugehörig bestimmt oder der Geist in dem Objekt nur in sich als ein abstraktes Ich reflektiert ist, habe diese Existenz noch einen Inhalt, der nicht der Inhalt des Geistes ist.[562]

Eigenschaften, auch wenn er eine verloren hat. Und wenn er sich ganz auflöst und damit seine Form verliert, dann hat man es nach Hegel immer noch mit einem Ding zu tun, das Eigenschaften hat.

[559] Für Hegel sind, wie erwähnt, Ich und Nicht-Ich oder Welt in letzter Analyse identisch.

[560] Ebenda, S. 203 f.

[561] Die reine Subjektivität ist, so T. S. Hoffmann, „Beziehung auf sich selbst und eigentlich nichts außer dem. Aber indem sie Beziehung auf sich selbst ist, unterscheidet sie sich selbst als das Beziehende und das Bezogene, sie unterscheidet sich der Form nach als Subjekt und Objekt, ..." Ders., Georg Wilhelm Friedrich Hegel, a. a. O. S. 130-131. Was die *Gewissheit* betrifft, so handelt es sich - in erster Annäherung -, laut Alfred Schöpf um ein Wissen, „das sich unmittelbar zum Gegenstand verhält". Ders., in: Handbuch philosophischer Grundbegriffe, 3. Bd., hrsg. v. Hermann Krings u. a., München 1973, S.586.

[562] So definiert z. B. ein Ökonom, der sich als seinen realen Gegenstand einen Markt gewählt hat, als *sein* Objekt (nur) die Preisbildung auf diesem Markt. Da er sein Objekt,

Die bloße *Vorstellung* eines Individuums unterscheide *nicht*, wie Hegel hierzu in seinem Zusatz erläutert, zwischen der *Gewissheit* und der *Wahrheit*.[563] Was ihr *gewiss* ist, was sie für ein mit dem Objekt übereinstimmendes Subjektives hält, das nenne sie *wahr*, so geringfügig und schlecht auch der Inhalt dieses Subjektiven sein mag.[564] Die Philosophie dagegen müsse den Begriff der *Wahrheit* wesentlich von der *bloßen Gewissheit* unterscheiden; denn die Gewissheit, die auf dem Standpunkt des bloßen *Bewusstseins* der Geist von sich selber habe, sei noch etwas *Unwahres*, etwas, was *sich selbst widerspreche*, weil der Geist hier, neben der abstrakten Gewissheit, *bei sich selber* zu sein, die geradezu entgegengesetzte Gewissheit habe, sich zu einem wesentlich ihm gegenüber *Anderen* zu verhalten.[565] Und dieser Widerspruch müsse aufgehoben werden, denn in ihm selber liege der Trieb, sich aufzulösen. Die subjektive Gewissheit dürfe an dem Objekt keine Schranke behalten und müsse wahrhafte Objektivität bekommen. Und umgekehrt müsse der Gegenstand seinerseits nicht bloß auf *abstrakte* Weise, sondern *nach allen Seiten* seiner *konkreten* Natur zu dem *meinigen* werden.[566] Dieses Ziel werde von der an sich

---

also die Preisbildung, nur abstrakt definiert hat, oder er sich in dem Objekt nur als ein abstrahierender Ökonom widerspiegelt, werden die anderen Inhalte des existierenden Marktes, z. B. seine normativen Ordnungen, von ihm ausgeblendet.

[563] Ders., Enzyklopädie der philosophischen Wissenschaften, 3. Teil, a. a.O., S. 203 ff.

[564] Mache ich z. B. die zutreffende Aussage, dass dieses Ding vor mir eine Geldmünze ist, so drücke ich damit bloß eine Gewissheit aus, aber, Hegel zufolge, nicht eine Wahrheit.

[565] Das Subjekt des Bewusstseins hat also sowohl die Gewissheit, z. B. in der Wahrnehmung seines Gegenstandes, bei sich selber zu sein, wie auch die entgegengesetzte Gewissheit, sich zu einem *wesentlich* ihm gegenüber ganz *Anderen*, einem ihm äußerlich bleibenden Gegenstand, zu verhalten.

[566] Bewegt sich das Ich nur innerhalb des Bewusstseins, so erfasst es den existierenden Gegenstand, z. B. einen Staat, jeweils nur unter einem bestimmten Blickwinkel, also auf eine *abstrakte* Weise, etwa der Staatsrechtslehre oder der Politischen Ökonomie. Damit wird, Hegel zufolge, der Staat *nicht* nach allen Seiten

selber *glaubenden* Vernunft zwar schon geahnt, aber erst vom *Wissen* der *Vernunft,* vom *begreifenden Erkennen,* erreicht.[567]

Die Stufen, auf denen sich, so Hegel nach seinem Zusatz, die Gewissheit zur Wahrheit erhebt, seien, dass der Geist überhaupt

(a) *Bewusstsein* ist, das einen Gegenstand als solchen einschließt, dass er

(b) *Selbstbewusstsein* ist, für das das *Ich* der Gegenstand ist, dass er

(c) *Einheit des Bewusstseins und* des *Selbstbewusstseins* ist und dass er den Inhalt des Gegenstandes als sich selbst und sich selbst als an und für sich bestimmt anschaut; - *Vernunft, der Begriff des Geistes,* ist.[568]

---

seiner *konkreten* Natur erfasst und wird somit nicht zu einem solchen, den das Ich als den seinigen (an-)erkennt. Er bleibt dann ein dem Ich gegenüberstehendes, ihm fremd bleibendes Gebilde.

[567] Das Ziel, z. B. den modernen Staat nach allen Seiten seiner *konkreten* Natur zu erfassen, so dass er zum meinigen wird, wird in der Philosophie, wie sie Hegel versteht, angestrebt und erreicht. Der Weg dorthin führt notwendigerweise über die (abstrakten) Wahrnehmungs- und Verstandeswissenschaften und vollends über die einzelnen, arbeitsteilig vorgehenden Disziplinen des *theoretischen* Geistes. Und, ungeachtet der Abstraktion, der Konzentration auf empirische Forschung und der Bildung spezieller Theorien, ist in diesen Wissenschaften nach Hegel bereits die *glaubende* Vernunft vorhanden. Aber damit ist eben noch nicht das *Wissen der Vernunft,* das *begreifende* Erkennen erreicht. Dieses wird erst in der Rechts- und Staatsphilosophie erreicht und derjenige, der sich auf den Standpunkt dieses Wissens der Vernunft stellt, ist damit im Besitz der Wahrheit und damit frei; ist doch der moderne Staat für ihn nicht mehr ein ihm gegenüberstehender, äußerer, fremder Gegenstand.

[568] Ebenda, S. 204. Mit der „*Einheit des Bewusstseins und des Selbstbewusstseins*" ist zum einen gemeint, dass der *Geist als Ich* den Inhalt seines Gegenstandes, z. B. ein anderer Mensch, als *sich selbst* (als vom Geist, vom Ich, selbst gesetzt) anschaut und zum anderen, dass der *Geist als Ich sich selbst,* als an und für sich durch die *Vernunft, den Begriff des Geistes,* bestimmt, anschaut. Im Fall des *Bewusstseins* weiß das Ich als Wissenssubjekt noch nicht, dass es selbst den Gegenstand konstituiert, von dem es ein Wissen erlangt; das weiß nur der philosophische Betrachter. Im Fall des *Selbstbewusstseins* ist das Ich sich selbst

Die soeben erwähnten drei Stufen, auf denen sich das Bewusstsein zur Vernunft erhebt, seien, wie Hegel dazu in seinem Zusatz erläutert[569], durch die sowohl im *Subjekt* als auch im *Objekt* tätige Macht des *Begriffs* bestimmt und könnten deshalb als ebenso viele *Urteile* betrachtet werden.[570] Von diesem Vorgang wüsste aber, wie schon früher erwähnt, das *abstrakte* Ich, das *bloße Bewusstsein*, noch nichts. Indem daher das dem Bewusstsein zunächst als selbständig geltende *Nicht-Ich* (die Welt, wie sie dem Ich als ein ihm äußerlicher Gegenstand gegenübersteht, d. Verf.) durch die an diesem Nicht-Ich sich betätigende Macht des Begriffs aufgehoben und dem Objekt, statt der Form der *Unmittelbarkeit, Äußerlichkeit und Einzelheit* (im *sinnlichen* Bewusstsein, d. Verf.) die Form eines *Allgemeinen* und *Innerlichen* gegeben wird (durch die Sprache im *wahrnehmenden* und *verständigen* Bewusstsein, d. Verf.) und das Bewusstsein dieses *Erinnerte*[571] in sich aufnimmt, erscheine dem Ich sein eben dadurch zustande kommendes *eigenes* Innerlichwerden als ein Vorgang, in dem das *Objekt* innerlich gemacht wird.[572] Erst wenn das Objekt zum *Ich* verinnerlicht ist und das *Bewusstsein* sich auf diese Weise zum

---

Gegenstand, der aber vollkommen unbestimmt und somit eigentlich *kein* Gegenstand ist. Hegel geht hier schon auf den Übergang vom (Selbst-)Bewusstsein zum (theoretischen) Geist ein.

[569]Ders., Enzyklopädie der philosophischen Wissenschaften, 3. Teil, a. a. O. S. 204 ff.

[570]Es ist also nicht der Betrachter, der diesen Stufengang hervorbringt, sondern er wohnt nach Hegel der Entwicklung des Geistes inne, ist das Produkt des „tätigen Begriffs" (ders.), so dass der Betrachter diesen Vorgang nur nachvollziehen muss.

[571]Hegel versteht offenbar darunter das, was zu einem *Innerlichen* gemacht wird.

[572]Hegel meint damit offenbar die *natürliche Einstellung* des Subjekts zu seinem Objekt, wonach das Subjekt *das* aufnimmt und verinnerlicht, was das Objekt ihm darbietet; gemeint ist offenbar der Standpunkt des „natürlichen Realismus". Das Subjekt sieht sich in diesem Verhältnis als eher *passiv* und aufnehmend an, obwohl es *an sich* äußerst *aktiv* ist, mehr noch, das Objekt selbst (durch seine Kategorien) konstituiert.

Selbstbewusstsein entwickelt hat, wisse der Geist die Macht seiner eigenen Innerlichkeit als eine in dem Objekt gegenwärtige und wirksame.[573] Was also in der Sphäre des bloßen Bewusstseins nur für *uns*, die Betrachtenden, sei, das werde in der Sphäre des Selbstbewusstseins *für* den Geist selbst.[574] Das Selbstbewusstsein habe das Bewusstsein zu seinem *Gegenstand*, stelle sich somit demselben *gegenüber*.[575] Zugleich sei aber das Bewusstsein auch als ein *Moment* im Selbstbewusstsein selber enthalten.[576] Das Selbstbewusstsein schreite denn auch notwendig dazu fort, indem es sich von sich selbst abstoße, sich ein *anderes* Selbstbewusstsein gegenüberstelle und sich in diesem ein Objekt gebe, das mit ihm *identisch* und doch zugleich auch *selbständig* ist. Dieses Objekt sei zunächst ein *unmittelbares, einzelnes Ich*. Werde dieses Ich aber von der ihm so noch anhaftenden Form der *einseitigen* Subjektivität befreit und als eine von der

---

[573] Erst wenn das Ich sich darüber Rechenschaft ablegt, dass das Objekt ein *Innerliches* ist, das von ihm selbst gesetzt wird, entwickelt es sich zum *Selbstbewusstsein*. Auf dieser Stufe weiß der Geist, in Hegels Worten, dass die Macht seiner *eigenen Innerlichkeit* in dem Objekt gegenwärtig und wirksam ist.

[574] Für die Betrachtenden des Bewusstseinsprozesses ist, *anders* als für das Ich des Bewusstseins, das Objekt ein vom Ich *selbst* Gesetztes. Auf der Stufe des Selbstbewusstseins dagegen ist das Objekt auch *für das Ich selbst* ein von ihm Gesetztes.

[575] Das Ich des Selbstbewusstseins hat demnach das sinnliche, wahrnehmende und verstandesmäßige Bewusstsein zu seinem *Gegenstand* und stellt sich damit diesen Stufen des Bewusstseins *gegenüber*. Zugleich ist aber das Bewusstsein auch als ein Moment im Selbstbewusstsein enthalten, d. h. dem Selbstbewusstsein des Einzelnen als ein aktives, praktisches und begehrendes Ich wird mit dem durch das im Bewusstsein erzeugte Wissen ein Mittel bereitgestellt, um seine auf die Objektwelt gerichteten Begierden befriedigen zu können.

[576] Wie noch gezeigt werden wird, macht das Selbstbewusstsein des Einzelnen, ebenso wie das Bewusstsein, auch eine Entwicklung durch. Zunächst ist es nur ein begehrendes Selbstbewusstsein, Begierde, d. h. es ist auf einen ihm äußeren Gegenstand gerichtet, den es zu vernichten, aufzuzehren, gilt. In diesem Sinne enthält es, wie schon erwähnt, noch als ein *Moment* das Bewusstsein.

341

Subjektivität des *Begriffs* durchdrungene *Realität*, folglich als Idee gefasst, so schreite das *Selbstbewusstsein* aus seinem *Gegensatz* zum *Bewusstsein* zur *vermittelten Einheit* mit demselben fort und werde dadurch zum *konkreten Fürsichsein* des Ichs, zu der in der *objektiven Welt* sich *selbst erkennenden, absolut freien Vernunft*.[577]
Es bedürfe, so Hegel, kaum der Bemerkung, dass die in dieser Betrachtung als das *Dritte und Letzte* erscheinende *Vernunft* nicht ein *bloß Letztes*, ein aus etwas ihr Fremdem hervorgehendes Resultat ist, sondern dass sie *das* ist, was dem Bewusstsein und dem Selbstbewusstsein von vornherein *zugrunde liegt*, also das *Erste* ist

---

[577]Das Selbstbewusstsein schreitet also nach Hegel notwendig dazu fort, indem es sich von sich selber abstößt und sich ein anderes Selbstbewusstsein als sein Objekt gegenüberstellt, das mit ihm identisch und zugleich selbständig ist. Es entsteht demnach ein System sozialer Interaktion von Subjekten, die sich gegenseitig gleichermaßen als ein Ich und als selbständig anerkennen. Doch tritt in diesem System jeweils ein einzelnes Ich einem anderen einzelnen Ich von Angesicht zu Angesicht, also ganz unmittelbar, gegenüber. Jedes einzelne Ich ist für das jeweils andere *Objekt* seines Bewusstseins, und so haftet an jedem Ich noch die Form einer „einseitigen Subjektivität" (ders.). Von dieser Form muss jedes Ich befreit und als eine von der Subjektivität des Begriffs durchdrungene Realität, folglich als (sittliche) *Idee*, gefasst werden, worin eingeschlossen ist, dass die gegenseitige Anerkennung der Menschen als jeweils ein selbständiges Ich sich in einer allgemeinen *sittlichen Grundnorm* verfestigt, die subjektiv in jedem Ich vorhanden ist und jedem Ich zugleich objektiv gegenübersteht. Damit kommen Selbstbewusstsein und Bewusstsein aus ihrem Gegensatz zu einer „vermittelten Einheit" (ders.), und das Ich wird „konkretes Fürsichsein" (ders.), „zu der in der objektiven Welt sich selbst erkennenden absolut freien Vernunft" (ders.). Hegel meint mit dem „konkreten Fürsichsein" offensichtlich das Selbstbewusstsein des Einzelnen als sein *Wissen* von den sittlichen Ordnungen (der „objektiven Welt") und sein *Wollen* derselben. Das Ich als ein „konkretes Fürsichsein" ist somit z. B. Ehemann und Familienvater, Wirtschafts- und Staatsbürger und Politiker. Dieses so verstandene Ich ist eine sittliche Person, in der die Vernunft sich selbst erkennt, und die Philosophie tut nach Hegel nichts anderes als dieses darzustellen.

und sich durch die Aufhebung dieser beiden einseitigen Formen als deren *ursprüngliche Einheit* und *Wahrheit* erweist.[578]

5.1 Das sinnliche Bewusstsein

Das Bewusstsein ist, Hegel zufolge, zunächst das *unmittelbare,* seine Bezogenheit auf den Gegenstand sei daher die einfache, unvermittelte Gewissheit des Bewusstseins. [579] Der Gegenstand selbst sei daher ebenso als ein *unmittelbarer,* als ein *seiender,* in sich reflektierter[580] und als unmittelbar *einzelner* bestimmt - es sei das *sinnliche* Bewusstsein.

Das Bewusstsein als ein Verhältnis (zwischen dem Ich und seinem Gegenstand, d. Verf.) enthalte nur die dem *abstrakten* Ich oder dem

---

[578] „Vom Begriff des Geistes her beginnt der Mensch niemals in abstrakter Vereinzelung, weder als schon fertiges Subjekt noch als Einzelkämpfer, der sich mit anderen Einzelkämpfern um die Durchsetzung seiner Interessen balgt, sondern als gewissermaßen *dezentrisches* Subjekt, als Subjekt, das sein Selbst außerhalb seiner selbst an einem überindividuell Geltenden hat. Das überindividuell Geltende ist die Substanz des Subjekts ....“ T. S. Hoffmann, Georg Wilhelm Friedrich Hegel, a. a. O., S. 271. Die Vernunft ist also nach Hegel von vornherein in der Entwicklung des Bewusstseins und des Selbstbewusstseins enthalten, wenn sie auch erst mit der Vereinigung der beiden jeweils einseitigen Bewusstseinsformen in Erscheinung tritt.

[579] Ders., Enzyklopädie der philosophischen Wissenschaften, 3. Teil, a. a. O., S. 205 ff.

[580] Hegel meint hier offenbar, was schon aus den bisherigen Ausführungen hervorgeht und noch aus folgenden Ausführungen hervorgehen wird, den Vorgang, in dem sich ein Gegenstand im Bewusstsein als ein seiender und selbständiger und als ein dem Ich entgegengesetzter konstituiert, ein Prozess, über den sich das Ich keine Rechenschaft ablegt. Wie Hegel im Folgenden noch zitiert werden wird, trennt die Reflexion der Seele den durch die Empfindungen vermittelten „Stoff" (Hegel) in sich von sich, vom Ich, ab und gibt ihm zunächst die Bestimmung des *Seins.*

formalen Denken angehörenden Kategorien [581], die *für das* Ich abstrakte Bestimmungen des *Objektes* seien. Das sinnliche Bewusstsein wisse daher von dem Objekt lediglich als einem *Seienden*, einem *Etwas*, einem *existierenden Ding*, einem *Einzelnen* usw.[582] Es erscheine als das *reichste* an Inhalt, sei aber das *ärmste* an Gedanken. Jene reiche Erfüllung würden die Gefühlsbestimmungen (gemeint sind offensichtlich die *Sinnesempfindungen* d. Verf.) ausmachen, und eben diese seien der *Stoff* des Bewusstseins. Sie seien das Substanzielle und Qualitative, das in der *anthropologischen* Sphäre die Seele *sei* und *in sich* finde. Diesen Stoff trenne die Reflexion der Seele in sich, also das Ich, von sich ab und gebe ihm zunächst die Bestimmung des *Seins*. Die räumliche und zeitliche Einzelheit, das *Hier* und das *Jetzt*, wie sie Hegel in der *"Phänomenologie des Geistes"* den Gegenstand des sinnlichen Bewusstseins[583] bestimmt hat, gehöre, ihm zufolge, eigentlich erst dem *Anschauen* (also einer späteren Stufe in der Entwicklung des subjektiven Geistes, d. Verf.) an. Das Objekt sei hier zunächst nur nach dem Verhältnis zu nehmen, das es zum *Bewusstsein* hat, nämlich als

---

[581] Es handelt sich um die allgemeinen Kategorien des Denkens, die Hegel in seiner „Logik" reflektiert und die zum Teil auch in der Alltagssprache enthalten sind.

[582] Es sind die Kategorien des sinnlichen Bewusstseins.

[583] Ders., Hegel Werke, Bd. 3, a. a. O., S. 84 ff. Hegel spricht hier von der „sinnlichen Gewissheit" Der Gegenstand sei hier, wie N. Hartmann Hegel referiert und interpretiert, dem Ich als ein „Dieses" in der Fülle seiner Bestimmtheiten gegeben und sei insofern die reichste Erkenntnis; habe sie doch vom Gegenstand noch nichts weggelassen. Das „Dieses" erweise sich aber als ein ganz „abstraktes Allgemeines"; sei doch jeder Gegenstand unterschiedslos ein „Dieses", ebenso wie jedem Gegenstand ein „Hier" und ein „Jetzt" zukomme. Die Erfahrung mache das Ich, dass die sinnliche Gewissheit die „abstrakteste und ärmste Wahrheit" ist. Die sinnliche Gewissheit komme nicht über den bloßen (wortlosen, d. Verf.) Hinweis des „Hier", des „Jetzt" und des „Dieses" hinaus. Suche man zu seinem jeweiligen Inhalt eine Aussage zu machen, so finde man, dass er unsagbar ist, weil, wie N. Hartmann Hegel zitiert, das sinnliche Diese, das gemeint werde, der *Sprache*, die dem an sich Allgemeinen angehöre, unerreichbar sei. N. Hartmann, G. W. Fr. Hegel, a. a. O. S. 97.

ein ihm *Äußerliches* oder als Außersichsein bestimmt zu sein. Das Objekt, z. B. diese Stadt vor mir, ist für mich als ein abstraktes Ich ein Äußerliches, in dem Sinne, dass sie für mich als ein Seiendes gesetzt ist, unabhängig davon, ob ich mich ihr zuwende oder nicht. Jedenfalls bin ich mir dessen gewiss, dass diese Stadt vor mir kein bloßes subjektives Gebilde, wie etwa ein Traum, ist. Das Objekt, wie es sich im sinnlichen Bewusstsein herausbildet, ist nach Hegel jedoch nicht als ein solches zu verstehen, wie es etwa der theoretische Geist der modernen Physik konstruiert. So kann z. B. die atomare Welt niemals unmittelbar in das sinnliche Bewusstsein des Einzelnen eintreten wie etwa diese Stadt. Jene Welt ist also ein vom theoretischen Geist als außerhalb des Bewusstseins gesetztes Objekt.

Die erste der bereits erwähnten Entwicklungsstufen des *phänomenologischen* Geistes, nämlich das *Bewusstsein,* enthalte, so Hegel in seinem erläuternden Zusatz, in sich selber *drei* Stufen, und zwar, a) das *sinnliche*, b) das *wahrnehmende* und c) das *verständige* Bewusstsein, eine Folge, in der sich ein logischer Fortgang offenbaren würde.[584]

a) Zuerst sei das Objekt ein ganz *unmittelbares*, schlechthin *seiendes*, und so erscheine es im *sinnlichen* Bewusstsein. Diese *Unmittelbarkeit* habe jedoch keine Wahrheit, so dass von ihr zu dem *wesentlichen* Sein des Objekts fortgeschritten werden müsse.

b) Werde das *Wesen* der Dinge Gegenstand des Bewusstseins, so sei dieses nicht mehr das *sinnliche*, sondern das *wahrnehmende* Bewusstsein. Hier würden die *einzelnen* Dinge auf ein *Allgemeines* (auf Worte, d. Verf.) bezogen, aber auch nur *bezogen werden*; daher käme hier noch keine *wahrhafte Einheit* des Einzelnen und des Allgemeinen, sondern nur eine *Vermischung* dieser beiden Seiten zustande[585], und

---

[584] Ders. Enzyklopädie der philosophischen Wissenschaften, 3. Teil, a. a. O., S. 206 ff.

[585] Das Einzelne bleibe im Fall der Verknüpfung des Einzelnen und des Allgemeinen, wie Hegel noch später hervorheben wird, fest das, was es ist, nämlich

darin liege ein Widerspruch, der zur dritten Stufe des Bewusstseins, nämlich

c) zum *verständigen* Bewusstsein forttreibe und dort zu einer Lösung führe. Dazu komme es, indem der Gegenstand im verständigen Bewusstsein zur *Erscheinung* eines *für sich seienden Inneren* herabgesetzt oder erhoben wird. Eine solche Erscheinung sei das *Lebendige*.[586] An der Betrachtung des Lebendigen würde sich das *Selbstbewusstsein* "entzünden"; schlage doch im Lebendigen das *Objekt* in das *Subjektive* um. Da würde das Bewusstsein sich selber als das *Wesentliche* des Gegenstandes entdecken, sich aus dem Gegenstand in sich selbst reflektieren, sich selber gegenständlich werden.[587]

---

ein zu Grunde liegendes Sein gegenüber dem Allgemeinen, dem Wort und seinem Sinngehalt, auf das jedes Seiende aber bezogen sei. Nenne ich z. B. dieses einzelne, sinnlich gegebene Ensemble vor mir „Stadt", so beziehe ich dieses auf ein Allgemeines, eben auf das Wort „Stadt" und seinem allgemeinen Sinngehalt. Gleichwohl bleibt dieses einzelne Gebilde, was es ist, nämlich ein einzelnes Seiendes. Mit dem Wort „Stadt" habe ich mich noch nicht von diesem einzelnen Gebilde, das ich als „Stadt" wahrnehme, entfernt, obwohl dieses Wort formal alle Gebilde dieser Art erfasst. Es bleibt also noch eine Vermischung des Einzelnen mit dem Allgemeinen.

[586]Eine Stadt z. B. nimmt der *Ökonom* als einen Ort des Austausches von Waren und Arbeitskraft gegen Geld, kurz, als ein Marktgeschehen wahr. Dieses ist aber nur die Manifestation eines „für sich seienden Inneren" (Hegel), nämlich der gesellschaftlichen Arbeitsteilung sowie der Trennung der unmittelbaren Produzenten von den Produktionsmitteln, kurz, einer bestimmten ökonomischen Struktur. Das Wesentliche, so kann man Hegel verstehen, ist hier also die ökonomische Struktur, die sich im Einzelnen, z. B. im Austausch von Waren gegen Geld, manifestiert. Dies wäre dann eine „wahrhafte Einheit" des Einzelnen und des Allgemeinen.

[587]An der Betrachtung des Ökonomen einer Stadt im Sinne eines Marktgeschehen, um das Beispiel der vorausgegangenen Fußnote fortzuführen, „zündet sich" (Hegel) das *Selbstbewusstsein* des Ökonomen an; denn die Stadt als Marktgeschehen, wie sie Gegenstand des Ökonomen ist, schlägt in das Subjektive desselben um; entdeckt doch sein Bewusstsein in sich selber das *Wesentliche* des Gegenstandes.

Nach diesem allgemeinen Überblick über die drei Entwicklungsstufen des Bewusstseins, wendet sich Hegel näher dem *sinnlichen Bewusstsein* zu. Dieses sei von den anderen Weisen des Bewusstseins (also der Wahrnehmung und des Verstandes, d. Verf.) *nicht* dadurch unterschieden, dass bei ihm allein das Objekt durch die *Sinne* vermittelt wird, sondern *dadurch*, dass im sinnlichen Bewusstsein das Objekt, sei es ein äußerliches oder sei es ein innerliches, noch *keine* weitere *Gedankenbestimmung* hat als diejenige *erstens*, überhaupt zu *sein*, und *zweitens* ein *selbständiges Anderes dem Ich* gegenüber, also ein Objekt zu sein, das in sich reflektiert[588] und ein *Einzelnes* und *Unmittelbares* ist.

Der *besondere Inhalt* des Sinnlichen, zum Beispiel Geruch, Geschmack, Farbe usw., falle, wie erwähnt (dazu die Ausführungen zur empfindenden Seele, d. Verf.), in den Bereich der *Empfindung*. Die dem Sinnlichen eigentümliche *Form* aber, nämlich *sich selber äußerlich* zu sein und in *Raum* und *Zeit* auseinander zu treten, sei die von der *Anschauung* erfasste Bestimmung des Objektes.[589] Dies geschehe so, dass für das *sinnliche* Bewusstsein als solches nur die oben genannte Denkbestimmung übrig bleibt, kraft derer der vielfache besondere Inhalt der Empfindungen sich zu einem außerhalb von uns seienden *Einem*[590] zusammenfügt. Dieses werde auf dem Standpunkt des

---

Es reflektiert sich demnach in der Auseinandersetzung mit dem Gegenstand in sich selbst und wird sich somit als verständiges Bewusstsein selber gegenständlich.

[588]Gemeint ist, wie erwähnt, offenbar der Vorgang, in dem die Reflexion der Seele in sich den sinnlichen Stoff von sich, vom Ich, abtrennt und ihm die Bestimmung des *Seins* gibt. Oder, mit anderen Worten, es ist der innerliche, dem Individuum verborgene Vorgang, in dem sich das Bewusstsein als ein Objekt und ein ihm gegenübersehendes Ich oder Subjekt konstituiert.

[589]Die Anschauung wird für Hegel erst zum Thema beim „theoretischen Geist".

[590]Gemeint ist offensichtlich ein sinnlich gegebenes Ding, z. B. dieses rote, runde und hölzerne Ding vor mir, ein „Farbstift", der allerdings für das *sinnliche* Bewusstsein noch nicht ein solcher ist; das Ding ist erst für das *wahrnehmende*

sinnlichen Bewusstseins vom Subjekt auf eine unmittelbare und vereinzelte Weise gewusst, trete zufällig jetzt in das Bewusstsein des Einzelnen ein, um sodann wieder daraus zu verschwinden. Überhaupt sei der Gegenstand nach seiner Existenz und seiner Beschaffenheit ein für das Ich *Gegebenes*, er sei also ein solches, von dem ich nicht weiß, wo es herkommt, warum es diese bestimmte Natur hat und ob es ein Wahres ist.

Aus dieser Skizze zur Natur des *unmittelbaren* oder *sinnlichen* Bewusstseins ergebe sich, dass es sich dabei um eine *Form* handelt, die für den an und für sich *allgemeinen* Inhalt des *Rechts*, des *Sittlichen* und der *Religion unangemessen* ist und einen solchen Inhalt verdirbt. Dies verhalte sich deshalb so, weil im sinnlichen Bewusstsein dem absolut Notwendigen, Ewigen, Unendlichen und Innerlichen die Gestalt eines *Endlichen*, *Vereinzelten* und *Sich-selber-Äußerlichen*[591] gegeben werde. Wenn man deshalb in neueren Zeiten bloß ein *unmittelbares* Wissen von Gott hat zugestehen wollen, so habe man sich auf ein Wissen beschränkt, das von Gott nur dieses auszusagen vermag, dass er *ist*, dass er *außerhalb von* uns existiert und dass er der Empfindung nach diese oder jene Eigenschaften zu besitzen scheint.[592] Auch sittliche Normen kann man, folgt man Hegel, weder sehen noch hören, noch riechen. Und doch wird man sie als weitaus widerstandsfähiger erleben als die meisten alltäglichen Dinge, die man sieht, tastet, hört oder riecht.

Bewusstsein, und zwar für den regelmäßigen Benutzer von Schreib- und Farbstiften, ein solcher.

[591] Gemeint ist offenbar, dass ein Etwas, z. B. ein bestimmter natürlicher Stoff, nicht nur für die Subjektivität des Ich, sondern für sich selber äußerlich ist, ein Zustand, der erst in der Naturphilosophie aufgehoben wird.

[592] Nach Hegel wäre es deshalb abwegig, würde man behaupten, es gebe keinen Gott, weil man ihn bisher weder gesehen noch gehört habe.

Das *Sinnliche* als Etwas, so fährt Hegel nach diesem Zusatz fort, werde ein *Anderes*,[593] die Reflexion des Etwas in sich, nämlich das *Ding*[594], habe *viele* Eigenschaften und als Einzelnes in seiner Unmittelbarkeit *mannigfaltige Prädikate*. Das *viele Einzelne* der Sinnlichkeit werde daher ein *Breites*, - eine Mannigfaltigkeit von *Beziehungen*, *Reflexionsbestimmungen* und *Allgemeinheiten*. Diese seien logische Bestimmungen, die durch das Denken, hier durch das *Ich*, gesetzt werden.[595] Aber *für das Ich* als erscheinend habe sich der Gegenstand

---

[593]Ebenda, S. 208 f. Nach Hegel ist *Etwas* durch seine Qualität erstens *endlich* und zweitens *veränderlich*, so dass die Endlichkeit und die Veränderlichkeit seinem Sein angehören. Ders., Enzyklopädie der philosophischen Wissenschaften, 1. Teil, a. a. O., S. 197. Solche Kategorien wie Etwas und Anderes, Seiendes, Ding, Einzelnes usw. gehören, wie schon erwähnt wurde, dem abstrakten Ich oder dem formalen Denken an. Sie sind die Kategorien des sinnlichen Bewusstseins, die für das abstrakte Ich Bestimmungen des Objektes sind. Hegel hat sie in seiner „objektiven Logik" zu einem System, einer ontologischen Theorie, zusammengefügt. Als ein Beispiel für die Veränderlichkeit des Etwas führt Hegel ein Grundstück an, das eine Wiese und damit weder ein Wald noch ein Teich ist und verweist damit auf die *qualitative* Grenze der Wiese als ein Etwas. Breiten sich immer mehr Bäume auf der Wiese aus, dann wandelt sie sich ab einem bestimmten Punkt zu einem Wald. Ebenda.

[594]In einem dem Individuum innerlichen, aber ihm verborgenen Vorgang, also der Reflexion des Etwas in sich, konstituiert sich, wie sich Hegel verstehen lässt, das Ding als ein dem (abstrakten) Ich gegenüberstehendes, selbständiges und mit vielen Eigenschaften behaftetes. Mit anderen Worten, das Etwas wird als ein einzelnes Ding mit vielen Eigenschaften gesetzt. Verliert es die eine oder andere Eigenschaft, so geht es gleichwohl als ein Ding nicht unter. Hegel unterscheidet zwischen der Eigenschaft eines Dinges und der Qualität eines Etwas. Dieses Etwas verschwindet, anders als das Ding, mit dem Verlust einer Qualität. So ist ein bewaldetes Grundstück keine Wiese mehr.

[595]Reflektieren bedeutet, Hegel zufolge, dass man über etwas Unmittelbares hinaus und zu anderem fortgeht und die sich ergebende Mannigfaltigkeit in eine Einheit zusammenfasst. Eine Reflexionsbestimmung enthalte das Vergleichen eines Gegenstandes mit anderen Gegenständen und „die Seite, nach welcher er in seinen Qualitäten denselben gleich ist oder sich davon unterscheidet, teils ein

349

auf diese Weise verändert. Das sinnliche Bewusstsein sei in dieser Bestimmung des Gegenstandes *Wahrnehmen*.[596]

Zusammenfassen seiner eigenen Bestimmungen, welche jedoch nur eine äußerliche Allgemeinheit und Gemeinschaftlichkeit oder auch bloße Vollständigkeit ausdrückt". Ders., Nürnberger und Heidelberger Schriften 1808-1817, in: Hegel Werke, Bd. 4, Frankfurt a. M. 1970, S. 134. Zum Beispiel konstituiert sich für das wahrnehmende Ich, sei es als Wirtschaftssubjekt oder sei es als Ökonom, auf der Grundlage solcher, seinem Denken angehörenden, allgemeinen, logischen Kategorien die Welt der Dinge als ein Markt - eben als eine Mannigfaltigkeit von Beziehungen und Allgemeinheiten.

[596]Für das Ich, hat sich also der Gegenstand des Bewusstseins von der Sinnlichkeit hin zur Wahrnehmung und damit hat sich auch das Ich selbst verändert, das nunmehr nach Hegel ein erscheinendes ist. Als Beispiel kann man den Begriff der Ware anführen wie er in der „klassischen" Politischen Ökonomie, erst recht bei K. Marx, ein zentrales Thema ist. Ihm zufolge, ist die einzelne Ware zunächst ein äußerer Gegenstand, ein Ding, das durch seine Eigenschaft als *Lebensmittel* unmittelbar oder als *Produktionsmittel* mittelbar menschliche Bedürfnisse befriedigt. Verschwinden die nützlichen Eigenschaften des Dinges, dann verschwindet es aber damit nicht als ein solches. Diese nützlichen Eigenschaften machen das Ding zu einem Gebrauchswert oder Gut. In einer Gesellschaft mit Arbeitsteilung und Austausch ist das einzelne, durch Arbeit hervorgebrachte, Ding aber nicht nur ein Gebrauchswert, sondern auch ein Tauschwert und damit eine *Ware*. Der Tauschwert der Ware verweist auf die Beziehungen der Ware zu allen anderen Dingen, die ebenfalls die Wareneigenschaft besitzen. Das bedeutet, dass jedes einzelne Ding, das von den Käufern und den Verkäufern in einer Marktwirtschaft und von den Ökonomen als Ware wahrgenommen wird, wird damit zugleich als ein Element in einem komplexen System wechselseitiger Beziehungen von Dingen wahrgenommen, die ebenfalls die Eigenschaft haben, Ware zu sein. In der Wahrnehmung der Marktteilnehmer wie auch der nur beobachtenden Ökonomen erscheint allerdings die Wareneigenschaft der Dinge als eine natürliche Eigenschaft. Für den („tiefen"-)theoretischen und kritischen Ökonomen stellt die Wareneigenschaft dagegen eine *Verdinglichung* der Beziehungen zwischen Menschen (auch zwischen Menschen und Tieren) dar. So ist z. B. eine Kuh von Natur aus ebenso wenig ein Gebrauchswert oder Produktionsmittel wie ein Tauschwert. In der Wahrnehmung der Marktteilnehmer, bestimmt durch die Sprache des praktischen Wirtschaftslebens, und der Ökonomen,

Der Inhalt des sinnlichen Bewusstseins sei, so Hegel in seinem erläuternden Zusatz, an sich selber *dialektisch*.[597] Der Inhalt soll *das* Einzelne sein, aber eben damit sei er nicht *ein* Einzelnes, sondern alles Einzelne. Und gerade indem der einzelne Inhalt Anderes von sich *ausschließt*, beziehe er sich auf Anderes, erweise er sich als *über sich hinausgehend*, als abhängig von Anderem, als durch dasselbe vermittelt, als in sich selber Anderes enthaltend. Die *nächste* Wahrheit des *unmittelbar Einzelnen* sei also, dass es auf Anderes bezogen wird. Die Bestimmungen dieser Beziehung seien dasjenige, was man *Reflexionsbestimmungen* nennt, und das diese Bestimmungen auffassende Bewusstsein sei das *Wahrnehmen*.[598]

---

durch die Beobachtungssprache ihrer Disziplin, drückt sich die Sache selbst, das System der Warenproduktion und des Austausches, wenn auch nur an der Oberfläche, aus.

[597]Ebenda., S. 208 f.

[598] Der *Inhalt* des sinnlichen Bewusstseins, der nach Hegel „an sich selber *dialektisch*" ist, *soll das* Einzelne, z. B. eine einzelne, konkrete Stadt, sein. Aber damit ist sie nicht *ein* Einzelnes, sondern „alles Einzelne" (ders.). Offenbar meint Hegel damit, dass das Einzelne, z. B. eine einzelne Stadt, die sich inhaltlich zunächst als eine Mannigfaltigkeit von Empfindungen, die sich gegenüber dem abstrakten Ich zu einem selbständigen Eins zusammenfügen, darstellt, *nicht* innerhalb des sinnlichen Bewusstseins erkannt werden kann. Dazu bedarf es zunächst des Schritts vom sinnlichen hin zum wahrnehmenden Bewusstsein, der nach Hegel erfolgt, indem der einzelne *Inhalt* Anderes, z. B. im Fall der Stadt die ländliche Umgebung und den übergeordneten Staat, von sich ausschließt, sich zugleich auf das Andere bezieht, damit über sich hinausgeht, vom Anderen, abhängig sowie durch dasselbe vermittelt ist und das Andere in sich hat. Die *nächste* Wahrheit des *unmittelbar Einzelnen, z. B.* einer einzelnen Stadt, besteht, Hegel zufolge, also darin, dass es *auf Anderes bezogen ist*. Die Bestimmungen dieser Beziehung sind dasjenige, was Hegel, „Reflexionsbestimmungen" nennt, Bestimmungen, die dem *wahrnehmenden* Bewusstsein angehören. Kurz, der Weg zum Wissen über das Einzelne, wie es unmittelbar im sinnlichen Bewusstsein gegeben ist, führt über *alles* Einzelne, d. h. über die Abstraktion, also die Sprache.

5.2 Das Wahrnehmen

Das Bewusstsein, das über die Sinnlichkeit[599] hinausgegangen ist, will, so Hegel nach diesem Zusatz, den Gegenstand *in seiner Wahrheit nehmen.*[600] Es will ihn somit nicht als einen bloß unmittelbaren, sondern als einen vermittelten, in sich reflektierten und allgemeinen Gegenstand nehmen[601] Der Gegenstand sei eine Verbindung von sinnlichen und von erweiterten Gedankenbestimmungen konkreter Verhältnisse und Zusammenhänge. Damit sei die Identität des Bewusstseins mit dem Gegenstand nicht mehr bloß die abstrakte *Gewissheit* (dass er schlechthin da ist, d. Verf.), sondern die *bestimmte*, nämlich ein *Wissen.* Das Ich hat, wie sich Hegel verstehen lässt, auf der

---

[599] „Es gibt für die Sinnlichkeit weder vier Birnen noch vier Äpfel, weil in der sinnlichen Unmittelbarkeit als solcher weder die Quantität und das Zählen noch der qualitative Unterschied von Birnen und Äpfeln enthalten ist; das, was wir *post festum* erst einen Apfel nennen, ist für die Sinnlichkeit genauso nur ein Dieses, das hier und jetzt für mich ist, wie das, was wir ebenfalls *post festum*, eine Birne nennen; für die reine Sinnlichkeit, für die reine Rezeptivität, die nicht schon logisch, das heißt durch das Denken, imprägniert sein will, müssen Äpfel und Birnen *dasselbe* sein. Allen gegenteiligen Versicherungen zum Trotz ist die sinnliche Gewißheit, ist der Versuch, durch bloßes „Hinschauen" beim ganzen und vollen Sein zu sein, kein konkretes Denken, sondern ein äußerst abstraktes." T. S. Hoffmann, Georg Wilhelm Friedrich Hegel, a. a. O., S. 247 ff.

[600] Ders., Enzyklopädie der philosophischen Wissenschaften, 3. Teil, a., a. O., S. 208 ff.

[601] Wenn ich z. B. Münzen, Banknoten und Kontostände auf meinen Kontoauszügen als das wahrnehme, was sie sind, nämlich Geld, und zwar Bar- und Buchgeld, so schließt das den mir verborgen bleibenden inneren Vorgang ein, der diese Gegenstände als von mir unabhängig und als allgemein setzt. So ist dieses einzelne Metallstück vor mir, das ich als „Münze" wahrnehme, auf eben dieses Wort und seinen Begriffsinhalt, also auf ein Allgemeines, bezogen. Jedes Bemühen um Kenntnis des Besonderen könne, so Taylor, nur gelingen, wenn man beschreibende, d. h. allgemeine Begriffe anwendet. Das rein Besondere sei unerreichbar. Ders., Hegel, a. a. O., S. 198-199.

Stufe des Wahrnehmens nicht mehr eine Vielfalt einzelner Dinge, wie sie im sinnlichen Bewusstsein gegeben sind, vor Augen, sondern einen Gegenstand, der einen "homogenen" Zusammenhang bildet, z. B. eine Marktwirtschaft als eine bestimmte Wirtschaftsordnung. Wenn ein Ich eine bestimmte Sphäre menschlicher Tätigkeit als eine Marktwirtschaft wahrnimmt, so hat es die ökonomischen Eigenschaften von Dingen und Menschen vor Augen, wie z. B. die Eigenschaften, Ware, Geld, Kapital oder Arbeitskraft zu sein.[602] Doch es handelt sich, wie gesagt, nicht nur um eine willkürliche, subjektive Vorstellung, dass die Dinge und die Menschen solche Eigenschaften haben und sie aufgrund dieser Eigenschaften in einem bestimmten Zusammenhang stehen, sondern diese Eigenschaften sind auch an den Dingen [603] selbst gegeben, wie das Ich auch erfährt. [604] Es erfährt

---

[602] „Wenn ich die Objekte in meinem Büro betrachte, so wie sie gewöhnlich als Gebrauchsgegenstände beschrieben werden (Schreibmaschine, Schreibtisch, Stühle etc.), dann sehe ich sie nicht als reine Formen, oder, wenn ich sie als reine Formen betrachte, dann kann ich sie nicht als das Nebeneinander verschiedener Materialien sehen." Ch. Taylor, Hegel, a. a. O., S. 196. Für das Bewusstsein bestehe, wie Taylor fortfährt, „die Notwendigkeit, dass wir uns auf gewisse Dimensionen der Objekte, denen wir uns gegenübersehen, konzentrieren und sie als vorherrschend betrachten". Menschliches reflektierendes Bewusstsein sei, wie Taylor, auf Herder verweisend, ausführt, „notwendig linguistisches Bewusstsein". Ebenda, S. 195.

[603] Oben wurde schon angedeutet, dass im Fall der ökonomischen Eigenschaften der Dinge, nämlich Ware, Geld oder Kapital zu sein, eine Verdinglichung sozialer Beziehungen vorliegt, die jedoch im wahrnehmenden Bewusstsein nicht erkennbar wird.

[604] Der Gegenstand ist, wie Hegel oben zitiert wird, auf der Stufe der Wahrnehmung eine *Verbindung* von sinnlichen und von erweiterten Gedankenbestimmungen (Kategorien). So weiß, wie erwähnt, das sinnliche Bewusstsein vom Gegenstand nur, dass er *ist*, dass er ein *Etwas*, ein *existierendes Ding*, ein *Einzelnes* usw. ist. Die Stufe der Wahrnehmung schließt nach Hegel als erweiterte Gedankenbestimmung die Kategorie des *Allgemeinen* ein; nehme sich doch die Wahrnehmung das Allgemeine, habe sich doch das Wahre, so N. Hartmann, als das

nämlich, dass z. B. ein bestimmtes Stück bedruckten Papiers, das es als eine Banknote wahrnimmt, es sich auch so verhält, indem jenes auf einem Markt als Bezahlung angenommen wird.

Das *Wahrnehmen* sei, wie Hegel fortfährt, die Stufe des Bewusstseins, auf der die *Kantische Philosophie* den Geist auffasst. Es sei überhaupt der Standpunkt unseres *gewöhnlichen* Bewusstseins und mehr oder weniger der (empirischen und ("oberflächen"-)theoretischen, d. Verf.) *Wissenschaften.* So werde von sinnlichen Gewissheiten einzelner Apperzeptionen oder Beobachtungen ausgegangen, die dadurch zur Wahrheit erhoben werden sollen, dass sie in ihrer Beziehung betrachtet werden, über sie reflektiert wird, sie überhaupt nach bestimmten Kategorien zu etwas *Notwendigem* und *Allgemeinem*, eben zu *Erfahrungen* werden. Beobachtet z. B. ein Soziologe, dass Menschen aufeinander einschlagen, so wird er diesen Vorgang in den Bezugsrahmen der soziologischen Fachsprache einordnen und ihn z. B. als einen gewalttätigen sozialen Konflikt zwischen bestimmten Gruppen oder Menschen aus unterschiedlichen sozialen Milieus wahrnehmen. Gründet seine Sprache als eine geisteswissenschaftliche einerseits auf der besonderen Kategorie des *Sinns*, so schließt sie andererseits auch allgemeine philosophische Kategorien ein, die eine geistes- oder sozialwissenschaftliche Bedeutung bekommen.

Allgemeine erwiesen. Nicht wenn ich an diesem Baum als einem Einzelnen festhalte, nehme ich das, was an ihm wahr ist, sondern wenn ich ihn als ein Allgemeines fasse, das mit dem Wort „Baum" und seinem allgemeinen Sinngehalt beginnt. Der Gegenstand des wahrnehmenden Bewusstseins sei, so Hartmann, nunmehr das „Ding", in dem mannigfaltiges, seine Eigenschaften, beisammen sei. Das Sinnliche sei, wie er Hegel zitiert, hier noch vorhanden, aber nicht als das Einzelne, wie es in der unmittelbaren Gewissheit gegeben sei, sondern als ein Allgemeines. Der Gegenstand sei in der Phase der Wahrnehmung selbständig geworden, er sei unabhängig vom Bewusstsein, dieses sei auf ihn bezogen, aber sei nicht ihm wesentlich. Ders., N. Hartmann, G. W. Fr. Hegel, a. a. O., S. 98.

Obwohl das *Wahrnehmen* von der *Beobachtung* des *sinnlichen Stoffs* ausgeht, bleibe es, wie Hegel in seinem Zusatz erläutert, *nicht* bei dieser Beobachtung stehen. [605] Es beschränke sich nicht auf das *Riechen, Schmecken, Sehen, Hören* und *Fühlen*, sondern schreite mit Notwendigkeit dazu fort, das Sinnliche auf ein nicht unmittelbar zu beobachtendes *Allgemeines* zu beziehen, jedes Vereinzelte als ein in sich selber Zusammenhängendes zu erkennen - zum Beispiel im Begriff der *Kraft* alle Äußerungen derselben zusammenzufassen - und die zwischen den einzelnen Dingen stattfindenden Beziehungen und Vermittlungen aufzudecken. [606] Während daher das bloß *sinnliche* Bewusstsein nur auf die Dinge *hinweise*, d. h. diese nur in ihrer Unmittelbarkeit *zeige*, erfasse dagegen das *Wahrnehmen* den *Zusammenhang* der Dinge. Es stelle dar, dass, wenn bestimmte Umstände vorhanden sind, dieses oder jenes daraus folge, und es beginne so, die Dinge als *wahr* zu *erweisen*.

Dieses *Erweisen* der Dinge, wie es in der Wahrnehmung geschehe, sei jedoch noch mangelhaft und damit nicht ein letztes. Denn dasjenige, durch das hierbei etwas erwiesen werden soll, sei selber ein *Vorausgesetztes*, folglich eines, das zu erweisen sei, so dass man auf diesem Feld von *Voraussetzungen* zu *Voraussetzungen* schreite und in

---

[605] Ders., Enzyklopädie der philosophischen Wissenschaften, 3. Teil, a. a. O., S. 209 ff.

[606] Schon wenn man die Konzentration einer großen Menge und Vielfalt von Dingen und Menschen an einem bestimmten Ort mit dem Wort „Stadt" bezeichnet, bezieht man das Sinnliche und Einzelne auf ein nicht beobachtbares Allgemeines. Hegel erwähnt hier als Beispiel für ein nicht beobachtbares Allgemeines die Kraft, die nur in ihren Äußerungen gegeben sei und die auf der Stufe der Wahrnehmung zusammenzufassen seien. Kräfte gelten als überall am Werk, und zwar sowohl in der Natur als auch in der Welt des Geistes. So spricht man von ökonomischen oder von sozialen Kräften. Zum Beispiel wird von Soziologen eine Klasse als eine „soziale Kraft" (Ralph Dahrendorf) angesehen, die sich in sozialen Konflikten mit anderen Klassen äußert. Und beschreibt man ein Marktsystem und seine Funktionsweise, so liegt es nahe, den Begriff der Kraft zu verwenden.

355

den *Progress ins Unendliche* hineingerate. Auf diesem Standpunkt stehe die *Erfahrung*. Alles müsse *erfahren* werden. Wenn aber von *Philosophie* die Rede sein soll, so müsse man sich von jenem Erweisen, das an Voraussetzungen gebunden bleibe, wie sie dem Empirismus[607] eigen sei, zum Beweisen der *absoluten Notwendigkeit* der Dinge fortschreiten.[608]

---

[607]Der Empirismus suche, so Hegel, statt im Gedanken (in den abstrakten Theorien des Verstandes), aus der Erfahrung der äußeren und inneren Gegenwart das Wahre. Die einzelne Wahrnehmung müsse von der *Erfahrung* unterschieden werden. Jene sei immer ein Einzelnes und Vorübergehendes, dabei bleibe jedoch das Erkennen nicht stehen, sondern suche in dem wahrgenommenen Einzelnen das Allgemeine und Bleibende auf, und dies sei der Fortgang von der Wahrnehmung zur *Erfahrung*. Der Empirismus erhebe den Inhalt, der der Wahrnehmung, dem Gefühl und der Anschauung angehöre, in die Form allgemeiner Vorstellungen, Sätze und Gesetze. Dies geschehe jedoch nur in *dem* Sinne, dass diese allgemeinen Bestimmungen (z. B. Kraft) keine weitere Bedeutung und Gültigkeit für sich haben sollen als diejenige, die der Wahrnehmung entnommen werden. Kein Zusammenhang solle Geltung beanspruchen können, der nicht in der Erscheinung nachgewiesen wird. Den festen Halt nach der *subjektiven* Seite habe das empirische Erkennen darin, dass das Bewusstsein in der Wahrnehmung seine *eigene unmittelbare Gegenwart* und *Gewissheit* hat. Der wissenschaftliche Empirismus würde sich von Grund auf täuschen, indem er übersehe, dass auch *er* metaphysische Kategorien als Voraussetzung enthält. Er gebrauche diese deshalb auf eine unkritische und bewusstlose Weise. Ders., Enzyklopädie der philosophischen Wissenschaften, 1. Teil, a. a. O., S. 106-109
[608]Als Beispiel sei die Erfahrung beschrieben, die ein Ökonom auf einem lokalen Gemüsemarkt machen kann: Auf diesem treten sich, wie er wahrnimmt, Käufer, und Verkäufer gegenüber. Gekauft bzw. verkauft werden, so nimmt er wahr, Güter, Nahrungsmittel, und bezahlt wird mit Geld. Die verschiedenen Gemüsesorten, so lässt sich beobachten, haben jeweils einen Preis je Mengeneinheit. Die Preise der einzelnen Gemüsesorten unterscheiden sich deutlich. Handelt es sich jedoch um die gleiche Gemüsesorte im Angebot der einzelnen Verkaufsstände, dann lassen sich allenfalls geringe Preisunterschiede feststellen. Der Markt, so unterstellt unser Ökonom, ist für alle Teilnehmer übersichtlich, so dass es zwischen den Anbietern Wettbewerb gibt. Die Preise für die einzelnen Gemüsesorten sind allerdings, wie

Die Fortbildung des Bewusstseins erscheine, wie Hegel schon zitiert wurde, als eine Veränderung der Bestimmungen seines Objekts. Hinsichtlich dieses Punktes könne, so Hegel, hier noch erwähnt werden, dass, indem das wahrnehmende Bewusstsein die *Einzelheit* der Dinge aufhebt, sie *ideell* setzt und somit die *Äußerlichkeit* der Bezogenheit des Gegenstandes auf das Ich negiert, das Ich in sich selber gehen,

---

unser Ökonom wahrnimmt, nicht gleichbleibend, vielmehr verändern sie sich von einem Markttag zum anderen und sogar noch am selben Markttag. Ist die Nachfrage nach Möhren größer als das momentane Angebot, dann lässt sich eine Preiserhöhung für diese Ware feststellen. Warum? Der Ökonom setzt voraus, dass die Anbieter das Ziel haben, einen möglichst hohen Gewinn zu erzielen, aber damit stößt er auf weitere Voraussetzungen. Die Tatsache, dass die Käufer bereit sind, einen höheren Preis für Möhren zu zahlen, auch wenn sie dadurch auf den Kauf anderer Gemüsesorten verzichten müssen, führt unser Ökonom darauf zurück, dass ihr Bedürfnis, Möhren zu konsumieren, einen höheren Rang einnimmt als z. B. Blumenkohl. Die Rangordnung der Bedürfnisse bei den einzelnen Haushalten lässt sich nur unter Schwierigkeiten empirisch ermitteln. Gemüse verdirbt im Allgemeinen nach kurzer Zeit. Deshalb schätzen, wie sich empirisch ermitteln lässt, viele Anbieter einen Preis, der „den Markt räumt", deckt er nur die Produktionskosten. Deshalb kann unser Ökonom annehmen, dass die Preise von Gemüse und Obst sich hin zu einer Art „Gleichgewichtspreis" bewegen, bei dem das Angebot der Nachfrage entspricht. Doch das setzt voraus, dass Verkäufer wie auch Käufer sich rational verhalten. So geht unser Ökonom davon aus, dass die Verkäufer einen möglichst hohen Gewinn erzielen wollen und sich dementsprechend rational verhalten, während die Käufer die Rangordnung der Bedürfnisse in ihrem Haushalt kennen und sich in ihren Käufen so verhalten, dass sie ihren Nutzen maximieren. Kurz, unser empirischer Ökonom stößt in seinen Erklärungen immer wieder auf Voraussetzungen, die der empirischen Erklärung bedürfen. Nahe liegt es hierbei an Alfred Marshall`s Werk „Principles of Economics", 8. Aufl., London 1961 zu denken: „Economics is a study of men as they live and move and think in the ordinary business of life." Ebenda, S. 12. Unser empirischer Ökonom ist zwar in der Lage, eine Notwendigkeit im marktwirtschaftlichen Wirtschaftsleben zu erkennen, er erkennt jedoch nicht die „absolute Notwendigkeit" der Dinge, wie Hegel sie z. B. in seiner „Philosophie des Geistes" oder Marx in seiner „Kritik der Politischen Ökonomie", seiner Theorie des Kapitalismus, zu erkennen beansprucht.

selber an *Innerlichkeit* gewinnen würde. Das Bewusstsein betrachte aber dieses *Insichgehen* so, als ob es in das Objekt fällt.[609] Es ist also nicht die Kuh, die sich in ein Produktionsmittel verwandelt, sobald sie von einem kapitalistischen Landwirt erworben wird, sondern dieser ist es, der ihr in seinem wahrnehmenden Bewusstsein diese Eigenschaft zuschreibt.

Die Verknüpfung des Einzelnen und des Allgemeinen sei, wie Hegel nach diesem erläuternden Zusatz fortfährt, eine *Vermischung*, weil das Einzelne zum *Grunde* liegendes Sein sei und fest gegenüber dem Allgemeinen bleibe, auf das es zugleich bezogen sei.[610] So bleibt z. B. das einzelne Ding, das als "Ware" wahrgenommen wird, indem es auf dieses Wort bezogen wird, das, was es ist. In jener Verknüpfung des Einzelnen mit dem Allgemeinen liege daher, wie Hegel fortfährt, ein vielseitiger Widerspruch: Zum einen der Widerspruch, dass die *einzelnen* Dinge der sinnlichen Apperzeption einerseits den *Grund* der allgemeinen Erfahrung ausmachen sollen und andererseits, dass die *Allgemeinheit* das Wesen und der Grund der Dinge sein soll.[611] Und

---

[609]Wenn, so Hegel, das wahrnehmende Bewusstsein die Einzelheit der Dinge aufhebt, sie „ideell" (ders.) setzt, so heißt das, dass die Dinge in Worte und deren allgemeine Sinngehalte oder Begriffe gefasst werden. Damit werde die Bezogenheit des Gegenstandes auf das Ich als eine äußerliche negiert, und dieses gewinne somit an Innerlichkeit. Doch das Ich glaube, dieses Insichgehen falle in das Objekt.

[610]Ders., Enzyklopädie der philosophischen Wissenschaften, 3. Teil, a. a. O., S. 210. Das Einzelne und Sinnliche vermischt sich mit dem Allgemeinem, dem allgemeinen Sinngehalt von Sprache. Sage ich z. B. „diese Geldmünze", so beziehe ich nicht nur ein Allgemeines, ein Wort, auf ein vor mir liegendes einzelnes Ding, sondern ich verbinde mit diesem Wort auch einen sinnlichen Eindruck von diesem Ding. Somit hat die Wahrnehmung, wie erwähnt, noch eine sinnliche Seite, wenn auch in ihr gegenüber dem sinnlichen Bewusstsein noch weitere Gedankenbestimmungen (Kategorien) wirksam sind.

[611]So würde z. B. das Ich das Wesen und den Grund dieser Ansammlung von Wand an Wand stehenden Häusern, von Menschen, Produktions- und Verkehrsmitteln an

zum anderen der Widerspruch zwischen der *Einzelheit*, die die *Selbständigkeit*, nehme man sie in ihrem konkreten Inhalt, ausmacht, einerseits und den mannigfaltigen *Eigenschaften*, die frei von diesem negativen Band und voneinander selbständige *allgemeine* Materien sind usw., andererseits.[612] Hier hinein falle eigentlich der Widerspruch des Endlichen durch alle Formen der logischen Sphäre, am konkretesten, wenn das Etwas als *Objekt* bestimmt werde.[613]

---

diesem Ort eine „Stadt" im ökonomischen Sinngehalt des Wortes nennen. Doch auf jede Ansammlung dieser Art kann das Wort „Stadt" in jenem Sinne bezogen werden. Indem das Ich diese vor ihm liegende Mannigfaltigkeit an sinnlichen Eindrücken, die sich zu Einem zusammenfasst, als „Stadt" wahrnimmt, d. h. darauf das Wort „Stadt" bezieht, mischt es Sinnliches und Einzelnes mit Allgemeinem.

[612]Nach Hegel gibt es also einen Widerspruch zwischen der Einzelheit, z. B. einem Apfel, die die Selbständigkeit (dieses Apfels) - betrachte man sie in ihrem (seinem) konkreten Inhalt - ausmacht, und den mannigfaltigen Eigenschaften (des Apfels - u. a. seine süß-saure und seine wässrige Eigenschaft), die frei von dieser Verbindung mit dem selbständigen (alles andere von sich abgrenzenden) Ding (dem Apfel) und den voneinander selbständigen Materien (z. B. Fruchtzucker, Fruchtsäure und Wasser) sind.

[613]Hegel verweist hier auf die § 194 ff. in seiner Enzyklopädie der philosophischen Wissenschaften, 1. Teil, a. a O. hin. Es liegt nahe, den Satz in *dem* Sinne zu verstehen, dass das einem Subjekt gegenüberstehende Objekt sich, ebenso wie das Subjekt, auf den Stufen einer aufwärtsstrebenden Entwicklung zwischen Subjekt und Objekt immer wieder neu bestimmt. Am konkretesten bestimmt sich das Objekt im *sinnlichen* Bewusstsein, wo es für das Subjekt ein von ihm Unabhängiges, Einzelnes und Selbständiges ist und von dem das Subjekt noch nichts weggelassen hat. Das Objekt im *wahrnehmenden* Bewusstsein bestimmt sich auch als ein von ihm Unabhängiges, aber als ein Allgemeines, indem das Subjekt ein bestimmtes, homogenes und selektives Sprachsystem auf die Dinge bezieht, das folglich nur bestimmte Eigenschaften der Dinge erfasst. Die Dinge werden z. B. unter dem Blickwinkel einer ökonomischen Sprache, also nur in ihrer Eigenschaft als ökonomische Objekte, wahrgenommen und beobachtet. Enthalten ist in der Wahrnehmung, dass sie das Allgemeine an einem Ding erfasst, gleichwohl noch dieses als ein selbständiges und einzelnes belässt, so dass, wie erwähnt, eine Mischung zwischen dem sinnlichen und dem wahrnehmenden Bewusstsein

359

5.3 Der Verstand

Die nächste *Wahrheit* des Wahrnehmens sei, so Hegel, dass der Gegenstand *Erscheinung* und seine Reflexion-in-sich dagegen ein für

---

stattfindet. Beobachtet man z. B. einen Gemüse- und Obstmarkt, so hat man nicht nur Tomaten, Äpfel usw. als Waren, also gleichermaßen Gebrauchswerte und Tauschwerte, vor Augen, sondern die einzelnen Tomaten und einzelnen Äpfel in ihrer sinnlichen und konkreten Gegebenheit. Im *verständigen* Bewusstsein ist das Objekt des Ich ein für sich seiendes Inneres und Allgemeines, und die Dinge, die im Bezugsrahmen einer bestimmten (homogenen) Sprache beobachtet werden, sinken zu bloßen Erscheinungen, Manifestationen des Inneren, herab. So beobachtet z. B. der Ökonom die Warenwelt im Sinne einer Welt der Gebrauchs- und Tauschwerte und stellt Preisunterschiede und -bewegungen fest. Als „Verstandeswissenschaftler" begreift er diese ökonomischen Tatbestände nur als Erscheinungen eines Inneren, nämlich eines oder mehrerer Gesetze. Das Ich, das Subjekt, steht hier aber immer noch einem, wenn auch nicht unmittelbar beobachtbaren, aber gleichwohl einem ihm als äußerlich gesetzten Objekt gegenüber. Steigt man demgegenüber zur Sphäre des theoretischen Geistes auf, so findet man hier das Objekt allein durch das reine begrifflich-logische Denken bestimmt. Das Objekt ist in diesem Sinne nach Hegel die Realisierung des Begriffs (ebenda, S. 345). Demnach steht das Subjekt nicht mehr einem empirischen Objekt gegenüber, sondern eben einem solchen, das durch begrifflich-theoretisches Denken hervorgebracht wird. Wird z. B. ein einzelnes und selbständiges soziales Gebilde als ein Industrieunternehmen wahrgenommen, so wird dieses auf der höheren Stufe der Entwicklung von Subjekt und Objekt von vornherein im Sinne einer durch rein begriffliches Denken hervorgebrachten Handlungs-, System- und Organisationstheorie begriffen. Dazu auch T. S. Hoffmann: „Es ist von größter Bedeutung zu verstehen, daß das Objektive nicht einfach das Sein, das Dasein oder die Realität, die Existenz oder die Wirklichkeit ist, sondern die schon aus dem Begriff hervorgegangene Unmittelbarkeit. „Objekte" liegen nicht einfach vor Augen, sie sind als Resultat des disjunktiven Schlusses Vermittlungen der Wissenschaft." Nur das populäre Missverständnis verwechsle das Resultat der Wissenschaft, z. B. das Atom oder das Genom, mit dem unmittelbar Daseienden oder der sich zeigenden Wirklichkeit. Ders., Georg Wilhelm Friedrich Hegel, a. a. O., S. 374-375.

sich seiendes *Inneres* und Allgemeines ist.[614] Das Bewusstsein dieses Gegenstandes sei der *Verstand.* [615] Jenes *Innere* sei einerseits die *aufgehobene Mannigfaltigkeit* des Sinnlichen und auf diese Weise die abstrakte Identität. [616] Andererseits enthalte das Innere jedoch

---

[614]Ders., Enzyklopädie der philosophischen Wissenschaften, 3. Teil, a. a. O., S. 210 f. Das verständige Bewusstsein charakterisiert sich also als ein Prozess, in dem der Gegenstand, wie er im wahrnehmenden Bewusstsein gegeben ist, zu einer bloßen Erscheinung/Manifestation eines für sich seienden Inneren und Allgemeinen, z. B. eines Prinzips oder eines oder mehrerer Gesetze, herabgesetzt wird. Das Objekt im verständigen Bewusstsein ist also weder ein unmittelbares Seiendes wie im sinnlichen Bewusstsein, noch ist es eine Verbindung von Sinnlichem und Allgemeinem wie im wahrnehmenden Bewusstsein, sondern es ist die Hervorbringung des auf Entdeckung abzielenden denkenden Erkennens. Gesetze, Prinzipien als das Innere der Erscheinungen werden durch das verständige Bewusstsein gesetzt, ohne dass es sich notwendigerweise über diesen Vorgang Rechenschaft ablegt.

[615]So hat die „klassische" Politische Ökonomie, die als ihr Hauptproblem das Wirtschaftswachstum (Adam Smith) oder die Verteilung (David Ricardo) bestimmt, als ihren Gegenstand die bürgerliche Marktgesellschaft als ein vom Staat unabhängiges Wirtschaftssystem, das nur das formale oder abstrakte individuelle Eigentums- und Vertragsrecht und eine ökonomische Struktur in Form einer Arbeitsteilung unter voneinander unabhängigen kapitalistischen Unternehmern sowie einer Trennung der unmittelbaren Produzenten von den Produktionsmitteln einschließt. Das Wirtschaftssystem manifestiert sich in der Form von Eigenschaften mannigfaltiger Dinge, wie Ware, Geld, Kapital usw., und gesetzmäßigen Prozessen in der Preis-, Lohn-, Kapitalzins- und Grundrentenbildung.

[616]Zum Beispiel ist das *Innere* der bürgerlichen Marktgesellschaft, das die „Verstandesökonomie" entdeckt, indem sie die Mannigfaltigkeit der auf den Märkten angebotenen, sinnlich gegebenen Dingen aufhebt, der *Wert* als eine abstrakte Identität, sei es im Sinne der *objektiven* (Arbeitswerttheorie) oder sei es der *subjektiven* Werttheorie (Grenznutzentheorie). Der Standpunkt des Verstandes bestehe, so T. S. Hoffmann, darin, die gegenständliche Welt als eine homogene Sphäre von *Objekten* anzusehen, die sich in dieser Welt gesetzmäßig zueinander verhalten. In keiner Weise gehe es mehr um diesen oder jenen unmittelbar wahrnehmbaren Gegenstand, sondern um die allgemeine Weise, wie sich

deswegen die Mannigfaltigkeit auch, aber als *inneren einfachen Unterschied* der im Wechsel der Erscheinungen mit sich identisch bleibe, und dieser einfache Unterschied sei das Reich *der Gesetze* der Erscheinung, ihr ruhiges allgemeines Abbild.[617] Der zum Schluss des Kapitels über das Wahrnehmen erwähnte Widerspruch erhalte, wie Hegel in diesem Zusatz ausführt, seine erste Auflösung dadurch, dass die gegeneinander und gegen die innere Einheit jedes einzelnen Dinges *selbständigen* mannigfaltigen Bestimmungen des Sinnlichen zur *Erscheinung* eines für sich seienden *Inneren* herabgesetzt werden.[618] Der Gegenstand werde somit aus dem

---

Gegenstände überhaupt zueinander verhalten, es gehe um ideale Gegenstände. Ders., Georg Wilhelm Friedrich Hegel, a. a. O., S. 253.

[617]Für die „klassische" Politische Ökonomie gilt, wie angedeutet, als das Gesetz der Erscheinungen das *Wertgesetz*, das Austausch, Produktion, Verteilung und Konsumtion in einem marktwirtschaftlichen System regelt. Hierzu Hegel: „Es gibt gewisse allgemeine Bedürfnisse, wie Essen, Trinken, Kleidung usw., und es hängt durchaus von zufälligen Umständen ab, wie diese befriedigt werden. Der Boden ist hier oder dort mehr oder weniger fruchtbar, die Jahre sind in ihrer Ergiebigkeit verschieden, der eine Mensch ist fleißig, der andere faul; aber dieses Wimmeln von Willkür erzeugt aus sich allgemeine Bestimmungen, und dieses anscheinend Zerstreute und Gedankenlose wird von einer Notwendigkeit gehalten, die von selbst eintritt. Dieses Notwendige hier aufzufinden, ist Gegenstand der Staatsökonomie, einer Wissenschaft, die dem Gedanken Ehre macht, weil sie zu einer Masse von Zufälligkeiten die Gesetze findet. Es ist ein interessantes Schauspiel, wie alle Zusammenhänge hier rückwirkend sind, wie die besonderen Sphären sich gruppieren, auf andere Einfluß haben und von ihnen Beförderung o er Hinderung erfahren. Dies Ineinandergehen, an das man zunächst nicht glaubt, weil alles der Willkür des Einzelnen anheimgestellt scheint, ist vor allem bemerkenswert und hat eine Ähnlichkeit mit dem Planetensystem, das immer dem Auge nur unregelmäßige Bewegungen zeigt, aber dessen Gesetze doch erkannt werden können." Ders., Grundlinien der Philosophie des Rechts, a. a. O., S. 347.

[618]Ders., Enzyklopädie der philosophischen Wissenschaften, 3. Teil, a. a. O., S. 210 ff. So hat z. B. ein Ding vielerlei Eigenschaften, von denen einige es zu einer Ware, d. h. zu einem Gebrauchswert und damit zu einem Tauschwert, machen, und diese Eigenschaft, die jedes Wirtschaftssubjekt wahrnimmt, wird, wie erwähnt, im

Widerspruch zwischen seiner *Reflexion-in-sich* und seiner *Reflexion-in-Anderes* zum wesentlichen Verhältnis seiner zu sich *selber* fortentwickelt. [619] Indem sich aber das Bewusstsein von der

Gegenstand, wie ihn das verständigen Bewusstseins setzt, zur Erscheinung eines Inneren, nämlich des Wertes und seines Gesetzes herabgesetzt.

[619]Der Prozess der Reflexion-in-sich besteht, wie schon erwähnt darin, dass sich der Gegenstand im *sinnlichen* Bewusstsein durch die diesem eigenen und allgemeinen Kategorien (Seiendes, Etwas, existierendes Ding, Einzelnes usw.) konstituiert und die Reflexion-in-Anderes darin, dass der Gegenstand im *wahrnehmenden* Bewusstsein ebenfalls durch die Kategorien des sinnlichen Bewusstseins, durch „erweiterte Gedankenbestimmungen" (Hegel) und im Bezugsrahmen einer bestimmten (z. B. der ökonomischen) Sprache gefasst wird. Zwischen diesen beiden Formen des Bewusstseins sieht Hegel, wie oben im Übergang vom sinnlichen zum wahrnehmenden Bewusstsein erwähnt, einen Widerspruch, der, ihm zufolge, nach einer Lösung, einer Aufhebung, verlangt, und diese würde in der Fortentwicklung beider Bewusstseinsstufen hin zum *verständigen* Bewusstsein, zu einem wesentlichen Verhältnis des Gegenstandes seiner mit sich selbst führen. Zum Beispiel ist ein Geldschein im *sinnlichen* Bewusstsein ein einzelnes Ding, bestehend aus einem Stück farbig bedruckten Papiers bestimmter Größe, auf dem bildliche und symbolische Darstellungen, ein Identitätskennzeichen und eine Zahl samt einer Währungsbezeichnung gegeben sind. Im *wahrnehmenden* Bewusstsein (eines Teilnehmers am Wirtschaftsverkehr oder eines Ökonomen) ist dieses einzelne Ding von vornherein nichts anderes als ein „Geldschein", der als solcher mit Waren - also mit Dingen, die die Wareneigenschaft besitzen - in einer untrennbaren Beziehung stehen. Das Subjekt des *wahrnehmenden* Bewusstseins sieht also von vornherein nur die ökonomische Eigenschaft des erwähnten Papiers und nicht seine natürlichen Eigenschaften oder, anders ausgedrückt, es sieht das Papier in der Sprache des praktischen Wirtschaftsverkehrs (oder des Ökonomen) und nimmt sich, was „wahr" daran ist; wird das Subjekt doch in seinem Verstehen des Papiers als Geld bestätigt, sobald es eine Ware erwirbt oder eine Rechnung zahlt. Im *verständigen* Bewusstsein ist nicht mehr von diesem oder anderen Geldscheinen, sondern vom Wesen des Geldes als ein für sich seiendes Inneres die Rede, das sich notwendigerweise u. a. in *Geldscheinen* manifestiert. Das Wesen des Geldes wird in einer Theorie des marktwirtschaftlichen Wirtschaftssystems, wie sie dem ökonomischen Verstand entspricht, enthüllt und ist nach der „klassischen" Politischen Ökonomie, vollends

Beobachtung der *unmittelbaren Einzelheit* und von der *Vermischung* des *Einzelnen* und des *Allgemeinen* (in der Wahrnehmung, d. Verf.) zur Auffassung des *Inneren* des Gegenstandes erhebt, den Gegenstand also auf eine dem *Ich* gleiche Weise bestimmt, so werde dieses zum *verständigen* Bewusstsein. Erst an jenem unsinnlichen Inneren glaube der Verstand das Wahrhafte zu haben. Zunächst sei dieses Innere jedoch ein *abstrakt Identisches*, das in sich nicht unterschieden (oder differenziert, d. Verf.) ist. Ein solches Innere sei die Kategorie der *Kraft* und der *Ursache*.[620] Das *wahrhaft* Innere dagegen müsse als *konkret*, als *in sich selber unterschieden* bezeichnet werden. So verstanden, sei dasselbe dasjenige, was wir *Gesetz* nennen. Denn das Wesen des Gesetzes, sei es, dass es sich auf die äußere Natur oder auf die sittliche Weltordnung bezieht, bestehe in einer *untrennbaren Einheit*, in einem *notwendigen inneren Zusammenhang unterschiedener Bestimmungen*. So sei durch das Gesetz mit dem *Verbrechen* notwendigerweise die *Strafe* verbunden. Ebenso müsse, was die äußere Natur betrifft, zum Beispiel das Gesetz der Bewegung der Planeten (nach dem die Quadrate der Umlaufszeiten sich wie die Kuben der Entfernungen verhalten), als eine innere notwendige Einheit unterschiedener Bestimmungen verstanden werden.[621] Diese Einheit werde allerdings

---

nach Marx, im (Arbeits-)Wert einer Ware, der sich notwendigerweise in ihrem Preis, der Geldform ihres Wertes, ausdrückt, zu suchen.

[620] In der politisch-ökonomischen Theorietradition zum Beispiel wäre es der *Wert* einer Ware, genauer noch, ihre *Wertgröße* (bestimmt durch die in ihr enthaltene Arbeitsmenge – Ricardo, Marx). Sie wäre die *Kraft*, die ihren Preis (als Gleichgewichtspreis) bestimmt, unabhängig vom Spiel von Angebot und Nachfrage.

[621] Durchaus im Einklang mit Hegel unterscheidet John Stuart Mill zwischen *empirischen* Gesetzen, die in der Wahrnehmung oder der Beobachtung gefunden werden, und den *ursächlichen* Gesetzen. Das Maß an Wahrheit, das dem empirischen Gesetz innewohne, empfange es von den ursächlichen Gesetzen. Ders., System der deduktiven und induktiven Logik, Bd. 3, J. St. Mill, Gesammelte Werke Bd. 4, Neudruck d. Ausgabe Leipzig 1885, Aalen 1968, S. 264. Die Gesellschaftswissenschaft sei eine deduktive Wissenschaft, aber nicht nach dem

erst vom spekulativen Denken der *Vernunft* begriffen, aber schon von dem *verständigen* Bewusstsein in der Mannigfaltigkeit der Erscheinungen *entdeckt.* Die Gesetze seien die Bestimmungen des Verstandes, der der Welt selber innewohnt, so dass in ihnen deshalb das verständige Bewusstsein seine eigene Natur wiederfinden und somit sich selber gegenständlich würde. Somit sind Gesetze nach Hegel nicht nur Schöpfungen des verständigen (abstrakten) Denkens, sondern sie wohnen der Welt, z. B. der ökonomischen Welt, inne.

Das Gesetz, wie Hegel nach diesem Zusatz fortfährt, sei zunächst das Verhältnis allgemeiner und bleibender Bestimmungen. Es habe, indem sein Unterschied der innere sei, seine Notwendigkeit an ihm selbst.[622]

Muster der Geometrie, sondern nach jenem der komplizierteren Naturwissenschaften. Sie erschließe das Gesetz jeder Wirkung aus den ursächlichen Gesetzen, von denen die Wirkung abhängt, jedoch nicht bloß aus dem Gesetz *einer* Ursache, wie dies nach der geometrischen Methode geschehe, sondern indem sie alle Ursachen, die in ihrer Vereinigung die Wirkung bestimmen, in Betracht ziehe und ihre Gesetze miteinander zusammensetze. Ihre Methode sei die konkret deduktive Methode. (Ebenda, S. 303) J. St. Mill, der als ein Vollender der „klassischen" Politischen Ökonomie angesehen wird, hatte hierbei gewiss auch D. Ricardo im Auge, der, wie erwähnt, das Hauptproblem der Politischen Ökonomie darin sah, jene Gesetze zu finden, die die Verteilung des Sozialprodukts unter Grund-, Kapitaleigentümern und Eigentümern von bloßer Arbeitskraft bestimmen.

[622] Ders., Enzyklopädie der philosophischen Wissenschaften, 3. Teil, a. a. O. S. 211 ff. Zum Beispiel besteht in der „klassischen" Politischen Ökonomie das Innere der kommerziellen Gesellschaft, wie mehrmals erwähnt, im Wertgesetz, wonach der Austausch der Gebrauchswerte gemäß ihrer Wertgrößen, jeweils bestimmt durch die Arbeitsmenge, erfolgt. Vom Warenaustausch ausgehend, wird das Wirken dieses Gesetzes nach der Methode der abnehmenden Abstraktion in immer komplexeren Austauschverhältnissen, unter Einbeziehung weiterer Gesetze (z. B. des „ehernen" Lohngesetzes oder des Gesetzes des abnehmenden Ertrags in der Landwirtschaft), spezifiziert oder konkretisiert. Und die daraus entstehende vollständige Theorie der bürgerlichen Marktgesellschaft, als ein ideales Gedankengebilde, hat „die Notwendigkeit an ihr selbst". Sie stellt dar, dass Arbeitslöhne, Gewinne, Zinsen, Grundrenten, Preise für Lebens- und

Die eine der Bestimmungen, die als nicht äußerlich von der anderen unterschieden sei, liege unmittelbar selbst in der anderen.[623] Der innere Unterschied (als Gesetz, d. Verf.) sei aber auf diese Weise, was er in Wahrheit ist, nämlich der Unterschied an ihm selbst oder *der Unterschied, der keiner ist.*[624] In dieser Formbestimmung überhaupt sei *an sich* das Bewusstsein, das als solches die *Selbständigkeit* des Subjekts und des Objekts gegeneinander festhalte, verschwunden.[625]

Produktionsmittel zwangsläufig so und nicht anders determiniert sind, unabhängig vom Willen der einzelnen Akteure des Wirtschaftslebens.

[623]So zeigt z. B. die „klassische" Politische Ökonomie ein System von Kategorien, in dem die eine sich zwar von der logisch vorangehenden unterscheidet, aber gleichwohl in ihr enthalten ist und aus ihr logisch hervorgeht. So ergibt sich aus der Kategorie der Ware als Gebrauchswert und Wert die Kategorie des Preises als Geldausdruck der Ware, und in der weiteren logischen Ableitung folgen die Kategorien: Kapital, Kapitalzins, Arbeitslohns, Grundeigentum, Grundrente usw. Setzt die Kategorie des Kapitals die der Ware, so setzt diese auch die Kategorie des Kapitals voraus.

[624]Dieser Satz Hegels lässt sich in dem Sinne verstehen, dass der Verstand, der das Gesetz als inneren Unterschied als seinen Gegenstand, z. B. das mehrmals erwähnte Wertgesetz, entdeckt und einführt und durch abnehmende Abstraktion oder zunehmende Spezifikation Schritt für Schritt ein theoretisches (Wirtschafts-)System hervorbringt, alles auf der Erscheinungs-(Oberflächen-)ebene erfasst, so dass der innere Unterschied zur Mannigfaltigkeit der Erscheinungsebene verschwindet. Der Verstand hat zwar dann den Gegenstand in seiner Manifestation, z. B. das marktwirtschaftliche Wirtschaftssystem, wie es sich an seiner Oberfläche zeigt, vollständig begriffen, aber damit *nicht* das Sein oder das wirkliche (Wirtschafts-)Leben. (Dazu auch: T. S. Hoffmann, Georg Wilhelm Friedrich Hegel, a. a. O., S. 259.) Hierzu scheint das zu passen, was Goethe Mephisto sagen lässt: „Grau, teurer Freund, ist alle Theorie. Und grün des Lebens goldner Baum." Die politisch-ökonomische Theorie bleibt, so weitgehend sie auch konkretisiert sein mag, ein abstraktes Gedankengebilde, mag sie auch in einer mittelbaren Beziehung zum wirklichen Wirtschaftsleben eines Landes stehen, etwa als Orientierungsmittel der Wirtschaftspolitik oder als Ideologie einer Klasse dienen.

[625]Zum Beispiel ist in der Form, wie die bürgerliche Marktgesellschaft in der

Das Ich habe, als urteilend einen Gegenstand, der nicht von ihm unterschieden ist, nämlich *sich selbst;* es sei *Selbstbewusstsein.*

Was soeben von dem das Wesen des Gesetzes ausmachenden *inneren Unterschied* gesagt wurde, dass nämlich dieser Unterschied keiner sei, das gelte, so Hegel in seinem erläuternden Zusatz, ebenso sehr für den Unterschied, der in dem sich selber gegenständlichen *Ich* existiert.[626] Wie das Gesetz ein nicht nur gegen etwas *anderes,* sondern *in sich selber* Unterschiedenes, ein in seinem Unterschied (seiner

---

„klassischen" Politischen Ökonomie theoretisch-begrifflich erfasst wird, *„an sich"* das Bewusstsein, das an der gegenseitigen *Selbständigkeit* von Subjekt und Objekt festhält, verschwunden; bleibt doch vom Gegenstand mit der Vollendung der Politischen Ökonomie als Gesetzeswissenschaft nichts mehr übrig. Der Verstandesökonom wird deshalb nicht zögern, die Getreidepreise und ihr Steigen in einer gegebenen Marktwirtschaft mit dem Wertgesetz in Kombination mit dem Gesetz zur Bodenrente (Differentialrente, D. Ricardo) in der Landwirtschaft, einer Spezifizierung des Wertgesetzes, zu erklären. Er verharrt aber in seinem Gedankengebilde, verdinglicht es, und sieht folglich das wirtschaftliche Leben von ehernen und unwandelbaren Gesetzen beherrscht. Gewinnt der Ökonom dagegen die Einsicht, dass es allein sein verständiges Ich ist, das die Konstruktion eines von Gesetzen beherrschten marktwirtschaftlichen Wirtschaftssystems hervorgebracht hat, dass er mit diesem Gedankengebilde die ganze Mannigfaltigkeit und die Wandelbarkeit des Wirtschaftslebens nicht erfasst und dass darüber hinaus er selbst mit seinem Handeln ein Glied des Wirtschaftslebens, des sozialen Lebens überhaupt ist, dann steht er, wie sich Hegel verstehen lässt, „auf dem Sprung" (ders.), sich zum *Selbstbewusstsein* zu entwickeln. Dieses besteht *formal,* wie oben erwähnt, darin, dass der Gegenstand des Ich sich zu einem solchen wandelt, der sich nicht von ihm selbst unterscheidet, also darin, dass das Ich nunmehr sich selbst gegenübersteht. Das Selbstbewusstsein ist, so N. Hartmann, wie schon erwähnt, „von Hause aus ein praktisches, aktives, und die Erfahrung, die es macht, gehört einer anderen Problemschicht an". Ders., G. W. Fr. Hegel, a. a. O., S. 105.

[626]Ders., Enzyklopädie der philosophischen Wissenschaften, 3. Teil, a. a. O. S. 212 f. Ebenso wie das Gesetz als innerer Unterschied nur in seiner Manifestation existiert, existiert auch das Ich als innerer Unterschied nur in seiner Manifestation.

Differenziertheit, d. Verf.) mit sich Identisches sei, so verhalte es sich auch mit dem Ich, das sich selber zum Gegenstand hat und von sich selber weiß. Indem daher das Bewusstsein, als *Verstand*, von den *Gesetzen* weiß, verhalte es sich zu einem Gegenstand, in dem das Ich das Gegenbild des *eigenen Selbst* wiederfindet und somit auf dem *Sprung* stünde, sich zum *Selbstbewusstsein als solchem* zu entwickeln. Da aber das *bloß verständige* Bewusstsein noch *nicht* dahin gelangt, die im Gesetz vorhandene Einheit der unterschiedenen Bestimmungen zu *begreifen*, d. h. aus der einen dieser Bestimmungen deren entgegengesetzte *dialektisch* zu entwickeln[627], so bleibe diese Einheit des Bewusstseins noch etwas Totes, folglich mit der Tätigkeit des Ichs *nicht Übereinstimmendes*.[628]

---

[627]Dies lässt sich am Beispiel der „klassischen" Politischen Gesetzesökonomie in *dem* Sinne verstehen, dass die ökonomischen Kategorien, ausgehend vom Wertgesetz, nur auseinander logisch abgeleitet, aber nicht „dialektisch-logisch" entwickelt werden. Demgegenüber werden in der „Kritik der Politischen Ökonomie" von Marx die Ware, das Geld, das Kapital usw. als Formen begriffen, in denen sich das Verhältnis der Menschen zu ihrer Arbeit, ihrem Arbeitsprodukt und ihren Arbeitsmitteln ausdrückt, verdinglicht (nach Marx: „Warenfetischismus"). So verstanden, werden diese Formen von Marx „dialektisch-logisch" zu einer „lebendigen Totalität", eben zur Theorie einer Gesellschaft mit kapitalistischen Produktionsverhältnissen, entwickelt. Als Erscheinungsformen dieser Produktionsweise werden sie, Marx zufolge, in den Kategorien, etwa der „klassischen" Politischen Ökonomie, einer „Verstandeswissenschaft" (Hegel), gedacht, auf der die „Kritik" allerdings aufgebaut worden ist.

[628]Das Bewusstsein ist, wie sich Hegel verstehen lässt, noch nicht mit der Tätigkeit des Ich vermittelt, so dass es dem Leben, d. h. der Welt menschlicher Tätigkeit, dem Kampf des Menschen mit der Natur und seinesgleichen, gegenübersteht. Erinnert wird man hier an den Satz von K. Marx und F. Engels, wonach nicht das Bewusstsein das Leben, sondern das Leben das Bewusstsein bestimmt. (Dies., Deutsche Ideologie, Marx/Engels Werke, Bd. 3, Berlin 1959, S. 27.) Für beide ist also der wahre Ausgangspunkt für die Analyse des Bewusstseins das ökonomische Leben, die materielle Arbeit, der Kampf des Menschen mit dem Menschen (Max Weber). Aber diese Position ist nicht von der Hegelschen weit entfernt, wie der

Im *Lebendigen* dagegen *schaue* das Bewusstsein den *Prozess* selber des Setzens und des Aufhebens der voneinander unterschiedenen Bestimmungen *an*, *nehme wahr*, dass der Unterschied *kein* Unterschied, d. h. kein absolut fester Unterschied ist.[629] Denn das Leben sei dasjenige Innere, das nicht ein abstrakt Inneres bleibe, sondern es würde ganz in seine Äußerung eingehen. Das Leben sei ein durch die Negation des Unmittelbaren, des Äußerlichen, *Vermitteltes*, das seine Vermittlung selber zur *Unmittelbarkeit* aufhebt, - es sei eine *sinnliche*, *äußerliche* und zugleich schlechthin *innerliche* Existenz, ein *Materielles*, in dem das *Außereinander* der Teile *aufgehoben*, das Einzelne zu etwas *Ideellem*, zum *Moment*, zum Glied des Ganzen herabgesetzt erscheint; kurz, das Leben müsse als *Selbstzweck* gefasst werden, als ein Zweck, der in sich selbst sein Mittel hat, als eine Totalität, in der jedes Unterschiedene zugleich Zweck und Mittel ist.[630]

„junge" Marx anerkennt: „Das Große an der Hegelschen „Phänomenologie" ... ist also einmal, daß Hegel die Selbsterzeugung des Menschen als einen Prozeß faßt, ... daß er also das Wesen der *Arbeit* faßt und den gegenständlichen Menschen, wahren, weil wirklichen Menschen, als Resultat seiner *eignen Arbeit* begreift." Ders., Ökonomisch-philosophische Manuskripte (1844), in: Marx/Engels Werke, Ergänzungsband, Erster Teil, Berlin 1968, S. 574.

[629] Ging es im Fall des Bewusstseins bis hin zum Verstand um das *Wisssen*, so geht es nunmehr um das menschliche Leben als Interaktion zwischen dem begehrenden Ich und seinem Gegenstand, zwischen dem einen Ich und dem anderen Ich, also um das Werden des *Selbstbewusstseins*. Mit anderen Worten, die Lehre vom Wissen wird von einer Lehre vom menschlichen Sein im Sinne des menschlichen Lebens abgelöst. Hegel unterscheidet also Bewusstsein und Leben, und die Auseinandersetzung mit diesem beginnt mit dem Selbstbewusstsein, dem selbstbewussten Leben des Einzelnen. Nahe liegt es, hier den Ausgangspunkt einer philosophischen Soziologie zu sehen.

[630] Wie schon erwähnt, ist nach Hegel, wie ihn N. Hartmann interpretiert, das Lebendige Selbstzweck, Selbstbestimmung, Wechselbestimmung von Mittel und Zweck. Sei die Gegenseitigkeit das Hervorbringende im Verhältnis des Organismus zu seinen Gliedern erfüllt, so sei der Selbstzweck im lebendigen Individuum die „Seele". Der Begriff sei der Trieb, der sich durch die Objektivität hindurch seine

Das Leben als ein Prozess schließt, wie man ergänzen kann, nicht nur den einzelnen Menschen, sondern von vornherein auch das Verhältnis zu anderen Menschen ein. Die Existenz des Einzelnen geht aus dem Leben der menschlichen Gattung hervor, er vereinzelt sich zwar, bleibt aber gleichwohl das Moment dieses Ganzen oder Allgemeinen, und sein Tod ist der Sieg der Gattung über ihn als Einzelnen.[631]

An dem Bewusstsein dieser *dialektischen*, dieser *lebendigen* Einheit des Unterschiedenen entzünde sich, so Hegel, das *Selbstbewusstsein*, nämlich das Bewusstsein von dem *Ich*, das sich selber zum Gegenstand hat, von dem in sich selbst unterschiedenen einfachen *Ideellen*, und das Wissen von der *Wahrheit des Natürlichen*, vom *Ich*. Das Bewusstsein, das bisher glaubte, die Wahrheit nur im Gegenständlichen und in der Objektivität zu haben, erkenne nun, so T. S. Hoffmann, dass es *in das Leben selbst verwickelt ist*. Das Bewusstsein habe das Leben nicht nur vor sich, sondern es lebe es selbst und, indem es dies wisse, sei es *Selbstbewusstsein* geworden.[632]

Realität vermittelt. Die Objektivität sei Mannigfaltigkeit, die sich in der Leiblichkeit des Lebendigen zeige, der Begriff aber als Seele sei ein absolut Unteilbares, eine Einheit. G. W. Fr. Hegel, a. a. O., S. 277.

[631] „Der Lebensbegriff der „Phaenomenol. d. G." ist entsprechend der Absicht des Werkes: die verschiedenen Weisen des Seins als Weisen des erscheinenden Geistes zu entwickeln, ausdrücklich auf das „Leben als Geist" zentriert, auf das Leben als wissendes und bewußtes, „sichselbsterkennendes" Sein. Damit rückt das *menschliche* Leben von Anfang an in die Mitte der "Phaenomenol.": Leben wird als „Selbstbewußtsein" eingeführt, das Selbstbewußtsein kommt in seine Wahrheit durch das Für- und Gegeneinander von „Selbständigkeit und Unselbständigkeit", „Herrschaft und Knechtschaft", …" Herbert Marcuse, Hegels Ontologie und die Grundlegung einer Theorie der Geschichtlichkeit, Frankfurt a. M 1932, S. 257.

[632] Dazu: T. S. Hoffmann, Georg Wilhelm Friedrich Hegel, a. a. O. S. 260-261.

5.4 Das Selbstbewusstsein

Die Dialektik des Selbstbewusstseins ist, so Ch. Taylor, eine solche des menschlichen Verlangens, Strebens und des Wandels.[633] In diesem Sinne äußert sich auch N. Hartmann, wenn er, wie schon erwähnt, ausführt, dass das Selbstbewusstsein von Haus aus ein praktisches, aktives sei, und die Erfahrung, die es mache, einer *anderen* Problemschicht als das Bewusstsein angehöre.[634] Gemeinsam ist beiden Formen des Bewusstseins zunächst, dass das Ich sich einem ihm *äußerlichen, selbständigen* Objekt gegenübersieht, sie *unterscheiden* sich aber darin, dass das Ich im Fall des Bewusstsein sich zu seinem Objekt nur *sinnlich aufnehmend, wahrnehmend* und *erkennend,* während das Ich im Fall des Selbstbewusstseins sich zu seinem (ihm noch äußerlichen und selbständigen) Objekt *begehrend* verhält.[635] Beide Formen machen eine Entwicklung durch. Im Fall des Bewusstseins beginnt sie, wie ausgeführt, beim sinnlichen und endet beim verständigen Bewusstsein, d. h. an der Schwelle des Selbstbewusstseins. Dort angekommen, setzt sie sich fort und beginnt zunächst beim *begehrenden* Selbstbewusstsein, um dann beim *allgemeinen* Selbstbewusstsein, an der Schwelle von Vernunft und Geist zu enden. Indem der Begriff des Lebens, wie ihn Hegel in der "Phänomenologie des Geistes"[636] entwickelt, sich auf das Leben als wissendes und bewusstes, sich selbst erkennendes Sein richte, rücke, so H. Marcuse, wie schon erwähnt, das *menschliche* Leben von Anfang

---

[633]Ders., Hegel, a. a. O., S. 203.

[634]Ders., G. W. Fr. Hegel, a. a. O., S. 105.

[635]„Das Tier erhebt sich über die in seiner tierischen, animalischen Begierde negierte Natur nur, um durch die Befriedigung dieser Begierde sofort in sie zurückzufallen. So gelangt das Tier nur zum Selbst-*Gefühl*, aber nicht zum Selbst-*Bewußtsein*; das heißt, dass es nicht von sich *sprechen*, daß es nicht: „ich…" *sagen* kann." Alexandre Kojève, a. a. O., S. 41.

[636]Hegel Werke, Bd. 3, a. a. O.

an in die Mitte der "Phänomenologie" und werde als "Selbstbewusstsein" eingeführt.[637]

Das Selbstbewusstsein sei, wie Hegel in der "kleinen Phänomenologie" der uns hier interessierenden "Philosophie des Geistes" ausführt, die *Wahrheit* des Bewusstseins[638]. Es sei der *Grund* des Bewusstseins, so dass in der Existenz alles Bewusstsein eines anderen Gegenstandes Selbstbewusstsein sei.[639] So wüsste ich von dem Gegenstand als dem *meinigen* - er sei *meine* Vorstellung[640] - ich wüsste daher darin von mir selbst. Der (formale, d. Verf.) Ausdruck vom Selbstbewusstsein sei, so Hegel, "Ich = Ich"; es handele sich (nur) um eine *abstrakte Freiheit*, um eine reine Idealität. So sei das Ich *ohne* Realität; denn es selbst, das *Gegenstand* seiner sei, sei aber nicht ein solcher, weil kein Unterschied zwischen ihm und dem Ich vorhanden sei.

In dem Ausdruck "Ich = Ich" werde, wie Hegel hierzu in seinem Zusatz erläutert, das Prinzip der *absoluten Vernunft* und *Freiheit*

---

[637] Ders., Hegels Ontologie und die Grundlegung einer Theorie der Geschichtlichkeit, a. a. O., S. 257.

[638] Ders, Enzyklopädie der philosophischen Wissenschaften, 3. Teil., a. a. O., S. 213 f.

[639] Die Kategorien Grund und Existenz behandelt Hegel in seiner „Logik". Der Grund sei, wie N. Hartmann Hegel interpretiert, „innerer Grund, das Wesen der Sache selbst", und in der *Existenz* stelle sich die Sache heraus. (Ders., G. W. Fr. Hegel, a. a. O., S. 250.) Demnach wäre der Grund des Bewusstseins eben das Ich als Selbstbewusstsein, so dass im Bewusstsein eines anderen Gegenstandes das Ich hervortritt, sich herausstellt. Nehme ich also einen Gegenstand als einen mir äußeren wahr, so ist der Grund dieser Wahrnehmung ich selbst als das Selbstbewusstsein.

[640] Zum Beispiel habe ich als begehrendes Selbstbewusstsein die *Vorstellung* von einem Apfel als einem mir äußerlichen Gegenstand, der wohlschmeckend und gesund ist.

ausgesprochen.[641] Die Freiheit und die Vernunft bestünden darin, dass ich mich zur Form des Ichs = Ich erhebe, dass ich alles als das *Meinige*, als *Ich,* erkenne, dass ich jedes Objekt als Glied in *dem* System desjenigen fasse, was ich selbst bin. Kurz, Vernunft und Freiheit bestünde darin, dass ich in *einem und demselben* Bewusstsein sowohl das *Ich* als auch die *Welt* habe, mich in der Welt selber wiederfinde und umgekehrt in meinem Bewusstsein das habe, was *ist,* was *Objektivität* hat.[642] Die Einheit von *Ich* und *Objekt,* die das Prinzip des Geistes ausmache, sei jedoch zunächst nur auf eine *abstrakte* Weise im *unmittelbaren* Selbstbewusstsein gegeben und werde nur von *uns,* den Betrachtenden, aber noch *nicht* vom Selbstbewusstsein selber erkannt. Das *unmittelbare* Selbstbewusstsein habe also noch *nicht* die Form: "Ich = Ich", sondern nur das *Ich* zum Gegenstand. Es sei deshalb nur *für uns,* die Betrachtenden, nicht aber *für sich selber* frei. Es wüsste noch nichts von seiner Freiheit und habe nur die *Grundlage* der Freiheit in sich, aber noch nicht die wahrhaft *wirkliche* Freiheit.[643]

Das abstrakte Selbstbewusstsein sei, wie Hegel nach diesem Zusatz fortfährt, die *erste* Negation des Bewusstseins.[644] Es sei deshalb noch

---

[641]Ders., Enzyklopädie der philosophischen Wissenschaften, 3. Teil, S. 213 f.

[642]Hier geht es offenbar um die höchste Stufe des Selbstbewusstseins, auf der das Ich die Welt ebenso zu seiner Heimat macht wie es sie und sich selbst als einen Teil von ihr begreift. In seinem praktischen Verhältnis zur Natur gestaltet das Ich diese nach seinem Wissen und seinen Bedürfnissen, Wünschen und Vorstellungen um, in seinem theoretischen Verhältnis zur Natur erforscht, begreift und respektiert es sie. Und durch sein Handeln bringt es normative Ordnungen hervor, in denen es sich als ein freies und vernünftiges Wesen wiedererkennt. Kurz, Ich und Welt, Subjekt und Objekt, bilden eine Einheit.

[643]Das unmittelbare Selbstbewusstsein ist also das Ich, das sich nur selbst zum Gegenstand hat, und es ist damit noch nicht das Ich, das die Welt als eine vernünftige weiß und sie als solche auch will. Deshalb hat das Ich nur die Grundlage der Freiheit in sich, ist aber noch nicht *wirklich* frei.

[644]Ebenda, S. 213 ff.

mit einem *äußerlichen* Objekt verbunden, das formal seine Negation darstelle. Das abstrakte Selbstbewusstsein sei somit zugleich noch die ihm vorangehende Stufe, nämlich die des Bewusstseins, so dass sich damit der Widerspruch auftun würde, sowohl *Selbstbewusstsein* als auch *Bewusstsein* zu sein. Indem das Bewusstsein im Ich = Ich (also im Selbstbewusstsein, d. Verf.) *an sich* schon aufgehoben sei, sei es als diese Gewissheit seiner selbst, die es gegenüber dem Objekt habe, der *Trieb, das* zu setzen, was es an sich ist, nämlich dem zunächst nur abstrakten Wissen von sich selbst Inhalt und Objektivität zu geben.[645] Und umgekehrt gehe es dem Ich als Selbstbewusstsein darum, sich selbst von seiner Sinnlichkeit zu befreien, die gegebene Objektivität aufzuheben und sie mit sich identisch zu setzen. Beide Prozesse würden auf ein und dasselbe hinauslaufen, nämlich auf das Identischsetzen von Bewusstsein und Selbstbewusstsein.[646]

Der Mangel des *abstrakten Selbstbewusstseins* bestehe darin, so Hegels Erläuterung in seinem Zusatz, dass sich dieses und das Bewusstsein noch als *Zweierlei* gegenüberstehen, beide sich also noch nicht gegenseitig ausgeglichen haben.[647] Im *Bewusstsein* würden wir den ungeheuren *Unterschied* zwischen dem *Ich*, dem ganz *Einfachen*

---

[645] Indem das Selbstbewusstsein nur darin besteht, sich bloß als ein Ich zu wissen, hat es eben nur ein abstraktes Wissen von sich, was sich ändert, wenn es sich durch sein Tun, etwa durch seine Arbeit, Inhalt und Objektivität gibt. Hat es gemäß seinem vorgestellten Zweck ein Werk vollbracht, dann steht es sich selbst gegenüber, hat einen Inhalt und Objektivität bekommen.

[646] Als ein Beispiel hierfür kann man die „Arbeit" anführen; schließt sie doch zwei Prozesse ein: Der eine besteht darin, dass sich im Arbeitenden ein Zweck, d. h. eine Vorstellung, herausbildet, wie der Gegenstand beschaffen sein wird, nachdem er ihn durch seine *Tat* verändert hat und der andere darin, dass der Arbeitende zwangsläufig seine Begierde hemmt, indem er den Gegenstand eben durch seine Arbeit aufhebt und ihn so mit seinem vorgestellten Zweck in Übereinstimmung bringt. Beide Prozesse würden nach Hegel darauf hinauslaufen, Bewusstsein und Selbstbewusstsein identisch zu setzen.

[647] Ebenda., S. 214 ff.

auf der *einen* und der unendlichen *Mannigfaltigkeit der Welt* auf der *anderen* Seite sehen. Dieser noch nicht zu einer wahrhaften Vermittlung kommende *Gegensatz* zwischen dem Ich und der Welt mache die *Endlichkeit* (die Begrenztheit, d. Verf.) des Bewusstseins aus. Das *Selbstbewusstsein* dagegen habe seine *Endlichkeit* in seiner noch ganz *abstrakten* Identität *mit sich selber.* So sei im "Ich = Ich" des *unmittelbaren* Selbstbewusstseins nur ein *sein* sollender, aber noch kein *gesetzter,* noch kein *wirklicher* Unterschied vorhanden.

Dieser Zwiespalt zwischen dem Selbstbewusstsein und dem Bewusstsein stelle einen *inneren* Widerspruch des *Selbstbewusstseins* mit sich selbst dar, weil es zugleich die ihm vorangehende Stufe, nämlich das *Bewusstsein,* also das Gegenteil seiner selbst sei. Da nämlich das abstrakte Selbstbewusstsein nur die *erste,* somit noch *bedingte* Negation der Unmittelbarkeit des Bewusstseins und nicht schon die *absolute* Negativität, d. h. die Negation jener Negation, die *unendliche* Affirmation sei, so habe es selber noch die Form eines *Seienden,* eines *Unmittelbaren,* sei trotz oder vielmehr gerade wegen seiner *unterschiedslosen Innerlichkeit* noch von der *Äußerlichkeit* erfüllt. Es enthalte daher die Negation nicht bloß *in sich,* sondern noch *außer sich,* als ein *äußerliches* Objekt, als ein *Nicht-Ich,* und sei eben dadurch nur *Bewusstsein.*[648]

---

[648] Hegel meint hier offensichtlich, wie aus dem folgenden noch deutlicher hervorgeht, das einzelne Ich oder Selbstbewusstsein, das einem einzelnen äußeren Gegenstand gegenübersteht, auf den es sein Begehren richtet und deshalb noch Bewusstsein ist; das unmittelbare Bewusstsein ist eben nur bedingt negiert. Das Ich ist noch vom Objekt als einem Äußerlichen erfüllt. Es ist ein Unterschied, ob ich z. B. einen Gegenstand als einen Apfel nur wahrnehme (Bewusstsein) oder ob ich ihn nicht bloß wahrnehme, sondern auch begehre (unmittelbares Selbstbewusstsein). Gleichwohl ist in meinem Begehren noch das Bewusstsein in Form der Wahrnehmung vorhanden.

Der Widerspruch, dass das Selbstbewusstsein zunächst noch Bewusstsein ist, muss sich, so Hegel, auflösen. Die Lösung würde auf die Weise geschehen, dass sich das Selbstbewusstsein, das sich als ein Bewusstsein, als ein Ich, zum Gegenstand hat, als die *"einfache Idealität"* (Hegel) des Ichs zum *realen Unterschied* fortentwickelt. Somit würde es seine *einseitige Subjektivität* aufheben und sich *Objektivität* geben. [649] Es sei ein Prozess, der identisch mit dem umgekehrten sei, durch den zugleich das *Objekt* vom Ich *subjektiv* gesetzt, in die Innerlichkeit des Selbst versenkt und so die im Bewusstsein vorhandene Abhängigkeit des Ichs von einer äußerlichen Realität vernichtet wird. So gelange das Selbstbewusstsein, Hegel zufolge, dahin, dass es nicht *neben* sich das Bewusstsein stehen hat, nicht äußerlich mit diesem verbunden ist, sondern das Bewusstsein wahrhaft durchdringt und als aufgelöst in sich selber enthält.[650]

---

[649]Das einzelne Selbstbewusstsein als ein Ich erlangt also nach Hegel nur in einem Prozess der sozialen Interaktion mit anderen Selbstbewusstseinen, also anderen Ich, Objektivität, und zwar indem es seine Subjektivität, seine Einzelheit, aufhebt. Hegel zeigt sich hier als ein Sozialpsychologe oder Mikrosoziologe.

[650]Das Ich als Selbstbewusstsein entwickelt sich zum *realen Unterschied* fort, indem es, wie sich Hegel verstehen lässt, einem anderen Ich gegenübertritt, das es als ein solches anerkennt und von diesem ebenfalls als ein Ich anerkannt wird. Beide Ich geben sich in diesem Vorgang gegenseitig Objektivität und nehmen sich zugleich gegenseitig in ihr Innerliches auf. Dieser Prozess der Vergesellschaftung, aus dem bei den Beteiligten jeweils ihr Selbstbewusstsein, ihr Ich, als ein Objektives hervorgeht, vernichtet sie als eine zunächst füreinander äußerliche Realität; denn wenn das andere Ich in dem einen als ein verinnerlichtes enthalten ist, dann ist das das andere Ich für das eine keine Realität mehr, an der es sich stoßen kann. Mit anderen Worten, wenn Menschen sich in ihrem Verkehr miteinander gegenseitig als ein Ich anerkennen, so dass dieses eine Objektivität erlangt und diese Anerkennung damit eine allgemeinverbindliche sittliche Grundforderung geworden ist, die jeder einzelne Mensch zugleich auch verinnerlicht hat, dann ist kein Mensch mehr für den anderen eine ihn beschränkende Realität.

Um dieses Ziel zu erreichen, müsse, so Hegel, das Selbstbewusstsein *drei* Stufen durchlaufen:

Die *erste* Stufe stelle das *unmittelbare*, einfach mit sich identische, *einzelne* Selbstbewusstsein dar, das zugleich und im *Widerspruch* hiermit auf ein äußerliches Objekt bezogen sei. *So* bestimmt, sei das Selbstbewusstsein die Gewissheit seiner als eines *Seienden*, demgegenüber habe der Gegenstand die Bestimmung eines nur scheinbar Selbständigen, aber tatsächlich Nichtigen. Es sei das *begehrende Selbstbewusstsein*. Das Ich, das in dieser Form des Selbstbewusstseins die Gewissheit hat, ein Seiendes zu sein, steht also einem scheinbar selbständigen, ihm äußerlichen Gegenstand gegenüber, den es *begehrt* und mit der Befriedigung seiner Begierde vernichtet.

Auf der *zweiten* Stufe bekomme das objektive Ich die Bestimmung eines *anderen* Ich, so dass das Verhältnis eines *Selbstbewusstseins* mit einem *anderen Selbstbewusstsein* entstünde, zwischen denen sich ein *Prozess des Anerkennens* vollziehe. Hier sei das Selbstbewusstsein nicht mehr bloß ein *einzelnes* Selbstbewusstsein, sondern in ihm würde schon eine Vereinigung von *Einzelheit* und *Allgemeinheit* beginnen. Trifft also auf der *ersten* Stufe das einzelne Selbstbewusstsein auf ein Etwas, das es zum Gegenstand seiner Begierde macht und ungehemmt vernichtet (konsumiert), so trifft es auf der *zweiten* Stufe auf ein anderes Selbstbewusstsein, womit ein konfliktreicher Vergesellschaftungsprozess zwischen beiden beginnt, der mit der wechselseitigen Anerkennung der Beteiligten als ein Ich endet.

Indem dann im Fortgang, das gegenseitige *Anderssein* der einander gegenüberstehenden Selbste sich aufhebt und diese trotz ihrer Selbständigkeit miteinander identisch werden, trete, so Hegel, die *dritte* jener Stufen hervor, nämlich das *allgemeine Selbstbewusstsein*. Hegel beschreibt hier offensichtlich, wie schon erwähnt, einen Prozess der Vergesellschaftung, der zum Ausgangspunkt ein noch in der

Begierde befangenes und auf ein bestimmtes Objekt bezogenes *einzelnes* Selbstbewusstsein hat, der sich dann mit dem *Kampf* des einzelnen Selbstbewusstseins mit einem *anderen* um Anerkennung fortsetzt, um schließlich damit zu enden, dass jedes Individuum das jeweils andere ebenso als ein selbständiges, freies Ich anerkennt wie es sich selbst als ein von allen anderen Individuen anerkanntes, selbständiges, freies Ich weiß.

Erste Stufe: *Die Begierde*

Das Selbstbewusstsein in seiner *Unmittelbarkeit* sei, so Hegel, ein *Einzelnes* und *Begierde*.[651] Es sei der Widerspruch seiner Abstraktion (Abstraktheit, d. Verf.), die objektiv sein soll, oder (der Widerspruch, d. Verf.) seiner Unmittelbarkeit, die die Gestalt eines äußeren Objekts hat und subjektiv sein soll.[652] Für die aus der Aufhebung des Bewusstseins

---

[651]Ebenda, S. 215 f.

[652]Das Selbstbewusstsein (als ein Wissen des Selbst von sich), so wie es noch unmittelbar ist, ist also ein *Einzelnes* und ist *Begierde*, - es ist der Widerspruch seiner Abstraktheit, insofern das Ich als bloße Begierde, das ja objektiv sein soll, nur formal, also lediglich als Abstraktion, gegeben ist. Oder das Selbstbewusstsein ist der Widerspruch seiner Unmittelbarkeit, insofern diese die Gestalt eines äußeren Objekts hat, das aber zugleich subjektiv, d. h. als ein in der Begierde vorkommendes sein soll. Der Widerspruch des unmittelbaren, abstrakten Selbstbewusstseins besteht, um schon einmal Referiertes zu wiederholen, darin, dass es die nur *erste* Negation des Bewusstseins und deshalb noch mit einem ihm äußerlichen Objekt behaftet ist, so dass es damit zugleich noch die vorhergehende Stufe, also Bewusstsein ist (Ebenda, S. 213). Das äußere Objekt ist für das Ich des unmittelbaren Selbstbewusstseins aber nur als ein solches gegeben, insofern es geeignet ist, seine Bedürfnisse zu befriedigen, also für ihn begehrenswert, nutzbringend, ist. Mit anderen Worten, das Ich des einzelnen, unmittelbaren Selbstbewusstseins ist zwar *an sich* ein unabhängiges, selbständiges Ich, doch es ist noch mit dem vorangehenden Ich des Bewusstseins, dem ein äußerlicher Gegenstand gegenübersteht, behaftet, auf den das Ich des Selbstbewusstseins als ein begehrendes bezogen ist. Deshalb ist das Ich des unmittelbaren

378

hervorgegangene Gewissheit seiner selbst (also das Ich, das an sich nur sich selbst zum Gegenstand hat, d. Verf.) sei das *Objekt* dazu bestimmt, ein Nichtiges zu sein. Und, indem das Selbstbewusstsein nur auf das Objekt (der Begierde, d. Verf.) bezogen sei, sei seine abstrakte Idealität (also das Ich als Begierde, d. Verf.) seinerseits als ein Nichtiges bestimmt. Das unmittelbare Selbstbewusstsein schließt, um es zu wiederholen, sowohl ein Ich als Begierde als auch ein äußeres Objekt ein, das zugleich als ein begehrtes gegeben ist. Aber ebenso wie dieses Objekt der Begierde dazu bestimmt ist, ein Nichtiges zu sein, indem sich das Ich als Begierde durch ihn Befriedigung verschafft und es damit zerstört, ist das Ich als bloße Begierde seinerseits dazu bestimmt, ein Nichtiges zu sein.

Die *Begierde* ist, wie Hegel in seinem Zusatz erläutert, diejenige Form, in der das Selbstbewusstsein auf der *ersten* Stufe seiner Entwicklung erscheint.[653] Die Begierde habe in *diesem* zweiten Hauptteil der Lehre vom *subjektiven* Geist noch *keine* weitere Bestimmung als die des *Triebes,* indem dieser, *ohne durch das Denken bestimmt zu werden,* auf ein *äußerliches* Objekt gerichtet ist, durch das er sich zu befriedigen sucht. Dass aber der so bestimmte Trieb im Selbstbewusstsein *notwendigerweise* existiert, liege darin, dass das Selbstbewusstsein, wie oben ausgeführt, zugleich seine ihm vorausgehende Stufe, nämlich das *Bewusstsein* ist und von diesem *inneren Widerspruch* auch *wüsste.*[654] Wo ein mit sich Identisches (z. B. das Ich eines einzelnen

---

Selbstbewusstseins nur *an sich*, aber nicht *für sich* frei, und somit liegt ihm ein Widerspruch zugrunde, der nach einer Lösung verlangt.

[653] Ebenda, S. 215 ff.

[654] Im Fall des Bewusstseins verhält sich das (abstrakte) Ich zu seinem ihm äußerlichen Objekt; dieses erscheint geradezu als das Bestimmende in diesem Verhältnis. Im Fall des *unmittelbaren* Selbstbewusstseins verhält sich das Ich dagegen zu sich selbst, allerdings ist es erst nur als *Begierde* und als solche auch auf ein äußerliches Objekt gerichtet, mittels dessen es sich befriedigt und dabei das begehrte Objekt vernichtet. Aber in der Begierde und ihrer Befriedigung ist nicht

unmittelbaren Selbstbewusstseins, d. Verf.) einen Widerspruch in sich trägt und von dem Gefühl seiner an sich seienden Identität mit sich selber ebenso wie von dem *entgegen gesetzten* Gefühl erfüllt ist, einen inneren Widerspruch in sich zu haben, trete notwendigerweise der *Trieb* in Tätigkeit, diesen Widerspruch aufzulösen. Das *Nichtlebendige* habe dagegen *keinen* solchen Trieb, weil es den Widerspruch nicht ertragen könne, sondern zugrunde gehe, wenn das *Andere seiner selbst* in ihn eindringt. Einen solchen Trieb hätten dagegen notwendigerweise das *Beseelte* und der *Geist,* weil weder die Seele noch der Geist sein könnten, ohne den Widerspruch in sich zu haben, ihn entweder zu *fühlen* oder von ihm zu *wissen.* In dem *unmittelbaren,* daher *natürlichen, einzelnen ausschließenden Selbstbewusstsein* habe aber, wie schon erwähnt, der Widerspruch die Gestalt, dass das Selbstbewusstsein, dessen Begriff darin bestehe, dass sich das Ich *zu sich selber* verhält, also, dass es Ich = Ich ist, sich zugleich auch noch zu einem *unmittelbaren, nicht* ideell gesetzten *Anderen,* zu einem *äußerlichen Objekt,* zu einem *Nicht*-Ich, verhält und sich selber *äußerlich* ist. Das ist nach Hegel deshalb der Fall, weil das Selbstbewusstsein, obgleich es *an sich* Totalität, also Einheit des Subjektiven und Objektiven sei, dennoch zunächst als ein Einseitiges, als ein bloß Subjektives existieren würde, das erst durch die *Befriedigung der Begierde* dorthin gelange, *an und für sich* Totalität zu sein. [655] Trotz jenes inneren Widerspruchs bleibe jedoch das

---

nur, wie gesagt, das äußere Objekt, sondern auch das Ich als Begierde ein Nichtiges. Darin, dass das unmittelbare Selbstbewusstsein sowohl das Ich, das sich nur selber zum Gegenstand hat, als auch das Bewusstsein einschließt, indem in ihm ein selbständiges Objekt gegeben ist, sieht Hegel, wie ausgeführt wurde, einen Widerspruch, der die Entwicklung des Selbstbewusstseins vorantreibt und der auch vom Ich *gefühlt* oder *gewusst* wird.

[655] Erst durch die Begierde und ihre Befriedigung kommt es also zu dem konfliktreichen Prozess, in dem Menschen bereit werden, einander gleichermaßen als ein Ich anzuerkennen und der schließlich zum Resultat hat, dass die gegenseitige Anerkennung als ein Ich eine objektive, allgemeine sittliche Grundnorm wird, die auch in jedem einzelnen Menschen als eine innerliche

Selbstbewusstsein sich seiner absolut gewiss, weil es wisse, dass das unmittelbare, äußerliche Objekt *keine* wahrhafte Realität habe, vielmehr ein Nichtiges gegenüber dem Subjekt, ein bloß scheinbar Selbständiges, aber in der Tat ein solches sei, das weder verdiene noch in der Lage sei, für sich zu bestehen, sondern durch die reale Macht des Subjekts untergehen müsse.

Das Selbstbewusstsein wüsste sich daher *an sich*, wie Hegel nach diesem Zusatz fortfährt, im Gegenstand anwesend, der in dieser Beziehung dem Triebe (oder der Begierde, d. Verf.) angemessen sei.[656] In der Negation der beiden einseitigen Momente (also der Begierde und ihres Objektes d. Verf.), die durch die Tätigkeit des Ichs erfolge, werde diese Identität (von Begierde und ihrem Objekt, d. Verf.) *für* das Ich. Der Gegenstand könne dieser Tätigkeit keinen Widerstand leisten; er sei an sich und für das Selbstbewusstsein ein *Selbstloses.* Die Dialektik, die seine Natur sei, sich (selber, d. Verf.) aufzuheben, existiere hier aber als die Tätigkeit des Ichs. Das gegebene Objekt werde darin ebenso subjektiv gesetzt, wie die Subjektivität sich ihrer Einseitigkeit entäußert und sich objektiv werde.[657]

Das selbstbewusste Subjekt, so Hegel in seinem Zusatz hierzu, wisse sich *an sich* mit dem äußerlichen Gegenstand *identisch.*[658] Es wisse, dass dieser die Möglichkeit enthält, seine Begierde zu befriedigen, dass er der Begierde *angemessen* ist und sie eben deshalb weckt. Die Bezogenheit des Subjekts auf das Objekt sei für das Subjekt daher notwendig. Dieses erkenne im Objekt seinen *eigenen Mangel*, sehe in

---

Forderung gegeben ist (allgemeines Selbstbewusstsein).

[656]Ebenda, S. 216 ff.

[657]Gemeint ist hier offenbar, wie aus dem folgenden Zusatz hervorgeht, dass dadurch, dass das Ich als begehrendes das Objekt, das durch das Ich subjektiv, also als ein Objekt seiner Begierde gesetzt worden ist, aufhebt, das zunächst nur einseitig subjektive Ich sich objektiv wird.

[658]Ebenda, S. 217 f.

jenem etwas, was zu seinem *eigenen* Wesen gehört, aber ihm dennoch fehlt. Diesen Widerspruch könne aber das Selbstbewusstsein aufheben, weil es *kein Sein*, sondern *absolute Tätigkeit* sei. Und es hebe den Gegenstand auf, indem es sich des Gegenstandes, der ja nur den Anschein erwecke, selbständig zu sein, bemächtige und sich befriedige, indem es ihn verzehre. Und weil dieser Prozess Selbstzweck sei, erhalte sich das Selbstbewusstsein darin. Dabei müsse aber der Gegenstand zugrunde gehen; seien doch beide, das Subjekt wie auch das Objekt, hier Unmittelbare[659], die nur so im Einen sein könnten, und zwar so, dass die Unmittelbarkeit, und zwar *zunächst* die des selbstlosen Objekts negiert werde. Durch die Befriedigung der Begierde werde die *Identität* des Subjekts und des Objekts, die *an sich* gegeben sei, gesetzt und die Einseitigkeit der Subjektivität einerseits und die scheinbare Selbständigkeit des Objekts andererseits würden aufgehoben werden. Indem aber der Gegenstand von dem *begehrenden* Selbstbewusstsein vernichtet wird, könne es so scheinen, als ob er einer fremden Gewalt unterliegt, was jedoch nur ein *Schein* sei. Denn das unmittelbare Objekt müsse sich seiner *eigenen* Natur, seinem *Begriff* nach, aufheben, weil es in seiner *Einzelheit* der *Allgemeinheit* seines Begriffs nicht entsprechen würde.[660] Das Selbstbewusstsein sei der *erscheinende* Begriff des Objektes selber.[661] Bei der Vernichtung des Gegenstandes durch das Selbstbewusstsein würde dieser daher durch die Macht

---

[659] Hegel spricht ja auch, wie erwähnt, vom „unmittelbaren Selbstbewusstsein".

[660] Alles, was sich vereinzelt, muss zugrunde gehen, weil es, so Hegel, in seiner *Einzelheit* der *Allgemeinheit* seines Begriffs nicht entspricht. Das betrifft z. B. auch einen einzelnen Apfel, der Gegenstand der Begierde eines einzelnen Selbstbewusstseins ist, ebenso wie den einzelnen Baum, von dem der Apfel stammt. Der Apfel wird nur zum Schein durch das begehrende Selbstbewusstsein vernichtet. Denn würde er von diesem nicht verzehrt werden, so würde er notwendigerweise alsbald faul werden und sich in seine Bestandteile auflösen.

[661] Zum Beispiel erscheint (manifestiert sich) der Begriff des Objektes „Apfel" (als ein Allgemeines) im einzelnen Selbstbewusstsein, indem ein einzelner Apfel zum Gegenstand seiner Begierde wird und von ihm verzehrt wird.

seines *eigenen*, ihm *nur innerlichen* Begriffs untergehen und eben deshalb scheine es so, als ob der Begriff *nur von außen* an den Gegenstand herangetragen wird.[662] So werde das Objekt *subjektiv* gesetzt, aber durch diese Aufhebung des Objektes hebe das Subjekt auch seinen eigenen Mangel, d. h. sein Zerfallen in ein unterschiedsloses Ich = Ich und in ein Ich, das auf ein äußerliches Objekt bezogen ist, auf, und es gebe ebenso sehr seiner Subjektivität Objektivität, wie es sein Objekt subjektiv mache.[663]

Das Produkt dieses Prozesses sei, wie Hegel nach diesem Zusatz fortfährt, dass das Ich sich mit sich selbst zusammenschließt und

---

[662]Dieser von uns umformulierte Satz Hegels (Ebenda, S. 217) lässt sich in dem Sinne verstehen, dass in der Vernichtung eines Gegenstandes durch das Selbstbewusstsein, z. B. eines einzelnen Apfels, dieser durch die Macht seines eigenen, ihm *innerlichen* Begriffs, nämlich den des Apfels (als ein Allgemeines), untergeht, wobei es so scheint, als ob dieser Begriff *von außen* an den einzelnen Apfel herangetragen wird.

[663]Solange ein Individuum seine auf ein einzelnes Objekt bezogene Begierde nicht befriedigt, zerfällt es also nach Hegel in ein unterschiedsloses Ich (gemeint ist offenbar das Ich, das nur sich selber als Objekt hat) nach der Formel Ich = Ich einerseits und in ein Ich, das auf ein äußerliches Objekt bezogen ist, andererseits. Das ändert sich mit der Aufhebung des Objektes der Begierde, also mit der Tätigkeit der Befriedigung; gibt doch diese der Begierde Objektivität, indem sie sich des Objektes bemächtigt, es zerstört und es zugleich subjektiv macht. Das Resultat dieses Vorgangs ist, wie Hegel im Folgenden ausführt, dass das Ich sich (vorübergehend) mit sich selbst zusammenschließt und dadurch "*für sich* befriedigt, Wirkliches ist" (ders., ebenda, S. 217). Erfasst mich z. B. die Begierde, einen Apfel zu essen, und beziehe sie sich auf den vor mir liegenden Apfel, so bleibt das zunächst im Bereich meiner Subjektivität. Ich zerfalle damit noch in ein, Hegel zufolge, abstraktes, unterschiedsloses Ich (gemeint ist offenbar, wie schon erwähnt, ein Ich, das noch keinem Objekt gegenübersteht, von dem es sich unterscheidet) und in ein Ich, das auf diesen Apfel als ein äußerliches Objekt bezogen ist. Hebe ich das Objekt, also den Apfel, auf und befriedige meine Begierde, indem ich ihn esse und damit vernichte, so gebe ich meiner Subjektivität Objektivität; ist doch die Zerstörung des Apfels ein objektiver Vorgang. Und in diesem wird der Apfel zugleich im genussreichen Verzehr zu einem Subjektiven.

dadurch *für sich* befriedigt, ein Wirkliches ist.[664] Bei dieser Rückkehr bleibe das Ich, nach seiner äußerlichen Seite, zunächst als ein *Einzelnes* bestimmt und habe sich als ein solches erhalten, weil es sich auf das selbstlose Objekt nur negativ beziehe und dieses somit nur aufgezehrt werde. Die Begierde sei, indem sie befriedigt wird, überhaupt nur *zerstörend* und ihrem Inhalt nach *selbstsüchtig*. Und weil die Befriedigung nur im Einzelnen geschehe, sie aber vorübergehend sei, so erzeuge sich in der Befriedigung erneut die Begierde.

Das Verhältnis der Begierde zu ihrem Gegenstand laufe, so Hegel in seinem Zusatz hierzu, noch auf ein selbstsüchtiges *Zerstören* hinaus und *nicht* auf ein *Bilden* (Formen, d. Verf.) des Gegenstandes.[665] Insofern sich das Selbstbewusstsein als *bildende* Tätigkeit auf den Gegenstand beziehe, erhalte dieser die *Form* eines Subjektiven, die in ihm bestehen bleibe, seinem Stoff nach bleibe aber der Gegenstand erhalten. Durch die Befriedigung des noch in der Begierde befangenen Selbstbewusstseins werde dagegen, weil ihm noch die Kraft fehle, das Andere als ein Unabhängiges zu ertragen, die Selbständigkeit des Objektes zerstört, so dass die Form des Subjektiven in demselben keinen Bestand erlange.

---

[664]Ebenda, S. 217 ff. Das Produkt des Prozesses, in dem die Begierde und ihr Objekt und somit die Teilung des Selbstbewusstseins in ein unterschiedsloses (gemeint ist offenbar, wie erwähnt, das Ich, das nur sich selber als Objekt hat, folglich ihm auch kein anderes Ich gegenübersteht, von dem es sich unterscheidet), abstraktes und in ein begehrendes Ich aufgehoben werden, ist also, dass das Ich, in den Worten Hegels, sich mit sich selbst zusammenschließt und dadurch *für sich* befriedigt und ein Wirkliches ist. Daraus lässt sich schließen, dass nach Hegel das Ich eines Menschen nur ein Wirkliches wird, indem es als noch *unmittelbares* Selbstbewusstsein von Begierden ergriffen, dadurch auf die Umwelt als Objektwelt bezogen ist und, in Interaktion mit dieser, seine Begierden befriedigt. Demnach ist der einzelne Mensch zunächst als ein sinnliches Wesen zu begreifen.

[665]Ebenda, S. 218 f.

Ebenso wie der Gegenstand der Begierde und diese selber, so sei notwendigerweise auch die *Befriedigung* der Begierde etwas *Einzelnes* und *Vorübergehendes*, das der stets von Neuem erwachenden Begierde weicht. Die Befriedigung der Begierde bleibe mit der *Allgemeinheit* des Subjektes (dem Ich des abstrakten Selbstbewusstseins, d. Verf.) beständig im Widerspruch und sei gleichwohl, aufgrund des gefühlten Mangels der unmittelbaren Subjektivität [666], eine immer wieder angeregte Objektivierung, die *niemals* ihr Ziel absolut erreichen, sondern nur den *Progress ins Unendliche* herbeiführen würde.

Aber das *Selbstgefühl*, das dem Ich in der Befriedigung zuteilwerde, bleibe, wie Hegel nach diesem Zusatz fortfährt, nach der inneren Seite oder *an sich nicht* im abstrakten *Fürsichsein* oder in seiner *Einzelheit* bestehen, sondern, als die Negation der *Unmittelbarkeit* und der Einzelheit, enthalte das Resultat die Bestimmung der *Allgemeinheit* und der *Identität* des Selbstbewusstseins mit seinem Gegenstand.[667] Das Urteil oder die Teilung dieses Selbstbewusstseins bestehe darin, dass in das *Bewusstsein* des Ichs ein *freies* Objekt (also ein anderes Ich, d. Verf.) eintritt, in dem das Ich das Wissen seiner als Ich hat, das aber

---

[666]Gemeint ist offensichtlich das schon erwähnte Zerfallen der Subjektivität in ein abstraktes, unterschiedsloses Ich (also das Ich, das, wie erwähnt, nur sich selber als Gegenstand hat und damit auch noch kein anderes, von ihm unterschiedenes Ich) nach der Formel: Ich = Ich einerseits und in ein auf ein äußerliches Objekt bezogenes Ich andererseits. Die Befriedigung der Begierde stellt stets von neuem einen Prozess der Objektivierung dar, der, in den Worten Hegels, niemals sein Ziel erreichen kann.

[667]Ebenda, S. 218 f. Das Selbstgefühl, das mit der Befriedigung aufkommt, bleibt also in den Worten Hegels, nicht in seinem abstrakten Fürsichsein oder in seiner Einzelheit bestehen. Vielmehr kommt es in diesem Prozess zu dem Resultat - als Negation der Unmittelbarkeit und der Einzelheit -, in dem das Ich als Selbstbewusstsein durch die *Allgemeinheit* und die Identität mit seinem Gegenstand, gemeint ist offensichtlich das Ich als das Selbstbewusstsein eines anderen Menschen, bestimmt wird.

noch *außerhalb* des Ichs sei.[668] Wie Hegel in dem folgenden Zusatz noch erläutern wird, wird das Ich erst recht dann sich bewusst, *das* zu sein, was es ist, nämlich ein Ich, wenn es auf einen *anderes* Ich stößt, wobei dieses zunächst noch *außerhalb* des ersteren bleibt. Der Einzelne wird also erst in der Gesellschaft, in der Interaktion mit anderen, ein Ich im nachdrücklichen Sinne des Wortes. Das Objekt des Ichs und das Ich sind, so N. Hartmann, beide "Selbstbewusstsein für ein Selbstbewusstsein", und "so sind sie, was sie an sich sind, für einander" (ders. [669]). Dies erst sei die *eigentliche* Form des Selbstbewusstseins, es sei, wie er Hegel zitiert, "die Einheit seiner selbst in seinem Anderssein". "Das Ich in seinem Plural, und dieser wiederum zusammengegangen in einer lebendigen Einheit, als konkrete Beziehung auf sich, als "wir", - ist das eigentliche Ich."[670]

Nach der *äußerlichen* Seite würden sich beim *unmittelbaren* Selbstbewusstsein, wie Hegel in seinem erläuternden Zusatz ausführt, Begierde und die Befriedigung derselben bis ins Unendliche einander abwechseln.[671] Nach der *inneren* Seite dagegen oder seinem *Begriff* nach habe das Selbstbewusstsein, indem es seine Subjektivität und den äußerlichen Gegenstand aufhebt, seine eigene Unmittelbarkeit, nämlich den Standpunkt der Begierde, negiert. Es habe sich ein Gegenüber als sein Andersseiendes gesetzt, dieses *Andere* mit dem *Ich* erfüllt und es aus einem *Selbstlosem* zu einem *freien*, einem *selbstischen* Objekt, eben zu einem *anderen* Ich gemacht. Somit habe es sich als ein *unterschiedenes Ich* sich selber gegenübergestellt, sich aber dadurch über die Selbstsucht der bloß zerstörenden Begierde erhoben.

---

[668]Ebenda, S. 218 ff.

[669]N. Hartmann, G. W. Fr. Hegel, a. a. O., S. 106 f.

[670]Ebenda.

[671]Ders., Enzyklopädie der philosophischen Wissenschaften, 3. Teil, a. a. O., S. 218 ff.

Zweite Stufe: *Das anerkennende Selbstbewusstsein*

Dieses ist, so Hegel, ein Selbstbewusstsein für ein Selbstbewusstsein, es sei zunächst *unmittelbar* ein Anderes für ein *Anderes*.[672] Ich würde, ihm zufolge, im *anderen* Ich mich selbst als ein Ich, aber auch im *anderen* Ich ein unmittelbar da seiendes Ich anschauen, das als ein solches ein mir gegenüber absolut selbständiges anderes Objekt sei. Das Aufheben der *Einzelheit* des Selbstbewusstseins (als Begierde, d. Verf.) sei das *erste* Aufheben, und das Selbstbewusstsein sei damit nur als ein *besonderes* bestimmt gewesen. Dieser Widerspruch sei der Trieb, sich als ein freies Selbst zu *zeigen* und für das andere Selbst als ein solches *da* zu sein; es sei der Prozess des *Anerkennens*.

Die als "*anerkennendes Selbstbewusstsein*" bezeichnete *zweite* Entwicklungsstufe des Selbstbewusstseins habe, so Hegel in seinem Zusatz hierzu, mit der *ersten* Entwicklungsstufe, in der das Selbstbewusstsein noch in der Begierde befangen sei, zunächst noch die Bestimmung der *Unmittelbarkeit* gemeinsam. [673] In dieser Bestimmung liege der *ungeheure Widerspruch*, dass - weil das Ich das ganz *Allgemeine*, absolut *Durchgängige*, durch *keine Grenze Unterbrochene*, das *allen* Menschen *gemeinsame* Wesen sei - die beiden sich *hier* aufeinander beziehenden Selbst zwar *eine* Identität bilden (nach Hegel sozusagen ein Licht sind) und dennoch *zwei* Selbst seien. Sie stünden vollkommen *starr* und *spröde* einander gegenüber und jedes sei ein *in sich Reflektiertes*[674], von dem Anderen absolut *Unterschiedenes* und *Undurchbrechbares*.

---

[672]Ebenda, S. 219 f.

[673]Ebenda.

[674]Damit scheint Hegel zu meinen, dass das andere Ich für das eine nur ein für ihn äußeres Objekt ist und umgekehrt. Oder, mit anderen Worten, sie stehen jeweils nur als ein „Sein-für-Anderes" einander gegenüber.

Der Prozess des Anerkennens sei, wie Hegel nach diesem Zusatz fortfährt, ein *Kampf;* denn Ich könne mich im Anderen nicht als mich selbst wissen, weil das *andere* Ich ein unmittelbares *anderes* Dasein für mich ist.[675] Deshalb sei Ich auf die Aufhebung der Unmittelbarkeit des *Anderen* ausgerichtet. Ebenso wenig könne Ich nicht als Unmittelbares anerkannt werden, sondern nur, indem Ich an mir selbst die Unmittelbarkeit aufhebe und dadurch meiner Freiheit Dasein gebe. Aber diese Unmittelbarkeit sei zugleich die *Leiblichkeit* des Selbstbewusstseins, in der es als sein Zeichen und sein Werkzeug sein eigenes *Selbstgefühl* sowie sein Sein *für andere* und seine Beziehung hat, die es mit ihnen vermittelt.[676]

Die nähere Gestalt des in dem vorangehenden Zusatz erwähnten Widerspruchs bestehe, wie Hegel in *diesem* Zusatz erläutert, darin, dass die beiden sich zueinander verhaltenden *selbstbewussten* Subjekte, weil sie ein unmittelbares Dasein hätten, *natürliche, leibliche* Subjekte seien, also beide in der Weise eines *Dinges* existieren (das *fremder Gewalt* unterworfen sei) und als ein solches einander begegnen würden.[677] Zugleich seien sie aber schlechthin *freie* Wesen, die einander nicht nur als ein unmittelbar Daseiendes, nicht einander als ein bloß *Natürliches* behandeln dürfen. Um diesen Widerspruch zu überwinden, sei es erforderlich, dass die beiden einander gegenüberstehenden Selbst in ihrem *Dasein,* in ihrem *Sein-für-Anderes,* sich als *das* setzen, sich als *das* anerkennen, was sie *an sich* oder ihrem Begriff nach sind, nämlich nicht nur *natürliche,* sondern *freie* Wesen. Nur so käme die *wahre* Freiheit zustande; denn, weil diese in der

---

[675]Ebenda, S. 219 f.

[676]Wenn also ein Ich und ein anderes Ich einander gegenübertreten, so tun sie das, wie sich Hegel verstehen lässt, nicht als körperlose Wesen, sondern eben in ihrer Leiblichkeit, in der sie ihr Zeichen, ihr Werkzeug und ihr Selbstgefühl haben. In ihrer Körperlichkeit sind sie für einander da, und sie ist es, die zunächst ihre Beziehung zueinander vermittelt.

[677]Ebenda, S. 220 f.

Identität meiner mit dem Anderen bestehe, sei ich nur dann *wahrhaft* frei, wenn auch der *Andere* frei ist und von mir als frei anerkannt werde. Diese Freiheit des *Einen* im *Anderen* würde die Menschen auf *innerliche* Weise vereinigen, während *Bedürfnis* und *Not* sie nur *äußerlich* zusammenbringen würden. Die Menschen müssten daher wollen, dass sie sich ineinander wiederfinden, was aber nicht geschehen könne, solange sie in ihrer Unmittelbarkeit, ihrer Natürlichkeit, gefangen bleiben; sei doch diese eben dasjenige, was sie voneinander ausschließt und verhindert, dass sie als *freie* Menschen füreinander sind. Die Freiheit fordere daher, dass das selbstbewusste Subjekt weder seine *eigene* Natürlichkeit bestehen lässt noch die Natürlichkeit *anderer* duldet, sondern, gleichgültig gegen das Dasein, in einzelnen unmittelbaren Konflikten sogar das eigene und das fremde Leben für die Erringung der Freiheit auf das Spiel setzt. Nur durch den *Kampf* könne also die Freiheit erworben werden. Die bloße Versicherung, frei zu sein, genüge dazu nicht. Nur dadurch, dass der Mensch sich *selber*, wie auch *andere*, in die *Gefahr des Todes* bringt, beweise er seine Fähigkeit zur Freiheit.

Jedes Selbstbewusstsein bringe, wie Hegel nach diesem Zusatz fortfährt, in seinem Kampf mit dem anderen Selbstbewusstsein ebenso dessen Leben *in Gefahr* wie es sein eigenes Leben *in Gefahr*, aber eben nur in *Gefahr* bringe; sei doch ebenso jedes Selbstbewusstsein auf die Erhaltung seines Lebens als das Dasein seiner Freiheit gerichtet.[678] Der Tod des einen, der den Widerspruch nach einer Seite auflöse - durch die abstrakte, daher rohe Negation der Unmittelbarkeit - sei so nach der wesentlichen Seite, dem Dasein des Anerkennens, das darin zugleich aufgehoben werde, ein neuer Widerspruch, und der höhere als der erste.

---

[678]Ebenda, S. 221 f.

Der *absolute* Beweis der Freiheit des Einzelnen im Kampf um seine Anerkennung sei, wie Hegel in seinem Zusatz hierzu erläutert, der *Tod*.[679] Schon wenn sich die Kämpfenden der Gefahr des Todes aussetzen, würden sie ihr natürliches Sein als ein Negatives setzen und beweisen, dass sie dieses als ein Nichtiges betrachten. Durch den Tod aber werde die Natürlichkeit tatsächlich negiert und dadurch zugleich ihr Widerspruch mit dem Geistigen, mit dem Ich, aufgelöst. Allerdings sei diese Auflösung nur ganz *abstrakt*, von *negativer*, nicht aber von *positiver* Art. Denn wenn von den beiden um ihre gegenseitige Anerkennung miteinander Kämpfenden auch nur der eine untergeht, dann komme *keine* Anerkennung zustande. Der Übriggebliebene würde ebenso wenig wie der Tote als ein Anerkannter existieren. Folglich würde sich durch den Tod der neue und größere Widerspruch auftun, dass diejenigen, die durch den Kampf ihre innere Freiheit bewiesen haben, gleichwohl zu *keinem* anerkannten Dasein ihrer Freiheit gelangt sind. Hegel betont allerdings, um Missverständnissen vorzubeugen, dass der Kampf um Anerkennung in der bis zum äußersten betriebenen Form bloß im *Naturzustand*, wo die Menschen nur als Einzelne seien, aber nicht in der bürgerlichen Gesellschaft und im (modernen, d. Verf.) Staat stattfinden könne, weil dort das Resultat jenes Kampfes, nämlich die (gegenseitige, d. Verf.) Anerkennung, bereits gegeben (institutionalisiert, d. Verf.) sei.[680] Denn obwohl der Staat ebenfalls durch *Gewalt entstehen* könne, so würde er doch nicht auf ihr beruhen. Die Gewalt habe bei der Hervorbringung des (modernen, d. Verf.) Staates nur ein an und für sich Berechtigtes, nämlich die Gesetze und die Verfassung zur Existenz gebracht zu haben. Im (modernen, d. Verf.) Staat seien der Geist des Volkes, die Sitte, das

---

[679]Ebenda, S. 221 ff.

[680] Später, in seinen „Grundlinien der Philosophie des Rechts" (a. a. O., S. 389 ff), ahnt Hegel, dass auch in der bürgerlichen Gesellschaft und im modernen Staat der gewalttätige Kampf um Anerkennung weitergehen könnte und denkt dabei, ebenso wie Marx, an das Aufkommen und das rasche Anwachsen einer modernen Klasse besitzloser Menschen, des (Industrie-) Proletariats.

Gesetz das Herrschende, und dort werde der Mensch als *vernünftiges* Wesen, als *frei*, als Person, anerkannt und behandelt. Und der Einzelne mache sich seinerseits dieser Anerkennung dadurch würdig, dass er, indem er die *Natürlichkeit* seines Selbstbewusstseins überwindet, einem *Allgemeinen*, d. h. dem *an und für sich seienden Willen*, dem *Gesetz*, gehorcht, also er sich gegenüber anderen auf eine *allgemeingültige* Weise verhält und sie als *das* anerkennt, wofür er selber gelten will, nämlich als frei, als Person. Im Staat erhalte der Bürger seine Ehre durch das *Amt*, das er bekleidet, durch das von ihm *betriebene Gewerbe* und durch seine sonstige *Arbeit*. Seine Ehre habe dadurch einen substanziellen, allgemeinen, objektiven, nicht mehr von der leeren Subjektivität abhängigen Inhalt. Dergleichen fehle noch im Naturzustand, in dem die Individuen, wie sie auch sein und was sie auch tun mögen, sich Anerkennung erst erzwingen müssten.

Aus dem soeben Ausgeführten gehe aber hervor, dass mit jenem Kampf um Anerkennung, der ein notwendiges Moment in der Entwicklung des menschlichen Geistes ausmache, der *Zweikampf* nicht verwechselt werden darf. Dieser falle nämlich nicht in den Naturzustand der Menschen, sondern in eine schon mehr oder weniger ausgebildete Form der bürgerlichen Gesellschaft und des (modernen, d. Verf.) Staates. Seine eigentliche weltgeschichtliche Stelle habe der Zweikampf im Feudalsystem, das ein rechtlicher Zustand sein sollte, es aber nur in einem geringen Maße war. Da habe der Ritter, was immer er auch begangen haben mochte, dafür gelten wollen, dass er sich nichts zu vergeben hat, er vollkommen fleckenlos ist. Dies hätte der Zweikampf beweisen sollen. Obwohl das Faustrecht in gewisse Formen gekleidet worden sei, habe es gleichwohl die Selbstsucht zur absoluten Grundlage gehabt. Durch seine Ausübung sei daher nicht ein Beweis vernünftiger Freiheit und wahrhaft staatsbürgerlicher Ehre, sondern ein Beweis von Rohheit erbracht worden. Und häufig seien die Ausübenden unverschämt genug gewesen, trotz ihrer Schlechtigkeit, auf äußerliche Ehre Anspruch zu erheben. Bei den antiken Völkern sei der Zweikampf nicht vorgekommen; sei ihnen doch der Formalismus der leeren Subjektivität, der Wille des Subjekts, in seiner unmittelbaren Einzelheit gelten zu wollen, fremd gewesen. Sie hätten ihre Ehre nur in ihrer gediegenen Einheit mit dem Staat als einem sittlichen Verhältnis gehabt. In unseren modernen Staaten aber könne man den Zweikampf kaum für etwas anderes halten, als einen künstlichen Versuch, sich in die Rohheit des Mittelalters zurückzuversetzen. Allenfalls könnte bei dem ehemaligen Militär der Zweikampf einen leidlich vernünftigen Sinn haben, nämlich den, wenn das Individuum beweisen wollte, es habe noch einen höheren Zweck als den, sich wegen eines Groschens totschlagen zu lassen

Indem das Leben, wie Hegel nach diesem Zusatz fortfährt, so wesentlich wie die Freiheit sei, ende der Kampf zunächst als eine *einseitige* Negation ungleich, indem der *eine* der Kämpfenden das Leben vorzieht und sich so zwar als ein einzelnes Selbstbewusstsein erhält, aber damit aufgebe, von seinem Gegner anerkannt zu werden.[681] Der andere dagegen halte daran fest, sich auf sich selbst zu beziehen und werde von dem Unterworfenen anerkannt. Das sei das *Verhältnis der Herrschaft und der Knechtschaft*.

Der Kampf um Anerkennung und die Unterwerfung unter einen Herrn sei die *Erscheinung*, aus der das Zusammenleben der Menschen, als der Beginn der *Staaten*, hervorgegangen sei. Die *Gewalt*, die in dieser Erscheinung Grund sei, sei darum nicht der Grund des *Rechts*, obwohl sie das *notwendige* und *berechtigte* Moment im *Übergang* vom *Zustand* des Selbstbewusstseins, das noch in die Begierde und die Einzelheit versenkt, zum *Zustand*, in dem das *allgemeinen* Selbstbewusstseins gegeben sei. Das Moment der Gewalt sei der äußerliche und *erscheinende Anfang* der Staaten, aber nicht ihr *substanzielles Prinzip*. Der einzelne moderne Staat beruht also nach Hegel nicht auf Gewalt,

---

[681]Ebenda, S. 222 ff.

sondern auf Verfassung und Recht, mag auch die Gewalt an seinen Anfängen geherrscht haben.

Das Verhältnis von Herrschaft und Knechtschaft enthalte, wie Hegel in seinem Zusatz hierzu erläutert, nur ein *relatives* Aufheben des Widerspruchs zwischen der *in sich reflektierten Besonderheit* (wie sie jedem der aufeinander treffenden Subjekte eigen ist, d. Verf.) einerseits und der *gegenseitigen Identität* der unterschiedenen selbstbewussten Subjekte andererseits. [682] Denn in diesem Verhältnis werde die Unmittelbarkeit des besonderen Selbstbewusstseins zunächst *nur* auf der Seite des Knechts aufgehoben, während sie dagegen auf der Seite des Herrn erhalten bleibe. Während die Natürlichkeit des Lebens (die Leiblichkeit, d. Verf.) auf diesen beiden Seiten bestehen bleibe, gebe der Knecht seinen Eigenwillen auf und ordne sich dem Willen des Herrn unter. Sein Wille bekomme nunmehr zu seinem Inhalt den Zweck seines Gebieters, der seinerseits in sein Selbstbewusstsein nicht den Willen des Knechtes, sondern bloß die Sorge für die Erhaltung der natürlichen Lebendigkeit desselben aufnehme, so dass in diesem Verhältnis die *gesetzte* Identität des Selbstbewusstseins der aufeinander bezogenen Subjekte nur auf *einseitige* Weise zustande komme.

Was das Geschichtliche des Verhältnisses, von dem hier die Rede ist, betrifft, so bemerkt Hegel, die antiken Völker, die Griechen und die Römer hätten sich noch nicht zum Begriff der *absoluten* Freiheit erhoben, weil sie nicht erkannt hätten, dass der *Mensch als solcher*, als dieses *allgemeine* Ich, als *vernünftiges* Selbstbewusstsein, zur Freiheit berechtigt sei. Bei ihnen sei der Mensch vielmehr nur dann für freigehalten worden, wenn er als ein Freier *geboren* war. Die Freiheit hätte also bei ihnen noch die Bestimmung der *Natürlichkeit* gehabt. Deshalb habe es in ihren Freistaaten Sklaverei und bei den Römern

---

[682]Ebenda, S. 223 ff.

blutige Kriege gegeben, in denen die Sklaven versuchten, sich zu befreien, sich die Anerkennung ihrer ewigen Menschenrechte zu erkämpfen.

Dieses Verhältnis, also von Herr und Knecht, sei, wie Hegel nach diesem Zusatz fortfährt, weil das Mittel der Herrschaft, der Knecht, in seinem Leben gleichfalls erhalten werden müsse, die *Gemeinsamkeit* des Bedürfnisses und der Sorge, es zu befriedigen.[683] An die Stelle der rohen Zerstörung des unmittelbaren Objekts würden Erwerb, Erhaltung und Formierung des Objektes treten. Dies sei das Vermittelnde, in dem sich die beiden Extreme der Selbständigkeit und der Unselbständigkeit zusammenschließen würden. Die Form der Allgemeinheit in der Befriedigung des Bedürfnisses sei ein *dauerndes* Mittel und eine Vorsorge, die die Zukunft berücksichtigen und sichern würden.[684]

In der Differenz zwischen dem Herrn und dem Knecht habe der Herr im Knecht und in dessen Diensten die Anschauung, dass sein *einzelnes* Fürsichsein (sein durch den Kampf um Anerkennung vermitteltes Ich als ein für sich seiendes, d. Verf.) Geltung hat, und zwar mittels der Aufhebung des unmittelbaren Fürsichseins, die aber in einen anderen falle.[685] Dieser andere, also der Knecht, aber arbeite sich im Dienste des

---

[683] Ebenda, S. 224 f.

[684] Hier geht es also nicht mehr um die augenblickliche Befriedigung der besonderen Begierde eines Einzelnen mittels eines Objekts, das dieser Begierde entspricht, sondern um die dauerhafte Befriedigung *allgemeiner* Bedürfnisse von Menschen sowohl in der Gegenwart als auch in der Zukunft. Es muss also dafür Sorge getragen werden, das (Roh-)Objekte zu Gütern verarbeitet werden, die für die Befriedigung allgemeiner Bedürfnisse bestimmt sind, Vorratshaltung für die Zukunft betrieben, also gespart wird, und darüber hinaus in Maschinen und Werkzeuge, in Produktionsmittel aller Art, und auch in die Ausbildung von Fertigkeiten investiert wird.

[685] Nimmt man als Beispiel einen feudalen Grundherrn, so hat dieser, in seinen Knechten und in ihren Diensten die Anschauung, dass sein *einzelnes* Fürsichsein und damit seine

Herrn seinen Einzel- und Eigenwillen ab, hebe die innere Unmittelbarkeit seiner Begierde auf und mache aus dieser Entäußerung[686] und aus der Furcht vor dem Herrn den Anfang der Weisheit, und dies sei der Übergang zum *allgemeinen Selbstbewusstsein.*

Indem der Knecht für den Herrn, also nicht im ausschließlichen Interesse seiner eigenen Einzelheit arbeitet, erhalte, wie Hegel in seinem Zusatz erläutert, seine Begierde die *Breite*, nicht nur die Begierde eines *Diesen* (seine eigene, d. Verf.) zu sein, sondern zugleich die eines *anderen* (des Herrn, d. Verf.) in sich zu enthalten.[687] Demnach erhebe sich der Knecht über die selbstische (selbstbezogene, d. Verf.) Einzelheit seines natürlichen Willens[688] und stehe insofern, seinem Werte nach, höher als der in seiner Selbstsucht befangene Herr, der im Knecht nur seinen unmittelbaren Willen anschaue und von dem unfreien Bewusstsein des Knechtes nur auf formale Weise anerkannt

---

besonderen Bedürfnisse, Vorlieben und seine Genusssucht Geltung haben. Alle diese Triebe kann er aber nur befriedigen, indem das unmittelbare Fürsichsein der Knechte, also ihr eigener Wille, aufgehoben worden ist, er sie für sich arbeiten lässt, dabei aber zugleich auch dauerhaft für ihren Lebensunterhalt sorgt.

[686]Der Knecht entäußert sich seiner unmittelbaren Begierde, indem er, aufgrund seiner Arbeit für den Herrn, ihre Befriedigung unterdrückt oder hemmt. Seine Ausbeutung bewirkt aber auch eine Verfeinerung oder Differenzierung seiner Begierde, damit auch seiner Arbeitsprodukte und darüber hinaus in ihm die Entwicklung von Wissen und Weisheit.

[687]Ebenda, S. 224 ff.

[688]Der natürliche Wille ist nach Hegel der unmittelbare Wille. Dieser sei an sich auch bestimmt, setze einen Unterschied in sich, gebe sich einen Inhalt. Jede Begierde enthalte, dass wir etwas wollen, aber der Inhalt sei ein natürlicher, es seien die Triebe und Neigungen, in denen ich noch nicht frei sei. Der Inhalt sei nämlich noch nicht als der meinige gesetzt, sondern als ein Gegebenes, als eine Naturbestimmung. Ders., G. W. F. Hegel, Die Philosophie des Rechts, Die Mitschriften Wannenmann und Homeyer, hrsg. v. Karl-Heinz Ilting, Stuttgart 1983, S. 216.

werde. Indem der Knecht seine Selbstsucht unterwirft, setze er den *Beginn* der wahrhaften Freiheit des Menschen. Werde der einzelne Wille eines Menschen erschüttert, komme in ihm das Gefühl auf, die Selbstsucht sei *nichtig*, habe er sich an den *Gehorsam* gewöhnt, dann seien notwendige Momente in der Bildung dieses, wie jedes anderen Menschen, beisammen. Keiner, der diese den Eigenwillen brechende Zucht *nicht* erfahren habe, werde frei, vernünftig und zum Befehlen fähig. Um frei zu werden, um die Fähigkeit zur Selbstregierung zu erlangen, hätten daher alle Völker erst durch die strenge Zucht der Unterwerfung unter einen Herrn hindurchgehen müssen.

Die Knechtschaft und die Tyrannei seien also in der Geschichte der Völker eine notwendige Stufe und somit etwas Berechtigtes. Denen, die Knechte bleiben, geschehe kein absolutes Unrecht; denn wer für die Erringung der Freiheit nicht den Mut hat, sein Leben aufs Spiel zu setzen, der verdiene Sklave zu sein. Wenn dagegen ein Volk sich nicht bloß einbildet, *frei* sein zu wollen, sondern wirklich den energischen Willen hat, *frei* zu werden, dann werde keine menschliche Gewalt in der Lage sein, es in der Knechtschaft einer Regierung zu halten, die es nur leidend erträgt.

Jener knechtische Gehorsam bilde, wie Hegel schon erwähnte, nur den *Anfang* der Freiheit, weil dasjenige, dem sich dabei die natürliche Einzelheit des Selbstbewusstseins unterwirft, nicht der *an und für sich seiende*, wahrhaft *allgemeine*, vernünftige Wille, sondern bloß der *einzelne, zufällige* Wille eines *anderen* Subjekts (also des Herrn, d. Verf.) sei. Somit trete hier nur das *eine* Moment der Freiheit, nämlich die Negativität der selbstsüchtigen Einzelheit, hervor. Die *positive* Seite der Freiheit erhalte dagegen erst dann Wirklichkeit, wenn sich *einerseits* das *knechtische* Selbstbewusstsein sowohl von der Einzelheit des Herrn als auch von seiner eigenen Einzelheit loslöst und das *an und für sich Vernünftige* erfasst, das eine von der Besonderheit der Subjekte unabhängige *Allgemeinheit* sei, und wenn *andererseits* das Selbstbewusstsein des *Herrn* - aufgrund der zwischen ihm und dem Knecht bestehenden *Gemeinsamkeit* des Bedürfnisses und der Sorge, es zu befriedigen, und aufgrund der Aufhebung des unmittelbaren einzelnen Willens des Knechtes, wie sie in der Anschauung des Herrn gegenständlich ist - sich dahin entwickelt, dass dieser auch für sich selbst das Wahrhafte erkennt und demnach seinen eigenen selbstischen Willen dem Gesetz des *an und für sich seienden Willens* unterwirft.[689]

Dritte Stufe: *Das allgemeine Selbstbewusstsein*

Das *allgemeine Selbstbewusstsein* ist nach Hegel das "affirmative Wissen[690] (ders.) von sich selbst im anderen Selbst".[691] Jedes Selbst habe hierbei als freie Einzelheit *absolute Selbständigkeit*, unterscheide sich aber, weil es seine Unmittelbarkeit oder Begierde negiert hat, nicht vom anderen Selbst. Es sei ein *allgemeines* Selbstbewusstsein und *objektiv* und habe die reale Allgemeinheit als Gegenseitigkeit, indem es sich im freien anderen anerkannt wisse und dieses wisse, indem es das andere Selbst ebenfalls anerkenne und als frei wisse. Im Fall des allgemeinen Selbstbewusstseins *erwartet*, mit anderen Worten, jedes einzelne Ich in einem System sozialer Interaktion von jedem anderen Ich, dass es als ein freies und selbständiges Ich anerkannt wird, ebenso wie jedes andere Ich erwartet, dass es von ihm als ein freies und selbständiges Ich anerkannt wird.

---

[689] Von dem *natürlichen* und dem *reflektierenden* Willen, der *Willkür*, die die Möglichkeit des Ichs einschließt zu wählen, welchen Begierden, Trieben und Neigungen es bei der Befriedigung den Vorrang geben will, unterscheidet Hegel noch den „*an und für sich seienden* Willen". Ein Beispiel hierfür ist der Wille, der eine moderne Staatsverfassung zum Inhalt hat. Ebenda, S. 217.

[690] Ich weiß mich, so lässt sich Hegel verstehen, als ein Ich und als ein solches auch in einem anderen Ich bejaht oder bestätigt.

[691] Ders., Enzyklopädie der philosophischen Wissenschaften, 3. Teil, a. a. O., S. 226 ff.

Dieses allgemeine Wiedererscheinen [692] des Selbstbewusstseins [693] (aus der Negation, d. Verf.), der Begriff (des Geistes, d. Verf.)[694], der sich, Hegel zufolge, in seiner Objektivität und in seiner mit sich identischen Subjektivität und darum sich als allgemein wüsste, sei *die* Form des Bewusstseins, in der die *Substanz* jeder wesentlichen Geistigkeit, wie der Familie, des Vaterlandes, des Staates, sowie aller Tugenden, der Liebe, Freundschaft, Tapferkeit, der Ehre und des Ruhmes enthalten sei. [695] Aber dieses *Erscheinen* des Substanziellen kann auch vom Substanziellen getrennt und für sich in gehaltloser Ehre, eitlem Ruhm usw. festgehalten werden.

Das durch den *Begriff des Geistes* herbeigeführte Resultat des Kampfes um Anerkennung sei, wie Hegel in seinem Zusatz hierzu erläutert, das *allgemeine Selbstbewusstsein*, das die *dritte* Stufe in dieser Sphäre (des sozialen Lebens, d. Verf.) bilde. [696] Es sei dasjenige *freie*

---

[692]In Hegels Text steht „Widererscheinen", in der Fußnote zum Text (ebenda) ist von „Wiederscheinen", aber auch von „Wiedererscheinen" die Rede. Dem mutmaßlichen Sinngehalt des zuletzt genannten Wortes schließt sich der Verfasser an.

[693]Hegel scheint das Wiedererscheinen des Selbstbewusstseins aus der Negation der vorausgegangenen Entwicklungsstufen des Selbstbewusstseins zu meinen.

[694]Hegel meint mit dem „Begriff" offensichtlich, wie auch aus dem folgenden Absatz hervorgeht, den „Begriff des Geistes", der in seiner Objektivität, seiner überindividuellen, allgemeinen Forderung von jedem Menschen, den jeweils anderen als ein selbständiges, freies Ich anzuerkennen, identisch ist mit seiner Subjektivität, wonach eine solche Forderung auch jeder Einzelne innerlich an sich selbst stellt.

[695]Ebenda, S. 226 f. Das allgemeine Selbstbewusstsein, der Begriff des Geistes, wie er objektiv und subjektiv in der Forderung an jeden Menschen besteht, seinen Mitmenschen als ein selbständiges, freies Ich anzuerkennen, ist also nach Hegel die *Form* des Bewusstseins, in der die *Substanz* (der Inhalt) jeder wesentlichen Geistigkeit, wie der Familie usw. enthalten ist. Gemeint mit dieser „Substanz" ist das Sittliche.

[696]Ebenda., S. 226 ff.

Selbstbewusstsein, für das das ihm gegenständliche, *andere* Selbstbewusstsein nicht mehr, wie noch auf der *zweiten* Stufe, ein *unfreies*, sondern ebenfalls ein *selbständiges* Selbstbewusstsein ist. Auf diesem Standpunkt würden sich die aufeinander bezogenen, selbstbewussten Subjekte dadurch, dass sie ihre *ungleiche besondere Einzelheit* aufheben, zum Bewusstsein ihrer realen Allgemeinheit, ihrer *allen* zukommenden Freiheit erheben und damit zur Anschauung ihrer *bestimmten Identität miteinander* kommen. Der dem Knecht gegenüberstehende Herr sei noch nicht frei, weil er im *anderen* nicht sich selber anschaut. Erst wenn der Knecht frei wird, werde folglich auch der Herr vollkommen frei. In dem Zustand dieser *allgemeinen* Freiheit sei ich, indem ich in *mich* reflektiert und unmittelbar in dem *anderen* reflektiert bin.[697] Und umgekehrt, würde ich mich unmittelbar auf *mich selber* beziehen, indem ich mich auf den *anderen* beziehe.[698] Wir hätten es daher mit einer gewaltigen Aufsplitterung (Individualisierung, d. Verf.) des Geistes in *verschiedene* Selbst zu tun, die an und für sich und füreinander vollkommen frei, selbständig, spröde seien und einander Widerstand leisten würden, gleichwohl würden sie miteinander identisch, somit *nicht* selbständig, nicht undurchdringlich, sondern gleichsam ineinander verschmolzen sein.[699]

---

[697] In dem Zustand dieser *allgemeinen* Freiheit, in dem Knecht und folglich auch der Herr vollkommen frei ist, setzt sich, wie sich dieser Satz Hegels verstehen lässt, das eine Ich mit dem ihm gegenüberstehenden anderen Ich, das sich in ihm widerspiegelt, identisch, unterscheidet sich aber zugleich von dem anderen Ich, grenzt sich von diesem ab, und setzt sich als ein selbständiges, freies Ich. Hegel bezieht sich in seiner Darstellung des Selbstbewusstseins auf seine Lehre vom Wesen, demzufolge jenes aus einem Prozess der Reflexion hervorgeht. Der Standpunkt des Wesens sei, so Hegel, überhaupt der Standpunkt der Reflexion, und er nennt als erstes Beispiel das Licht, das, indem es auf eine spiegelnde Fläche trifft, von dieser zurückgeworfen werde. Ders., Enzyklopädie der philosophischen Wissenschaften, 1. Teil, a. a. O., S. 232 ff.

[698] In dem Zustand dieser allgemeinen Freiheit beziehe ich mich, indem ich mich auf das andere Ich als ein vollkommen freies beziehe, unmittelbar auf mich selber.

[699] In diesem Satz verdeutlicht Hegel die beiden vorangehenden.

Dieses Verhältnis sei durchaus *spekulativer* Art, was nach Hegel nicht besagt, dass es etwas Fernes und Unfassbares sei. Das Spekulative oder Vernünftige und Wahre würde in der Einheit des Begriffs oder des Subjektiven und des Objektiven bestehen, eine Einheit, die auf diesem Standpunkt (des allgemeinen Selbstbewusstseins, d. Verf.) gegeben sei.[700] Sie bilde die Substanz der Sittlichkeit, insbesondere der Familie, der geschlechtlichen Liebe (da habe jene Einheit die Form der Besonderheit), der Vaterlandsliebe als das Wollen der allgemeinen Zwecke und Interessen des Staates, der Liebe zu Gott, auch der Tapferkeit, wenn diese darin besteht, das eigene Leben für eine allgemeine Sache einzusetzen, und auch der Ehre, falls diese nicht die gleichgültige Einzelheit des Individuums, sondern etwas Substanzielles, wahrhaft Allgemeines zu ihrem Inhalt hat. Eine Familie, in der ein Mitglied die anderen Mitglieder beherrscht und tyrannisiert, eine geschlechtliche Beziehung, die auf Gewalt beruht, eine Vaterlandesliebe, die erzwungen wird, Zwecke des Staates, die durch bloße Macht und Gewalt durchgesetzt werden, eine Liebe zu Gott, die auferlegt, und eine Tapferkeit, die durch Drohung bewirkt wird, entbehren demnach der Freiheit, mithin der Sittlichkeit.

Die Einheit von Bewusstsein und Selbstbewusstsein (also das allgemeine Selbstbewusstsein, d. Verf.) enthalte, so Hegel nach diesem Zusatz, zunächst noch die Einzelnen als ineinander scheinende.[701] Aber ihr Unterschied sei in dieser Identität die ganz unbestimmte Verschiedenheit oder vielmehr ein Unterschied der keiner sei.[702] Die

---

[700] Das (sittliche) Gebot, jeden Menschen als ein (freies, selbständiges) Ich anzuerkennen, ist, wie schon erwähnt, ein Objektives, das zugleich als ein Subjektives in der Gesinnung des Einzelnen, enthalten ist.

[701] Jeder Einzelne spiegelt sich im anderen, ist in diesem als Schein, so wie die Sonne sich im Mond spiegelt, dort als Mondschein gegeben ist.

[702] Ebenda, S. 227 f. Gemeint ist in diesem Satz offenbar, dass sich die Einzelnen auf dieser Stufe des allgemeinen Selbstbewusstseins nicht voneinander (wesentlich) unterscheiden, sondern dass sie nur voneinander verschieden sind.

Wahrheit der Einzelnen sei daher die an und für sich seiende Allgemeinheit und Objektivität des Selbstbewusstseins, die *Vernunft.*[703]

Die Vernunft als die *Idee*[704] erscheine *hier*, wie Hegel fortfährt, in der Bestimmung, dass der Gegensatz von Begriff und Realität überhaupt, deren *Einheit* die Idee sei, *hier* die nähere Form des für sich

---

[703] Die *Wahrheit* der zunächst noch mit einer Besonderheit behafteten Einzelnen läuft auf die Allgemeinheit des Selbstbewusstseins hinaus, die sowohl außerhalb des Bewusstseins des Einzelnen gegeben als auch in seiner Vorstellung „für sich" und darüber hinaus „objektiv" und „vernünftig" ist. Diese Stufe des Selbstbewusstseins ist nach Hegel durch den Begriff des Geistes herbeigeführt worden, und dessen zentrale Bestimmung ist, ihm zufolge, die *Vernunft*. Mit dem allgemeinen Selbstbewusstsein beginnt, so auch N. Hartmann, das Reich der *Sittlichkeit*. In diesem sei die *einseitige* Anerkennung der Individuen der *gegenseitigen* und zugleich sei das Individuum selbst der Gesamtheit (z. B. der Gesellschaft, d. Verf.) gewichen. Der Einzelne sei von dieser nicht verdrängt, sondern in ihr aufgehoben. Die Individuen seien sich, wie Hartmann Hegel zitiert, bewusst, dass sie diese einzelnen selbständigen Wesen nur dadurch sind, dass sie ihre Eigenart aufopfern, und diese allgemeine Substanz (die Sittlichkeit, d. Verf.) ihre Seele und ihre Wesen ist und dass dieses Allgemeine ihr Tun als Einzelne oder das von ihnen hervorgebrachte Werk ist. Nicht als ein bloßes Sollen sei dieses Verhältnis, wie Hartmann fortfährt, gemeint, auch nicht als eine Theorie, die erst durch ein reflektierendes Bewusstsein hervorgebracht wird, es sei einfach das, was jedes Individuum, das in der Gesamtheit (z. B. der Gesellschaft, d. Verf.) lebt, fortlaufend an sich erfährt und es wüsste, sobald es sich darauf besinnt; sei doch auch der Inhalt seines Tun durch die allgemeine Substanz (die Sittlichkeit, d. Verf.) bestimmt. Ders., G. W. Fr. Hegel, a. a. O., S. 117.
[704]Hegel verweist auf den schon zitierten § 213 im 1. Teil seiner Enzyklopädie der philosophischen Wissenschaften (a. a. O. S. 367 ff.). Danach ist die *Idee* das Wahre *an und für sich*, die *absolute Einheit* des *Begriffs und der Objektivität*. Ihr ideeller Inhalt sei kein anderer als der Begriff in seinen Bestimmungen; ihr realer Inhalt sei nur seine Darstellung, die er sich in der Form äußerlichen Daseins gibt „und (der,) diese Gestalt in seine Idealität eingeschlossen, in seiner Macht, so sich in ihr erhält".

existierenden Begriffs, des Bewusstseins und des ihm gegenüber äußerlich vorhandenen Objektes, gehabt habe.[705] Dass, was das *„allgemeine Selbstbewusstsein"* genannt wurde, sei, so Hegel in seinem Zusatz, in seiner *Wahrheit* der *Begriff der Vernunft*.[706] Es sei der Begriff, insofern er nicht bloß als *logische Idee*[707], sondern als zum *Selbstbewusstsein* entwickelte Idee existiere. Denn die Idee bestehe, wie aus der Logik bekannt sei, in der Einheit des Subjektiven oder des Begriffs und der Objektivität.[708] Als eine derartige Einheit habe sich uns das *allgemeine* Selbstbewusstsein gezeigt, und es wurde darauf verwiesen, dass das Ich als Selbstbewusstsein in seinem absoluten Unterschied von seinem Anderen zugleich mit diesem absolut identisch ist. Diese Identität von Subjektivität und Objektivität mache eben jetzt die vom Selbstbewusstsein erreichte *Allgemeinheit* aus, die über jene beiden Seiten und deren Besonderheiten hinausgreifen und in der diese sich auflösen würden.[709] Indem aber das

---

[705]Die Vernunft als die *Idee* manifestiert sich hier also nach Hegel darin, dass der Gegensatz des Begriffs und der Realität, deren Einheit die Idee ist, hier aber die Form des Bewusstseins (des für sich existierenden Begriffs) und des ihm gegenüberstehenden, äußerlich vorhandenen Objektes (etwa in Gestalt eines anderen Ich als Selbstbewusstsein) hat. Das andere Ich als Selbstbewusstsein ist also für das eine, das mit ihm in Beziehung steht, nicht nur ein Inhalt seines Bewusstseins, sondern ist auch außerhalb seines Bewusstseins vorhanden.

[706] Ders., Enzyklopädie der philosophischen Wissenschaften, 3. Teil, S. 228 f.

[707] Dazu: § 213 in Hegels Enzyklopädie der philosophischen Wissenschaften, 1. Teil, a. a. O., S. 367 ff.

[708] Als Beispiel für das Subjektive oder den Begriff wäre hier die (verinnerlichte) Forderung des Einzelnen an sich selbst, jeden Menschen gleichermaßen als ein selbständiges, freies Ich anzuerkennen, und für die Objektivität die allgemeine, überindividuelle Forderung an jeden Einzelnen, den jeweils ihm gegenüberstehenden Menschen als ein selbständiges, freies Ich anzuerkennen.

[709] Zunächst treten sich die Individuen als sich gegenseitig anerkennende selbständige und freie Ich gegenüber, halten aber noch an ihren jeweiligen Besonderheiten, die sie füreinander „spröde" machen, fest, doch, indem das Selbstbewusstsein in seiner Allgemeinheit fortschreitet, lösen sich diese

Selbstbewusstsein zu dieser Allgemeinheit gelangt, würde es aufhören, Selbstbewusstsein im eigentlichen oder engeren Sinn des Wortes zu sein, weil zum Selbstbewusstsein des Einzelnen als solches gerade das Festhalten an der *Besonderheit* des Selbst gehören würde.[710] Durch das *Aufgeben* dieser Besonderheit würde das Selbstbewusstsein zur *Vernunft* werden. Der Name „Vernunft" habe allerdings hier noch den Sinn, der zunächst noch abstrakten oder formalen Einheit des Selbstbewusstseins mit seinem Objekt.[711] Diese formale Einheit begründe denn auch dasjenige, was man - im Unterschied von dem *Wahrhaften* - das bloß *Richtige* nennen müsste. „Richtig" sei meine Vorstellung, wenn sie mit dem Gegenstand überreinstimmt, auch wenn dieser seinem Begriff äußerst wenig entspricht, damit fast keine Wahrheit hat. So kann ich z. B. eine *richtige* Vorstellung von einem gegebenen Staat in Europa haben, auch wenn dieser Staat *nicht* seinem Begriff, dem Begriff des modernen freiheitlichen Staates, der Gewaltenteilung und repräsentative Demokratie einschließt, entspricht. Erst wenn mir der *wahrhafte* Inhalt, z. B. des Begriffs des modernen Staates, gegenständlich wird, erhalte meine Intelligenz in einem *konkreten* Sinn die Bedeutung von Vernunft. In dieser Bedeutung will Hegel die Vernunft am Schluss der Entwicklung des theoretischen Geistes betrachten, wo es gelte, von einem weiter als bis jetzt entwickelten Gegensatz des Subjektiven und des Objektiven auszugehen und die Vernunft als die *inhaltsvolle* Einheit dieses Gegensatzes zu erkennen.[712]

Besonderheiten auf.

[710] Jedes individuelle Selbst ist auch, wie erwähnt, ein besonderes Selbst, und dieses muss es nach Hegel von sich abstreifen, um so zur Vernunft aufzusteigen.

[711] Das einzelne Ich als Selbstbewusstsein, das das Bewusstsein als dessen Grund einschließt, steht, wie sich Hegel verstehen lässt, einer ihm äußeren Objektwelt gegenüber, von der es, z. B. in seiner Wahrnehmung, ein Wissen hat, das „richtig" ist.

[712] Hier geht es um die Entwicklung des reinen theoretischen Denkens, das sich mit seinem Gegenstand identisch weiß und das in seiner Vollendung, in Hegels Worten, die *sich wissende Wahrheit,* die *sich selbst erkennende Vernunft* ist. Das *Wissen*

5.5 Die Vernunft

Die an und für sich seiende Wahrheit sei, wie Hegel nach diesem Zusatz fortfährt, die *Vernunft*.[713] Sie sei die einfache *Identität* der *Subjektivität* des Begriffs und seiner *Objektivität* und *Allgemeinheit*. [714] Die Allgemeinheit der Vernunft habe daher sowohl die Bedeutung des im Bewusstsein als solchem nur gegebenen Objekts, das aber nun selbst *allgemein* ist, das Ich durchdringt und befasst, als auch die Bedeutung des reinen *Ich*, der über das Objekt übergreifenden und es in sich befassenden reinen Form.[715]

---

mache, so Hegel, jetzt die *Subjektivität* der Vernunft aus, und die *objektive* Vernunft sei als Wissen gesetzt. Ebenda, S. 287. Hegel meint das philosophische Erkennen als die Krönung der wissenschaftlichen Theoriebildung, die zum Resultat eine normative Theorie, z. B. die Theorie des modernen Staates, hat.

[713]Ebenda, S. 228 ff. Die Vernunft ist nach Hegel an sich in der Natur, an und für sich im Bewusstsein und im Selbstbewusstsein des einzelnen Menschen, in den einzelnen Wissenschaften, und vollends in der Philosophie anwesend.

[714]Die Vernunft ist für Hegel also „die einfache Identität der Subjektivität des Begriffs und seiner Objektivität und Allgemeinheit", und er meint offensichtlich damit den Begriff, der das Sein und das Wesen in sich enthält, ein Subjektives ist und der zugleich ein Objektives und ein Allgemeines ist. Es wäre der Begriff, der durch das abstrakte Denken vermittelt wird und sowohl subjektiv als auch objektiv, also mit der Sache selbst identisch ist. Er ist demnach nicht bloß eine abstrakte, subjektive Vorstellung, indem er das herausstellt, was die Sache ausmacht, er ist aber damit noch nicht die *Idee*.

[715]Die Allgemeinheit der Vernunft hat einerseits die Bedeutung des im (sinnlichen, wahrnehmenden und verständigen) Bewusstsein, nur gegebenen, einzelnen Objekts, das aber durch die selektive Sprache, in der es gefasst und verarbeitet wird, zu einem Allgemeinen wird und das Ich (des Bewusstseins) durchdringt. Andererseits hat sie die Bedeutung des reinen Ich, d. h. der reinen, allgemeinen Denkformen (Kategorien), die über das einzelne Objekt hinausgreifen, seine reine Form darstellen und es in dieser in sich fassen. Sie sind die Voraussetzung dafür, dass dem Ich überhaupt Gegenstände gegenüberstehen, die es denken oder erkennen kann. Hervorgebracht worden sind diese reinen Denkformen in der Geschichte der Menschheit, in der Philosophie sind sie gedacht worden und sind

Das Selbstbewusstsein sei Vernunft, indem es die Gewissheit habe, dass seine Bestimmungen ebenso sehr gegenständlich, also Bestimmungen des *Wesens* der Dinge, wie auch seine *eigenen* Gedanken sind.[716] Die Vernunft sei als diese Identität (des Wesens der Dinge und der eigenen Gedanken, d. Verf.) nicht nur die absolute *Substanz*, sondern die *Wahrheit* als Wissen. Denn sie habe hier zu ihrer eigentümlichen *Bestimmtheit*, zu ihrer immanenten Form den für sich selber existierenden reinen Begriff, nämlich das *Ich* als die Gewissheit seiner selbst als unendliche Allgemeinheit. Und diese wissende Wahrheit sei der *Geist*.[717]

---

auch in der „natürlichen" Sprache vorhanden.

[716]Ders., Enzyklopädie der philosophischen Wissenschaften, 3. Teil, a. a. O., S. 229 f. Dazu passt der Satz Johann Plenges: „Seiner selbst bewußt sein heißt, sich als Objekt von sich unterscheiden und dabei der innern Einheit von sich als Subjekt und sich als Objekt bewußt bleiben." Ders., Marx und Hegel, Neudr. d. Ausgabe Tübingen 1911, Aalen 1974, S. 28-29.

[717]Das Selbstbewusstsein wird also nach Hegel *Vernunft*, indem es die *Gewissheit* erlangt, dass seine Bestimmungen (Kategorien) ebenso sehr gegenständliche Bestimmungen des Wesens der Dinge sind. Die Vernunft ist, ihm zufolge, die Wahrheit, nicht nur als die „absolute Substanz" (der Objekte, z. B. das Sittliche im Staat), sondern als *Wissen* eines Subjekts; hat doch die Vernunft zu der ihr innewohnenden Form den reinen Begriff, der für sich selber nur im reinen Denken des Ichs existiert. Dieses Ich ist so die Gewissheit seiner selbst als unendliche, unbegrenzte Allgemeinheit, und diese Wahrheit, die sich im streng begrifflich-theoretisch denkenden Ich weiß, ist der *Geist*. Demnach bewegt sich ein Wissenschaftler noch nicht auf der Stufe des *Geistes*, wenn er nur Beobachtungen anstellt und seine Theorien darauf aufbaut, er sich also noch einem einzelnen, ihm äußerlichen Gegenstand gegenübersieht, auch noch nicht, wenn er sich bei der Konstruktion seiner Theorien im reinen begrifflichen Denken bewegt, vielmehr erreicht er die Stufe des *Geistes* erst dann, wenn er die *Gewissheit* erlangt, dass seine Denkbestimmungen (Kategorien) auch zugleich gegenständlich, gegenstandsbezogen, und Bestimmungen des Wesens der Dinge sind und dass es somit eine Identität des denkenden Subjekts und des Objekts gibt.

6. Der Geist

6.1 Geist und Vernunft

Ist nach Hegel die Seele Gegenstand der Anthropologie, das Bewusstsein und das Selbstbewusstsein Gegenstand der Phänomenologie des Geistes, so ist, ihm zufolge, der Geist Gegenstand der *Psychologie*. Dieser habe sich als die Wahrheit der Seele und des Bewusstseins, als die Wahrheit jener einfachen unmittelbaren Totalität (der Seele, d. Verf.) und dieses Wissens (wie es mit dem Bewusstsein gegeben ist, d. Verf.) bestimmt.[718] Der Geist als Wissen werde, so Hegel, als unendliche Form von jenem *Inhalt* (also der Seele und des Bewusstseins, d. Verf.), *nicht* beschränkt. Auch stehe er nicht in einem Verhältnis zu diesem Inhalt als Gegenstand, sondern er sei ein Wissen der *substanziellen* Totalität. Weder sei er ein Wissen der subjektiven (der Seele, d. Verf.) noch der objektiven Totalität (des Bewusstseins, d Verf.).[719] Der Geist fange deshalb, nur von seinem *eigenen Sein* an und verhalte sich nur zu seinen eigenen Bestimmungen.

---

[718]Ders., Enzyklopädie der philosophischen Wissenschaften, 3. Teil, a. a. O., S. 229 ff.

[719]Das Wissen der Seele ist, wie erwähnt, nur ahnend oder fühlend auf einen Gegenstand, z. B. die langfristige Entwicklung der Konjunktur oder des Wetters, bezogen. Das Wissen des Bewusstseins ist dagegen ein Wissen, das im sinnlichen, im wahrnehmenden und im verständigen Bewusstsein von dem Gegenstand gegeben ist - ein empirisches aber auch schon, so im Verstand, ein auf Gesetze bezogenes Wissen. Der Geist als Wissen ist also nach Hegel unendliche Form und wird von dem Inhalt der ahnenden (fühlenden) Seele und des Bewusstseins *nicht* beschränkt. Zum Beispiel ist die Theorie des sozialen Handelns und der sozialen Systeme (Talcott Parsons u. a.) nicht auf Inhalte bezogen wie sie im Bewusstsein gegeben sind, z. B. die sozialen Gebilde, die im Erfahrungsbereich jedes Zeitgenossen liegen. Gleichwohl ist der Ausgangspunkt auch der Produkte reinen Denkens letztlich die Anschauung.

Die *Psychologie* betrachte deshalb die Vermögen oder allgemeinen
Weisen, wie der *Geist als solcher* tätig ist, nämlich: Anschauen,
Vorstellen, Erinnern usw. und Begierden usw. Sie mache dies, teils *ohne*
den *Inhalt*, wie er sich, nach seiner *Erscheinung*, im *empirischen*
Vorstellen, auch im Denken wie auch in der Begierde und im Willen
finde, und teils *ohne* die Formen, wie sie in der Seele als
Naturbestimmung und im Bewusstsein als ein für sich vorhandener
Gegenstand gegeben seien. Dies sei aber *keine* willkürliche Abstraktion,
der Geist bestehe nämlich darin, sich sowohl über die Natur und die
natürliche Bestimmtheit als auch über die Verwicklung mit einem
äußerlichen Gegenstand, mit dem Materiellen überhaupt, zu erheben.
Ebenso habe sich sein Begriff ergeben. Der Geist habe jetzt nur *dies* zu
tun, diesen Begriff seiner Freiheit zu realisieren, d. h. nur die *Form* der
Unmittelbarkeit (der Anschauung, d. Verf.), mit der er wieder beginnen
würde, aufzuheben. Der *Inhalt*, der zu *Anschauungen* erhoben werde,
seien *seine Empfindungen*, seine Anschauungen wiederum würden zu
Vorstellungen und diese danach zu *Gedanken* umgewandelt werden.[720]
Der *freie* Geist oder der Geist *als solcher* sei, wie Hegel in seinem Zusatz
hierzu erläutert, die *Vernunft*.[721] Diese trenne sich *einerseits* in die
reine, unendliche Form, in das schrankenlose Wissen, und *andererseits*
in das mit diesem Wissen *identische* Objekt. Dieses Wissen habe hier
noch keinen weiteren Inhalt als sich selber, mit der Bestimmung, dass
es alle Objektivität in sich fasst, dass folglich das Objekt nicht etwas ist,

---

[720]Von der Anschauung, die ein Subjekt und ein Objekt einschließt, ist, wie Hegel
noch betonen wird, das sinnliche Bewusstsein zu unterscheiden. Der Inhalt des
sinnlichen Bewusstseins ist das Einzelne. Das Subjekt als abstraktes verhält sich
eher passiv gegenüber dem Objekt. In der Anschauung, als ein „geistiges Sehen",
verhält sich dagegen das Subjekt, der Wissenschaftler, eher aktiv und hat vor
seinem geistigen Auge Ganzheiten. Aus den Anschauungen, z. B. der
Wissenschaftler, gehen Theorien hervor, die letztlich nichts anderes sind als die
begrifflichen Formen der Anschauungen.

was von außen an den Geist herantritt und für ihn unfassbar ist.⁷²² So
sei der Geist die *schlechthin allgemeine, durchaus gegensatzlose
Gewissheit seiner selbst.* Er besitze daher die Zuversicht, dass er in der
Welt sich selber finden werde, dass diese ihm befreundet sein müsse.
Ebenso wie Adam von Eva sage, sie sei Fleisch von seinem Fleisch, habe
der Geist in der Welt Vernunft von seiner *eigenen* Vernunft zu suchen.

Die Vernunft habe sich als die Einheit des Subjektiven und Objektiven,
des für sich selber existierenden Begriffs und der Realität, ergeben.⁷²³
Indem daher der Geist absolute Gewissheit seiner selbst, Wissen der
Vernunft sei, sei er das Wissen von der Einheit des Subjektiven und des
Objektiven - ein Wissen, dass sein *Objekt* der Begriff und der *Begriff
objektiv* ist.⁷²⁴ Dadurch zeige sich der *freie* Geist als die *Einheit* der im

---

⁷²² Der Geist ist, wie erwähnt, nicht an den Gegenstand des Bewusstseins, z. B. der
Wahrnehmung, gebunden. Sein Ausgangspunkt ist vielmehr die Anschauung (auch
Intuition) als ein vernünftiges „geistiges Sehen" des erkennenden Subjekts, z. B.
des Botanikers, der sich in einen Urwald begibt. Wenn nun von der Anschauung
zur „reinen" Theorie fortgeschritten wird, dann ist folglich das in der Anschauung
gegebene Objekt nicht etwas, was von außen an den Geist herantritt (wie z. B. in
der Wahrnehmung), sondern etwas, was ihm innewohnt. Sein schrankenloses
Wissen in Gestalt der nicht an einen empirischen Gegenstand gebundenen Theorie
ist also mit dem Objekt identisch.
⁷²³ Die Vernunft ist also die Einheit des Subjektiven (subjektive Vernunft) und des
Objektiven (objektive Vernunft). Als Beispiel für den Inhalt der subjektiven
Vernunft kann man das Rechtsbewusstsein und für den Inhalt der objektiven
Vernunft die Rechtsordnung anführen. Die Vernunft als Begriff, die, wie sich Hegel
verstehen lässt, im Bewusstsein des Einzelnen für sich existiert, setzt die Realität
als ein ihr Äußeres, das sie zugleich als Wissenssubjekt zu ihrem Gegenstand macht.
⁷²⁴ Anders als das Ich des Bewusstseins, dem ein ihm äußerer Gegenstand
gegensteht, hat das Ich als Geist das Wissen, dass sein Gegenstand vom Begriff, d.
h. von seinen Denkformen konstituiert wird, und dass sein Wissen vom Gegenstand
objektiv ist. Zum Beispiel stellt sich in der wissenschaftlichen Anschauung eines
Ökonomen das konkrete Wirtschaftsleben eines Staates als ein marktwirtschaftlich-
kapitalistisches Wirtschaftssystem dar. Diese Anschauung stammt nicht

ersten und im *zweiten* Hauptteil der Lehre vom *subjektiven* Geist dargestellten Entwicklungsstufen, nämlich der *Seele,* dieser *einfachen geistigen Substanz* oder des *unmittelbaren Geistes einerseits,* und des *Bewusstseins* oder des *erscheinenden Geistes,* der sich *von* jener Substanz (also von der Seele, d. Verf.) trennt, *andererseits.* Denn die Bestimmungen des freien Geistes hätten mit den *seelenhaften* Bestimmungen das *Subjektive* und mit jenen des *Bewusstseins* das *Objektive* gemeinsam. Das Prinzip des *freien* Geistes sei, das *Seiende* des Bewusstseins als ein *Seelenhaftes* zu setzen und umgekehrt das *Seelenhafte* zu einem Objektiven zu machen.[725] Der freie Geist stehe, so wie das *Bewusstsein,* als *eine* Seite dem Objekt gegenüber und umfasse zugleich *beide* Seiten, sei, ebenso wie die *Seele, Totalität.*[726] Während

---

unmittelbar aus seiner Wahrnehmung, Beobachtung oder Erfahrung, sondern aus der begrifflich-theoretischen Denktradition seiner Disziplin. Als theoretischer Geist hat er von vornherein die Gewissheit, dass er den Gegenstand seiner Anschauung (und Vorstellung), den er in weiteren Schritten rein begrifflich erfassen wird, selbst durch sein vernunftbestimmtes Denken gesetzt hat.

[725] Offensichtlich geht es Hegel darum zu zeigen, dass im *freien* Geist das „*subjektive* Bewusstsein", in dem das (seelische) Selbst einem Objekt, das von seinen Empfindungen, Gefühlen und Ahnungen konstituiert wird, gegenübersteht, mit dem *objektiven,* also mit dem sinnlichen, wahrnehmenden und verständigen Bewusstsein, eine Synthese, ein höheres Ganzes, bildet. Oder, das Wissen, das der Seele innewohnt, bildet im *freien* Geist mit dem Wissen, das dem (objektiven) Bewusstsein innewohnt, eine Synthese. (Dazu: H. Drüe, Die Philosophie des Geistes, in: Hegels „Enzyklopädie der philosophischen Wissenschaften" (1830), ders. u. a., a. a. O., S. 263.) Eine solche Synthese ist, wie sich Hegel verstehen lässt, in der Anschauung als Ausgangspunkt der begrifflichen Arbeit oder der Theoriebildung gegeben.

[726] Der *freie* Geist steht in der Anschauung, wie sich Hegel auslegen lässt, dem Objekt als Subjekt gegenüber, umfasst aber zugleich *beide* Seiten und ist, ebenso wie die Seele, ein Ganzes. Der *freie* Geist weiß das Objekt als ein von ihm selbst gesetztes, es ist also nicht, wie für das Ich des Bewusstseins, ein gegebenes Objekt. Das „anschauende Bewusstsein" ist, wie erwähnt, eine Synthese von Seelischem (Empfindung, Gefühl, Ahnung) und Bewusstsein. So ist z. B. eine Stadt in der Anschauung eines theoretischen Ökonomen eine Synthese seiner Empfindungen

demnach die *Seele* die Wahrheit nur als eine *unmittelbare, bewusstlose Totalität* gewesen sei und während dagegen im *Bewusstsein* diese Totalität in das *Ich* und das ihm *äußerliche Objekt getrennt* worden sei, das Wissen also dort noch *keine* Wahrheit gehabt habe, sei der *freie* Geist als die *sich wissende Wahrheit zu erkennen.*[727]

Das Wissen der Wahrheit habe jedoch zunächst selber nicht die *Form* der Wahrheit, denn das Wissen sei auf der jetzt erreichten Entwicklungsstufe noch etwas Abstraktes; es sei nur die *formale* Identität des Subjektiven und des Objektiven. Erst wenn diese Identität zum *wirklichen* Unterschied fortentwickelt werde und sich zur Identität ihrer selbst und ihres Unterschieds gemacht habe, wenn somit der Geist als *bestimmt* in sich unterschiedene Totalität hervortrete, erst dann sei jene Gewissheit zu ihrer *Bewahrheitung* gekommen.[728]

---

und Gefühle, der allgemeinen Kategorien seines Bewusstseins sowie seiner disziplinspezifischen Denkformen und Sprache.

[727] In den Gefühlen und Ahnungen der Seele, liegt, wie sich Hegel verstehen lässt, noch keine Wahrheit vor, die sich als solche weiß. Ebenso wenig liegt im Bewusstsein mit seiner Trennung von Subjekt und Objekt eine Wahrheit vor, die sich weiß. Erst der freie Geist als eine Synthese von Seelenleben und Bewusstsein ist die *sich wissende Wahrheit.*

[728] In der Anschauung ist, wie sich Hegel verstehen lässt, nur die formale Identität des Subjektiven und des Objektiven gegeben. In diesem Vermögen des Geistes ist zwar die Wahrheit schon enthalten, sie ist jedoch noch nicht in der Form des rein begrifflichen Denkens dargestellt. Dies geschieht erst, wenn die Identität des Subjektiven und Objektiven, wie sie in der Anschauung gegeben ist, zu einem *wirklichen* Unterschied fortentwickelt ist, also der Begriff, die Theorie, als eine rein gedankliche Totalität, sich von jenem Ausgangspunkt des Erkennens entfernt hat. Als Beispiel kann man die Theorie, zumal die normative Theorie des marktwirtschaftlichen Wirtschaftssystems anführen, die als ein reines Gedankengebilde der Anschauung gegenübersteht, obwohl diese ihr Ausgangspunkt ist.

Die Seele sei, wie Hegel nach dem Zusatz fortfährt, *endlich* (begrenzt, d. Verf.), indem sie unmittelbar oder von der *Natur* her bestimmt sei.[729] *Endlich* sei auch das Bewusstsein, indem es einen *Gegenstand* habe. Und *endlich* sei auch der Geist, insofern er zwar nicht mehr von einem Gegenstand bestimmt sei, aber eine Bestimmtheit in seinem *Wissen* habe, nämlich durch seine Unmittelbarkeit und, was dasselbe sei, dadurch, dass er, der Geist, *subjektiv* oder als der Begriff sei. Dabei sei es gleichgültig, was als sein Begriff und was als Realität des Begriffs bestimmt wird. Würde man die unendliche, objektive *Vernunft* als *Begriff* des Geistes setzen, so sei die Realität das *Wissen* oder die *Intelligenz.*[730] Oder würde man das *Wissen* als den Begriff des Geistes setzen, dann sei die Realität des Begriffs die objektive *Vernunft,* und die Realisierung des Wissens bestünde darin, sich diese anzueignen.[731] Die *Endlichkeit* (Begrenztheit, d. Verf.) des Geistes bestehe deshalb darin, dass sich das Wissen *nicht* darüber Rechenschaft ablegt, dass es an und für sich Vernunft ist oder ebenso sehr darin, dass die Vernunft nicht vollständig dazu gekommen ist, sich im Wissen zu manifestieren.[732] Die

---

[729]Ders., Enzyklopädie der philosophischen Wissenschaften, 3. Teil., a. a. O., S. 231 ff.

[730]Setzt man also die „unendliche, objektive Vernunft" (Hegel) als den Begriff des Geistes, so besteht, wie sich Hegel verstehen lässt, seine Realität im Wissen des Einzelnen, vollends im theoretischen (wissenschaftlichen) Geist, auch wenn sich der einzelne Wissenschaftler darüber keine Rechenschaft ablegt. So waltet nach Hegels „Philosophie der Geschichte" die objektive Vernunft in der Weltgeschichte und hat ihre Realität im historischen Wissen des Einzelnen, mehr noch, in den diversen Wissenschaften von der Geschichte.

[731]Würde man also vom Wissen des Einzelnen als den Begriff des Geistes, ausgehen, dann bestünde die Realität dieses Wissens in der objektiven Vernunft und die Realisierung dieses Wissens darin, die in ihm noch verborgene objektive Vernunft zu enthüllen und darzustellen.

[732]Die Endlichkeit des Wissens, wie es die einzelnen Wissenschaften, z. B. die Politische Ökonomie, hervorbringen, besteht darin, dass die Wissenssubjekte nicht reflektieren, dass das Wissen an und für sich Vernunft ist oder darin, dass sich in ihrem Wissen die Vernunft noch nicht vollständig manifestiert. Das bedeutet, dass

Vernunft sei zugleich nur insofern unendliche Vernunft, als sie die absolute Freiheit sei. Sie *setze* sich daher ihrem Wissen *voraus* und mache sich dadurch *endlich*, und die ewige Bewegung sei, diese Unmittelbarkeit aufzuheben, sich selbst zu begreifen und Wissen der Vernunft zu sein.[733]

Der *freie* Geist sei, so Hegel in seinem Zusatz, seinem *Begriff* nach die vollkommene Einheit des Subjektiven und des Objektiven, der Form und des Inhalts, folglich *absolute Totalität* und somit *unendlich, ewig.*[734] Der freie Geist sei hier als ein *Wissen der Vernunft* erkannt

---

in jedem Wissen, das zu Recht beansprucht richtig oder, mehr noch, wahr zu sein, die Vernunft „*an sich*" enthalten ist.

[733]Vernunft, die also nach Hegel nur insofern unendlich als sie die absolute Freiheit ist, ist, ihm zufolge, die implizite Voraussetzung des Wissens und macht sich dadurch endlich. Indem die Menschen Wissen hervorbringen, sei es in den empirischen oder sei es in den theoretischen Wissenschaften, realisieren sie Vernunft (und damit Freiheit), obwohl es sich in jenen Disziplinen nur um ein *endliches* Wissen handelt und sie sich über die Vernunft in ihrem Wissen keine Rechenschaft ablegen. Die ewige Bewegung der Vernunft besteht denn auch darin, diese ihre Unmittelbarkeit aufzuheben und sich selbst zu begreifen, also Wissen der Vernunft zu sein. Nahe liegt es, davon auszugehen, dass Hegel die Vernunft mit dem Göttlichen identisch setzt.

[734]Ebenda, S. 232 ff. Gemeint ist offenbar, dass der *freie* Geist der reine Begriff ist, wie er nur im theoretischen, vollends im philosophischen Denken gegeben ist. Als Wissen des Einzelnen ist der Begriff, die Theorie, sowohl ein Subjektives als auch ein Objektives und zugleich die Einheit von Form und Inhalt. So ist z. B. der wissenschaftliche Begriff des Geldes sowohl ein Subjektives, indem er im Denken des einzelnen Wissenschaftlers gegeben ist, als auch ein Objektives, indem er die Sache selbst zur Darstellung bringt. Der Begriff, die Theorie, des Geldes schließt den Inhalt ein, aber eben in der ihm eigenen Form. Ohne diese logische Form bleibt „Geld" nur auf der Stufe der Alltagsvorstellung desjenigen, der mit der Sache, unter Verwendung des Wortes „Geld", regelmäßig umgeht. Auch sind *an sich* im reinen Begriff des Geldes, Hegel zufolge, Freiheit und Vernunft gegeben, so dass sich dem theoretischen Ökonomen die Aufgabe stellt, einen Schritt über seine Disziplin hinauszugehen, um dies zu enthüllen.

worden und weil er dieses sei und er das Vernünftige zu seinem Gegenstand habe, müsse er als das unendliche Fürsichsein der Subjektivität bezeichnet werden. Zum Begriff des Geistes gehöre daher, dass in ihm die absolute Einheit des Subjektiven und des Objektiven nicht nur *an sich*, sondern auch *für sich,* also Gegenstand des Wissens sei.[735] Wegen dieser zwischen dem Wissen und seinem Gegenstand, zwischen der Form und dem Inhalt, herrschenden *bewussten* Harmonie, die alle Trennung und damit alle Veränderung ausschließe, könne man den Geist seiner *Wahrheit* nach, ebenso das *Ewige*, wie das vollkommen *Selige* und das *Heilige* nennen. Denn *heilig* dürfe nur dasjenige genannt werden, was *vernünftig ist* und darüber hinaus auch vom *Vernünftigen weiß*. Weder würde die äußere Natur noch die bloße Empfindung jene Bezeichnung verdienen. Die unmittelbare, noch nicht durch das vernünftige Wissen gereinigte Empfindung sei noch mit der Bestimmtheit des Natürlichen, Zufälligen und mit dem Sein, das sich selber äußerlich ist und auseinanderfällt, behaftet. An dem Inhalt der Empfindung und der natürlichen Dinge bestehe daher die Unendlichkeit nur in etwas *Formalem*, *Abstraktem.* Der *Geist* sei dagegen, seinem *Begriff* oder seiner *Wahrheit* nach, unendlich oder ewig, und zwar in diesem *konkreten* und *realen* Sinn, dass er in seinem Unterschied (in seiner Selbstunterscheidung, d. Verf.) absolut mit sich identisch bleibt. Deshalb müsse man den Geist für das Ebenbild Gottes, für die Göttlichkeit des Menschen halten. Der Geist als Wissenschaft, als reine Theorie, ist es also, der nach Hegel den Menschen die Welt erschließt und damit die ihr innewohnende Vernunft, ihr Göttliches.

---

[735]Dies geschieht nach Hegel im philosophischen Erkennen, das von dem Wissen, das die einzelnen Disziplinen hervorgebracht haben, ausgeht und die darin enthaltene Vernunft enthüllt, um sie sodann in einer normativen philosophischen Theorie zusammenzuführen. So ist in den einzelnen Theorien zum modernen Staat „an sich" die Vernunft enthalten, diese wird aber erst in der auf jenen Theorien aufbauenden Staatsphilosophie „*für sich* ". In dieser ist auch die absolute Einheit des Subjektiven, des Begriffs, der Theorie des modernen Staates, und des Objektiven, der Wirklichkeit desselben, Gegenstand des Wissens.

In seiner *Unmittelbarkeit* - auch der Geist als solcher gebe sich zunächst die Form der Unmittelbarkeit - sei der Geist, Hegel zufolge, noch nicht *wahrhaft* Geist. In diesem Zustand würde seine Existenz mit seinem Begriff, mit dem göttlichen Urbild, nicht absolut übereinstimmen. Da sei das Göttliche in ihm nur erst das *Wesen*, das sich zur vollkommenen Erscheinung herausbilden müsse. Unmittelbar habe folglich der Geist seinen Begriff (das, was er seinem Wesen nach ist, d. Verf.) noch *nicht* erfasst und sei *nur* vernünftiges Wissen, *wisse* sich aber noch nicht als ein solches.[736] So sei der Geist, wie schon erwähnt, zunächst nur die *unbestimmte* Gewissheit der Vernunft, der Einheit des Subjektiven und des Objektiven. Deshalb fehle ihm hier noch die *bestimmte* Erkenntnis, dass sein Gegenstand *vernünftig* ist. Um zu dieser Erkenntnis zu kommen, müsse der Geist den *an sich* vernünftigen Gegenstand von der ihm zunächst noch anhaftenden Form der Zufälligkeit, Einzelheit und Äußerlichkeit befreien und sich dadurch selber von der Beziehung auf ein ihm Anderes frei machen. Auf dem Weg dieser Befreiung sei der Geist noch *endlich.* Denn solange er sein Ziel noch nicht erreicht hat, wisse er sich noch nicht als absolut identisch mit seinem Gegenstande, sondern sehe sich durch ihn *beschränkt.*[737]

---

[736]Denken kann man hierbei an das Wissen, das im Bewusstsein, mehr noch, in den „Bewusstseinswissenschaften" und auch in den rein theoretischen Einzeldisziplinen erzeugt wird, die, Hegel zufolge, allesamt „endlich" sind, weil sie, wie erwähnt, „an sich" zwar vernünftig, aber eben nicht „für sich" vernünftig sind. Für sich vernünftig werden sie erst im philosophischen Erkennen, das die Resultate einzelner Disziplinen als Ausgangspunkt seiner Entwicklung nimmt.

[737]Nimmt man als Beispiel einen gegebenen modernen Staat, so kann man ihn als Wissenschaftler zum Gegenstand der Wahrnehmung, der Beobachtung und des Verstandes machen, man kann den Staat als solchen auch, ausgehend vom Begriff des sozialen Handelns, begrifflich als einen Idealtypus im Sinne Max Webers konstruieren, mit dem man als Forschungsinstrument an den gegebenen Staat herantritt. Man kann ihn auch im Sinne einer Einheit von Handeln und institutioneller Struktur begrifflich erfassen, aber in allen diesen Bemühungen bewegt man sich, Hegel zufolge, immer noch im Bereich der endlichen,

414

Die *Endlichkeit* des Geistes dürfe man aber nicht für etwas *absolut Festes* halten, sondern müsse sie als eine Weise der Erscheinung des, seinem Wesen nach, unendlichen Geistes erkennen. Das bedeute, dass der *endliche* Geist unmittelbar einen Widerspruch, ein Unwahres, enthält und zugleich der Prozess ist, diese Unwahrheit aufzuheben. Dieses Ringen mit dem *Endlichen*, das Überwinden der Schranke, mache das Göttliche im menschlichen Geist aus und bilde eine notwendige Stufe hin zum ewigen Geist. Würde man daher von den Schranken der Vernunft sprechen, so wäre dies noch schlimmer als von hölzernem Eisen zu sprechen. Es sei der unendliche Geist selber, der sich als *Seele* wie auch als *Bewusstsein selbst voraussetzt* und dadurch *verendlicht*. Aber ebenso hebe er diese selbst gemachte Voraussetzung, diese Endlichkeit, den an sich aufgehobenen Gegensatz des Bewusstseins *einerseits* gegenüber der *Seele* und *andererseits* gegenüber einem *äußerlichen Objekt* wieder auf. Diese Aufhebung habe im *freien Geist* eine andere Form als im *Bewusstsein*. Nehme *für* das Bewusstsein die Fortbestimmung des Ichs den Schein einer von dessen Tätigkeit *unabhängigen* Veränderung des *Objekts* an, so dass die *logische* Betrachtung dieser Veränderung beim Bewusstsein noch allein in *uns* (den Betrachtenden, d. Verf.) gefallen sei, so sei es dagegen *"für"* den *freien* Geist, dass er selber die sich entwickelnden und verändernden Bestimmungen des Objekts aus sich hervorbringt, er selber die Objektivität subjektiv und die Subjektivität objektiv macht.[738] Die von

---

beschränkten (Staats-)Wissenschaften. Diese enthalten zwar schon, wie gesagt, die Vernunft, aber eben nur „*an sich*" und nicht „*für sich*". Erst das philosophische Erkennen des modernen Staates enthüllt, dass er vernünftig und freiheitlich, „Wirklichkeit der sittlichen Idee" (Hegel), ist.

[738]Der *freie* Geist legt sich, wie sich Hegel verstehen lässt, darüber Rechenschaft ab, dass *er* es ist, der sich die entwickelnden und verändernden Bestimmungen (Kategorien), wie Seiendes, Etwas, Ding, Einzelnes, räumliche und zeitliche Einzelheit usw., des Objektes hervorbringt und dass *er* es ist, der die Subjektivität, also die Mannigfaltigkeit der Empfindungen, zu Objekten und die Objekte subjektiv, d. h. zu seinem Wissen macht.

415

ihm gewussten Bestimmungen seien allerdings dem Objekt innewohnend, aber zugleich durch ihn gesetzt. Nichts sei im Geist, ein *nur Unmittelbares.* Würde man daher von "'Tatsachen des Bewusstseins" sprechen, die für den Geist das Erste seien und ein Unvermitteltes, ein bloß Gegebenes, für ihn bleiben müssten, so müsse darauf hingewiesen werden, dass sich auf dem Standpunkt des *Bewusstseins* allerdings vieles solches Gegebene findet. Aber der *freie Geist* dürfe diese Tatsachen nicht als ihm gegebene, selbständige *Sachen* belassen, sondern müsse sie als *Taten* des Geistes, als einen durch *ihn gesetzten* Inhalt, erweisen und somit erklären.[739]

Das Fortschreiten des Geistes sei, wie Hegel nach diesem Zusatz fortfährt, *Entwicklung,* insofern seine Existenz, nämlich das *Wissen,* in sich selbst an und für sich bestimmt sei, d. h., dass das Wissen das Vernünftige zu seinem Inhalt und Zweck habe, also die Tätigkeit des Übersetzens[740] rein nur der formale Übergang in die Manifestation (z.

---

[739] Zu den „Tatsachen des Bewusstseins" gehört z. B. das Geld. Der Wissenschaftler als freier Geist lässt das Geld, Hegel zufolge, aber nicht, wie im Fall des wahrnehmenden Bewusstseins, als eine „selbständige Sache" bestehen, vielmehr erweist er es in seiner theoretischen Tätigkeit als einen notwendigen Bestandteil eines modernen, marktwirtschaftlichen Wirtschaftssystems, und auf der folgenden und abschließenden Stufe seiner Tätigkeit stellt er es im Rahmen einer normativen Theorie jenes Wirtschaftssystems als eine Institution dar, die notwendig und vernünftig und damit Freiheit hervorbringend ist.

[740] Hegel verwendet das Wort „Übersetzen" in Verbindung mit dem Begriff des Zwecks: „Der teleologische Prozeß ist *Übersetzung* des distinkt als Begriff existierenden Begriffs in die Objektivität; es zeigt sich, daß dieses Übersetzen in ein vorausgesetztes Anderes das Zusammengehen des Begriffes *durch sich* selbst *mit* sich *selbst* ist." Ders., Wissenschaft der Logik, Bd. 2, a. a. O., S. 454. Der Geist hat also seine Existenz im Wissen des Einzelnen. Dieses hat in ihm verschiedene Formen, so das Wissen als Bewusstsein, doch in jeder ist es „an und für sich bestimmt" (Hegel), hat es das Vernünftige zu seinem Zweck und Inhalt, mag dies auch das Wissenssubjekt nur ahnen. Und aus ihrer Manifestation im Wissen des Einzelnen kehrt, wie sich Hegel verstehen lässt, die Vernunft in sich zurück, d. h.

416

B. in das sinnliche oder wahrnehmende Bewusstsein, d. Verf.) und darin Rückkehr in sich sei.[741] Insofern das Wissen mit seiner ersten Bestimmtheit behaftet, zunächst nur *abstrakt* oder *formal* ist (so das sinnliche Bewusstseins, d. Verf.) sei es das Ziel des Geistes, die objektive Erfüllung und damit zugleich die Freiheit seines Wissens *hervorzubringen.*[742]

Hierbei sei, so Hegel, aber *nicht* an die mit der *anthropologischen* Entwicklung zusammenhängende Entwicklung des Individuums zu denken, nach der die Vermögen und Kräfte so betrachtet werden, als ob sie nacheinander hervortreten und sich in der Existenz äußern. Dies sei ein Fortgang, auf dessen Erkenntnis man eine Zeitlang - Hegel verweist hierbei auf die Philosophie Condillacs[743] - einen großen Wert gelegt hätte. Es sei in dieser Philosophie nicht zu verkennen, dass sie die mannigfaltigen Tätigkeiten des Geistes mit Hinweis auf ihre *Einheit* begreiflich macht und einen notwendigen Zusammenhang zeigt. Aber die dabei gebrachten Kategorien seien, so Hegel, nur dürftiger Art. Das Sinnliche werde zwar mit Recht als das *Erste*, als anfangende Grundlage genommen, die weiteren Bestimmungen würden aber nur erscheinen, als ob sie auf "*affirmative* Weise" (Hegel) hervorgehen, und

---

sie erkennt sich selbst in der Form des philosophischen Denkens.

[741] Ebenda, S. 234 ff.

[742] Dies lässt sich in dem Sinne verstehen, dass die Entwicklung des Geistes ein Vorgang ist, in dem dieser sich, wie schon angedeutet, als Bewusstsein manifestiert, sich als ein solches einen Gegenstand setzt und sich diesem als ein Subjekt entgegensetzt, um im Fortgang zunehmend von ihm Wissen zu erlangen, ein Prozess, der mit dem sinnlichen Bewusstsein beginnt und mit dem philosophischen Erkennen endet.

[743] Etienne Bonnot de Condillac, Traité des sensations-, Paris u. London 1754. Condillac gilt als der Begründer des neueren *Sensualismus.* Er suche alle psychischen Vorgänge von der Erinnerung bis zum Denken und Wollen als Umformungen von Sinneswahrnehmungen (-empfindungen d. Verf.), der einzigen Quelle der Erkenntnis (unter Ausschluss der Reflexion, d. Verf.) zu begreifen. Philosophisches Wörterbuch, 14. Aufl., a. a. O., S. 89.

das *Negative* in der Tätigkeit des Geistes, wodurch jener Stoff vergeistigt und als Sinnliches aufgehoben wird, würde verkannt und übersehen werden. Das Sinnliche sei auf jenem Standpunkt nicht bloß das empirische Erste, sondern bleibe es auch und solle die wahrhaft substanzielle Grundlage sein.

Ebenso wenn man die Tätigkeiten des Geistes nur als Äußerungen, Kräfte überhaupt, etwa mit der Bestimmung, nützlich, d. h. zweckmäßig für irgendein anderes Interesse der Intelligenz oder für das Gemüt zu sein, betrachte, sei *kein Endzweck* vorhanden. Dieser könne nur der *Begriff* selbst sein, und die Tätigkeit des Begriffs könne nur ihn selbst zum Zweck haben, die Form der Unmittelbarkeit oder der Subjektivität aufzuheben, sich zu erreichen und zu fassen und *sich zu sich* selbst zu befreien. Auf diese Weise seien die sich voneinander unterscheidenden Vermögen des Geistes nur als *Stufen* dieser Befreiung zu betrachten. Und dies allein müsse als die *vernünftige* Betrachtungsweise des Geistes und seiner verschiedenen Tätigkeiten gelten.

Die Existenz des Geistes, nämlich das *Wissen*, so erläutert Hegel in seinem Zusatz, sei die *absolute* Form, d. h. die Form, die den Inhalt in sich selber trägt, oder sie sei der *Begriff*, der als solcher existiert und seine Realität sich selber gibt.[744] Dass der Inhalt oder der Gegenstand für das *Wissen gegeben*, von *außen* an das Wissen herantritt, sei daher nur ein *Schein*. Durch die Aufhebung dieses *Scheins* erweise sich der Geist als das, was er *an sich* ist, nämlich als das absolute *Sichselbstbestimmen*, die unendliche Negativität (Nichtigkeit, d. Verf.)

---

[744]Ders. Enzyklopädie der philosophischen Wissenschaften, 3. Teil, a. a. O., S. 235 ff. Gemeint ist offenbar, dass der Begriff (oder das Wissen als Existenz des Geistes) seine Realität innerhalb des Subjekt-Objektverhältnisses des Bewusstseins hat. Es scheint zwar, so Hegel im folgenden Satz, als ob der Inhalt oder der Gegenstand des Wissens von außen an das Wissen herantritt, doch dies ist eben bloß ein „Schein" (ders.).

dessen, was ihm und sich selber äußerlich ist und als das alle Realität *aus sich* hervorbringende *Ideelle*.[745] Das *Fortschreiten* des Geistes habe folglich nur den Sinn, dass jener *Schein aufgehoben* wird und dass das Wissen sich als die allen Inhalt aus sich entwickelnde Form bewährt. Die Tätigkeit des Geistes sei weit davon entfernt, sich auf das bloße *Aufnehmen* des Gegebenen zu beschränken. Man müsse sie vielmehr als eine *schaffende* Tätigkeit bezeichnen, wenn auch die Produktionen des Geistes, indem er nur der *subjektive* Geist sei, *noch nicht die Form unmittelbarer Wirklichkeit* erhalten würden; würden sie doch mehr oder weniger *ideelle* Produktionen bleiben.[746]

Ebenso wie das Bewusstsein zu seinem Gegenstand die vorhergehende Stufe, also die *natürliche Seele* habe, so habe oder so mache der Geist, wie Hegel nach diesem Zusatz fortfährt, das *Bewusstsein* zu seinem Gegenstand.[747] Sei das Bewusstsein nur *an sich* die Identität des Ichs mit seinem Anderen (also dem Gegenstand, d. Verf.), so setze der *Geist* diese Identität *für sich*, so dass *er* sie damit *weiß*, als diese *konkrete* Einheit. [748] Seine Produktionen bestünden, entsprechend seiner

---

[745] Der Geist hat also seine Existenz im *Wissen* des Einzelnen, und zwar im Begriff. Dieser ist, als ein Allgemeines (Überindividuelles), die Form, die den Inhalt in sich trägt oder die Einheit von Form und Inhalt. Im Wissen des Einzelnen gibt sich der Begriff selber *Realität*. Es *scheint* aber so, wie erwähnt, als ob der Inhalt oder der Gegenstand für das Wissen ein gegebener oder von außen an das Wissen gelangt ist. Indem der Geist diesen *Schein* aufhebt, erweist er sich als das, was er *an sich* ist, nämlich absolute Selbstbestimmung. Danach negiert er alles, was ihm äußerlich ist und erweist sich als das Ideelle, das *alle Realität* aus sich hervorbringt.

[746] Hegel will offenbar damit betonen, dass es hier noch um die Entwicklung des Wissens (im subjektiven Geist) und noch nicht um die *Wirklichkeit*, die Welt des Handelns, der Sittlichkeit: bürgerliche Gesellschaft, moderner Staat, geht.

[747] Ebenda, S. 236 f.

[748] Für das (abstrakte) Ich des Bewusstseins ist also der Gegenstand desselben ein dem Ich äußerlicher, aber *an sich* ist er mit dem Ich identisch; für das Ich des freien Geistes dagegen ist der Gegenstand mit ihm identisch. Ich und Gegenstand bilden also hier eine „konkrete Einheit" (Hegel), während beide auf der Stufe des

Bestimmung, Vernunft zu sein, darin, dass ihr jeweiliger Inhalt sowohl der *an sich seiende* als auch hinsichtlich der Freiheit der *Seinige* ist.[749] Somit sei, indem der Geist in seinem Anfang *bestimmt* sei, diese Bestimmtheit eine doppelte, und zwar die des *Seienden* und die des *Seinigen*. Nach *jener* Bestimmtheit finde er in sich ein Etwas als *seiend*, nach *dieser* Bestimmtheit setze er das Etwas nur als das *Seinige*.

Der Weg des Geistes müsse daher

a) *theoretisch* sein, müsse es mit dem Vernünftigen als seiner unmittelbaren Bestimmtheit zu tun haben und dieses nun als das *Seinige* setzen.[750] Oder er müsse das Wissen von der Voraussetzung und damit von seiner Abstraktion befreien und damit die Bestimmtheit

---

Bewusstseins nur eine abstrakte, formale, Einheit bilden.

[749]Das, was der vernunftbestimmte Geist des Einzelnen (oder einer Gemeinschaft) hervorbringt, sind also (Begriffs-)Inhalte, die sowohl „an sich" als auch im Hinblick auf die Freiheit die seinigen sind. So enthüllen inhaltlich bestimmte Begriffe (die mehr als bloß abstrakte Vorstellungen sind) nicht nur jeweils eine bestimmte Sache, sondern sind normativ, auf die Freiheit hin ausgerichtet. Ist der vom Geist hervorgebrachte Inhalt z. B. „kommunale Selbstverwaltung als Freiheit *vom* und *im* modernen Staat", so ist dieser Inhalt sowohl ein „an sich seiender" als auch ein solcher, der allgemein gewollt wird, also etwas Erstrebenswertes, ein Wert ist. Jener Inhalt und seine Form, der Begriff, wird nicht durch bloße Beobachtung einzelner Ortsgemeinden gewonnen; können doch deren Organe in vielen Fällen diesem Begriff zuwiderhandeln, sondern dadurch, dass an einzelnen modernen Gemeinden das erkannt wird, was „an sich" ihrem Begriff entspricht. Somit scheint das, was Hegel hier unter Begriff versteht, nahe beim Begriff der Idee zu liegen. Produktionen des Geistes sind also Inhalte, die jeweils sowohl eine Erkenntnis als auch ein Wollen, nämlich das Wollen der Freiheit vermitteln.

[750]Hegel meint hier wohl einen einfachen theoretisch-analytischen Begriff als Ausgangspunkt eines theoretischen Systems. Als Beispiel könnte man den Begriff des Willens oder des Handelns nehmen, der am Anfang einer Theorie des modernen Staates stehen kann. Ein solcher Begriff ist das Produkt reinen Denkens, wenn er auch seinen Ursprung in der Anschauung hat und somit keine willkürliche Abstraktion ist.

subjektiv machen.[751] Indem das Wissen auf diese Weise *in sich* an und für sich bestimmt und die Bestimmtheit als die *seinige* gesetzt und damit *freie Intelligenz* sei, sei es

b) *Wille, praktischer Geist.* Dieser sei zunächst gleichfalls formal (oder abstrakt, d. Verf.), habe einen Inhalt als *nur* den *seinigen*, *wolle* unmittelbar und befreie im Fortgang seine Willensbestimmung von ihrer Subjektivität als der einseitigen Form seines Inhalts, so dass er

c) sich als *freier* Geist gegenständlich wird, in dem jene doppelte Einseitigkeit aufgehoben ist.[752]

Könne man, wie Hegel in seinem Zusatz hierzu erläutert, vom *Bewusstsein,* weil es das Objekt nicht *unmittelbar* habe, *nicht* sagen, es

---

[751] Gemeint ist offensichtlich das Wissen, wie es im Bewusstsein und den damit zusammenhängenden empirischen Wissenschaften gegeben ist. Es ist ein Wissen, das demnach von einem dem Subjekt äußerlichen Gegenstand abhängig ist. Die auf dem Wissen des Bewusstseins, also der Wahrnehmung und des Verstandes, aufbauenden einzelnen Disziplinen schließen ihrer Natur nach Voraussetzungen und Abstraktionen ein, von denen sich der Geist befreit und das Vernünftige darin als das Seinige setzt. Als Beispiel würde Hegel wohl die Politische Ökonomie von A. Smith und D. Ricardo anführen. Erst in seiner eigenen Theorie der bürgerlichen Gesellschaft würde er das Vernünftige als unmittelbare Bestimmtheit und als das Seinige erkennen, als das Vernünftige, das subjektiv gemacht worden ist.

[752] Der wissenschaftliche Begriff, die Theorie, als eine Produktion des Geistes schließt Vernunft und Freiheit als normative Bestandteile ein. Es ist nach Hegel der *Trieb* (ders.) des Geistes, nicht nur den Begriff, die Theorie, hervorzubringen, sondern diese auch in die Tat umzusetzen („Einheit von Theorie und Praxis"). Stellt sich z. B. ein Politiker auf den Standpunkt einer Theorie des Geldes, wonach er dieses als eine notwendige, vernünftige und Freiheit ermöglichende Institution in einer arbeitsteiligen Gesellschaft erkennt, so hat er, als *freier* Geist zugleich auch den Willen, seine wissenschaftliche Einsicht in der Geld-, Finanz- und Wirtschaftspolitik seines Staates durchzusetzen. Allerdings muss er zuvor seine Willensbestimmung von allem Subjektiven, etwa seinen Gefühlen oder persönlichen Interessen, befreien. Der freie Geist ist also eine Einheit von vernünftigem Erkennen und Wollen.

habe *Trieb*, so müsse dagegen der *Geist* als *Trieb* gefasst werden.[753] Er sei nämlich wesentlich *Tätigkeit*, und zwar zunächst

a) diejenige Tätigkeit, durch die das scheinbar *fremde* Objekt, statt die Gestalt eines Gegebenen, Vereinzelten und Zufälligen, die Form eines *Erinnerten*, *Subjektiven*, *Allgemeinen*, *Notwendigen* und *Vernünftigen* erhalte. Indem der Geist diese Veränderung mit dem Objekt vornehme, reagiere er *gegen* die Einseitigkeit des Bewusstseins, das sich auf die Objekte als *unmittelbar Seiende*, aber nicht auf sie als ein subjektiv wissendes *Bewusstsein* beziehe. Und in dieser Reaktion sei er *theoretischer* Geist.[754] In ihm herrsche der Trieb des *Wissens*, der Drang nach *Kenntnissen*. Vom *Inhalt* der Kenntnisse wisse ich, dass er *ist*, er *Objektivität* hat und zugleich, dass er in *mir*, also *subjektiv*[755] ist.

---

[753]Ebenda, S. 237 ff.

[754]Im Bewusstsein steht, wie schon ausgeführt, das Ich einem ihm äußerlichen Objekt gegenüber, im *subjektiv wissenden Bewusstsein*, also im *theoretischen Geist*, legt sich das Ich darüber Rechenschaft ab, dass es selbst das Objekt konstruiert. Das scheinbar *fremde* Objekt, z. B. eine Stadtgemeinde, bekommt, statt der Form eines Gegebenen, Vereinzelten und Zufälligen die Form eines Erinnerten (eine Form der Anschauung - siehe im späteren Textabschnitt), sodann eines Allgemeinen, Notwendigen und Vernünftigen. So wird der Soziologe diese Stadtgemeinde, die ihm zunächst in der „gediegenen" Anschauung und in der Vorstellung gegeben ist, in den speziellen begrifflichen Rahmen seiner Disziplin stellen und sie, sei es vom *Willen* oder sei es vom *Handeln* des Einzelnen, ausgehend, rein begrifflich konstruieren. Auf diese Weise bekommt die Stadtgemeinde im Prozess des Erkennens, der mit der „lebendigen" Anschauung beginnt, am Ende durch das Denken, das seiner Natur nach rein begrifflich ist, die Form eines *Allgemeinen* und *Notwendigen*. So wird z. B. eine Stadtgemeinde als ein Selbstverwaltungsorganismus *und* eine Anstalt des modernen Staates (Hugo Preuß) und ferner als notwendig für die Verwaltung des modernen Staates auf lokaler Ebene und schließlich als *vernünftig*, erkannt, indem sie frei *vom* und *im* modernen Staat ist.

[755]Der theoretische Geist ist also eine Tätigkeit, die in sich den Drang nach Wissen, Erkenntnissen, hat und weiß, dass ihre Inhalte *sind*, sie Objektivität haben und zugleich subjektiv, d. h. im Erkennenden anwesend sind.

Das Objekt habe also hier nicht mehr, wie im Fall des Bewusstseins, die Bestimmung eines *Negativen* gegenüber dem Ich. Das Ich des theoretischen Geistes legt sich also nach Hegel darüber Rechenschaft ab, dass es mit seinem Objekt eine Einheit bildet.

b) Der *praktische* Geist nehme den entgegengesetzten Ausgangspunkt. Er fange nicht, wie der *theoretische* Geist, bei einem scheinbar selbständigen Objekt (dem Objekt der Anschauung, d. Verf.) an, sondern bei seinen *Zwecken* und *Interessen*, also bei *subjektiven* Bestimmungen, und schreite erst dazu fort, diese zu einem *Objektiven* zu machen. [756] Indem er so vorgeht, reagiere er ebenso *gegen* die *einseitige* Subjektivität des in sich verschlossenen *Selbstbewusstseins*, wie der *theoretische* Geist *gegen* das *Bewusstsein*, das von einem gegebenen Gegenstand abhängig ist. Der theoretische und der praktische Geist würden sich daher gegenseitig integrieren, weil sie sich, wie ausgeführt, zwar voneinander unterscheiden würden, diese Unterscheidung aber keine absolute sei; habe es doch auch der *theoretische* Geist mit *seinen eigenen* Bestimmungen, also mit Gedanken, zu tun. Und umgekehrt seien die Zwecke des *vernünftigen Willens* nicht etwas, was dem *besonderen Subjekt* angehört, sondern etwas *an und für sich Seiendes*. [757] *Beide* Weisen des Geistes seien Formen der Vernunft. Denn sowohl im *theoretischen* als auch im *praktischen* Geist werde, obgleich auf verschiedenen Wegen, dasjenige

---

[756] Das geschieht, wenn z. B. Zwecke und Interessen zu einer allgemeinverbindlichen normativen Ordnung gemacht werden.

[757] Hier geht es also nicht um den besonderen und zufälligen Willen des Einzelnen, sondern um die Zwecke des allgemeinen, vernünftigen Willens, der nach Hegel ein „an und für sich Seiendes" ist. Weder im Fall des theoretischen noch des praktischen Geistes geht es also um das Besondere in den geistigen Tätigkeiten eines Subjekts, sondern nur um das, was darin allgemein und eben deshalb vernünftig ist.

hervorgebracht, worin die Vernunft besteht, nämlich in der *Einheit* des Subjektiven und des Objektiven.[758]

Beide Formen des *subjektiven* Geistes hätten jedoch den *Mangel* gemeinsam, dass in *beiden* von der scheinbaren *Getrenntheit* des Subjektiven und des Objektiven ausgegangen wird und die Einheit dieser entgegengesetzten Bestimmungen erst hervorgebracht werden soll. Es sei ein *Mangel*, der in der Natur des Geistes liege, weil dieser nicht ein Seiendes, unmittelbar Vollendetes, sondern vielmehr etwas sei, was sich selbst hervorbringe, *reine Tätigkeit* sei. Es sei das Aufheben, der an sich vom Geist *selbst* gemachten Voraussetzung des Gegensatzes zwischen dem Subjektiven und dem Objektiven.[759]

---

[758]So ist z. B. die Theorie des modernen Staates vernünftig, insofern sie eine Einheit von Verfassungsbewusstsein, -ordnung und -wirklichkeit zur Darstellung bringt. Und so ist z. B. der Wille, einen Staat zu gründen vernünftig, insofern er auf eine Einheit des Subjektiven und Objektiven und nicht auf den besonderen Willen eines Einzelnen ausgerichtet ist.

[759]Gemeint ist offenbar, dass, wie schon ausgeführt, der *theoretische* Geist nicht mit der begrifflichen Arbeit, in der er von der Einheit des Subjektiven und Objektiven ausgeht, beginnt, sondern zunächst von der Anschauung und der Vorstellung, die ihrerseits als Grundlage die Empfindungen haben. Zunächst gibt es somit noch die (scheinbare) Trennung des Subjektiven, der Anschauung und Vorstellung, und des Objektiven, des Begriffs, der wissenschaftlichen Theorie, voneinander, eine Trennung, die den *theoretischen* Geist dazu antreibt, sie aufzuheben, was dann im begreifenden Erkennen geschieht. Aber auch im *praktischen* Geist gibt es zunächst noch die Trennung des Subjektiven vom Objektiven, indem das Ich zunächst von seinen besonderen Zwecken und Interessen, also auch von nur subjektiven Bestimmungen, ausgeht. Diese besonderen Interessen und Zwecke, diese einseitige Subjektivität, muss das Ich durch seine Tätigkeit aufheben, um so zu einem *vernünftigen* Willen als etwas an und für sich Seienden aufzusteigen. Der vernünftige Wille eines Politikers besteht z. B. darin, dass er in krisenhaften Zeiten eine freiheitliche, mithin vernünftige Verfassungsordnung durchsetzen will. Mit einem solchen Willen stellt er als *praktischer* Geist die Einheit des Subjektiven und des Objektiven her. Der Geist ist also nach Hegel seiner Natur nach nicht ein Seiendes und unmittelbar Vollendetes, sondern eben eine sich selbst hervorbringende *Tätigkeit*, die die Voraussetzungen,

Sowohl der *theoretische* als auch der *praktische* Geist gehören, wie Hegel nach dem Zusatz fortfährt, noch der Sphäre des *subjektiven Geistes* an, und sie seien nicht als "aktiv" oder "passiv" zu unterscheiden.[760] Der *subjektive Geist* sei hervorbringend, doch seine Produktionen seien formal (Worte (Begriffe) und Genuss). Was den *theoretischen* Geist betrifft, so sei seine Produktion nach innen gerichtet und sei nur seine *ideelle* Welt und das Gewinnen der abstrakten (oder formalen, d. Verf.) Selbstbestimmung in sich.[761] Der *praktische* Geist habe es zwar nur mit Selbstbestimmungen, seinem eigenen, aber ebenfalls noch formalen Stoff (Begierden, Triebe, Zwecke, Interessen, d. Verf.) und folglich mit einem *beschränkten* Inhalt zu tun, für den er die Form der Allgemeinheit gewinne.[762] Indem der subjektive Geist, nach *außen* gerichtet, die *Einheit* von Seele und Bewusstsein, damit auch *seiende,* in *einem* eine *anthropologische* und dem *Bewusstsein* gemäße Realität sei, seien seine Produkte im

---

die er sich selbst macht, wieder aufhebt.

[760]Ebenda, S. 238 ff.

[761] Die „ideelle Welt" ist, wie schon angedeutet, die auf das Innerliche zurückgeführte äußerliche Welt; sie ist die Welt der Gedanken, der Begriffe. Das Gewinnen der "abstrakten Selbstbestimmung" (Hegel) besteht offensichtlich darin, dass sich das Ich von der Bestimmung durch einen ihm äußerlichen Gegenstand befreit und sich nur noch in seiner „ideellen Welt", der Welt seiner Gedanken, bewegt; ist doch nunmehr das Objekt des Erkennens von ihm selbst bestimmt und bewegt er sich doch damit ausschließlich innerhalb desselben.

[762]Gemeint ist offensichtlich, dass die Zwecke, Interessen und Triebe, mit denen sich der Wille eines Subjekts konfrontiert sieht, zunächst noch einen beschränkten Inhalt (etwa das individuelle Genießen von Objekten oder eine persönliche materielle Bereicherung) haben, aber zunehmend die Form der Allgemeinheit gewinnen, indem die Inhalte der Zwecke usw. gegeneinander abgewogen, um die Glückseligkeit zu maximieren, und schließlich Zwecke oder Interessen mit überindividuellen, allgemeinen Inhalten. verfolgt werden. Der praktische Geist schließt demnach einen Willen oder eine Selbstbestimmung ein.

theoretischen Geist das *Wort* und im *praktischen* (noch nicht Tat und Handlung) der *Genuss.*[763]

Die Psychologie gehöre, so Hegel, ebenso wie die Logik, zu denjenigen Wissenschaften, die in neueren Zeiten von der allgemeinen Bildung des Geistes und dem tieferen Begriff der Vernunft noch am wenigsten Nutzen gezogen hätten und befinde sich immer noch in einem höchst schlechten Zustand. Zwar sei ihr durch die Kantische Philosophie eine größere Bedeutung zuerkannt worden, sogar solle sie in ihrem empirischen Zustand die Grundlage der Metaphysik bilden, als eine Wissenschaft, die in nichts anderem bestünde, als die Tatsachen des menschlichen Bewusstseins, und zwar als Tatsachen wie sie gegeben sind, empirisch aufzufassen und zu zergliedern. Mit dieser Stellung der Psychologie, die auch noch mit Formen aus dem Standpunkt der Bewusstseinslehre und der Anthropologie vermischt werde, habe sich an ihrem Zustand nichts verändert. Es sei nur hinzugekommen, dass auch für die Metaphysik und die Philosophie überhaupt, wie für den Geist als solchen, auf die *Erkenntnis der Notwendigkeit* dessen, *was an und für sich ist,* auf den *Begriff* und die *Wahrheit,* verzichtet worden ist.

Nur die Seele sei, wie Hegel hierzu in seinem Zusatz erläutert, *passiv,* der *freie Geist* sei dagegen wesentlich *aktiv, produzierend.*[764] Man würde sich deshalb irren, würde man den *theoretischen* vom *praktischen* Geist dadurch unterscheiden, dass man jenen als *passiv*

---

[763] Indem der subjektive Geist, nach außen gerichtet, Einheit von *Seele* und *Bewusstsein,* in *einem* eine anthropologische *Realität* und eine dem Bewusstsein gemäße *Realität* ist (Hegel meint offenbar die Anschauung einerseits und die Begierden, Triebe und Zwecke andererseits), sind also seine Produkte, Hegel zufolge, im *theoretischen* Geist das *Wort,* d. h., wie sich ergänzen lässt, in Worte gefasste Gedankengebilde, in denen die Worte jeweils einen präzisen und homogenen Sinngehalt haben. Im praktischen Geist dagegen sind seine Produkte bloß der *Genuss,* aber noch nicht *Tat* und *Handlung,* die erst im „objektiven Geist" als „Moralität" zur Sprache kommen.

[764] Ebenda, S. 239 ff.

und diesen als *aktiv* bezeichnet. Der Erscheinung nach sei allerdings diese Unterscheidung richtig. Der *theoretische* Geist scheine nämlich nur *das* aufzunehmen, was vorhanden ist, der *praktische* Geist scheine dagegen etwas hervorzubringen, was äußerlich noch *nicht* vorhanden ist. In Wahrheit nehme aber der theoretische Geist, wie schon erwähnt, nicht nur ein Anderes, ein gegebenes Objekt, passiv auf, sondern zeige sich als aktiv dadurch, dass er den *an sich* vernünftigen Inhalt des Gegenstandes aus der Form der Äußerlichkeit und Einzelheit in die Form der *Vernunft* erhebt.[765] Aber auch der praktische Geist habe insofern eine *passive* Seite, als ihm sein Inhalt zunächst, nicht von außen, sondern *innerlich gegeben* sei. Dieser sei somit ein unmittelbarer Inhalt, der nicht durch die Tätigkeit des vernünftigen Willens gesetzt ist. Zu einem auf diese Weise Gesetzten werde der Inhalt erst durch das *denkende Wissen*, also den *theoretischen* Geist.[766]

---

[765] Will z. B. ein Staatswissenschaftler eine Theorie des *modernen* Staates entwickeln und wählt als Fallbeispiele einige westeuropäische Staaten aus, macht sie zum Gegenstand seiner Anschauung, so wird er, Hegel zufolge, nicht bei diesen einzelnen Staaten, die in mancher Hinsicht deformiert sein könnten, verharren oder sich an ihrer Äußerlichkeit und Einzelheit festhalten; denn es kann ihm nur darum gehen, *das* in seine begriffliche Darstellung dieser Staaten aufzunehmen, was er an diesen als typisch, wesentlich, notwendig und vernünftig erkennt.

[766] Der unmittelbare Inhalt des praktischen Geistes ist, wie erwähnt, eine besondere Begierde, ein besonderer Zweck oder ein besonderes Interesse des Individuums. Erst durch den theoretischen Geist, also das *denkende* Wissen, entsteht bei ihm ein *vernünftiger* Wille. Nimmt man als Beispiel einen Waldbesitzer, der aus einem kommerziellen Interesse heraus seinen Wald im Alpengebiet zu einem Skigebiet umwandeln will, so könnte sein vernünftiger Wille am Ende darin bestehen, von einer solchen Nutzung abzusehen, weil den Wald als ein ökologisches System erkannt hat, und darüber hinaus, dass die unterhalb des Berghangs lebende Bevölkerung durch den Wald kontinuierlich mit Trinkwasser versorgt und überdies vor Lawinen geschützt wird. Jedenfalls entsteht erst durch das denkende Wissen ein *reflektierender* Wille, ein Wille, der Alternativen erkennt, sie gegeneinander abwägt - im Interesse der Maximierung seines Nutzens oder seiner Glückseligkeit - und schließlich ein *vernünftiger* Wille, ein solcher, der das Allgemeine zu seinem

Für nicht weniger unwahr als die soeben erwähnte Unterscheidung des Theoretischen und des Praktischen müsse *die* Unterscheidung gehalten werden, nach der die Intelligenz das *Beschränkte*, der Wille dagegen das *Unbeschränkte* sein soll. Den Willen könne man, gerade umgekehrt, für beschränkter als die Intelligenz halten, weil er sich mit der äußerlichen, Widerstand leistenden Materie, mit der ausschließenden Einzelheit des Wirklichen, in einen Kampf einlasse und sich zugleich einem anderen menschlichen Willen gegenübersehe. Die Intelligenz dagegen gehe in ihrer Äußerung nur bis zum *Wort*, zu dieser flüchtigen, verschwindenden in einem widerstandslosen Element ganz *ideellen* Realisation fort. Sie bleibe also in ihrer Äußerung vollkommen bei sich, befriedige sich in sich selber, erweise sich als Selbstzweck, als das Göttliche und bringe in der Form des *begreifenden Erkennens* die unbeschränkte Freiheit und Versöhnung des Geistes mit sich selber zustande.

Beide Weisen des subjektiven Geistes, sowohl die Intelligenz als auch der Wille, hätten aber zunächst nur die *formale* Wahrheit; entspreche doch in beiden der Inhalt nicht unmittelbar der unendlichen Form des Wissens[767], so dass diese Form des Wissens noch nicht *wahrhaft erfüllt* sei. Im *theoretischen* Geist werde der Gegenstand zwar einerseits *subjektiv*, es bleibe aber andererseits zunächst noch ein Inhalt des Gegenstandes *außerhalb* der Einheit mit der Subjektivität zurück. Deshalb bilde hier das Subjektive nur eine Form, die das Objekt nicht absolut durchdringt, und somit sei das Objekt nicht *durch und durch* ein vom Geist Gesetztes.[768] In der *praktischen* Sphäre habe dagegen das

---

Inhalt hat.

[767]Hegel meint damit offensichtlich die philosophisch-wissenschaftliche Theorie.

[768]So wird z. B. eine einzelne bürgerliche Marktgesellschaft als Gegenstand der (klassischen) Politischen Ökonomie in der Form einer allgemeinen Theorie des marktwirtschaftlichen Systems subjektiv, es bleibt aber zunächst noch ein Inhalt des Gegenstandes *außerhalb* der Subjektivität des Ökonomen übrig. Deshalb bildet, Hegel zufolge, das Subjektive, hier die Theorie der Politischen Ökonomie, nur eine

428

Subjektive unmittelbar noch keine wahre Objektivität, weil es in seiner Unmittelbarkeit *nicht* etwas absolut Allgemeines, an und für sich Seiendes, sondern etwas der Einzelheit des Individuums Angehörendes sei.[769]

Wenn der Geist seinen soeben erwähnten Mangel überwunden hat, wenn also sein *Inhalt* nicht mehr mit seiner *Form* in einem Zwiespalt

---

Form, die das Objekt, eine reale bürgerliche Marktgesellschaft, nicht absolut durchdringt, so dass diese nicht durch und durch vom Geist gesetzt ist. Das liegt daran, dass die Denktradition der Politischen Ökonomie das Objekt, ihren Bezugsrahmen, zu eng definiert hat. So definiert sie ihr Objekt, grob umrissen, als ein System des ökonomischen Austausches zwischen rational handelnden Wirtschaftssubjekten: kapitalistischen Unternehmern, Lohnarbeitern, Grundeigentümern, Käufern und Verkäufern, in dem jedes ausschließlich danach strebt, seinen Nutzen oder sein Einkommen zu maximieren. Schaut man sich jedoch das reale marktwirtschaftliche Wirtschaftsleben, das ja seinen Teilnehmern wohl vertraut ist, an, so stellt man z. B. fest, dass der Staat fortlaufend ordnend, regulierend und darüber hinaus als Steuerstaat in das Wirtschaftsgeschehen eingreift. Kurz, die Theorie der bürgerlichen Marktgesellschaft, wie sie die Politische Ökonomie entwickelt hat, muss in dem Sinne aufgehoben werden, dass sie zugleich negiert und bewahrt wird. Dies geschieht durch Hegels philosophische Theorie des modernen Staates, in der der bürgerlichen Markgesellschaft eine zentrale, aber nur untergeordnete Sphäre im modernen Staat eingeräumt wird. Ihr Ausgangspunkt ist aber nicht der moderne Staat, sondern, sondern der Wille (oder das Handeln) des Einzelnen als das Abstrakteste und Einfachste, von dem aus zu immer Konkreterem (z. B. Familie, sodann bürgerliche Gesellschaft und danach Staat) aufgestiegen wird. Erst mit einer solchen, das moderne Sozialleben als Totalität erfassenden Theorie, wie sie Hegel in seiner Rechtsphilosophie entwickelt hat, wird das Objekt der Politischen Ökonomie durch und durch ein vom Geist gesetztes.

[769] Wie schon ausgeführt, hat das Subjektive im *praktischen* Geist noch keine wahre Objektivität erlangt solange er in seiner verändernden Tätigkeit nur besondere Begierden, Zwecke und Interessen verfolgt, somit in seiner Einzelheit verharrt und damit nicht zum Standpunkt des allgemeinen vernünftigen Willens, den der theoretische Geist, das denkende Wissen, vermittelt, aufgestiegen ist.

steht, die Gewissheit der Vernunft, der Einheit des Subjektiven und Objektiven nicht mehr nur *formal*, sondern *erfüllt* ist, wenn demnach die *Idee* den alleinigen Inhalt des Geistes bildet[770], dann habe der *subjektive* Geist sein *Ziel* erreicht und gehe in den *objektiven* Geist über. Dieser wüsste seine Freiheit, erkenne, dass seine *Subjektivität* in ihrer Wahrheit die *absolute Objektivität* selbst ausmacht, und erfasse sich nicht bloß *in sich* als Idee, sondern bringe sich als eine äußerlich *vorhandene Welt* der Freiheit hervor.[771]

6.2 Der theoretische Geist

Die Intelligenz *finde* sich, so Hegel, *bestimmt*; dies sei ihr *Schein*, von dem sie in ihrer Unmittelbarkeit ausgehen würde.[772] Als *Wissen* aber

---

[770]Die *Idee* ist nach Hegel, wie schon erwähnt, die Einheit des Subjektiven (z. B. das Verfassungsbewusstsein: das Wissen und Wollen der Verfassungsordnung) und des Objektiven (z. B. die Verfassungsordnung). Wenn die Idee den alleinigen Inhalt des Geistes bildet, dann hat der Einzelne, wie sich Hegel verstehen lässt, die höchste Stufe seiner Sozialisation in den modernen Staat erreicht.

[771]Hegel denkt hier offensichtlich an seine Theorie des modernen Staates, wonach dieser, wie schon erwähnt, als Verfassungsbewusstsein im einzelnen (vernünftigen) Staatsbürger sowie, diesem gegenüber, als objektiv seiende Verfassungsordnung vorhanden ist, und jener durch sein Handeln den Staat als „Wirklichkeit der sittlichen Idee" (Hegel) setzt. Nach dieser normativen Theorie ist die Idee der Freiheit also nicht nur ein Konzept, ein Plan oder ein Einfall, sondern sie ist in der Form des modernen Staates *wirklich* und dabei, sich im 19. Jahrhundert in Westeuropa mehr oder weniger vollkommen in Gestalt einzelner Staaten, die sich zu einem System zusammenfügen, durchzusetzen. Freiheitsbewegungen und Revolutionen sind es, die, folgt man Hegels Philosophie der Geschichte, den einzelnen modernen Staat hervorbringen, und wenn dieser einmal *da* ist, dann wird er durch das Handeln seiner einzelnen Bürger und seiner Staatsorgane reproduziert und fortentwickelt.

[772]Ders., Enzyklopädie der philosophischen Wissenschaften, 3. Teil, a. a. O., S. 240 ff. Wie bereits erwähnt, findet sich die Intelligenz, worunter man das Erkenntnisvermögen verstehen könnte, durch das Objekt, wie es in der Anschauung

bestehe sie darin, das Gefundene als ihr eigenes zu setzen.[773] Ihre
Tätigkeit habe es mit der leeren Form zu tun, nämlich die Vernunft zu
finden, und ihr Zweck sei, dass ihr Begriff *für sie* ist, d. h. dass sie *für
sich* Vernunft ist, womit *in einem* der *Inhalt* für sie vernünftig wird, und
diese Tätigkeit sei das *Erkennen*.[774] Das formale Wissen der Gewissheit
erhebe sich, weil die Vernunft konkret sei, zu einem bestimmten und
begriffgemäßen Wissen.[775] Der Gang dieses Aufstiegs des Wissens sei
selbst vernünftig und ein durch den Begriff bestimmter, notwendiger
Übergang von einer Bestimmung (eines so genannten *Vermögens* des
Geistes, Hegel) der intelligenten Tätigkeit in die andere. Die
Widerlegung des Scheins[776], die darin bestehe, das Vernünftige zu

---

gegeben ist, *bestimmt*, jedoch ist diese Bestimmung nur ein Schein.

[773]Dies geschieht in der begrifflichen Erfassung dessen, was in der Anschauung
und Vorstellung vom Gegenstand gegeben ist.

[774]Die Tätigkeit der Intelligenz hat es also nach Hegel mit der leeren *Form*,
nämlich die Vernunft zu finden zu tun, und der Zweck der Tätigkeit ist, dass sie
auch *für sich* Vernunft wird, so dass zugleich *für sie* auch der jeweilige Inhalt
vernünftig wird. Und diese Tätigkeit sei das Erkennen. Die Tätigkeit der Intelligenz
schließt also von vornherein die Vernunft als eine bloße *Form* ein und damit wird
auch zugleich der jeweilige *Inhalt*, dem sich die Intelligenz zuwendet, z. B. eine
gegebene Stadtgemeinde, in der Anschauung, Vorstellung und im begrifflichen
Denken, für sie vernünftig. Das Erkennen setzt also die Vernunft als seine Form
(und als eine Norm) voraus; ein vernunftloses Erkennen entspricht demnach nicht
dem Begriff des Erkennens, ist somit nach Hegel *gar kein* Erkennen.

[775] Das formale (abstrakte) Wissen, wie es, wie sich Hegel verstehen lässt,
unmittelbar in der Anschauung und Vorstellung gegeben ist, erhebt sich, weil die
Vernunft konkret, also mit einem Inhalt verbunden ist, zu einem bestimmten,
begriffsgemäßen Wissen.

[776]Das gilt, wie T. S. Hoffmann erläutert, „schon ganz äußerlich für ein Stück
Papier, von dem die Sprache, die das Seinsdenken verlassen hat, sagen kann, daß
es ein „Schein" sei - ein Geldschein beispielsweise ist ein Stück Papier, an dem
„das Wesentliche" nicht ist, wie dieses Papier qualitativ oder quantitativ bestimmt
ist, das heißt, was es seiner Unmittelbarkeit nach ist, sondern das, *für das* dieses
Stück Papier steht, nämlich der für sich als Wert unsichtbare Geldeswert, den dieses

finden, die das Erkennen ausmache, gehe von der Gewissheit aus, d. h. vom Glauben der Intelligenz an ihre Fähigkeit, vernünftig zu wissen und an die Möglichkeit, sich die Vernunft aneignen zu können, die sie und der Inhalt *an sich* ist.[777]

Die Unterscheidung zwischen *Intelligenz* und *Willen* werde, so Hegel, oft in dem falschen Sinn verstanden, beide würden feste, voneinander getrennte Existenzen sein, so dass das Wollen *ohne* die Tätigkeit der Intelligenz oder diese *ohne* das Wollen sein könne. Die Möglichkeit, dass sich der *"Verstand"* ohne das *"Herz"* und das *"Herz"* ohne den *"Verstand"* (ders.) herausbilden, es also ein Herz ohne Verstand und einen Verstand ohne Herz geben könne, verweise nur darauf, dass schlechte, in sich unwahre (menschliche, d. Verf.) Existenzen vorkommen können. Aber die Philosophie sei es nicht, die solche Unwahrheiten des Daseins und der Vorstellung für die Wahrheit, das Schlechte für die Natur der Sache halte. Eine Menge sonstiger Formen, die von der Intelligenz gebraucht werden, nämlich dass sie *Eindrücke* von außen empfängt und sie *aufnimmt*, dass die Vorstellungen durch *Einwirkungen* äußerlicher Dinge (als deren Ursachen) entstehen usw., würden einem Standpunkt von Kategorien angehören, der nicht der Standpunkt des Geistes und der philosophischen Betrachtung sei.

Papier hat." Ders., Georg Wilhelm Friedrich Hegel, a. a. O. S. 320.

[777] *An sich* ist also nach Hegel in der Tätigkeit des Erkennens, die darin besteht, den *Schein* zu widerlegen und zum Wesen vorzudringen, die Vernunft ebenso gegenwärtig wie in dem zu erkennenden Inhalt. Im Erkenntnisvermögen des Wissenschaftlers herrsche, so Hegel, der Glaube, es habe die Fähigkeit, „vernünftig zu wissen" (ders.). So wird z. B. ein Ökonom, der das Wesen des Geldes enthüllen will, sich als Ausgangspunkt seiner Tätigkeit nicht Länder mit zerstörter Währung und desorganisierter Volkswirtschaft auswählen; kann er doch in solchen Fällen das Wesen des Geldes nicht enthüllen und damit auch nicht das Vernünftige in diesem Inhalt herausfinden.

Eine beliebte Form sei es, über *Kräfte* und *Vermögen* der *Seele*, der Intelligenz oder des Geistes zu reflektieren. Das *Vermögen*, ebenso wie die *Kraft*, bestehe in der *fixierten Bestimmtheit eines Inhalts*, die als Reflexion-in-sich vorgestellt werde. [778] Die *Kraft* sei zwar die *Unendlichkeit* der Form, des Inneren und Äußeren, aber ihre wesentliche *Endlichkeit* enthalte die *Gleichgültigkeit* des *Inhalts* gegenüber der Form. Hierin liege das *Vernunftlose*, das durch diese Form der Reflexion und durch die Betrachtung des Geistes als einer Menge von *Kräften*, sowohl in den Geist als auch in die Natur hineingetragen werde. Was an der Tätigkeit des Geistes *unterschieden* werden könne, werde jeweils als eine *selbständige Bestimmtheit* (z. B. Erinnerungs-, Einbildungs- und Willenskraft in der empirischen Psychologie[779]) festgehalten, und der Geist werde auf diese Weise zu einer verknöcherten, mechanischen *Sammlung* gemacht. Es mache dabei ganz und gar keinen Unterschied, ob, statt der Worte "*Vermögen*" und "*Kräfte*", der Ausdruck *Tätigkeiten* gebraucht wird. Ebenso mache das *Isolieren* der Tätigkeiten den Geist nur zu einem Aggregatwesen und betrachte das Verhältnis der Tätigkeiten zueinander als eine nur *äußerliche, zufällige* Beziehung.

---

[778]Von den „Vermögen" des Geistes: Anschauen, Vorstellen, Erinnern usw., war schon die Rede. Wenn z. B. das Anschauen als ein „Vermögen" betrachtet wird, dann stellt man sich damit, wie sich Hegel verstehen lässt, einen Inhalt vor, der ein Inneres, eine Kraft, enthält, die nur in ihrer Äußerung hervortritt. In diesem Sinne spricht man z. B. von seelischen oder geistigen Kräften in einem Individuum. In anderen Zusammenhängen spricht man z. B. von der „sozialen Kraft", der „Wirtschafts- oder der Finanzkraft", der „Anziehungskraft der Erde" usw. Die „Kraft" wird also als eine Form verstanden, die nur in der *Einheit* mit einem bestimmten *Inhalt* und dann nur in ihrer Äußerung gegeben ist. So spricht man von der „Windkraft" und sieht in den sich drehenden Flügeln einer Windmühle eine Äußerung dieser Kraft. Nach Hegel sei wichtig, so T. S. Hoffmann, dass im Begriff der Kraft der objektivierende Verstand ein „*Ungegenständliches*", ein „*Inneres* der Dinge", denkt. Ders., Georg Wilhelm Friedrich Hegel, a. a. O., S. 257.

[779]Ders., Enzyklopädie der philosophischen Wissenschaften, 1. Teil, a. a. O. S. 272.

Das Tun der Intelligenz als theoretischer Geist sei, so Hegel, *Erkennen* genannt worden, aber nicht in *dem* Sinne, dass sie *unter anderem* auch erkenne, im Übrigen aber auch anschaue, vorstelle sich, erinnere, einbilde usw. Eine solche Vorstellung würde mit der soeben kritisierten Isolierung der einzelnen Geistestätigkeiten zusammenhängen. Damit hänge ferner die große Frage der neueren Zeit zusammen, ob wahrhaftes Erkennen, die Erkenntnis der Wahrheit, möglich ist. Würde man einsehen, die Erkenntnis der Wahrheit sei unmöglich, dann müsste man das Streben danach aufgeben. Die vielen Seiten, Gründe und Kategorien, womit eine äußerliche Reflexion den Umfang dieser Frage aufblähe, würden sich an geeigneter Stelle erledigen. Je äußerlicher sich der Verstand dabei verhalten würde, desto diffuser würde ihm ein einfacher Gegenstand werden. Hier gehe es um den einfachen Begriff des Erkennens, der dem ganz allgemeinen Gesichtspunkt jener Frage entgegentrete, nämlich dem, überhaupt in Frage zu stellen, dass wahrhaftes Erkennen *möglich* ist und es für eine Willkür zu halten, ob man das Erkennen betreibt oder unterlässt.

Der Begriff des Erkennens habe sich als die Intelligenz selbst, als die Gewissheit der Vernunft ergeben, und die *Wirklichkeit* der Intelligenz sei nun das Erkennen selbst. Daraus folge, dass es ungereimt wäre, von der Intelligenz und zugleich von der Möglichkeit oder Willkür des Erkennens zu sprechen. Wahrhaft aber sei das Erkennen, insofern die Intelligenz es (durch ihre Tätigkeit, d. Verf.) verwirklicht, d. h. den Begriff des Erkennens *für sich* setzt. Diese formale Bestimmung habe ihren konkreten Sinn in demselben, worin das Erkennen ihn habe.[780] Die *Momente*, in denen sich Erkennen realisiere, seien *Anschauen, Vorstellen, Erinnern* usw. Diese Tätigkeiten hätten keinen anderen immanenten Sinn; ihr Zweck sei allein der Begriff des Erkennens. Nur wenn man diese Tätigkeiten voneinander isolieren würde, würde man

---

[780] Für Hegel ist offensichtlich die Wahrheitssuche der eigentliche Sinn des Erkennens oder, mit anderen Worten, nur das wahrhafte Erkennen entspricht dem Begriff oder der Idee des Erkennens.

sich vorstellen, dass sie für etwas anderes als für das Erkennen nützlich sind oder dass in ihnen jeweils das Erkennen befriedigt wird, und es würde das Genussreiche des Anschauens, der Erinnerung, des Phantasierens usw. gerühmt werden. Aber auch isoliertes, d. h. geistloses Anschauen, Phantasieren usw. könnten Befriedigung verschaffen. Das, was in der physischen Natur die Grundbestimmtheit ist, nämlich das Außersichsein und die Momente der immanenten Vernunft als außereinander darzustellen, das könne in der Intelligenz teils die Willkür tun, teils geschehe es ihr, falls sie selbst nur natürlich, also ungebildet ist.[781] Die *wahre Befriedigung* aber, das müsste man zugestehen, gewähre nur ein von Verstand und Geist durchdrungenes Anschauen, ein vernünftiges Vorstellen, von Vernunft durchdrungene, Ideen darstellende Produktionen der Phantasie usw., d. h. ein *erkennendes* Anschauen, Vorstellen usw. Das *Wahre*, das einer derartigen Befriedigung zugeschrieben werde, liege eben darin, dass Anschauen, Vorstellen usw. nicht isoliert voneinander, sondern jede dieser Tätigkeiten nur als ein Moment der *Totalität*, des Erkennens selbst, betrachtet werden.

Der durch die Negation der *Seele* und des *Bewusstseins* vermittelte *Geist* habe, wie Hegel in seinem Zusatz erneut erwähnt, zunächst noch die Form der *Unmittelbarkeit*.[782] Somit scheine es, als ob der Geist sich

---

[781] Hegel vergleicht hier offensichtlich die Natur, wie er sie in seiner Naturphilosophie sieht, mit der Intelligenz. Für ihn ist, wie schon erwähnt, die physische Natur das vom Geist als außerhalb von ihm Gesetzte, eben das Nicht-Geistige. Aber gleichwohl schließt die so verstandene Natur, deren Momente als außereinander seiend dargestellt werden müssten, für Hegel Vernunft ein. Das, was die Natur, ihm zufolge, ausmacht, das zeigt in der Intelligenz die Willkür oder es geschieht ihr, wenn sie selbst nur natürlich, also ungebildet ist.

[782] Ders., Enzyklopädie der philosophischen Wissenschaften, 3. Teil, a. a. O., S. 243 ff. Gemeint ist offensichtlich der Gegenstand wie er in der Anschauung (im anschauenden Bewusstsein) gegeben ist. Als solcher ist er die Negation der Seele (Empfindungen, Gefühle) und des (sinnlichen, wahrnehmenden, verständigen) Bewusstseins und ist, ähnlich wie der Gegenstand dem abstrakten Ich des

selbst *äußerlich* ist, sich ebenso wie das Bewusstsein auf das Vernünftige als auf ein *Seiendes*, das ihm *äußerlich ist*, bezieht und nur v*orgefunden* und nicht durch ihn *vermittelt* ist. Durch Aufhebung jener ihm vorangegangenen beiden Hauptentwicklungsstufen (der Seele und des Bewusstseins, d. Verf.), Voraussetzungen, die er von sich selber gemacht habe, habe sich uns aber der Geist bereits als etwas gezeigt, was *sich mit sich selbst vermittelt*, als das, was sich aus seinem Anderen (dem von ihm gesetzten Gegenstand, d. Verf.) sich in sich zurücknimmt, als Einheit des Subjektiven und Objektiven. Die Tätigkeit des *zu sich selber gekommenen Geistes*, der das Objekt *an sich* schon als ein aufgehobenes in sich enthält, laufe daher notwendig darauf hinaus, auch jenen *Schein* der Unmittelbarkeit seiner selbst und seines Gegenstandes, die Form des bloßen *Findens* des Objektes, aufzuheben. [783] Zunächst erscheine allerdings die Tätigkeit der Intelligenz als eine *formale, unerfüllte*, der Geist folglich als *unwissend*, so dass es zunächst darum gehe, diese Unwissenheit zu überwinden.

Bewusstseins, dem erkennenden Subjekt scheinbar als ein ihm Äußerliches, ein Seiendes, gegeben.

[783] Der *Schein* besteht, wie schon erwähnt, darin, dass der Gegenstand, wie er in der Anschauung des Subjektes unmittelbar gegeben ist, diesem als ein Vorgefundenes, Seiendes, vorkommt; das Subjekt legt sich eben zunächst nicht darüber Rechenschaft ab, dass es selbst den Gegenstand seines anschauenden Bewusstseins konstituiert. Dieser Schein wird nach Hegel mit Notwendigkeit erst mit der weiteren Tätigkeit des Erkennens aufgehoben. So legt sich der Soziologe im Fortgang seines Erkennens darüber Rechenschaft ab, dass er den Gegenstand seiner Anschauung, z. B. den deutschen Staat, gemäß dem besonderen Bezugsrahmen seiner Disziplin, also seinem begrifflich-theoretischen Vorwissen, gesetzt hat. Und in seiner weiteren Tätigkeit des Erkennens, bis hin zur begrifflichen Erfassung seines Gegenstandes, wird er über das, was in der Anschauung inhaltlich enthalten ist, nicht hinausgehen können. Im Gegenteil, in der begrifflichen Erfassung des Gegenstandes der Anschauung wird er sich zwar von diesem zunächst entfernen, aber im weiteren Verlauf wieder zu ihm, wenn auch nur auf der Ebene des begrifflichen Denkens, zurückkehren (der Weg vom „Abstrakten" zum „Konkreten").

Zu diesem Zweck würde sich die Intelligenz mit dem ihr unmittelbar (in der Anschauung, d. Verf.) gegebenen Objekt, das, eben wegen seiner Unmittelbarkeit mit Zufälligkeit, Nichtigkeit und Unwahrheit des äußerlichen Daseins behaftet sei, füllen. Die Intelligenz würde aber, wenn sie den unmittelbar sich darbietenden Inhalt der Gegenstände aufnimmt, dabei nicht stehen bleiben, vielmehr reinige sie den Gegenstand von dem, was sich an ihm als rein äußerlich, zufällig und nichtig zeigt.

Während, wie Hegel fortfährt, es dem *Bewusstsein* scheine, als ob seine Fortentwicklung von der für sich erfolgenden Veränderung der Bestimmungen seines Objekts ausgeht, sei die *Intelligenz* dagegen als diejenige Form des Geistes gesetzt, in der er *selber* den Gegenstand verändert und durch die Entwicklung desselben auch sich selbst zur Wahrheit fortentwickelt. Dadurch, dass die Intelligenz den Gegenstand von einem *Äußerlichen* zu einem *Innerlichen* mache, würde sie sich selbst verinnerlichen. Beides, die *Verinnerlichung* des Gegenstandes und die *Erinnerung* (im Sinne der Verinnerlichung, d. Verf.) des Geistes seien ein und dasselbe. Dasjenige, von dem der Geist ein *vernünftiges* Wissen hat, werde somit dadurch, dass es auf *vernünftige* Weise gewusst wird, auch zu einem *vernünftigen* Inhalt.[784]

Die Intelligenz würde also dem Gegenstand die Form der Zufälligkeit abstreifen, seine vernünftige Natur erfassen, diese somit subjektiv setzen und dadurch zugleich die Subjektivität zur Form der objektiven Vernünftigkeit ausbilden.[785] So werde das zuerst *abstrakte, formale*

---

[784]Demnach enthüllt z. B. eine Theorie der bürgerlichen Marktgesellschaft, als ein im Sinne Hegels vernünftiges Wissen, den vernünftigen Inhalt gegebener bürgerlicher Marktgesellschaften.

[785]Ist der Gegenstand der Anschauung z. B. eine einzelne Stadtgemeinde, so muss ihn das Subjekt des Erkennens von dem zunächst gegebenen Zufälligen befreien, um *das* zu erfassen, was seine vernünftige Natur ausmacht. Ist das Subjekt ein Gemeindewissenschaftler, so wird er in dieser Stadtgemeinde (z. B. nach Hugo Preuß und anderen Genossenschaftstheoretikern) einen

Wissen [786] zum *konkreten*, mit dem *wahrhaften Inhalt angefüllten Wissen*, also zu einem *objektiven* Wissen. Wenn die Intelligenz zu diesem gesetzten Ziel, das ja ihren Begriff ausmacht, gelangt, dann sei sie in Wahrheit *das*, was sie zunächst sein *soll*, nämlich das *Erkennen*. Dieses müsse vom bloßen *Wissen deutlich unterschieden* werden; sei doch bereits das *Bewusstsein* (z. B. die Wahrnehmung, d. Verf.) *Wissen*. Der *freie Geist* würde sich aber mit dem einfachen Wissen *nicht* begnügen, er will vielmehr *erkennen*, d. h. er will nicht nur wissen, dass ein Gegenstand *da ist* und was dieser *überhaupt* sowie nach seinen *zufälligen, äußerlichen* Bestimmungen *ist*, sondern er will wissen, worin die *bestimmte substanzielle Natur* des Gegenstandes [787] besteht. Dieser *Unterschied* von *Wissen* und *Erkennen* sei etwas, was dem gebildeten Denken geläufig sei. So würde man z. B. sagen: Zwar *wissen* wir, dass Gott *ist*, aber wir können ihn nicht *erkennen*. Der Sinn dieser Behauptung sei *der*, wir hätten zwar eine unbestimmte Vorstellung von dem *abstrakten Wesen* Gottes, aber wir seien außerstande, seine *bestimmte, konkrete Natur* zu begreifen. Diejenigen, die *das* sagen, könnten für sich selbst recht haben. Denn obwohl auch diejenige

---

Selbstverwaltungsorganismus (Genossenschaft) *und* eine Anstalt des Staates „sehen". Davon ausgehend wird das Subjekt im Einzelnen, entsprechend seiner Fachsprache, zur Analyse schreiten, mit dem Ziel, dem Gegenstand am Ende die Form einer detaillierten begrifflichen Konstruktion zu geben. Dadurch wird, in den Worten Hegels, die Subjektivität zur Form der objektiven Vernünftigkeit ausgebildet. Dem einzelnen Stadtbewohner ist ja seine Stadtgemeinde zutiefst vertraut, und er wird sie als eine vernünftige Einrichtung empfinden. Gleichwohl hat er damit noch nicht die Einsicht, dass sie auch objektiv vernünftig ist, die nur die wissenschaftliche Anschauung und, darauf aufbauend, die begriffliche Konstruktion vermitteln können.

[786] Hegel scheint das Wissen zu meinen, wie es in der Anschauung gegeben ist.

[787] So besteht z. B. die substanzielle Natur des modernen Staates für Hegel darin, dass er ein sittlicher Organismus, er die „Wirklichkeit der sittlichen Idee" ist. Ders., Grundlinien der Philosophie des Rechts, a. a. O., S. 398 ff. Die *Wahrnehmung* des Staates, etwa als eine bloße Bürokratie, ist nur ein Wissen und noch kein Erkennen des Staates.

Theologie, die Gott für unerkennbar erklärt, sich gleichwohl exegetisch, kritisch und historisch zu ihm verhält und sich so zu einer umfangreichen Wissenschaft ausdehnt, bringe es doch nur zu einem Wissen von Äußerlichem, blende damit den substanziellen Inhalt ihres Gegenstandes als etwas für ihren schwachen Geist Unverdauliches aus und verzichte damit auf die *Erkenntnis* Gottes. Denn dazu würde das Wissen von *äußerlichen* Bestimmtheiten nicht ausreichen, vielmehr sei es dazu notwendig, die *substanzielle* Bestimmtheit des Gegenstandes zu erfassen. Sonst verbleibe eine solche Wissenschaft auf dem Standpunkt des *Bewusstseins* und erreiche nicht den der *wahrhaften Intelligenz*, die man mit Recht sonst *Erkenntnisvermögen* nennen würde. Nur habe der Ausdruck "*Vermögen*" die schiefe Bedeutung einer bloßen Möglichkeit.

Hegel sieht nun den formalen Gang der Entwicklung der Intelligenz hin zum Erkennen wie folgt: *Erstens* habe die Intelligenz ein *unmittelbares* Objekt, *zweitens* einen *in sich reflektierten, erinnerten* Stoff und *drittens* einen ebenso *subjektiven* wie *objektiven* Gegenstand.

Demnach entstehen nach Hegel die folgenden *drei* Stufen:
Die *erste* Stufe besteht in einem auf ein unmittelbar *einzelnes* Objekt bezogenes, *stoffartiges* Wissen oder in der *Anschauung;* die *zweite* in der *Intelligenz*, die sich aus dem Verhältnis zur *Einzelheit* des Objekts *sich in sich* zurückzieht und das Objekt auf ein *Allgemeines* bezieht oder in der *Vorstellung,* und die *dritte* Stufe besteht in der Intelligenz, die das *konkret Allgemeine* der Gegenstände *begreift* oder im *Denken*, und zwar in dem Sinne, dass dasjenige, was wir *denken* auch *ist,* auch *Objektivität* hat.[788]

---

[788]Mit der „Objektivität" ist *nicht*, wie schon erwähnt, die Objektwelt gemeint wie sie sich dem sinnlichen oder dem wahrnehmenden Bewusstsein, sondern wie sie sich dem theoretischen Geist auf der Stufe des reinen begrifflichen Denkens darstellt. So besteht z. B. die Objektivität für den Chemiker in Atomen und deren Verbindungen untereinander und damit *nicht* in Dingen, die in sein sinnliches oder

Die Stufe der *Anschauung*, des *unmittelbaren* Erkennens oder des *Bewusstseins*, das *mit der Bestimmung der Vernünftigkeit* gesetzt und von der *Gewissheit des Geistes* durchdrungen sei, gliedert sich nach Hegel in *drei* Unterstufen:

Auf der ersten Hauptstufe fängt die *Intelligenz erstens* bei der *Empfindung* des unmittelbaren Stoffs an, *sie* entwickelt sich *zweitens* zur *Aufmerksamkeit*, die das Objekt ebenso von sich *abtrennt* wie sie sich darauf fixiert und *sie* wird *drittens* auf diesem Weg zur *eigentlichen Anschauung*, die das Objekt als *sich selber äußerlich* setzt. Die *zweite* Hauptstufe der Intelligenz, nämlich die *Vorstellung*, schließt ebenfalls *drei* Unterstufen ein, nämlich *erstens* die Stufe der *Erinnerung*, *zweitens* die Stufe der *Einbildungskraft* und *drittens* die Stufe des *Gedächtnisses*.

Und die *dritte* Hauptstufe in dieser Sphäre, nämlich das *Denken*, hat zum Inhalt *erstens* den *Verstand*, *zweitens* das *Urteil* und *drittens* die *Vernunft*.

---

sein wahrnehmendes Bewusstsein fallen. Und für theoretische Soziologen besteht die Objektivität in den unbeabsichtigten Folgen des Handelns von Teilnehmern sozialer Systeme. Eine solche Folge kann ein Mechanismus oder ein „Chemismus", also eine theoretisch gefasste Objektivität sein, der die einzelnen Handelnden unterworfen sind. Prominente Beispiele für solche Objektivitätsformen finden sich in der „klassischen" Politischen Ökonomie von A. Smith und D. Ricardo (Mechanismus) und in Goethes „Wahlverwandtschaften" (Chemismus). Dazu: Jeremy Adler, „Eine fast magische Anziehungskraft", München 1987. Nichtsdestoweniger hat, Hegel zufolge, das begrifflich-theoretische Denken in der wissenschaftlichen Anschauung und Vorstellung seinen Ausgangs- und Stützpunkt. Aber diese Stufen des theoretischen Geistes dürfen nicht mit den erwähnten Bewusstseinsstufen verwechselt werden; geht es doch in diesen, wie erwähnt, nur um das *Wissen* und *nicht* um das *Erkennen*.

A. *Die Anschauung*

Empfindungen und Gefühle

Der Geist, der als *Seele,* wie Hegel nach dem Zusatz fortfährt, *natürlich* bestimmt sei, dann als *Bewusstsein* in einem Verhältnis zur Seele als einem *äußeren* Objekt stehe und sich als *Intelligenz sich selbst* so bestimmt *finde,* sei ein dumpfes Weben in sich, in dem er sich *stoffartig* sei und den *ganzen* Stoff seines Wissens habe. [789] Wegen der *Unmittelbarkeit,* in der der Geist so noch sei, sei er darin noch ein *einzelner, gemein-subjektiver* und erscheine so als *fühlender* (empfindender, d. Verf.) Geist. Wenn schon früher das *Gefühl* (die Empfindung, d. Verf.) als eine Existenzweise der Seele behandelt wurde, so habe das *Finden* oder die Unmittelbarkeit *dort* wesentlich die Bestimmung des *natürlichen* Seins oder der Leiblichkeit, *hier* aber habe das Gefühl (die Empfindung, d. Verf.) nur *abstrakt* die Bestimmung, unmittelbar zu sein.[790]

Bereits zweimal sei, wie Hegel in seinem Zusatz hierzu erläutert, vom *Gefühl* (von der Empfindung, d. Verf.) die Rede gewesen, aber jedes Mal in einer anderen Beziehung. Zum *ersten* Mal sei *dort* vom *Gefühl* (von der Empfindung, d. Verf.) die Rede gewesen, wo es um die *Seele* ging, und zwar darum, wie diese aus ihrem verschlossenen Naturleben erwacht, die inhaltlichen Bestimmungen ihrer schlafenden Natur in sich selber findet und dadurch *empfindend* ist.[791] Indem die Seele dann

---

[789] Ders., Enzyklopädie der philosophischen Wissenschaften, 3. Teil, a. a. O., S. 246 f.

[790] Hegel unterscheidet an bestimmten Stellen zwischen *Empfindung* und *Gefühl,* an anderen aber nicht.

[791] Die empfindende Seele verhält sich passiv, indem sie das, was von außen auf sie einwirkt, bloß aufnimmt, um es in Empfindungsinhalte umzuwandeln, denen sie aber nicht, wie auf der Stufe des Bewusstseins, als ein Ich oder ein Subjekt gegenübersteht. So nimmt z. B das Gehör eines Menschen bestimmte Luftbewegungen als ein bestimmtes Geräusch auf, und zwar ob er das will oder es

die *Beschränktheit* der Empfindung aufhebt, gelange sie zum *Gefühl* ihres *Selbst*[792], ihrer Totalität, erfasse sich dann am Ende als *Ich* und erwache damit zum *Bewusstsein*. Auf der Stufe des *Bewusstseins* sei zum *zweiten* Mal vom Gefühl (von der Empfindung, d. Verf.) die Rede gewesen. Da aber waren die Gefühlsbestimmungen (Empfindungsbestimmungen, d. Verf.) der von der Seele *abgetrennte*, in der Gestalt eines *selbständigen Objektes* erscheinende Stoff des Bewusstseins.[793] Jetzt sei zum *dritten* Mal vom Gefühl (von der Empfindung, d. Verf.) die Rede, und hier habe das Wort die Bedeutung, *diejenige* Form zu sein, die sich zunächst der Geist als solcher, der die *Einheit* und *Wahrheit* von *Seele* und *Bewusstsein* bilde, gebe. Im *Geist* sei der Inhalt des Gefühls (der Empfindung, d. Verf.) von der *zweifachen* Einseitigkeit befreit, die er *einerseits* auf der Stufe der *Seele* und *andererseits* auf der des *Bewusstseins* gehabt habe. Denn nun habe der Inhalt des Gefühls (der Empfindung, d. Verf.) die Bestimmung, an sich sowohl *objektiv* als auch *subjektiv* zu sein, und die Tätigkeit des Geistes würde sich jetzt nur noch darauf richten, ihn als *Einheit* des Subjektiven und Objektiven zu setzen.[794] Die *Form* des

---

nicht will.

[792] Hier macht Hegel einen deutlichen Unterschied zwischen der Empfindung und dem (Selbst-)Gefühl der Seele.

[793] So steht im sinnlichen Bewusstsein eines Individuums das Ich einem Gegenstand gegenüber, der durch seine Sinne und die in der Sinnlichkeit anwesenden Kategorien hervorgebracht wird, ohne dass das Ich sich darüber Rechenschaft ablegt.

[794] Die *Empfindung* auf der Stufe der Seele ist nach Hegel, wie erwähnt, „die Form des dumpfen Webens des Geistes in seiner bewusst- und verstandeslosen Individualität, in der *alle* Bestimmtheit noch *unmittelbar* ist ..." Der Inhalt des Empfindens sei beschränkt und vorübergehend. Alles, was im geistigen Bewusstsein und in der Vernunft hervortrete, habe seinen Ursprung in der Empfindung. Es sei die erste, unmittelbare Weise, in der etwas erscheint. (Ebenda, S. 97-98.) Das *sinnliche* Bewusstsein dagegen enthält nach Hegel, wie ebenfalls erwähnt, die dem abstrakten Ich angehörenden Kategorien, die für das Ich Bestimmungen des Objekts seien. Es wüsste daher von dem Objekt als einem

442

Gefühls[795] bestehe, wie Hegel nach diesem Zusatz fortfährt, darin, dass es sich dabei zwar um eine *bestimmte* Affektion (ein bestimmtes Betroffensein, d. Verf.) handelt, diese *Bestimmtheit* sei aber einfach.[796] Darum habe ein Gefühl, sei sein Inhalt auch der gediegenste und

---

Seienden, einem *Etwas*, einem *existierenden Ding*, einem *Einzelnen usw.* (Ebenda, S. 205-206) Der *Geist*, der die *Einseitigkeit* der Seele und des Bewusstseins aufhebt und der sich nach Hegel selbst als Intelligenz bestimmt finde, sei ein dumpfes Weben in sich, worin er stoffartig sei und den *ganzen Stoff* seines Wissens habe. Wegen seiner Unmittelbarkeit sei er nur ein einzelner und subjektiver und erscheint so als *empfindender*. (Ebenda, S. 246.) In der *Anschauung* werden, wie sich Hegel auslegen lässt, die Empfindungen, in denen ein einzelner Gegenstand gegeben ist, objektiv und die allgemeinen (ontologischen) Kategorien und die Kategorien einer speziellen Disziplin dagegen subjektiv gesetzt. So stellt sich z. B. eine Stadtgemeinde in der Anschauung eines Soziologen als eine Mannigfaltigkeit äußerlicher und innerlicher Empfindungen (oder Gefühle) dar, die dieser objektiv setzt und gleichzeitig in den speziellen Bezugsrahmen seiner Disziplin und ihrer Denkformen einfügt und damit subjektiv setzt. In diesem „dumpfen Weben des Geistes" (Hegel) hat er bereits den *ganzen Stoff* seines Wissens. Gleichwohl ist in der Weise, wie er diese Stadtgemeinde *anschaut*, noch nicht *das* Wissen enthalten, in dem sie ein „durch und durch vom Geist Gesetzes" (Hegel, ebenda, S. 240.) ist; bewegt sich doch sein Wissen von dieser Stadtgemeinde noch auf der Stufe der Anschauung und noch dazu in den Grenzen seiner Disziplin. Jedenfalls ist der Einzelne als theoretischer Geist, zumal als in sich reflektierter Wissenschaftler, sich darüber im Klaren, dass er mit seinen Kategorien an den sinnlich/gefühlsmäßig gegebenen Stoff herantritt.
[795] Im Sprachgebrauch werde nach Hegel, wie schon erwähnt, kein deutlicher Unterschied zwischen der Empfindung und dem Gefühl gemacht. Gleichwohl spreche man, so Hegel, eher von dem *Gefühl* des Rechts statt von der *Empfindung* des Rechts oder eher vom *Selbstgefühl* als von der *Selbstempfindung*. Mit der Empfindung hänge die *Empfindsamkeit* zusammen, so dass man dafürhalten könne, dass das Wort „Empfindung" mehr die Seite der *Passivität*, des *Findens*, d. h. die Unmittelbarkeit der Bestimmtheit im Fühlen, während das Gefühl mehr die „*Selbstischkeit*" (Hegel), die im Gefühl sei, betont. Ebenda, S. 117. So wird eine *Empfindung* als etwas Äußeres, während ein *Gefühl* als etwas gesetzt wird, was auf das *Selbst* oder das *Ich*, bezogen ist.
[796] Ebenda, S. 247 ff.

443

wahrste, die Form zufälliger *Besonderheit*, sein Inhalt könne aber auch der dürftigste und unwahrste sein. Wie auch immer man Gefühle inhaltlich einordnet, z. B. als "gediegen" im Fall des Mitleids eines Menschen mit anderen Menschen oder als "dürftig" im Fall des Neides eines Menschen auf andere Menschen, sie behalten also nach Hegel alle die Form einer *individuellen Besonderheit*.

Als eine sehr allgemeine Voraussetzung gelte, dass der Geist in seinem *Gefühl* (in seinen Empfindungen, d. Verf.) den *Stoff* seiner Vorstellungen habe, aber häufiger werde dies in dem entgegengesetzten Sinne von *dem* verstanden, den dieser Satz hier habe. Vielmehr pflege man, entgegen der Einfachheit des Gefühls, das *Urteil* (die "Urteilung", d. Verf.), nämlich die Unterscheidung des Bewusstseins in ein Subjekt und ein Objekt, als das *Ursprüngliche* vorauszusetzen. So werde dann die Bestimmtheit der Empfindung von einem *selbständigen* äußerlichen oder innerlichen *Gegenstand* abgeleitet. Da man hier in der Wahrheit des Geistes angelangt sei, sei dieser Standpunkt des Bewusstseins, der dem des Idealismus *entgegengesetzt* sei, *überwunden* und der Stoff des Gefühls (Empfindens, d. Verf.) bereits als dem Geist *innewohnend* gesetzt.[797] Was den Inhalt betrifft, so sei es ein gewöhnliches Vorurteil, *im Gefühl* sei *mehr vorhanden als im Denken*, insbesondere werde dies im Falle moralischer und religiöser Gefühle behauptet. Der Stoff, der im Geist gefühlt werde, habe sich auch hier als *das* ergeben, was an und für sich die Vernunft bestimmt. Deshalb trete jeder vernünftige und, näher

---

[797]Mit einem dem Idealismus entgegengesetzten Standpunkt meint Hegel offenbar den Standpunkt des „natürlichen Realismus" des Einzelnen, wie er in dessen Bewusstsein vorhanden ist. Danach ist dem Subjekt das Objekt als ein von ihm Unabhängiges vorgegeben, das auf ihn einwirkt. Auf dem Standpunkt des Idealismus wird dagegen auf der Stufe des Bewusstseins „in Wahrheit" das Objekt vom Subjekt konstituiert. Das gilt erst recht für die Stufe des theoretischen Geistes, auf der sich das Subjekt selbst darüber Rechenschaft ablegt, dass es den gegebenen einzelnen und besonderen Inhalt konstituiert.

noch, auch jeder geistige Inhalt in das Gefühl ein. Aber die *Form* der auf das Selbst bezogenen[798] Einzelheit, die der Geist im *Gefühl* habe, sei die unterste und schlechteste Form, in der er nicht als ein Freies, als eine unendliche Allgemeinheit sei. Sein Inhalt sei vielmehr ein Zufälliges, Subjektives und Partikulares.[799] *Gebildete, wahrhafte* Empfindung sei die Empfindung (das Gefühl, d. Verf.) eines gebildeten Geistes, der sich das Bewusstsein von bestimmten Unterschieden, wesentlichen Verhältnissen, wahrhaften Bestimmungen usw. erworben hat und bei dem dieser "berichtigte Stoff" (Hegel) es sei, der in sein Gefühl eintritt, d. h. diese Form erhält.[800] Das Gefühl sei die unmittelbare, gleichsam präsenteste Form, in der sich das Subjekt zu einem gegebenen Inhalt verhält. Es reagiere auf einen Inhalt zuerst mit seinem besonderen Selbstgefühl, das wohl gediegener und umfassender sein könne als ein einseitiger Verstandesgesichtspunkt, aber es könne ebenso sehr auch *beschränkt* und *schlecht* sein. Jedenfalls sei es die Form des Partikularen und Subjektiven. Würde ein Mensch sich nicht auf die Natur oder den Begriff einer Sache oder wenigstens auf die Gründe, also die Allgemeinheit des Verstandes, sondern lediglich auf das *Gefühl berufen*, so müsste man von ihm Abstand nehmen, weil er sich dadurch der Gemeinschaft des Vernünftigen verweigern und sich in seine isolierte Subjektivität und Partikularität einschließen würde.

---

[798] Hegel spricht von der „selbstischen Einzelheit".

[799] Bleibt z. B. der Einzelne in seinem religiösen Gefühl gefangen und erhebt es nicht zur Allgemeinheit des Denkens, dann bleibt es nach Hegel nur ein Zufälliges, Subjektives und Partikulares.

[800] Das religiöse Gefühl zum Beispiel des *gebildeten* Protestanten basiert nach Hegel demgemäß auf seiner genauen Kenntnis der Schriften der Bibel und ihrer schriftlichen und mündlichen Auslegungen. Ebenso gründet nach Hegel das Rechtsgefühl des Gebildeten auf seiner genauen Kenntnis der Rechtsordnung und ihrer Interpretationen.

In der *Empfindung* sei, wie Hegel in seinem Zusatz erläutert, die *ganze Vernunft*, der *gesamte Stoff des Geistes* vorhanden.[801] Alle unsere Vorstellungen, Gedanken und Begriffe von der äußeren Natur, vom Rechtlichen, Sittlichen und vom Inhalt der Religion würden sich aus unserer *empfindenden* (*fühlenden*, d. Verf.) *Intelligenz* heraus entwickeln; wie diese Vorstellungen, Gedanken und Begriffe auch umgekehrt, nachdem sie ihre völlige Auslegung erhalten haben, in die einfache Form der Empfindung konzentriert werden würden. Mit Recht habe deshalb ein Weiser gesagt, die Menschen hätten aus ihren Empfindungen und Leidenschaften sich ihre Götter gebildet. Jene Entwicklung des Geistes aus der Empfindung (oder dem Gefühl, d. Verf.) heraus pflege jedoch so verstanden zu werden, als ob die Intelligenz ursprünglich *leer* ist und sie daher jeglichen Inhalt als einen ihr ganz *fremden von außen* empfängt. Dies sei aber ein *Irrtum*; denn dasjenige, was die Intelligenz von außen aufzunehmen scheint, sei in Wahrheit nichts anderes als das *Vernünftige*, folglich sei es mit dem Geist *identisch* und ihm *immanent*.[802] Die Tätigkeit des Geistes habe daher nur den Zweck, das scheinbar *"Sich-selber-äußerlich-Sein"* (Hegel) des an sich vernünftigen Objekts aufzuheben und so den Schein zu widerlegen, als ob der Gegenstand ein dem *Geist* äußerlicher ist.[803]

---

[801] Ebenda, S. 248 f.

[802] Zum Beispiel hatten wissenschaftliche Schriften von Sozialisten im 19. Jahrhundert gewiss zum Ausgangspunkt das Gefühl der Autoren, die Lebenslage der Arbeiter stelle eine große Ungerechtigkeit in der liberalen bürgerlichen Gesellschaft dar, ein Zustand, der durch kollektives Handeln überwunden werden müsste. Dazu musste aber, wie sie wussten, erst eine das Handeln leitende Theorie entwickelt werden. Es war wohl nicht in erster Linie das Leiden der Arbeiter, das die wichtigsten wissenschaftlichen Werke zum Sozialismus hervorbrachte, sondern die Gefühle und Empfindungen gebildeter Geister, wie z. B. von K. Marx, F. Engels, F. Lassalle und vielen anderen. Zweifellos hing für jene Autoren das Elend der Arbeiterschaft mit der Industrialisierung zusammen, doch sahen sie in dieser gleichwohl etwas Vernünftiges, so dass sie in einer „Maschinenstürmerei" keine Lösung sahen.

[803] Eine moderne Stadtgemeinde zum Beispiel ist Forschungsgegenstand

Die Aufmerksamkeit

In der Zweiteilung dieses unmittelbaren Findens ("Emp-findens", d. Verf.), sei das *eine* Moment die abstrakte *identische* Richtung des Geistes im *Gefühl*, wie in allen seinen weiteren Bestimmungen, die *Aufmerksamkeit*, ohne die für den Geist nichts sei. Es sei die tätige *Erinnerung* des Geistes, das Moment des *Seinigen*, aber als die noch *formale* Selbstbestimmung der Intelligenz. [804] Das *andere* Moment dagegen sei, dass die Intelligenz gegen diese ihre Innerlichkeit die Gefühlsbestimmtheit als ein *Seiendes*, aber als ein *Negatives*, als das

---

verschiedener Disziplinen. Jede definiert ihr eigenes Untersuchungsgebiet und grenzt es damit von dem der anderen ab. So ist für den Stadtökonomen die einzelne Stadtgemeinde ein ökonomisches Gebilde, das er, ausgehend von seiner entsprechend geformten Anschauung, im Einzelnen analysiert, um schließlich eine differenzierte begriffliche Darstellung von der Gemeindewirtschaft hervorzubringen. Doch damit bleibt für ihn, wie auch für die erkennenden Subjekte der anderen abstrakten Disziplinen, die in Frage stehende Stadtgemeinde ein äußerlicher Gegenstand, ein scheinbar äußerliches Seiendes. Die weitere Tätigkeit des Geistes besteht deshalb darin, die scheinbare Äußerlichkeit dieser individuellen Stadtgemeinde aufzuheben und sie als *das* zu erkennen, was sie *an sich* ist, nämlich ein vernünftiger, dem Geist innerlicher Gegenstand. Nach Hegel bestünde der Weg dorthin darin, die individuelle Gemeinde als eine sittliche, d. h. eine freiheitliche Idee, zu erkennen, die in der Gemeindeverfassung objektiv und zugleich im Wissen und in der Gesinnung der einzelnen Gemeindebürger subjektiv vorhanden ist. Und, indem diese gemäß ihrem Wissen und ihrer Gesinnung handeln, bringen sie die Gemeindewirklichkeit hervor. (Dazu: Ders., Grundlinien der Philosophie des Rechts, a. a. O., S. 404-405). Es ist also das philosophische Erkennen, das den Gegenstand als einen dem Geist äußerlichen überwindet und ihn als einen vernünftigen erfasst, wobei es auf den Ergebnissen der abstrakten Gemeindewissenschaften, in denen, Hegel zufolge, bereits die Vernunft aufscheint, aufbaut.

[804]Ders., Enzyklopädie der philosophischen Wissenschaften, 3. Teil, a. a. O., S. 249 f. Die Aufmerksamkeit besteht darin, dass der zu einem Äußerlichen gemachte Inhalt der Empfindungen und Gefühle durch die Tätigkeit des Geistes zu einem *Innerlichen*, einem *Seinigen*, gemacht wird.

abstrakte Anderssein des Geistes selbst setzt. Die Intelligenz bestimme hiermit den Inhalt der Empfindung (oder des Gefühls, d. Verf.) als ein *außer sich Seiendes* und werfe ihn in *Raum und Zeit* hinaus. Diese seien die *Formen*, worin sie, also die Intelligenz, *anschauend* ist. Im Bewusstsein sei der Stoff nur Gegenstand des Bewusstseins, ein relativ Anderes. Von dem Geist aber erhalte der Stoff dagegen die vernünftige Bestimmung, das *Andere seiner selbst* zu sein.[805]

Wie Hegel in seinem Zusatz hierzu erläutert, sei die in der Empfindung und im Gefühl vorhandene *unmittelbare*, also *unentwickelte* Einheit des Geistes mit dem Objekt noch *geistlos*.[806] Die Intelligenz hebe daher die Einfachheit der Empfindung auf, bestimme das Empfundene als ein gegen sie *Negatives*, *trenne* es somit von sich ab und setze es, so *abgetrennt*, doch als das *Ihrige*. Erst durch diese Tätigkeit des doppelten *Aufhebens* und der *Wiederherstellung* der Einheit zwischen mir und dem Anderen käme ich dahin, den *Inhalt* der Empfindung zu *erfassen*. Dies geschehe zunächst in der *Aufmerksamkeit*, ohne die kein

---

[805]Zum Beispiel habe ich von der Stadtgemeinde, in der ich lebe, ein vielfältiges vorwissenschaftliches Wissen, das die Form eines gefühlsmäßigen, anschaulichen Wissens erhält, indem ich sie zum Objekt des Erkennens mache, d. h. meine *Aufmerksamkeit* auf einen bestimmten Bereich der Stadtgemeinde, z. B. den politisch-administrativen Bereich, konzentriere. Diesen Inhalt, also den Gemeindevorstand (u. a. Bürgermeister), Gemeindevertretung und Gemeindeverwaltung, setze ich demgemäß als ein mir im Raum und in der Zeit gegenüberstehendes Seiendes, als eine äußerliche „Sache". Die Stadtgemeinde ist damit nicht nur ein mir äußerer Gegenstand, ein relativ Anderes wie im Fall des Bewusstseins, sondern ein solcher, der durch die Tätigkeit meines Geistes, in Hegels Worten, die vernünftige Bestimmung, das Andere seiner selbst, also des *Geistes*, zu sein erhält. Mit anderen Worten, der Geist begreift den Geist und weiß es, gemäß seinem Begriff auch.

[806]Ebenda, S. 249 ff. Die bloße Empfindung oder das bloße Gefühl haben noch nicht durch den Geist, die Intelligenz und ihren Kategorien die Form eines Objektes bekommen.

Auffassen des Objektes möglich sei.[807] Erst durch die *Aufmerksamkeit* werde der Geist in der Sache gegenwärtig, komme jedoch noch nicht zur *Erkenntnis*, denn dazu gehöre eine *weitere* Entwicklung des Geistes. Aber er erhalte immerhin *Kenntnis*[808] von der Sache. Mit der Aufmerksamkeit würde daher die Bildung *anfangen*. Das Aufmerken müsse jedoch so verstanden werden, dass es sich mit einem *Inhalt* erfüllt, der die Bestimmung hat, sowohl *objektiv* als auch *subjektiv* zu sein, mit anderen Worten, dass der Inhalt nicht nur *für mich* da ist, sondern auch ein *selbständiges* Sein hat.

Bei der Aufmerksamkeit finde also, so Hegel, notwendigerweise sowohl eine *Trennung* als auch eine *Einheit* des Subjektiven und des Objektiven statt; bei ihr *reflektiere sich* der freie Geist *in sich* und richte sich auf den *Gegenstand*. Das bedeute, dass die Aufmerksamkeit etwas ist, was von meiner *Willkür* (meinem Willen, d. Verf.) abhängig ist, dass ich also nur *dann* aufmerksam bin, wenn ich es sein *will*. Daraus folge aber nicht, dass die Aufmerksamkeit etwas Leichtes ist. Vielmehr erfordere sie eine Anstrengung, weil der Mensch, will er den *einen* Gegenstand erfassen, er von allen anderen ihn im Kopf bewegenden Dingen, von seinen sonstigen Interessen, sogar von seiner eigenen

---

[807] In den Empfindungen und Gefühlen des Gemeindesoziologen, um an das vorangehende Beispiel anzuknüpfen, ist der politisch-administrative Bereich der Gemeinde, den er als seinen formalen Gegenstand bestimmt hat, unmittelbar gegeben. Diesen trennt er als ein Negatives von sich ab und setzt zugleich das von sich Abgetrennte als das Seinige, stellt somit die Einheit zwischen sich und dem Anderen, also dem politisch-administrativen Bereich der Gemeinde, wieder her, und es gelingt ihm so, den Inhalt seiner Empfindungen/Gefühle zu erfassen, ein Vorgang, der in der Aufmerksamkeit geschieht, ohne die, so Hegel, kein Auffassen des Objektes möglich ist. Durch die Aufmerksamkeit wird, wie dieser fortfährt, der Geist (z. B. des Gemeindesoziologen) in der Sache gegenwärtig. Damit kommt der Gemeindesoziologe jedoch, Hegel zufolge, noch *nicht* zur Erkenntnis des politisch-administrativen Bereichs der Gemeinde; gehöre doch dazu eine weitere Entwicklung seines Geistes.

[808] Aber eben noch keine Er-kenntnis.

Person *abstrahieren* muss. Man müsse, unter Unterdrückung seiner vorschnell urteilenden Eitelkeit, die die Sache nicht zu Worte kommen lasse, sich starr in dieselbe vertiefen und, ohne mit seinen Überlegungen einzugreifen, sie in sich walten lassen oder sich auf sie fixieren. Mit der Aufmerksamkeit höre das Subjekt auf, sich selbst zur Geltung zu bringen und gebe sich ganz der Sache hin. Das seien zwei Momente, die zur Tüchtigkeit des Geistes notwendig seien. Die so genannte vornehme Bildung würde sie dagegen als unnötig betrachten; solle doch zu dieser gehören, dass sie mit allem fertig und über alles hinaus ist. Eine solche Haltung führe aber zum Zustand der Wildheit zurück. Der Wilde sei nämlich auf fast nichts aufmerksam, er lasse alles an sich vorübergehen, ohne sich darauf zu fixieren. Erst durch die *Bildung* des Geistes bekomme die Aufmerksamkeit Stärke und Erfüllung. Der Botaniker zum Beispiel bemerke an einer Pflanze in derselben Zeit unvergleichlich mehr als derjenige, der von der Botanik noch nichts weiß. Dasselbe gelte natürlich für alle übrigen Gegenstände des Wissens. Ein Mensch mit großer Bildung habe sogleich eine *vollständige* Anschauung des vor ihm Liegenden; bei ihm trage die Empfindung durchgängig den Charakter der *Erinnerung*.[809] Wie oben erwähnt wurde, erfolge, so Hegel, in der Aufmerksamkeit eine Trennung und eine Einheit des Subjektiven und des Objektiven. Da jedoch die Aufmerksamkeit zunächst nur beim *Gefühl* hervortrete, sei in ihr die Einheit des Subjektiven und des Objektiven das

---

[809]Die Aufmerksamkeit ist also nach Hegel umso stärker, die Anschauung umso „gediegener", je umfassender, solider, kurz, wissenschaftlicher das Wissen ist, mit dem das erkennende Subjekt an seinen ihm äußeren Gegenstand herantritt. So ist die Aufmerksamkeit, z. B. eines Gemeindesoziologen, der über ein differenziertes System (gemeinde-)soziologischer Kategorien und Theorien verfügt, weitaus stärker als die Aufmerksamkeit desjenigen, der über ein solches wissenschaftliches Wissen nicht verfügt. Doch das Wissen, mit dem der Gemeindesoziologe seine Aufmerksamkeit, die er der Sache widmet, vertieft, ein Wissen, das ja notwendigerweise abstrakt oder selektiv ist, darf nicht, wie man ergänzen kann, verhindern, dass er die Sache als solche in sich walten lässt; kommt er doch nur so zu neuen Erkenntnissen.

Überwiegende und der Unterschied zwischen beiden noch etwas *unbestimmt*. Die Intelligenz würde aber notwendig dazu fortschreiten, diesen Unterschied zu entwickeln, um so das Objekt auf *bestimmte* Weise vom Subjekt zu *unterscheiden*. Die erste Form, in der sie dies täte, sei die *Anschauung*. In dieser überwiege ebenso sehr der *Unterschied* des Subjektiven und des Objektiven wie in der formalen *Aufmerksamkeit* die *Einheit* dieser beiden entgegengesetzten Bestimmungen überwiegen würde.[810]

Die inneren Empfindungen

Es gelte nun, Hegel zufolge, die in der *Anschauung* erfolgende *Objektivierung* des Empfundenen näher zu erläutern und damit sowohl auf die *inneren* als auch auf die *äußeren* Empfindungen einzugehen. Was die *inneren* Empfindungen betrifft, so sei der Mensch ganz besonders der Gewalt seiner Affekte unterworfen. Dieser könne er sich aber entziehen, könne sie zur *Anschauung* erheben. So wüssten wir zum Beispiel, dass, wenn jemand imstande ist, sich die ihn

---

[810] In der Aufmerksamkeit trennt, wie erwähnt, das Subjekt auf der Stufe der Intelligenz den empfundenen oder den gefühlten Inhalt von sich ab und setzt sodann den von sich abgetrennten Inhalt als den Seinigen, so dass es zu einem *Überwiegen* der Einheit des Subjektiven und Objektiven kommt, wobei der Unterschied zwischen beiden, Hegel zufolge, noch *unbestimmt* ist. Die Intelligenz schreitet aber notwendigerweise dazu fort, das Subjekt auf *bestimmte* Weise von seinem Objekt zu unterscheiden, und die *erste* Form, in der sie das nach Hegel tut, ist die *eigentliche Anschauung*, in der der Unterschied zwischen dem Subjektiven und dem Objektiven *überwiegt*. Das besagt, dass in der Anschauung der Unterschied zwischen dem Subjekt und seinem Objekt, vergleichbar mit dem Bewusstsein ist, allerdings mit dem Unterschied, dass auf der Stufe des Geistes, auf der sich die Anschauung bewegt, das Subjekt die Einsicht erlangt, dass es selbst das Objekt als ein ihm Äußeres setzt und es darin den ganzen Stoff seines Wissens besitzt. So besitzt z. B. der Gemeindesoziologe in seiner „gediegenen" Anschauung den ganzen Stoff seines Wissens vom politisch-administrativen Sektor einer Stadtgemeinde, der den Gegenstand seiner Anschauung bildet.

überwältigenden Gefühle (Empfindungen, d. Verf.) der Freude oder des Schmerzes in der Form eines Gedichts anschaulich zu machen, er das, was seinen Geist einschnürt, von sich abtrennt und sich dadurch Erleichterung oder gar völlige Befreiung verschafft. Denn ebenso wie er die Gewalt seiner Empfindungen steigern könnte, indem er sie nach vielen Seiten hin betrachtet, würde er diese Gewalt dadurch vermindern, dass er sie zu etwas macht, was ihm *gegenübersteht*, ihm *äußerlich* ist. Der Gebildete fühle, weil er das Empfundene nach allen sich darbietenden Gesichtspunkten betrachte, tiefer als der Ungebildete, sei aber diesem zugleich in der Herrschaft über das Gefühl (die Empfindung, d. Verf.) überlegen, weil er sich eher in dem vernünftigen Denken bewegen würde, das über die Beschränktheit der Empfindung erhaben sei. Die *inneren* Empfindungen könnten also, je nach Stärke des reflektierenden und des vernünftigen Denkens, mehr oder weniger von uns abgetrennt werden.

Die äußeren Empfindungen

Was die *äußeren* Empfindungen betrifft, so sei ihre Abtrennbarkeit jeweils davon abhängig, ob sie sich auf das Objekt als ein *bestehendes* oder als auf ein *verschwindendes* beziehen. Nach dieser Bestimmung würden sich die fünf Sinne so anordnen, dass auf der *einen* Seite der *Geruch* und der *Geschmack*, auf der *anderen* Seite dagegen das *Gesicht* (der Gesichtssinn, d. Verf.) und das *Gefühl*[811] stehen würden. In der *Mitte* hätte aber das *Gehör* seinen Platz. Habe es der Geruch mit der *Verflüchtigung*, so habe es der *Geschmack* mit der *Verzehrung* des Objekts zu tun. Diesen beiden Sinnen zeige sich also das Objekt in seiner ganzen Unselbständigkeit, eben nur in seinem *materiellen Verschwinden*. Hier würde daher die Anschauung in die Zeit fallen, und die Versetzung des Empfundenen aus dem Subjekt in das Objekt würde weniger leicht fallen als bei dem Sinn des *Gefühls* (also des Tastsinns,

---

[811]Gemeint ist offensichtlich der Tastsinn.

d. Verf.), das sich auf den *Widerstand*, den der Gegenstand leiste, beziehe. Der *eigentliche* Sinn der Anschauung, nämlich der *Gesichtssinn*, der sich mit dem Objekt als einem überwiegend *Selbständigen*, *ideell* und *materiell Bestehenden* beschäftige, habe zum Objekt nur eine *ideelle* Beziehung, empfinde nur dessen *ideelle* Seite, die *Farbe*, mittels des *Lichtes*, lasse aber die *materielle* Seite am Objekt unberührt. Für das *Gehör* schließlich sei der Gegenstand ein *materiell bestehender*, jedoch *ideell verschwindender*. Im Ton würde das Ohr das Erzittern, d. h. die nur *ideelle*, *nicht reale* Negation der Selbständigkeit des Objektes vernehmen. Daher zeige sich beim Gehör die Abtrennbarkeit der Empfindung zwar schwieriger als beim Gesichtssinn, aber leichter als beim Geschmack und beim Geruch. Wir *müssten* den Ton hören, weil dieser sich vom Gegenstand ablösen und auf uns eindringen würde, und wir würden ihn ohne große Schwierigkeiten an dieses oder jenes Objekt verweisen, weil dieses oder jenes bei seinem Erzittern sich selbständig erhalten würde.

Umwandlung der Form der Innerlichkeit in die der Äußerlichkeit

Die Tätigkeit der Anschauung lasse also, Hegel zufolge, *zunächst* die *Empfindung* von uns *wegrücken* und wandle das Empfundene in ein *außer uns vorhandenes Objekt* um. Durch diese Veränderung werde aber der *Inhalt* der Empfindung nicht verändert, dieser sei vielmehr hier im Geist und dem äußeren Gegenstand nach ein und derselbe. Der Geist habe hier somit noch *keinen* Inhalt, der ihm *selbst* eigentümlich ist und den er mit dem Inhalt seiner Anschauung vergleichen könnte. Was somit durch die Anschauung zustande käme, sei bloß die Umwandlung der Form der *Innerlichkeit* in die Form der *Äußerlichkeit*. Diese bilde die erste noch *formale* Weise, wie die Intelligenz *bestimmend* wird.[812]

---

[812] Zum Beispiel habe ich, auf diesem Lokalmarkt stehend, mannigfaltige Empfindungen und Gefühle, die meine Tätigkeit der Anschauung von mir abtrennt und in ein äußerliches Objekt umwandelt, eine Veränderung, die aber den Inhalt

Über die Bedeutung jener *Äußerlichkeit* müsse aber, so Hegel, zweierlei bemerkt werden: *Erstens,* dass das Empfundene, indem es zu einem der *Innerlichkeit* des Geistes *äußerlichen* Objekt wird, eine Form erhält, in der es sich selbst äußerlich ist, weil das Geistige oder Vernünftige die *eigene* Natur der Gegenstände ausmache.[813] *Zweitens,* dass, weil jene Umgestaltung des Empfundenen vom *Geist als solchem* ausgeht, das Empfundene dadurch eine *geistige,* d. h. eine *abstrakte* Äußerlichkeit, und durch dieselbe diejenige Allgemeinheit bekomme, die dem Äußerlichen unmittelbar zuteilwerden könne, nämlich eine noch ganz *formale, inhaltslose* Allgemeinheit. Die Form des Begriffs würde aber

---

der Empfindungen und Gefühle nicht berührt. Meine Intelligenz, mein Geist, hat aber mit dieser bloßen Umwandlung eines Innerlichen in ein Äußerliches noch keinen *ihm eigentümlichen* Inhalt, der mit dem Inhalt meiner Anschauung einen Vergleich zulässt. Einen ihm eigentümlichen Inhalt bekäme mein Geist dagegen, würde ich als Ökonom den von mir unwillkürlich abgetrennten äußerlichen Stoff mit den meiner Disziplin eigenen Kategorien „durchweben" und ihn als Teil eines übergreifenden Ganzen, nämlich des Weltmarktes, „sehen". Was somit zuerst durch die Anschauung zustande kommt, nämlich die bloße Umwandlung der Form der Innerlichkeit in die Form der Äußerlichkeit, ist also nur die *erste,* aber noch formale Weise, wie die Intelligenz bestimmend wird.

[813] Demnach ist z. B. eine einzelne Stadtgemeinde nicht nur ein für mich Äußerliches, weil sie in den Empfindungen (und Gefühlen) meines theoretischen Geistes anwesend ist und jene von diesem als ein Äußerliches gesetzt werden, sondern sie erhält eine Form, in der sie sich selbst äußerlich ist, weil das Geistige oder das Vernünftige ihre Natur (als sittliche Idee) ausmacht und sie durch meine Anschauung, aber nicht nur durch sie, in den Raum und in die Zeit gestellt wird. Die Stadtgemeinde bleibt demnach für jede Disziplin, die sie zu ihrem formalen Gegenstand macht, unabhängig davon ein äußerlich gegebener Gegenstand (sie ist also nicht bloß eine subjektive Sache). Die Stadtgemeinde als ein zunächst nur Empfundenes und Gefühltes, das die Intelligenz nach Hegel zu einer geistigen, d. h. einer abstrakten Äußerlichkeit umgestaltet, bekommt durch diese, ihm zufolge, die Allgemeinheit, die jedem Äußerlichen als solchem widerfährt, nämlich eine noch ganz formale inhaltslose Allgemeinheit zu sein, die mit dem Begriff, den Formen von Raum und Zeit zusammenfällt.

454

in dieser abstrakten Äußerlichkeit selber auseinanderfallen, diese habe daher die doppelte Form des *Raumes* und der *Zeit.*

Die Empfindungen würden also, so Hegel, durch die Anschauung *räumlich* und *zeitlich* gesetzt werden. Das *Räumliche* stelle sich als die Form des *gleichgültigen Nebeneinanderseins* und *ruhigen Bestehens* dar, während das *Zeitliche* die Form *der Unruhe* sei, des *in sich selbst Negativen*, des Nacheinanderseins, des *Entstehens* und *Verschwindens*, so *dass* das Zeitliche *ist*, indem es *nicht ist* und *nicht ist*, indem es *ist*. Beide Formen der abstrakten Äußerlichkeit seien aber darin miteinander identisch, dass sowohl die eine wie die andere *in sich* diskret und zugleich kontinuierlich ist. Ihre die absolute Diskretion in sich schließende Kontinuität bestehe eben in der vom Geist herkommenden abstrakten, noch zu keiner *wirklichen* Vereinzelung entwickelten *Allgemeinheit* des Äußerlichen.

Wenn das Empfundene vom *anschauenden Geist* die Form des Räumlichen und Zeitlichen erhält, so dürfe dieser Satz, Hegel zufolge, nicht in *dem* Sinne verstanden werden, als ob Raum und Zeit nur *subjektive* Formen seien und verweist dabei kritisch auf *Kant.* Die Dinge seien aber in Wahrheit *selber* räumlich und zeitlich, so dass ihnen jene doppelte Form nicht nur von unserer Anschauung zugeschrieben werde. Vielmehr sei sie ihnen von dem an sich seienden unendlichen Geist, von der schöpferischen ewigen Idee zugewiesen worden.[814] Indem daher unser anschauender Geist den Bestimmungen

---

[814] Natürliche Dinge erschöpfen sich nicht, wie sich Hegel verstehen lässt, in unseren Empfindungen, vielmehr unterstellen wir, dass sie jenseits unserer Empfindungen auch eine selbständige Existenz haben. So erschöpft sich z. B. eine gegebene Menge Wasser für uns nicht in *dem*, was wir dabei empfinden, wenn wir damit in Berührung kommen, sondern sie hat für uns ein von unseren Empfindungen unabhängiges Sein und ist, gemäß unserem chemischen Wissen, eine Materie, die sich aus zwei Atomen Wasserstoff und einem Atom Sauerstoff zusammensetzt. Die Naturwissenschaften haben es also mit einer Welt zu tun, die

der Empfindung die Ehre erweist, ihnen die abstrakten Formen des Raums und der Zeit zu geben, sie dadurch zu eigentlichen Gegenständen zu machen und diese sich zu assimilieren, so geschehe dabei durchaus nicht *das*, was nach Meinung des *subjektiven* Idealismus dabei geschieht, dass wir nämlich nur die *subjektive* Weise unseres Bestimmens und nicht die dem Objekt selber *eigenen* Bestimmungen erhalten. Übrigens aber müsse jenen, die so borniert seien, der Frage nach der *Realität* des Raumes und der Zeit eine ganz ungewöhnliche Wichtigkeit zuzuschreiben, geantwortet werden, dass Raum und Zeit höchst dürftige und oberflächliche Bestimmungen sind, dass daher die Dinge an diesen Formen sehr wenig haben, also auch durch deren Verlust, wäre dieser möglich, sehr wenig verlören. Das *erkennende* Denken halte sich bei jenen Formen nicht auf, es erfasse die Dinge in ihrem Begriff, in dem der Raum und die Zeit als Aufgehobene in sich enthalten seien. Wie in der äußeren Natur Raum und Zeit durch die ihnen immanente Dialektik des Begriffs sich selber zur *Materie* als ihrer Wahrheit aufheben, so sei die freie Intelligenz die für sich seiende Dialektik jener Formen des unmittelbaren Außereinander.

---

sich in unseren Empfindungen zwar manifestieren kann, die aber darin nicht aufgeht. Hinzukommt, dass es Dinge gibt, die sich unmittelbar überhaupt nicht in unseren Empfindungen zeigen. Das bedeutet aber für Hegel nicht, die Welt der Natur könne nicht vollständig erkannt werden; ist es doch der Geist selbst, der die Natur als das ihm Äußerliche, das Andere seiner selbst setzt. Somit gelte es für das philosophische Erkennen, die „Idee als Natur" mit der „Idee als Geist" zu vermitteln. Dies sei, wie schon ausgeführt, zunächst die Aufgabe des naturphilosophischen Erkennens, das aber zur Lösung dieser Aufgabe erst die Ergebnisse der modernen Naturwissenschaften aufnehmen müsste.

Die eigentliche Anschauung[815]

Indem die Intelligenz, als die konkrete Einheit der beiden Momente (Empfindung und Aufmerksamkeit, d. Verf.), unmittelbar in diesem *äußerlich* seienden Stoff in sich erinnert ist (ihn zu einem Innerlichen gemacht hat, d. Verf.) und in ihrer Erinnerung-in-sich (im Vorgang der Verinnerlichung des Stoffs, d. Verf.) in das Außersichsein (desselben, d. Verf.) versenkt ist, ist sie nach Hegel *Anschauung*.[816]

Die *Anschauung*, so Hegels Zusatz hierzu, dürfe *nicht* mit der später zu betrachtenden *Vorstellung* und auch nicht mit dem *phänomenologischen Bewusstsein* verwechselt werden.[817] Was das Verhältnis zwischen der Anschauung und der Vorstellung betrifft, so habe jene mit dieser nur das gemeinsam, dass in beiden Formen des Geistes das Objekt sowohl von mir *abgetrennt* als auch das *Meinige* ist. Dass das Objekt den Charakter des Meinigen hat, sei aber in der

---

[815]In ihr wird, wie erwähnt, das Objekt als ein sich selbst Äußerliches gesetzt.

[816]Ebenda, S. 253 f. Indem die Intelligenz als konkrete Einheit von Empfindung und Aufmerksamkeit sich den äußerlichen Stoff zu einem innerlichen gemacht und sich zugleich in diesem Vorgang in das sich selber Äußerlichsein des Stoffs versenkt hat, ist sie also nach Hegel bei der *eigentlichen* Anschauung angekommen. Will ich z. B. als Gemeindesoziologe die Selbstverwaltung der Stadt Köln zum Gegenstand meines Erkennens machen, so sind der Ausgangspunkt dieser Tätigkeit Empfindungen (und Gefühle), die auf mich einströmen, sobald ich in den Bereich der Selbstverwaltung Kölns „eintauche" und mich auf meinen Erkenntnisgegenstand: die Organe der kommunalen Selbstverwaltung, konzentriere. Meine Empfindungen (und Gefühle) in der Konfrontation mit meinem Gegenstand und meine Aufmerksamkeit (Konzentration), die ich auf ihn richte, bilden zusammen eine konkrete Einheit. Indem ich jenen äußerlichen Stoff, also die Organe der kommunalen Selbstverwaltung der Stadt Köln, zu einem Innerlichen gemacht und zugleich als einen sich äußerlichen gesetzt und mich in ihn versenkt habe, bin ich bei der eigentlichen Anschauung meines Gegenstandes angekommen.

[817]Ebenda, S. 253 ff. Gemeint ist offensichtlich das sinnliche und wahrnehmende Bewusstsein.

Anschauung nur *an sich* [818] vorhanden und werde erst in der *Vorstellung* als ein *Meiniges* gesetzt. In der Anschauung *überwiege* die *Gegenständlichkeit* des Inhalts[819], und erst dann, wenn ich reflektiere, dass *ich* es bin, der die Anschauung hat, begebe ich mich auf die Stufe der *Vorstellung*.

Hinsichtlich des Verhältnisses zwischen der Anschauung und dem *Bewusstsein*, könne man, so Hegel, auch das unmittelbare oder *sinnliche Bewusstsein* im weitesten Sinne des Wortes als "Anschauung" bezeichnen. Doch will man der Bezeichnung "Anschauung", wie es vernünftigerweise sein sollte, ihre *eigentliche* Bedeutung geben, so müsse man einen *wesentlichen* Unterschied zwischen beiden machen, und *zwar* in dem Sinne, dass das *sinnliche* Bewusstsein in *unvermittelter, ganz abstrakter* Gewissheit seiner selbst sich auf die *unmittelbare*, in mannigfache Seiten *auseinander fallende Einzelheit* des Objektes bezieht, während die *Anschauung* ein von der Gewissheit der *Vernunft erfülltes* Bewusstsein ist. Der Gegenstand dieses Bewusstseins habe die Bestimmung, ein *Vernünftiges*, also nicht ein in verschiedene Seiten auseinander gerissenes *Einzelnes* (wie im sinnlichen Bewusstsein, d. Verf.) zu sein, sondern eine *Totalität*, eine *zusammengehaltene* Fülle von Bestimmungen. In diesem Sinne habe Schelling früher von *intellektueller Anschauung* gesprochen.[820]

---

[818] In der Anschauung legt sich also der theoretische Geist noch nicht darüber Rechenschaft ab, dass der Gegenstand seiner Anschauung von ihm selbst konstituiert wird. Das wird ihm erst in der Vorstellung bewusst.

[819] Das besagt, dass in der Anschauung der Inhalt des Gegenstandes das erkennende Subjekt geradezu absorbiert.

[820] So ist z. B. in der „intellektuellen Anschauung" eine gegebene Stadtgemeinde als eine Totalität vorhanden, die ebenso die kommunale Selbstverwaltung wie auch alle übrigen Lebensbereiche der Gemeinde vom Wirtschaftsleben bis hin zum religiösen Leben in ihrer Substanz (ihrer Wesentlichkeit) einschließen kann. Ebenso kann das Wirtschaftsleben und die darauf beruhende soziale

Geistlose Anschauung sei bloß ein sinnliches, dem Gegenstand äußerlich bleibendes Bewusstsein, *geistvolle, wahrhafte* Anschauung dagegen erfasse die *gediegene Substanz* des Gegenstandes. So habe ein talentierter Geschichtsschreiber das *Ganze* der von ihm zu schildernden Zustände und Ereignisse in lebendiger Anschauung vor sich, wer aber kein Talent zur Darstellung der Geschichte hat, der bleibe bei den Einzelheiten stecken und übersehe das *Substanzielle*. Mit Recht habe man daher in allen Zweigen des Wissens, insbesondere auch in der Philosophie, darauf gedrungen, dass aus der Anschauung der Sache heraus gesprochen werde. Dazu gehöre, dass der Mensch mit Geist, Herz und Gemüt, kurz, in seiner Ganzheit sich zur Sache verhält, in ihrem Mittelpunkt steht und sie gewähren lässt. Nur wenn die *Anschauung der Substanz* des Gegenstandes dem *Denken* fest zugrunde liegt, könne man, ohne aus dem Wahren herauszutreten, zur Betrachtung des in jener Substanz wurzelnden, in der Abtrennung von derselben aber zu leerem Stroh werdenden Besonderen fortschreiten. Fehle dagegen die *gediegene* Anschauung des Gegenstandes, dann verliere sich das reflektierende Denken in der Betrachtung der mannigfaltigen, an dem Objekt vorkommenden vereinzelten Bestimmungen und Verhältnisse. Dann würde der *trennende Verstand* den Gegenstand, auch wenn dieser das Lebendige, etwa eine Pflanze oder ein Tier ist, durch seine einseitigen, endlichen Kategorien von Ursache und Wirkung, von äußerem Zweck und Mittel usw. auseinanderreißen. Auf diese Weise komme der Verstand, trotz seiner vielen Gescheitheiten, nicht dazu, die konkrete Natur des Gegenstandes zu begreifen, das alle Einzelheiten zusammenhaltende *geistige Band* zu erkennen.

Aber aus der bloßen Anschauung müsse man *heraustreten*, und die Notwendigkeit liege darin, dass die Intelligenz ihrem Begriff nach *Erkennen*, die Anschauung dagegen noch *nicht* erkennendes Wissen ist;

Differenzierung im modernen Staat als eine Totalität, z. B. als „bürgerlichen Gesellschaft", zusammengefasst werden.

gelange sie doch als *solche* nicht zur *immanenten Entwicklung* der *Substanz* des Gegenstandes. Vielmehr beschränke sie sich darauf, die noch mit dem Beiwerk des *Äußerlichen* und *Zufälligen* umgebene, *unentfaltete* Substanz zu erfassen und sei daher nur der *Beginn* des Erkennens. Auf den Status der Anschauung würde sich der Ausspruch des *Aristoteles* beziehen, wonach alle Erkenntnis mit der *Verwunderung* anfange. Denn weil die subjektive Vernunft als Anschauung die Gewissheit, aber nur die *unbestimmte Gewissheit* habe, in dem zunächst mit der Form der Unvernunft behafteten Objekt sich selber wieder zu finden, so flöße ihr die Sache Verwunderung und Ehrfurcht ein. Das *philosophische* Denken müsse sich aber über den Zustand der Verwunderung hinausbegeben. Es sei nämlich ein völliger Irrtum zu meinen, man erkenne die Sache schon wahrhaft, wenn man von ihr eine *unmittelbare* Anschauung habe. Die *vollendete* Erkenntnis gehöre nur dem *reinen Denken der begreifenden* Vernunft an, und nur derjenige, der sich zu diesem Denken erhoben hat, besitze eine vollkommen bestimmte, *wahrhafte* Anschauung. Bei ihm bilde die Anschauung lediglich die gediegene Form, in die seine vollständig entwickelte Erkenntnis sich dann wieder zusammendrängen würde. In der *unmittelbaren* Anschauung habe ich zwar die ganze Sache vor mir, aber erst in der zur Form der *einfachen* Anschauung zurückkehrenden, allseitig entfalteten Erkenntnis stünde die Sache als eine *in sich gegliederte, systematische Totalität* vor meinem Geist. Überhaupt habe erst der gebildete Mensch eine von der Masse des Zufälligen befreite, mit einer Fülle des Vernünftigen ausgestattete Anschauung. [821] Ein sinnvoll gebildeter Mensch könne, auch wenn er nicht philosophiert,

---

[821] Als Beispiele für die hier beschriebene Methode könnte man Hegels Theorie des modernen Staates und die „Kritik der Politischen Ökonomie", also „Das Kapital", seines Schülers K. Marx, anführen. Jedenfalls ist es der Weg, der mit dem „Konkreten" der Anschauung beginnt, sich mit dem „Abstrakten", dem begrifflichen Denken und der abnehmenden Abstraktion fortsetzt, um sich wieder dem „Konkreten" anzunähern, nunmehr aber in Gestalt eines präzisen, in sich gegliederten theoretischen Systems.

das Wesentliche, den Mittelpunkt der Sache, in einfacher Bestimmtheit erfassen, wozu jedoch immer *Nachdenken* erforderlich sei. Oft würde man sich einbilden, dass Dichter, Künstler überhaupt, bloß *anschauend* verfahren müssten, was durchaus nicht der Fall sei. Ein echter Dichter müsse vielmehr vor und während der Ausführung seines Werkes *nachsinnen* und *nachdenken*. Nur auf diesem Wege könne er hoffen, dass er das *Herz* oder die *Seele* der Sache aus allen sie verhüllenden Äußerlichkeiten herausheben und eben dadurch seine Anschauung *organisch* entwickeln wird.

Übergang von der Anschauung zur Vorstellung

Auf und *gegen* dieses *eigene* Außersichsein[822] richte, wie Hegel nach diesem Zusatz fortfährt, die Intelligenz wesentlich ihre *Aufmerksamkeit.*[823] Dies sei das Erwachen der Intelligenz zu sich selber in dieser ihrer Unmittelbarkeit, es sei ihre Erinnerung-in-sich in der Unmittelbarkeit. So sei die Anschauung dieses Konkrete des Stoffs und ihrer selbst, das *Ihrige*, so dass sie diese Unmittelbarkeit und das Finden des Inhalts nicht mehr nötig habe.[824]

---

[822] Gemeint ist offensichtlich der „stoffartige" Inhalt der Anschauung, den die Intelligenz als ein ihr Äußerliches unwillkürlich gesetzt hat, sich folglich über ihr Tun keine Rechenschaft ablegt.

[823] Ebenda, S. 256 f.

[824] Es geht hier um den Übergang von der Anschauung zur *Vorstellung*, die für Hegel, wie im Folgenden zitiert werden wird, die „erinnerte Anschauung" ist. So richtet die Intelligenz ihre *Aufmerksamkeit* auf und *gegen* das eigene „Außersichsein" des Stoffs, wie er in der Anschauung gegeben ist, und darin sieht Hegel das *Erwachen* der Intelligenz zu sich selbst; in diesem Erwachen erinnert sich die Intelligenz, indem sie einen Inhalt in sich hervorruft, der bereits der *ihrige* ist, nämlich den Inhalt der Anschauung. Die Anschauung ist somit sowohl das Konkrete des Stoffs als auch die Anschauung ihrer selbst; die Intelligenz muss sich nur ihres eigenen Inhalts (also ihrer unmittelbaren Anschauung) erinnern, und so geht sie zur „erinnerten Anschauung", eben zur *Vorstellung*, über. Die Anschauung, die inhaltlich vom Konkreten des Stoffs ausgefüllt ist, wandelt sich also zur

Auf dem Standpunkt der *bloßen Anschauung* würden wir uns, so Hegel in seinem Zusatz, in der *Räumlichkeit* und der *Zeitlichkeit,* diesen beiden Formen des *Außereinander* bewegen.[825] Die Intelligenz sei hier in den äußerlichen Stoff *versenkt,* sei *eins* mit ihm und habe *keinen* anderen Inhalt als den des angeschauten Objekts. Deshalb könnten wir in der Anschauung höchst *unfrei* werden. Die Intelligenz sei aber die *für sich seiende Dialektik* jenes unmittelbaren Außereinander. Demnach setze der Geist die Anschauung als die *seinige* [826], *durchdringe* sie, mache sie zu etwas *Innerlichem, erinnere* sich in ihr, werde sich in ihr *gegenwärtig* und somit *frei.* Indem die Intelligenz auf diese Weise in sich gehe, steige sie empor auf die Stufe der *Vorstellung.* Der *vorstellende* Geist enthalte die Anschauung, die in ihm *aufgehoben* sei, damit sei sie aber nicht *verschwunden,* nicht nur ein *Vergangenes.*

Sei von einer Anschauung, die zur *Vorstellung* aufgehoben ist, die Rede, so würde daher auch die Sprache zutreffend sagen: Ich *habe* dies gesehen. Damit werde nicht bloß *Vergangenheit,* sondern zugleich auch *Gegenwart* ausgedrückt. Die Vergangenheit sei hierbei eine bloß *relative,* sie finde nur statt im *Vergleich der unmittelbaren Anschauung*

Vorstellung, indem sie sich selber gegenübertritt und den eigenen Stoff zu einem Bild synthetisiert, ihn in Wortzeichen fasst, wodurch sie, nunmehr als Vorstellung, nicht mehr ihrer Unmittelbarkeit bedarf. Grob ausgedrückt, geht es um einen Prozess, in dem die Intelligenz den Gegenstand ihrer Anschauung dadurch konstituiert, dass sie einen gegebenen Stoff in die Empfindungen (und Gefühle) aufnimmt und als einen „außer sich seienden" setzt. Als Subjekt richtet sie auf den von ihr selbst konstituierten Gegenstand ihre Aufmerksamkeit, und, indem sie sich von der unmittelbaren Anschauung löst und sich sodann an den Inhalt derselben in Bild und Worten erinnert, geht die Anschauung zur *Vorstellung,* der erinnerten Anschauung, über.

[825] Ebenda, S. 256 ff.

[826] Für das Subjekt der unmittelbaren, an Raum und Zeit gebundenen Anschauung ist das Objekt derselben, z. B. die Selbstverwaltung der Stadt Köln, ein fremdes und damit noch nicht *sein* Objekt. Zu einem solchen wird es erst im Prozess der Vorstellung als einer „erinnerten Anschauung" (Hegel).

mit *dem*, was wir jetzt in der Vorstellung haben. Das beim Perfekt gebrauchte Wort "haben" habe aber eigentlich die Bedeutung der Gegenwärtigkeit: Was ich gesehen *habe*, sei etwas, was ich nicht bloß *hatte*, sondern noch *habe*. Es sei etwas, was noch in mir gegenwärtig ist. Man könne in diesem Gebrauch des Wortes "haben" ein allgemeines *Zeichen* der Innerlichkeit des modernen Geistes sehen, der nicht bloß darauf reflektiere, dass das Vergangene nach seiner Unmittelbarkeit vergangen, sondern auch darauf, dass es im Geist noch erhalten ist.[827]

B. *Die Vorstellung*

Die Vorstellung sei die *erinnerte Anschauung* und liege, wie Hegel nach diesem Zusatz fortfährt, in der *Mitte* zwischen der *Anschauung*, in der die Intelligenz sich unmittelbar *bestimmt* finde, *einerseits* und der *Freiheit* der Intelligenz, dem *Denken, andererseits*.[828] Die Vorstellung gehöre zur Intelligenz, aber sie sei noch mit *einseitiger* Subjektivität behaftet, indem sie noch durch die Unmittelbarkeit bedingt und nicht an ihr selbst das *Sein* sei. Der Weg der Intelligenz in den *Vorstellungen* bestehe darin, die Unmittelbarkeit (wie sie mit der Anschauung gegeben ist, d. Verf.) in die *Innerlichkeit* aufzunehmen, sie *sich in sich selbst anschauend* zu setzen, sodann die Subjektivität der Innerlichkeit

---

[827] Will ich, um erneut als Beispiel die Selbstverwaltung der Stadt Köln anzuführen, diese als Gemeindesoziologe zum Gegenstand des Erkennens machen, so ist der Ausgangspunkt die unmittelbare Anschauung, die sich bei mir herausbildet, indem ich in meinen Gegenstand „eintauche". Sie schließt allgemeine und soziologische Kategorien ein, die die auf mich einströmenden mannigfaltigen, einander ablösenden Empfindungen und Gefühle einordnen. Auf die von mir hervorgebrachte Anschauung von meinem Gegenstand richte ich meine ganze Aufmerksamkeit. Auf der folgenden Stufe der *Vorstellung*, werden dann die Inhalte meiner Anschauung zu „Synthesen" (Hegel) in Gestalt der formalen und der informalen Struktur der kommunalen Selbstverwaltung, „Synthesen", in denen die Inhalte meiner unmittelbaren Anschauung sowohl vergangen als auch gegenwärtig sind.

[828] Ebenda, S. 257 f.

aufzuheben und in ihr selbst ihrer sich zu entäußern und in ihrer *eigenen Äußerlichkeit in sich zu sein.*[829] Aber, indem das Vorstellen bei der Anschauung und ihrem *gefundenen* Stoff beginne, sei ihre Tätigkeit mit dieser Differenz (also mit der Anschauung, d. Verf.) noch behaftet, und ihre konkreten Produktionen in ihr seien noch *Synthesen*, die erst im *Denken* zur konkreten Immanenz des Begriffs werden.[830]

Die verschiedenen Formen des auf dem Standpunkt der *Vorstellung* stehenden Geistes, würden, wie Hegel hierzu in seinem Zusatz erläutert, noch mehr als dies bei den vorhergehenden Stufen der Intelligenz geschehe, für *vereinzelte*, voneinander *unabhängige* Kräfte oder Vermögen gehalten werden. [831] Man würde *neben* dem Vorstellungsvermögen von der *Einbildungs-* und der *Gedächtniskraft* sprechen und betrachte dabei die gegenseitige Selbständigkeit dieser Formen des Geistes als ausgemacht. Die wahrhaft philosophische Auffassung würde aber dagegen darin bestehen, dass der zwischen jenen Formen vorhandene vernünftige Zusammenhang begriffen und die in ihnen erfolgende *organische* Entwicklung der Intelligenz erkannt wird. Die Stufen dieser Entwicklung nimmt Hegel schon in diesem Zusatz vorweg, um dem Leser die Übersicht zu erleichtern. Die *Vorstellung* als *zweite* Hauptstufe der Intelligenz, umfasst nach Hegel *drei* Stufen, nämlich *erstens* die Stufe der *Erinnerung*, *zweitens* die Stufe der *Einbildungskraft* und *drittens* die Stufe des *Gedächtnisses*.

---

[829]Hegel meint hier offensichtlich die dritte Stufe der Vorstellung, nämlich das *Gedächtnis*. Hier werde einerseits das (Wort-)*Zeichen* erinnert, in die Intelligenz aufgenommen, und andererseits der Intelligenz dadurch die Form eines *Äußerlichen* gegeben und so eine Einheit des Subjektiven und Objektiven hervorgebracht, die den Übergang zum *Denken* als solchem bilde. Ebenda, S. 258.
[830]So hat z. B. der Einzelne in einer Geldwirtschaft eine Vorstellung vom Geldwesen, die jedoch noch mit seiner Anschauung von demselben behaftet ist. Folglich hat er noch keinen *Begriff* vom Geldwesen, der erst vom wissenschaftlichen, vollends vom philosophischen Erkennen hervorgebracht wird.
[831]Ebenda, S. 257 ff.

Die *erste* dieser Stufen nennt Hegel die *Erinnerung* im *eigentümlichen* Sinn des Wortes. Sie bestehe in einem *unwillkürlichen* Hervorrufen eines Inhalts, der bereits der *unsrige* ist. Die *Erinnerung* bilde die *abstrakteste* Stufe der sich in Vorstellungen betätigenden Intelligenz. Hier sei der *vorgestellte* Inhalt noch *derselbe* wie in der *Anschauung.* An dieser erhalte er seine *Bewährung,* wie umgekehrt der Inhalt der Anschauung sich an meiner Vorstellung bewähre. Folglich hätten wir auf diesem Standpunkt einen Inhalt, der nicht nur als ein *seiender* angeschaut, sondern zugleich *erinnert,* als der *meinige* gesetzt wird. In diesem Sinne sei der Inhalt dasjenige, was wir ein *Bild* nennen könnten.[832]

Die *zweite* Stufe im Bereich der *Vorstellung* nennt Hegel die *Einbildungskraft.* Hier würde der *Gegensatz* zwischen meinem *subjektiven* oder *vorgestellten* Inhalt und dem *angeschauten* Inhalt der *Sache* eintreten. Die *Einbildungskraft* erarbeite sich einen *ihr eigentümlichen* Inhalt dadurch, dass sie sich gegenüber dem angeschauten Gegenstand *denkend* verhält, das *Allgemeine* des Gegenstandes heraushebt und ihm Bestimmungen gibt, die dem Ich zukommen. Auf diese Weise höre die Einbildungskraft auf, bloß *formale* Erinnerung zu sein; sie würde vielmehr *schaffende Erinnerung* werden, in der der Inhalt *verallgemeinert* wird und es zu *allgemeinen* Vorstellungen[833] kommt. Da auf diesem Standpunkt der Gegensatz

---

[832]Gemeint ist hier offensichtlich das Bild von einem Gegenstand, das in jedem entsteht, sobald er sich von der lebendigen Anschauung des Gegenstandes abwendet und diese damit zu einer Vorstellung von demselben übergeht. Das Bild ist somit eine „erinnerte Anschauung", das nicht mit einem flüchtig geknipsten Foto von einem gegebenen Gegenstand verglichen werden kann, sondern ein solches, das auf einer von der Intelligenz hervorgebrachten Anschauung beruht.

[833]Hier sind offenbar Begriffe im Sinne einer „abstrakten Allgemeinheit" (Hegel) gemeint. Demnach spreche man, so Hegel, vom Begriff der Farbe, der Pflanze, des Tieres usw. Diese Begriffe entstünden dadurch, dass durch Hinweglassen des Besonderen, wodurch sich die verschiedenen Farben, Pflanzen, Tiere usw.

zwischen dem Subjektiven und dem Objektiven herrsche, könne die Einheit dieser Bestimmungen hier keine *unmittelbare*, wie auf der Stufe der bloßen Erinnerung, sondern nur eine *wiederhergestellte* Einheit sein. Diese Wiederherstellung geschehe auf die Art und Weise, dass der *angeschaute, äußerliche* Inhalt dem zur *Allgemeinheit* erhobenen, *vorgestellten* Inhalt unterworfen und zu einem bloßen *Zeichen* des *vorgestellten* Inhalts herabgestuft wird. Der zur Allgemeinheit erhobene vorgestellte Inhalt werde dadurch *objektiv*, *äußerlich* gemacht, *verbildlicht*.[834]

Die *dritte* Stufe der Vorstellung nennt Hegel das *Gedächtnis*. Hier werde einerseits das *Zeichen* erinnert, in die Intelligenz aufgenommen, und andererseits der Intelligenz eben dadurch die Form eines *Äußerlichen*, *Mechanischen*, gegeben und auf diesem Wege eine Einheit des

---

unterscheiden, das festgehalten wird, was denselben gemeinschaftlich ist. Ders., Enzyklopädie der philosophischen Wissenschaften, 1. Teil, a. a. O., S. 311. Der angeschaute Inhalt wird also, Hegel zufolge, in Wortzeichen, die einen allgemeinen Sinngehalt haben, ausgedrückt. Das Denken, das hier gemeint ist, läuft an allgemeinen Vorstellungen, die sich in Wortzeichen darstellen, entlang.

[834] So wird z. B. das politisch-administrative System der Stadt Köln als der von mir, dem Gemeindesoziologen, *angeschaute* äußerliche und einzelne Inhalt dem *vorgestellten* Inhalt unterworfen, indem ich jenen Inhalt mit dem Wortfeld „kommunale Selbstverwaltung" bezeichne. Das politisch-administrative System Kölns als der äußerliche Inhalt meiner Anschauung (die sich stets auf eine Einzelheit bezieht) wird also in meiner Vorstellung zu einem (allgemeinen) System von (*Wort-*)*Zeichen* herabgesetzt. Der Inhalt der Vorstellung wird dadurch objektiv, äußerlich gemacht und verbildlicht. Mit der Sprache verhält sich also die Einbildungskraft zu dem angeschauten Gegenstand denkend, hebt damit das *Allgemeine* heraus. So haben die Akteure des Wirtschaftslebens, wie z. B. Unternehmer, durchaus eine lebendige Anschauung von demselben und eine Vorstellung, die in der Sprache des Wirtschaftsverkehrs gefasst ist, und ein Zweig der Ökonomie, die „Vulgärökonomie" (K. Marx), die Oberflächenökonomie, tut nichts anderes, als diese Sprache zu verdeutlichen und zu präzisieren.

Subjektiven und Objektiven hergestellt, die den Übergang zum *Denken* als *solchem* bilde.

Die Erinnerung

Die Intelligenz erinnere, so Hegel nach diesem Zusatz, zunächst die Anschauung [835], d. h. sie setze den *Inhalt des Gefühls* (oder der Empfindung, d. Verf.) in ihre *Innerlichkeit*, in ihren *eigenen Raum* und ihre *eigene Zeit*.[836] So sei der Inhalt (a) ein *Bild*, das von seiner ersten Unmittelbarkeit und abstrakten Einzelheit befreit und in die Allgemeinheit des Ichs überhaupt aufgenommen werde. Das *Bild* habe nicht mehr die vollständige Bestimmtheit, die die Anschauung habe und sei *willkürlich* oder *zufällig*. Es sei überhaupt isoliert von dem äußerlichen Ort und der Zeit sowie von dem unmittelbaren Zusammenhang, in dem die Anschauung stand.

Da die Intelligenz, wie Hegel hierzu in seinem Zusatz erläutert, ihrem Begriff nach, die *für sich seiende* unendliche Idealität [837] oder

---

[835]Der Geist, die Intelligenz des Einzelnen, setzt „die Anschauung als die *seinige*, durchdringt sie, macht sie zu etwas *Innerlichem, erinnert sich in ihr*, wird sich in ihr *gegenwärtig* - und somit *frei*." Ders., Enzyklopädie der philosophischen Wissenschaften, 3. Teil, a. a. O., S. 256.

[836]Ebenda, S. 258 ff.

[837]Wie bereits mehrmals zitiert, versteht Hegel unter „Idealität" die zum Begriff des Geistes gehörende Aufhebung der Äußerlichkeit und ihre Zurückführung auf die Innerlichkeit - ein Prozess der Idealisierung oder der Assimilation des Äußerlichen. Ebenda, S. 21. In diesem Sinne ist offenbar die Tätigkeit des Erkenntnisvermögens, die im tätigen Subjekt *für sich* ist, zu verstehen. Der Erkenntnisprozess besteht, so lässt sich Hegel auslegen, in einer zunehmenden Verallgemeinerung, die bei der Einzelheit in der Empfindung und im Gefühl beginnt und mit dem Denken, der Tätigkeit des Begriffs (Begreifens), endet. So beginnt z. B. der Gemeindesoziologe in seinem Erkenntnisprozess bei der unmittelbaren Anschauung einer einzelnen Stadtgemeinde und endet mit dem Begriff, der Theorie, der Stadtgemeinde - einer *für sich* seienden Allgemeinheit.

Allgemeinheit sei, so sei der Raum und die Zeit der Intelligenz der *allgemeine* Raum und die *allgemeine* Zeit.[838] Indem ich deshalb den Inhalt des Gefühls (oder der Empfindung, d. Verf.) in die Innerlichkeit der Intelligenz setze und ihn dadurch zur *Vorstellung* mache, würde ich ihn aus der *Besonderheit* der Zeit und des Raums *herausnehmen*, an die er in seiner Unmittelbarkeit gebunden ist und von der *auch ich* in der Empfindung und in der Anschauung abhängig bin. Daraus folge *erstens*, dass, während für die *Empfindung* und die *Anschauung* die *unmittelbare Gegenwart* der Sache erforderlich ist, ich mir dagegen, wo immer ich bin, etwas *vorstellen* könne, das mir dem äußeren Raum und der äußeren Zeit nach am fernsten liegt. Daraus ergebe sich z *weitens*, dass alles, was geschieht, erst für uns *Dauer* erhält, indem es in die *vorstellende* Intelligenz aufgenommen wird. Begebenheiten, die die vorstellende Intelligenz *nicht* aufnimmt, würden dagegen zu etwas werden, was *völlig vergangen* ist. Das *Vorgestellte* gewinne jedoch jene Unvergänglichkeit nur auf Kosten der *Klarheit* und *Frische* der unmittelbaren, nach allen Seiten fest bestimmten *Einzelheit* des Angeschauten; die Anschauung *verdunkle* und *verwische sich* also, indem sie zum *Bild* avanciert.

Was die Zeit betrifft, so könne über den subjektiven Charakter, den diese in der Vorstellung erhalte, noch bemerkt werden, dass in der *Anschauung* die Zeit uns *kurz* vorkommt, wenn wir *vieles* anschauen, und *lang*, wenn ein Mangel an gegebenem Stoff uns auf die Betrachtung unserer inhaltslosen Subjektivität beschränkt. In der *Vorstellung* kämen uns dagegen diejenigen Zeiten, in denen wir auf vielfältige Zeit beschäftigt gewesen sind, *lang* vor, während diejenigen Zeiten, in denen wir *wenig* Beschäftigung gehabt haben, uns *kurz* erschienen. Hier, in der *Erinnerung*, würden wir unsere Subjektivität, unsere *Innerlichkeit*, ins Auge fassen und würden das Maß der Zeit nach dem *Interesse* bestimmen, das die Zeit für uns gehabt hat. Dort, in der Anschauung,

---

[838] Ebenda, S. 259 f.

468

seien wir in die *Betrachtung der Sache* versenkt, und da erscheine uns die Zeit *kurz*, wenn sie eine immer *abwechselnde* Erfüllung bekommt und *lang* dagegen, wenn ihre *Gleichförmigkeit* durch nichts unterbrochen wird.

Das *Bild* für sich (b) sei, so Hegel nach diesem Zusatz, *vorübergehend*, und die Intelligenz selbst sei als Aufmerksamkeit[839] die Zeit und auch der Raum, das Wann und das Wo des Bildes.[840] Die Intelligenz sei aber nicht nur Bewusstsein und Dasein (wie im Fall der Aufmerksamkeit, d. Verf.), vielmehr sei sie als solche das Subjekt und das *Ansich* ihrer Bestimmungen. In ihr *erinnert* (zu einem Innerlichen gemacht, d. Verf.), sei das Bild nun nicht mehr existierend, es sei *bewusstlos aufbewahrt*.[841]

Die Intelligenz müsse als dieser nächtliche Schacht, in dem eine Welt unendlich vieler Bilder und Vorstellungen aufbewahrt sei, ohne dass diese im Bewusstsein anwesend seien, gefasst werden, was *einerseits* auf die allgemeine Forderung hinauslaufe, den Begriff (der Intelligenz,

---

[839]Die Aufmerksamkeit, ohne die, wie Hegel oben zitiert wurde, für den Geist nichts sei, sei die tätige Erinnerung (oder die Durchdringung eines Äußerlichen durch den Geist), ein Moment desselben. Bei der Aufmerksamkeit bestimme die Intelligenz den Inhalt der Empfindung als ein außer sich Seiendes. Sie werfe den Inhalt in Raum und Zeit hinaus, die Formen, in denen die Intelligenz anschauend sei. Nach dem *Bewusstsein* sei der Stoff nur Gegenstand desselben, ein *relativ Anderes*; von dem Geist erhalte der Stoff aber die vernünftige Bestimmung, das *Andere seiner selbst* zu sein. Ebenda, S. 249.

[840]Ebenda, S. 259 ff.

[841]In der Intelligenz sind, wie sich Hegel verstehen lässt, Anschauung, Vorstellung und weitere Bestimmungen angelegt, und zugleich ist die Intelligenz Subjekt derselben. In ihr wird das Bild (in der Vorstellung) zu einem Innerlichen gemacht, existiert dann nicht mehr und wird bewusstlos, d. h. unwillkürlich aufbewahrt. Das Subjekt kann es, Hegel zufolge, nicht willkürlich aus dem „Schacht der Erinnerung" wieder hervorholen, und wenn es wieder in sein Bewusstsein eintritt, dann geschieht das, wie sich ergänzen ließe, unwillkürlich.

d. Verf.) als *konkret*, gleichsam wie den *Keim eines Baumes*, zu fassen. Das heiße, der Begriff müsse alle *Bestimmtheiten*, so wie sie in der Entwicklung des Baumes erst zur *Existenz* kommen, in *virtueller*[842] Möglichkeit *affirmativ* enthalten. Die Unfähigkeit, dieses in sich konkrete und doch *einfach* bleibende Allgemeine zu fassen, sei es, die das Gerede vom Aufbewahren der besonderen Vorstellungen in besonderen *Fasern* und *Plätzen* veranlasst habe; das Verschiedene soll wesentlich nur eine, auch vereinzelte räumliche Existenz haben. Der Keim aber komme aus den existierenden Bestimmtheiten nur in einem *Anderen*, nämlich im *Keim der Frucht*, zur *Rückkehr* in seine Einfachheit, also wieder zur Existenz des Ansichseins.[843] Aber die Intelligenz sei als solche die freie *Existenz* des in seiner Entwicklung sich in sich erinnernden *Ansichseins*.[844] Es sei also *andererseits* die Intelligenz als dieser *bewusstlose* Schacht, d. h. als das *existierende* Allgemeine, in dem das Verschiedene noch nicht als diskret gesetzt sei, zu fassen.[845] Und zwar sei dieses *Ansich* die erste Form der Allgemeinheit, die sich im Vorstellen darbietet.[846]

---

[842]Gemeint ist „virtuell" offenbar im Sinne von „anlagemäßig".

[843]Gemeint ist offensichtlich der Zustand des Keims vor seiner Entfaltung.

[844]Die Intelligenz geht, wie sich Hegels Satz (ebenda, S. 260) verstehen lässt, anders als der Keim eines Baumes, frei aus der Entwicklung dessen hervor, was sie an sich (ihrer Anlage, ihrem Begriff nach) ist, indem sie sich in sich erinnert, sich zu einem Innerlichen macht, sich selbst durchdringt.

[845]Wenn Hegel von der Intelligenz hier als einem bewusstlosen Schacht von Bildern, als einem „existierenden Allgemeinen", spricht, so meint er offenbar, dass sie, gleichsam wie ein „Museum", ein Ganzes ist, das in jedem seiner Bilder seine Existenz hat. Im Museum sind die Bilder allerdings voneinander abgegrenzt, während die Bilder der Vorstellung nur verschieden, aber nicht voneinander abgegrenzt sind.

[846]Die Intelligenz als dieser „bewusstlose Schacht" der Erinnerung, als dieses „Ansich" ist, wie sich Hegel verstehen lässt, die *erste* Form der Allgemeinheit, die sich im Vorstellen zeigt. Diese Form, diese Stufe, bildet, wie bereits Hegel zitiert wurde, die *abstrakteste* Stufe der in den Vorstellungen sich betätigenden Intelligenz. (Ebenda, S. 257)

Das Bild, so Hegel in seinem erläuternden Zusatz hierzu, sei das Meinige, es gehöre *mir* an.[847] Aber zunächst sei es noch nicht weiter homogen (in Übereinstimmung, d. Verf.) mit mir; denn es sei noch nicht *gedacht* (oder *durchdacht*, d. Verf.), sei noch nicht in die *Form der Vernünftigkeit* erhoben. Zwischen dem Bild und mir würde vielmehr noch ein aus der Anschauung stammendes, *nicht* wahrhaft freies Verhältnis bestehen, nach dem ich nur das *Innerliche* bin, das Bild aber das mir *Äußerliche* ist. Deshalb hätte ich zunächst noch nicht die volle Macht über die im Schacht meiner Innerlichkeit schlafenden Bilder, könne diese noch nicht *willkürlich* (nach meinem Willen, d. Verf.) wieder hervorrufen. Niemand wüsste, welche unendliche Menge von Bildern aus der Vergangenheit in ihm verborgen und gespeichert ist. Zufälligerweise könnten sie wohl dann und wann erwachen[848], aber man könne sich nicht auf sie besinnen, und so seien die Bilder nur auf formale Weise das Unsrige.

Ein solches abstrakt aufbewahrte Bild (c) bedürfe zu seinem Dasein, wie Hegel nach dem Zusatz fortfährt, einer *da seienden* Anschauung.[849] Die *eigentliche* so genannte Erinnerung bestehe darin, dass das Bild auf eine Anschauung bezogen wird, und zwar werde die unmittelbare einzelne Anschauung dem der Form nach Allgemeinen, also der *Vorstellung*, die derselbe Inhalt sei, *untergeordnet*. Somit werde die Intelligenz in der bestimmten Empfindung und deren Anschauung sich innerlich und *erkenne* sie als das *bereits Ihrige*, so wie sie zugleich wüsste, dass ihr zunächst nur inneres Bild nun auch als unmittelbares der Anschauung sich an dieser *bewährt*. Das Bild, das im *Schacht* der Intelligenz nur ihr Eigentum war, sei mit der Bestimmung der Äußerlichkeit nun auch im *Besitz* der Intelligenz. Das Bild sei damit

---

[847]Ebenda, S. 260 ff.

[848] Sie können den Einzelnen, unwillkürlich wie ihr Erwachen sein kann, bedrängen und bedrücken.

[849]Ebenda, S. 261 f.

zugleich unterscheidbar von der Anschauung und trennbar von der einfachen Nacht gesetzt, in der es zunächst versenkt sei. Die Intelligenz sei so die Gewalt, die ihr Eigentum äußern könne und bedürfe für dessen Existenz in ihr nicht mehr der äußeren Anschauung. Diese Synthese des innerlichen Bildes mit dem Dasein, an das man sich erinnert, sei die *eigentliche* Vorstellung, indem das Innere nun auch an ihm die Bestimmung habe, vor die Intelligenz *gestellt* werden zu können, in ihr Dasein zu haben.

Zu unserem *wirklichen* Besitztum würden die in der Tiefe unseres Inneren verborgen liegenden Bilder der Vergangenheit dadurch, dass sie, so Hegels Zusatz hierzu, in der lichtvollen, *plastischen* Gestalt einer *da seienden* Anschauung *gleichen* Inhalts vor die Intelligenz treten und dass wir sie, mit Hilfe dieser *gegenwärtigen* Anschauung, als Anschauungen erkennen, die wir bereits gehabt haben.[850] So komme es zum Beispiel vor, dass wir einen Menschen, dessen Bild sich in unserem Geist schon völlig verdunkelt hat, unter Hunderttausenden wieder erkennen. Wollen wir also deshalb etwas in Erinnerung *behalten*, so müssten wir die Anschauung davon *wiederholen*. Anfangs werde allerdings das Bild nicht durch mich, sondern durch die entsprechende unmittelbare Anschauung wiedererweckt. Indem das Bild häufig wieder hervorgerufen wird, erhalte es in mir eine so große Lebendigkeit und Gegenwärtigkeit, dass ich der äußeren Anschauung nicht mehr bedarf, um mich an das Bild zu erinnern. Auf diesem Weg kämen die *Kinder* von der *Anschauung* zur *Erinnerung.* Je gebildeter ein Mensch sei, desto weniger lebe er in der unmittelbaren Anschauung, sondern - bei allen seinen Anschauungen - zugleich in Erinnerungen, so dass er selten etwas vollkommen Neues sehe; sei doch der substanzielle Gehalt des meisten Neuen ihm bereits etwas Bekanntes. Ebenso begnüge sich ein gebildeter Mensch vornehmlich mit seinen Bildern und fühle selten das Bedürfnis nach unmittelbarer Anschauung.

---

[850] Ebenda, S. 261 ff.

Das neugierige Volk dagegen laufe immer wieder dorthin, wo etwas "zu begaffen" (ders.) ist.

Die Einbildungskraft

Das *Bild*, das, wie oben erwähnt, im *Besitz* der Intelligenz ist, nennt Hegel (a) die *reproduktive Einbildungskraft*, und zwar in *dem* Sinne, dass die Bilder aus der Innerlichkeit des Ichs *hervorgehen*, das nunmehr Macht über sie habe.[851] Die nächste *Beziehung* der Bilder sei die zu ihrem äußerlichen unmittelbaren Raum und zu ihrer Zeit, die mit aufbewahrt seien. Aber das Bild habe im Subjekt, worin es aufbewahrt sei, allein die Individualität, in der die Bestimmungen seines Inhalts zusammengeknüpft seien. Seine unmittelbare, d. h. zunächst nur räumliche und zeitliche Konkretisierung, die es als *Eines* im Anschauen habe, sei dagegen aufgelöst. Der reproduzierte Inhalt, welcher der mit sich identischen Einheit der Intelligenz angehöre und aus deren allgemeinen Schacht herausgestellt werde, habe eine *allgemeine* Vorstellung [852] zur *assoziierenden Beziehung* der Bilder, der nach

---

[851] Ebenda, S. 262 ff.

[852] Mit der „allgemeinen Vorstellung" meint Hegel hier offenbar, wie schon erwähnt, den Begriff im Sinne einer „abstrakten Allgemeinheit", die das Gemeinschaftliche des Besonderen festhält. Ders., Enzyklopädie der philosophischen Wissenschaften, 1. Teil, a. a. O., S. 311. So habe ich z. B. eine große Menge und Vielfalt von Bildern einzelner Städte in mir. Die Bilder sind sehr verschieden doch auf jedes Bild beziehe ich den Begriff der Stadt im Sinne einer allgemeinen Vorstellung von der Stadt. Diese noch unklare Vorstellung teile ich mit den meisten Menschen, die in meiner Stadtgemeinde leben und deshalb mit dieser zutiefst vertraut sind. Als (Stadt-)Soziologe erarbeite ich mir aber eine deutlichere Vorstellung als die gewöhnliche Alltagsvorstellung. - Mein erfahrungswissenschaftlich geprägter Begriff, der im Prinzip ebenfalls eine allgemeine Vorstellung oder eine abstrakte Allgemeinheit darstellt, vereinigt alle Siedlungen, die dem Begriff der Stadt entsprechen. Eine bloße Anhäufung von Gebäuden und Menschen würde ich nicht als eine Stadt einordnen, ebenso wenig eine größere Siedlung ohne Selbstverwaltung, Märkte und Betriebe. Alle

sonstigen Umständen mehr abstrakten oder mehr konkreten Vorstellungen.

Die so genannten *Gesetze der Ideenassoziation* seien, so Hegel, besonders in der mit dem Verfall der Philosophie gleichzeitigen Blüte der empirischen Psychologie, auf ein großes Interesse gestoßen. Zum einen seien es keine *Ideen*, die assoziiert werden und zum anderen seien diese Weisen der Beziehung keine Gesetze, allein deshalb nicht, weil sich so viele Gesetze über dieselbe Sache aufdrängen würden, so dass der Eindruck entstünde, es herrschten Willkür und Zufall. Es sei zufällig, ob das Verknüpfende ein Bildliches oder eine Verstandeskategorie, ob es Gleichheit oder Ungleichheit, Grund und Folge usw. sei. Gehe man an Bildern und Vorstellungen gemäß der assoziierenden Einbildung fort, so sei das überhaupt das Spiel eines gedankenlosen Vorstellens, in dem die Bestimmung der Intelligenz noch formale Allgemeinheit überhaupt, der Inhalt aber der in den Bildern gegebene sei. Bild und Vorstellung seien, werde von der angegebenen genaueren Formbestimmung abgesehen, dem Inhalt nach dadurch unterschieden, dass das Bild die sinnlich-konkretere Vorstellung ist. Die Vorstellung - mag der Inhalt ein Bildliches oder der Begriff und die Idee sein - habe überhaupt den Charakter, obwohl sie der Intelligenz angehöre, doch nach ihrem Inhalt ein Gegebenes und Unmittelbares zu sein. Die Intelligenz, die sich durch das Sein *bestimmt finde*, klebe der Vorstellung noch an, und die Allgemeinheit, die jener Stoff durch das Vorstellen erhalte, sei noch abstrakt.[853] Die Vorstellung

---

Siedlungen, denen ich das Prädikat „Stadt" zuerkenne und so miteinander vereinige, unterscheiden sich aber zum Teil erheblich voneinander und sind damit besondere Städte. Nichtsdestoweniger sind sie eben Städte als solche und teilen das, was den allgemeinen und reflektierten Sinngehalt des Wortes „Stadt" ausmacht.

[853] Gemeint ist offenbar, dass der Stoff, der die Intelligenz bestimmt, der Vorstellung, die eine sprachliche Form hat, noch anhaftet. Begriffe im Sinne allgemeiner Vorstellungen, abstrakter Allgemeinheiten, sind noch keine Begriffe im nachdrücklichen (spekulativen) Sinn des Wortes.

sei die Mitte in dem Schluss, zu dem sich die Intelligenz erhebt;[854] sie sei die Verknüpfung der *beiden Bedeutungen* der *Beziehung-auf-sich*, nämlich des Seins und der Allgemeinheit, die im *Bewusstsein* als Objekt und Subjekt bestimmt seien.[855] Die Intelligenz würde das *Gefundene* ergänzen durch die Bedeutung der Allgemeinheit und das Eigene, Innere durch das aber von ihr gesetzten Sein.[856] - Zum Unterschied von Vorstellungen und Gedanken verweist Hegel auf den § 20 im ersten Teil seiner Enzyklopädie der Wissenschaften.[857]

---

[854]Wie schon zitiert, ist nach Hegel die Vorstellung (als die erinnerte Anschauung) die Mitte zwischen der Intelligenz, die sich unmittelbar bestimmt findet und der Intelligenz in ihrer Freiheit, dem Denken. Ders., Enzyklopädie der philosophischen Wissenschaften, 3. Teil, a. a. O., S. 257.

[855]Die Vorstellung stellt nach Hegel also die Verknüpfung des Seins und der Allgemeinheit dar. So ist z. B. in der Vorstellung eine einzelne Stadtgemeinde, die zunächst Inhalt der Anschauung war, als ein Seiendes mit einem Wort und dessen allgemeinen Sinngehalt („Begriff") verknüpft. In der Vorstellung, z. B. eines Ökonomen, ist die einzelne Stadtgemeinde gemäß seiner Fachsprache, ein Markt- und Produktionsort. Wenn Hegel mit Bezug auf das Sein und die Allgemeinheit jeweils von einer „Beziehung-auf-sich" spricht, dann scheint er damit zu meinen, dass das Sein nur auf sich selbst und nicht auf ein Subjekt, wie z. B. der Inhalt eines Traums, bezogen ist und dass ebenso die Allgemeinheit - ein Wortzeichen, die Sprache - nur auf sich selbst und nicht auf das Sein, also ein einzelnes Seiendes, bezogen ist. So ist das Wort „Stadtgemeinde" nicht auf diese oder jene einzelne Stadtgemeinde bezogen.

[856]Das, was die Intelligenz in der Anschauung vorfindet, ergänzt sie, wie sich Hegel verstehen lässt, durch die Bedeutung der Allgemeinheit, also der sprachlichen Form, und das Eigene und Innere ergänzt sie durch die Bedeutung des durch sie gesetzten Seins.

[857]A. a. O., S. 72 ff. Der Unterschied zwischen dem *Sinnlichen* und dem *Gedanken* bestehe darin, dass die Bestimmung von jenem die *Einzelheit* ist, und weil das Einzelne auch in einem Zusammenhang stehe, so sei das Sinnliche ein Außereinander, ein Neben- und ein Nacheinander (Raum und Zeit). Das *Vorstellen* habe zwar einen *sinnlichen* Stoff zum Inhalt, sei aber in die Bestimmung des *Meinigen* gesetzt; solch ein Inhalt sei in *mir* und in der *Allgemeinheit* (also der Sprache, d. Verf.), der Beziehung-auf-sich, der *Einfachheit*, gesetzt. Außerhalb des

Die Abstraktion, die in der vorstellenden Tätigkeit stattfinde, wodurch *allgemeine Vorstellungen* produziert werden - die Vorstellungen als solche hätten schon die Form der Allgemeinheit an ihnen[858] -, werde häufig als ein *Aufeinanderfallen* vieler *ähnlicher* Bilder ausgedrückt und solle auf diese Weise begreiflich werden. Damit dieses *Aufeinanderfallen* der Bilder nicht ganz der *Zufall*, das Begrifflose sei, müsse eine *Anziehungskraft* der ähnlichen Bilder oder dergleichen angenommen werden, die zugleich die negative Macht wäre, das noch Ungleiche der Bilder aneinander abzureiben. Diese Kraft sei in der Tat die Intelligenz selbst, das mit sich identische Ich, das durch seine Erinnerung ihnen unmittelbar Allgemeinheit gebe und die einzelne

---

Sinnlichen habe jedoch die *Vorstellung* auch einen Stoff zum Inhalt, der aus dem *selbstbewussten Denken* stamme, wie die *Vorstellungen* vom Rechtlichen, Sittlichen, Religiösen. Es sei schwierig, den Unterschied zwischen solchen *Vorstellungen* und den *Gedanken* (des Rechtlichen usw., d. Verf.) zu bestimmen. In den Vorstellungen sei der Inhalt ein Gedanke, in ihnen sei aber auch die Form der Allgemeinheit vorhanden. Diese gehöre dazu, dass ein Inhalt in *mir*, überhaupt, dass er *Vorstellung* ist. Die Eigentümlichkeit der *Vorstellung* bestehe im Allgemeinen auch in dieser Hinsicht darin, dass in ihr ein solcher Inhalt gleichfalls *vereinzelt* dasteht. - Der Unterschied zwischen der *Vorstellung* und dem *Gedanken* sei wichtig, weil gesagt werde, die Philosophie tue nichts anderes, als *Vorstellungen* in *Gedanken* zu verwandeln und sodann den bloßen Gedanken in den Begriff. Hegels Text ist also zu entnehmen, dass es gilt, einen deutlichen Unterschied zwischen den *Vorstellungen* und den *Gedanken* zu machen. So gibt es die *Vorstellungen* der Einzelnen vom Recht, dem gegenüber gibt es aber den (allgemeinen) *Gedanken* des Rechts, der eine Errungenschaft der Menschheit ebenso wie der Gedanke der Freiheit darstellt. Werden von der Philosophie die Vorstellungen der Menschen zu Gedanken, so werden von ihr vollends Gedanken (als allgemeine Inhalte dieser Vorstellungen) zu Begriffen umgewandelt.
[858]So sind in den Vorstellungen die allgemeinen Formen des Raums und der Zeit und darüber hinaus die begrifflich-theoretische Systeme enthalten, die in die Anschauungen und sodann in die Vorstellungen eines erkennenden Subjektes einfließen.

Anschauung unter dem bereits innerlich gemachten Bild unterordne.[859]

Die *zweite* Entwicklungsstufe der Vorstellung ist, wie schon erwähnt wurde und wie Hegel in seinem *Zusatz* wiederholt, die *Einbildungskraft.* [860] Zu dieser erhebe sich die *erste* Form des Vorstellens, die *Erinnerung,* und zwar dadurch, dass die Intelligenz, aus ihrem *abstrakten Insichsein*[861] in die *Bestimmtheit* heraustritt, die den Schatz ihrer Bilder, die die nächtliche Finsternis verhüllt, zerteilt und die Finsternis durch die Klarheit der Gegenwärtigkeit verscheucht.[862]

---

[859] So lernt z. B. ein Stadtentwickler aus eigener Anschauung viele Städte mit einem mittelalterlichen Stadtkern kennen und erwirbt folglich von diesen in sich mannigfaltige Bilder. Doch, wie er feststellt, gleichen diese einander, haben vieles gemeinsam, so dass in ihm eine allgemeine Vorstellung von einer Stadt mit einem mittelalterlichem Kern entsteht, der er seine Anschauung von einer einzelnen und besonderen, vom Mittelalter architektonisch geprägten Stadt unterordnen kann. Und wenn dann der Stadtentwickler das Wortgebilde „mittelalterlicher Stadtkern" ausspricht, so schließt das eine allgemeine Vorstellung, einen allgemeinen Sinngehalt, ein, in dem die Anschauung des Stadtentwicklers von einzelnen mittelalterlichen Stadtkernen verschwunden ist. Dennoch verbindet er mit dem Wort das Bild von einem bestimmten mittelalterlichen Stadtkern, z. B. von Regensburg.

[860] Ders., Enzyklopädie der philosophischen Wissenschaften, 3. Teil, a. a. O. S. 264 ff.

[861] Die Erinnerung als die erste Stufe der Vorstellung, die, wie schon zitiert, darin besteht, dass ein Inhalt *unwillkürlich* hervorgerufen wird, der bereits der unsrige ist, bildet die *abstrakteste* Stufe der Vorstellungen, in denen sich sie Intelligenz betätigt. Ebenda, S. 257-258.

[862] In der Einbildungskraft tritt, wie erwähnt, der Gegensatz zwischen meinem *vorgestellten* Inhalt und meinem *angeschauten* Inhalt der Sache ein. Die Einbildungskraft erarbeite sich, so Hegel, einen ihr *eigentümlichen* Inhalt dadurch, dass sie sich gegenüber dem angeschauten Gegenstand *denkend* verhält, das *Allgemeine* desselben hervorhebt und ihm Bestimmungen gibt, die dem Ich zukommen. Ebenda, S. 258.

Die *Einbildungskraft* habe aber in sich wieder *drei* Formen, in denen sie sich entfalte, und sei *überhaupt das* Bestimmende der Bilder: *Zum einen* tue sie weiter nichts, als die Bilder (willkürlich, d. Verf.) ins *Dasein* treten zu lassen, und so sei sie nur die *reproduktive Einbildungskraft* und habe den Charakter einer nur *formalen* Tätigkeit.[863] *Zum anderen* rufe sie die in ihr vorhandenen Bilder nicht nur wieder hervor, sondern *beziehe* sie *aufeinander* und erhebe sie auf diese Weise zu *allgemeinen* Vorstellungen [864]. Auf dieser Stufe erscheine also die Einbildungskraft als die Tätigkeit des *Assoziierens* der Bilder.

Zum dritten setze die Intelligenz in dieser Sphäre ihre *allgemeinen* Vorstellungen mit dem *Besonderen* des Bildes identisch und gebe ihnen somit ein *bildliches* Dasein.[865] Dieses *sinnliche* Dasein habe die

---

[863] Auf der Ebene der bloßen Erinnerung bleiben die Bilder im „Schacht" derselben oder treten gelegentlich unwillkürlich aus dem „Schacht" heraus. In der Einbildungskraft dagegen werden die Bilder willkürlich, also nach dem Willen des Subjekts, aus dem „Schacht" herausgeholt. Es ist die „reproduktive Einbildungskraft".

[864] Zum Beispiel hat der empirisch vorgehende Gemeindesoziologe mannigfaltige „gediegene" Bilder von einzelnen Gemeinden in sich, die von kleineren und größeren Stadtgemeinden bis hin zu Dorfgemeinden aller Art und Größe reichen. Diese Bilder ruft er nicht nur aus seiner Erinnerung hervor, sondern bezieht sie aufeinander und erhebt sie zu *allgemeinen Vorstellungen* oder zu Begriffen im Sinne *abstrakter Allgemeinheiten*. So bildet er den Begriff der Gemeinde, das Wort der Gemeinde und seinen allgemeinen Sinngehalt, das alle Gemeinden des Staates einschließt. Ein solcher Begriff ist nach Hegel z. B. der Begriff der Farbe, der Pflanze oder des Tieres. Es ist, ihm zufolge, wie schon erwähnt, ein Begriff im Sinne einer „abstrakten Allgemeinheit", der dadurch entstehe, dass das Besondere wodurch sich die verschiedenen Farben, Pflanzen, Tiere usw. voneinander unterscheiden, weggelassen und nur das ihnen *Gemeinschaftliche* festgehalten werde. Ders., Enzyklopädie der philosophischen Wissenschaften, 1. Teil, a. a. O., S. 311. Es ist die „assoziierende Einbildungskraft".

[865] Nachdem z. B. der empirisch vorgehende Gemeindeforscher aufgrund seiner vergleichenden Untersuchungen eine allgemeine Vorstellung von der

doppelte Form: einerseits des *Symbols* und andererseits des *Zeichens*, so dass diese *dritte* Stufe die *symbolisierende* und die *Zeichen machende Phantasie* umfasst, die den Übergang zum *Gedächtnis* bilde.

Die *reproduktive Einbildungskraft* besteht also, so Hegel, *zunächst* in dem *formalen Reproduzieren* der Bilder. Zwar könnten auch *reine* Gedanken (z. B. der Gedanke des Rechts) reproduziert werden, doch die Einbildungskraft habe es nicht mit ihnen, sondern nur mit *Bildern* zu tun. Die Reproduktion der Bilder vollziehe die Einbildungskraft aber mit *Willkür* und ohne die Hilfe der unmittelbaren Anschauung. Dadurch unterscheide sich diese Form der vorstellenden Intelligenz von der bloßen *Erinnerung*, die eben nicht dieses *Selbsttätige* sei, einer gegenwärtigen Anschauung bedürfe und die Bilder *unwillkürlich* hervortreten lasse.

Die *assoziierende Einbildungskraft*, die nach Hegel eine höhere Tätigkeit als das bloße Reproduzieren darstellt, *beziehe* die Bilder *aufeinander*. Der Inhalt der Bilder habe wegen seiner Unmittelbarkeit oder *Sinnlichkeit*, die Form der *Endlichkeit*, der *Beziehung auf Anderes*. Indem ich hier überhaupt das Bestimmende oder Setzende bin, so würde ich auch diese Beziehung setzen. Durch diese Beziehung würde die Intelligenz den Bildern statt ihres *objektiven* Bandes ein *subjektives* Band geben. Dieses habe aber *zum Teil* noch die Gestalt der Äußerlichkeit gegenüber dem dadurch Verknüpften. So habe ich z. B. das Bild eines Gegenstandes vor mir, an das sich ganz äußerlich das Bild von Personen anknüpft, mit denen ich über den Gegenstand gesprochen habe oder die ihn besitzen. Oft seien es nur Raum und Zeit,

---

Stadtgemeinde gewonnen hat, setzt er diese Vorstellung mit dem Bild von einer einzelnen Stadtgemeinde identisch und gibt der Vorstellung somit ein bildliches Dasein. Auf diese Weise stellt das Bild von einer besonderen Stadtgemeinde ein Symbol für alle Stadtgemeinden dar. Oder, mit anderen Worten, eine einzelne und besondere Stadtgemeinde wird als typisch für alle Stadtgemeinden herausgestellt. Hegel geht es hier um den Übergang zum Gedächtnis.

479

die die Bilder aneinanderreihen. Die gewöhnliche gesellschaftliche Unterhaltung würde sich meistens auf eine *sehr äußerliche* und *zufällige* Weise von der einen Vorstellung zur anderen fortspinnen. Nur wenn man bei einem Gespräch einen bestimmten Zweck im Auge habe, bekäme die Unterhaltung einen festeren Zusammenhang. Die verschiedenen Gemütsbestimmungen würden allen Vorstellungen eine eigentümliche Beziehung geben - die heiteren eine heitere, die traurigen eine traurige. Noch mehr gelte dies im Fall der Leidenschaften. Je nach dem Maß der Intelligenz, würden sich die Bilder auf sehr verschiedene Weise aufeinander beziehen, und folglich würden geistreiche und witzige Menschen sich in dieser Hinsicht von gewöhnlichen Menschen unterscheiden. Ein geistreicher Mensch gehe Bildern nach, die etwas Gediegenes und Tiefes enthalten. Der Witz verbinde Vorstellungen miteinander, die, auch wenn sie weit auseinander liegen, trotzdem einen inneren Zusammenhang bilden würden. Auch das *Wortspiel* könne man diesem Gebiet zurechnen. So könne die tiefste Leidenschaft eines Menschen sich diesem Spiel hingeben; wüsste doch ein großer Geist sogar unter den unglücklichsten Verhältnissen wie er alles, was ihm begegnet, mit seiner Leidenschaft in Beziehung setzt.

Auch die *Assoziation* der Vorstellungen sei daher, wie Hegel nach seinem Zusatz fortfährt, als *Unterordnung* der einzelnen Vorstellungen unter eine *allgemeine* Vorstellung, die den Zusammenhang derselben stiftet, zu fassen.[866] Die Intelligenz sei aber nicht nur allgemeine Form an ihr selbst, sondern ihre Innerlichkeit sei *in sich bestimmte, konkrete Subjektivität* von eigenem Gehalt, der aus irgendeinem Interesse, einem an sich seienden Begriff oder einer Idee stamme, insofern man von einem solchen Inhalt überhaupt schon jetzt sprechen kann.[867]

---

[866]Ders., Enzyklopädie der philosophischen Wissenschaften, 3. Teil, a. a. O., S. 265 ff. Von einer solchen allgemeinen Vorstellung, die den Zusammenhang der einzelnen Vorstellungen herstellt, war bereits oben die Rede.
[867]Die Intelligenz (oder das Erkenntnisvermögen) besteht also nicht nur in der ihr

Die Intelligenz sei die Macht über den Vorrat der ihr angehörenden Bilder und Vorstellungen und so (b) ein freies Verknüpfen und Unterordnen dieses Vorrats unter den ihr eigentümlichen Inhalt. So sei sie in jenem Vorrat in sich *bestimmt* erinnert, und bilde ihn in diesem ihrem Inhalt ein, so dass es damit zur *Phantasie,* zur *symbolisierenden, allegorisierenden* oder *dichtenden* Einbildungskraft komme.[868] Diese daraus hervorgehenden mehr oder weniger konkreten, individualisierten Gebilde seien noch Synthesen, weil der Stoff, in dem

---

eigenen allgemeinen Form, vielmehr ist sie Innerlichkeit und besteht so in einer in sich bestimmten, konkreten (dem Individuum eigentümlichen) Subjektivität, und Hegel verweist dabei auf irgendein *Interesse* oder eine (latent bleibende) Idee. Das besagt, dass die Tätigkeit des Erkennens, die mit der Anschauung beginnt, sich mit der Vorstellung fortsetzt, um beim Denken zu enden, beim Einzelnen durch irgendein Interesse oder eine (dem Individuum verborgene) Idee (oder Ideologie) beeinflusst oder (mit-) bestimmt wird.

[868] Als Beispiel kann man eine Karikatur zum Zustand des internationalen Staatensystems heranziehen, die kürzlich in der Süddeutschen Zeitung (19.2.2018) erschien. Sie besteht aus vier „Unterkarikaturen", die zusammen die „Neue Weltordnung" symbolisch darstellen sollen. Die eine zeigt den derzeitigen Präsidenten der Weltmacht USA, nunmehr weltabgewandt und nur mit sich selbst beschäftigt. Neben ihr die Karikatur von einem für sich allein tanzenden Präsidenten der Weltmacht Russland und daneben eine weitere von einem riesigen, auf beide Präsidenten zufahrenden Container-Schiff der aufstrebenden Weltmacht China. Und unter diesen drei „Unterkarikaturen" findet sich eine solche, die einen Kreis chaotisch tanzender und gestikulierender Staatmänner und -frauen der Europäischen Union zeigt. Der Künstler (Oliver Schopf) will offensichtlich mit seiner Karikatur ausdrücken, dass das nach dem Zweiten Weltkrieg entstandene internationale Staatensystem mit seinen normativen Ordnungen und Organen durch eine „Neue Weltordnung" abgelöst wird, die eher das Gegenteil von einer Ordnung oder eine solche ist, in der nur „das Recht des Stärkeren" gilt. Den Vorrat seiner Bilder von der neuesten Weltgeschichte hat er also mit seiner Phantasie, seiner Zeichen setzenden und Sinnbilder schaffenden Einbildungskraft bearbeitet. Jedenfalls gehen nach Hegel aus der Einbildungskraft mehr oder weniger konkrete individualisierte Gebilde, Synthesen, hervor, weil der Stoff letztlich aus *dem* hervorgeht, was sich in der Anschauung befunden hat.

481

der subjektive Gehalt sich ein Dasein in der Vorstellung gebe, von *dem* stamme, was sich in der Anschauung befunden habe.

Schon die *Bilder*, so Hegel in seinem dazu erläuternden Zusatz, seien allgemeiner als die *Anschauungen*, sie hätten aber noch einen sinnlich-*konkreten* Inhalt, und die Beziehung desselben auf einen anderen solchen Inhalt sei ich selbst. [869] Indem ich nun aber meine Aufmerksamkeit auf diese Beziehung richte, käme ich zu *allgemeinen* Vorstellungen, zu Vorstellungen im *eigentlichen* Sinn des Wortes. Denn dasjenige, wodurch die einzelnen Bilder sich aufeinander beziehen, bestehe eben in dem ihnen *Gemeinsamen*. Dieses Gemeinsame sei entweder irgendeine in die Form der *Allgemeinheit* erhobene, *besondere* Seite des Gegenstandes, wie z. B. die *rote Farbe* an der Rose, oder das *konkret Allgemeine*, die Gattung, z. B. an der Rose die *Pflanze*. In jedem Fall handle es sich um eine Vorstellung, die dadurch zustande käme, dass die Intelligenz den empirischen Zusammenhang der mannigfaltigen Bestimmungen des Gegenstandes *auflöst*.[870] Bei der Erzeugung der *allgemeinen* Vorstellungen verhalte sich die Intelligenz somit *selbsttätig*. Daher sei es ein geistloser Irrtum anzunehmen, die allgemeinen Vorstellungen entstünden ohne Zutun des Geistes, und zwar dadurch, dass viele ähnliche Bilder aufeinander fallen, so als ob z. B. die rote Farbe der Rose das Rot anderer in meinem Kopf vorhandene Bilder aufsuchen und so mir, dem bloß Zusehenden, die allgemeine Vorstellung des Roten beibringen würde. Allerdings sei das dem Bild angehörende Besondere ein Gegebenes. Die Zerlegung der konkreten Einzelheit des Bildes und die dadurch entstehende Form der Allgemeinheit komme aber von mir selbst her.

---

[869] Ebenda, S. 266 ff.

[870] Wenn ich z. B. mit Blick auf eine Mannigfaltigkeit von Ortschaften im modernen Staat den Begriff der Gemeinde (als eine allgemeine Vorstellung oder eine abstrakte Allgemeinheit) bilde, so bezieht sich der Begriff nur auf das politisch-administrative System, die Selbstverwaltung, der Ortschaften und nicht etwa auf das Wirtschaftsleben derselben.

Abstrakte Vorstellungen würde man häufig *Begriffe* nennen. Die *Friesische Philosophie* würde wesentlich aus solchen Vorstellungen bestehen.[871] Würde man jedoch behaupten, dass man durch solche Vorstellungen zur Erkenntnis der Wahrheit kommt, so müsse gesagt werden, es finde gerade das *Gegenteil* statt und dass deshalb derjenige, der an dem Konkreten der Bilder festhalte, mit Recht eine solche leere Schulweisheit verwerfe. Ebenso wenig wie Hegel diesen Punkt an dieser Stelle weiter erörtern will, will er auf Inhalte der Vorstellungen eingehen, mögen sie aus dem *Äußerlichen* oder dem *Vernünftigen,* also dem *Rechtlichen, Sittlichen* oder *Religiösen,* herkommen. Vielmehr würde es sich hier nur um die *Allgemeinheit* der Vorstellung überhaupt handeln, und von diesem Gesichtspunkt aus sei folgendes zu bemerken: In der subjektiven Sphäre, in der wir uns hier befänden, sei die *allgemeine* Vorstellung das *Innerliche,* das *Bild* dagegen sei das *Äußerliche.* Diese beiden hier einander gegenüberstehenden Bestimmungen würden zunächst noch auseinanderfallen, seien aber in ihrer Trennung etwas Einseitiges. Fehle der *allgemeinen* Vorstellung die *Äußerlichkeit,* die Bildlichkeit, so habe das Bild den Mangel, dass es nicht zum Ausdruck eines bestimmten *Allgemeinen* erhoben wird. Die Wahrheit dieser beiden Seiten sei daher die *Einheit* von allgemeiner Vorstellung und Bild. Diese Einheit, nämlich die *Verbildlichung* des Allgemeinen und die *Verallgemeinerung* des Bildes, käme dadurch zustande, dass die *allgemeine* Vorstellung sich nicht zu einem neutralen, gleichsam einem chemischen Produkt mit dem Bilde vereinigt, sondern sich als die *substantielle* Macht über das Bild betätigt und bewährt. Die *allgemeine* Vorstellung unterwerfe sich das Bild als ein Akzidentelles, sie mache sich zur Seele des Bildes, werde in ihm *für sich,* erinnere sich in ihm und manifestiere sich in ihm selber. Indem die Intelligenz diese Einheit des *Allgemeinen* und des *Besonderen,* des *Innerlichen* und des *Äußerlichen,* der *Vorstellung* und

---

[871] Jakob Friedrich Fries, 1773-1843; Neue Kritik der Vernunft, 1807, ebenda, S. 266.

der *Anschauung* hervorbringt und auf diese Weise die in der Anschauung vorhandene Totalität als eine *bewährte wiederherstellt*, vollende sich die *vorstellende* Tätigkeit in sich selber und sei insofern *produktive Einbildungskraft*. Diese bilde das Formale der *Kunst*, stelle doch diese das wahrhaft Allgemeine oder die *Idee* in der Form des *sinnlichen Daseins*, des *Bildes*, dar.[872]

Phantasie, Symbol, Zeichen und Sprache

Die Intelligenz komme, wie Hegel nach diesem Zusatz fortfährt, dazu, in der Phantasie sich selber anzuschauen und sei insoweit vollendet, als der Gehalt, den sie aus sich selbst nehme, eine *bildliche Existenz* erhalte.[873] Dieses Gebilde ihrer Selbstanschauung sei subjektiv; fehle doch noch das Moment des *Seienden*. Aber in der Einheit des Gebildes, des inneren Gehalts und des Stoffs, sei die Intelligenz ebenso zur Unmittelbarkeit *an sich*, in der sie sich auf sich selber beziehe, zurückgekehrt. Wie die Intelligenz als Vernunft davon ausgehe, sich das in sich gefundene Unmittelbare anzueignen, d. h. es als ein *Allgemeines* zu bestimmen, so bestehe ihr Tun als Vernunft von dem nunmehr erreichten Punkt aus darin, das in der konkreten Selbstanschauung Vollendete als ein *Seiendes* zu bestimmen, d. h. sich selbst zum *Sein*, zur *Sache*, zu machen. Indem sie in dieser Bestimmung tätig sei, *äußere* sie

---

[872]Als Beispiel könnte man bestimmte Bilder von Malern in der Zeit der Romantik, etwa von Caspar David Friedrich, anführen und in ihren bildlichen Darstellungen allgemeine religiöse Vorstellungen erkennen. So sind seine Bilder nicht nur mit Fotografien vergleichbare Darstellungen von Landschaften und Menschen, sondern religiöse Vorstellungen in der Form eines sinnlichen Daseins, eben eines Bildes. Hier zeigt sich also eine Einheit der allgemeinen Vorstellungen des Malers und des Besonderen, wie es in seinen Bildern ausgedrückt ist, die Einheit des Innerlichen, seine religiösen Vorstellungen, und des Äußerlichen, seine Bilder, und schließlich die Einheit jener Vorstellungen, die der Künstler in seinem Innerlichen hat, und seiner Anschauung der Gegenstände seiner Malkunst.

[873]Ebenda, S. 267 ff.

sich, produziere sie *Anschauung*, sei sie (c) *Zeichen machende Phantasie*.[874]

Die Phantasie sei der Mittelpunkt, in dem das Allgemeine und das Sein, das Eigene und das Gefundene, das Innere und das Äußere vollkommen in eins geschaffen sind.[875] Die vorhergehenden Synthesen der Anschauung, Erinnerung usw. seien Vereinigungen derselben (der o. g., d. Verf.) Momente, aber es seien eben *nur Synthesen*. Erst in der *Phantasie* sei die Intelligenz *nicht* der unbestimmte Schacht und das Allgemeine, sie sei vielmehr darin Einzelheit, d. h. konkrete Subjektivität, in der das, was sie auf sich bezieht, ebenso zum Sein wie zur *Allgemeinheit* bestimmt sei. Als derartige Vereinigungen des Eigenen oder des Inneren des Geistes und des *Anschaulichen* würde man die Gebilde der Phantasie überall anerkennen.[876] Werde ihr Inhalt

---

[874] Als Beispiel für die „Zeichen machende Phantasie" nennt Hegel im anschließenden erläuternden Zusatz eine Kokarde, eine Flagge oder einen Grabstein. Er sieht hier eine Willkür in der Verbindung eines sinnlichen Stoffs mit einer allgemeinen Vorstellung, was zur Folge habe, dass man die Bedeutung der Zeichen erst lernen müsse, was insbesondere von den *Sprachzeichen* gelte. (Ebenda, S. 269)

[875] Als Beispiel könnte man ein Werk der Einbildungskraft eines Dichters anführen, in dem das Allgemeine (allgemeine Vorstellungen) und das Sein (in der Form eines Gedichtes), das Eigene und das Gefundene (eigene Gefühle und ihr dichterischer Ausdruck) und das Innere und das Äußere (Vorstellungen, Gefühle und ihre Äußerung in Gedichten) vollkommen in eins geschaffen sind.

[876] Das Zeichen der Bundesrepublik Deutschland zum Beispiel ist laut Grundgesetz Art. 22 die Bundesflagge mit den Farben schwarz-rot-gold. Dieses Zeichen ist nach Bruno Schmidt-Bleibtreu und Franz Klein das Sinnbild der politischen Freiheitsidee, der Einheit in Freiheit und Gleichheit der deutschen Stämme. Die Farben seien bereits in der Frankfurter Nationalversammlung als die deutschen Farben bestimmt worden. Dies., in: Kommentar zum Grundgesetz für die Bundesrepublik Deutschland, 6. Aufl., Darmstadt 1983, S. 451. Die einzelne Bundesflagge würde also, Hegel zufolge, ein *Zeichen* für eine bestimmte Idee, also für ein Eigenes oder für ein Inneres des Geistes, darstellen, das dazu bestimmt ist,

noch weiter bestimmt, so würde er anderen Gebieten angehören. Hier müsse dagegen diese innere Werkstätte nur nach jenen abstrakten Momenten gefasst werden. Als die Tätigkeit dieser Einigung (also des Inneren des Geistes und des Anschaulichen, d. Verf.) sei die Phantasie *Vernunft*, aber nur *formale* Vernunft, weil der Inhalt der Phantasie als solcher gleichgültig sei, die Vernunft aber als solche auch den *Inhalt* zur Wahrheit bestimmen würde.[877]

Besonders hervorzuheben sei noch, dass, indem die Phantasie den inneren Gehalt zum *Bild* und zur *Anschauung* bringt und dies so ausgedrückt wird, dass sie den Inhalt als *seiend* bestimmt, es auch nicht auffallen dürfte, würde man ausdrücken, die Intelligenz mache sich *seiend* oder sich zur Sache. Denn ihr Inhalt sei sie selbst, und ebenso die von ihr ihm gegebene Bestimmung. Das von der Phantasie produzierte Bild sei nur subjektiv anschaulich; im *Zeichen* füge sie aber die *eigentliche* Anschauung hinzu, und im *mechanischen* Gedächtnis vollende sie diese Form des *Seins* an ihr.

In der Phantasie würde, wie Hegel hierzu in seinem Zusatz erläutert, die *allgemeine Vorstellung* das *Subjektive* ausmachen, das sich im *Bild* Objektivität gebe und sich dadurch bewähre (bestätige, bekräftige, d. Verf.). [878] Diese Bewährung sei jedoch unmittelbar selber noch *subjektiver* Natur, weil die Intelligenz den gegebenen *Inhalt* der Bilder zunächst noch respektieren und sich bei der Darstellung ihrer *allgemeinen Vorstellungen in Bildern* nach dem *Inhalt* dieser Bilder

---

in dem sinnlich gegebenen Stück farbigen Tuches nach außen als ein Seiendes und auch ein Allgemeines hervorzutreten.

[877] So kann z. B. die Vernunft in der Phantasie eines Dichters den Inhalt seines Gedichtes „zur Wahrheit bestimmen" (Hegel).

[878] Ebenda, S. 269 f. Die allgemeine Vorstellung mache also nach Hegel das Subjektive aus, und das gebe sich im Bild Objektivität. So macht die allgemeine Vorstellung von Jesus Christus das Subjektive des einzelnen Christen aus, und dieses Subjektive gibt sich in einem Bild von Jesus Objektivität.

486

richten würde. Die auf diese Weise noch *bedingte*, nur *relativ freie Tätigkeit* der Intelligenz nennt Hegel die *symbolisierende Phantasie*.[879] Diese wähle als Ausdruck ihrer allgemeinen Vorstellungen keinen *anderen* sinnlichen Stoff aus als denjenigen, dessen *selbständige* Bedeutung dem bestimmten Inhalt des Allgemeinen *entspricht*, das in einem Bild darzustellen ist. So werde zum Beispiel die *Stärke* Jupiters durch das *Bild des Adlers* dargestellt, weil dieser als *stark* gelte.

Die *Allegorie*[880] drücke mehr durch ein Ganzes von Einzelheiten das Subjektive aus.[881] Die *dichtende* Phantasie, schließlich, gebrauche zwar den Stoff freier als die bildenden Künste; doch dürfe auch sie nur einen solchen sinnlichen Stoff auswählen, der dem Inhalt der darzustellenden Idee angemessen ist.[882] Von der im Symbol (z. B. im Bild des Adlers) vorhandenen *subjektiven* Bewährung (Bestätigung, Bekräftigung, d. Verf.), die durch das Bild (z. B. des Adlers) *vermittelt* werde, schreite aber die Intelligenz notwendig zur *objektiven, an und für sich seienden Bewährung der allgemeinen Vorstellung*, fort. Denn

---

[879] So verbindet sich z. B. mit dem Wort „Christus" eine allgemeine inhaltliche Vorstellung, und der Phantasie eines Künstlers, den Inhalt dieser Vorstellung in einem Bild darzustellen, sind Grenzen gesetzt. Deshalb gehören nach Hegel z. B. alle Bilder, in denen Christus dargestellt wird, der *symbolisierenden Phantasie* an.

[880] Die rational fassbare Darstellung eines abstrakten Begriffs in einem Bild, oft mit Hilfe der Personifizierung, so in der bildenden Kunst und Literatur. Duden, Das Fremdwörterbuch, 5. Aufl., a, a. O., S. 48.

[881] So kann man z. B. den abstrakten Begriff des Krieges, durch das Bild von einer Furie oder die bekannte Figur des „Sensenmannes" darstellen, die, bzw. der, Städte und Landschaften heimsucht, verwüstet und tötet.

[882] So finden sich die Ideen des Rechts und der Freiheit, wie sie im Grundgesetz der Bundesrepublik Deutschland niedergelegt worden sind, in der dritten Strophe des „Deutschlandliedes" des Dichters August Heinrich Hoffmann (von Fallersleben) dargestellt; zumal die erste Strophe seit der Gründung der Bundesrepublik offenbar nicht mehr mit Bezug auf die Ideen im Grundgesetz als angemessen angesehen wurde und wird deshalb auch nicht mehr in offiziellen Veranstaltungen gesungen.

da der Inhalt der allgemeinen Vorstellung, die bewährt (bestätigt oder bekräftigt, d. Verf.) werden soll, mit dem Inhalt des *Bildes*, das als *Symbol* dient, *sich* nur *mit sich selber zusammenschließen* würde, schlage die Form, in der jene Bewährung vermittelt sei, also jener Einheit des Subjektiven und Objektiven, in die Form der Unmittelbarkeit um.[883] Durch diese dialektische Bewegung komme somit die allgemeine Vorstellung dahin, zu ihrer Bewährung nicht mehr des Inhalts des Bildes zu bedürfen, sondern an und für sich selber bewährt zu sein, also unmittelbar zu gelten. Indem nun die von dem Inhalt des Bildes freigewordene allgemeine Vorstellung sich in einem *willkürlich* von ihr gewählten äußerlichen Stoff zu etwas Anschaubaren macht, bringe sie dasjenige hervor, was man im bestimmten Unterschied vom Symbol, das *Zeichen* nennen müsse. Das *Zeichen*

---

[883]Da der Inhalt der *allgemeinen Vorstellung* (z. B. vom gekreuzigten Jesus) sich also nach Hegel mit dem Inhalt des als Symbol dienenden *Bildes* (ein am Kreuz hängender Jesus oder ein Kruzifix) mit sich selber zusammenschließt, schlage die Form, in der jene Bewährung, also die allgemeine Vorstellung und ihr Gegenteil: ihre bildliche Darstellung, vermittelt ist, um in die Form der Unmittelbarkeit (in der beide Seiten sich als mit sich selber zusammengeschlossen finden). Die so entstandene Form der Unmittelbarkeit ist z. B. das Kreuz, das nunmehr als ein *Zeichen*, nämlich als das *Zeichen* vom Leiden und Sterben Jesu, von ihm selbst sowie vom christlichen Glauben überhaupt ist. Mit diesem *Zeichen* bedarf die allgemeine Vorstellung von Jesus und seinem Leiden und Sterben am Kreuz zu ihrer Bewährung (Bekräftigung) *nicht mehr* ein ihr entsprechendes (anschauliches) *Bild*. Das Kreuz, zu einem bloßen *Zeichen* geworden, bewährt sich nach Hegel an und für sich selber und beansprucht als solches nunmehr unmittelbar allgemeine Geltung. Indem die von dem Inhalt des Bildes von Jesus freigewordene allgemeine Vorstellung sich in einem *willkürlich* von ihr gewählten äußerlichen Stoff, etwa einem Holzkreuz, zu etwas Anschaubarem macht, bringt sie *das* hervor, was man nach Hegel im Unterschied zum Symbol, *Zeichen* nennen muss. Hegel spricht von einer „dialektischen Bewegung". Sie geht, wie man ihn verstehen kann, von einer allgemeinen Vorstellung (z. B. von Jesus) aus, führt zu ihrem Gegenteil, zu einem Bild (z. B. einem Kruzifix), und endet bei einem Zeichen (z. B. beim bloßen Kreuz). Das Kreuz als ein Anschaubares kann demnach als die Synthese von der allgemeinen Vorstellung und dem Bild angesehen werden.

488

müsse als etwas Großes erklärt werden. Habe die Intelligenz etwas bezeichnet, so sei sie mit dem Inhalt der Anschauung fertig geworden und habe dem sinnlichen Stoff eine ihm *fremde* Bedeutung als Seele gegeben. So würden z. B. eine Kokarde, eine *Flagge* oder ein *Grabstein* etwas ganz anderes bedeuten als dasjenige, was sie unmittelbar anzeigen. Die hier hervortretende Willkür in der Verbindung des sinnlichen Stoffs mit einer allgemeinen Vorstellung habe zur notwendigen Folge, dass man die Bedeutung der Zeichen erst lernen muss. Dies gelte insbesondere von den *Sprachzeichen.*

In dieser von der Intelligenz ausgehenden *Einheit* von *selbständiger Vorstellung* und *Anschauung*[884] sei, wie Hegel nach diesem Zusatz fortfährt, die Materie der Anschauung zunächst wohl ein Aufgenommenes, etwas Unmittelbares oder Gegebenes (z. B. die Farbe der Kokarde u. dgl.).[885] Die *Anschauung* gelte aber in dieser Identität nicht als positiv und sich selbst, sondern als *etwas anderes* vorstellend. Sie sei ein Bild, das eine *selbständige* Vorstellung der Intelligenz als Seele in sich empfangen hat, seine *Bedeutung,* und diese Anschauung sei das *Zeichen.*[886]

---

[884] Anschauung und Vorstellung stehen zunächst, wie erwähnt, in einer engen Beziehung zueinander; definiert doch Hegel die Vorstellung als „erinnerte Anschauung". Doch im Zeichen ist die Vorstellung gegenüber der Anschauung selbständig, sie bildet aber mit ihr in ihm eine Einheit. Sehe ich z. B. zwei zu einem Kreuz verschränkte Balken, so verbinde ich mit diesem Anblick unwillkürlich nichts anderes als meine Vorstellung von der christlichen Religion. In meiner Anschauung sind also von vornherein keine bloß gekreuzten Balken gegeben, sondern das Kreuz als das Zeichen des Christentums.

[885] Ebenda, S. 270 ff.

[886] Zum Beispiel ist ein hölzernes Kreuz in einer Kirche, das Gegenstand meiner Anschauung ist, nicht bloß ein materielles Gebilde, sondern ein (plastisches) Bild, das eine selbständige Vorstellung, nämlich den Geist des Christentums als seine Seele, in sich empfangen hat. Das hölzerne Kreuz hat also eine Bedeutung, und in meiner Anschauung ist es von vornherein als ein *Zeichen* gegeben.

Das *Zeichen* sei, so Hegel, irgendeine unmittelbare Anschauung, die einen ganz anderen Inhalt vorstelle, als denjenigen, den sie für sich habe.[887] Als Beispiel führt er die *Pyramide* an, in der eine fremde Seele versetzt und aufbewahrt sei. Das *Zeichen* sei vom *Symbol*, also einer Anschauung *verschieden*, deren *eigene* Bestimmtheit ihrem Wesen und Begriff nach mehr oder weniger der Inhalt sei, den sie als Symbol ausdrückt.[888] Beim *Zeichen* als solchem *dagegen* gehe der eigene Inhalt der Anschauung und der Inhalt, dessen Zeichen sie ist, einander nichts an.[889] Wenn also die Intelligenz *bezeichnet*, so beweise sie daher eine *freiere Willkür* und *Herrschaft* im Gebrauch der Anschauung, als wenn sie bloß symbolisiert.

Gewöhnlich würden, so Hegel, das *Zeichen* und die *Sprache* in den *Anhang* der Psychologie oder der Logik verwiesen werden. An ihre Notwendigkeit und den Zusammenhang im System der Tätigkeit der Intelligenz werde dabei aber nicht gedacht. Die wahrhafte Stelle des Zeichens bestehe, wie gezeigt wurde, darin, dass die Intelligenz, die als anschauende die Form der Zeit und des Raums erzeuge, aber den sinnlichen Inhalt in sich aufnehme und aus diesem Stoff, so wie es erscheine, sich Vorstellungen bilde, nunmehr ihren selbständigen Vorstellungen ein bestimmtes Dasein aus sich heraus gibt. Die Intelligenz gebrauche den erfüllten Raum und die Zeit, die Anschauung als die *ihrige*, tilge ihren unmittelbaren und eigentümlichen Inhalt und gebe ihr einen *anderen* Inhalt zur Bedeutung und Seele.[890] Diese

---

[887]Schaue ich, um unser Beispiel zu wiederholen, ein hölzernes Kreuz an, so sehe ich nicht vor mir einen hölzernen Gegenstand, sondern seine Bedeutung, ihn als ein Zeichen.

[888] Demnach ist das Bild von einem Fußball auf der Vereinsfahne eines Fußballclubs ebenso ein *Symbol* wie das Bild von einem Adler auf der Vereinsfahne eines Segelfliegervereins.

[889]Der Inhalt, der sich bei der Anschauung eines Zeichens, z. B. eines christlichen Kreuzes, ergibt, hat also nichts mit *dem* Inhalt zu tun, der sich im Zeichen ausdrückt.

[890] Die Intelligenz als Anschauung tilgt also ihren unmittelbaren und

Zeichen erschaffende Tätigkeit könne das *produktive* Gedächtnis genannt werden, weil das Gedächtnis, das im gemeinen Leben oft mit Erinnerung, auch mit Vorstellung und Einbildungskraft verwechselt und als gleichbedeutend gebraucht werde, es überhaupt nur mit *Zeichen* zu tun habe.

Die Anschauung, die Hegel zufolge, unmittelbar zunächst ein Gegebenes und Räumliches enthalte, sei, sofern sie zu einem *Zeichen* gebraucht werde, wesentlich dazu bestimmt, nur als *aufgehobene* Anschauung zu sein.[891] Die Intelligenz sei diese ihre Negativität, und so sei die wahrhaftere Gestalt der Anschauung, die ein Zeichen sei, ein Dasein in der *Zeit*. Es sei ein Verschwinden des Daseins, indem es sei, und nach seiner weiteren äußerlichen, psychischen Bestimmtheit ein von der Intelligenz aus ihrer (anthropologischen) eigenen Natürlichkeit hervorgehendes *Gesetztsein*, nämlich der *Ton* als die erfüllte Äußerung der sich kundgebenden Innerlichkeit. Der für bestimmte Vorstellungen sich weiter artikulierende Ton, die *Rede*, und ihr System, die *Sprache*, gebe den Empfindungen, Anschauungen, Vorstellungen ein zweites, höheres als ihr unmittelbares Dasein, überhaupt eine Existenz, die im *Reich des Vorstellens* gelte.

Die Sprache werde hier, so Hegel, nur nach ihrer eigentümlichen Bestimmtheit betrachtet, das Produkt der Intelligenz zu sein, die ihre Vorstellungen in einem äußerlichen Element manifestiert. Wolle man sich mit der Sprache auf konkrete Weise beschäftigen, so müsse man hinsichtlich ihres *Materials* (das Lexikalische) an den anthropologischen oder, mehr noch, an den psychisch-physiologischen Standpunkt[892] erinnern und hinsichtlich der *Form* (die Grammatik)

---

eigentümlichen Inhalt, z. B. aneinander befestigte Bretter in der Form eines Kreuzes, und gibt ihr einen *anderen* Inhalt, eben eine bestimmte Bedeutung, macht sie zu einem Zeichen, z. B. zum Zeichen des Christentums.

[891] Ebenda, S. 271 ff.

[892] Hegel meint den Abschnitt zu den Empfindungen in seiner Anthropologie.

den Standpunkt des *Verstandes* vorwegnehmen. Für das *grundlegende Material* der Sprache, habe sich einerseits die Vorstellung verflüchtigt, hier herrsche der Zufall, und andererseits habe sich das Prinzip der Nachahmung auf tönende Gegenstände beschränkt. Doch könne man noch hören, dass die deutsche Sprache wegen ihres Reichtums an den vielen besonderen Ausdrücken gerühmt wird, die sie für besondere Töne, z. B. Rauschen, Sausen, Knarren usw., bereithält. Mehr als hundert Ausdrücke habe man vielleicht davon gesammelt und eine augenblickliche Laune könnte neue hervorbringen. Ein solcher Überfluss im Sinnlichen und Unbedeutenden der Sprache sei aber nicht zu *dem* zu rechnen, was den Reichtum einer *gebildeten* Sprache ausmachen sollte. Das Grundlegende der Sprache beruhe weder auf einer auf äußere Objekte sich beziehenden Symbolik noch auf innerer Symbolik, nämlich der anthropologischen Artikulation gleichsam als einer *Gebärde* der leiblichen Sprechäußerung. Man habe so, wie Hegel kritisiert, für jeden Vokal und Konsonanten wie für deren abstraktere Elemente (Lippen-, Gaumen-, Zungengebärde) und sodann für ihre Zusammensetzungen die eigentümliche Bedeutung gesucht. Aber diese bewusstlosen dumpfen Anfänge der Sprache würde man durch weitere Äußerlichkeiten zur Unscheinbarkeit und Bedeutungslosigkeit modifizieren, und zwar im Wesentlichen dadurch, dass man sie als sinnliche Anschauungen selbst zu Zeichen herabsetzt, wodurch ihre eigene ursprüngliche Bedeutung verkümmert und ausgelöscht werde. Das *Formale* der Sprache sei aber das *Werk des Verstandes*, der seine Kategorien in sie einbilde, und dieser logische Instinkt würde das Grammatische der Sprache hervorbringen. Das Studium von ursprünglich gebliebenen Sprachen, bei denen man in neueren Zeiten angefangen habe, sie gründlich kennen zu lernen, habe gezeigt, dass sie eine sehr ins Einzelne ausgebildete Grammatik enthalten und Unterschiede ausdrücken, die in den Sprachen gebildeter Völker fehlen oder verwischt worden sind. Es scheine so, als ob die Sprache der am meisten gebildeten Völker eine Grammatik aufweist, die *unvollkommener* ist als jene derselben Sprache, der sich die Völker in ihrem weniger gebildeten Zustand bedienten.[893]

Neben der *Tonsprache* als der ursprünglichen Sprache könne, so Hegel, noch die *Schriftsprache* beiläufig erwähnt werden: Diese sei nur eine weitere Fortbildung in einem *besonderen* Gebiet der Sprache, die eine äußerlich praktische Tätigkeit zur Hilfe nähme. Die *Schriftsprache* schreite zum Feld des unmittelbaren räumlichen Anschauens fort, in dem sie die *Zeichen* nehme und hervorbringe. Würde die *Hieroglyphenschrift* die *Vorstellungen* durch *räumliche* Figuren, so würde die *Buchstabenschrift* dagegen *Töne* bezeichnen, die selbst schon Zeichen seien. Die *Buchstabenschrift* bestehe deshalb aus Zeichen der Zeichen. Sie löse die konkreten Zeichen der *Tonsprache*, nämlich die *Worte*, in ihre einfachen Elemente auf und bezeichne diese Elemente. *Leibniz* habe sich durch seinen Verstand verführen lassen, eine vollständige Schriftsprache auf hieroglyphische Weise zu bilden - was wohl teilweise auch bei der Buchstabenschrift (wie in unseren Zeichen der Zahlen, der Planeten, der chemischen Stoffe u. dgl.) stattfinde - und sie als eine allgemeine Schriftsprache für den Verkehr der Völker, insbesondere der Gelehrten, für sehr wünschenswert zu halten. Man dürfe aber dem entgegnen, dass der *Verkehr* der Völker (Hegel verweist u. a. auf die Phönizier) untereinander das Bedürfnis nach einer *Buchstabenschrift* und das Entstehen einer solchen herbeigeführt hat. Ohnehin sei nicht an eine umfassende *fertige* Hieroglyphensprache zu denken. Sinnliche Gegenstände könnten zwar mit festbleibenden Zeichen versehen werden, aber für die Zeichen vom Geistigen (etwa von rechtlichen und sittlichen Gebilden, d. Verf.) führe der Fortgang der Gedankenbildung und die fortschreitende logische Entwicklung zu veränderten Ansichten über ihre inneren Verhältnisse (Sinngehalte, d. Verf.) und damit über ihre Natur, so dass dadurch eine andere hieroglyphische Bestimmung eintreten würde. Dies geschehe

---

[893] Hegel verweist hier auf Wilhelm von Humboldt, Über den Dualis, Berlin 1828, I, 10,11.

sogar schon bei sinnlichen Gegenständen, dass ihre Zeichen in der *Tonsprache*, ihre Namen, häufig verändert werden, so z. B. bei chemischen und mineralogischen Gegenständen. Seitdem man vergessen habe, was *Namen* als solche sind, nämlich für sich *sinnlose Äußerlichkeiten*, die erst als *Zeichen* eine Bedeutung bekämen, und seit man statt *eigentlicher Namen*[894] den Ausdruck einer Art von Definition fordert und diese häufig auch wieder nach Willkür und Zufall geschehe, ändere sich die Benennung. Das heiße, es ändere sich nur die Zusammensetzung aus den Zeichen, die ihre Gattung bestimmen oder anderer Eigenschaften, die charakteristisch sein sollen, und erfolge, je nach der Ansicht, die man von der Gattung habe oder von sonst einer Eigenschaft, die spezifisch sein soll. [895] Nur für das langsame Fortschreiten, wie es im Fall der chinesischen Geistesbildung erfolge, sei die *hieroglyphische Schriftsprache* angemessen. In dieser Art der Schriftsprache könne sich, so Hegel, ohnehin nur ein kleiner Teil des chinesischen Volkes ausdrücken, und zwar jener, der im Besitz der geistigen Kultur sei.

---

[894] Der Name ist nach Hegel, wie weiter unten noch zitiert werden wird, „das einfache Zeichen für die eigentliche, d. i. *einfache*, nicht in ihre Bestimmungen aufgelöste und aus ihnen zusammengesetzte Vorstellung". Ebenda, S. 275.

[895] So ist z. B. ein solcher Name wie „Stadt" für sich eine sinnlose Äußerlichkeit, die erst als *Zeichen* eine Bedeutung bekommt. Seit man, wie sich Hegel verstehen lässt, statt eigentlicher Namen den aus einer Definition hervorgehenden Ausdruck, wie z. B. den der „Stadt", fordert und eine solche Festlegung aber auch wieder der Willkür und dem Zufall unterliegt, ändert sich eine Benennung, z. B. die Bezeichnung einer Siedlung als „Stadt". Das besagt, es ändert sich nur die Art und Weise wie sich die Benennung aus Zeichen bei der Bestimmung der Gattung, z. B. die Definition der Stadt als eine Gemeinde, oder bei der Berücksichtigung anderer Eigenschaften, z. B. der Stadt als Anstalt des Staates, zusammensetzt. Die Bezeichnung, z. B. einer gegebenen Ortschaft als „Stadt", ist also verschieden, je nach den Ansichten, die man von der Gattung (z. B. von der Gemeinde als Gattung der Stadt) oder von sonst einer Eigenschaft hat, die spezifisch, z. B. für eine Stadt, ist. Kurz, ein Wortzeichen hat mannigfaltige Sinngehalte und diese unterliegen überdies dem Wandel.

Die Ausbildung der *Tonsprache* hänge zugleich auf das genaueste mit der Gewohnheit der *Buchstabenschrift* zusammen, durch die die *Tonsprache* allein die Bestimmtheit und Reinheit ihrer Artikulation gewinne. Die Unvollkommenheit der chinesischen Tonsprache sei bekannt; habe doch eine große Anzahl ihrer Worte mehrere und ganz verschiedene Bedeutungen, so dass im Sprechen der Unterschied in der Bedeutung nur durch Betonung, Intensität, leiseres Sprechen oder Schreiben bemerkbar gemacht werde. Europäer, die anfangen, chinesisch zu sprechen, ehe sie sich die Feinheiten der Akzentuierung zu eigen gemacht haben, würden den lächerlichsten Missverständnissen verfallen. Die Vollkommenheit bestehe hier im *Gegenteil* vom akzentfreien Sprechen, das, so Hegel, mit Recht in Europa für ein gebildetes Sprechen gefordert werde. Es mangele aufgrund der *hieroglyphischen* Schriftsprache der chinesischen *Tonsprache* an der objektiven Bestimmtheit, die in der Artikulation durch die *Buchstabenschrift* gewonnen werde.

Die *Buchstabenschrift* sei, Hegel zufolge, an und für sich die intelligentere; werde doch in ihr das *Wort*, die eigentümliche und würdigste Art, wie die Intelligenz ihre Vorstellungen äußere, zum Bewusstsein gebracht und zum Gegenstand der Reflexion gemacht. Das *Wort* werde, so wie sich die Intelligenz mit ihm beschäftigt, analysiert, d. h. die Erzeugung von Zeichen werde auf seine einfachen und wenigen Elemente (die Urgebärden des Artikulierens) zurückgeführt. Diese Elemente seien das Sinnliche der Rede, das auf die Form der Allgemeinheit gebracht werde und das in dieser grundlegenden Weise zugleich völlige Bestimmtheit und Reinheit erlange. Die *Buchstabenschrift* behalte damit auch den Vorteil der Tonsprache, dass in ihr, wie auch in der Tonsprache, die Vorstellungen eigentliche Namen haben. Der Name sei das einfache Zeichen für die eigentliche, d. h. die *einfache* Vorstellung, die nicht in ihre Bestimmungen aufgelöst und aus ihnen zusammengesetzt sei.

Die *Hieroglyphensprache* entstehe *nicht* aus der unmittelbaren Analyse der *sinnlichen Zeichen*[896] wie die *Buchstabenschrift*, sondern aus der vorausgehenden Analyse der *Vorstellungen*. Daraus ergebe sich dann leicht der Gedanke, alle Vorstellungen könnten auf ihre Elemente, auf die einfachen logischen Bestimmungen zurückgeführt werden, so dass aus den hierfür gewählten Elementarzeichen (wie bei den chinesischen *Kua* der einfache gerade und der in zwei Teilen gebrochene Strich) durch ihre Zusammensetzung die *Hieroglyphensprache* erzeugt würde. Dieser Umstand, dass die Vorstellungen bei der *hieroglyphischen* Schrift analytisch bezeichnet werden und der *Leibniz* verführt habe, die *hieroglyphische* Schrift für vorzüglicher zu halten als die *Buchstabenschrift*, sei es aber, der dem Grundbedürfnis der Sprache, *Namen* zu geben, widerspreche. Für die unmittelbare Vorstellung, die, so reich ihr Inhalt in sich auch gefasst sein mag, sei es für den Geist einfach, im Namen, ein unmittelbares Zeichen zu haben, das als ein Sein für sich nichts zu denken aufgebe und nur die Bestimmung habe, der einfachen Vorstellung als solcher eine Bedeutung zu geben und sinnlich vorzustellen.[897] Nicht nur die vorstellende Intelligenz gehe so vor, sowohl bei der Einfachheit der Vorstellungen zu verweilen als auch sie aus den abstrakteren Momenten, in die sie aufgelöst worden seien, wieder zusammenzufassen, auch das Denken fasse den konkreten Inhalt aus der Analyse, in der dieser zu einer Verbindung vieler Bestimmungen geworden sei, in der Form eines einfachen Gedankens zusammen.[898]

---

[896]Ein sinnliches Zeichen besteht nach Hegel offenbar darin, wenn man z. B. „Baum" ausspricht. Und dieses sinnliche Zeichen ist dann in der Buchstabenschrift das geschriebene Wort „Baum", das sich aus den Buchstaben „b", „a", „u" und „m" zusammensetzt, wobei jeder einzelne Buchstabe mit einem Laut verbunden ist.

[897]Der Verfasser hat den langen Satz Hegels (ebenda, S. 275) verändert und dabei in zwei Sätze geteilt, in der Hoffnung, ihn damit verständlicher zu machen.

[898]So verweilt z. B. die vorstellende Intelligenz des einzelnen Wirtschaftssubjektes bei einer einfachen, d. h. ungegliederten Vorstellung von Geld, die aber in abstraktere Momente, z. B. in die Vorstellungen von Münzen, Banknoten und

Sowohl für die vorstellende Intelligenz als auch für das Denken sei es
ein Bedürfnis, auch hinsichtlich ihrer Bedeutung einfache Zeichen zu
haben, die aus mehreren *Buchstaben* oder *Silben* bestehen und sich
auch darin gliedern, aber dabei nicht eine Verbindung von mehreren
Vorstellungen darstellen.

Das, was bisher angeführt wurde, würde, so Hegel, den Wert der
Schriftsprachen begründen. Sodann ergebe sich auch, dass bei der
Hieroglyphenschrift die Beziehungen konkreter geistiger
Vorstellungen notwendigerweise als verwickelt und verwirrt
angesehen werden müssten und dass ohnehin die Analyse derselben,
deren nächste Produkte ebenso wieder zu analysieren seien, auf die
mannigfaltigste Weise möglich erscheint. Jede Abweichung in der
Analyse brächte eine andere Bildung des Schriftnamens hervor. So
habe in neueren Zeiten sogar die in das sinnliche Gebiet fallende
Salzsäure auf mehrfache Weise ihren Namen verändert. Eine
hieroglyphische Schriftsprache erfordere eine ebenso nur langsam
fortschreitende Philosophie, so wie sie der Bildung der Chinesen
überhaupt entspreche.

Aus diesen Ausführungen gehe noch hervor, dass das Lernen von Lesen
und Schreiben einer *Buchstabenschrift* ein Bildungsmittel ist, das nicht
hoch genug geschätzt werden kann, weil es den Geist von dem sinnlich
Konkreten zur Aufmerksamkeit auf das Formalere, nämlich das

Buchgeld, gegliedert werden kann. Als weitere Momente der Analyse lassen sich
die Vorstellungen: Tauschmittel, Mittel der Wirtschaftsrechnung, Zahlungsmittel,
Wertaufbewahrungsmittel, und schließlich die Vorstellung, wonach Geld die
Ausdrucksform des ökonomischen Wertes einer Ware ist, anführen. Alle diese
Momente fassen sich in der Vorstellung, dem Sinngehalt, zusammen, die bzw. der
mit dem Wort „Geld" verbunden wird. Das Denken des Geldes fasst ebenfalls den
konkreten Inhalt aus der Analyse des Begriffs des Geldes, in der der Inhalt des
Begriffs zu einer Verbindung vieler Bestimmungen geworden ist, in der Form eines
einfachen *Gedankens* zusammen.

tönende Wort und seine abstrakten Elemente [899] lenke und ein Wesentliches dazu beitrage, den Boden der Innerlichkeit im Subjekt zu begründen und zu bereinigen. Die erlangte Gewohnheit eines Individuums (im Umgang mit der Buchstabenschrift, d. Verf.) *tilge* auch die Eigentümlichkeit der Buchstabenschrift, indem das Individuum sie vor seinen Augen hat, als ein Umweg durch die Hörbarkeit (der Wörter, Sätze und Satzgebilde, d. Verf.) zu den Vorstellungen zu erscheinen und mache sie für uns zur *Hieroglyphenschrift*, so dass wir beim Gebrauch derselben nicht notwendig hätten, die Vermittlung der Töne im Bewusstsein vor uns zu haben. [900] Menschen dagegen, die nur eine geringe Gewohnheit des Lesens haben, sprächen das Gelesene laut vor, um es so in seinen *Tönen* zu verstehen. Außer dem Umstand, dass bei jener Fertigkeit, die die Buchstabenschrift in Hieroglyphen verwandelt, die Abstraktionsfähigkeit, die durch jene erste Einübung gewonnen werde, bleibe, sei das hieroglyphische Lesen für sich selbst ein taubes Lesen und ein stummes Schreiben. Das Hörbare oder das Zeitliche und das Sichtbare oder Räumliche hätten zwar jeweils eine eigene Grundlage, wobei die eine zunächst eben so viel gelte wie die andere; bei der *Buchstabenschrift* dagegen gebe es nur *eine* Grundlage und diese bestehe darin, dass sich die *sichtbare* Sprache zur *tönenden* Sprache nur als Zeichen (oder ein Zeichensystem, d. Verf.) verhält. Die Intelligenz äußere sich unmittelbar und unbedingt durch das *Sprechen*. Die Vermittlung der Vorstellungen durch das Unsinnlichere der Töne zeige sich weiter beim folgenden Übergang vom Vorstellen zum

---

[899]Gemeint sind wohl Buchstaben und Silben.

[900]Lese ich z. B. einen Text, der eine Landschaft beschreibt, so sehe ich ganze Wörter, mehr noch, ganze Sätze und Satzgebilde vor mir, und ich bekomme im Fortgang des Lesens ganz unmittelbar eine Vorstellung, ein Bild, von dieser Landschaft. Dazu muss ich das Gelesene aber nicht laut aussprechen. Lese ich dagegen einen Text in einer mir nicht ganz vertrauten Buchstabenschrift, dann sehe ich nicht nur die Wörter und Sätze, sondern spreche sie laut aus oder begleite mein Lesen zumindest mit Mundbewegungen, die das Sprechen andeuten.

Denken, nämlich beim Gedächtnis und das in eigentümlicher Wesentlichkeit.

Der Name als Verknüpfung der von der Intelligenz produzierten Anschauung[901] und ihrer Bedeutung, so Hegel nach diesem Zusatz, sei zunächst eine *einzelne* vorübergehende Produktion, und die Verknüpfung der Vorstellung als eines *Inneren* mit der Anschauung (einem Wortzeichen, d. Verf.) als einem *Äußerlichen* sei selbst *äußerlich*.[902] Die Erinnerung dieser Äußerlichkeit (der Verknüpfung der Vorstellung mit der Anschauung als einem Wortzeichen, d. Verf.) sei das *Gedächtnis*.[903]

---

[901] Gemeint sind offensichtlich die Wortzeichen, die man als geschriebene anschaulich vor sich oder als solche im Gedächtnis hat und die jeweils, ihrem Begriff nach, eine Bedeutung haben.

[902] Ebenda, S. 277 f. Der Name, z. B. „Markt", als eine Verknüpfung der von der Intelligenz hervorgebrachten Anschauung in der Form eines geschriebenen Wortes, z. B. „Markt", und seiner Bedeutung, seines Sinngehaltes, ist zunächst eine *einzelne* vorübergehende Produktion, und die Verknüpfung der Vorstellung, die ein Inneres ist, z. B. von einem Markt, mit der Anschauung, die ein Äußerliches ist, z. B. das in einem Wortzeichen gefassten Sinngebilde „Markt", ist laut Hegel selbst äußerlich.

[903] Die Erinnerung daran, dass die Vorstellung, z. B. von einem Markt, mit der Anschauung in der Form eines Namens oder Wortzeichens, z. B. „Markt", verknüpft ist, ist das Gedächtnis. Anders ausgedrückt, in meinem Gedächtnis ist die Erinnerung gespeichert, dass meine Vorstellung, z. B. von einem Markt, (die nach Hegel eine „erinnerte Anschauung" ist) mit dem Namen, dem Wortzeichen, z. B. „Markt", verknüpft ist. Kurz, das Gedächtnis des Einzelnen mit Bezug auf einen Gegenstand bildet sich in der Verbindung seiner Vorstellungen, als einem Innerlichen, mit ihrer Erfassung in der Sprache heraus.

Das Gedächtnis

Die Intelligenz als Gedächtnis durchlaufe, so Hegel, gegenüber der Anschauung, wie sie mit dem Wort gegeben sei, dieselben Tätigkeiten des Erinnerns wie als *Vorstellung* gegenüber der ersten unmittelbaren Anschauung. [904] (a) Jene Verknüpfung (gemeint ist offenbar die Verknüpfung von Vorstellung und Wort, d. Verf.), die das Zeichen sei, zu dem Ihrigen machend, erhebe die *Intelligenz* durch die Erinnerung die *einzelne* Verknüpfung zu einer *allgemeinen*, d. h. zu einer bleibenden Verknüpfung, in der der Name und seine Bedeutung objektiv für sie verbunden sind.[905] Sie mache die Anschauung, die der Name zunächst sei, zu einer *Vorstellung*, so dass der Inhalt, die *Bedeutung*, und das *Zeichen* identisch werden, *eine* Vorstellung sind, und das Vorstellen in seiner Innerlichkeit konkret und der Inhalt als dessen Dasein ist; es sei das Namen *behaltende* Gedächtnis.[906]

---

[904] Ebenda, S. 277 ff. Hegel verweist hier auf seine Ausführungen zur Vorstellung, die jenen zur unmittelbaren Anschauung folgen.

[905] Die Intelligenz des Einzelnen verknüpft zunächst seine Vorstellung mit einem (Wort-)Zeichen, das sie zu einem Ihrigen macht. So verknüpft z. B. der Einzelne seine Vorstellung (als erinnerte Anschauung) von einer Stadt mit dem Wortzeichen „Stadt". Nunmehr ist das Wort „Stadt" Gegenstand seiner Anschauung. Durch die Erinnerung als eine Form seiner Vorstellung von der Stadt erhebt seine Intelligenz die *einzelne* Verknüpfung, also die seiner Vorstellung mit dem Wort „Stadt", zu einer *allgemeinen*, d. h. zu einer bleibenden Verknüpfung, in der der Name „Stadt" und seine Bedeutung objektiv für die Intelligenz verbunden ist. Mit anderen Worten, mit dem Wort „Stadt" ist nicht mehr die (subjektive) Vorstellung eines Einzelnen, sondern eine allgemeine Vorstellung verbunden.

[906] Die Intelligenz macht, um die vorangehende Fußnote fortzusetzen, die *Anschauung*, die der Name (z. B. „Stadt") zunächst darstellt, zu einer *Vorstellung*, so dass der Inhalt, also die *Bedeutung* (z. B. des Wortes „Stadt"), und das *(Wort-)Zeichen* (z. B. das Wort „Stadt") identisch, zu *einer* Vorstellung werden, und das Vorstellen (z. B. des Wortes „Stadt") in seiner Innerlichkeit konkret, der Inhalt (z. B. der Sinngehalt des Wortes „Stadt") das Dasein desselben (also des Vorstellens) ist. Es ist das Namen (z. B. den Namen „Stadt") speichernde Gedächtnis.

Beim Gedächtnis unterscheidet Hegel in seinem erläuternden Zusatz *drei* Formen, und zwar *erstens* das *Namen behaltende, zweitens* das *reproduktive* und *drittens* das *mechanische* Gedächtnis.[907] Die zuerst genannte Form bestehe darin, dass wir die Bedeutung der Namen behalten und fähig werden, uns bei den Sprachzeichen und der mit denselben objektiv verknüpften Vorstellungen zu erinnern. So werde uns beim Hören oder Sehen eines Wortes, das einer fremden Sprache angehört, wohl seine Bedeutung gegenwärtig, aber wir könnten deshalb noch nicht für unsere Vorstellungen die entsprechenden Wortzeichen jener Sprache hervorbringen; erst später würden wir das Sprechen und Schreiben jener Sprache und damit das Verstehen derselben lernen.

Der *Name* sei, wie Hegel nach diesem Zusatz fortfährt, die *Sache*, so wie sie im *Reich der Vorstellung* vorhanden sei und Gültigkeit habe.[908] (b) Das *reproduzierende* Gedächtnis habe und erkenne im Namen die Sache und mit der Sache den Namen, und zwar ohne Anschauung und Bild. Der Name als *Existenz* des Inhalts in der Intelligenz sei die *Äußerlichkeit* ihrer selbst in ihr. Und die Erinnerung des Namens als der von ihr hervorgebrachten Anschauung sei zugleich die *Entäußerung,* in der die Intelligenz sich innerhalb ihrer selbst setzen würde.[909] So würden wir bei dem Namen "Löwe", wie Hegel erläutert, weder der Anschauung eines solchen Tieres noch des Bildes von ihm bedürfen. Der Name, indem wir ihn *verstehen,* sei nur die *bildlose einfache* Vorstellung, und es sei in Namen, in denen wir *denken*.

---

[907]Ebenda, S. 278 f.

[908]Ebenda, S. 278 ff. Der Name steht also nicht neben der Sache, sondern ist die Sache selbst. An dieser Stelle liegt es nahe, noch einmal auf H.-G. Gadamer, in: Wahrheit und Methode, a. a. O., S. 450, zu verweisen.

[909]Die Intelligenz, so lässt sich Hegel verstehen, entäußert sich innerhalb ihrer selbst, indem sie sich der Namen, der sprachlichen Bezeichnungen, der Worte, der Sprache, bedient.

Die vor einiger Zeit wieder aufgewärmte und zu Recht wieder vergessene Mnemonik[910] der Alten bestehe, so Hegel, darin, die Namen in *Bilder* zu verwandeln und damit das Gedächtnis wieder zur Einbildungskraft herabzustufen. [911] In seiner kritischen Auseinandersetzung mit der Mnemonik, betont Hegel dagegen, dass das Gedächtnis es *nicht* mehr mit dem Bild zu tun habe, das aus dem unmittelbaren, ungeistigen Bestimmtsein der Intelligenz, der Anschauung, entnommen werde, sondern stattdessen mit einem Dasein, das das *Produkt der Intelligenz* selbst sei. Und dieses Dasein sei ein *Auswendiges* (ein Name, ein Wort, d. Verf.), das in das *Inwendige* der Intelligenz (das Gedächtnis, d. Verf.) eingeschlossen bleibe und nur innerhalb der *Intelligenz selbst* die auswendige, existierende Seite derselben sei.

Das Wort als *tönendes* verschwinde, so Hegel in seinem Zusatz, in der *Zeit*.[912] Diese erweise sich somit an jenem Wort als eine *abstrakte*, d. h. nur als eine *vernichtende* Negativität. Die *wahrhafte, konkrete* Negativität des Sprachzeichens sei aber die *Intelligenz*, weil durch sie das Sprachzeichen aus einem *Äußerlichen* in ein *Innerliches* verändert und in dieser umgestalteten Form *aufbewahrt* werde. So würden die Worte zu einem vom *Gedanken* belebten Dasein werden. Dieses Dasein sei für unsere Gedanken [913] absolut notwendig. Wir wüssten von

---

[910] Von „Mneme" (gr.) das Gedächtnis, die Erinnerung. Die „Mnemonik" (Mnemotechnik) ist ein Verfahren, sich etwas leichter einzuprägen, seine Gedächtnisleistungen zu steigern. Duden, das Fremdwörterbuch, 5. Aufl., a. a. O., S. 506.

[911] Enzyklopädie der philosophischen Wissenschaften, 3. Teil, a. a. O., S. 279 f.

[912] Ebenda, S. 279 ff.

[913] Gedanken sind nach Hegel offensichtlich Produkte von Denkvorgängen, die sich in der Welt der Worte und ihrer Sinngehalte, also der Sprache, bewegen. Gedanken sind zwar an das Wort gebunden, fallen aber nicht mit der bloßen Bezeichnung, etwa eines sinnlichen Gegenstandes, zusammen. So spricht man z. B. vom Gedanken des Rechts oder der Freiheit, aber nicht vom Gedanken des

unseren Gedanken nur dann, hätten nur dann bestimmte, *wirkliche* Gedanken, wenn wir ihnen die Form der *Gegenständlichkeit,* des *Unterschiedenseins* von unserer *Innerlichkeit,* also die Gestalt der *Äußerlichkeit* geben würden, und zwar einer *solchen Äußerlichkeit,* die zugleich das Gepräge der höchsten *Innerlichkeit* trage. Ein so innerliches Äußerliches sei allein der *artikulierte Ton,* eben das *Wort.* Als eine *Unvernunft* erscheine es, wolle man *ohne* Worte denken. Es sei aber auch lächerlich, den Umstand, dass der Gedanke an das Wort gebunden ist, als einen Mangel des Gedankens und somit als ein Unglück anzusehen. Denn obwohl man gewöhnlich meine, das *Unaussprechliche* sei gerade das Vortrefflichste, so könne man doch diese von Eitelkeit getragene Meinung gar nicht begründen; sei doch das Unaussprechliche in Wahrheit nur etwas Trübes und Gärendes, das erst dann, wenn es in Worten ausgedrückt werde, Klarheit gewinne. Das Wort gebe demnach den Gedanken ihr *würdigstes* und *wahrhaftestes* Dasein. Allerdings könne man sich auch, ohne die Sache selbst zu erfassen, mit Worten herumschlagen. Daran sei aber nicht das Wort schuld, sondern ein mangelhaftes, unbestimmtes und gehaltloses Denken. So wie der wahrhafte *Gedanke* die *Sache* (z. B. der Gedanke des Rechts, d. Verf.) sei, so sei es auch das *Wort,* würde es nur vom wahrhaften Denken gebraucht werden. [914] Indem sich daher die Intelligenz mit dem Wort fülle, würde sie die *Natur* der Sache in sich aufnehmen. Diese Aufnahme bedeute aber zugleich, dass sich die Intelligenz dadurch zu einem *Sachlichen* macht, und zwar dergestalt, dass die Subjektivität, in ihrem Unterschied von der Sache, zu etwas ganz Leerem, zu einem geistlosen Behälter der Worte, also zum

---

Baums.

[914] Der wahrhafte Gedanke, z. B. der Gedanke des Rechts, ist die Sache selbst, und so ist es auch das Wort, z. B. das Wort „Recht", wird es vom wahrhaften Denken gebraucht. Indem sich daher die Intelligenz nach Hegel mit dem Wort füllt, nimmt sie die Natur der Sache in sich auf, was bedeutet, dass sich die Intelligenz zu einem „Sachlichen" macht.

mechanischen Gedächtnis wird.[915] Auf diese Weise schlage sozusagen das *Übermaß* bei der *Erinnerung* des Wortes in die höchste *Entäußerung* der Intelligenz um. Je vertrauter ich mit der Bedeutung des Wortes werde, je mehr sich dieses also mit meiner Innerlichkeit vereint, desto mehr könne die Gegenständlichkeit und somit die Bestimmtheit der Bedeutung des Wortes verschwinden und desto mehr könne folglich das Gedächtnis selber, zugleich mit dem Wort, zu etwas werden, was der Geist verlassen hat.[916]

Insofern (c) der Zusammenhang der Namen, wie Hegel nach diesem Zusatz fortfährt, in ihrer Bedeutung liegt, sei die Verknüpfung der Bedeutung mit dem *Sein als Namen* noch eine Synthese, und die Intelligenz sei in dieser ihrer Äußerlichkeit nicht einfach in sich zurückgekehrt.[917] Aber die Intelligenz sei das Allgemeine. Die einfache Wahrheit ihrer besonderen Entäußerungen und ihrer Tätigkeit des Aneignens bestehe in der *Aufhebung jenes Unterschiedes* von *Bedeutung* und *Namen*; diese höchste Erinnerung des Vorstellens sei die höchste Entäußerung der Intelligenz, in der sie sich als das *Sein*, den allgemeinen Raum der Namen als solcher, d. h. sinnloser

---

[915]Indem die Intelligenz sich, Hegel zufolge, mit dem Wort füllt und damit die Sache in sich aufnimmt, zu einem „Sachlichen" wird, wird die Subjektivität in ihrem Unterschied zur Sache zu einem „geistlosen Behälter der Worte" (ders.), mithin zu einem „mechanischen Gedächtnis" (ders.). So gibt es z. B. in der Umgangssprache das Wort „Handeln" (im Sinne von „Tun"), dessen Bedeutung jedem „hellwachen" Individuum im deutschen Sprachraum geläufig ist. Jeder weiß, auf welche Form menschlichen Verhaltens es sich bezieht. Je vertrauter der Einzelne nach Hegel mit der Bedeutung des Wortes „Handeln" wird, je mehr sich dieses mit seiner Innerlichkeit vereint, desto mehr kann damit die Gegenständlichkeit und damit die Bestimmtheit der Bedeutung, des Sinngehaltes, des Wortes „Handeln" verschwinden. Somit kann nach Hegel das Gedächtnis selber mit dem Wort zu etwas werden, was der Geist verlassen hat.
[916] So können Menschen über eine Sache in einen ungebremsten Redefluss verfallen, ohne dabei die Sache selbst zur Darstellung zu bringen.
[917]Ebenda, S. 281 ff.

(bedeutungsloser, d. Verf.) Worte, setzen würde. Ich, das dieses abstrakte Sein sei, sei als Subjektivität zugleich die Macht der verschiedenen Namen, das leere *Band*, das die Reihen der Namen in sich befestigt und in fester Ordnung behält. Insofern die Reihen der Namen nur *seiend* sind und die Intelligenz hier in sich selbst dies ihr Sein ist, sei sie diese Macht als eine *ganz abstrakte Subjektivität* - das *Gedächtnis*. Dieses werde, wegen der gänzlichen Äußerlichkeit, in der die Glieder solcher Reihen von Namen gegeneinander stünden, und, obwohl diese Äußerlichkeit eine subjektive sei, *mechanisch* genannt.

Bekanntlich wüsste man einen Aufsatz erst dann auswendig, wenn man auf den Sinn der Worte nicht mehr achtet, so dass die mündliche Wiedergabe des auswendig Gewussten ohne Betonung geschieht. Die richtige Betonung würde auf den Sinn der Worte abzielen. Würde man die Bedeutung, die Vorstellung, aufrufen, so würde man den *mechanischen* Zusammenhang stören und deshalb in die mündliche Wiedergabe Verwirrung hineintragen. Die Fähigkeit, Reihen von Worten auswendig zu behalten, in deren Zusammenhang *kein* Verstand vorhanden ist oder die schon für sich sinnlos (bedeutungslos, d. Verf.) sind (eine Reihe von Eigennamen), sei darum so höchst erstaunlich, weil der Geist wesentlich darin bestünde, *bei sich selbst* zu sein. Hier aber (im Fall des Gedächtnisses, d. Verf.) sei er *in ihm selbst* entäußert, seine Tätigkeit sei zu einem bloßen *Mechanismus* geworden. Der Geist aber sei nur *bei sich* als *Einheit* von *Subjektivität* und *Objektivität*.[918] Hier im Gedächtnis mache der Geist - nachdem er in der *Anschauung* zunächst als ein Äußerliches so sei, dass er die Bestimmungen *findet* und in der *Vorstellung dieses Gefundene* in sich erinnert und es zu dem

---

[918] Wenn ein Individuum eine Reihe von Worten auswendig gelernt hat und losgelöst von ihrer Bedeutung ausspricht, so ist, wie sich Hegel verstehen lässt, sein Geist nicht „bei sich"; gibt es doch nur auf eine mechanischen Weise Worte wieder. Dagegen ist der Geist des Individuums „bei sich", wenn er in den Worten, die er ausspricht, er auch zugleich die Bedeutung derselben mit bedenkt und dementsprechend seine Betonungen setzt.

Seinigen macht - sich als *Gedächtnis* in ihm selbst zu einem *Äußerlichen*, so dass das Seinige als etwas erscheine, was gefunden wird. Das *eine* der Momente des *Denkens*, nämlich die *Objektivität*, sei hier als Qualität der Intelligenz selbst in ihr gesetzt. Nahe liege es, das Gedächtnis als eine *mechanische*, eine Tätigkeit des Sinnlosen (Bedeutungslosen, d. Verf.) zu fassen und diese Tätigkeit nur mit ihrem Nutzen oder ihrer Unentbehrlichkeit für andere Zwecke und Tätigkeiten des Geistes zu rechtfertigen.[919] Damit werde aber die Bedeutung des Gedächtnisses, die es im Geiste habe, übersehen. So ist es z. B. zweifellos für einen Politiker von Nutzen, wenn er bei allen Auftritten als Redner im Wahlkampf immer wieder dieselbe Wahlrede halten kann.

Das Seiende als *Name* bedürfe, so Hegel, eines *Anderen*, nämlich der *Bedeutung*, die ihm die vorstellende Intelligenz zuweise, um die Sache selbst, die *wahre* Objektivität, zu sein. Die Intelligenz sei als *mechanisches Gedächtnis* sowohl jene äußerliche Objektivität (also der Name, d. Verf.) selbst als auch die *Bedeutung*.[920] Sie (also die Intelligenz d. Verf.) sei so als die *Existenz* dieser Identität von

---

[919]Das lässt sich in dem Sinne verstehen, dass die Intelligenz nicht mehr *das* ist, was sie ist, wenn sie das eine Moment des Denkens, die Objektivität, verliert.

[920]Das Seiende als Name bedarf also nach Hegel eines Anderen, nämlich der *Bedeutung*, die die *vorstellende* Intelligenz dem Namen zuweist damit er die *Sache* selbst, die „wahre Objektivität" (ders.) ist. So weist z. B. die vorstellende Intelligenz des Stadtökonomen dem Namen „Stadt" die Bedeutung z. B. Markt- und Produktionsort zu und hat die Gewissheit, damit die Sache selbst zu erfassen. Die Intelligenz als mechanisches Gedächtnis ist sowohl die äußerliche Objektivität, also der Name, z. B. „Stadt", als auch die Bedeutung, die die vorstellende Intelligenz dem Namen zugewiesen hat. Das mechanische Gedächtnis speichert also Namen, Worte, und ihre jeweilige Bedeutung, und in dieser Einheit ist auch die Sache selbst enthalten. Der Name „Stadt" und seine Bedeutung stehen demnach für den (abstrahierenden) Stadtökonomen nicht neben der Sache „Stadt", sondern er *ist* die Stadt. In ihrem sprachlichen Ausdruck stellt sich also die Sache „Stadt" für den Stadtökonomen dar.

äußerlicher Objektivität und Bedeutung gesetzt, d. h. sie sei *für sich* als eine solche Identität, die sie als Vernunft *an sich* sei, tätig.[921] Das *Gedächtnis* sei auf diese Weise der Übergang in die *Tätigkeit* des Gedankens (oder des Denkens, d. Verf.), der *keine Bedeutung* mehr habe, d. h. von der Objektivität des Gedankens sei das Subjektive nicht mehr ein Verschiedenes, so wie diese Innerlichkeit (also das Subjektive, d. Verf.) an ihr selbst *seiend* ist.[922] Schon unsere Sprache gebe dem

---

[921] Die Intelligenz als mechanisches Gedächtnis ist also die Existenz der Identität von äußerlicher Objektivität, von Namen und Bedeutung gesetzt, was nach Hegel besagt, dass die Intelligenz „für sich" („bewusst") als eine solche tätig ist. „An sich" ist die Intelligenz eine „tätige Vernunft" (ders.). Als mechanisches Gedächtnis nimmt demnach die Intelligenz Namen und deren Bedeutungen auf, die dazu bestimmt sind, die jeweilige Sache zur Darstellung zu bringen, und dies ist nach Hegel eine Tätigkeit, über die sich die Intelligenz Rechenschaft ablegt und in der „an sich" die Vernunft enthalten ist. Die Tätigkeit ist eine solche, deren Ausgangspunkt in der Anschauung, mehr noch, in der Vorstellung liegt.

[922] Das mechanische Gedächtnis bildet also nach Hegel den Übergang in die Tätigkeit des Gedankens, der ein Produkt des Denkens ist. Der Gedanke, z. B. der des Rechts, wird nicht von der vorstellenden, sondern von der *denkenden* Intelligenz hervorgebracht und ist nach Hegel eine Objektivität, die mit der Sache identisch ist. Von der Objektivität des Gedankens ist, so Hegel, das Subjektive nicht mehr ein Verschiedenes. So ist z. B. der Gedanke des Rechts als eine Objektivität, die das selbstbewusste Denken hervorgebracht hat, zugleich auch, wie sich Hegel verstehen lässt, ein Subjektives. Der Gedanke ist, wie Hegel im Folgenden darstellen wird, die Identität des Subjektiven und des Objektiven. Die Innerlichkeit, also das Subjektive (das ja mit dem Objektiven identisch ist), ist, in Hegels Worten, „an ihr selbst seiend", womit er offensichtlich meint, dass *das*, was gedacht wird auch *ist* und nur *ist*, insofern es *Gedanke* ist (siehe folgende Textstellen). Der Gedanke des Rechts z. B. ist demnach die Identität des Subjektiven und Objektiven, als ein Gedachtes ist er die Sache selbst und ein Seiendes. Im Denken werden also keine Inhalte, die dem Sein gegenüberstehen, vielmehr werden in ihm Produkte hervorgebracht, die eine Einheit mit dem Sein bilden. Der Gedanke des Rechts steht also, wie erwähnt, nicht *neben* der Sache, sondern er *ist* die *Sache* selbst. Dazu auch: H.-G. Gadamer, Wahrheit und Methode, a. a. O., S. 450.

Gedächtnis, das einem Vorurteil unterliege, indem darüber verächtlich gesprochen werde, den *hohen Rang*, unmittelbar mit dem *Gedanken* verwandt zu sein. Die Jugend habe nicht zufälligerweise ein *besseres* Gedächtnis als die Alten, und ihr Gedächtnis werde nicht nur wegen der Nützlichkeit geübt; vielmehr habe sie ein gutes Gedächtnis, weil sie sich noch *nicht nachdenkend* verhalte. Und es werde absichtlich oder unabsichtlich geübt, um den Boden ihrer Innerlichkeit zum reinen Sein, zum reinen Raum zu ebnen, in dem die Sache, der an sich seiende Inhalt, ohne dass dieser in den Gegensatz zu ihrer subjektiven Innerlichkeit tritt, gewähren und sich darlegen könne. Ein gründliches Talent pflege mit einem guten Gedächtnis in der Jugend verbunden zu sein. Aber solche empirischen Angaben würden nichts dazu beitragen, *das* zu erkennen, was das Gedächtnis *an ihm selbst ist*. Die Intelligenz in ein *System* einzuordnen, die *Position* und *Bedeutung* des Gedächtnisses zu erfassen und seinen *organischen Zusammenhang* mit dem *Denken* zu begreifen, *das* sei einer der bisher nicht beachteten und *schwersten Aufgaben* in der Lehre vom Geist. Das Gedächtnis als solches sei selbst nur die *äußerliche* Weise, das *einseitige* Moment in der *Existenz* des Denkens; der Übergang dazu sei für uns oder an sich die Identität der Vernunft und der Weise ihrer Existenz. Diese Identität bedeutet, dass die Vernunft nun im Subjekt existiert, sie als seine Tätigkeit ist, und so sei die Vernunft *Denken*.[923]

---

[923]Das Denken nach der Vorstellung, die uns am nächsten liegt, ist nach Hegel eine subjektive, geistige Tätigkeit oder ein Vermögen neben den anderen Vermögen, der Sinnlichkeit, dem Anschauen usw. Das Produkt des Denkens, die Form des Gedankens, sei das *Allgemeine,* und das Denken als Tätigkeit sei somit das *tätige Allgemeine.* Der Unterschied zwischen dem Sinnlichen und der Vorstellung einerseits und dem Gedanken andererseits sei entscheidend für das Begreifen des Erkennens. Der Unterschied zwischen dem Sinnlichen und dem Gedanken bestehe darin, dass sich jenes auf die *Einzelheit* und dieses auf das *Allgemeine* bezieht. Zwar gebe es Vorstellungen vom Recht, Sittlichen und Religiösen, diese bezögen sich jedoch auf einen Inhalt des selbstbewussten Denkens, eben auf den Gedanken des Rechts, des Sittlichen usw. Indem über einen Gegenstand nachgedacht werde, werde auf das *Allgemeine*, den Wert der Sache, das *Wesentliche*, das *Innere* und das

C. *Das Denken*

Die Intelligenz sei, so Hegel, *wiedererkennend*, d. h. sie *erkenne* eine Anschauung, insofern diese schon die *Ihrige* ist.[924] Ferner erkenne sie, wie schon erwähnt, im *Namen* die *Sache*. Nun aber sei für sie *ihr* Allgemeines in der doppelten Bedeutung, und zwar des Allgemeinen als solchen und des Allgemeinen als einem Unmittelbaren oder Seienden, somit als das *wahrhaft* Allgemeine, das die übergreifende

---

Wahre, abgezielt. Die *Regel* im menschlichen Zusammenleben sei ein *Allgemeines*, ferner gebe es im Leben *Zwecke*, und diese sind ein *Allgemeines*, das, was das Handeln des Einzelnen regiere. Mit der Bekanntschaft einer Naturerscheinung wie Blitz und Donner gebe sich niemand zufrieden, sondern man wolle sie begreifen, d. h. man wolle die Ursache, das Innere in seinem Unterschied von dem Äußeren erkennen. Somit verdopple man die Erscheinung in ein Inneres und ein Äußeres, in Kraft und Äußerung, Ursache und Wirkung. Auch hier beim Inneren, der Kraft, gehe es wieder um das *Allgemeine*, das *Dauernde, Bleibende*. Das Sinnliche sei ein Einzelnes und Verschwindendes, das Nachdenken erschließe uns das Dauerhafte. Ein Bleibendes und somit ein *Allgemeines* sei auch die Gattung, ebenso seien die Gesetze, die die Gestirne bewegen, ein *Allgemeines*. Auch habe der Mensch im Fall der Mächte, die das menschliche Tun in ihrer unendlichen Mannigfaltigkeit regieren, den Glauben, es gebe hier ein beherrschendes *Allgemeines*. Das *Allgemeine* sei mit den Sinnen nicht zu erfassen, es existiere nicht äußerlich, man höre und sehe es nicht, es sei eben nur für den Geist. Die Religion führe zu einem *Allgemeinen*, das alles in sich befasse, zu einem Absoluten, und dieses sei nicht für die Sinne, sondern nur für den Geist und den Gedanken. Ders., Enzyklopädie der philosophischen Wissenschaften, 1. Teil, a. a. O., S. 76 ff.

[924] Ders., Enzyklopädie der philosophischen Wissenschaften, 3. Teil, a. a. O., S. 283 ff. Hegel verweist hierbei auf den oben referierten Paragraphen (§ 454), in dem es u. a. heißt, dass die eigentliche so genannte Erinnerung in der Beziehung des Bildes auf eine Anschauung bestehe, und zwar als Unterordnung der unmittelbaren einzelnen Anschauung unter das der Form nach Allgemeinen, unter die *Vorstellung*. Diese sei derselbe Inhalt, so dass die Intelligenz in der bestimmten Empfindung und deren Anschauung sich innerlich sei und sie als das *bereits Ihrige* erkenne. Ebenda, S. 261.

Einheit seiner selbst über sein Anderes, das Sein, sei.[925] So sei die Intelligenz *für sich an ihr selbst* erkennend;[926] - sie sei *an ihr selbst* das *Allgemeine, ihr* Produkt, der *Gedanke* sei die Sache selbst, sie sei die einfache Identität des Subjektiven und Objektiven.[927] Die Intelligenz wüsste, dass das, was *gedacht* wird, *ist* und das, was *ist, nur ist,* insofern es *Gedanke* ist; - *für sich*.[928] Das Denken der Intelligenz sei es, *Gedanken zu haben;* sie seien ihr Inhalt und ihr Gegenstand.

Das *Denken* ist, wie Hegel hierzu in seinem Zusatz erläutert, die *dritte* und letzte Hauptentwicklungsstufe der Intelligenz.[929] Denn im *Denken*

---

[925] Das „wahrhaft Allgemeine" ist für Hegel, wie erwähnt, der (spekulative) Begriff als „das sich selbst Besondernde (Spezifizierende) und in seinem Anderen in ungetrübter Klarheit bei sich selbst Bleibende" (ders). Es sei *verkehrt* anzunehmen, zuerst seien die Gegenstände, die den Inhalt unserer Vorstellungen bilden, da und erst dann käme unsere subjektive Tätigkeit, nämlich das Abstrahieren und das Zusammenfassen dessen, was den Gegenständen gemeinschaftlich ist (Begriff als „abstrakte Allgemeinheit" oder abstrakte Vorstellung) und die Begriffe der Gegenstände bilden würde. Der Begriff sei vielmehr das *wahrhaft Erste*, und die Dinge seien das, was sie sind, durch die Tätigkeit des ihnen *innewohnenden* und in ihnen sich *offenbarenden Begriffs*. Ders., Enzyklopädie der philosophischen Wissenschaften, 1. Teil, a. a. O., S. 311 ff. Den so verstandenen Begriff gilt es also zu entdecken.

[926] Die Intelligenz legt sich, wie sich Hegel verstehen lässt, darüber Rechenschaft ab, dass sie an ihr selbst die erkennende Tätigkeit vollzieht.

[927] Demnach steht die Sache, wie schon erwähnt, nicht neben ihrem Gedanken oder ihm gegenüber, sondern der Gedanke, als ein wahrhaft Allgemeines, fällt mit der Sache selbst zusammen. So ist z. B. im Gedanken des Privateigentums auch die Sache gegeben; er stellt eine Identität des Subjektiven und des Objektiven dar.

[928] Der wahrhafte *Inhalt* unseres Bewusstseins bestehe nach Hegel darin, ihn in die Form des Gedankens, des Begriffs, zu übersetzen. Um zu erfahren, was an den Gegenständen und Begebenheiten, aber auch an den Gefühlen, Anschauungen, Meinungen, Vorstellungen usw. *wahr* ist, sei Nachdenken erforderlich, und eben dieses verwandle die Gefühle usw. in *Gedanken*. Ebenda, S. 46.

[929] Ders., Enzyklopädie der philosophischen Wissenschaften, 3. Teil, a. a. O., S. 283 ff.

werde die in der *Anschauung* vorhandene, *unmittelbare, an sich seiende Einheit* des Subjektiven und Objektiven und dem in der *Vorstellung* folgende *Gegensatz* zwischen dem Subjektiven und Objektiven eine um *diesen* Gegensatz bereicherte, somit *an und für sich seiende* Einheit wieder hergestellt. Und dieses Ende werde demnach zu jenem *Anfang*, zur Einheit des Subjektiven und Objektiven, wie es, Hegel zufolge, in der Anschauung gegeben ist, zurück gebogen. [930] Während also auf dem Standpunkt der *Vorstellung*, die teils durch die *Einbildungskraft*, teils durch das *mechanische Gedächtnis* bewirkte Einheit des Subjektiven und Objektiven - obgleich man bei dieser Einheit seiner Subjektivität Gewalt antue - noch etwas *Subjektives* bleibe, so erhalte dagegen im *Denken* jene Einheit die Form einer sowohl *objektiven* als auch *subjektiven* Einheit, weil das Denken *sich selber* als die *Natur der Sache* wisse. Diejenigen, die nichts von der Philosophie verstünden, würden zwar die Hände beim Satz: "Das *Denken* ist das *Sein*", über dem Kopf zusammenschlagen. Dennoch würde allem unserem *Tun* die Voraussetzung zugrunde liegen, dass es eine *Einheit* von Denken und Sein gibt. Diese Voraussetzung würden wir als vernünftige, als denkende Wesen machen. Wohl zu unterscheiden sei jedoch, ob wir nur denkende Wesen *sind* oder ob wir uns als solche auch *wissen*. Das erstere seien wir unter allen Umständen, das letztere finde auf vollkommene Weise nur *dann* statt, wenn wir uns zum *reinen* Denken erhoben haben. Dieses erkenne, dass es *selber allein*, und *nicht* die *Empfindung* oder die *Vorstellung*, imstande ist, die *Wahrheit* der Dinge zu erfassen. Deshalb müsse die Behauptung *Epikurs*, das *Empfundene* sei das Wahrhafte, als eine

---

[930] In der Anschauung als einem „geistigen Sehen" ist also nach Hegel „an sich" eine Einheit des Subjektiven und des Objektiven vorhanden, die sich dann in der Vorstellung (die, ihm zufolge, eine *erinnerte* Anschauung ist) in einen Gegensatz zwischen beiden Seiten auflöst, um dann im (theoretischen) Denken „an und für sich" wieder hergestellt zu werden, was besagt, dass das Denken zur Anschauung zurückkehrt, aber nunmehr in der Form eines theoretischen, vollends eines philosophischen Systems.

völlige Verkehrung der Natur des Geistes erklärt werden. Das Denken dürfe aber nicht *abstraktes*, formales Denken[931] bleiben; zerreiße doch dieses den Inhalt der Wahrheit. Vielmehr müsse es sich zum *konkreten*, zum *begreifenden* Denken entwickeln.[932]

Das *denkende* Erkennen sei aber, wie Hegel nach diesem Zusatz fortfährt, zunächst ebenfalls *formal* (oder abstrakt, d. Verf.); die Allgemeinheit und ihr Sein sei die einfache Subjektivität der Intelligenz. Die Gedanken seien auf diese Weise nicht an und für sich bestimmt, und die zum Denken erinnerten Vorstellungen würden insofern noch den gegebenen Inhalt bilden.[933]

---

[931] Gemeint ist offenbar das abstrahierend und isolierend vorgehende verstandesmäßige Denken, so in den einzelnen wissenschaftlichen Disziplinen, die nach Hegel formallogisch *richtige* Resultate hervorbringen, aber nicht die *Wahrheit* enthüllen. So geht z. B. die ökonomische Theorie von der Figur des Wirtschaftsmenschen aus, dessen einziges Streben darin besteht, seinen Gewinn, sein Einkommen oder seinen Nutzen zu maximieren oder seinem Selbstinteresse zu folgen und sich dabei in seinem Handeln vom Prinzip der Rationalität leiten lässt. Untersucht wird, wie sich solche Akteure auf Märkten verhalten und welche Folgen sich aus dem Zusammenspiel ihres Handelns für die Märkte, für sie selbst, vollends für das ganze Wirtschaftssystem ohne ihre Absicht ergeben. Jeder „Verstandesökonom" legt sich Rechenschaft darüber ab, dass es sich hierbei um Abstraktionen handelt, die nicht mit dem *konkreten* Wirtschaftsgeschehen übereinstimmen, aber notwendig sind, um eine Annäherung daran zu erreichen. Ein solches abstraktes, verstandesmäßiges Denken ist nach Hegel nicht falsch, aber das Denken darf dabei nicht stehen bleiben und muss zum „konkreten, begreifenden Denken" übergehen, das auf die Sache in ihrer Mannigfaltigkeit abzielt, um sie begrifflich restlos zu erfassen. Als Beispiel hierfür kann man die „Kritik der Politischen Ökonomie" von Marx anführen, die aber auf der „Verstandesökonomie" von A. Smith, D. Ricardo u. a., aufbaut.

[932] Hegel zeigt in seiner Theorie des modernen Staates (seiner Rechtsphilosophie), innerhalb derer auch die bürgerliche (Markt-)Gesellschaft gedacht wird, was er unter dem konkreten, begreifenden Denken versteht. Gleichwohl zollt er der „Verstandesökonomie" in der Form der „Staatsökonomie" Respekt.

[933] Ebenda, S. 284 f. Das denkende Erkennen, das der vorstellenden Intelligenz, die

Zunächst wisse das Denken, wie Hegel in seinem Zusatz erläutert, die Einheit des Subjektiven und Objektiven als eine ganz *abstrakte*, *unbestimmte*, nur *gewisse* und *nicht erfüllte, nicht bewährte* Einheit.[934] Die *Bestimmtheit* des vernünftigen Inhalts sei daher für diese Einheit noch eine *äußerliche*, folglich eine *gegebene* Bestimmtheit, und das Erkennen sei somit noch *formal* (abstrakt, d. Verf.). Da aber *an sich* jene Bestimmtheit in dem denkenden Erkennen enthalten sei, stehe jener Formalismus zu ihm in einem Widerspruch, den deshalb das Denken aufheben würde.[935]

---

den Namen Bedeutungen zuweist, folgt, ist, z. B. in der Form der Oberflächen- („Vulgär"-)Ökonomie, zunächst formal (abstrakt). Die Allgemeinheit und ihr Sein sei, Hegel zufolge, die einfache Subjektivität. So hat z. B. jeder Teilnehmer am modernen Wirtschaftsleben eine Vorstellung vom Geld. An diese Vorstellung, die mit dem Namen, dem Wort, „Geld", verbunden ist, knüpft die Oberflächenökonomie an, um sie zu verdeutlichen und zu präzisieren und zielt damit auf einen (Oberflächen-)Begriff ab, der als eine Allgemeinheit die Sache „Geld" darstellen soll. Doch damit ist nach Hegel der *Gedanke* des Geldes nicht „an und für sich bestimmt" (ders.); denn die zum Denken erinnerten Vorstellungen von Geld bilden *noch* den Inhalt des Geldbegriffs; er bringt noch nicht die Sache selbst, das Wesen des Geldes, zur Darstellung. Dieses wird dann enthüllt, wenn der Geldbegriff, als eine erinnerte Vorstellung, sich zu einer Kategorie eines tiefentheoretischen Systems der Politischen Ökonomie entwickelt hat. Erst mit dem Geld als einer Kategorie innerhalb eines solchen Systems kommt es zur Einheit von Subjektivität und Objektivität, von Denken und Sein.

[934] Ebenda, S. 284 ff.

[935] Auch das Denken des Ökonomen, zum Beispiel, das den Inhalt der erinnerten Vorstellung vom Geld formal oder abstrakt bestimmt, weiß die Einheit des Subjektiven und des Objektiven nur als eine ganz „abstrakte, unbestimmte nur gewisse, nicht erfüllte und nicht bewährte Einheit" (Hegel). Der vernünftige Inhalt des Geldwesens, so wie das Denken des Ökonomen ihn bestimmt, bleibt jener Einheit des Subjektiven und Objektiven noch äußerlich, so dass sein Erkennen noch formal oder abstrakt ist. Nichtsdestoweniger ist *an sich* der vernünftige Inhalt des Geldes im denkenden Erkennen des (theoretischen) Oberflächenökonomen enthalten, so dass sein Erkennen des Geldes zu jenem Formalismus in einem Widerspruch steht und deshalb vom Denken aufgehoben wird.

An jenem (gegebenen) Inhalt (den zum Denken erinnerten Vorstellungen, d. Verf.) sei es, wie Hegel nach diesem Zusatz fortfährt[936], *erstens* der formal identische *Verstand*, der die erinnerten Vorstellungen zu Gattungen, Arten, Gesetzen, Kräften usw., überhaupt zu den *Kategorien*, und zwar in dem Sinne verarbeitet, dass der Stoff (also die erinnerten Vorstellungen, d. Verf.) erst in *diesen Denkformen* die Wahrheit seines Seins erlange.[937]

Als in sich unendliche Negativität sei das Denken *zweitens* wesentlich *Diremtion* (Teilung, Trennung, d. Verf.), - *Urteil*, das den Begriff jedoch nicht mehr in den vorigen Gegensatz von Allgemeinheit und Sein auflöse, sondern nur nach den eigentümlichen Zusammenhängen des Begriffs unterscheide.[938] Das Denken hebe *drittens* die Formbestimmung des Begriffs auf und setze zugleich die Identität der Unterschiede, es sei die *formale* (abstrakte, d. Verf.) Vernunft, der *schließende* Verstand.[939]

---

[936]Ebenda, S. 285 f.

[937] Als Beispiel für solche Denkformen kann man die Kategorien der „klassischen" Politischen Ökonomie anführen. In ihnen sind die erinnerten Vorstellungen vom modernen bürgerlich-kapitalistischen Wirtschaftsleben von der Preis- und Lohnbildung auf den Waren- und Arbeitsmärkten, von der Bewegung der Kapitalzinsen und Grundrenten usw. zu einem System von Denkformen einer besonderen, abstrakten Wissenschaft verarbeitet worden, die Objektivität und damit nach Hegel die „Wahrheit des Seins" (Hegel) beanspruchen können.

[938]Als „in sich unendliche Negativität" (Hegel) ist also das Denken, zweitens, Urteil. Das Urteil, wie es hier gemeint ist, teilt jedoch nicht mehr den Begriff, z. B. den Begriff des Geldes, in den Gegensatz von Allgemeinheit, z. B. die Kategorie des Geldes, und das Sein, z. B. das da seiende Geldwesen, das den „Stoff" der theoretischen Intelligenz bildet, ein, vielmehr unterscheidet es nach den „eigentümlichen Zusammenhängen des Begriffs" (ders.), z. B. der Kategorie des Geldes mit den anderen Kategorien im Bezugsrahmen der Politischen Ökonomie, wie z. B. Ware, Kapital, Zins, Grundrente usw.

[939]Wird, wie sich Hegel verstehen lässt, ein Begriff bestimmt, indem er von den anderen Begriffen, mit denen er denselben formalen Gegenstand oder Bezugsrahmen teilt, unterschieden, dann gilt es, drittens, zugleich das Identische

Die Intelligenz *erkenne*, so Hegel, als *denkend*, und zwar erkläre *erstens* der Verstand das Einzelne *aus seinen* Allgemeinheiten (den Kategorien), und so verstehe er sich als *begreifend*.[940] *Zweitens erkläre* er das Einzelne als ein Allgemeines (Gattung, Art), im Urteil; in diesen Formen erscheine der *Inhalt* als gegeben.[941] Im *Schluss* aber *bestimme* der Verstand, *drittens*, aus sich heraus den *Inhalt*, indem er jenen Formunterschied (hier die Form des einzelnen Inhalts, dort die Form

---

in den Unterschieden herauszuarbeiten. So ist z. B. das Identische in den Begriffen: Ware, Geld, Kapital, der Wert. Indem Begriffe, ausgehend von einem gemeinsamen Bezugsrahmen, gebildet, voneinander unterschieden und sodann als identisch gesetzt werden, entsteht eine logisch in sich konsistente Theorie, die logische Schlüsse erlaubt.

[940] Ein Einzelnes, z. B. die Steigung der Nahrungsmittelpreise in einer gegebenen kapitalistischen Marktwirtschaft, könnte ein Vertreter der „klassischen" Politischen Ökonomie z. B. damit erklären, dass der Preissteigung eine Bevölkerungsvermehrung und folglich eine höhere Nachfrage nach Nahrungsmitteln vorausgegangen ist. Dabei lässt er sich von der Theorie leiten, dass im Fall einer Erhöhung der Agrarproduktion der Wert der einzelnen Agrarprodukte zunimmt, weil der Ertrag der bisher genutzten landwirtschaftlichen Fläche begrenzt ist und deshalb auf weitere, aber ertragsärmere Flächen zurückgegriffen werden muss (Wertgesetz in Verbindung mit dem Gesetz des abnehmenden Bodenertrags). Mit Hilfe dieser Theorie wird er auch eine Steigung der Differentialrenten in der Landwirtschaft erklären. Ob allerdings eine solche Erklärung des Einzelnen zutreffend ist, muss empirisch, aber in der Beobachtungssprache der Politischen Ökonomie geprüft werden. Ohne eine Theorie als eine „Allgemeinheit" (Hegel), als ein logisches System von Kategorien, ist aber eine verstandesmäßige Erklärung eines einzelnen „ökonomischen" Tatbestands nicht möglich.

[941] So wird z. B. von der Anthropologie, als eine spezielle Disziplin, der Mensch als eine bestimmte Gattung unter den Lebewesen, zumal den Säugetieren, begriffen, der sich von den auch ihm anscheinend sehr nahestehenden Tieren, so den Affen, deutlich, etwa durch die Sprache, unterscheidet. Und das, was nach ihrem Wesen die Gattung „Mensch" ausmacht, ist für jeden einzelnen Menschen bestimmend. Somit ist mit dem Urteil: dieses Individuum ist ein Mensch, das Individuum begrifflich (seinem natürlichen Wesen nach) erfasst und eingeordnet.

des Allgemeinen, d. Verf.) aufhebt. [942] In der Einsicht in die Notwendigkeit sei die letzte Unmittelbarkeit, die dem formalen Denken noch anhänge, verschwunden.[943]

---

[942]Das bedeutet, dass der Verstand im *Schluss* nicht mehr von einem *gegebenen Inhalt*, z. B. einer ökonomischen Krise in England, ausgeht, sondern den Inhalt, z. B. die ökonomische Krise als solche, aus sich heraus *bestimmt.* Zum Beispiel setzte sich seit dem Ende des 18. Jahrhunderts, ausgehend von England, der Industriekapitalismus in ganz Westeuropa durch. Begleitet wurde diese Entwicklung durch sich wiederholende und sich verschärfende Wirtschaftskrisen. Die Politische Ökonomie, sich fortentwickelnd, griff diesen gegebenen Inhalt auf und integrierte ihn als einen Gedanken in ihr System. Seitdem muss man davon ausgehen, dass theoretisch ökonomische Krisen notwendige (unvermeidbare) Störungen in allen kapitalistischen Ländern sind. Die Politische Ökonomie als eine abstrakte Wissenschaft versetzt sich damit in die Lage, den Schluss zu ziehen, dass sich in der Zukunft solche tiefgreifenden Störungen des Wirtschaftslebens in einzelnen kapitalistischen Ländern Westeuropas oder in Westeuropa überhaupt *notwendigerweise* wiederholen werden. Diese Disziplin geht in ihrer Theoriebildung nach der Methode der abnehmenden Abstraktion vor. Eine Krisentheorie kommt dabei eher im Stadium der Vollendung des theoretischen Systems, an dem mehrere Generationen von Denkern mitgewirkt haben, vor und stellt, wie das ganze System, eine Annäherung an die historische Wirklichkeit dar.

[943] Die Politische Ökonomie z. B., deren Gegenstand die sich entwickelnden bürgerlich-kapitalistischen Gesellschaften in Westeuropa, zumal in England, gewesen ist, vollendet sich mit einem vorläufig abgeschlossenen theoretischen System. Mit dem Abschluss eines derartigen mechanistischen Systems wird eine Einsicht in die Notwendigkeit, z. B. ökonomischer Krisen, vermittelt. Mit dieser Einsicht ist nach Hegel also die letzte „Unmittelbarkeit", die dem abstrakten Denken noch anhaftet, verschwunden, was sich in *dem* Sinne verstehen lässt, dass die Unmittelbarkeit in Gestalt empirischer, etwa historischer Gegebenheiten, vollständig verschwunden und der Boden der reinen Theorie betreten ist, in der durchweg logische Notwendigkeit herrscht. Eine solche Theorie ermöglicht auch zu bestimmen, welche Wirkung die vom Staat erhobenen Steuern auf das System der bürgerlichen Gesellschaft insgesamt hat. (Dazu: D. Ricardo, Grundsätze der Politischen Ökonomie und der Besteuerung, Berlin 1959, S. 138 u. 141). Zur „Unmittelbarkeit" bemerkt Hegel, dass die empirischen Wissenschaften nicht beim Wahrnehmen von Einzelheiten der Erscheinung stehen bleiben, sondern dem Stoff

In der *Logik* sei das Denken, wie es erst *an sich* ist und wie sich die Vernunft in diesem gegensatzlosen Element entwickelt. [944] Im *Bewusstsein* (das ja den Gegensatz von Subjekt und Objekt einschließt, d. Verf.) käme das Denken ebenfalls als eine Stufe vor. Hier sei die Vernunft als die Wahrheit des Gegensatzes, wie er sich innerhalb des *Geistes* selbst bestimmt hätte. [945] Das Denken trete in diesen

---

der Philosophie entgegenarbeiten, indem sie die allgemeinen Bestimmungen, Gattungen und Gesetze finden. Sie würden so jenen Inhalt des Besonderen so vorbereiten, dass er in die Philosophie aufgenommen werden kann. Andererseits sähen sie sich genötigt, in ihrem Denken selbst zu diesen konkreten Bestimmungen (etwa durch die Methode der abnehmenden Abstraktion, d. Verf.) fortzuschreiten. Das Aufnehmen dieses Inhalts (also der Gedanken (Kategorien) und Gesetze, d. Verf.), in dem durch das Denken die noch anklebende Unmittelbarkeit und das Gegebensein aufgehoben werden, sei zugleich ein *Entwickeln* des Denkens aus sich selbst heraus (so steht am Anfang der Theoriebildung, also des Denkens, nicht ein Inhalt der Wahrnehmung oder der Anschauung, sondern eine Kategorie, z. B. die Kategorie der Ware im Fall der Politischen Ökonomie, d. Verf.). Indem, wie Hegel fortfährt, die Philosophie ihre Entwicklung den empirischen (und theoretischen) Wissenschaften verdankt, gebe sie deren Inhalten die wesentlichste Gestalt der *Freiheit* (des Apriorischen) des Denkens und die *Bewährung* der *Notwendigkeit* (anstatt das Vorfinden und die erfahrene Tatsache zu beglaubigen), dass die Tatsache zur Darstellung und Nachbildung der ursprünglichen und vollkommen selbständigen Tätigkeit des Denkens werde. Ders., Enzyklopädie der philosophischen Wissenschaften, 1. Teil, a. a. O., S. 57-58.

[944] Gemeint ist offenbar, dass hier Subjekt und Objekt identisch sind und demnach keinen Gegensatz bilden.

[945] Auf der Stufe des sinnlichen, wahrnehmenden und verständigen Bewusstseins stehen, wie ausgeführt, Subjekt und Objekt einander gegenüber. Die Wahrheit dieses Gegensatzes ist die Vernunft, die „an sich" sowohl im Subjekt als auch im Objekt gegeben, mehr noch, die Einheit beider ist. Hegel verweist hier auf den § 437 nach dem die Vernunft als die *Idee* hier in der Bestimmung erscheine, dass der Gegensatz von Begriff und Realität, deren Einheit sie sei, hier die nähere Form des für sich existierenden Begriffs, des Bewusstseins, und des demselben gegenüber äußerlich vorhandenen Objekts, gehabt habe. Ders., Enzyklopädie der philosophischen Wissenschaften, 3.Teil, a. a. O., S. 227.

verschiedenen Teilen der Wissenschaft deswegen immer wieder hervor, weil diese Teile nur durch das Element und die Form des Gegensatzes verschieden seien. Das Denken sei aber dieses eine und dasselbe Zentrum, in dem als in ihre Wahrheit die Gegensätze zurückgehen.

Vor *Kant* habe man, wie Hegel in seinem Zusatz hierzu erläutert, keinen bestimmten Unterschied zwischen *Verstand* und *Vernunft* gemacht.[946] Wolle man aber nicht in das vulgäre Bewusstsein, das die unterschiedenen Formen des *reinen* Denkens verwische, herabsinken, so müsse man zwischen Verstand und Vernunft einen Unterschied treffen.[947] Für die *Vernunft* sei der *Gegenstand* das, was *an und für sich bestimmt* ist, sie sei die *Identität* des *Inhalts* und der *Form*, des *Allgemeinen* und des *Besonderen*.[948] Für den Verstand würde der Gegenstand dagegen in die Form und den Inhalt, in das Allgemeine und das Besondere, in ein leeres *Ansich* und an die von außen herantretende Bestimmtheit zerfallen.[949] Im *verständigen* Denken sei

---

[946] Ebenda, S. 285 ff.

[947] Die „reinen Formen" des Denkens gibt es sowohl in den (theoretischen) Verstandes- als auch in den Vernunftwissenschaften, d. h. in der Philosophie.

[948] Für die Vernunft ist also der Gegenstand *das*, was an und für sich bestimmt ist. Ist der Gegenstand z. B. eine Stadtgemeinde, so wäre sie für die Vernunft *das*, was an sich und für sich bestimmt ist. An und für sich wäre die Stadtgemeinde für die Vernunft bestimmt, würde man sie nach Hegel als eine *sittliche Idee* begreifen, die im Selbstbewusstsein der einzelnen Gemeindebürger, ihrem Wissen und Wollen, anwesend ist. Durch ihr Handeln setzen die Bürger, das an dem sittlichen Sein, an den objektiven normativen Ordnungen der Stadtgemeinde, seine an sich seiende Grundlage und bewegenden Zweck hat, die Gemeindewirklichkeit. Dazu: Grundlagen der Philosophie des Rechts, a. a. O., S. 292.

[949] Für den Verstand ist z. B. die Stadtgemeinde Gegenstand einer Vielfalt abstrakter Disziplinen, von denen sich jede ein bestimmtes Gebiet auswählt und es zu ihrem formalen Gegenstand macht. So ist eine Stadtgemeinde für die *eine* Disziplin ein rechtliches-, für die *andere* ein soziales und für eine dritte ein ökonomisches Gebilde. In einer abstrakten Theorie der Stadtgemeinde, in der diese

also der *Inhalt* gegenüber der *Form gleichgültig,* im *vernünftigen* oder dem *begreifenden* Denken bringe der Inhalt dagegen aus sich selber seine Form hervor.[950]

---

z. B. als ein rechtliches Gebilde definiert wird, durchdringen, Hegel zufolge, Form: Kommunalrecht und Inhalt: der Begriff der kommunalen Selbstverwaltung, nicht vollständig einander. Für den Verstand sind die einzelnen Stadtgemeinden eben nicht jeweils eine Besonderung der Stadtgemeinde als ein „wahrhaft Allgemeines" (Hegel), des Begriffs der Stadtgemeinde als kommunale Selbstverwaltung, so dass das „wahrhaft Allgemeine" der einzelnen Stadtgemeinde unvermittelt gegenübersteht. Somit bleibt der (reale) Gegenstand „Stadtgemeinde" ein „leeres Ansich" (ders.) für die von außen an ihn herantretenden abstrakten Disziplinen. Was das Verhältnis von Inhalt und Form in der Wissenschaft betrifft, so verweist Hegel auf den Unterschied zwischen der Philosophie und den Einzelwissenschaften. Die Endlichkeit (Beschränktheit, d. Verf.) derselben bestehe darin, dass hier das Denken als bloß formale (abstrahierende, d. Verf.) Tätigkeit seinen Inhalt (z. B. eine einzelne Stadtgemeinde, d. Verf.) als einen *gegebenen* von *außen* her aufnimmt und dass der Inhalt nicht als durch die ihm zugrunde liegenden Gedanken (z. B. den Gedanken der kommunalen Selbstverwaltung, d. Verf.) von innen heraus bestimmt und gewusst werde. Somit würden Form und Inhalt einander nicht vollständig durchdringen. In der Philosophie dagegen falle diese Trennung fort, weshalb diese als unendliches Erkennen zu bezeichnen sei. Ders., Enzyklopädie der philosophischen Wissenschaften, 1. Teil, a. a. O., S. 266.

[950]Dem verständigen Denken ist der ideelle Inhalt, z. B. der Stadtgemeinden eines modernen Staates, gegenüber der begrifflichen Form, der Theorie, *gleichgültig.* Im vernünftigen oder im begreifenden Denken dagegen bringt der ideelle Inhalt, z. B. im Fall der Stadtgemeinde die Idee der Freiheit *vom* und *im* Staat, nicht nur die Form der kommunalen Verfassung, wie sie im Kommunalrecht gegeben ist, sondern auch ihre Wissenschaft, die Gemeindewissenschaft, aus sich selber hervor. Das moderne Gemeindewesen wird demnach nicht dadurch begreifend oder vernünftig gedacht, dass man von außen an dasselbe herantritt, um es durch verstandesgemäßes, also abstrahierendes Denken in die begrifflich-theoretische Form einer Einzeldisziplin zu bringen, sondern dadurch, dass man das Gemeindewesen in seinem eigenen Begriff (seiner in ihm waltenden sittlichen Idee) erfasst. Nichtsdestoweniger ist das verständige Denken in den einzelnen Gemeindedisziplinen eine notwendige Stufe hin zum begreifenden, vernünftigen

519

Obgleich aber der Verstand den oben erwähnten Mangel an sich habe, sei er doch, so Hegel, ein notwendiges Moment des vernünftigen Denkens. [951] Seine Tätigkeit bestehe überhaupt im *Abstrahieren*. Trenne er nun das *Zufällige* vom *Wesentlichen* ab, so habe er durchaus Recht und erscheine als das, was er in Wahrheit sein soll. [952] Daher nenne man denjenigen, der einen wesentlichen Zweck verfolgt, einen Mann von Verstand. Ohne Verstand sei auch keine Charakterfestigkeit möglich, weil zu dieser gehöre, dass der Mensch an seinem individuellen Wesen festhält. Jedoch könne der Verstand auch einer *einseitigen* Bestimmung die Form der Allgemeinheit geben und dadurch zum Gegenteil des mit dem Sinn für das Wesentliche begabten *gesunden Menschenverstandes* werden. So etwas tritt z. B. ein, wenn "Geld" in Zeiten der Inflation nur juristisch definiert und damit der ökonomische Inhalt des Geldes außer Acht gelassen wird.

Das *zweite* Moment des *reinen* Denkens ist nach Hegel das *Urteilen*. Die Intelligenz als *Verstand* reiße, so Hegel, die verschiedenen, in der konkreten Einzelheit des Verstandes unmittelbar vereinten *abstrakten Bestimmungen auseinander* und trenne sie *vom Gegenstand ab*. Sie gehe sodann notwendig dazu über, den Gegenstand auf diese *allgemeinen Denkbestimmungen* zu beziehen und ihn somit als *Verhältnis*, als einen objektiven Zusammenhang, als eine Totalität zu betrachten. [953] Diese Tätigkeit der Intelligenz als Verstand nenne man,

---

Denken.

[951] Hinsichtlich unseres Beispiels, des modernen Gemeindewesens, bedeutet dies, dass die empirischen Gemeindelehren bis hin zu ihren theoretisch-begrifflichen Darstellungen, wie soeben erwähnt, eine notwendige Stufe hin zum begreifenden oder vernünftigen Erkennen sind.

[952] Wenn also der „verständige" Gemeindewissenschaftler in seinem Bemühen, eine angemessene Theorie der modernen Stadtgemeinde hervorzubringen, abstrahierend vorgeht, d. h. das Wesentliche vom Zufälligen trennt, so nähert er sich damit zwangsläufig *dem* an, was Hegel unter der Idee der Stadtgemeinde verstehen würde.

[953] Die Intelligenz als Verstand tritt z. B. einer konkreten bürgerlich-

so Hegel, oft, aber zu Unrecht, *Begreifen;* werde doch auf diesem Standpunkt der Gegenstand noch als ein *Gegebenes*, als etwas von einem *anderen Abhängiges*, durch das Andere *Bedingtes* gefasst.[954] Die Umstände, die eine Erscheinung bedingen, würden hier noch als selbständige Existenzen gelten. Somit sei die Identität der aufeinander bezogenen Erscheinungen noch eine *bloß innere* und eben deshalb eine bloß *äußerliche* Identität. Der Begriff zeige sich daher hier noch nicht in seiner eigenen Gestalt, sondern in der Form begriffloser Notwendigkeit.[955]

---

kapitalistischen Gesellschaft, etwa Deutschlands, gegenüber, reißt die verschiedenen in der konkreten Einzelheit des Verstandes unmittelbar vereinten abstrakten Bestimmungen, so die ökonomischen, rechtlichen oder sozialen Bestimmungen, auseinander und trennt sie vom realen Gegenstand. Als Politische Ökonomie bestimmt sie ihren formalen Gegenstand, z. B. die kapitalistische Marktwirtschaft, und bezieht ihre allgemeinen Denkbestimmungen (Kategorien) auf diesen ihren formalen (abstrakten, isolierten) Gegenstand, mehr noch, sie bezieht auf ihn das Gedankengebilde eines mechanistischen ökonomischen Systems und versteht ihn somit als eine Totalität.

[954] So ist auf dieser Stufe der Gegenstand, z. B. eine bürgerlich-kapitalistische Gesellschaft, ein Gegebenes, ein von Anderem Abhängiges (z. B. vom modernen Staat), durch das Andere, also den Staat, Bedingtes; ist sie doch in einem hohen Maße von der Finanz-, Steuer- und Wirtschaftspolitik des Staates abhängig.

[955] Somit ist die Identität der Erscheinungen, z. B. Ware, Geld, Kapital, wie sie z. B. in den Kategorien der abstrakten Politischen Ökonomie gedacht und aufeinander bezogen werden, noch eine bloß *innere* Identität (nur im Kopf des Ökonomen) und eben deshalb eine bloß *äußerliche* Identität. Die sittliche Idee als ein auch in der bürgerlich-kapitalistischen Gesellschaft, der gegenüber nach Hegel der moderne Staat das Erste ist, waltendes Prinzip, zeigt sich in ihr noch nicht in ihrer eigenen Gestalt, sondern in der Form einer „begrifflosen (etwa mechanistischen, d. Verf.) Notwendigkeit" (Hegel). So wirkt die Steuerpolitik des Staates notwendigerweise auf eine existierende bürgerliche Marktgesellschaft ein, und folglich sieht es die Politische Ökonomie als ihre Aufgabe an, die Wirkungen der Steuern auf ein solches Wirtschaftssystem zu untersuchen und theoretisch zu erfassen. Doch sieht sie in den Steuern nur eine äußere Notwendigkeit und begreift sie nicht als eine innere, nämlich des modernen Staates, der nach Hegel eben als die „Wirklichkeit

Erst auf der *dritten* Stufe des *reinen* Denkens werde, so Hegel, der *Begriff* als *solcher* erkannt, so dass diese Stufe das *eigentliche Begreifen* darstellt. Hier werde das *Allgemeine* als sich selber besondernd und aus der Besonderung zur Einzelheit zusammennehmend erkannt. Oder, mit anderen Worten, das Besondere (und Einzelne, d. Verf.) werde aus seiner Selbständigkeit zu einem *Moment des Begriffs* herabgesetzt. Demnach sei hier das Allgemeine nicht mehr eine gegenüber dem Inhalt *äußerliche* Form, sondern die wahrhafte, aus sich selber den Inhalt *hervorbringende* Form. Es sei der sich selber entwickelnde Begriff der Sache.[956] Das Denken habe folglich auf diesem Standpunkt keinen anderen Inhalt als sich selber, als seine eigenen, den immanenten Inhalt der Form

---

der sittlichen Idee" zu begreifen ist.

[956]Erst auf der dritten Stufe des *reinen* Denkens wird also nach Hegel der Begriff als solcher erkannt, so dass es hier um das eigentliche Begreifen geht. Hier werde das Allgemeine (z. B. der Begriff der modernen Stadtgemeinde) als sich selber besondernd und zur Einzelheit zusammenfügend (z. B. in der Form der *einzelnen* Stadtgemeinde als eine lebendige Totalität) erkannt. Oder, was auf dasselbe hinauslaufe, das Besondere (z. B. diese einzelne und besondere Stadtgemeinde) werde aus seiner *Selbständigkeit* zu einem Moment des Begriffs als des herrschenden Allgemeinen (z. B. des Begriffs der modernen Stadtgemeinde) über das Besondere und das Einzelne (z. B. die einzelne Stadtgemeinde) herabgesetzt. Demnach sei hier das Allgemeine (z. B. *das*, was für die einzelne Stadtgemeinde bestimmend ist, nämlich ihr Begriff) nicht mehr eine dem Inhalt (z. B. der einzelnen Stadtgemeinde) gegenüber *äußerliche* Form, sondern die wahrhafte Form, die aus sich selber (z. B. die einzelne und besondere Stadtgemeinde) hervorbringt. Die moderne Stadtgemeinde ist aber nach Hegel erst *dann* wahrhaft begriffen, wenn sie, wie schon ausgeführt wurde, als eine *sittliche Idee* erkannt wird, die einzelnen modernen Stadtgemeinden als ein System im modernen Staat erfasst werden und darüber hinaus die Idee der Stadtgemeinde in ihrer geschichtlichen Entwicklung verfolgt wird. Allerdings setzt ein solches philosophisches Erkennen, in dem „der sich selber entwickelnde Begriff der Sache" (ders.) zur Darstellung kommt, die Vorarbeit des verstandesmäßigen Erkennens voraus. Völlig fremd ist jenes philosophische Erkennen dem „hellwachen" Gemeindebürger allerdings nicht.

bildenden Bestimmungen. Es suche und finde im Gegenstand nur sich selbst. Der Gegenstand unterscheide sich daher vom Denken nur dadurch, dass er die Form des Seins, des *Für-sich-bestehens*, habe. Somit stehe das Denken hier zum Objekt in einem vollkommen freien Verhältnis.[957]

In diesem mit seinem Gegentand identischen Denken erreiche die Intelligenz ihre *Vollendung*, ihr Ziel. Denn nun sei sie das, was sie in ihrer Unmittelbarkeit[958] (also zu Beginn Ihrer Entfaltung, d. Verf.) nur sein *sollte*, nämlich die *sich wissende Wahrheit*, die *sich selber erkennende Vernunft*. Das *Wissen* mache jetzt die *Subjektivität* der Vernunft aus, und die *objektive* Vernunft sei nunmehr als *Wissen* gesetzt. Dieses gegenseitige Sich-durchdringen der denkenden Subjektivität und der objektiven Vernunft sei das Endresultat der

---

[957]Das Denken suche und finde, so Hegel, im Gegenstand also nur sich selber. So wurde z. B. die Idee der Gemeinde durch vernünftiges menschliches Denken und Handeln hervorgebracht. Und dieses Produkt, das in einer einzelnen Gemeinde gegeben ist und das dem einzelnen Gemeindebürger in vieler Hinsicht, so als Gegenstand seines Bewusstseins (z. B. seiner Wahrnehmung), zutiefst vertraut ist, macht der Kommunalwissenschaftler zum Gegenstand seiner Anschauung, seiner Vorstellung und seines Denkens. Das Denken findet also im Gegenstand in letzter Analyse nur sich selbst, auch dann, wenn es sich um einen natürlichen Gegenstand handelt. Der Gegenstand, z. B. das Gemeindewesen, unterscheidet sich vom Denken, so Hegel, nur dadurch, dass er die Form des Seins hat und somit für sich besteht. Das reine Denken (in der Form des philosophisch-spekulativen Denkens), z. B. des Gemeindewesens, ist nach Hegel eine Tätigkeit, die zu ihrem Gegenstand, z. B. zum Gemeindewesen, als einem Seienden und Gegebenen in einem vollkommen freien Verhältnis steht. Weder das Bewusstsein des Einzelnen (seine Wahrnehmung usw.) und die daran anknüpfenden Wissenschaften, noch die endlichen und abstrakten theoretischen (Verstandes-)Wissenschaften und ihre Gedankengebilde stehen in einem ganz freien Verhältnis zu ihren Gegenständen. In einem solchen steht, wie gesagt, nur das reine Denken, also das begreifende Erkennen der Philosophie, das jedoch, wie erwähnt, auf den theoretischen und endlichen (Einzel-)Disziplinen aufbaut.

[958]Gemeint ist offensichtlich die Anschauung.

Entwicklung des theoretischen Geistes, die von der *Anschauung* über die *Vorstellung* bis zum *reinen Denken* geführt habe.[959] Die Intelligenz, die als theoretische sich, wie Hegel nach diesem Zusatz fortfährt, die unmittelbare Bestimmtheit aneignet - womit er offenbar den Inhalt der Anschauung meint - befinde sich, nachdem sie den Prozess der *Besitznahme* vollendet hat, nun in ihrem *Eigentum*.[960] Durch die letzte Negation der Unmittelbarkeit[961] sei an sich gesetzt, dass *für sie*, also *für die* theoretische Intelligenz, der Inhalt durch sie bestimmt ist. Das Denken, als der freie Begriff, sei nun auch dem *Inhalt* nach frei.[962] Die Intelligenz, die sich als das Bestimmende des Inhalts

---

[959] Indem das Denken mit seinem Gegenstand identisch ist, erreiche, so Hegel, die Intelligenz, also das Erkenntnisvermögen, seine Vollendung und werde damit die Wahrheit, die sich weiß, die Vernunft, die sich selber erkennt. Wird z. B. die moderne Stadtgemeinde philosophisch-spekulativ als eine Idee der Freiheit erkannt, so macht diese Erkenntnis die Subjektivität der Vernunft aus, mehr noch, mit ihr wird die objektive Vernunft, die nach Hegel ihrer Enthüllung vorausgeht, als Wissen gesetzt. Indem die denkende Subjektivität und die objektive Vernunft sich im begreifenden Erkennen der Stadtgemeinde im modernen Staat gegenseitig durchdringen, erreicht die Entwicklung der Gemeindetheorie, die mit der Anschauung und Vorstellung beginnt und bis zum reinen Denken aufsteigt, ihre Vollendung.

[960] Ders., Enzyklopädie der philosophischen Wissenschaften, 3. Teil, a. a. O., S. 287.

[961] Durch die letzte Negation, also des verstandesmäßigen, abstrakten Denkens, sei an sich gesetzt, dass *für sie*, also die theoretische Intelligenz, der Inhalt durch sie bestimmt ist. Gemeint ist offenbar, dass im Erkennen des Verstandes der Gegenstand noch nicht ganz aufgelöst (das Erkennen hat sich ihm nur angenähert) wird, sondern als eine Gegebenheit noch bestimmend bleibt, die erst auf der höchsten Stufe der theoretischen Intelligenz, nämlich im begreifenden Denken, negiert wird.

[962] Ist der Inhalt z. B. die Stadtgemeinde als eine Institution, so ist er durch und auch *für die* theoretische Intelligenz auf dem Wege des reinen Denkens bestimmt. Das Denken ist damit auch nach dem Inhalt frei, d. h. es wird nicht mehr von ihm als ein gegebener Inhalt bestimmt.

wisse, der ebenso der ihr angehörende Inhalt sei wie er als seiend bestimmt sei, das sei der *Wille*.[963]

Das reine Denken sei, wie Hegel in seinem Zusatz erläutert, zunächst ein *unbefangenes* Denken, ein nur in die Sache versenktes Denken.[964] Diese Tätigkeit werde aber notwendigerweise auch *sich selbst gegenständlich*.[965] Da das *begreifende* Denken im Gegenstand absolut *bei sich selber* sei, müsse es erkennen, dass *seine* Bestimmungen die Bestimmungen der *Sache* und dass umgekehrt die *objektiv* gültigen, *seienden* Bestimmungen *seine* Bestimmungen sind. Indem sich die Intelligenz daran *erinnert,* sie *in sich geht,* werde sie zum *Willen*.[966] Für

---

[963] Anders ausgedrückt: Die Intelligenz, also das Erkenntnisvermögen, wird zum Willen, indem es sich darüber Rechenschaft ablegt, dass *es* den Inhalt bestimmt, der somit zu ihm gehört und zugleich dazu bestimmt ist, zu *sein*.

[964] Ebenda, S. 287 ff.

[965] Das reine Denken als zunächst ein *unbefangenes* Denken, ist nur in die Sache, z. B. den modernen Staat, versenkt. Dieses Denken wird aber nach Hegel notwendigerweise auch sich selbst gegenständlich, d. h. zum Gegenstand der Reflexion gemacht.

[966] Das *begreifende* Denken steht also seinem Gegenstand, z. B. einem modernen Staat, nicht gegenüber, sondern ist darin *absolut* bei sich selber; Denken und Gegenstand sind somit identisch. Deshalb muss das *begreifende* Denken erkennen, dass seine (Denk-)Bestimmungen die Bestimmungen der Sache selbst, z. B. des modernen Staates, sind. Hegel scheint hierbei an den Begriff im Sinne eines „wahrhaft Allgemeinen" zu denken, das z. B. in jedem besonderen und einzelnen Staat als das ihn Bestimmende vorhanden ist und das vom begreifenden Denken entdeckt und erkannt werden muss. Das begreifende Denken muss dabei auch erkennen, dass die objektiv gültigen, seienden Bestimmungen, womit Hegel offenbar die allgemeinen Denkbestimmungen, wie er sie in der „Wissenschaft der Logik" entfaltet, meint, *seine* Bestimmungen (als die des begreifenden Denkens) sind; sind doch diese Bestimmungen die Voraussetzung dafür, dass wir die Welt überhaupt denken können, ja überhaupt die Welt haben. Indem die Intelligenz sich darüber Rechenschaft ablegt und damit *in sich geht*, wird sie nach Hegel zum Willen.

das gewöhnliche Bewusstsein sei dieser Übergang vom Denken zum Willen jedoch nicht vorhanden; würde doch für die Vorstellung *Denken* und *Wille* auseinanderfallen. In Wahrheit aber würde das *Denken sich selber zum Willen bestimmen*. Das Denken bleibe die *Substanz* des Willens, so dass *ohne* das Denken kein Wille sein könne.[967] So sei auch der *ungebildete* Mensch nur insofern Wille, als er gedacht hat. Das *Tier* dagegen, weil es nicht denken könne, könne auch keinen Willen haben.

6.3 Der praktische Geist

Der Geist als Wille wüsste sich, so Hegel, als in sich beschließend und sich aus sich erfüllend, und dieses erfüllte *Fürsichsein* oder die *Einzelheit* mache die Seite der Existenz oder der *Realität* von der *Idee* des Geistes aus.[968] Als *Wille* trete der Geist in die Wirklichkeit, als *Wissen* sei er auf dem Boden der Allgemeinheit des Begriffs. Indem der Wille des Einzelnen sich selber den Inhalt gibt, sei er *bei sich,* sei er *frei* überhaupt, und dies sei sein bestimmter Begriff. Die Endlichkeit des Willens bestehe in seinem *Formalismus* darin, dass er, indem er durch sich erfüllt sei, seine *abstrakte* Bestimmtheit, so wie er überhaupt bestimmt ist, mit der entwickelten *Vernunft* nicht identisch ist.[969] Die Bestimmung des *an sich seienden* Willens sei es, die *Freiheit* in dem *formalen* Willen zur Existenz zu bringen und damit sei es der Zweck des letzteren, sich mit seinem Begriff zu erfüllen, d. h. die Freiheit zu seiner Bestimmtheit, zu seinem Inhalt und zu seinem Zweck wie auch

---

[967] Handelt jemand aus einer äußeren oder einer inneren Empfindung, einem Gefühl, einer Gewohnheit oder einem äußeren Zwang heraus, so geschieht dies ohne seinen eigentlichen Willen, eben weil dabei kein Denken stattgefunden hat.

[968] Ebenda, S. 288 ff.

[969] Der Einzelne kann, wie sich Hegel verstehen lässt, seinen Willen mit diesem oder einem anderen Inhalt füllen. Solange aber ein Inhalt ein partikularer, nur auf ihn selbst bezogener ist, kann er nicht mit der „entwickelten Vernunft" (Hegel) identisch sein.

zu seinem Dasein zu machen.[970] Dieser Begriff, die Freiheit, sei wesentlich nur als Denken; der Weg des Willens, sich zum *objektiven* Geist (z. B. der Sittlichkeit, d. Verf.) zu erheben, sei, sich zum *denkenden* Willen zu erheben, sich *den* Inhalt zu geben, den er nur als sich *denkender* Wille haben kann.

Die *wahre* Freiheit sei als *Sittlichkeit* und bestehe darin, dass der Wille nicht einen subjektiven, d. h. einen eigensüchtigen, sondern einen *allgemeinen* Inhalt zu seinen Zwecken hat. Ein solcher Inhalt ergebe sich aber nur aus dem Denken und durch das Denken. Absurd sei es, aus der Sittlichkeit, der Religiosität, der Rechtlichkeit usw. das Denken ausschließen zu wollen.

Die *Intelligenz* habe sich uns, wie Hegel hierzu in seinem Zusatz erläutert, als der Geist erwiesen, der vom Objekt aus *in sich geht*, in ihm sich *erinnert* und seine *Innerlichkeit* als das *Objektive* erkennt.[971] Umgekehrt ziele der *Wille* auf die *Objektivierung* seiner noch mit der Form der Subjektivität behafteten Innerlichkeit ab. Hier müsse man jedoch diesen Vorgang, in dem der Wille sich äußerlich macht, also in der Sphäre des *subjektiven* Geistes, nur bis zu dem Punkt verfolgen, wo die *wollende* Intelligenz in den *objektiven* Geist übergeht, d. h. bis dorthin, wo das Produkt des Willens *aufhört*, bloß der *Genuss* zu sein und anfängt *Tat* und *Handlung* zu werden.[972]

---

[970]Die Bestimmung des an sich seienden Willens besteht nach Hegel also darin, die *Freiheit* in dem formalen (abstrakten) Willen zur Existenz (Geltung) zu bringen. Damit ist es der Zweck des formalen Willens, sich mit seinem Begriff zu füllen, d. h. die Freiheit zu seiner Bestimmtheit, seinem Inhalt und Zweck sowie zu seinem Dasein zu machen.

[971]Ebenda, S. 289 ff.

[972] Wenn z. B. der Bürgermeister einer modernen Stadtgemeinde seine Zustimmung dazu gibt, dass ein Park auf dem Gebiet der Gemeinde angelegt wird und diese Zustimmung der Mehrheitsentscheidung der Gemeindevertretung folgt, die sich ihrerseits in ihrer Willensbildung an dem geltenden Kommunalrecht und

Der Entwicklungsgang des *praktischen Geistes* vollzieht sich nach Hegel im Allgemeinen wie folgt: Zunächst würde der Wille in der Form der *Unmittelbarkeit* erscheinen. Er habe sich *noch* nicht als *frei* und *objektiv bestimmende* Intelligenz *gesetzt*, sondern *finde* sich nur als ein objektives Bestimmen. So sei er a) *praktisches Gefühl*, habe einen *einzelnen* Inhalt und sei selbst *unmittelbar einzelner, subjektiver* Wille.[973] Dieser *fühle* sich zwar, wie soeben gesagt, als *objektiv* bestimmend, ihm fehle aber noch der *Inhalt*, der von der Form der *Subjektivität* befreit, *wahrhaft objektiv* und *an und für sich allgemein* ist.[974] Deshalb sei der Wille zunächst nur *an sich*, also seinem *Begriff* nach, frei. Zur *Idee der Freiheit* gehöre aber, dass der Wille seinen *Begriff*, die *Freiheit, selber* zu seinem Inhalt oder Zweck macht. Tut er dies, dann würde er *objektiver* Geist werden, er würde sich eine Welt der Freiheit aufbauen und somit seinem wahrhaften Inhalt ein selbständiges Dasein geben.[975] Zu diesem Ziel gelange der Wille aber nur dadurch, dass er seine *Einzelheit* abarbeitet, abstreift, dass er seine in dieser Einzelheit nur *an sich* seiende Allgemeinheit zum *an und für sich allgemeinen Inhalt* entwickelt. Kauft z. B. ein Individuum eine

---

den ihm entsprechenden Ordnungen orientiert hat, dann ist die Zustimmung des Bürgermeisters, Hegel zufolge, eine Tat oder eine Handlung. Keine Tat oder Handlung wäre es, würde der Bürgermeister, unter Umgehung der geltenden Ordnungen, beschließen, dass ein Park angelegt wird, der seinem privaten Nutzen dient.

[973] Hegel spricht auch vom „natürlichen Willen". Der Inhalt dieses Willens sei, ihm zufolge, nur natürlich - es seien Triebe und Neigungen, in denen das Individuum noch nicht frei sei. G. W. F. Hegel, Die Philosophie des Rechts, Die Mitschriften Wannenmann u. Homeyer, hrsg. v. K.-H. Ilting, a. a. O., S. 216.

[974] Ein solcher Inhalt wäre eine allgemeine (Wert-)Idee, also etwas, was überindividuell, objektiv und allgemein als erstrebenswert gilt, z. B. die Freiheit des Einzelnen im modernen Staat.

[975] Dies würde z. B. geschehen, wenn Persönlichkeiten und Gruppen für eine rechtsstaatliche und demokratische Staatsverfassung mit Gewaltenteilung, für Föderalismus, kommunale Selbstverwaltung, wirtschaftliche Freiheit usw. eintreten und diese (Wert-)Ideen mit ihrem Handeln realisieren.

Ware, die nach seinem Gefühl nur der Befriedigung eigener Bedürfnisse dient, so hat sein Wille nur einen einzelnen und partikularen Inhalt. Wenn dagegen dasselbe Individuum in seiner Rolle als Familienvater eine Kaufentscheidung trifft, die dem Wohlergehen seiner Familie und der Entfaltung seiner Kinder dienen soll und er damit seine Pflichten als Ehemann und Familienvater erfüllen will, so hat sein Wille einen an und für sich allgemeinen, nämlich einen sittlichen Inhalt.

Den *nächsten* Schritt auf dem Weg der Überwindung seiner Einzelheit mache, so Hegel, der Wille, indem er b) als *Trieb* dazu fortschreitet, die im Gefühl zunächst nur *gegebene* Übereinstimmung seiner innerlichen Bestimmtheit mit der Objektivität zu einer solchen Übereinstimmung zu machen, die erst durch ihn, den Willen, *gesetzt werden soll*.[976]
Der weitere Schritt in der Entwicklung des Willens bestehe, so Hegel, c) darin, dass die *besonderen* Triebe einem *Allgemeinen*, der *Glückseligkeit*, untergeordnet werden. Da dieses Allgemeine aber nur

---

[976]Den nächsten Schritt auf dem Weg, seine *Einzelheit* zu überwinden, mache also der Wille, indem er als *Trieb*, den Hegel weiter unten als "wollende Intelligenz" definiert, dazu fortschreitet, die im praktischen Gefühl zunächst nur gegebene Übereinstimmung seiner innerlichen Bestimmtheit, z. B. seiner Bedürfnisse und Wünsche, mit der Objektivität zu einer solchen Übereinstimmung zu bringen, die erst durch den *Willen* gesetzt werden soll. Befriedigt der Einzelne ein Bedürfnis oder einen Wunsch, z. B. in einer Konsumgesellschaft, so verändert er damit die Objektivität zumindest im Bereich des Marktes und der Produktion, er setzt diese Veränderung jedoch nicht mit seinem *Willen*. Der Wille, der über das praktische Gefühl, den „natürlichen", unmittelbaren Willen, hinausgeht, ist nach Hegel der „*reflektierende Wille*" oder die „*Willkür*" (ders.). Auch dieser Wille fällt, Hegel zufolge, noch in den Bereich der Begierden, Triebe und Neigungen, wobei die Begierden, wie er an späterer Stelle dieses Textes betont, eigentlich zur Stufe des Selbstbewusstseins gehören. Der „reflektierende Wille" unterscheidet sich vom bloß „natürlichen" dadurch, dass er die *Wahl* einschließt (ebenda, S. 216-217), welchen Trieben oder Neigungen er bei ihrer Befriedigung den Vorrang einräumt.

eine "Allgemeinheit der Reflexion" (ders.) sei, bleibe das Allgemeine, etwas, was dem Besonderen der einzelnen Triebe äußerlich ist und werde nur durch den ganz abstrakt einzelnen Willen, nämlich die *Willkür*, auf die einzelnen Triebe bezogen.[977] Sowohl das *unbestimmte Allgemeine* der *Glückseligkeit* als auch die *unmittelbare Besonderheit* der *Triebe* und die *abstrakte Einzelheit* der Willkür seien in ihrer gegenseitigen Äußerlichkeit etwas Unwahres. Deshalb würden sie sich in dem Willen, der das *konkret Allgemeine*, den Begriff der *Freiheit* will, vereinigen, der, wie gesagt, das *Ziel* der Entwicklung des praktischen Geistes bilde.[978]

---

[977] Die moderne Gesellschaft schließt unterschiedliche institutioneller Bereiche ein, in denen sich jeweils besondere Triebe entfalten können, so z. B. der „Gewinntrieb" im Wirtschaftsleben oder der „Machttrieb" im politischen Leben Als praktischer Geist strebt nach Hegel das Individuum nach einem Allgemeinen, nämlich nach der „Glückseligkeit". Diesem Allgemeinen ordnet es alle seine besonderen Triebe unter, setzt willkürlich Prioritäten oder bestimmt, bis zu welchem Ausmaß es einem besonderen Trieb zu Lasten eines anderen nachgibt. Die „Glückseligkeit" ist aber, so Hegel, nur eine „Allgemeinheit der Reflexion"; bleibt sie doch jedem besonderen Trieb äußerlich, so dass es Willkür ist, welche Prioritäten sie in der Befriedigung der Triebe setzt. So unterliegt es nur bloßer Willkür des Einzelnen, wenn er, um glückselig zu sein, dem Streben nach materiellem Reichtum dem Streben nach politischer Macht den Vorzug einräumt.
[978] Zum Beispiel wäre die Idee der kommunalen Selbstverwaltung als die Freiheit vom und im Staat nach Hegel ein „konkret Allgemeines". Die subjektive Seite dieser Idee sind, wie schon mehrmals erwähnt, das Wissen des einzelnen vernünftigen Bürgers von der objektiven Kommunalrechtsordnung und sein Wollen derselben, also sein Rechts- und Verfassungsbewusstsein, und die objektive Seite der (sittlichen) Idee ist die Kommunalrechtsordnung. Die Idee der kommunalen Selbstverwaltung eröffnete den Liberalen im Deutschland des 19. Jahrhunderts ein institutionelles Wirkungsfeld, auf dem sie ihre Triebe nach Macht, Einfluss und Ansehen befriedigen konnten. So konnte der einzelne Stadtbürger, in Ausführung seines reflektierenden Willens, seine Triebe im Rahmen seiner Präferenzordnung befriedigen und mit dem allgemeinen Willen nach Freiheit vom und im Staat, also mit der Idee der kommunalen Selbstverwaltung, vereinigen.

Der praktische Geist als zunächst *formaler* oder *unmittelbarer* Wille[979] enthalte, wie Hegel nach diesem erläuternden Zusatz fortfährt[980], ein doppeltes *Sollen:* 1. In dem Gegensatz zwischen der aus ihm gesetzten Bestimmtheit und dem damit wieder eintretenden *unmittelbaren* Bestimmtsein, seinem *Dasein* und seinem *Zustand,* was im *Bewusstsein* sich zugleich zu einem Verhältnis gegenüber äußeren Objekten entwickeln würde.[981] 2. Jene *erste* Selbstbestimmung sei als

---

[979] Der Wille ist, wie sich Hegel verstehen lässt, zwar formal vorhanden, wird aber nur gefühlt und ist somit noch unentwickelt.

[980] Ebenda, S. 290 f.

[981] Der praktische Geist als zunächst formaler oder unmittelbarer (natürlicher) Wille enthält also, Hegel zufolge, ein doppeltes Sollen, und zwar *erstens* in dem Gegensatz zwischen der aus diesem Willen gesetzten Bestimmtheit, z. B. der Erwerb eines bestimmten Nahrungsmittels zur Befriedigung eines Bedürfnisses, und dem damit wieder eintretenden unmittelbaren Bestimmtsein: seinem Dasein und seinem Zustand, z. B. der Bedarf des Familienhaushaltes und die körperliche Unterversorgung seiner Mitglieder. Dies entwickelt sich, so Hegel, im Bewusstsein, z. B. in der Wahrnehmung, zu einem Verhältnis gegenüber äußeren Objekten, z. B. Dingen, die geeignet erscheinen, als Nahrungsmittel zu dienen. In dem Kreislauf von Bedürfnissen, dem (formalen) Willen, sie zu befriedigen, der Sättigung und ihrem Wiedererwachen entwickelt sich also auch das Bewusstsein als ein Verhältnis zwischen dem (abstrakten) Ich und den äußeren Objekten, die in diesen Kreislauf eintreten. Es ist ein Prozess des formalen Selbstbestimmens, der ein Sollen einschließt. Und *zweitens* ist jene erste unmittelbare Selbstbestimmung zunächst, Hegel zufolge, nicht in die Allgemeinheit des Denkens erhoben, eine Allgemeinheit, die daher *an* sich das Sollen gegenüber jener (Selbstbestimmung) sowohl der Form als auch dem Inhalt nach ausmachen kann; es ist ein Gegensatz, der nach Hegel nur für uns, die Betrachter, ist. Das Sollen in der zur Allgemeinheit erhobenen Selbstbestimmung kann in einer Norm, z. B. einer Rechtsnorm, bestehen, die den Inhalt der Selbstbestimmung *nicht*, stattdessen aber die *Form* bestimmt, innerhalb dessen sich der Inhalt entfalten kann. Das Sollen kann aber auch nach Hegel den *Inhalt* der Selbstbestimmung vorschreiben. Das doppelte Sollen in der Selbstbestimmung bezieht sich also, wie sich Hegel verstehen lässt, einerseits auf Triebe, Neigungen, Begierden, Bedürfnisse und Wünsche, die nach Befriedigung verlangen, und andererseits auf die Allgemeinheit des Denkens, als

selbst *unmittelbare* zunächst *nicht* in die Allgemeinheit des Denkens erhoben, die daher *an sich* das *Sollen* gegenüber jener sowohl der Form als auch dem Inhalt nach ausmachen kann; ein Gegensatz, der zunächst nur für *uns* (die Betrachter, d. Verf.) sei.

A. *Das praktische Gefühl*

Der *praktische Geist* habe, so Hegel, seine *Selbstbestimmung* in sich, und zwar zunächst *nur* auf *unmittelbare* Weise und damit *formal.*[982] Somit *finde* er sich als in *seiner* innerlichen *Natur* bestimmte *Einzelheit*, und so sei er *praktisches Gefühl*. Darin habe er, indem er *an sich* eine mit der Vernunft identische Subjektivität sei, zwar den *Inhalt* der Vernunft, aber als einen *unmittelbar einzelnen*, damit auch als einen *natürlichen, zufälligen und subjektiven* Inhalt. Dieser Inhalt könne sich aus der Besonderheit eines *Bedürfnisses*, des *Meinens* usw. des Einzelnen und aus der gegen das Allgemeine sich *für sich* setzenden Subjektivität bestimmen, er könne aber auch *an sich* der Vernunft angemessen sein.[983]

Form und als Inhalt des Selbstbestimmens.
[982] Ebenda, S. 290.
[983] Die unmittelbare, formale Selbstbestimmung als praktisches Gefühl kann, Hegel zufolge, von einem einzelnen, natürlichen, zufälligen und subjektiven Inhalt, von einem besonderen Bedürfnis, einer Meinung usw. bestimmt sein. Diese Selbstbestimmung kann sich in ihrer „sich für sich setzenden Subjektivität" (ders.) *gegen* das Allgemeine, etwa gegen gesellschaftliche Normen, richten, aber *an sich* auch der Vernunft entsprechen. Ein Beispiel hierfür ist das alltägliche Wirtschaftsleben, in dem der unmittelbare Wille als praktisches Gefühl der einzelnen Teilnehmer stets von neuem davon bestimmt wird, Bedürfnisse unter dem Einfluss der Werbung zu befriedigen. Es handelt sich dabei eben nur um den „gefühlten" und nicht den überlegenden, planvollen, abwägenden, also den rationalen Verbraucherwillen, wie er in der ökonomischen Theorie als Idealfall vorausgesetzt wird. Der Verbraucherwille des Einzelnen als praktisches Gefühl schließt aber, wie gesagt, nicht aus, dass er „an sich" auch von der Vernunft bestimmt sein kann.

Appelliere man an das *Rechtsgefühl*, das *moralische* oder das *religiöse Gefühl* eines Menschen, an seine wohlwollenden Neigungen, an sein Herz überhaupt, d. h. an das Subjekt, insofern in ihm alle verschiedenen praktischen Gefühle vereinigt sind, so habe dies *erstens* den *richtigen* Sinn, dass diese Bestimmungen dem Menschen *innewohnen* und *zweitens*, insofern damit das Gefühl dem *Verstand* entgegengesetzt werde, dass das Gefühl gegenüber den einseitigen Abstraktionen des Verstandes eine *Totalität* sein kann. Aber ebenso *könne* das Gefühl *einseitig*, unwesentlich und schlecht sein. Das *Vernünftige*, das in Gestalt der Vernünftigkeit als Gedachtes (z. B. als Recht, d. Verf.) auftrete, sei *derselbe Inhalt*, den das *gute* praktische Gefühl habe, aber in seiner Allgemeinheit und Notwendigkeit, in seiner Objektivität und Wahrheit.

Menschen orientieren sich gewöhnlich, wie sich Hegel verstehen lässt, in ihrem alltäglichen Wollen und Tun an ihren normativen Gefühlen, so an ihrem rechtlichen, ihrem moralischen, ihrem sittlichen oder ihrem religiösen Gefühl. In diesen Gefühlen ist, ihm zufolge, derselbe Inhalt enthalten wie in den rechtlichen, moralischen, sittlichen oder religiösen Normen. Deswegen wäre es, wie er fortfährt, *töricht*, würde man meinen, im Übergang vom *Gefühl* zum Gedachten, etwa zum Recht und zur Pflicht, würden Inhalt und Vortrefflichkeit Einbußen erleiden. Dieser Übergang bringe vielmehr erst das Gefühl zu dem, was seine *Wahrheit* ausmacht. Ebenso *töricht* wäre es, die Intelligenz für überflüssig, ja für schädlich für Gefühl, Herz und Willen zu halten. Die Wahrheit und, was dasselbe sei, die wirkliche Vernünftigkeit des Herzens und Willens, könne allein in der *Allgemeinheit* der Intelligenz, *nicht* aber in der Einzelheit des Gefühls stattfinden. Seien die Gefühle wahrhafter Natur, so seien sie es durch ihre Bestimmtheit, d. h. ihren *Inhalt*, und dieser sei nur wahrhaft, wenn er in sich *allgemein* sei, d. h. den *denkenden* Geist zu seiner Quelle habe. Die Schwierigkeit bestehe für den *Verstand* darin, sich von der *Trennung*, die er einmal zwischen dem Gefühl und dem denkenden Geist willkürlich vorgenommen habe, wieder loszureißen und zur Vorstellung zu gelangen, dass im Menschen nur die *eine* Vernunft im Gefühl, im Wollen und im Denken da ist. Damit zusammenhängend falle es schwer zu verstehen, dass die Ideen, die allein dem denkenden Geist angehören würden, wie Gott, Recht und Sittlichkeit, auch *gefühlt* werden können. Das Gefühl sei aber nichts anderes als die Form der unmittelbaren *eigentümlichen Einzelheit* des Subjekts, in die jener Inhalt, ebenso wie jeder andere objektive Inhalt, dem das Bewusstsein auch Gegenständlichkeit zuschreibt, gesetzt werden kann.

Andererseits sei es mehr als verdächtig, am Gefühl und am Herzen *gegenüber* der gedachten Vernünftigkeit, wie dem Recht, der Pflicht und dem Gesetz, festzuhalten, weil *das*, was *mehr* im Gefühl als in der gedachten Vernünftigkeit sei, nur die besondere Subjektivität, das Eitle und die Willkür sei. Aus demselben Grund sei es ungeschickt, sich bei der wissenschaftlichen Betrachtung der Gefühle vornehmlich auf ihre *Form* einzulassen, vielmehr gelte es, ihren Inhalt zu betrachten;[984] mache doch dieser - als *gedachter* Inhalt - die Selbstbestimmungen des Geistes in ihrer Allgemeinheit und Notwendigkeit, die Rechte und Pflichten, aus. Für die eigentümliche Betrachtung der praktischen Gefühle, wie der Neigungen, blieben nur die selbstsüchtigen, schlechten und bösen Gefühle übrig. Denn nur *diese* würden der Einzelheit angehören, die sich gegen das Allgemeine festhält. Ihr Inhalt sei das Gegenteil von dem, was Rechte und Pflichten sind und erhielten nur im Gegensatz gegen diese ihre nähere Bestimmtheit.

Das praktische Gefühl enthalte, so Hegel, das *Sollen*.[985] Dieses sei die an sich seiende Selbstbestimmung des praktischen Gefühls, die auf eine *seiende* Einzelheit *bezogen* sei und die nur gültig sei, insofern sie jener

---

[984] Der betreffende Satz im Originaltext ist unklar und wurde deshalb vom Verfasser leicht verändert.

[985] Ders., Enzyklopädie der philosophischen Wissenschaften, 3. Teil, a. a. O., S. 292 ff.

angemessen ist. [986] Da beiden, also sowohl der an sich seienden Selbstbestimmung als auch der seienden Einzelheit, in dieser Unmittelbarkeit noch die *objektive* Bestimmung [987] fehle, sei die Beziehung des *Bedürfnisses* auf das Dasein noch das ganz subjektive und oberflächliche *Gefühl* des *Angenehmen* oder des *Unangenehmen*. [988] Vergnügen, Freude, Schmerz, Scham, Reue,

---

[986]Das praktische Gefühl des Einzelnen (nach Hegel der unmittelbare einzelne, subjektive Wille, der einen einzelnen Inhalt hat, ebenda, S. 289) enthält also das *Sollen* und ist insofern die nur „an sich seiende Selbstbestimmung". Diese ist auf eine seiende Einzelheit bezogen, die nur Geltung erlangt, indem sie dem Sollen angemessen ist. So sieht sich z. B. das Mitglied einer Kirchengemeinde der Aufforderung (dem Sollen) gegenüber, dieser eine Spende für die Erhaltung ihres Kirchengebäudes zu geben (eine seiende Einzelheit). Kommt es dieser Aufforderung nach und leistet einen Beitrag, dann gilt dieser nur als eine Spende, wenn er der Aufforderung, also dem Sollen, entspricht. Die Selbstbestimmung, die im praktischen Gefühl des Einzelnen enthalten ist, ist also nur eine „an sich seiende" oder „formale" Selbstbestimmung; steht ihr doch das Sollen gegenüber.

[987]Da sowohl der Selbstbestimmung *an sich* als auch der ihm angemessenen Einzelheit in dieser Unmittelbarkeit (des praktischen Gefühls) noch die *objektive* Bestimmung, Hegel zufolge, fehlt, sei die Beziehung des Bedürfnisses auf das Dasein das ganz subjektive und oberflächliche Gefühl des *Angenehmen* oder *Unangenehmen*. Mit der „objektiven Bestimmung" scheint Hegel eine objektive Norm zu meinen, die dem Sollen einen deutlichen und allgemeinverbindlichen Inhalt gibt. So fordert eine allgemeine Norm von jedem Menschen, einem Mitmenschen in einer Notsituation zu helfen. Kommt jemand einem solchen Gebot in einem konkreten Notfall nach, so gilt sein Eingreifen nur dann als Hilfe, wenn er der objektiven Norm entspricht.

[988] Das Bedürfnis, das sich im Einzelnen regt, drängt, den unmittelbaren subjektiven, einzelnen Willen, es zu befriedigen, d. h. nach einem Mittel zu suchen, das geeignet erscheint, die Befriedigung herbeizuführen. Aber der subjektive Wille des Individuums, dem Druck seiner Bedürfnisse nachzugeben ist, wie sich Hegel verstehen lässt, nur eine an sich seiende oder formale Selbstbestimmung. Die bloße Befriedigung seiner Bedürfnisse verschafft denn auch dem Einzelnen nur das *subjektive* und *oberflächliche Gefühl* des *Angenehmen* oder des *Unangenehmen*. Gebe ich z. B. als unmittelbarer subjektiver Wille einem drängenden Bedürfnis

Zufriedenheit usw. seien, teils nur Besonderungen des formalen praktischen Gefühls, teils seien sie durch ihren *Inhalt*, der die Bestimmtheit des Sollens ausmache, verschieden.[989]

Die berühmte Frage *nach dem Ursprung des Übels* in der Welt stelle sich, so Hegel, falls unter dem Übel nur das *Unangenehme* und der *Schmerz* verstanden werde, auf dem Standpunkt des formalen Praktischen. Das Übel sei nichts anderes als die *Unangemessenheit* des Seins gegenüber dem *Sollen*. Dieses Sollen habe viele Bedeutungen und, weil die zufälligen *Zwecke* ebenfalls die Form des Sollens hätten, habe dieses Wort unendlich viele Bedeutungen. Angesichts der zufälligen Zwecke sei es nur berechtigt, dass das Übel sich an ihrer Eitelkeit und Nichtigkeit ausübt, mehr noch, sie selbst seien schon das Übel.[990]

Die Endlichkeit des Lebens und des *Geistes* falle in ihr Urteil (ihre *Ur-teilung*, d. Verf.), in dem sie das von ihnen abgesonderte *Andere* zugleich als ihr Negatives in sich hätten, und so als der Widerspruch seien, der das Übel heiße.[991] Im Toten gebe es weder Übel noch

---

nach einem Nahrungsmittel nach und beschaffe es, so kann sich in mir beim Verzehren desselben ein angenehmes oder ein unangenehmes Gefühl einstellen.

[989]Wenn ich z. B. eine sittliche Pflicht gegenüber einem Mitmenschen erfüllt habe, so kann das bei mir ein Gefühl der Zufriedenheit auslösen, wenn ich dagegen unterlassen habe, einem Mitmenschen zu helfen, obwohl das sittlich geboten und möglich gewesen wäre, so kann das in mir ein Gefühl der Scham oder der Reue auslösen.

[990]Kauft z. B. jemand aus Eitelkeit, um seinen sozialen Status zu betonen, ein teures Konsumgut, das er aber aus seinem laufenden Einkommen nicht bezahlen kann und sich deshalb hoch verschulden muss, so bereitet er sich ein Übel, mehr noch, allein schon seine Eitelkeit als solche ist ein Übel.

[991]Die Endlichkeit des Lebens und des Geistes fällt also nach Hegel, in ihre Ur-teilung, in der das Leben einerseits und der Geist andererseits das von jedem abgesonderte Andere (also das Leben vom Geist und der Geist vom Leben) zugleich als ihr Negatives (das Leben den Geist und der Geist das Leben) in sich enthalten, so dass in beiden ein Widerspruch vorhanden ist. Demnach wäre der Geist

536

Schmerz, weil der Begriff in der unorganischen Natur seinem Dasein nicht gegenübertrete und nicht in dem Unterschied zugleich dessen Subjekt bleibe.[992] Schon im bloßen Leben, aber noch mehr noch im Geist sei diese immanente Unterscheidung vorhanden und hiermit trete ein *Sollen* ein. Und diese Negativität, Subjektivität, Ich, die Freiheit seien die Prinzipien des Übels und des Schmerzes. - *Jacob Böhme* habe die *Ichheit* als die *Pein* und *Qual* und als die *Quelle* der Natur und des Geistes gefasst.[993]

„Widersacher" des Lebens, ebenso wie das Leben ein „Widersacher" des Geistes wäre.

[992] Im Zustand des Todes gibt es für den Einzelnen weder Übel noch Schmerz, weil, wie sich Hegel verstehen lässt, der *Begriff* als Seele in der „unorganischen Natur" (im toten Körper) seinem *Dasein* (dem lebendigen Körper) *nicht* gegenübertritt und *nicht* in der Differenz: Seele-lebendiger Körper, zugleich Subjekt des Leiblichen bleibt.

[993] Schon im bloßen Leben, aber mehr noch im Geist, also im Bewusstsein und im theoretischen und praktischen Geist, ist nach Hegel diese immanente Unterscheidung des Leiblichen und Seelischen vorhanden und damit tritt, ihm zufolge, ein Sollen ein. Und diese Negativität (diese Abgrenzung voneinander, d. Verf.), die Subjektivität, das Ich, die Freiheit sind die Prinzipien, aus denen das Übel und der Schmerz hervorgehen. Mit anderen Worten, indem eine Differenzierung von Körper und Seele schon im bloßen Leben selbst, aber mehr noch im Bewusstsein (z. B. in der Wahrnehmung) und vollends im Geist (im engeren Sinn des Wortes) stattfindet und sich dabei das *Ich* entwickelt, umso mehr festigt sich das Prinzip, aus dem Übel und Schmerz hervorgehen.

Vergleich des äußeren und des inneren Bestimmtseins

Obwohl im praktischen Gefühl der *Wille* die Form der *einfachen Identität* mit sich selber habe, sei, wie Hegel in seinem Zusatz hierzu erläutert, in dieser Identität schon die *Differenz* vorhanden.[994] Denn das praktische Gefühl würde sich einerseits als ein *objektiv gültiges Selbstbestimmen*, als ein *An- und-für-sich-Bestimmtes, wissen,* und andererseits würde es zugleich wissen, dass es *unmittelbar* oder von *außen* bestimmt, der ihm *fremden* Bestimmtheit der *"Affektionen"* (der Reize, d. Verf.) [995] unterworfen ist. Der *fühlende* Wille sei das Vergleichen dessen, was von *außen* her unmittelbar auf ihn einwirkt, mit dem, was ihn durch seine *eigene Natur* bestimmt. Da dieses Bestimmtsein die Bedeutung dessen habe, was sein *soll,* so fordert der Wille die Affektion (den Reiz, d. Verf.) auf, mit jenem übereinzustimmen. Diese Übereinstimmung sei das *Angenehme,* während die Nichtübereinstimmung das *Unangenehme* sei.[996]

---

[994] Ders, Enzyklopädie der philosophischen Wissenschaften, 3. Teil, a. a. O., S. 293 ff.

[995] Die Empfindungen sind, so Hegel, „*seiende* Affektionen", mag ihre Bestimmtheit durch einen Gegenstand veranlasst, ein Eindruck von außen sein oder mögen sie angesehen werden, als ob vorhandene innere Affektionen sie bewirken. Ders., Berliner Schriften 1818-1831, a. a. O., S. 547.

[996] Der *fühlende* Wille besteht also im *Vergleichen* dessen, was das Individuum von *außen* unmittelbar bestimmt, mit *dem,* was durch die *eigene* Natur des Individuums bestimmt ist. Dieses innere Bestimmtsein hat nach Hegel die Bedeutung eines (gefühlsmäßigen) *Sollen,* und so stellt der Wille an die Affektion die Forderung mit dem Sollen übereinzustimmen. Erfolgt eine Übereinstimmung so entsteht ein angenehmes, bleibt sie aus, so entsteht ein unangenehmes Gefühl. Setze ich mich z. B. im Winter dem Reiz der Sonnenstrahlen aus, so spüre ich nicht nur die Wärme, sondern eine *angenehme* Wärme. Ich tue damit etwas, was durch meine Natur bestimmt ist, was sein *soll,* und damit angenehm ist. Spüre ich dagegen einen Schmerz (ein unangenehmes Gefühl) verursachende Sonnenstrahlung, dann sieht sich mein fühlender Wille aufgrund meines naturbedingten Bestimmtseins aufgefordert, einen schattigen Ort aufzusuchen. Erreiche ich dadurch eine

Da aber jene innere Bestimmtheit, auf die die Affektion (der Reiz, d. Verf.) bezogen werde, eine selbst noch *unmittelbare*, meiner *natürlichen Einzelheit* angehörige, noch *subjektive*, nur *gefühlte* Bestimmtheit sei, könne das durch jene Beziehung zustande kommende *Urteil* nur ein ganz *oberflächliches* und *zufälliges* Urteil sein. Bei *wichtigen* Dingen erscheine daher der Umstand, dass mir etwas *angenehm* oder *unangenehm* ist, als *höchst gleichgültig.*[997]

Die Quelle der Gefühle in der Anschauung und Vorstellung

Das praktische Gefühl enthält jedoch nach Hegel noch weitere als die soeben besprochenen oberflächlichen Bestimmungen. Es gebe nämlich *zweitens* Gefühle, die, weil ihr Inhalt von der *Anschauung* oder der *Vorstellung* käme, die angenehmen oder unangenehmen Gefühle an *Bestimmtheit* übertreffen. Dazu würden die *Gefühle des Vergnügens, der Freude, der Hoffnung, der Furcht, der Angst, des Schmerzes* usw. gehören. So bestehe die Freude in dem Gefühl, das in mir aufkommt, wenn ich nach meinem an und für sich bestimmten Willen zu einer

---

Übereinstimmung zwischen der nunmehr geringeren Betroffenheit meines Körpers durch die Sonne und dem Bestimmtsein, wie es meiner Natur nach sein soll, dann stellt sich bei mir wieder ein *angenehmes* Gefühl ein.

997 Da jene „innere Bestimmtheit" auf die, Hegel zufolge, die Affektion (der Reiz, der seinem nach Begriff eine Empfindung auslöst) bezogen wird, eine noch unmittelbare, der natürlichen Einzelheit des Individuums angehörige, eine noch subjektive und nur eine gefühlte Bestimmtheit ist, könne das durch jene Beziehung (gemeint ist offenbar die Beziehung zwischen der Affektion und der inneren Bestimmtheit) zustande kommende *Urteil* nur ein ganz oberflächliches und zufälliges Urteil sein. So ruft z. B. eine gegebene Zusammensetzung der Luft, die ich einatme, einen bestimmten Geruch, z. B. den von Lindenblüten (Empfindung),in mir hervor, und diesen empfinde ich als „angenehm". Das ist offenbar das „Urteil", das Hegel meint, und das, ihm zufolge, aber nur zufällig und oberflächlich ist. Ein Imker würde sich nicht bei der Suche von blühenden Bäumen und Sträuchern für seine Bienen allein danach richten, ob ihm der Duft von Linden- und anderen Blüten angenehm ist oder nicht.

einzelnen Begebenheit, einer Sache oder einer Person meine
Zustimmung, gebe. [998] Die *Zufriedenheit* sei dagegen mehr eine
dauernde, *ruhige* und nichtintensive Zustimmung, und in der
Heiterkeit zeige sich dagegen eine lebhaftere Zustimmung. Die *Furcht*
sei das Gefühl meines Selbst und zugleich eines Übels, das mein
Selbstgefühl zu zerstören droht. Im Schrecken empfinde ich, dass ein
Äußerliches *plötzlich* mit meinem *positiven Selbstgefühl* nicht mehr
übereinstimmt. [999] Alle diese Gefühle hätten, so Hegel, *keinen* Inhalt,
der ihnen *innewohnt* und zu ihrer *eigentümlichen* Natur gehört; der
Inhalt käme in sie vielmehr *von außen*.

Quelle der Gefühle im Denken

Eine *dritte* Art von Gefühlen würde dadurch entstehen, dass auch der
aus dem *Denken* stammende, *substanzielle Inhalt* des *Rechtlichen*,
Moralischen, *Sittlichen* und *Religiösen* in den *fühlenden* Willen (oder
in das praktische Gefühl, d. Verf.) aufgenommen wird. Indem so etwas

---

[998]So steht denn auch häufig in Schreiben von öffentlichen oder privaten Instanzen
an Personen, die sich als Antragsteller oder Bewerber an sie gewendet haben und
deren Anträgen bzw. Bewerbungen sie nachkommen: „Wir *freuen* uns, Ihnen
mitteilen zu können, dass …“

[999]Hegel sieht also in der Furcht ein Übel, das das Selbstgefühl (Selbstvertrauen,
Selbstsicherheit) eines Individuums zerstören könne, und im Schrecken empfinde
das Individuum, dass plötzlich ein *Äußerliches* mit seinem positiven Selbstgefühl
nicht übereinstimmt. Eine Form des Selbstgefühls ist z. B. das Sicherheitsgefühl
des Einzelnen, das ihm verloren geht, wenn er einen Einbruch in sein Haus oder
einen Raubüberfall im öffentlichen Raum befürchten muss. Nach Hegel geht es
hier, wie erwähnt, um Gefühle, die von der *Anschauung* oder der *Vorstellung* (also
von Stufen des theoretischen Geistes) herkommen, wie z. B. Vergnügen, Freude,
Hoffnung, Furcht, Angst, Schmerz, Zufriedenheit, Heiterkeit usw. So kann mir der
Anblick eines *alten* Stadtkerns ein Gefühl der Freude, während mir der Anblick
eines *modernen* Stadtkerns ein Gefühl der Langeweile, gar des Abscheus bereiten
kann. Jedenfalls haben alle diese Gefühle gemeinsam, dass ihr jeweiliger *Inhalt*
von *außen*, also aus der *Anschauung* und *Vorstellung*, kommt.

geschieht, hätten wir es mit Gefühlen zu tun, die sich durch ihren jeweils *eigentümlichen Inhalt* voneinander unterscheiden und durch eben diesen Inhalt ihre Berechtigung erhalten. Zu dieser Klasse würden auch *Scham* und *Reue* zählen; hätten doch beide in der Regel eine *sittliche* Grundlage. Die Reue sei das Gefühl, das entsteht, wenn mein Tun nicht mit meiner *Pflicht* übereinstimmt oder es nur meinem eigenen *Vorteil* dient.

Wenn den soeben besprochenen Gefühlen, so Hegel, jeweils einen ihnen eigentümlichen *Inhalt* zugeschrieben wurde, so dürfe dies jedoch nicht so verstanden werden, als ob der rechtliche, sittliche oder religiöse Inhalt *notwendigerweise* im Gefühl anwesend ist. Dass solche Inhalte jeweils mit einem Gefühl *nicht* unzertrennlich verbunden sind, das erkenne man erfahrungsgemäß darin, dass man Reue empfinden kann, sogar wenn man eine *gute* Tat vollbracht hat. Es sei auch durchaus nicht zwingend, dass ein Individuum, setzt es seine Handlung in Beziehung zu seiner Pflicht, in Gefühle der Unruhe und der Aufregung gerät; vielmehr könne es die Frage, wie sich seine Handlung zu seiner Pflicht verhält, auch im vorstellenden Bewusstsein beantworten und so bei ruhiger Betrachtung die Sache bewenden lassen.

Ebenso wenig müsse bei der oben besprochenen *zweiten* Art von Gefühlen (gemeint sind die oben angeführten Gefühle der Freude, der Hoffnung, der Furcht, der Angst des Schmerzes usw. d. Verf.) der *Inhalt* ein Gefühl hervorrufen. So könne ein besonnener Mensch, ein großer Charakter, etwas vorfinden, was seinem Willen entspricht, ohne deshalb in das Gefühl der Freude auszubrechen. Auch könne er ein Unglück erleiden, ohne sich dabei dem Gefühl des Schmerzes hinzugeben. Derjenige, der solchen Gefühlen anheimfällt, sei, so Hegel, mehr oder weniger im Gefühl der Eitelkeit befangen, indem er besonders betont, dass gerade *er*, dieses besondere Ich, ein Glück oder ein Unglück erfährt.

B. *Die Triebe und die Willkür*

Das praktische *Sollen*, ist, Hegel zufolge, ein "reelles Urteil".[1000] Die *unmittelbare*, nur *vorgefundene* Angemessenheit der *seienden* Bestimmtheit zum Bedürfnis sei für die Selbstbestimmung des Willens eine Negation und der Selbstbestimmung unangemessen.[1001] Damit der Wille, d. h. die *an sich* seiende Einheit der Allgemeinheit und der Bestimmtheit, sich befriedigt, d. h. *für sich* ist, *soll* er, so Hegel, setzen, dass seine *innere* Bestimmung und das Dasein einander angemessen sind.[1002] Zunächst sei aber der Wille nach der Form des Inhalts noch *natürlicher* Wille und sei unmittelbar identisch mit dem, was ihn

---

[1000]Ebenda, S. 295 f. Gemeint ist offenbar ein „reales Urteil", das die Welt in das teilt, was ist und in das, was sein soll, woraus der Wille hervorgeht, eine Angemessenheit zwischen dem Sein und dem Sollen herzustellen.

[1001]Ist die seiende Bestimmtheit, also jene, die der subjektive Wille des Einzelnen herbeigeführt hat, seinem Bedürfnis angemessen, diese Angemessenheit aber eine unmittelbar nur vorgefundene, so ist sie nach Hegel für die *Selbst*bestimmung des Willens *unangemessen*. Mit anderen Worten, richtet sich der subjektive, natürliche Wille des Einzelnen nur auf die Befriedigung seiner Bedürfnisse, dann ist der dadurch herbeigeführte (den Bedürfnissen angemessene) Zustand (der Sättigung) für die *Selbst*bestimmung des Willens unangemessen. Das „praktische *Sollen*" ist also in dem Sinne ein reales Urteil (eine Urteilung), indem es den natürlichen, subjektiven Willen von dem Willen als *Selbst*bestimmung abgrenzt.

[1002]Damit der Wille im Sinne der *an sich* seienden Einheit von Allgemeinheit: Orientierung des Willens an allgemeinen Normen, und Bestimmtheit: inhaltliche Ausrichtung des Willens auf einen bestimmten Wunsch oder ein bestimmtes Bedürfnis, sich befriedigt und somit Wille *für sich* ist, soll er nach Hegel setzen, dass seine innere Bestimmung (durch einen Wunsch oder ein Bedürfnis und eine normative Orientierung) und das Dasein (die verfügbaren Mittel und Möglichkeiten) einander angemessen sind. Hat z. B. jemand den Willen, ein Haus zu erwerben, so muss dieser bestimmen, dass der Wunsch, ein Haus zu haben und die Mittel in Gestalt eines Geldvermögens und eines Kredits einander angemessen sind; orientiert er sich doch dabei an der Privatrechtsordnung, wonach der Erwerb eines Hauses nur durch einen Kaufvertrag, also einen geregelten Austausch, erfolgen kann.

542

bestimmt, nämlich mit dem *Trieb* und der *Neigung.*[1003] Gebe die Totalität des *praktischen* Geistes einer *einzelnen* der vielen *beschränkten* Bestimmungen (einem bestimmten Trieb oder einer bestimmten Neigung, d. Verf.) den absoluten Vorrang, so sei er *Leidenschaft.*

Im praktischen Gefühl sei es, wie Hegel in seinem Zusatz erläutert, *zufällig,* ob die unmittelbare Affektion (Reizung, Empfindung d. Verf.) von *außen* mit *dem* übereinstimmt, was den Willen im *Inneren* bestimmt.[1004] Diese *Zufälligkeit,* dieses *Abhängigsein* von einer *äußeren* Objektivität[1005], würde dem Willen widersprechen, der sich als an und für sich bestimmt erkenne und wisse, dass die Objektivität in seiner Subjektivität enthalten ist.[1006] Dieser *wissende* Wille könne deshalb *nicht* dabei stehen bleiben, seine ihm innewohnende Bestimmtheit mit einem Äußerlichen nur zu *vergleichen* und die Übereinstimmung zwischen diesen beiden Seiten nur zu *finden,* vielmehr müsse er dazu fortschreiten, die Objektivität als ein *Moment* seiner *Selbstbestimmung* zu *setzen* und jene Übereinstimmung, also

---

[1003]Zunächst ist aber der Wille nach der Form des Inhalts natürlicher Wille und ist, laut Hegel, unmittelbar *identisch* mit dem, was ihn bestimmt, nämlich mit dem *Trieb* und der *Neigung.* Hegel unterscheidet, worauf er später hinweist, zwischen der *Begierde* einerseits, die er bekanntlich im Zusammenhang mit der Herausbildung des *Selbstbewusstseins,* und dem *Trieb* und der *Neigung* andererseits, die er hier im Zusammenhang mit der Entwicklung des *Willens* behandelt. Den Trieb definiert Hegel, wie erwähnt, als „wollende Intelligenz".
[1004]Ebenda, S. 295 ff.
[1005]Gemeint ist ein äußeres „System", von dem eine Reizung ausgeht.
[1006]Der Wille, der sich als an und für sich bestimmt erkennt, hat, wie sich Hegel verstehen lässt, das Wissen, dass die Objektivität, die objektive Welt, wie sie der theoretische Geist, die Wissenschaft, vermittelt, in der Subjektivität enthalten ist. So weiß der Wille, der die „klassische" Politische Ökonomie verinnerlicht hat, dass Arbeitslöhne, Gewinne, Zinsen und Grundrenten, also die Verteilung des Sozialprodukts, von ökonomischen Gesetzen, also vom Marktmechanismus, bestimmt wird.

seine Befriedigung, *selber hervorzubringen*. Dadurch würde sich die *wollende* Intelligenz zum *Trieb* entwickeln, der eine *subjektive Willensbestimmung* sei, die sich selber ihre Objektivität gebe.[1007]
Der Trieb müsse, so Hegel, von der bloßen *Begierde* unterschieden werden. Diese gehöre, wie ausgeführt, dem *Selbstbewusstsein* an und stehe somit auf dem Standpunkt des *noch nicht überwundenen* Gegensatzes zwischen dem Subjektiven und dem Objektiven. Sie sei etwas *Einzelnes* und suche nur das *Einzelne* für eine *einzelne*, augenblickliche Befriedigung.[1008] Der *Trieb* dagegen, eben weil er eine Form der *wollenden Intelligenz* sei, gehe von dem *aufgehobenen* Gegensatz zwischen dem Subjektiven und dem Objektiven [1009] aus,

---

[1007]Wie sich Hegel verstehen lässt, genügt es für den Willen des Einzelnen nicht, seine ihm innewohnende Bestimmtheit, also seine Bedürfnisse (Wünsche), mit einem Äußerlichen, z. B. seinen verfügbaren Ressourcen, zu vergleichen, um dann eine Übereinstimmung der beiden Seiten zu *finden*. Vielmehr muss er, als wissender Wille, von der Ausrichtung auf die bloße Befriedigung aktueller Bedürfnisse und Wünsche dazu fortschreiten, die Objektivität, die objektive Welt, in der er sich befindet, als ein *Moment* seiner Selbstbestimmung, also seiner Zwecke, zu setzen, d. h. jene Übereinstimmung, die ihm Befriedigung verschafft, durch veränderndes Handeln selber hervorzubringen. Dadurch entwickelt sich die *wollende Intelligenz* zum *Trieb*, der nach Hegel eine *subjektive Willensbestimmung* ist, die sich selber Objektivität gibt. Der Trieb, die Objektivität zu verändern, setzt, wie sich Hegel auslegen lässt, eine Verschiebung der Befriedigung und eine Investition voraus; erfordert doch die Veränderung der Objektivität den Einsatz geeigneter Mittel.
[1008]Die Begierde habe, wie Hegel zum Selbstbewusstsein im zweiten Hauptteil der Lehre vom subjektiven Geist ausführt, noch keine weitere Bestimmung als die des *Triebes*, insofern dieser, *ohne* durch das *Denken* bestimmt zu sein, auf ein *äußerliches* Objekt gerichtet sei, in dem er Befriedigung suche. (Ebenda, S. 215)
[1009]Der Trieb als eine Form der wollenden Intelligenz geht also vom aufgehobenen Gegensatz des Subjektiven und des Objektiven, also von der Einheit der beiden Seiten aus. So hat zum Beispiel der am Markt teilnehmende Unternehmer eine genaue Vorstellung vom marktwirtschaftlichen Wirtschaftsleben als einem Objektiven, das er nach seinem Willen durch Einführung neuer Produkte, Erweiterung seines Betriebes oder den Zusammenschluss mit anderen Betrieben

umfasse eine *Reihe* von Befriedigungen und sei somit etwas *Ganzes, Allgemeines.* Zugleich sei jedoch der Trieb, weil er von der *Einzelheit* des praktischen Gefühls herkomme und nur die *erste* Negation derselben bilde, noch etwas *Besonderes.* Deshalb erscheine der Mensch, insofern er in die Triebe versunken ist, noch als unfrei.[1010] Die Neigungen und Leidenschaften haben, wie Hegel nach diesem Zusatz fortfährt, dieselben Bestimmungen zu ihrem Inhalt wie die praktischen Gefühle.[1011] Ebenfalls hätten sie die vernünftige Natur des Geistes zu ihrer Grundlage. Andererseits würden sie aber dem noch subjektiven, einzelnen Willen angehören und mit Zufälligkeit behaftet sein. Sie scheinen als besondere Gefühle sowohl zum Individuum als auch zueinander sich äußerlich und damit nach unfreier Notwendigkeit sich zu verhalten.

Was die *Leidenschaft* betrifft, so sei sie dadurch bestimmt, dass sie sich darauf beschränkt, eine *Besonderheit* in der Willensbestimmung zu sein, in die sich die *ganze* Subjektivität des Individuums versenkt. Dabei sei der Gehalt jener Bestimmung gleichgültig und, in dieser nur formalen Sicht, sei die Leidenschaft weder als gut noch als böse zu beurteilen. Diese Form des praktischen Gefühls würde lediglich ausdrücken, dass ein Subjekt das ganze lebendige Interesse seines Geistes, Talents, Charakters und Genusses auf einen einzigen Inhalt

---

verändern will und diesen Willen auch in die Tat umsetzt. Damit kommt es zur Einheit des Subjektiven und Objektiven durch den Willen und seine Umsetzung; der Markt hat sich verändert.

[1010] Als Beispiel könnte man einen Unternehmer anführen, der, von seinem Gewinntrieb beherrscht, dauernd nach neuen Marktchancen sucht, sich aber auch damit verstärkt den Zwängen der Märkte aussetzt. Von den Märkten und ihren Gesetzen, so sei unterstellt, hat er durchaus angemessene, mehr noch, durch Theorie präzisierte Vorstellungen, so dass er als (rationaler) Marktteilnehmer erfolgreich handeln kann. Der Trieb, Gewinne und immer höhere Gewinne zu erzielen und diese fortlaufend zu akkumulieren, macht ihn allerdings unfrei.

[1011] Ebenda, S. 296 ff.

545

konzentriert. Ohne Leidenschaft sei noch nie etwas Großes zustande gebracht worden. Es seien denn auch nur eine tote Moralität, ja Heuchelei, die gegen die Leidenschaft als solche zu Felde ziehen. So verlangt denn auch, wie Max Weber betont, der Beruf des modernen Politikers u. a. Leidenschaft.[1012]

Aber was die *Neigungen* betrifft, so stelle sich bei ihnen unmittelbar die Frage, welche *gut* und welche *böse* sind und auch bis zu welchem *Grad* die guten Neigungen gut bleiben.[1013] Da sie gegeneinander besondere Neigungen und ihrer viele und in nur *einem* Subjekt enthalten seien, ließen sich erfahrungsgemäß nicht alle gleichzeitig befriedigen, und müssten gegeneinander beschränkt werden. Die vielen Triebe und Neigungen ließen an die Seelenkräfte denken, die im theoretischen Geist versammelt sein sollen - eine Ansammlung, die nun mit der *Menge* von Trieben vermehrt werde. Die *formale Vernünftigkeit* des Triebes und der Neigung bestehe nur in ihrem allgemeinen *Drang*, nicht bloß ein Subjektives zu bleiben, sondern, durch die Tätigkeit des Subjekts, die *Subjektivität aufzuheben*, *realisiert* zu werden. Ihre *wahrhafte* Vernünftigkeit könne sich nicht aus einer Betrachtung im Sinne einer *äußeren* Reflexion ergeben, die *selbständige* Naturbestimmungen und *unmittelbare*[1014] Triebe voraussetzt und damit das eine Prinzip und den einen Endzweck ausblendet. Es sei aber die dem Geist selbst *innewohnende Reflexion*, sowohl über die *Besonderheit* als auch über die natürliche *Unmittelbarkeit* der Triebe hinauszugehen und ihrem Inhalt *Vernünftigkeit* und *Objektivität* zuzuschreiben, worin sie *notwendige* Verhältnisse, nämlich *Rechte* und *Pflichten,* seien. Diese *Objektivierung* sei es denn auch, die den Gehalt der Triebe und Neigungen sowie ihr Verhältnis zueinander, überhaupt

---

[1012]Ders., Politik als Beruf, in: Ders., Gesammelte Politische Schriften, hrsg. v. Johannes Winckelmann, Tübingen 1980, S. 545.
[1013]Ders., Enzyklopädie der philosophischen Wissenschaften, 3. Teil., a. a. O., S. 296 ff.
[1014]Hegel meint hier offensichtlich die „natürlichen" Triebe.

ihre *Wahrheit* aufzeigt. Worin also die *guten, vernünftigen* Neigungen und deren Unterordnung bestehen, das würde sich in die Darstellung verwandeln, welche Verhältnisse der Geist hervorbringt, indem er sich als *objektiver* Geist entwickelt. Es sei eine Entwicklung, in der der *Inhalt* der Selbstbestimmung die Zufälligkeit oder die Willkür verliere. Die Abhandlung der Triebe, Neigungen und Leidenschaften nach ihrem *wahrhaften* Gehalt sei daher wesentlich die *Lehre* von den *rechtlichen, moralischen* und *sittlichen Pflichten*.[1015]

Das *Subjekt* besteht nach Hegel in der Tätigkeit, die Triebe zu befriedigen, in der formalen Vernünftigkeit, die Subjektivität des Inhalts, der den *Zweck* darstellt, in die Objektivität zu übersetzen, in der das Subjekt sich mit sich selbst zusammenschließt. Wenn der *Inhalt* des Triebes als eine *Sache* von dieser seiner *Tätigkeit* unterschieden wird und die Sache, die zustande gekommen ist, das Moment der *subjektiven Einzelheit* und ihrer Tätigkeit enthält, dann liegt ein *Interesse* vor.[1016] Ohne ein *Interesse* käme, ihm zufolge, nichts zustande.

[1015]Der einzelne Mensch lebt ja nicht allein und isoliert von anderen Menschen, sondern in diversen sozialen und rechtlichen Verhältnissen. Zum Beispiel hat er den Status eines Ehemanns und Vaters, der in objektiven Rechten und Pflichten besteht und der nach Hegel dem objektiven Geist angehört. Verwirklicht er seinen erworbenen Status, seine Rechte und Pflichten, indem er sein Handeln auf entsprechende Inhalte ausrichtet, er seine Rolle als Ehemann und Vater angemessen gestaltet, so kann er dies aus Neigung oder auch nur aus bloßem Pflichtgefühl oder aus einer Mischung von beiden tun. Dazu auch: Ralph Linton, The Cultural Background Of Personality, London 1964, S. 50.

[1016]Wenn der *Inhalt* eines Triebes als Sache, z. B. der Wiederaufbau eines barocken Stadtzentrums, von seiner *Tätigkeit* unterschieden wird (z. B. die Investition in die Errichtung von Geschäfts- und Wohnhäusern im Stadtzentrum zum Zweck der Gewinnerzielung durch Verkauf und Vermietung) und die Sache (also die historische Rekonstruktion der Altstadt), einmal zustande gekommen, somit das Moment der subjektiven Einzelheit (Verwertung von privatem Kapital zum Zweck der Gewinnerzielung) und deren Tätigkeit (Privatinvestition in Immobilien) enthält, dann liegt ein *Interesse* vor. Die Rekonstruktion des barocken

Demnach bringen z. B. Menschen eine neue normative Ordnung, etwa eine freiheitliche Staatsverfassung, nur dann hervor, wenn sie erkennen, dass daran auch ihre eigenen Interessen beteiligt sind. So hätte sich die Reformation wohl nie durchgesetzt, hätten weder deutsche Landesfürsten noch das städtische Bürgertum darin ihr Interesse erkannt.

Eine Handlung schließt nach Hegel einen Zweck des Subjekts ein, und ebenso sei sie seine Tätigkeit, die diesen Zweck ausführt. Nur dadurch, dass das Subjekt auch in einer *uneigennützigen* Handlung enthalten ist, d. h. durch sein *Interesse,* finde *überhaupt* ein Handeln statt. Den Trieben und Leidenschaften setze man einerseits die schale Träumerei eines Naturglücks gegenüber, durch das die Bedürfnisse ihre Befriedigung finden sollen, ohne dass das Subjekt tätig werden soll, um die Angemessenheit der unmittelbaren Existenz mit seiner inneren hervorzubringen. *Andererseits* werde den Trieben und Leidenschaften die Pflicht als Selbstzweck, die Moralität, entgegengesetzt. Aber Triebe und Leidenschaften seien nichts anderes als die *Lebendigkeit* des Subjekts, in der es selbst in *seinem* Zweck und dessen Ausführung enthalten sei. Das Sittliche betreffe den Inhalt, der als solcher das *Allgemeine*, ein Untätiges, sei und am Subjekt *das* habe, was sich an ihm betätigt. Aber, damit der Inhalt des Sittlichen dem Subjekt immanent wird, das bewirke das *Interesse*, und, wenn die ganze wirksame Subjektivität in Anspruch genommen werde, die *Leidenschaft*.[1017]

Stadtzentrums als eine allgemeine, „große" Sache käme also nicht zustande würde sie sich nicht mit dem Trieb einzelner Immobilienunternehmer verbinden, ihr Kapital in dieser Sache gewinnbringend zu verwerten. Damit sich Einzelne an der Hervorbringung einer allgemeinen, „großen" Sache beteiligen, müssen sie ihre (Eigen-)Interessen dabei erkennen können.

[1017] Das Sittliche, etwa eine Staatsverfassung, wird *dann* vom Einzelnen verinnerlicht, wenn er mit ihr ein *Interesse* verbindet. Gleichwohl kann er sich aber auch leidenschaftlich für eine Verfassungsreform einsetzen.

Selbst im reinsten rechtlichen, sittlichen und religiösen Willen, der nur seinen *Begriff*, die *Freiheit*, zu seinem Inhalt hat, liege, wie Hegel hierzu in seinem Zusatz erläutert, zugleich, dass sich das Willenssubjekt zu einem *Diesen*, zu einem *Natürlichen* vereinzelt.[1018] Dieses Moment der *Einzelheit* müsse in der Ausführung auch der objektivsten Zwecke seine Befriedigung erhalten: "Ich als dieses Individuum will und soll in der Ausführung des Zwecks nicht zugrunde gehen. Dies ist mein *Interesse*" (Hegel). Das Interesse dürfe man aber *nicht* mit der *Selbstsucht* verwechseln; ziehe doch diese ihren *besonderen* Inhalt dem *objektiven* Inhalt vor. So kann z. B. die bürgerliche Klasse eines Landes Interesse an der Errichtung oder Erhaltung eines demokratischen Rechtsstaates haben, weil sie in einem solchen ihr Ziel gewahrt sieht, kontinuierlich und gewinnbringend zu wirtschaften. Denkbar wäre aber auch eine bürgerliche Klasse, die aus bloßer Selbstsucht die Diktatur einem demokratischen Rechtsstaat vorzieht, weil jene kurzfristig für sie außergewöhnlich große Gewinnchancen verspricht.

Der Wille als *denkender* und *an sich* freier unterscheide sich, so Hegel nach seinem Zusatz, von der *Besonderheit* der Triebe und stelle sich als einfache Subjektivität des Denkens über deren mannigfaltigen Inhalt, und so sei er *reflektierender* Wille.[1019] Eine solche Besonderheit des Triebes sei auf diese Weise nicht mehr unmittelbar, sondern erst die *seinige* (also die des Willens, d. Verf.), indem er (als reflektierender Wille, d. Verf.) sich mit ihr (der Besonderheit, d. Verf.) zusammenschließt und sich dadurch eine bestimmte Einzelheit und Wirklichkeit gibt. Er sei in der Lage, zwischen Neigungen zu wählen und sei damit *Willkür*.[1020]

[1018]Ders., Enzyklopädie der philosophischen Wissenschaften, 3. Teil, a. a. O., S. 298 f.

[1019]Ebenda, S. 299. f.

[1020]Der natürliche Wille, oder der Wille im Bereich der Begierden, Triebe und Neigungen sei, wie Hegel schon zitiert wurde, *Willkür*, und zwar insofern er vielerlei innerlich oder äußerlich Gegebenes in der Vorstellung vor sich haben

Der Wille als *Willkür* ist, wie Hegel fortfährt, zwar *für sich* frei, indem er, anders als sein nur *unmittelbares* Selbstbestimmen (als praktisches Gefühl, d. Verf.), in sich reflektiert ist.[1021] Jedoch insofern der Inhalt, in dem sich diese seine formale Allgemeinheit [1022] zur Wirklichkeit *beschließt*, noch kein anderer als der der Triebe und Neigungen sei, sei er nur als *subjektiver* und *zufälliger* Wille *wirklich*. Als der *Widerspruch*, sich in einer Besonderheit zu verwirklichen, die zugleich für ihn eine *Nichtigkeit* sei, und eine Befriedigung in ihr zu finden, die zugleich eine *Vergangene* sei, sei der Wille zunächst der *Prozess*, in dem *eine* Neigung oder *ein* Genuss durch eine(n) *andere(n)* aufgehoben werde, in dem *eine* Befriedigung eine *andere* bis ins Unendliche ablöse. Aber die *Wahrheit* der vielfältigen *besonderen* Befriedigungen sei eine *allgemeine*, die der *denkende* Wille sich zum Zweck setze, nämlich die *Glückseligkeit*.

---

könne und als einfache Reflexion darüber sich zu dem einen oder dem anderen bestimmen, d. h. *wählen* könne. Ders., G. W. F. Hegel, Die Philosophie des Rechts, Die Mitschriften Wannenmann und Homeyer, hrsg. v. K.-H. Ilting, a. a. O., Zusatz, S. 216-217.

[1021] Das Ziel des in sich reflektierten Willens sei, so Hegel, die Glückseligkeit, die aber nur der Schein einer Idee sei, wie sie die Reflexion mache. Nichts zu wollen, sei ebenso ein abstraktes Moment und halte der Mensch an dieser Abstraktion fest, so würde er in sich schwinden. Der natürliche Wille sei die Stufe der *Unmittelbarkeit*, die *Willkür* die Stufe der *Reflexion*. Der *reflektierende* Wille habe nur das Hinübergehen von der Unbestimmtheit zu einem endlich bestimmten Inhalt, während der an und für sich *freie* Wille eine unendliche Bestimmtheit habe (Dieser sei *frei*, weil er sich auf nichts anderes beziehe als auf sich selber und *allgemein*, weil in ihm alle Beschränkung und individuelle Besonderung aufgehoben sei. In ihm wolle die Freiheit sich selber.). Ebenda, S. 217 u. Zusatz zu S. 218.

[1022] Gemeint ist offensichtlich die Willkür, also der *denkende* Wille, der sich von der Besonderheit der Triebe und Neigungen unterscheidet, sich über den mannigfaltigen Inhalt derselben erhebt und die Fähigkeit besitzt, zwischen jenen zu wählen.

C. *Die Glückseligkeit*

In der durch das *reflektierende* Denken hervorgebrachten Vorstellung von einer *allgemeinen* Befriedigung seien, so Hegel, die Triebe in ihrer Besonderheit als *negativ*, als *nichtig*, gesetzt.[1023] Sie sollen nämlich einer nach dem anderen zu Gunsten des Zwecks der Glückseligkeit, zum Teil vollständig oder zum Teil aufgeopfert werden. Ihre Begrenzung durch einander sei eine Vermischung von qualitativer und quantitativer Bestimmung.[1024] Da aber andererseits die Glückseligkeit ihren *affirmativen* Inhalt allein in den Trieben habe, liege in ihnen die Entscheidung, und es sei das *subjektive* Gefühl und Belieben, was den Ausschlag geben müsse, wovon die Glückseligkeit zu erwarten ist.[1025] Hegel formuliert hier also im Ansatz eine Theorie der rationalen Entscheidung, der zufolge das Willenssubjekt danach strebt, in seiner Wahl in einer gegebenen Situation einen Zustand der Glückseligkeit (oder maximaler/optimaler Befriedigung) herbeizuführen. Dazu ist es erforderlich, dass das Subjekt die Befriedigung eines Triebes (oder einer Neigung), von dem ein höherer Grad an Befriedigung erwartet wird als von der Befriedigung eines anderen Triebes (oder einer anderen Neigung), die Befriedigung des ersteren vorzieht oder diese

---

[1023]Ders., Enzyklopädie der philosophischen Wissenschaften, 3.Teil, a. a. O., S. 299 ff.

[1024]Das Individuum als reflektierender Wille besitzt die Fähigkeit zu wählen, welche Triebe oder Neigungen es in einem gegebenen Zeitraum befriedigen will. Der Triebe oder Neigungen sind aber viele, und das Individuum kann in einem und demselben Zeitpunkt nicht alle befriedigen und muss deshalb eine Auswahl treffen. Dabei muss es gegebenenfalls einen Trieb zugunsten eines anderen opfern oder entscheiden, in welchem quantitativen *Ausmaß* es den *einen* Trieb zugunsten eines anderen oder mehrerer anderer unterdrücken will, will es den Zustand der Glückseligkeit erreichen.

[1025]Die Präferenzordnung, die der reflektierende Wille, also die Willkür als die Fähigkeit zwischen einzelnen Neigungen zu wählen, aufstellt, geschieht aus dem subjektiven Gefühl und dem Belieben heraus, so dass diese in der Herbeiführung des Zustandes der Glückseligkeit den Ausschlag geben.

zugunsten der Befriedigung des anderen einschränkt. Nahe liegt es hier auch, an das rationale Wirtschaftshandeln von Individuen oder Haushalten, wie es in der (Grenz-)Nutzentheorie der Ökonomen dargestellt wird, zu denken.

Die Glückseligkeit sei, so Hegel, die abstrakte *Allgemeinheit* des Inhalts[1026], die nur vorgestellt sei und nur sein *sollte*. Die *Wahrheit* aber der *besonderen* Bestimmtheit, die ebenso sehr *sei* als sie *aufgehoben* sei, und die Wahrheit der *abstrakten Einzelheit*, der Willkür, die sich in der Glückseligkeit ebenso sehr einen Zweck gebe, wie sie ihn sich nicht gebe, sei die *allgemeine* Bestimmtheit des Willens an ihm selbst, d. h. sein *Selbstbestimmen* selbst, die *Freiheit*.[1027] Die Willkür sei auf diese Weise der Wille nur als reine Subjektivität, die dadurch rein und konkret zugleich sei, dass sie zu ihrem Inhalt und Zweck nur jene unendliche Bestimmtheit, nämlich die *Freiheit* selbst, hat. In dieser

---

[1026] Als eine solche „abstrakte Allgemeinheit des Inhalts" kann z. B. der Nutzen angesehen werden, den ein Inhalt stiftet und der mit *dem* Nutzen verglichen werden kann, den jeweils andere Inhalte stiften. Steht der reflektierende Wille des Einzelnen vor mehreren Inhalten, die jeweils einen bestimmten Nutzen stiften, so soll er eine (subjektive) Rangordnung mit dem Zweck aufstellen, einen möglichst hohen Gesamtnutzen, mit einem anderen Wort: Glückseligkeit, zu erreichen. Diese ist nach Hegel bloß eine Vorstellung des Einzelnen, etwas, was sein sollte.

[1027] Die *Wahrheit* eines besonderen Triebes, z. B. Vermögen anzuhäufen, der ebenso ist, wie er, z. B. zugunsten des Triebes, sich politisch zu engagieren oder des Triebes, sich z. B. seiner Familie zu widmen, *aufgehoben* ist, und die Wahrheit der *Willkür*, die sich in der Glückseligkeit (z. B. durch eine Präferenzordnung der Triebe) ebenso sehr einen Zweck gibt, wie sie sich ihn nicht gibt, das ist nach Hegel offenbar die *allgemeine* Bestimmtheit des Willens, wie sie an ihm selbst ist, nämlich sein Selbstbestimmen, die *Freiheit*. Mit anderen Worten, der Wille des Einzelnen kommt erst dann zu seinem Selbstbestimmen, zur Freiheit, nachdem er den Standpunkt des *reflektierenden* Willens, also der Willkür als Fähigkeit, zwischen Neigungen zu entscheiden und darüber hinaus die Neigungen in eine Rangordnung zum allgemeinen Zweck der Glückseligkeit zu bringen, *aufgehoben* hat.

Wahrheit seiner Selbstbestimmung, in der Begriff und Gegenstand identisch seien, sei der Wille, und zwar der *wirklich freie Wille*.[1028]

6.4 Der *freie* Geist

Der *wirkliche* freie Wille ist nach Hegel die Einheit des theoretischen und des praktischen Geistes.[1029] Der *freie Wille*, das sei der Wille, der *für sich als freier Wille* ist, indem sich der Formalismus, die Zufälligkeit und Beschränktheit des bisherigen praktischen Inhalts aufgehoben habe. Dadurch, dass die Vermittlung, die darin enthalten, aufgehoben sei, sei der freie Wille die durch sich gesetzte *unmittelbare Einzelheit*, die aber ebenso zur *allgemeinen* Bestimmung, nämlich der Freiheit selbst, gereinigt sei.[1030] Diese *allgemeine* Bestimmung der Freiheit habe der Wille zu seinem Gegenstand und Zweck, indem er sich *denkt*, diesen seinen Begriff weiß, *Wille* als freie *Intelligenz* ist.

[1028]Der Wille des Einzelnen ist also dann *wirklich freier Wille*, wenn sein Begriff: die Freiheit, und sein Gegenstand: die Freiheit, identisch sind. Solange der Wille durch Triebe, Neigungen und das Streben nach Glückseligkeit bestimmt ist, ist er bloß *reflektierender* Wille, *Willkür*. Diese sieht sich zwar in der Welt der Triebe und Neigungen vor Alternativen, kann sich ihrem Begriff nach für die eine oder andere entscheiden und schließlich mit Überlegung eine Präferenzordnung mit dem Zweck aufstellen, Glückseligkeit zu erreichen, aber damit wird sie noch nicht ein *wirklich freier* Wille.

[1029]Ebenda, S. 300 ff.

[1030]Der *wirkliche freie* Wille, wie er sich im Einzelnen herausbildet, ist, wie erwähnt, der Wille, der nicht nur seinem Begriff, frei zu sein, entspricht, sondern auch die Freiheit als solche will, diese sein Gegenstand und Zweck ist. Vermittelt wird der *wirkliche freie Wille*, indem der Wille zunächst als bloß formaler, zufälliger einzelner und beschränkter Wille, wie er im natürlichen und im reflektierenden Willen und schließlich als Streben nach Glückseligkeit gegeben ist, sich aufgehoben hat. Aus diesem Prozess der Vermittlung geht der Wille zwar als *einzelner* Wille wieder hervor, aber nunmehr als ein solcher, der zu seiner *allgemeinen* Bestimmung, nämlich der Freiheit selbst, aufgestiegen ist.

Der Geist, der sich als frei weiß, und sich als diesen seinen Gegenstand, die Freiheit, will, also sein Wesen, eben die Freiheit, zu seiner Bestimmung und zu seinem Zweck hat, sei, Hegel zufolge, zunächst *überhaupt* der vernünftige Wille oder *an sich* die Idee und deshalb nur der *Begriff* des absoluten Geistes.[1031] Als *abstrakte* Idee existiere sie wieder nur im *unmittelbaren* Willen des *Einzelnen*, sei sie die Seite des *Daseins* der Vernunft, der *einzelne* Wille als Wissen jener seiner Bestimmung (der Freiheit, d. Verf.), die seinen Inhalt und Zweck ausmache und deren[1032] nur formale *Tätigkeit* der einzelne Wille sei. Die Idee erscheine so nur im *Willen des Einzelnen*, der ein endlicher sei, aber die *Tätigkeit* des Einzelnen laufe (vom Einzelnen beabsichtigt oder unbeabsichtigt, d. Verf.) darauf hinaus, die Idee zu entwickeln und ihren sich entfaltenden Inhalt als Dasein zu setzen, das als Dasein der Idee *Wirklichkeit, objektiver Geist* ist.[1033]

[1031] Der Geist auf dieser Stufe ist nach Hegel also zunächst *überhaupt* der *vernünftige* Wille; er sei aber nur *an sich* die Idee, d. h. er ist noch nicht *objektiver* Geist, wie er in der Form des Rechts, der Moralität und der Sittlichkeit: Familie, bürgerliche Gesellschaft, moderner Staat, gegeben ist, und ist deshalb bloß der Begriff des absoluten Geistes. Als Begriff ist der vernünftige Wille ein Subjektives, also ein Inhalt des abstrakten Denkens, der nach Hegel nichtsdestoweniger objektiv ist; als Begriff ist er, ihm zufolge, eine konkrete Allgemeinheit, in der das Besondere und Einzelne enthalten ist. Da der vernünftige Wille nur *an sich* die Idee, aber diese nicht *für* das Willenssubjekt ist, ist er noch nicht die Idee als Einheit des Subjektiven und Objektiven. Der vernünftige Wille als „abstrakte Idee" (ders) existiert demnach nur im unmittelbaren Willen des Einzelnen und dort ist er das Dasein der Vernunft.

[1032] Der Wille des Einzelnen ist offenbar als die formale Tätigkeit der abstrakten Idee zu verstehen, und zwar in dem Sinne, dass die Existenz der Idee nur durch die Tätigkeit des Einzelnen vermittelt wird.

[1033] Der Einzelne kann es nicht beim vernünftigen Willen verharren, sondern er muss diesen als bloß „abstrakte Idee" (Hegel) weiterentwickeln, so dass er in den objektiven Geist übergeht, wo die Idee der Freiheit als sittliche Idee ein *objektives Sein* ist und *Wirklichkeit* hat. Dort ist die Idee nach Hegel, wie schon mehrmals ausgeführt, im Selbstbewusstsein des Einzelnen, d. h. in seinem Wissen von einer

Über keine Idee wüsste man, Hegel zufolge, so allgemein, dass sie unbestimmt, vieldeutig und geeignet ist, große Missverständnisse hervorzurufen, wie die Idee der *Freiheit*, und keine sei mit so wenigem Bewusstsein verbreitet. Der freie Geist sei der *wirkliche* Geist. Die Missverständnisse über ihn hätten ebenso ungeheure praktische Folgen, nicht anders, als wenn die Individuen und Völker den abstrakten Begriff der *für sich seienden* Freiheit einmal in ihre Vorstellung aufnehmen würden. Er habe eine unbezwingbare Stärke, eben weil die Freiheit das eigene Wesen des Geistes, und zwar als seine Wirklichkeit selbst sei. Ganze Erdteile, so Afrika und der Orient hätten diese Idee nie gehabt und hätten sie noch nicht; weder die Griechen, noch die Römer, weder Platon noch Aristoteles, und auch die Stoiker hätten sie nicht gehabt. Diese Idee sei erst durch das *Christentum* in die Welt gekommen, nach dem das Individuum als *solches* einen *unendlichen* Wert habe, indem es als Gegenstand und Zweck der Liebe Gottes dazu bestimmt sei, zu Gott als Geist ein absolutes Verhältnis, diesen Geist in sich wohnen zu haben; dies besage, dass der Mensch *an sich* zur höchsten Freiheit bestimmt ist. Würde in der Religion als solcher der Mensch das Verhältnis zum absoluten Geist als sein Wesen wissen, so sei auch für ihn der göttliche Geist, der in die Sphäre der *weltlichen Existenz* eintrete, als die Substanz des Staates, der Familie

---

freiheitlichen normativen, sein Handeln bewegende Ordnung und in seinem Wollen dieser objektiven Ordnung enthalten. Und, indem er entsprechend dieser Ordnung, also seinem Wissen davon sowie seiner ihr entsprechenden Gesinnung handelt, setzt er eine ebenso freiheitliche wie vernünftige Wirklichkeit, vollends in Gestalt des modernen Staates. Der *objektive* Geist als die „absolute, aber nur *an sich* seiende Idee" (Hegel), als die Einheit einer vernünftiger Ordnung und des Handelns ebenso vernünftiger Subjekte, die mit ihrem Handeln eine sittliche Wirklichkeit setzen, ist die vorletzte Stufe der Idee als Geist; es folgt nur noch die Stufe der Idee als *absoluten Geist*: Kunst, geoffenbarte Religion und Philosophie, die in der Philosophie Hegels gedacht werden. In der Philosophie geht es aber nicht mehr um Inhalte der Idee des Geistes, die ja bereits in der „Philosophie des Geistes" vollständig entfaltet worden sind, sondern nur noch um die formale Darstellung der praktizierten *Methode*.

usw., gegenwärtig. Diese Verhältnisse würden durch jenen Geist ebenso ausgebildet und ihm angemessen konstituiert werden (in den objektiven normativen Ordnungen, d. Verf.), wie er dem *Einzelnen,* durch die Existenz solcher Ordnungen, der sittlichen Gesinnung innewohnt und der Geist dann in dieser Sphäre seiner besonderen Existenz (des Einzelnen, d. Verf.), seines gegenwärtigen Empfindens und Wollens, *wirklich frei* ist.[1034]

Sei das *Wissen* von der Idee, d. h. von dem Wissen der Menschen, dass ihr Wesen, Zweck und Gegenstand die *Freiheit* ist, *spekulativ* (philosophisch-theoretisch, d. Verf.), so sei, Hegel zufolge, diese Idee als *solche* die *Wirklichkeit* der Menschen; diese *hätten* nicht die Idee, vielmehr *seien* sie die Idee. Das Christentum habe es in seinen Anhängern zu ihrer Wirklichkeit gemacht, z. B. kein Sklave zu sein. Würden sie zu Sklaven gemacht werden, würde die Entscheidung über ihr Eigentum in das *Belieben* und nicht der Gesetze und Gerichte gelegt, so würden sie die Substanz ihres Daseins verletzt finden. Dieses Wollen der Freiheit sei nicht mehr ein *Trieb*, der nach seiner Befriedigung verlangt, sondern der Charakter, nämlich das zum trieblosen *Sein* gewordene *geistige* Bewusstsein. Aber diese Freiheit, die den Inhalt und Zweck der Freiheit habe, sei selbst zunächst nur Begriff, Prinzip

---

[1034]Der Geist des Christentums hat also einerseits eine *äußere* Existenz, und zwar in Gestalt objektiver normativer Ordnungen, und andererseits eine *innere* Existenz, und zwar in Gestalt der sittlichen Gesinnung, des Wissens und der Gefühle des Einzelnen, also der subjektiven Formen und Inhalte, die auf jene Ordnungen bezogen sind. Hegel macht also die Religion des Christentums, die er in seinem System als den absoluten Geist einordnet, zum Gegenstand seines philosophischen Erkennens und enthüllt dabei, dass der Kerngedanke dieser Religion die Idee der Freiheit des Menschen ist, eine Idee, die in die weltliche Existenz, z. B. als moderner Staat, eingetreten ist. In diesem ist demnach der „Geist des Christentums" „an sich" anwesend. Die Religion muss aber nach Hegel vom Staat getrennt sein. Als eine besondere Sphäre neben ihm, hat sie im Glauben des Einzelnen an Gott, in den religiösen Riten, im Geist der einzelnen Gemeinde und in der kirchlichen Organisation überhaupt ihre subjektive und objektive Existenz und Wirklichkeit.

des Geistes und Herzens, und erst dazu bestimmt, sich zur Gegenständlichkeit zu entwickeln, nämlich zur rechtlichen, sittlichen, religiösen ebenso wie zur wissenschaftlichen Wirklichkeit. Und dies macht, wie man hinzufügen könnte, den Wesenskern der historischen Entwicklung hin zur modernen Zeit aus.

7. Anhang

Der philosophische Begriff der Idee

Für Hegel steht die "Idee" im Zentrum seiner Philosophie, mehr noch, in ihr ist es, ihm zufolge, von jeher um nichts anderes gegangen als um die "denkende Erkenntnis der Idee" (ders.).[1035] Das besagt, dass die Idee nur durch das philosophische Denken erkannt, in ihrer Klarheit nur in diesem anwesend (oder "für sich") ist und sich nur dort entfaltet gleichsam wie der Samen einer Pflanze. Das besagt demnach *nicht*, dass die Idee bloß ein *subjektives* Phänomen, etwa ein Plan oder Einfall, ist; sie ist auch nicht die Idee von irgendetwas. Vielmehr ist sie nach Hegel *wirklich*, und es gebe nichts zwischen Himmel und Erde, was nicht die Idee in sich trage. So lässt sich die Idee am ehesten in geschichtlichen Erscheinungen feststellen. Doch nach Hegel genügt eine solche Feststellung nicht, vielmehr gelte es, "die Idee selbst in ihrer inneren gedanklichen und begrifflichen Notwendigkeit zu entwickeln" (ders.)[1036].

Das denkende Erkennen der Idee ist identisch mit ihrer Entfaltung und in dieser entsteht nach Hegel nichts anderes als die Welt in ihrer Totalität von den logischen Formen bis hin zur Welt der Natur und des Geistes. Die "wirkliche Welt", wie sie im Kopf des Philosophen entsteht, stellt freilich nicht die empirische, handgreifliche Welt dar, obwohl diese für die Einzelwissenschaften und sodann die Philosophie Ausgangs- und Stützpunkt ist, sondern die Welt als eine vernünftige. Mag sich auch die reale Welt oft von den in ihr enthaltenen Ideen entfernen, so bleiben doch diese in jener enthalten; denn es gibt in der realen Welt nach Hegel, wie gesagt, nichts, was nicht die Idee in sich

---

[1035]Ders., Enzyklopädie der philosophischen Wissenschaften, 1. Teil, Hegel Werke, Bd. 8, Frankfurt a. M. 1970, S. 369.
[1036]E. Metzke, Hegels Vorreden, Enzyklopädie (2. Ausg.), a. a. O., S. 247.

trägt. Zum Beispiel sind dem einzelnen Staatsbürger Ausschnitte des modernen Staates wohl vertraut, mehr noch, getrieben von eigenen Interessen, wird er die eine oder andere Staatssphäre zum Gegenstand des Nachdenkens machen und dabei fühlen, dass der Staat eine sittliche Idee ist. Davon unterscheiden sich aber die jeweils auf *eine* Staatssphäre bezogenen wissenschaftlichen Darstellungen des gegliederten modernen Staates. In ihnen walten nach Hegel "an sich" Idee und Vernunft, aber nicht unbedingt *für* die betreffenden Einzelwissenschaftler, deren Erkenntnisse, Hegel zufolge, aus dem trennenden, isolierenden Verstand hervorgehen. An die Resultate der einzelnen Staatswissenschaften knüpft nun das philosophische Denken an und begreift den modernen Staat als "Wirklichkeit der sittlichen Idee" (ders.)[1037]. Das bleibt aber keine bloße Behauptung, sondern wird im Einzelnen begrifflich-theoretisch entfaltet und begründet. So ist nach Hegel die "sittliche Idee" (oder die Sittlichkeit) die *"Idee der Freiheit"*, das *lebendige Gute*, das subjektiv in dem Selbstbewusstsein des Einzelnen: seinem Wissen und Wollen, und durch sein *Handeln* seine *Wirklichkeit*, so wie dieses Handeln an dem objektiven *sittlichen Sein* seine an und für sich seiende Grundlage und bewegenden Zwecke habe.[1038] Bezogen auf den modernen Staat ist die "sittliche Idee" also einerseits im Verfassungsbewusstsein der einzelnen Staatsbürger und andererseits in der Verfassungsordnung enthalten, und, indem jene *Handeln*, setzen sie den Staat als Wirklichkeit der sittlichen Idee.

Für Hegel ist die Idee *"das Wahre an und für sich"*, die *"absolute Einheit des Begriffs und der Objektivität"*. Der Inhalt der Idee sei kein anderer als der Begriff in seinen Bestimmungen und ihr realer Inhalt sei nur seine Darstellung, die er sich in der Form äußerlichen Daseins gebe.[1039]

[1037]Ders., Grundlinien der Philosophie des Rechts, a. a. O., S. 398.

[1038]Ebenda, S. 292,

[1039]Ders., Enzyklopädie der philosophischen Wissenschaften, 1. Teil, a. a. O., S.

Als Beispiel für die Idee kann man hier die Idee als Leben anführen, die nach Hegel eine absolute Einheit der Seele (des Begriffs als ein tätiges Prinzip) und des Organismus (ein teleologisches System im Sinne eines allgemeinen theoretischen "Weltmodells", das nach Hegel die Einheit der beiden anderen, ebenso allgemeinen "Weltmodelle", des Mechanismus und des Chemismus, darstellt). Der reale Inhalt der Idee, also der Seele (des Geistes) des Einzelnen, ist, wie sich Hegel verstehen lässt, die Darstellung, die er sich in der Form äußerlichen Daseins, also seines Körpers, gibt.

Die Idee sei, wie es bei Hegel weiter heißt, die *Wahrheit*; sei doch die Wahrheit dies, dass die Objektivität dem Begriff entspricht und nicht, dass äußerliche Dinge meinen Vorstellungen entsprechen.[1040] In der Idee handle es sich nicht um mich, meine Vorstellungen oder äußerliche Dinge. Aber auch alles Wirkliche, insofern es ein *Wahres* ist, sei die Idee und habe seine Wahrheit allein durch die Idee und kraft der Idee. Das einzelne Sein sei irgendeine Seite der Idee, für dieses bedürfe es deshalb noch anderer Wirklichkeiten, die ebenfalls als besonders für sich bestehend erscheinen. In ihnen zusammen und in ihrer Beziehung sei allein der Begriff realisiert. Unter "Idee" habe man sich nichts Fernes und Jenseitiges vorzustellen, sie sei vielmehr das durchaus *Gegenwärtige*, und man finde sie in *jedem* Bewusstsein, wenn auch nur getrübt.

Die "spekulative Idee" ist, wie E. Metzke bekräftigt, nicht irgendeine Gedankenkonstruktion, sondern der "gediegene Gehalt" der konkreten Erfahrung und Wirklichkeit, "insofern er gedacht wird".[1041] Die Idee, die *ungetrübt* nur im Prozess des begreifenden Erkennens, also in der Philosophie, wie Hegel sie versteht, gegeben ist, ist demnach die

---

367 u. ff. Zum Sinngehalt des Wortes „Begriff", wie er hier bestimmt ist, siehe die folgenden Ausführungen.

[1040] Ebenda, S. 368 f.

[1041] Ders., Hegels Vorreden, Enzyklopädie (2. Ausg.), a. a. O., S. 239.

Identität von Subjekt und Objekt, das Bewusstsein ist hier zugleich Gegenstand des Bewusstseins. [1042] Doch der Ausgangspunkt ihrer Entfaltung ist nicht das reine philosophische Denken, sondern es sind, wie schon erwähnt, die Vorarbeit und die Resultate der Natur- und Geisteswissenschaften. Die Idee, die ja nach Hegel das Gegenwärtige darstellt, findet sich nicht nur im philosophischen, sondern, wenn auch, wie gesagt, nur undeutlich, in jedem Bewusstsein. So würden wir uns die Welt als ein großes, von Gott geschaffenes Ganzes vorstellen, und zwar so, dass sich uns Gott in der Welt offenbart hat.[1043]

Wenn Hegel in seinem begreifenden Erkennen die Idee erfasst und dabei die Welt, wie sie wirklich ist, im Einzelnen entfaltet, so erfindet er nichts Neues, vielmehr schöpft er aus dem, was die Menschheit vor und während seines wissenschaftlichen Lebens hervorgebracht hat. Sein Beitrag besteht "lediglich" darin, diesen Reichtum an Entdeckungen zu sichten, aufzunehmen und mittels der philosophischen, d. h. der dialektischen Methode, zu einem in sich logischen Gesamtsystem zusammenzufügen.[1044] Dies geschieht durch

---

[1042] N., Hartmann, G. W. Fr. Hegel, a. a. O., S. 276. Die Idee sei, so N. Hartmann, Leben und darum bleibe sie auch Prozess. (Ebenda, S. 275 f.) Sie sei eine Synthese von Prozess, Resultat, Sollen und Vollendung, eine Vollendung, in der der Prozess sich erhalte, oder auch der Prozess, in dem die Vollendung schon sei. Als Beispiel kann man soziale Wirklichkeiten als Aktualisierungen von Ideen, wie z. B. die Wirklichkeit des modernen Staates als Aktualisierung der Idee der Freiheit, anführen.

[1043] Ders., Enzyklopädie der philosophischen Wissenschaften, 1. Teil, a. a. O., S. 369. „Wenn von der Idee gesprochen wird, so hat man sich darunter nicht etwas Fernes und Jenseitiges vorzustellen. Die Idee ist das durchaus Gegenwärtige, und ebenso findet sich dieselbe auch in jedem Bewusstsein, wenn auch getrübt und verkümmert. - Wir stellen uns die Welt vor als ein großes Ganzes, welches von Gott erschaffen ist, und zwar so, daß sich uns Gott in derselben kundgegeben hat."

[1044] Hegels Logik stehe, so Metzke, nicht in einem luftleeren Raum konstruierter Begriffe, sondern sie setze den Erfahrungsweg und die Entwicklungsgeschichte der abendländischen Philosophie und Wissenschaft voraus. Die Kategorien, die die

nichts anderes als durch das reine Denken und, indem sich dieses vollendet, entsteht, wie angedeutet, die gegenwärtige, moderne Welt, die Wirklichkeit, als ein Gedachtes. Dann gibt es neben diesem Gedachten und sprachlich Erfassten, neben der Welt als Idee, nicht noch eine andere Welt. Die Welt ist Idee oder mit einem anderen Wort: *Geist.* Und dies kann man nicht mit dem Hinweis auf *das* entkräften, was in unserem sinnlichen Bewusstsein gegeben ist oder auf die vielen scheinbar ideen- oder geistlose Zustände und Ereignisse in der Menschenwelt.

Den Anfang von Hegels wissenschaftlichen System bildet die "logische Idee", in der die allgemeinen Kategorien und logischen Formen, die die Geschichte des philosophischen Denkens hervorgebracht hat, miteinander ("dialektisch") verknüpft werden. [1045] Der reine Denkprozess beginnt demnach mit der Lehre vom Sein, setzt sich mit der Lehre vom Wesen fort und endet vorläufig mit der Lehre vom Begriff. Dieses System von allgemeinen Denkformen, das eine durchgängige logische Notwendigkeit einschließt, geht dem philosophischen Erkennen der Welt der Natur, als das "Außersichsein" des Geistes, und der Welt des Geistes als eine logische

---

Logik entfaltet, seien durch den Menschen im Laufe der Zeit entdeckt worden. Ders., Hegels Vorreden, Logik (2. Ausg.), S. 221.

[1045] Hegels Logik mit ihren drei Teilen: Sein, Wesen und Begriff, ist nach E. Metzke alles andere als eine bloße Logik, gar im Sinne einer formal-subjektiven Denklehre. Ihre Begriffe seien vielmehr die Kategorien des Absoluten selbst, die als solche die Kategorien alles Seienden seien. Sie enthalte das den Gegensatz von subjektiv und objektiv vorausliegende System der „reinen Wesenheiten" der absoluten Vernunft, das die zeitlose Basis sowohl des Erkennens als auch aller natürlichen und geistigen Wirklichkeit ist. Das Denken komme hier auf das zurück, was ihm ursprünglich und zeitlos vorangeht als Grundlage. Die Logik sei die universale Fundamentalwissenschaft, und sie stelle inhaltlich „die umfassendste Ontologie und das reichhaltigste Kategoriensystem dar, das die Geschichte der Metaphysik (nicht nur der Neuzeit) kennt" (Heimsoeth, Metaphysik der Neuzeit 1929, 157). Ebenda, Die Vorreden zur Wissenschaft der Logik, S. 209.

Voraussetzung voran. Ohne jene Denkformen lassen sich die Inhalte der natürlichen und geistigen Welt gar nicht erfassen.

Das, was Hegel als logische Idee und danach als Idee der Natur denkend entfaltet, kann hier nur gestreift werden; geht es doch hier in erster Linie um die Idee des Geistes, und zwar vor allem, wie ausgeführt, um die Idee des subjektiven Geistes, in der jedoch die folgende, konkretere Stufe, nämlich die Idee als objektiver Geist, bereits mitgedacht wird; stellt doch die Sphäre des Geistes eine Totalität dar und lebt doch das Individuum von vornherein in den normativen Ordnungen des objektiven Geistes (des "absoluten Geistes an sich", Hegel): Recht, Moralität und Sittlichkeit. Den Abschluss des denkenden Erkennens der Idee, in dem diese sich entfaltet, bildet die Idee als absoluten Geist, nämlich die Kunst, die geoffenbarte Religion und die Philosophie - Systeme, die als Ideen in der Philosophie Hegels gedacht werden. Dort angekommen, beginnt keineswegs die "eigentliche" Philosophie, denn diese ist ja identisch mit der denkenden Entfaltung der Idee als einer Totalität oder des Hegelschen Gesamtsystems. Vielmehr reflektiert Hegel am Ende lediglich die Methode seines philosophischen Denkens, die, ihm zufolge, nicht an die Gegenstände von außen herangetragen wird, sondern mit ihnen identisch, also "Gegenstandsmethode" ist.[1046]

[1046]Dazu: E. Metzke, ebenda, S. 233-234 u. N. Hartmann: Dasjenige Bewusstsein, in dem die absolute Idee um sich wüsste, sei die Philosophie. Gegenüber allem anderen, dem bloß subjektiven oder reflektierenden Denken zeichne sich die Philosophie dadurch aus, dass sie um sich als um die Selbstverwirklichung des Absoluten weiß. Sie „beschreibe" nicht nur den Weg dieser Selbstentfaltung, sondern sie *sei* auch selbst objektiv diese Selbstentfaltung, indem sie subjektiv das Wissen um sie sei. So sei sie der sich selbst wissende Weg oder die „Methode". Darunter verstehe Hegel den sich selbst darstellenden und zugleich anschauenden Prozess der absoluten Idee. Ders., G. W. Fr. Hegel, a. a. O., S. 281-282.

Die Dialektik

Hegel lehnt also eine vorangehende gesonderte Methodenbetrachtung, wie Metzke bekräftigt ab, weil sie äußerlich abstrakt und formal bleibe. [1047] Gerade die philosophische Methode sei nicht von der Entfaltung des Inhalts abtrennbar, sie sei vielmehr diese Entfaltung selbst und variiere mit dem Inhalt. Das würde der Satz (Hegels) besagen: "die Wahrheit ist die Bewegung ihrer selbst". Deshalb würde Dialektik hier nur richtig verstanden werden, würde sie als konkrete Bewegung des Inhalts (z. B. des subjektiven Geistes, d. Verf.) selbst gesehen werden. Das wahre Erkennen bestehe nach Hegel nicht darin, dass es äußerlich Vorhandenes ordnet, subsumiert, rubriziert usw., sondern darin, dass es "in den immanenten Inhalt der Sache" eindringt, um seine "innere Notwendigkeit" auszusprechen und seine eigene Bewegung sichtbar zu machen, so dass, wie es (bei Hegel) heißt, "der Begriff das eigene Selbst des Gegenstandes ist".[1048] "Die Wissenschaft darf sich nur durch das eigene Leben des Begriffs organisieren" (Hegel), d. h. nicht durch irgendwelche Schemata, die äußerlich übernommen werden. [1049] Das Wissen habe nur "den Inhalt in seiner eigenen Innerlichkeit" (ders.) zu entfalten, denn es sei die Sache selbst, die sich im Wissen, das sich ihr hingibt, erschließt.[1050] Hegel unterscheide nach Metzke (im dialektischen Denken, d. Verf.) eine "schlechte Negativität", die nur unproduktiv verneine und damit keine Erkenntnisse ergebe, und ein - in zugespitzter Formulierung - positiv Negatives, das zur Bestimmtheit der Sache gehöre, falls diese als bestimmte immer abgrenzende, also negierende Unterschiede setzt; durch das

---

[1047]Ders., Hegels Vorreden, Phänomenologie, a. a. O., S. 193.
[1048]Ebenda, S. 194.
[1049]Ebenda, S. 195.
[1050]Ebenda, S. 197.

negierende Unterscheiden würde hier gerade der "positive Inhalt" hervortreten.[1051]

Im Fall der Dialektik gehe es, so Metzke, nicht um die Methode, sondern, wie schon angedeutet, darum, dass bestimmte Sachverhalte erschlossen werden. Sie werde auch nicht erfasst, sehe man in ihr das formale Schema "These", "Gegenthese" und "Synthese", sie sei vielmehr von den Erfahrungen her zu erhellen, in denen sie wurzelt. Einen solchen Erfahrungsanstoß zum dialektischen Denken bilde die Tatsache des Widerstreits philosophischer Lehren und Meinungen.[1052] Man müsse daran denken, dass die Wahrheit nie einem einzelnen Satz oder einer einzelnen Feststellung zukomme, sondern nur dem Gesamtzusammenhang, dem Ganzen, dessen Erhellung Aufgabe der Philosophie sei.[1053] Deshalb fordere Hegel von der Philosophie, dass sie jene Wahrheit gewinnt, die "fähig ist, das Eigentum aller selbstbewussten Vernunft zu sein".[1054]

Der Begriff

Der *"Begriff"* muss nach Hegel, wie erwähnt, von der *"Idee"* unterschieden werden. Der Begriff von einem Gegenstand, einem Ding oder einer Sache wird vom abstrakten Denken hervorgebracht und zielt, ihm zufolge, auf das Wesen derselben ab und ist deshalb objektiv. Die Idee ist dagegen eine philosophische Kategorie oder eine Theorie, mit der das begreifende Subjekt an ein Gebilde, z. B. eine Stadtgemeinde, herantritt und es als eine „Idee" begreift. Ausgangspunkt dieses Begreifens ist jedoch nicht das Gebilde, wie es in der Wahrnehmung oder in der Anschauung erscheint, es sind vielmehr

---

[1051] Ebenda, S. 201.

[1052] Ebenda, S. 143.

[1053] Ebenda, S. 206.

die Resultate der arbeitsteilig vorgehenden Disziplinen, in denen das Gebilde, z. B. die Stadtgemeinde, empirisch und theoretisch erfasst ist. Das Begreifen der Stadtgemeinde als „Idee" ist also kein willkürlicher Denkvorgang, sondern gründet auf schon erarbeiteten Theorien und ist somit theoretisch und empirisch fundiert. Der *Begriff* wird, Hegel zufolge, vom erkennenden Subjekt entdeckt und gedacht, ist also *subjektiv*, doch ist er zugleich auch, wie gesagt, *objektiv*. So würde man z. B. vom *Begriff*, aber nicht von der *Idee* des Handelns, dagegen aber von der Idee der Stadtgemeinde sprechen. So wird die *Idee* der Stadtgemeinde vom erkennenden Subjekt einerseits als ein Subjektives, nämlich das Wissen des einzelnen Gemeindebürgers von der Gemeindeverfassung sowie sein Wollen derselben, und andererseits als ein Objektives, nämlich die Gemeindeverfassung begriffen, und die Wirklichkeit der Gemeinde als eine Aktualisierung eben dieser Verfassung durch das Handeln der einzelnen Gemeindebürger.

Der *Begriff*, wie ihn Hegel von der *Idee* abgrenzt, sei, so Metzke, nicht das Produkt einer Abstraktion, die vom Besonderen absieht, sondern der *konkrete* Begriff, der die Entfaltung in das Besondere in sich begreife und das systematische Begreifen des Besonderen selbst sei (Einheit seiner selbst und des Anderen).[1055] Der *Begriff* sei dialektisch

---

[1055] Ebenda, S.149. Hegel orientiert sich in seiner Bestimmung des Begriffs offensichtlich an Aristoteles. Für diesen sei, so Ernst Cassirer, der Begriff nicht nur ein subjektives Schema, in dem die gemeinsamen Elemente einer beliebigen Gruppe zusammengefasst werden. Eine solche Heraushebung des Gemeinsamen bliebe ein leeres Spiel der Vorstellung, läge nicht der Gedanke zugrunde, das dasjenige, was auf diese Weise gewonnen wird, zugleich die reale Form ist, die den kausalen und teleologischen Zusammenhang der Einzeldinge verbürgt. Die echten und letzten Gemeinsamkeiten der Dinge seien zugleich die schöpferischen Kräfte, aus denen sie hervorgehen und denen gemäß sie sich gestalten. Das Vergleichen der Dinge und ihre Zusammenfassung nach übereinstimmenden Merkmalen, wie es sich zunächst in der Sprache ausdrücke, ende, richtig geleitet, in der Feststellung realer Wesensbegriffe. Ders., Substanzbegriff und Funktionsbegriff, Darmstadt 1980, S. 9.

und ermögliche die dialektische Bewegung, der *Name* (die Bezeichnung, das bloße Wort, d. Verf.) dagegen sei undialektisch und sei eine starre, feste Bezeichnung, die als solche nicht begriffen werden kann. [1056] Durch ein Beispiel versucht Metzke Hegels Gedanken zu veranschaulichen: Um den Begriff "Klugheit" zu bestimmen, könne man nicht bei diesem Begriff selbst stehen bleiben, vielmehr müsse man ihn gegen andere Begriffe abgrenzen, also zu den entgegengesetzten Begriffen übergehen. Das bedeute, man hebt die starre Isolierung der Begriffe negierend auf, aber nicht, um bei der Negation stehen zu bleiben. Vielmehr gelte es, den Begriff im Zusammenhang des Begriffsfeldes, in den er gehört, zu begreifen und ihn so als konkreten Begriff, der in der allseitigen Unterschiedenheit die Beziehung auf das Andere in sich enthält, gewinnt.[1057] Die neue Methode der Philosophie sei also das Gegenteil eines Tuns, das nur äußerlich über den Gegenstand reflektiert. Es gehe um die Reflexion der Sache selbst, ihre eigene Bewegung, die darin bestehe, dass sie durch abgrenzende Beziehung auf anderes erst als sie selbst ihre Bestimmtheit erhält und "erzeugt".[1058]

Der abstrakten Auffassung vom Allgemeinen (nach Hegel eine "abstrakte Allgemeinheit, d. Verf.), dem das Besondere nur äußerlich subsumiert wird, werde, so Metzke, ein *Konkret-Allgemeines* gegenübergestellt, das in sich selbst das Besondere enthält und in diesem, das nichts als seine immanente Entwicklung ist, erst zu sich selber kommt.[1059] Als Beispiel kann man den Begriff der menschlichen Gattung anführen, die nach Hegel, wie erwähnt, nur in dem einzelnen und besonderen Menschen vorhanden ist, aber gleichwohl die absolute Macht über ihn ausübt. Die Begriffe erweisen sich, wie Metzke Hegel

---

[1056]Ders., Hegels Vorreden, Phänomenologie, a. a. O., S. 205.

[1057]Ebenda, Logik (1. Ausg.), S. 216.

[1058]Ebenda, S. 215.

[1059]Ebenda, S. 217.

zitiert, als objektive Wesen der Dinge selbst, als das Innerste der Gegenstände, als ihr substanzieller Inhalt. [1060] Für das spekulative Denken sei es, Hegel zufolge, erfreulich, in der Sprache Wörter zu finden, die eine spekulative Bedeutung an sich selbst haben. [1061] Als Beispiel wird dabei das Wort "aufheben" angeführt, das sowohl eine Negation als auch eine Bewahrung und eine Erhöhung einschließt.

Der Begriff erweise sich, so Metzke, nicht als bloßes Mittel (etwa um einen Ausschnitt der Welt zu verstehen, d. Verf.), sondern, wie schon erwähnt, als das *Wesen* der Sache.[1062] Er ist also für Hegel nicht eine bloße pragmatische Übereinkunft über den Sinngehalt eines Wortes, sondern enthält die Sache, mehr noch, er ist mit der Sache identisch. Im begrifflichen Fortgang zu den "tieferen Grundlagen" von "Begriff" und "Realität" trete mit dem "reinen Begriff" als das "Innerste der Gegenstände" der Geist selber hervor. Jeder Denkschritt in die Tiefe des Seins enthülle zugleich auf der Seite des *"subjektiven"* Denkens die eigene "logische Natur" des Geistes als in ihm "Wirkendes". (Metzke)[1063] Es sei die "höhere logische" Aufgabe, das "instinktartige Tun" des logischen Denkens bewusst zur "Freiheit und Wahrheit" zu erheben. (ders.)[1064]

Die Einführung des Inhalts bedeute, wie Metzke Hegel interpretiert, keineswegs, dass "Dinge" in die Logik hineingebracht werden, sie bedeute vielmehr die wahre Einführung erst des "Begriffs der Dinge", durch den sie über die Tatsache, dass es die Dinge "gibt", hinaus "begriffen" werden. Der Begriff sei die allgemeine Struktur der Inhalte als Inhalte, ihre "substantielle Grundlage" (also weder etwas nur

---

[1060]Ebenda, Logik (2. Ausg.), S. 220.

[1061]Ebenda, S. 222.

[1062]Ebenda, S. 225.

[1063]Ebenda, S. 226.

[1064]Ebenda.

Dingliches, noch etwas nur Formales oder den Dingen nur Äußerliches); als "bestimmter Begriff" sei er in seiner Bestimmtheit geradezu das, "was als Inhalt erscheint", als solcher sei er aber zugleich Moment der "Totalität" inhaltlicher Bestimmtheit der Wirklichkeit überhaupt.[1065] Der Begriff könne also von Hegel, Metzke zufolge, wohl als "Produkt" des Denkens bezeichnet werden, im Gegensatz zu dem unmittelbar sinnlich Gegebenen, aber was das Denken im Begriff hervorbringt, das sei das *Wesen* der Sache an und für sich selbst, die "Wahrheit dessen, was den Namen der Dinge führt, der "Logos" als "Vernunft dessen, was ist".[1066] Wenn Hegel der "Vorstellung und der empirischen Bekanntschaft" den *"Begriff"* entgegenstellt, so sei damit nicht ein abstraktes Begriffssystem, eine "äußerliche Ordnung" gemeint, unter die das Empirische subsumiert wird, sondern *das*, was gerade in den Inhalten aller Zufälligkeit und Willkür eine Grenze setze und im "Fortgange" und "Übergange" von Begriff zu Begriff die Sachzusammenhänge selbst ans Licht treten lasse.[1067]

Beim "Begriff" sei, so Metzke, daran zu denken, dass er für Hegel, wie erwähnt, nicht Produkt der Abstraktion (die nach Hegel nur das hervorbringt, was den Dingen *gemeinschaftlich* ist, d. Verf.) ist, sondern das, was die Wirklichkeit als innere Wesensnotwendigkeit durchwaltet und bestimmt, was im Geist und im *subjektiven Begriff* nur zu sich kommt.[1068] Für die Wissenschaft sei der Begriff kein bloß äußerer Maßstab, weil sie gerade durch ihn fortschreite und überhaupt nichts als die "Selbstentwicklung" des Begriffs sei.[1069] Aus alldem wird deutlich, dass ein Begriff, wie ihn Hegel versteht, eine Entdeckung

---

[1065]Ebenda, Logik (2. Ausg.), S. 229.

[1066]Ebenda.

[1067]Ebenda, Enzyklopädie (1. Ausg.), S. 235.

[1068]Ebenda, Enzyklopädie (2. Ausg.), S. 247.

[1069]Ebenda, S. 248.

darstellt, der eine ausgedehnte wissenschaftliche Forschung vorausgehen muss.

Unmittelbarkeit

Am Anfang stehe, wie Metzke kommentiert, nur ein "Unmittelbares", "Einfaches", "Unausgebreitetes". Aber es handle sich um eine Unmittelbarkeit, deren Sinn es sei, entfaltet zu werden, so wie es der Sinn der Eichel sei, eine Eiche zu werden.[1070] "Vermittlung" werde bei Hegel ausdrücklich bestimmt als "die sich bewegende Sichselbstgleicheit", d. h. als die Bewegung, in der die Einheit aus dem Hindurchgang durch die Unterscheidung wieder hergestellt wird.[1071] Wesentlich sei die Unterscheidung, so Metzke, zwischen "abstrakter Unmittelbarkeit", die den Gegensatz draußen lasse, vom Negativen "wegsehe", und derjenigen Unmittelbarkeit, die durch den Gegensatz, die Negation, hindurchgegangen sei und das Anderssein in sich aufgenommen habe.[1072]

Reflexion

Hegel erläutert den Begriff der *Reflexion* in Verbindung mit der Kategorie des *Wesens*.[1073] Spreche man vom *Wesen*, so unterscheide man davon das *Sein* als das *Unmittelbare* und betrachte dieses im Hinblick auf das *Wesen* als bloßen *Schein*. Dieser sei aber nicht Nichts, sondern das Sein als ein *Aufgehobenes*. Der Standpunkt des *Wesens* sei überhaupt der Standpunkt der *Reflexion*. Dieser Ausdruck werde zunächst vom Licht gebraucht, insofern dasselbe in seinem

---

[1070] Ebenda, Phänomenologie, S. 152.

[1071] Ebenda, S. 168.

[1072] Ebenda, S. 183.

[1073] Ders., Enzyklopädie der philosophischen Wissenschaften, 1. Teil, a. a. O., S. 232 f.

geradlinigen Fortgang auf eine spiegelnde Fläche trifft und von dieser zurückgeworfen wird. Damit gebe es ein Doppeltes, nämlich zum einen ein *Unmittelbares*, ein *Seiendes*, und zum anderen dasselbe als ein *Vermitteltes* oder *Gesetztes*. Dies sei nun aber der Fall, wenn man über einen Gegenstand reflektiert oder *nachdenkt*. Es gelte hier also nicht, den Gegenstand in seiner Unmittelbarkeit zu belassen, sondern man wolle denselben als vermittelt wissen. So pflege man denn auch die Aufgabe oder den Zweck der Philosophie in *dem* Sinne aufzufassen, dass das *Wesen* der Dinge erkannt werden soll und verstehe darunter, dass die Dinge nicht in ihrer *Unmittelbarkeit* gelassen, sondern als durch *Anderes* vermittelt oder begründet nachgewiesen werden sollen.

Die Reflexion bedeute, wie Metzke hier an Hegel anknüpft, weder eine mechanische Spiegelung noch ein Reflektieren über etwas, sondern sie bestehe darin, dass etwas auf dem Umweg über ein ihm Engegenstehendes, in dem es sich gespiegelt hat, wieder zu sich zurückwendet. Man müsse dabei aber auch ein Phänomen mit betrachten wie das eines Daseins, das in seiner Unmittelbarkeit durch ein anderes gebrochen und so eine vertiefte Wendung nach Innen in seinem Wesen erfahre. Reflexion in *diesem* Sinne sei eine spezifische Wesens- und Werdeform des lebendigen Geistes. Der Begriff der Reflexion sei in *diesem* Sinne *nicht* die Bezeichnung eines Denkvorgangs, sondern eine Weise des Seins.[1074]

[1074]Ders., Hegels Vorreden, Phänomenologie, a. a. O., S. 164 u. 165.

8. Literaturverzeichnis

Jeremy Adler, "Eine fast magische Anziehungskraft", München 1987.

Theodor W. Adorno, Drei Studien zu Hegel, Frankfurt a. M. 1976.

Ders., Einleitung in die Soziologie (1968), hrsg. v. Christoph Gödde, Frankfurt a. M. 1993.

Ders. u. a., Der Positivismusstreit in der deutschen Soziologie, Neuwied 1969.

Shlomo Avineri, Hegels Theorie des modernen Staates, Frankfurt a. M. 1976.

Ernst Bloch, Subjekt-Objekt, Berlin 1952.

Ernst Cassirer, Substanzbegriff und Funktionsbegriff, Darmstadt 1980.

Wilhelm Dilthey, Die Jugendgeschichte Hegels, in: Gesammelte Werke, Bd. IV, 5. Aufl., Stuttgart 1974.

Hermann Drüe, Die Philosophie des Geistes, in: Ders. u. a., Hegels "Enzyklopädie der philosophischen Wissenschaften" (1830), Frankfurt a. M. 2000.

Hans-Georg Gadamer, Wahrheit und Methode, Tübingen 1975.

Nicolai Hartmann, G. W. Fr. Hegel, Berlin 1929.

Georg Wilhelm Friedrich Hegel, Enzyklopädie der philosophischen Wissenschaften, 1. Teil, Hegel Werke in zwanzig Bänden, Bd. 8, Frankfurt a. M. 1970.

Ders., Enzyklopädie der philosophischen Wissenschaften, 2. Teil, Hegel Werke, Bd. 9, Frankfurt a. M. 1970.

Ders., Enzyklopädie der philosophischen Wissenschaften, 3. Teil, Hegel Werke, Bd. 10, Frankfurt a. M. 1970.

Ders., Vorlesungen über die Ästhetik, 2. Bd., Hegel Werke, Bd. 14, Frankfurt a. M. 1970.

Ders., Phänomenologie des Geistes, Hegel Werke, Bd. 3, Frankfurt 1970.

Ders., Grundlinien der Philosophie des Rechts, Hegel Werke, Bd. 7, Frankfurt a. M. 1970.

Ders., Berliner Schriften 1818-1831, Hegel Werke, Bd. 11, Frankfurt 1970.

Ders., Vorlesungen über die Philosophie der Geschichte, Hegel Werke, Bd. 12, Frankfurt a. Main 1970.

Ders., Vorlesungen über die Philosophie der Religion, 2. Bd., Hegel Werke, Bd. 17, Frankfurt a. M. 1969.

Ders., Wissenschaft der Logik, 1. Bd., Hegel Werke, Bd. 5, Frankfurt a. M. 1969.

Ders., Wissenschaft der Logik, 2. Bd., Hegel Werke, Bd. 6, Frankfurt a. M. 1969.

Ders., Nürnberger und Heidelberger Schriften 1808-1817, Hegel Werke, Bd. 4, Frankfurt a. M. 1970.

G. W. Fr. Hegel, Die Philosophie des Rechts, Die Mitschriften Wannenmann u. Homeyer, hrsg. v. Karl-Heinz Ilting, Stuttgart 1983.

Thomas Sören Hoffmann, Georg Wilhelm Friedrich Hegel, Wiesbaden 2004.

Harry Graf Kessler, Walter Rathenau, Frankfurt a. M. 1988.

Alexandre Kojève, Hegel, hrsg. v. Iring Fetscher, Dillingen 1958.

Karl Kosik, Die Dialektik des Konkreten, Frankfurt a. M. 1967.

Hermann Krings u. Eberhard Simons, Gott, in: Handbuch philosophischer Grundbegriffe, hrsg. v. Hermann Krings u. a., München 1973.

Richard Kroner, Von Kant bis Hegel, 2. Bd., 3. Aufl., Tübingen 1977.

Felix Krüger, Zur Philosophie und Psychologie der Ganzheit, hrsg. v. Eugen Heuss, Berlin 1953.

Philipp Lersch, Aufbau der Person, 7. Aufl., München 1956.

Ralph Linton, The Cultural Background Of Personality, London 1964.

Karl Löwith, Mensch und Menschenwelt, hrsg. v. Klaus Stichweh, Stuttgart 1981, in: K. Löwith, Sämtliche Schriften, Bd. 1, hrsg. v. K. Stichweh u. Marc B. Launay.

Herbert Marcuse, Hegels Ontologie und die Grundlegung einer Theorie der Geschichtlichkeit, Frankfurt a. M. 1932.

Alfred Marshall, Principles of Economics, 8. Aufl., London 1961.

Karl Marx, Briefe an seinen Vater von 1837, in: Marx/Engels Werke, Ergänzungsband, 1. Teil, Berlin 1968.

Ders., Grundrisse der Kritik der Politischen Ökonomie, Berlin 1953.

Ders., Zur Kritik der Hegelschen Rechtsphilosophie, in: Marx/Engels Werke, Bd. 1, Berlin 1961.

Ders., K. Marx u. Friedrich Engels, Deutsche Ideologie, in: Marx/Engels Werke, Bd. 3, Berlin 1959.

K. Marx, Ökonomisch-philosophische Manuskripte (1841), in: Marx/Engels Werke, Ergänzungsband, 1. Teil, Berlin 1968.

Erwin Metzke, Hegels Vorreden, 3. Aufl., Heidelberg 1970.

John Stuart Mill, System der deduktiven und induktiven Logik, Bd. 3, in: Ders., Gesammelte Werke, Bd. 4, Nachdruck d. Ausgabe Leipzig 1886, Aalen 1968.

Alan M. Olson, Hegel and the Spirit, Princeton 1972.

Talcott Parsons, The Structure of Social Action, Glencoe 1964.

Burkhard Peter, Hypnose, in: Handwörterbuch Psychologie, hrsg. v. Roland Asanger u. Gerd Wenninger, 4. Aufl., München 1988.

Adolf Portmann, Zoologie und das neue Bild des Menschen, Rowohlts deutsche Enzyklopädie, Basel 1951.

David Ricardo, Grundsätze der Politischen Ökonomie und der Besteuerung, Berlin 1959.

Hubert Rohracher, Einführung in die Psychologie, 9. Aufl., Wien 1965.

Bruno Schmidt-Bleibtreu u. Franz Klein, Kommentar zum Grundgesetz für die Bundesrepublik Deutschland, 6. Aufl., Darmstadt 1983.

Alfred Schöpf, "Gewißheit", in: Handbuch philosophischer Grundbegriffe, Bd. 3, hrsg. v. Hermann Krings u. a., München 1973.

Josef Simon, "Leben", ebenda.

Süddeutsche Zeitung (S.Z.) v. 19.2.2018.

Charles Taylor, Hegel, Frankfurt a. M., 1978.

Astrid Viciano, Trance als Therapie, in: S.Z. v. 14./15./16.5.2016.

Max Weber, Politik als Beruf, in. Ders., Gesammelte Schriften, hrsg. v. Johannes Winckelmann, Tübingen 1980.

Ludwig Wittgenstein, Philosophische Bemerkungen, Bd. 2, Frankfurt a. M. 1964.

Sonstige verwendete Nachschlagewerke: Der Neue Brockhaus, 3. Aufl., Wiesbaden 1959. Philosophisches Wörterbuch, 14. Aufl., hrsg. v. Georgi

Schischkoff, Stuttgart 1957. Der Duden, Das Fremdwörterbuch, 5. Aufl., hrsg. v. Prof. Dr. Günther Drosdowski u. a., Mannheim 1990.